CAROLINA MARIA DE JESUS

casa de alvenaria

COLEÇÃO CADERNOS DE CAROLINA
Conselho Editorial
Conceição Evaristo (coord.)
Vera Eunice de Jesus (coord.)
Amanda Crispim
Fernanda Miranda
Fernanda Felisberto
Raffaella Fernandez

CADERNOS
DE CAROLINA

CAROLINA MARIA DE JESUS

casa de alvenaria

VOLUME 2: SANTANA

COMPANHIA DAS LETRAS

Copyright © 2021 by herdeiras de Carolina Maria de Jesus

Grafia atualizada segundo o Acordo Ortográfico da Língua Portuguesa de 1990, que entrou em vigor no Brasil em 2009.

Capa e projeto gráfico
Estúdio Daó

Foto de capa
Paisagem n. 124, 2021, acrílica e óleo sobre tela de Lucia Laguna, 180 × 140 cm.
Reprodução de Manuel Águas.
Cortesia da artista e de Fortes D'Aiola & Gabriel, São Paulo/ Rio de Janeiro.

Foto de quarta capa
Acervo UH/ Folhapress

Imagens de miolo
Arquivo Público Municipal Cônego Hermógenes Cassimiro de Araújo Bruonswik, localizado na cidade de Sacramento (MG).

Pesquisa e estabelecimento de texto
Conselho Editorial Carolina Maria de Jesus

Transcrição dos manuscritos
Ayana Moreira Dias, Bruna Cassiano, Selminha Ray e Verônica Souza

Atualização ortográfica e notas
Érico Melo

Nota biográfica
Bruna Cassiano

Revisão
Tatiana Custódio
Marise Leal

Dados Internacionais de Catalogação na Publicação (CIP)
(Câmara Brasileira do Livro, SP, Brasil)

Jesus, Carolina Maria de, 1914-1977
    Casa de alvenaria, volume 2 : Santana / Carolina Maria de Jesus. — 1ª ed. — São Paulo : Companhia das Letras, 2021. — (Cadernos de Carolina, 2)

    ISBN 978-85-359-3070-2

    1. Diários 2. Literatura brasileira I. Título II. Série.

21-68637   CDD-869.35

Índice para catálogo sistemático:
1. Diário : Literatura brasileira   869.35

Aline Graziele Benitez — Bibliotecária — CRB-1/3129

2ª reimpressão

Todos os direitos desta edição reservados à
EDITORA SCHWARCZ S.A.
Rua Bandeira Paulista, 702, cj. 32
04532-002 — São Paulo — SP
Telefone: (11) 3707-3500
www.companhiadasletras.com.br
www.blogdacompanhia.com.br
facebook.com/companhiadasletras
instagram.com/companhiadasletras
twitter.com/cialetras

SUMÁRIO

Nota sobre esta edição, 7
Outras letras: tramas e sentidos da escrita de Carolina
    Maria de Jesus — *Conceição Evaristo e Vera Eunice de Jesus*, 9

SANTANA, 25

Sobre a autora, 501
Sugestões de leitura, 505

NOTA SOBRE ESTA EDIÇÃO

Alfabetizada em dois anos de grupo colegial, na década de 1920, Carolina Maria de Jesus (1914-77) aprimorou seu domínio da norma culta do português escrito por meio da paixão pela leitura, exercitada nos intervalos da luta diária pela sobrevivência nas ruas de São Paulo. Esse domínio autodidata, portanto, não chegou a se completar segundo o padrão ortográfico-gramatical vigente durante os anos de sua atividade literária.

A fim de resguardar a integridade da voz e da escrita de Carolina, esta nova edição de *Casa de alvenaria* conserva toda a diversidade de registros presente nos manuscritos, considerando-os marcas autorais imprescindíveis para a adequada recepção de sua obra. O critério básico da intervenção editorial foi, dessa forma, o de manter todas as grafias destoantes dos dicionários do início da década de 1960, quando o livro foi escrito.

Há poucas exceções: pronomes pessoais como "êle", "aquêle" e "êste" e formas diferenciais de verbos e substantivos ("fôsse", "retôrno", "almôço") sofreram atualização para desanuviar a leitura de diacríticos desnecessários. No entanto, preservou-se a variabilidade entre formas com e sem acento, própria de termos como "despêjo" e "despejo", para citar uma palavra capital na obra de Carolina. "Flôres", "pôços", "prolétarias" e "préocupo-me", entre outras, conservaram o direito de ostentar acentos obsoletos e/ou expressivos que denotam etapas pretéritas do aprendizado linguístico da autora, bem como, provavelmente, sua prosódia característica — na origem mineira de Sacramento, no Triângulo, e paulista da capital na maturidade. O mesmo se aplica à pontuação, com vírgulas, pontos e outros sinais dispostos exatamente como no fluxo dos manuscritos, e às construções verbais e nominais de concordância dissonante, entendidas como ferramentas de construção literária.

Quando possível, buscou-se manter a ordem cronológica dos acontecimentos. Trechos ilegíveis foram assinalados com o símbolo [⁑]. Quando houve salto na narrativa, independentemente do motivo (cadernos incompletos, folhas esparsas etc.), o sinal adotado foi [∵].

Ainda há escritos inéditos deixados por Carolina, muitos dos quais permanecem dispersos. As transcrições destes diários se basearam nos cadernos que estão sob a guarda do Museu Histórico Municipal — Corália Venites Maluf, em Sacramento. A obra de Carolina é viva e permanece em construção, de modo que é possível que se encontre, no futuro, mais material correspondente ao período abarcado por esta edição de *Casa de alvenaria*.

OUTRAS LETRAS: TRAMAS E SENTIDOS DA ESCRITA DE CAROLINA MARIA DE JESUS

Conceição Evaristo e Vera Eunice de Jesus

> *Falavam que eu tenho sorte. Eu disse-lhes que eu tenho audacia.*
>
> Carolina Maria de Jesus

Ler *Casa de alvenaria*, de Carolina Maria de Jesus, é penetrar no universo íntimo de uma das autoras mais instigantes da literatura brasileira. É ir ao encontro de uma escritora que se apresenta com uma complexidade anunciada desde a sua estreia na literatura, em 1960, com a publicação de um diário intitulado *Quarto de despejo*. Embora o livro seguinte, *Casa de alvenaria*, lançado em 1961, tenha surgido quase como uma "consequência" do enorme sucesso do primeiro, o texto, agora publicado na íntegra a partir dos manuscritos da escritora, ajuda a elucidar várias questões relativas à entronização de Carolina Maria de Jesus na cena literária da época e oferece ao público leitor uma melhor compreensão do boom causado por *Quarto de despejo*.

A escrita de um segundo diário, nomeado pela escritora como *Casa de alvenaria*, se deu por um gesto de comando do jornalista Audálio Dantas — aquele que impulsionara a publicação de *Quarto de despejo*, colocando Carolina em evidência como escritora, além de se constituir também como uma espécie de agente literário e orientador de sua carreira. Embora a autora tenha deixado explícita sua vontade de se dedicar a outros gêneros textuais, por "obediência", por um sentimento de "gratidão" que ela reconhecia dever a ele, o livro foi concebido. A tônica de sua segunda obra, porém, é outra, como veremos adiante.

Em *Quarto de despejo*, Carolina relatava sua luta para sobreviver em São Paulo enfrentando as agruras da fome. Aliás, sobre a fome descrita pela escritora, temos insistido que se tratava de uma fome mais profunda, e não somente a privação, a carência material, mas uma fome física, como metáfora do vazio, da dor, do inexplicável, da vacuidade existencial. Parece haver má vontade para a compreensão semântica da fome contida na escrita de Carolina. Entretanto, nenhuma dificuldade é colocada para se entender os versos da canção "Comida", lançada pelos Titãs em 1987: "Você tem sede de quê?/ Você tem fome de quê?// A gente não quer só comida". Antecedendo em quase três décadas a reflexão do grupo de rock paulistano, Carolina registrou que seu padecimento ia além de uma panela vazia: "Parece que eu vim ao mundo predestinada a catar. Só não cato a felicidade" (*Quarto de despejo*, doravante *QD*, Rio de Janeiro: Francisco Alves, 1961, p. 72) e "Não há coisa pior na vida do que a propria vida" (*QD*, p. 145) — frase esta que reaparece em *Casa de alvenaria*.

O segundo livro de Carolina coloca veementemente para quem lê as indagações da autora sobre o sentido da vida. Percebe-se uma escrita vazada por perguntas existenciais, por sentimentos que denotam inconformidade com o destino, apesar da perspectiva de resolução das questões materiais que haviam atormentado a escritora em um passado recente, vivido por ela. No entanto, satisfazendo aos desejos do jornalista e talvez contando com a expectativa do público, que tinha se extasiado com a fome registrada no diário anterior, Carolina deveria escrever outro diário a partir do novo momento que estava vivendo. Seria narrada a escalada de uma mulher negra que, antes pobre e favelada, se via em plena ascensão social após ser "descoberta" por um jornalista. E, mais ainda, aquele deveria ser um diário que falasse da vida, da atualidade, dos fatos, dos acontecimentos presentes. Sobre isso, a escritora ponderava:

23 DE NOVEMBRO DE 1960

Não estou tranquila com a ideia de que dêvo escrever o meu Diario da vida atual. Escrever contra a burguesia, eles são poderosos, pode destruir-me. [...]
  Quando escrevi contra os favelados fui apedrêjada. Escrevendo contra a burguesia podem enviar-me um tiro.
  Mas o Audálio diz que eu devo escrever Diario, sêja fêita a vontade do Audálio. (*Casa de alvenaria*, doravante *CA-Osasco*, p. 144)

Acreditava-se, ainda, que um segundo diário causaria o mesmo efeito bombástico que o primeiro livro vinha causando no Brasil e no exterior. Surge então uma obra composta na urgência do dia a dia, apresentando um cotidiano em princípio não mais marcado pela fome, mas pela pressa, pela correria, pelo ir e vir, pelas consequências de uma Carolina transformada em mercadoria, em um produto a ser exposto, em um bem de uso público, requisitado para as mais diferentes funções. Uma Carolina cuja presença era solicitada em reuniões políticas, religiosas e culturais; que recebia pedidos de auxílio financeiro, indicações para emprego. Nesse emaranhado de solicitações, havia também cumprimentos, inclusive da polícia política da época, por ocasião de seu aniversário. Essa condição foi percebida e registrada pela escritora nas páginas de *Casa de alvenaria*: ela se sentia usada e compreendia que tinha se tornado uma "moeda de câmbio". Repudiou muitas vezes o sucesso que estava alcançando, que não lhe permitia se entregar totalmente ao prazer da glória, porque se via impedida de fazer o que mais gostava, o que precisava para se aguentar, para dar sentido à sua vida: ler e escrever. Para Carolina, essas duas ações constituíam, para usar uma expressão atual, sua "zona de conforto", um espaço interno em que o sujeito pode se aninhar em si mesmo. Ler e escrever eram, para ela, formas de apaziguamento interno.

Percebendo o ônus de seu sucesso, o preço de sua glória, Carolina Maria de Jesus beirava o desespero, embora desfrutasse também os prazeres, os encontros, as viagens e os amores que a nova vida lhe oferecia. Mas continuava buscando, nas palavras de Virginia Woolf, "um teto todo seu" para exercer seu ofício de escritora, para poder ser poeta, que era como se sentia. Avaliando as condições materiais, o entorno e as pressões emocionais em que Carolina produzia sua escrita, percebemos como a literatura dela foi construída em situação totalmente adversa do que Woolf reivindicava para que uma mulher pudesse escrever.

Casa de alvenaria apresenta uma Carolina indiscutivelmente vocacionada para a escrita — mas que não queria produzir mais um diário. Diversas vezes, a escritora explicita o desejo de produzir outros estilos de literatura, como romances, contos, poemas, e se mostra ávida por experimentar outros campos de criação, como a música, o teatro. E assim o fez, contrariando o desejo de seu tutor, cujo domínio perdurou somente um ano, porém de dias intensos. Como ela mesma afirmou, "Eu sou igual a agua, se faz um dique impedindo o seu curso, ela vae evoluindo-se e transpôe" (*CA-Santana*, p. 119).

E assim segue Carolina Maria de Jesus compondo *Casa de alvenaria*, que não se alinha a um modo típico de diário. A forma particular de apresentação do conteúdo revela uma autora que transita por gêneros variados, construindo uma criação própria, mesmo sob as ordens do jornalista. Embora o texto apresente as características fundamentais do estilo — registro manuscrito, concebido em primeira pessoa, com datação dos acontecimentos relativos ao cotidiano do sujeito da escrita e apresentação de seus sentimentos e segredos —, algo, porém, foge da estrutura tradicional do que seria considerado diário, revelando outras vozes que visitam o texto da autora. A certa altura, traz a extensa narrativa de uma mulher que está com a casa hipotecada e insiste em pedir ajuda a Carolina, entregando-lhe uma carta na qual relata toda a situação. A autora então intitula tal correspondência de "Diario" e a encaixa em seu próprio diário. Para indicar que se trata do relato alheio incorporado ao seu, Carolina diz: "Ela deu-me o seu diario para eu ler. Heis o Diario. São Paulo 22 de dezembro de 1937 — nesta data que foi eu me casei" (*CA-Santana*, p. 157). A partir daí, o diário da outra é incorporado pela escrita de Carolina e passa a ser lido nas páginas de *Casa de alvenaria*.

Esse gesto parece apontar alguns caminhos que a escritora desejava seguir. Observa-se que o estilo da escrita da mulher se assemelha ao de Carolina. Tem-se a impressão de que a escritora criava uma personagem para a pessoa real que insistia em lhe pedir ajuda e inscreve essa história no interior de seu próprio texto, por necessidade de criar uma ficção — como já dito, um desejo explicitado várias vezes em trechos como este: "Eu não gosto de escrever Diário. [...] Quero escrever romançes dramas e tenho que escrever Diário" (*CA-Santana*, p. 218).

Apesar do diário encomendado, Carolina Maria de Jesus seguiu escrevendo e lendo. Lamentava, porém, o tempo restrito que tinha para se dedicar ao que mais gostava de fazer: ler e escrever. Essa pulsão para a escrita já era perceptível desde *Quarto de despejo* e aparece como uma necessidade premente em *Casa de alvenaria*. Vislumbramos ali uma autora com um projeto literário: anuncia duas obras já terminadas, *Cliris* e *Onde estaes felicidade?*, e outro livro ainda em processo, cujo título seria *Reminiscência*. Além disso, Carolina recebera convites para escrever argumentos para filmes.

Buscar entender o universo da escrita de Carolina Maria de Jesus é deparar com uma criação muito peculiar de um discurso literário em que o processo da escrita precisa ser pensado para além do que a gramática, os dicionários, os livros escolares, os mestres da língua portuguesa, o sistema de ensino da língua e a escola permitem e oferecem. É preciso considerar fundamentalmente que estamos diante de um registro literário produzido por uma pessoa cuja construção do processo de letramento se deu de maneira muito especial: os caminhos da aprendizagem da leitura e da escrita trilhados por Carolina foram marcados mais por um autodidatismo do que pela frequência à escola. As lições recebidas no ambiente formal de ensino, isto é, na escola, somaram-se dois anos apenas, correspondentes às etapas iniciais do processo de alfabetização.

É preciso lembrar, ainda, que Carolina Maria de Jesus nasceu nos princípios do século XX, em 1914, ou seja, somente 26 anos após a assinatura da Lei Áurea. A escritora experimentou, desde a infância, todas as dificuldades que marcaram a vida dos descendentes dos ex-escravizados no período conhecido como pós-abolição.

Como se trata de alguém que enveredaria, mais tarde, pelos caminhos da literatura, essa experiência autodidática não deve ser romanceada nem desprezada, mas sim investigada: o modo como Carolina conseguiu criar métodos tão singulares de apropriação da língua portuguesa para construir uma competência própria para a escrita. Nesse sentido, o autodidatismo de Carolina e a temática por ela adotada constituem-se como pontos diferenciais profundos de sua obra em relação à literatura que estava sendo produzida em sua época, nos anos 1960. Pode-se afirmar, porém, que Carolina Maria de Jesus, produzindo a partir de uma capacidade adquirida por um processo autodidático, cria uma tradição literária em que sujeitos da escrita, tendo ou não certificados escolares, mas sempre letrados, fazem da leitura e da escrita práticas sociais que lhes possibilitam se colocar na sociedade em que vivem e inclusive criticá-la.

Ao longo do tempo, as injunções da história brasileira sempre favoreceram às classes dominantes o acesso à escola e ao estudo em todos os níveis. Nesse sentido, grupos minorizados pelo poder se apossam da leitura e da escrita como parte de sua luta pelo direito de autorrepresentação, autorizando assim os textos de suas histórias, na medida em que agenciam uma autoria própria. No caso de Carolina Maria de Jesus, o ato de escrever empreendido pela escritora amplia seu gesto para o de se *inscrever* no sistema literário brasileiro.

O Conselho Editorial entende que a inscrição e a incorporação sem ressalvas da obra de Carolina Maria de Jesus se iniciam a partir do modo como são olhados e tratados seus manuscritos. Sob essa perspectiva, o escopo do nosso trabalho foi recolher os textos de Carolina a partir dos originais e transcrevê-los da forma mais fidedigna possível. Esse mesmo princípio de fidelidade à escrita manuscrita orientou a defesa de nosso ponto de vista: a publicação de *Casa de alvenaria* precisa trazer toda a engenhosidade de Carolina Maria de Jesus, representada em sua maneira de lidar com as palavras; suas construções frasais; seus modelos clássicos de linguagem, pelos quais a escritora tinha desejos e encantamentos; sua pertença aos lugares de falas populares; seu acento mineiro; seu estilo de pontuação; sua entonação oralizada, que ela intencionava transportar graficamente para o texto, e, por fim, sua fala nos moldes do "pretuguês" — termo cunhado e defendido por Lélia Gonzalez em "Racismo e sexismo na cultura brasileira", de 1984, usado para assinalar que a língua falada no Brasil tem forte influência das línguas faladas pelos povos africanos aportados no território brasileiro, em consequência da escravização.

Nossa proposta foi deixar a literatura, a escrita de Carolina *poder ser*, sem as tantas interferências que aconteceram nas publicações passadas e mesmo em algumas mais recentes. Pensamos uma reedição que permitisse ao público leitor acompanhar o processo criativo da escritora e entender como se deu, para ela, a apropriação e o uso da linguagem literária. A publicação de *Casa de alvenaria* na íntegra, sem outra intromissão a não ser a do Acordo Ortográfico da Língua Portuguesa — sem o qual o livro teria circulação restrita —, foi uma defesa ferrenha do Conselho Editorial, argumentação a que a editora ouviu e aceitou.

O registro diferenciado da língua portuguesa por Carolina Maria de Jesus em *Quarto de despejo* foi entendido e julgado como um texto mal escrito, dissonante da linguagem permitida. Entretanto, uma leitura cuidadosa — não só de sua primeira obra e de outros escritos, mas também deste *Casa de alvenaria* — mostra um sujeito de criação consciente de que escrever é um exercício de linguagem, motivo pelo qual a autora se empenhava em fazer a escolha das palavras com tanto afinco. Ela arquitetou seu estilo a partir de um material linguístico variado, buscando os registros oferecidos pelos compêndios gramaticais da língua portuguesa, lendo os poetas parnasianos, deixando-se seduzir por expressões raras e algumas até arcaicas, como "abluir", "nívea", "promanar", "inciente" e outras. Seu estilo era capturado pelo sotaque mineiro e por termos muito usados nas Gerais — "minino", "ritira", "sugestã", "canseira", "escolado" —, denunciava trazer em si o "pretuguês", trocando o "l" pelo "r" ("impricante") — marca de línguas africanas aportadas no Brasil nas quais o som da letra "l" não existe —, e ainda incluía a criação de neologismos. Como Carolina mesmo afirmou, "Há lugares que os verbos são insuficientes!" (*CA-Osasco*, p. 204).

Resulta disso sua escrita em movência, com laivos de clássica, desusada, apurada, adornada, exuberante, simples, direta, esquecida das peias gramaticais, crua, irônica, poética. Tudo em movência, nada fixo, nada que caiba nos contornos de uma classificação fechada, definida. Como classificar os trechos a seguir, frutos de uma linguagem tão diferenciada?

30 DE NOVEMBRO DE 1960

[...] Os cultos tem um lugar ao sol. A raça preta não deve ser indecisa. Não projetar, mas procurar realizar concretisar, só [**] os ideaes — Declamei as "Noivas de maio". — O prefeito gostou da poesia. A poesia tem êrros gramaticaes. Não ha possibilidade de correção. É uma advertência social.

[...] O retorno foi delicioso. Eu vinha revendo as lavouras. Vi uma casa bonita. Plantaram uma roseira e a haste entrelaçou-se nas paredes estava florida. Gostaria de residir naquela casa. Mas, agora eu sou uma cigana viajando de um lado para outro. Quando chegamos em Porto Alegre a ponte do Rio Guaiba estava reerguendo-se para dar passagem ao navio que singrava. Espetaculo belissimo. (*CA-Osasco*, pp. 153-4)

27 DE ABRIL DE 1961

[...] Passei a nôite escrevendo. Dormir das trêis as cinco.

[...] A esposa de um guarda-civil estava chorando, dizendo que o seu esposo havia expancado-a com um chicote. Ele bebe. Fiquei ouvindo as mulheres queixando-se dos espôsos. A dignidade de um homem fica combalida quando uma mulher revela as cenas intimas no lar. Recordei que havia dêixado toucinho fritando sai as pressas. (*CA-Santana*, p. 298)

16 DE MAIO DE 1961

[...] Supondo que sou inciente. Se eu fosse inciente não lutava para imprimir um livro, porque sei que o livro é mêio de vida.

Eu tenho pavor das pessôas que querem teleguiar-me. O meu erro foi não ter casado. Mas, eu não encontrei um homem culto que quizesse utilizar a minha capacidade. Tem homem que pensa que a mulher deve ter um filho por ano. E ser dona de casa. Esqueçendo que se a mulher tiver capacidade deve utilizar-la. Quem revela capacidade estimula os outros. Enalteçendo o país.

Quando uma pessôa começa azucrinar a minha diretrizes de viver, vou odiando taes individuos. Vou desligando d'eles lentamente até não mais vê-los: vou imitando a garôa paulista que não cae aos jarros mais humideçe. (*CA-Santana*, p. 333)

Sim, a linguagem, a escrita de Carolina Maria de Jesus está em constante procura do "melhor dizer", como toda pessoa que tem a palavra como ferramenta de trabalho. Seu desejo, seu esforço e sua necessidade de se apropriar daquilo que é julgado como o melhor da língua aparecem revelados em seus projetos de voltar ao ensino formal. Anotações em *Casa de alvenaria* demonstram sua intenção de retornar à escola para fazer a terceira e a quarta séries, além de registros de conselhos que recebia para estudar português, sugestões que ela parecia aceitar de bom grado. Há também o relato do que teria sido uma ocasião muito desconcertante — para não dizer humilhante — ao ser criticada por alguém no momento em que dava um autógrafo.

Ainda que não tivesse o estudo formal da língua portuguesa, Carolina lia Camões, Euclides da Cunha, *As mil e uma noites*, lendas gregas, jornais e tudo que lhe caía em mãos. Ouvia rádio também — novelas, discursos políticos, o programa *A hora do Brasil*... — e colecionava ditados populares, provérbios, versinhos. Amava poesia. Sua escrita vinha como paz e como tormento.

Talvez nenhuma escritora ou escritor no Brasil tenha sido tão versátil no uso da linguagem como Carolina Maria de Jesus, na medida em que transitava entre um registro que tendia ao "casto" e ao "puro" e também se entregava ao que a língua pode ter de mais comum: a urgência da fala, o papel de comunicação nas instâncias populares, em que a emissão de voz visa à comunicação, ao "papo reto", sem os volteios das regras gramaticais.

Com uma dicção marcada não pela carência, mas sim por uma abundância criativa, a escritora deixa uma obra sui generis, em que uma *gramática do cotidiano* organiza um período ou um sintagma afinado com uma concordância popular, ao lado ou em continuidade a uma organização frasal rara, própria da norma culta da língua. Seu ecletismo gramatical pode ser observado em construções verbais e em colocações pronominais como estas:

26 DE DEZEMBRO DE 1960

[...] Hoje é o meu dia aziago. Deus me livre de ter dinheiro. Porque as pessôas que ja deu-me esmolas, vem pedir-me favôres. (*CA-Santana*, p. 36)

1º DE MARÇO DE 1961

[...] E as pessôas cultas sabem agradar. São iguaes a brisa — Quando perpassa arrefece, suavisa. Já os brutos são iguaes as tempestades. Assemêlha os furacões. (*CA-Santana*, p. 199)

21 DE MARÇO DE 1961

[...] Eles impõe que eu escreva a verdade. Mas, não posso dizer-lhes as verdades. Eu escrevia ficção. Porque a verdade tem o sabôr acre. Impuzeram-me... Tem que escrever Diário. (*CA-Santana*, p. 244)

Apropriando-se da língua portuguesa e do ato da escrita como direito, Carolina Maria de Jesus se pronunciava, se apresentava como escritora, se reconhecia como poeta, percebendo, contudo, o campo minado em que a sua peleja estava sendo travada. Sabia que a literatura, para além da arte, é um campo de exclusão para determinados grupos sociais e étnicos. Respondendo a uma crítica de jornal em que foi acusada de "pernóstica", Carolina pergunta em *Casa de alvenaria*: "Sera que o preconcêito existe até na literatura? O negro não tem o dirêito de pronunciar o classico?" (*Osasco*, p. 69).

E quem lê Carolina confundindo a condição social que ela enfrentou com o seu gesto de criação corre o risco de perder os múltiplos sentidos de sua obra. Ela foi incansável na sua busca por um modo melhor de dizer, de melhor se expressar e de melhor escrever. Tudo em Carolina Maria de Jesus era movimento, era procura, era movência. Uma leitura atenta de *Casa de alvenaria* nos permite perceber como a linguagem de Carolina foi se modificando, aproximando-se da "norma aceitável", pois ela mesma ia aparando, ajeitando, estudando e corrigindo o seu texto. Da mesma forma que sua escrita ia se modificando, suas análises sobre o social e a questão racial também mudaram. Se em *Quarto de despejo* nota-se uma intransigência da escritora em relação aos nordestinos, em *Casa de alvenaria* ela pede perdão pelos julgamentos anteriores que fizera deles.

Em Carolina há ainda contradições, severidade e julgamentos preconceituosos contra as pessoas que não pautam a vida e os afetos segundo os padrões heteronormativos. Em relação à condição das mulheres também existem algumas posições ambíguas. Argumentava em favor da liberdade feminina — afirmando não ter se casado para poder ser livre, independente — e apresentava coragem suficiente para demonstrar seus afetos, desejos e interesses diante dos homens que lhe agradavam, entretanto valorizava um comportamento bastante conservador para as mulheres casadas. Acreditava que as esposas deviam honrar seus maridos, mas opinava a respeito dos homens que sufocavam as mulheres em suas qualidades.

Quando lemos a obra da escritora, apreendemos a imagem de uma mulher em sua errância, em sua busca por um espaço, porém ela não cabia em lugar algum, pois os espaços eram pequenos e incompreensíveis para com ela. Carolina Maria de Jesus, ave sem pouso, talvez tenha passado a vida procurando um lugar tanto físico como simbólico para se aninhar, uma peregrinação que começou na infância, quando diz: "Dêsde os meus sete anos que estou procurando um local para estacionar e dizer: 'aqui eu estou bem!'" (*CA-Santana*, p. 86). Talvez, Carolina, só agora sua errância a conduza a um lugar que é todo seu: a inscrição de seu nome, de sua obra, na literatura brasileira.

E sobre essa mulher, Carolina Maria de Jesus, a que tinha "audácia e não sorte", o texto que melhor a descreve é o de sua filha, Vera Eunice, que tem o som da voz da mãe ainda guardado e vivo nas lembranças.

REMINISCÊNCIAS DE MINHA MÃE

Carolina sonhava em adquirir uma casa de alvenaria e sair da favela com seus três filhos, mas não foi assim que aconteceu. Os quatro deixaram a favela do Canindé sob pedradas e se mudaram para Osasco, passando a morar num porão oferecido por um empresário. Sua aspiração levou um grande golpe, e ela logo percebeu que sua nova vida não seria somente flores — ainda haveria muitos espinhos pelo caminho.

Ali começava o arrefecimento da imagem construída pelo repórter

Audálio Dantas, mas Carolina, deslumbrada e *ilusionada*, via pela primeira vez seu nome grafado na capa de um livro. Seu sonho enfim havia se tornado realidade.

Segurava-o no alto, a certa distância, e murmurava admirada:

> QUARTO DE DESPEJO
> CAROLINA MARIA DE JESUS
> DIÁRIO DE UMA FAVELADA

Carolina sempre valorizou muito o estudo e não deixava de enaltecer sua primeira e única professora. Estava ciente de que aquele um ano e meio em que se sentou num banco escolar, numa sala de aula, foi o que a levou a ganhar o mundo da literatura e, com ele, chegar à casa de alvenaria e viver na tão sonhada "sala de visitas". Mas rapidamente notou que teria muitos dissabores: "Queixei para o jornalista, que vou dessistir da imprensa. Ele disse-me: 'A senhora entrou no mar, precisa ter cuidado com as ondas'" e "Eu ainda não habituei com este povo da sala de visita. Uma sala que estou procurando um lugar para sentar...".

Embora fosse aplaudida onde quer que passasse, já notava a onipresença do racismo ("quando estou entre os brancos, tenho a impressão que eles detestam a minha presença"), mas não deixava de se orgulhar da cor negra, do nariz chato e do cabelo crespo, marcas de sua origem africana: "Eu gosto de ser preta. A minha côr, é o meu orgulho".

Cada vez mais decepcionada com a sala de visitas ("Tenho a impressão que estou num mundo de joias falsas. O que noto na sociedade é o fingimento: — E eu que não sei fingir estou dessolada nêste nucleo"), Carolina começava a se tornar paulatinamente uma pessoa amargurada:

Eu pensava que a vida na casa de alvénaria era cheia de encantos e lirismo. — Enganei. Tenho a impressão que estou dentro do mar lutando para não afogar.

Quando eu estava na favela tinha ilusões da vida de cá — pensava que isto aqui fosse o paraiso.

Sabia que a fama de que era rica lhe era muito prejudicial em todos os sentidos, tanto nos serviços que eram prestados a ela como nas mais diversas e quase diárias solicitações de ajuda de aproveitadores

— às quais ela tentava resolver da melhor forma possível. Isso ficou evidente certa vez que fomos ao Hospital das Clínicas:

> Quando cheguei ao Hospital das Clinicas o médico de plantão reclamou com voz irônica:
> — Imagina só: trazer esta criança aqui por causa de coçeira.
> [...] Percibi o descaso do médico. [...] O descaso do médico é devido os buatos que circulam que estou rica.

Carolina estava repleta de compromissos. Viajava bastante para autografar seu livro — o mais vendido naquele momento —, era muito solicitada pela mídia e cuidava dos afazeres domésticos e da reforma da casa que havia comprado no bairro de Santana, por sugestão de Audálio. Nós, os filhos, ainda estávamos nos adaptando àquela mudança abrupta, porque antes morávamos na favela e repentinamente passamos a frequentar hotéis e a almoçar em restaurantes requintados ("O José Cárlos molhava o pão no guaraná, é que eles já comêram limonada com pão, quando eu não tinha café").

Não demorou para que a vizinhança começasse a arranjar problemas. Embora os meninos fossem mesmo bem levados, Carolina sentia que seus filhos estavam sendo rejeitados por outros motivos: "O que tenho pavor é de residir na rua Benta Pereira. Se uma criança entra na minha casa as mães correm e ritiram os filhos dizendo: 'Filhos, vocês não devem brincar com os filhos da Carolina!'".

Minha mãe era muito enérgica conosco, não admitia que roubássemos ou que não estudássemos. Quando nos tornamos adolescentes, exigia que trabalhássemos e que nunca pedíssemos nada a ninguém, e sempre nos dizia que teríamos que conseguir tudo o que quiséssemos na vida através do trabalho e do nosso próprio esforço.

Nessa época, Carolina ainda não estava acostumada a manusear grandes quantias de dinheiro, mas tinha ciência da proporção que a sua vida tinha tomado e tentava assimilar sua nova condição. Preocupava-se muito com sua falta de estudo e queria se aprimorar, por isso lia bastante e sempre consultava dicionários:

> Era uma vez uma preta que morava no inferno saiu do inferno e foi pro céu. Olhando o senhor Jorge Amado pensava:
> — Ele... estudou. Eu não Ele, pode escrever sosinho. Eu preciso do Audálio devido a minha deficiencia cultural, tenho que ser teleguiada. E os teleguiados, são infelizes.

Politizada, Carolina tinha uma visão considerável do assunto e sempre fazia análises da política brasileira de maneira crítica, consciente e inteligente. Frequentava inclusive o palácio do governo, na avenida Rio Branco, e era bem recebida mesmo trajando roupas rotas e simples.

Ha os que dizem que o Janio tem a mania da renuncia. Que ele tinha o Brasil ao seu dispor.
E o Getulio? Tinha o poder na mão e perdeu a vida. O senhor Tancredo Neves não conseguio formar o seu ministerio, renunciou. O Auro de Moura Andrade, recusou ser o primeiro ministro. E o saudoso Brochado da Rocha que perdeu a vida por cansaso mental.

Nas épocas eleitoraes é uma vergonha. Todos querem ser politicos. Para mim o Brasil é uma vaca que todos querem mamar no Brasil. É o povo pagando impôsto com a finalidade que o governo vae aplicar o seu dinheiro melhorando as preriferias e as cidades do interior, mas o dinheiro, é gasto nas corridas de cavalo, nas praias.

Quando minha mãe conversava conosco, os versos iam surgindo no meio do assunto — até mesmo durante as brigas. Aquele palavreado culto já fazia parte do nosso cotidiano, porque ela se expressava em versos até na dor, sem deixar o lirismo que lhe era peculiar:

Deus! tenha de mim clemência.
Protejei a infausta poetisa
Deste-me, tanta inteligência...
Que... me martirisa!

Os sonhos de Carolina foram realizados em parte, pois mesmo tornando-se escritora e conseguindo tirar os filhos da favela e proporcionar-lhes ao menos o estudo, ainda não se sentia feliz: "Tenho a impressão que a minha vida tem duas faces. Uma de cobre, outra de ouro. Ou então eu era um carvalho frondôso e agora... As folhas estão amarelando-se e desprendendo-se até reduzir ao pó".
Além de desgostosa com a nova realidade na qual vivia, era principalmente com Audálio que se sentia aborrecida ("'Eu escrevo o livro e o senhor retira-me da favela.' [...] Mas o Audálio, não retirou-me da favela. Retirou apenas o livro. Porque o livro ia dar-lhe dinheiro"). Certa vez, quando nos encontramos, fiz esse questionamento ao jor-

nalista. Ele respondeu que todos queriam "aparecer" para Carolina, então, quando pensou em tirá-la da favela, Antonio Soeiro Cabral — o empresário que a levara para morar em sua casa em Osasco — já havia se antecipado a ele. Repliquei que, a meu ver, ele deveria ter tirado minha mãe da favela antes da publicação, porque, durante o tempo em que ainda permanecemos lá, a vida se tornou insalubre: "Lançaram o livro dia 19 de agosto e eu continuei na favela apanhando dos favelados enfurecidos".

Sempre ouvi de minha mãe que ela não tinha se casado para que ninguém mandasse nela, e acusava Audálio de querer dominá-la:

> Mas o senhor Audalio Dantas, queria me dominar Não gostei, principíei a reagir. Não nasci na época da escravidão. Eu não tinha o dirêito de fazer nada que o senhor Dantas, observava-me. Uma noite, ele chegou na minha casa e criticou-me porque eu coloquei varios quadros nas paredes, obrigou-me a retirar os quadros da parede aludindo que a minha casa estava antiquada pareçendo galeria. [...] Quando vesti uma saia a japonêza ele criticou, dizendo que eu devia ser mais simples no vestir.

Em outra conversa, o jornalista me disse que, embora Carolina fosse muito vaidosa, ele achava apropriado que ela continuasse a se vestir como uma favelada, para que não fosse descaracterizada. Foram muitas as discussões nas quais a ouvi dizer: "O senhor não é o meu feitor!".

Enquanto morava em Santana, Carolina conseguiu comprar um pequeno sítio em Parelheiros, sentindo-se enfim realizada. Íamos lá todos os fins de semana para limpar e plantar, e a certa altura ela iniciou a construção da casa. Meus irmãos não gostavam do sítio, porque já estavam acostumados a residir na cidade, mas minha mãe estava muito feliz com a possibilidade de se mudar para um lugar mais calmo. Estava cada dia mais cansada e pessimista em relação ao ofício da escrita ("Eu já estou desiludindo da literatura. Cansa-se muito. E é tanta confusão que o meu ideal já está atrofiando-se"), porém nunca deixou de escrever: escrevia a qualquer hora do dia, mas principalmente à noite. Como sempre dormi ao lado dela, ouvia o barulho da caneta-tinteiro deslizando no caderno: "Levantei as 8 hóras com sono. Não posso passar nôites acôrdada. Tenho que dormir para poder dominar as ideias literarias".

Certa manhã, minha mãe apareceu com um caminhão, carregou-o com todas as nossas coisas e nos mudamos para Parelheiros. Meu irmão João José ficou revoltado, pois a casa estava inacabada — não tinha luz elétrica, janelas ou portas, e não podíamos mais ouvir o rádio. Naquela época, já éramos adolescentes, e minha mãe quase não recebia mais os direitos autorais de seus livros. Ali, houve uma grande mudança na nossa vida, e passamos a enfrentar outro tipo de fome.

Começamos então a trabalhar na roça, mas minha mãe continuava a escrever. Dizia que as ideias afluíam e sentia a necessidade de colocar tudo no papel ("Quando consigo comida para os meus filhos sinto uma grande paz interior e as ideias promanam e tenho que escrever").

Muitos anos depois, perguntei ao Audálio o porquê de ele ter se afastado de Carolina, sobretudo naquelas condições, e ele me explicou que os dois não se entendiam mais. Disse então que se arrependia de ter nos deixado numa situação tão difícil ainda adolescentes.

Não sei se a minha mãe encontrou a paz interior no sítio, mas o que posso afirmar é que sempre estava escrevendo debaixo das árvores que ela mesma plantou. Hoje, se estivesse entre nós, estaria feliz ao ver um de seus sonhos se concretizando: a publicação de seus romances, poemas, provérbios, peças teatrais, contos e diários tal qual ela escreveu.

A memória de Carolina está sendo propagada através dos amantes de sua literatura, das pesquisadoras e dos pesquisadores que escrevem sobre sua obra, das inúmeras homenagens que recebe (desde fevereiro de 2021, é doutora honoris causa pela UFRJ), da admiração que os adolescentes e as crianças dedicam a ela, do reconhecimento no Brasil e no mundo e, em especial, das várias "Carolinas" que se espelham em minha mãe para alcançar seus sonhos.

Carolina hoje não pertence a ninguém. Carolina pertence a todos: a brasileiros, a estrangeiros, à comunidade negra, a pessoas de todas as raças, adolescentes e crianças. Carolina é do mundo.

SANTANA

24 de Dezembro de 1960

Levantei as 4 horas. fiquei pensando na confusão de minha vida. Todos os dias eu vou na imobiliaria Jaia para saber quando é que o Senhor Canioldo vae entregar a casa. Ele fica enrolhando-me. Eu não simpatisei com êle nem com o dono da imobiliaria que vendeu-me a casa. É tão facil reconhecer as pessôas que nos fazem de palhaço. — Disse que vou morar na minha casa de qualquer geito. porque eu fico tão cansada viajando nos onibus para Osasco.. Comecei arranjando as roupas e preparando as lanças. Quando o dia despontou-se eu fui no bar. para pergunta ao dono do bar se havia possibilidade d'êle arranjar um caminhão para conduzir a minha mudança para a

24 DE DEZEMBRO DE 1960

Levantei as 4 horas. Fiquei pensando na confusão de minha vida. Todos os dias eu vou na imobiliaria Joia para saber quando é que o Senhor Carivaldo vae entregar-me a casa. Ele fica embrulhando-me. Eu não simpatisei com ele nem com o dono da imobiliaria que vendeu-me a casa. É tão facil reconheçer as pessôas que nos fazem de palhaço — Dicidi que vou morar na minha casa de qualquer gêito, porque eu fico tão cansada viajando nos onibus para Osasco.

Começei arranjando as roupas e preparando as louças. Quando o dia despontou-se, eu fui ao bar para perguntar ao dono do bar se havia possibilidade d ele arranjar um caminhão para conduzir a minha mudança para a Rua Benta Pereira 562. Fui pagar o japonez, umas coisas que comprei fiado. Paguei a Dona da quitanda.

Quando o caminhão chegou, perguntei ao espanhol se queria conduzir-me até na minha casa no alto de Santana. Disse-me que não podia porque ia na oficina.

— Mande o José Carlos ir procurar um caminhão!

Fui despertar a Dona Maria para auxiliar-me e ver se ela ja havia passado as roupas. Perguntei-lhe se queria ir para Santana. Disse que não, porque quer passar o Natal na sua casa. Disse que ia temperar uma lêitôa a pedido. Não comentei. Não elogiei porque a Dona Maria, quando ela faz comida para mim, salga demaes e eu jogo a comida fóra!

Ela trabalha para mim, mas não bebe nas minhas xicaras. Não prova a comida de minhas panelas. Ela é muito orgulhosa — Mas, já recebeu o seu castigo! — O seu esposo é cego e as filhas são infelizes. São doentes e lutam demaes na vida. Eu sou feliz! Porque não tenho orgulho. Os meus dias são belos! Todos os dias eu estou alegre, igual as aves. Não tenho nôjo de ninguem. Não olho ninguem com desprêso. Não estou elogiando-me, estou apresentando os módós que adotei para viver e ser feliz. Porque o orgulho é uma chave, que não abre pórta para o triunfo!

O José Carlos voltou com o caminhão. O motorista, depôis de examinar os moveis, disse-me que era preciso dôis caminhôes.

— O senhor pode arranjar outro caminhão?
— Posso.

Começaram a carregar o caminhão. O dono da quitanda aconselhava-me para internar os meus filhos, que eu não dêvo deixar as crianças abandonadas.

— Não gosto de pessôas que se metem na vida dos outros!

Se eu estou trabalhando para iduca-los, porque não sou medíocre, reconheço que o aliçerçe da vida é a iducação!

A Dona Rosa foi despedir-se e disse-me que sentia a minha transferência para Santana. Ela disse-me que ia acompanhar e foi avisar o seu pae. O pae de Dona Rosa estava em frente a minha casa. Eu dei-lhe um abraço e disse:

— Ele... é o meu nôivo!

A Dona Rosa sorriu comentando:

— Casa com ele, dona Carolina!

— Ele... é viuvo.

Os motoristas já estavam pondo o motôr em marcha. Comprei uma escrivaninha do Senhor Victor Vitattes, o dono da casa de moveis Estoril — o meu senhorio. Fiquei de ir paga-lo depôis. Ele foi muito bom para mim. É um homem corrêto! — Tem uma bela qualidade — palavra! A escrivaninha que eu usava, foi o senhor Antonio Soeiro Cabral[1] que deu-me. Quando eu estava mudando, ele tomou-me. Eu disse-lhe:

— Que especie de homem é o senhor? O senhor não tem palavra! Deu-me a escrivaninha a treis mêses e hoje vem tomar-me? Eu não me casaria com um homem igual ao senhor porque o senhor é um homem que vacila! A sua amisade não tem alicerçe.

A pior qualidade do senhor Antonio Soeiro Cabral é o convencimento. Foi ele quem levou-me para Osasco. Tratou-me muito bem na sua casa. Foi o unico lugar que vivi bem. Ele me emprestava dinheiro. Mas... os nóssos espiritos não ligaram. Tem certos atos que desligam uma amisade. Quando eu dou algo para uma pessôa, está dado. A unica coisa que eu não consegui dar, foi o meu amôr a um homem. Porque as que diziam amar-me eram tão ambiciósos, que inspiravam nojo! Preferi amar as coisas que a Natureza produz — As avês! Eu sempre invejei as avês. As avês humildes! O colibri, o João de Barro, o pombo corrêio... Não gosto do gavião porque devóra os fracos! Em todas classes há um inimigo. Entre os homens, há os invejósos e o ambiciosos.

Quando estramos no caminhão, os visinhos nos olhavam. Um senhor que tem um negocio disse:

— Carolina, eu gostava de fotografar-te, para mostrar a um jornalista a tua mudança.

---

[1] Proprietário do imóvel onde Carolina Maria e seus filhos residiam em Osasco, ocupando um quarto.

— O senhor conhece um fotografo?
— Conheço um que resside la em cima. Manda o teu filho chamar.
Percibi que ele quer as coisas, mas não gosta de gastar. O rico que não gosta de gastar é um pobre de espirito porque ninguem leva os bens para a campa. Agora que estou ficando rica, peço a Deus para não ficar ambiciosa porque o corpo humano é fragil.

Eu entrei no caminhão que estavam os moveis pesados. A Dona Rosa foi no outro caminhão com os moveis leves. O caminhão que conduziu os moveis leves é mais novo. Ia na frente com velocidade. O outro, mais velho, ia atraz como se estivesse com reumatismo. As ruas chêias de buracos. Quando eu andava a pé e ouvia os motoristas dizer que as ruas de São Paulo são esburacadas, eu pensava que os motoristas eram impricantes! — São Thome tinha razão quando disse: Ver para crêr! As vias marginaes estavam alagadas. Encontramos dificuldades para chegar. Eu êrrei a rua.

Quando cheguei, o motorista do primeiro caminhão ja havia chegado. A Dona Rosa Esfaciotti disse que a baiana havia xingado. Mas, eu não tenho nada com os negócios quebrados do senhor Carivaldo. Ela disse-me, que ele não avisou-a. Para mim, ele disse que a familia é sua e que ia arranjar-lhe uma casa la em Pinheiros. — Mas, eu não gostô de confusão! — Paguei 4.000,00 cruzeiros para os motoristas. A dona Rosa voltou no caminhão. Ela e a Divina. Levaram o endereço para voltar segunda-feira com a dona Maria. — Os visinhos começaram falar que eu não devia ter mudado. Sem avisar. Fiquei nervosa porque não gosto de palpiteiros. O senhor Carivaldo disse-me que eles estão morando de graça — É que eles estão sem contrato. E os que podem judiar dos nortistas judiam. Mas, quem vae no Nórte nunca mais judia de um nórtista. Porque eles já nascêm sofrendo. Tem pessôas que em vez de auxiliar quem sofre, prevalece do sofrimento alheio!

Eu fui telefonar e avisar o Dr Lélio[2] que eu ja estava na casa, porque ele disse-me que ia mandar o seu advogado ver porque é que eles não entregavam a casa.

Mas, eu sei que quem interessa por mim é o Audálio.[3] Fui no tele-

---

[2] Lélio de Castro Andrade, sócio da Francisco Alves e diretor da sucursal paulistana da editora e livraria.

[3] Audálio Dantas era jornalista e editor ativo na cidade de São Paulo. Nascido em Alagoas em 1929, faleceu na capital paulista em 2018. Sua carreira ganhou muito destaque depois de seu trabalho na publicação de *Quarto de despejo* (1960), de Carolina Maria de Jesus. Desde 1940 a escritora já publicava seus poemas em jornais da época, como o periódico *Folha da Manhã*.

fone publico. — Não consegui telefonar. Resolvi ir a cidade. Tomei um taxi. Estava nervosa porque eu não gósto de lidar com pessôas mentirosas. Eu estava suja e o povo comprimentando-me nas ruas porque a Folha de S. Paulo havia publicado que eu estou rica. O jornal perguntava:

— O que é que você vae fazer esta nôite?

Eu disse que ia mudar para a minha casa e enviar 25 mil cruzeiros a campanha de combate ao cançer.

Quando cheguei na livraria, paguei 130 ao motorista. Entrei e fui falar com o dr. Lelio, o que havia resolvido porque ele disse-me que ia enviar o seu advogado na imobiliaria. Ele não tinha nada para dizer-me. Então eu disse-lhe que havia mudado. Ele sorriu e comentou:

— Você resolve as coisas mais depressa do que eu!

Fiquei pensando: Será que o dr. Lelio ia resolver o meu caso? Crêio que não. Porque ele disse-me que o unico compromisso que ele tem comigo, é pagar-me as edições do livro. E assim cheguei a conclusão que o meu pae, o meu guia, o meu anjo de guarda é o Audálio Dantas. Quando o Audálio está em São Paulo, ninguem me aborreçe! Os dias são sempre iguaes para mim. Cheguei a conclusão que eu dêvo gostar unicamente d ele.

Sai da livraria e fui na imobiliaria avisar ao senhor João, que eu já havia mudado. Ele sorriu. Desci as escadas furiosas. Depois resolvi entrar no elevador. Eu disse para o acensorista que não gosto de negocios confusos. Fui almoçar no restaurante perto da livraria. Pedi fêijôada. Quando eu estava almoçando, uns jovens pediu-me para autografar cedulas para eles. As notas eram novinhas. Eu comprei 2 livros... O pequeno príncipe e O homem ao quadrado de Elias Ebiachar.[4] Mostrei o livro para os jovens. Eles examinam e devolveu-me. O livro está sendo lançado hoje.

Findo o almôco, paguei 240 e voltei para casa. Que suplicio! Eu estava cansada. Não conseguia um carro. Andava com dificuldade. Percibi que é porque estou comendo pouco, devido ter que trabalhar demaes e viajar todos os dias. As pessôas parava-me para comprimentar-me e desêjar feliz Natal. Encontrei um jovem que perguntou-me se eu conheço o dr. José Tôrres Netto.

— Foi ele quem operou-me.

Pedi ao jovem para dar-me o endereço d ele. Ele ficou de levar o endereço na livraria. Resolvi voltar de onibus. Mas, eu ainda não sei

---

[4] Leon Eliachar, humorista e jornalista brasileiro de ascendência egípcia.

tomar onibus aqui no bairo. Dirigi para a Avenida Casper Libero. Fiquei na linha de ônibus. Quando passava um automóvel, eu ia fazer sinal. Até que consegui um. Dois jovens queria o carro. Eles iam descer na rua Alfrêdo Pujol. Ressolvemos tomar o mêsmo carro. Eles iam lendo o meu livro: O homem ao quadrado. Comentavam o livro sorrindo. Na rua Alfrêdo Pujol, eles desceram e eu segui com os meus filhos até a Rua Benta Pereira.

Quando cheguei, encontrei um nortista confabulando com o senhor Monteiro. Quando entrei, o homem que estava falando com o senhor Monteiro olhou-me com ironia. Enfrentei o seu olhar. Ele queria impedir-me a entrar na casa. Eu comprei esta casa. E o senhor Cariovaldo disse-me que a casa estava vazia. Era para eu mudar dia 20.

— Eu vou buscar a policia, porque eu pósso gastar até 30 mil cruzeiros.

— Se a questâ é dinheiro, eu tambem posso gastar, porque eu ganho 50.000 por dia!

O homem mudou de atitude. Os burros confiam no dinheiro. Os sabios, na razão. O homem mudou por completo e foi almoçar. Começou xingar o senhor Cariovaldo de canalha, que ele não tem palavra. E eu xinguei o dono da imobiliaria Jóia porque está me levando na conversa. Eu estava com sono, queria dessocupar um quarto para mim, o homem não permitiu. Para evitar encrenca, resolvi ficar na sala.

Ouvi dizer que o tal Cariovaldo não queria entregar-me a casa, aludindo que eu tenho que pagar mais. Eu estava com sono. Quando subi, que suplicio! Nunca vi tantas pulgas na minha vida! Sai, fui na padaria comprar pão. Quando eu voltava, vi o carro das Folhas. Quando entrei, vi o senhor Gil Passarelli conversando com a Dona Balbina. O Gil Passarelli, quando me viu disse:

— Carolina... a tua filha é muito insolente. Você trata de iduca-la!

— O que foi que ela fez?

— Mecheu no gipe.

Ordenei a Vera que subisse, que o senhor Gil Passarelli havia dito que ela é muito atrevida e mal iducada.

— Oh mamâe! O Audálio nunca me disse isto! É porque ele é o meu pae. Quando eu olho para ele, ele sorrí. Ele não dêixa eu ficar triste. Eu vou aprender ler para escrever na parede que o Audalio é bom.

O senhor Gil começou dizer-me que, por lêi, os nórtistas tem que ficar três mêses na casa.

— Mas, o senhor Carivaldo vendeu-me a casa vazia! Combinou com o Audálio que eu devia mudar dia 20, que esta familia são seus parentes.

31

O Gil fotografou-me com o casal e tocando violão. Ele percorreu a casa. Achou bonita. Recomendou-me para ter paciência com os inquilinos. Quando o Gil saiu, subi.

Que inferno! Minhas pernas ficaram pretas de pulgas. Ressolvi dessinfetar o quarto com lisofarm bruto. O Gil disse-me que aquela agua parada ia dar febre nos filhos. Que os meus filhos não iam extranhar aquela agua, porque fôram de favela... Não apreciei a ironia!

Varri os quartos, passei Lisoform no assoalho e fui espalhar a terra no jardim, onde abriram uma fóssa. Espalhei dessinfetante no quintal. Preparei uma sôpa para os filhos. Quando eu estava na cidade, mandei o João levar um bilhête na Ultima Hora, avisando que já mudei para o alto de Santana. A tarde os filhos do senhor Monteiro fôram chegando e perguntavam:

— Que diabo é isto?

— É a mulher que comprou a casa.

Chegou uma pretinha furiosa, olhando-me com rancôr, como se eu estivesse invadindo um templo sagrado. Os visinhos comentavam, confabulavam. Um jovem visinho vêio visitar-me e agêitou o tambôr de gaz no fogão. Conversamos sobre o senhor Cariovaldo e o seu papelão de vender a casa e continuar alugando-a. Fiquei sabendo que o senhor Cariovaldo faz confusão nos negocios.

Dei banho nos filhos e o senhor Valdir auxiliou-me arranjar os guardas roupas para armar o sofá. Como jantamos, tomei banho e deitei. Mas, as pulgas pareciam formigas na minha cama. Não consegui adormeçer, porque os moços que ressidem na casa começaram beber e dançar. Eu tinha a impressão que estava numa buate. Eles reclamavam que os meus moveis estavam impedindo-os de dançar. Estavam anciosos para ver o fim da festa. Adormeci com as gargalhadas e os ritimos musicaes.

Despertei com as vozes dos filhos desêjando feliz Natal aos paes. A voz mêiga de Edelzuita Alves Monteiro dizendo ao seu pae:

— Se Deus me ajudar, no outro Natal hei de dar um terno ao senhor porque eu gosto muito do senhor.

25 DE DEZEMBRO DE 1960

Levantei as 5 horas. — Hoje eu estou triste! Acho a minha vida sem graça.

Fiz café. Sai e fui olhar o céu. Ver se vae chover. Porque eu estou com dó dos favelados. Porque a favela está alagada. — É horrivel andar na agua.

Eu ia cosinhar feijão, o Alfredo Monteiro disse:

— A senhora não precisa fazer almoço. A mamãe faz para nós!

Fiquei contente porque preciso escrever. Fui sentar ao sol. Passou um preto. Comprimentei-o, ele não respondeu-me e olhou-me com desprezo. Xinguei o preto de tudo quanto existe nêste mundo. Parece que o preto não está contente com o meu suscesso.

Fui aqueçer. O sol estava gostôso. Comecei a pensar na minha vida. Todos dizem que eu fiquei rica. Que eu fiquei feliz. — Quem assim o diz, estão enganado! Devido o sucesso do meu livro, eu passei a ser olhada com uma letra de cambio. Represento o lucro. Uma mina de ouro, adimirada por uns e criticada por outros. Começei chorar, com odio da imobiliaria Joia, que de Joia so tem o nome.

Que Natal confuso para mim!

O João foi procurar-me, pedi para ele ir comprar um jornal para mim, O Estado de São Paulo, para eu ver a classificação do meu livro. Dei 10 cruzeiros. Ele girou e não encontrou. Voltou furioso. Repreendi-o:

— Você é um bobo!

Ele saiu furiôso. O João vae ser um tipo dificil para compreender a vida porque não gosta de ser criticado. Eu penso assim, quando uma pessôa é criticada, deve fazer uma analise se a critica é justa. Ele ainda é pequeno para enquadrar-se dentro do senso. As pessôas sensatas que eu já vi até hoje: primeiro — o ilustre senhor Audálio Dantas — a Dona Nene, mãe da Círçe, e o jornalista Davi ST Clair.[5]

Passava uma senhora. A coisa mais dificil é abôrdar um paulista, porque eles, quando passam pelas ruas, não comprimentam-se. Não são cordiaes! Quando olham-se, é um olhar frio, igual as nôites de junho. Resolvi perguntar-lhe onde eu podia encontrar uma banca de jornaes. Ela ensinou-me. Eu gritei:

— João! João! Para ensinar-lhe onde é a banca de jornaes, mas ele já estava longe...

Conversei com a mulher que ficou contente quando eu disse-lhe que sou a Carolina Maria de Jesus.

— É a senhóra que escreve?

— Sou!

[5] Jornalista norte-americano nascido em 1932, em Ohio. Repórter do *New York Times* e da revista *Time*, viajou através da América do Sul em 1959 e passou um semestre no Brasil. No ano seguinte, conheceu Carolina Maria de Jesus em São Paulo e se tornou seu amigo.

— Eu estou ressidindo aqui na rua Benta Pereira.

— Que bom! Eu fico alegre de saber que a senhora está morando aqui na minha rua!

A mulher desejou feliz Natal e seguio com as compras. Continuei escrevendo, olhando as pessôas que estão circulando na minha rua. Posso dizer minha rua porque estou comprando uma casa no bairo. E que tem um centro espirita perto de minha casa, que está distribuindo brinquêdos as crianças pobres.

Hoje eu estou nervosa! Percibi que quando o Audálio ausenta-se, a minha vida oscila. O meu amigo é ele. Quando eu morrer, quero que nossas campas sejam unidas.

Eu estava escrevendo quando a Ultima Hora passou. Gritei:

— Ultima Hóra! — E levantei para atendê-los.

O jipe fez a volta e parou na minha porta. Quando eu ia chegando, contei-lhes que o homem que vendeu-me a casa, reçebeu 450.000 de entrada, com a condição de entregar-me a casa dia 20 e, continuou reçebendo os alugues dos inquilinos. Ele disse-me que esta familia são seus parentes. Estavam ressidindo na casa de graça. Se eu soubesse, não teria vindo! Convidei-os para entrar e disse-lhes:

— Cuidado com as pulgas!

Eles sorriram e entraram. Entrevistou-me, fotografou-nos preparando o frango e despediram-se. Fui dêitar e fiquei lendo O pequeno principe. Os jovens, que são amigos da casa, fôram chegando. Uns estavam descontentes com a minha invasão. Um dizia:

— Se fosse eu... não deixava esta mulher entrar aqui!

Os meninos ouviam e vinham contar. Eles ficavam horrorisados vendo-me escrever todo o dia. Confabulavam:

— Ela... deve ser louca!

Já estou habituada com estas considerações.

Eles estão alegres. São jovens, ainda não tiveram encontro com a desventura! Tem bebida. O José Carlos está bebendo. Ficou alegre. Está cantando dessafinado. — Na hora do almoço... Mas que almoço! Da corôa! Levantei e auxiliei a jovem Edelzuila a agêitar a mêsa. Convidaram-me para almoçar arroz e frango. — Eu não gosto de frango! Mas, comi. Os jovens tocavam violão. Ressolvi conversar com eles. As jovens trocaram-se e fôram ao cinema. Passei o dia dentro de casa.

Estou triste! A nôite surgiu, fiquei escrevendo até as jovens chegar do cinema. Elas estão tristes com a minha presença. Achei o dia tão longo. Dêitei. Mas não adormeci porque estou com os nervos habalados. E as pulgas não deixou-me dormir.

26 DE DEZEMBRO DE 1960

Levantei as 3 hóras para escrever. Fiz café para os jovens que saem para o trabalho. Eles são amaveis! Fui comprar a Folha para ver se a reportagem saiu. A reportagem estava na Folha de São Paulo. Mostrei o jornal para o Sr. Monteiro. Ele sorria, achando graça. Todos estavam nervosos. As mocinhas serias e tristes. Resolvi ir a cidade. Troquei os filhos para ir-mos a cidade.

O João estava nervôso. A Dona Balbina preparou o almoço para os meus filhos. Quando eu estava esperando o onibus, o João afastou-se. O onibus surgiu, embarcamos, o João ficou. Eu não podia espera-lo porque estava com pressa. Fui dizendo dentro do onibus que ele precisa educar-se para triunfar na vida. O indios não corrigem os filhos. Se um filho vae mecher no fôgo, o pae não impede. A criança queima e não mais meche no fôgo.

Desçemos na Avenida Tiradentes. Fui felicitar os velhos conhecidos. Os que reconhecia-me, ficavam olhando-me com adimiração. Fui visitar o José Castilho porque ele auxiliou-me muito. Fui visitar o senhor Rodolfo Sherouffer porque a Vera diz que está com saudades d'ele. Fui visitar a Ivany. Ela disse-me que vae casar-se. Mas, não gosta do noivo, gosta unicamente do conforto que ele vae dar-lhe. — Não aprecio as mulheres futeis! Mas, as mulheres que casam sem amôr, acabam amando, devido o intercambio sexual. — A mãe da Ivany ofereceu-me a sua casa. Eu não quero compra-la, porque é muito pequena. Ela quêixou-se que foi abandonada pelos dôis homens de sua vida.

Fui no matadouro avicola comprar pena, para fazer a minha fantasia, porque eu vou passar o carnaval no Rio, com o David ST Clair! Quando cheguei na oficina do senhor Rodolfo, ele não estava. Fiquei esperando-o porque a Vera queria vê-lo. Ele prometeu dar-me uma cesta de Natal. Fiquei girando por ali até ele surgir. Ele disse-me para eu ir buscar a cêsta de Natal sexta-fêira.

Ressolvi ir a cidade. Passei na Ultima Hóra, pedi ao senhor Remo Pangella para enviar um cheque a clinica do cançer de Recife. Quando visitei Recife, fiquei com dó dos doentes. Ressolvi ir até a imobiliaria falar com o senhor João Francciulli, que vendeu-me a casa.

Entrei na livraria, os comentarios eram dessairosos e cacêtes. Parece que todos estão contra-mim. Ate a dona Adelia dava opiniões criticando a minha atitude por ter entrado na casa com os inquilinos. É que eu percibi que o dono da imobiliaria queria explorar-me. Se eu não tomasse esta decisão, não conseguia a casa! Eu disse para a Dona

Adelia que tenho pavôr da minha vida entre os civilisados! Ha os que estudam, em vez ser honesto, são desonesto, chêio de confusão! Tipos que tem de branco só a pele.

A Dona Adelia defendia os brancos dizendo que a raça humana são todos iguaes, são imperfêitos! Fiquei furiósa com tanto falatorio nos meus ouvidos. Um advogado disse-me que leu a reportagem nas Folhas. Outros diziam que havia lido na Ultima Hora. Hoje é o meu dia aziago. Deus me livre de ter dinheiro. Porque as pessôas que ja deu-me esmolas, vem pedir-me favôres.

Sai da livraria e fui na imobiliaria ver se via o senhor João. Encontrei só o auxiliar, que disse-me que ficou descontente com o que fizeram por mim. Eu disse-lhe que pretendia fazer uma reportagem favoravel a imobiliaria Joia. O senhor João não estava.

Quando sai da imobiliaria, recomendei aos filhos que não entrassem na livraria porque eu vinha direto para casa. Mas, eles não me obdeçe! Entraram e eu fui procura-los para voltar-mos. A Dona Adelia disse-me que eu devia telefonar para O Cruzeiro. — Telefonei. Atendeu o auxiliar, o Frederico. — Pedi para chamar o Toroks[6] ou o Ronaldo. Atendeu o Ronald de Moraes, que disse-me que vou na redação só quando o Audálio está.

— É que eu não tenho tempo.

Ele disse-me que o Canarinho havia telefonado para ele enviar umas fotografias da minha casa. Que ele vinha fotografar. Fiquei esperando-o, quando chegou uma preta procurando o Audálio. Disse-me que o Audálio havia prometido visita-la e não visitou-a, que está criando quinze crianças orfas sem auxilio do Estado. Criticou-me porque fui almoçar na casa de Dona Filomena Mattarazzo, que eles auxilia-me porque querem sair nas colunas sociaes. Queria o endereço do Audalio. Eu disse-lhe que não sei. Perguntei ao senhor Jorge Toroks se sabia o endereço do Audalio. Respondeu-me que não.

Enquanto a mulher falava, o Torokes telefonou para a sua esposa pegar um carro e nos pegar na redação. Descemos e ficamos na porta, aguardando o carro. Quando ela chegou, entramos. Eu estava furiosa, indiquei-lhe a rua. Eu vinha queixando:

— Sem o Audálio, a minha vida desfaz-se. Foi bom ele ausentar-se para eu ficar reconheçendo os pulhas que convivem comigo. Os que estão enriquecendo-se comigo, tem unicamente interesse comercial.

— O que houve na livraria? — Interrogou o Torokes.

---

6 George Torok, repórter fotográfico de *O Cruzeiro*, nascido na Romênia.

Não respondi. Mas, estou furiosa com o Dr. Lélio porque ele pediu o contrato da casa dizendo que ia entregar a solução ao seu advogado e não apareçeu nenhum advogado do Dr. Lelio. — Os Norte americanos ja disse-me que ele é muito orgulhoso e me trata com formalidade comercial. A esposa do senhor Tokes disse-me que eu posso procurar o seu esposo ou o Ronaldo, que eles auxilia-me. Mas, eu confio só no Audalio. Ele é concretisação, não é promotôr de confusão!

Quando eu estava na livraria, um senhor que é escritor didatico, disse-me que eu tive sorte vendendo o meu livro na editora Francisco Alves, que é a unica editora correta do Brasil, que ele conheçe todos.

— Quer dizer que não se pode confiar no branco porque eles é quem são editores!

Depôis que o senhor Torokes despediu-se, dêitei. Mas, não consegui dormir com a risadas dos jovens. Como é horrivel dormir com os meus quatros filhos num sofá cama! Eu disse para o senhor Torokes que vou esperar o Audalio no aereopôrto.

27 DE DEZEMBRO DE 1960

Levantei as 5 horas. Não consegui dormir por causa das pulgas. Que suplicio ver os meus moveis espalhados! — E eu que pensava e sonhava com uma casa de alvenaria, supondo que ia encontrar tranquilidade. Percebo que não! Desde o dia que assinei contrato com a editora para editar o meu livro, acabou-se por completo a minha tranquilidade interior! — Ha os que me aborrecem, os que adimira-me, os que querem auxilio, os que querem dinheiro para comprar casa... O que eu sei dizer é que eu sai da agua tepida e cai na agua fervente. Que vida desgraçada a que eu levo atualmente!

Troquei e fui a cidade. Tomamos o onibus. Desçemos perto do Ultima Hóra. Fui levar o endereço do tal Cariovaldo, o nogento que vendeu-me a casa, para eles fazer uma repostagem com ele explicando confusão que ele fez. Entreguei o bilhete para o senhor Remo Pangella e sai logo. Fui no açougue, comprei um pernil de pôrco por 510 cruzeiros. Conversei com o açougueiro.

— O senhor está robusto. Porque vive no mêio da carne.

Sai do açougue, entramos num bar. Comprei refresco para os filhos, tomamos o onibus Imirim. Eu ainda não sei tomar o onibus. Desci fóra do ponto e fomos andando. Os filhos reclamando que não gósta de andar-a-pé. As pessoas que reconhecia-me parava-me para conversar-mos.

Quando cheguei em casa, recebi os recados do senhor Silva Netto, que ia visitar-me as nove hóras de amanhã e outro recado do canal 9, para eu ir amanhã as 20 horas. O João disse-me que uma senhora vêio procurar-me. Ressolvi dêitar no sofa cama. Tocaram a campanhinha, olhei atraves do vidro. Era um senhor do canal 9, que voltou para combinarmos a hora deu estar no canal 9. Citei-lhe que pretendo escrever uma peça para a Dona Bibi Ferreira. Expliquei-lhe a peça, ele apreciou.

Passei a tarde lendo e escrevendo. A Dona Balbina e sua filha prepararam a janta para nós. Os môços fôram chegando. Jantavam. Iam deitar-se. Não dançaram. Que dias horriveis!

28 DE DEZEMBRO DE 1960

Levantei as 6 horas. Lavei o rosto. Nao fiz café. Sai. Fui ao emporio comprar remedios para extinguir as pulgas. Que suplicio, não conseguir dormir! As roupas dos meus filhos ficam salpicados de sangue. Não vou sair porque tenho compromisso com os jornalistas. Fiquei surpreendida vendo a fêira na minha porta. Os fêirantes reconheçeu-me porque ja viu-me na televisão. Olhavam-me com curiosidade.
— Uma senhora disse-me que vendia fiado para a Mazete, a mulher que vendeu-me a casa. Que ela mudou-se de desgosto porque tem uma filha de treze anos que é o diabo. Ja quer o homem, pinta o rôsto e namora os filhos dos visinhos.

Outra senhora, que é italiana e fala o purtuguês admiravelmente, disse-me que não sabe ler. Contou que a Marizete comprou esta casa por um milhão e duzentos contos. Dava duzentos de entrada e pagava oito mil cruzeiros por mês. Quem dar mais, recebe a escritura com mais facilidade e mais depressa.

A Marizete vendeu-me a casa por 1 milhão quientos e cincoenta mil cruzeiros, ganhou trezentos e cincoenta mil cruzeiros no negocio.
— Comprei biscouto para os filhos, entrei, preparei café e fui escrever.

As nove horas, o jornalista Silva Netto chegou com o fotografo. Ele fotografou-me em casa e na feira. Citei ao Silva Netto as condições que comprei a casa. Convidei-o para vir a nôite assistir o forró, que os nórtistas são alegres. Eles cantam e dançam, bebem uisque e pinga com limão... ele queria mandar o fotografo a nôite. Mas, eu disse-

-lhe que não estava, para ele voltar amanha, porque a noite eu estou no canal 9, no programa dos trêis leões.[7] Ele dessistiu de voltar. Despediu-se.

Os feirantes estavam contentes porque vão sair na Revista Manchete. A Dezuita sorria a-tôa. Eu dizia-lhe:

— Você está sorrindo a-tôa porque ficou noiva hontem a noite?

As jovens visinhas vinham visitar-me. Outras para pedir-me auxilios para arranjar empregos, que eu tenho influência. — Não crêio que eu tenha influência. Chegou o jornalista da Folha da Zona Norte e o senhor Lucas da livraria. Ele disse-me que tem uma livraria em Santana. Fiquei habismada. É muito pouco! O povo precisa ler mais! Eles levaram o retrato que estou com o Audalio, quando ele encontrou-me na favela. Prometeram devolver-me o retrato.

Eles despediram-se. Continuei escrevendo. Depois fui tomar banho. Quando eu estava no banheiro, a Dona Sebastiana chegou, relembrando os meus dias de luta, catando papel na chuva e pedindo comida nas casas.

— Como é horrivel ser indigente!

Disse-me que o seu esposo está doente e que ela está com dificuldades de vida. Os filhos doentes e ela não pode trata-los, devido o custo de vida. Deu-me o seu endereço para eu ir visita-la, que o seu esposo está contente com o meu sucesso... O endereço é Rua Elvira 58, Parada Ingleza. — Eu disse-lhe que estou desgostosa da vida. Não tenho tempo de cuidar dos meus filhos. Tenho a impressão que sou escrava. Ela pensa que as pessôas, por estar ganhando dinheiro, são felizes. — Para certas pessoas o dinheiro é o intermediario da desgraça! A Dona Sebastiana despediu-se chorando. — Disse que suas lagrimas eram de alegria por ver-me feliz. Mas, eu nao crêio! Tive a impressão que era inveja porque, ela já deu-me esmolas e um bêrço para a Vera.

Recibi a visita de uma senhora por nome Guiomar. Queixou-se que o seu esposo está dessimpregado e se eu podia comprar-lhe ferramentas de marcineiro para ele trabalhar, que as oficinas acêita marceneiro, mas não dá ferramentas.

— Quanto custa as ferramentas?

— Quarenta mil cruzeiros!

Contínuou dizendo que o seu esposo é pintor, se vou pintar a casa, que ele pode pintar a minha casa. Que ela é custureira, se eu preciso

---

[7] Teledrama patrocinado pela rede de lojas Três Leões, na tv Excelsior.

de custureira por dia, que ela é custureira formada e não sabe como é que a sua vida mudou deste gêito.

— Tem pessôas que não acêita as fatalidades na vida!

Que ela é de Bauru. Convidou-me para ser madrinha de seu filho, que está no ventre. Eu disse-lhe para convidar o David St. Clair para ser o padrinho. Os jornalistas da Ultima Hora vieram convidar-me para ir a favela. Fui preparar depressa. Eu estava dando banho na Vera, pedi a Dezuita para pentear os cabelos da Vera. O eletricista estava ageitando o chuveiro porque quando ele está ligado, dá choque. Ele combinou 100 cruzeiros, dei-lhe 500.00! Ele não tinha troco. Pedi ao jornalista Magalhaes para pagar.

Sai com os jornalistas, os visinhos olhava-me com curiosidade. Quando o jipe de Ultima Hora circulava, alguem reconhecia-me. Encontrei o senhor João Veloso e eu disse aos jornalistas:

— Quando eu catava papel, encontrava este senhor e ele dizia: "Carolina! inclui-me no teu testamento." Eu dava uma risada e dizia: "O senhor herdara o meu saco de catar papeis e o meu barracão da favela!".

Eu seguia no gipe da Ultima, olhando os recantos que percorri quando catava papel. Quando eu via as latas de lixo, reanimava porque tinha certeza que ia arranjar o que comer. Quando passei perto da banca de jornal, comprimentei a Dona Ofelia acenando a mão. Os visinhos da favela reconhecia-me no carro.

Quando cheguei na favela, fui falar com a esposa do garri da prefeitura, que ganhou o premio na loteria federal. Os favelados agruparam-se para olhar-me. Não me olhar com repugnância, olhar-me com adimiração. Eu olhava as casas de alvenarias, os semi-Deus que olha os favelados com repugnancia. Eu disse aos jornalistas que eles sonegam até agua para os infelizes.

O Silvio Cardoso interferiu-se, dizendo que eu havia dito que a sua avó pedia agua para matar os favelados e quem morreu foi o seu netto.

— Você, negra suja! Pediu comida na minha casa.

— Pedi, e a tua mãe deu-me! Eu escrevi isto! Convidei o teu pae para batisar o José Carlos, ele recusou, aludindo que não dava confiança aos habitantes da favela.

Os jornalistas observavam. O Silvio é um play-boy petulante!

— Você quer expancar-me?

— Vae pro inferno, ordinário! Eu não vou sujar as minhas mãos com um tipo da tua marca!

Sei que o Silvio prevaleçe porque é filho de sargento e o pae é prepotente.

Conversando com a esposa do funcionário, que ganhou o premio federal, aconsêlhei-a para mudarem, porque a favela é um inferno. A esposa do funcionario disse que vae cumprir promessa na Aparecida do Nórte, depôis vae dêixar a favela. Estava contente. Deus queira que ela sêja mais feliz do que eu. Porque os jornaes, quando divulga que alguem enriqueçeu-se... pronto. Adeus tranquilidade! É um pede, pede diário, cada um quer algo diferente.

Ressolvi sair da favela. O reporter combinou com a mulher para passar na Ultima Hora, quando eles for para Aparecida, que um fotografo vae acompanha-los. Eu despedi dos favelados, entrei no gipe. Peguei na mão da Miriam. Os favelados murmuraram-se:

— Eh! Eh! Miriam!

Dei graças a Deus quando o gipe partiu.

A Dona Ida Cardoso estava no portão quando o jipe passou, ela virou as costas, os jornalistas sorriram.

Quando chegamos na Ultima Hora, conversei com o senhor Remo Panjela e disse-lhe que precisava ir a televisão, no canal 9. Ele disse-me que um motorista ia levar-me. Depôis que eu fosse fotografada com o gari da prefêitura. Desçemos na Avenida Anhangabaú e ficamos procurando o varredor de rua que foi contemplado com um bilhête de loteria. — Que suplicio para encontra-lo! Ficamos circulando pelas ruas ate encontra-lo. Quando encontramos, ele estava contente — porque quem sai da favela, sai contente!

O reporter perguntou-lhe:

— Você sabe quem é esta?

— Não.

— É a Carolina!

— Ah! Eu ouço falar da Senhora!

— Agora que você tem dinheiro, sai da favela. Aquilo lá é um inferno!

— Onde é que você vae morar?

— Eu vou pro Tucuruvi, se Deus quizer!

Despedimos d ele e fomos procurar o jipe de Ultima Hora. Mas, não encontramos. O jornalista ficou nervoso. Eu dizia-lhe que é preciso ter muita paciencia para viver. — Eu sei dar a recêita mas não uso. Estava ficando tarde, ressolvi tomar um carro e disse para o jornalista se queria reçeber 100 cruzeiros, que ele pagou o eletricista. Disse-me que o dinheiro era para pagar o carro.

41

O senhor Magalhaes parou um taxi, dirigi para a Radio Excelsior,[8] canal 9. — O motorista não conhecia o local. Disse que faz três dias que está usando o carro. Eu não sabia explicar-lhe. Obrigou-me descer do carro e tomar outro, porque eu disse-lhe que estava com pressa, tinha programa de televisão. Desci, tomei outro carro.

Quando cheguei na radio, um jovem estava esperando-me na pórta. Quando iniciou o programa com o senhor Cesar de Alencar...[9] Que homem bonito e culto! Homem culto igual ao senhor Cesar de Alencar, dá gosto compra-lo a-prestação e paga-lo a vida toda! Era o meu desejo conheçer o nosso Cesar de Alencar. Ele tem um rôsto bonito, que a gente não cança de olhar. — Ele apresentava pela televisão, um programa apresentando as pessoas que destacaram-se nêste ano de 1960.

Eu, Aurora Duarte,[10] pela atuação no filme, A morte comanda o cangaço, Raul Roulien,[11] apresentando o senhor Edimundo Monteiro.[12] Silvio,[13] jogador de fot-bal, João Carlos Martins,[14] pianista brasileiro classificado, J. Monteiro Camargo,[15] que criou o banco da Politecnica para alunos pobres. Ao senhor J. Monteiro Camargo o meu obrigado e um Deus que lhe pague, pelo teu nobre gesto! O senhor não compareçeu porque está doente, mas Deus ha de conceder-te mais uma temporada aqui na terra. Porque o senhor está auxiliando a humanidade. Pelo teu intermédio, algum estudante pobre podera concretisar o seu sonho! O senhor conquistou um lugar no coração do aluno pobre. — Gesto inesquecivel! — Compareceram os bombeiros que foram homenageados pela conduta pautada na função de proteger o povo: Paulo Carrilho de Frêitas, Francisco Antonio Coutinho Filho e Geraldo Ferreira da Silva Iolando Lopes.

Depois da apresentação, o senhor Cesar de Alencar nos dava uma miniatura de trêis Leoes. É que era dôis leões, um casal um leão ves-

---

8 Na esquina da avenida Paulista com a rua da Consolação.
9 Radialista e apresentador.
10 Nome artístico de Diva Matos Perez, atriz.
11 Nome artístico de Raul Entini Pepe Acolti Gil, ator, cantor e diretor.
12 Diretor-gerente dos Diários e Emissoras Associados.
13 Atacante da Portuguesa de Desportos.
14 Martins conquistara fama internacional com suas gravações de Bach e recitais em grandes palcos internacionais, como o do Carnegie Hall, em Nova York, em 1960.
15 José Otávio Monteiro de Carvalho, professor da USP que criou o programa de concessão de bolsas de estudos a alunos carentes.

tido de macacão. Eu fui a ultima a sair porque fiquei ate o fim para assistir o programa. — Gostei do Gariba, que apresentou um dialogo. — "Quarto de Despêjo" pedindo aos politicos para diminuir o custo de vida. Porque o favelado precisa comêr. Vae sair o JK. Vae entrar JQ. Vamos ver se o pobre vae ter o quer comer.

Pedi o endereço de Aurora Duarte porque quero ver se ela filma o meu conto "Felizarda". Sai da radio Exelsior, tomei um carro, cheguei em casa as 11 da nôite.

29 DE DEZEMBRO DE 1960

Levantei as 4 horas e fui na ressidencia do senhor Audalio Dantas. Quando ele viaja, a minha vida vira ao avesso. Eu brigo com alguem, enfim surge qualquer confusão.

Ressolvi ir a-pé, para conhecer o meu bairo, as ruas esburacadas outras inclinadas. Cansativas para circular. Mesmo com as ruas esburacadas, com os coletôres de lixo com dias alternados, o bairo de Santana é bonito. É no topo e as vistas são maravilhosas! Segui a rua dos portuguêses, vi outra rua com a placa "rua dos Luzitanos." Temos rua Lisbôa, Coimbra etc. Comprovando que Portugal é bem quisto no Brasil.

Cansei de andar, ressolvi tomar o onibus ate a rua Voluntarios da Patria. Desci e tomei outro Santa Therezinha. Quando cheguei na ressidencia do Audalio, encontrei o seu sobrinho de pé. Ele recebeu-me. Fui falar com a sogra do Audalio, ela estava dêitada queixando-se que passou mal a-nôite. Eu estava nervosa com o tal Cariovaldo do diabo. Porque o homem que mente é um diabolico. Eu havia comprado o jornal para o Audalio ler a Ultima hora com a minha reportagem, que eu visitei o gari da prefeitura. Fiquei conversando com a sogra do Audalio. Ela fez cafe para mim. A casa do Audalio é farta, tem tanta coisa pra comêr.

Quando eu ressidia na favela e fui visitar o Audalio, os meus filhos comeram tanta coisa! Ficaram adimirados, dizendo:

— Deixa nós irmos morar com o Audálio! Lá... tem o que comêr!

Para mim, o problema da comida foi solucionado! Graças a Deus e ao Audálio! Mas, existe as outras que não tiveram a sorte de nascer de com o pensamento artistico, poetico igual ao meu.

Foi em 1937 que o meu pensamento literario manisféstou-se. Eu xinguei. Queria suicidar-se. Depôis... fui habituando-me. Hoje... está auxiliando-me, porque ressolveu o meu problema... de fome.

Eu fico horrorisada com a fome no país! Com tantos politicos... É que elês não iducaram-se para adiministrar-se. E não iducou o povo ao trabalho...

Eu estava impaciente. A sogra do Audalio foi despertar a Dona Iracy. Perguntei-lhe:

— Como foi de viagem?

— Voltei horrorisada com a misseria do Nórte... E triste com a desigualdades da vida.

Ela ainda está doente. Convidei-a para ir ao Hospital das Clinicas. Ela concordou-se. Mas, eu não sei se a sua Magestade, o Audalio, vae consentir.

— E o Audálio, o que foi que disse das confusões que occorreu comigo na sua ausênca?

— Disse que você é louca!

Expliquei-lhe que o senhor Cariovaldo não queria entregar-me a casa.

As nove horas, sua alteza desceu, bem barbeado. Comprimentei-o. Basta a presença de Audalio para dissipar as intranquilidades interiores. Citei-lhe as confusões.

— Com calma a gente ressolve tudo!

Mas, eu não penso assim. Tem pessôas que quer confusão, eu tambem faço confusão. O Audalio aconselhou-me para ser calma com os nortistas que estão ressidindo na casa.

— Depois que visitei o Norte, jurei não maltratar os nortistas!

Citei-lhe que havia gravado as minhas composições na Firmata.[16] As tias do Audálio fôram chegando. Eu disse-lhes que gosto de trabalhar com ele porque ele é muito correto. A tia sorria acariciando os cabêlos do Audalio comentando:

— Desde pequeno ele sempre foi assim. É a joia da familia!

Dei o jornal para ele lêr e disse-lhe que ia embora, porque eu estava na sua casa dêsde cinco horas da manhã.

— Você é louca!

Combinamos um encontro no Cruzeiro. Ele deu-me um pedaço de requeijão do Norte. Despedi de Audalio, dizendo-lhe:

— Eu gosto muito de você!

Tomei o onibus mais reanimada, achando que ainda vale a pena viver porque o Audalio êxiste. Quando desci do onibus, fui a-pé pra casa. Passei numa loja para ver os tecidos. São belos.

---

16 Fermata, editora musical sediada em São Paulo.

— A senhora é a Dona Carolina?
— Sou.
— Muito obrigado da senhora escolher o meu bairro para ressidir!
Despedi e seguia pensativa. Descontente com minha popularidade.
— Olha a Carolina Maria de Jesus!
— Ah! É aquela! Esta mulher vale uma furtuna!
Um pretinho, com um defeito de nascença, chamou-me:
— Dona Carolina!
Entrei na barbearia para atendê-lo. — Ele olhava-me com adimiração. Percibi que o preto aprecia o preto que destaca-se. Queixei que estou cansada e arrependida de pedir para ser escritora. Sei que digo isto quando estou nervosa, mas eu gosto de escrever. Despedi desêjando-lhe um feliz 1961.

Galgava a rua Alfredo Pujol. Desviei para outra rua, porque eu vi umas arvôres frondosas. Onde tem arvore, tem passaros. — Eu gosto das aves porque são inofensivas. Não tem a inteligência diabolica do homem, que constróe a tal bomba atomica e outras inutilidades. Estas invenções servem para intimidar as Nações!

Quando cheguei, encontrei um senhor, que estava esperando-me. Convidei a entrar. Disse-me que veio pedir-me para arranjar uma televisão e um patrocinador para ele dar uma conferência sobre os favelados. Citei-lhe que não resolvo estes problemas.

— O meu mister é escrever o meu Diario!

Aconselhei-o para ir falar com o Audalio a-tarde. Uma senhora que escreveu um livro em idiche, veio para eu leva-la a cidade, que ela quer mostrar o seu livro para o dr. Lelio. Quer que ele mande traduzir para editar. Preparei a Vera e o José Caros para ir conôsco. O João queria ir. Eu não queria leva-los. O João queria acompanhar-me porque eu disse-lhe que o dr. Lélio ia pagar-me.

Tomamos o onibus. Não tinha lugar... Quando fui pagar, ja haviam pago para mim. Não sei quem pagou, mas agradeço ao meu amigo desconhecido. Dirigi para a livraria. Encontrei o povo reanimado. E o meu livro estava chegando. A setima edição. Quando o povo vê o meu livro, ficam contente. Subi o elevadôr. O senhor Paulo Dantas[17] estava na livraria. Pedi para atender a escritora judaica. — Ele olhou os manuscritos e disse-lhe ser impossivel dar uma solução, porque o manuscrito está noutro idioma, para ela falar com o dr. Lelio.

17 Escritor e jornalista sergipano, editor de *Quarto de despejo* e autor do texto de apresentação na orelha da primeira edição do livro.

Fiquei conversando com o editor da Revista Magisterio ate o dr. Lelio chegar. Quando ele chegou, apresentei a escritora e seus artigos. Ele examinou-os, dizendo que se fosse em purtugues havia mais possibilidade. Ela disse-me que o dr. Lelio trata-me bem. O dr. Lelio disse-me que eu devia ir na Firmata, falar com o senhor Henrique Sebendiger, diretor da Firmata para assinar o contrato. — Despedi e saimos. Dirigimos para a redação do O Cruzeiro. Encontrei o Audálio, estava atarefado, escrevendo, respondendo as cartas que vem do extrangeiro sobre o meu livro. Conversei com o Ronaldo e disse para o Audalio, que o Ronaldo fala que eu vou a redação só quando ele está. Ele disse-me que procurou-me hontem e não localisou-me.

— É que eu estava com a Ultima Hóra!

Fomos a favela e a Dona Ida Cardoso virou as costas quando nos passavamos. Contaram-me que ela está mal de vida. Eles eram orgulhosos. Quem tem orgulho, rasteja!

O senhor Miller olhou os manuscritos da judia e prometeu-lhe um tradutor. Fui conversar com o diretor da sucursal do O Cruzeiro, Senhor Silvio Canarinho. Ele disse-me que estava com dôr de cabeça. Coloquei as mãos na cabêça e benzi:

— Dôr de cabeça sai dai já. Não é em mim que me importa me lá.

Ele sorriu. Um riso forçado. Como se estivesse descontente com a vida. Percibi que ele está doente.

— Os teus filhos passaram de ano?

— Eu não sou casado, Carolina.

— Oh! Logo o senhor... um homem que pode manter um lar com todo conforto, não casou-se. Porque?

— Eu dediquei a minha mocidade aos estudos e não tive tempo de namorar. Um homem para namorar é preciso estar sempre ao lado da mulher e eu encontrava dificuldades. — Ate ao fim do ano, pretendo casar. Eu tenho trêis namoradas vou excoima-las.

O Audalio ia sair, convidou-me duas vezes para sair. Pedi licença ao Canarinho e e saimos. Eu, a Vera, o Audalio, o Miller e o Ronaldo. O Audalio perguntou-me se assinei algum papel para o David St. Clair.

— Não assino nada sem a tua ordem.

— A Carolina está apaixonada pelo David S.T Clair! Comentou o Ronaldo.

— Azar d ela! — Reafirmou o Audálio.

Peguei a minha xicara e sai de perto, para não ouvi-los falar do David S.T Clair. Fiquei pensando: quando eu queria prende-lo, expanca-lo o Audalio obrigou-me a pedir-lhe desculpas! Eu suplicava ao

Audálio para não deixar-me só com o David S.T Clair. Tinha pavor d aquele homem! Ele disse-me que ele estava auxiliando-me, que eu devia trata-lo bem. Sendo assim, ressolvi trata-lo bem e o David fala que quer casar-se comigo.

Quando eu voltava para a casa encontrei com o senhor Frederico Penteado. Disse-me que ja está pronto o contrato para a casa propia, que o dr. Adhemar[18] criou. Se eu podia assinar a-tarde.

Pedi a escritora judaica para voltar com o José Carlos e voltei pra redação com o senhor Frederico. Dei dinheiro ao José Carlos, para pagar a condução.

O Penteado explicou ao Audálio que o progeto já está pronto. Ele ia telefonando para localisar o dr.

Despedi do Audalio e descemos no saguão dos Diarios. Encontrei com o filho de Dona Suzana Rodrigues, que disse-me que a sua mãe queria falar-me. Ressolvi espera-la, porque devo-lhe muitas obrigações. O Penteado continuou dizendo-me que vae comemorar o ano que vem, o ano Carolina Maria de Jesus! Que vae realizar um baile em Pinheiros, num salão mais chic de São Paulo. Que vae fazer o convite. Pedi ao Penteado para convidar o Dr. Lionel Brizola[19] e sua esposa, Dona Neuza, o Dr. João Carlos Gastal, o professor Arlindo Caetano Filho e os prefêitos de Recife e Caruari. Ele despediu-se. Fiquei na porta da redação esperando a Dona Suzana. Um senhor convidou-me para tomar café. Acêitei, saimos com o filho de Dona Suzana. A Vera estava impaciente, queria vir pra casa.

Quando a Dona Suzana chegou, combinamos que eu devo comparecer dia 5 para um programa especial. Convidou-me para tomar parte no programa, que o entrevistado seria o senhor Emilio Carlos, candidato a prefêito de São Paulo. Vou levar a Vera em casa e volto. Passei na praça do Corrêio. Convidei a Dezuita para vir comigo. Entrei no açougue para comprar carne de porco, esbarrei numa jovem bonitinha, que reclamou, xingando-me de nórtista inculta.

— Eu esbarrei na senhóra porque estou com pressa. Tenho programa de televisão. Vou ter debate com o deputado Emilio Carlos!

— Ah! A senhora é a Carolina? — Perguntou o açougueiro adimirado, olhando-me como se eu fosse um fenomeno.

---

18 Prefeito de São Paulo pelo Partido Social Progressista (psp), candidato à presidência e ex-governador do estado (1947-51). Carolina era sua eleitora desde os anos 1940. Conservador e populista, nos anos 1960 era conhecido pelo bordão apócrifo "rouba mas faz".

19 Governador do Rio Grande do Sul pelo Partido Trabalhista Brasileiro (ptb).

Paguei a carne, 398 cruzeiros. Fiquei horrorisada com o custo de vida. Será que estes politicos não pensam nos pobres? Cristo tem que voltar para reorganisar o mundo.

A fila estava longa. Varias pessôas aguardando a chegada do onibus. Pedi ao José Monteiro, irmão de Dezuita, para localisar um carro. — Ele não conseguia. Que suplicio ter compromisso na hóra certa! Consegui um carro. Uma senhora vinha pra Santana, entrou no automóvel, ela ia desçer na   . Ela pagou 60. Nós seguimos. A Dezuita ensinou a rua errada, ficamos girando pelas ruas ate localisarmos a rua Benta Pereira.

Quando chegamos, fui tomar banho e pedi a Dezuita para preparar a carne para mim. O motorista estava esperando-me. Quando entrei no carro, estava chovendo. Eu ia conversando com o motorista. Falava do David ST Clair, que o repórter Audálio Dantas dizia que o David é um homem utilissimo para mim e agora está contra ele. Eu não entendo as pessôas da alta sociedade. Então amisade d eles não é sincera. Se ele dêixou de apreciar o David ST Clair, sem justo motivo, então amisade que ele demonstra ter por mim não é solida! — Eu quero casar com o David S. T Clair porque ele vae auxiliar-me a escrever! Eu não gosto de sair de casa com o David, eu estaciono. Cuido de minha casa e escrevo o resto do dia e lêio. Eu não estou contente com a minha vida porque sou fraca. Se me agitar muito fico com falta de ar. — O poeta é fraco!

Quando cheguei na redação, era vinte e uma hóra. Encontrei o senhor Emilio Carlos girando pela televisão. Eu não falei com ele, apenas observava-o. Pareçe moleque! Dá a impressão que ele é um insensato. Sentei perto de Dona Suzana Rodrigues, para ouvir o debate.

As mulheres derrivavam na iducação. As cultas eram sensatas nas perguntas. As incultas falastronas. Não dava opurtunidade para outras fazer perguntas. — O senhor Emilio Carlos dava as respostas sensatas, mas as mulheres não compreendia. Não tive opurtunidade de fazer perguntas ao senhor Emilio Carlos. Ele tem uns olhos verdes e tristes.

Findo o programa, ele foi atender o telefone e disse:

— Sabe quem está ao meu lado? É a Carolina, do Quarto de Despejo!

Ele estava abraçando-me. Um abraço sem emoção. Abraço gostôso é o abraço do David ST Clair. É um abraço provocante! Tudo que está adormecido, desperta-se!

O senhor Emilio Carlos, ao entrar no elevadôr, convidou-me para entrar. A Dona Suzana Rodrigues impediu-me. O senhor Emilio Carlos sorrindo, comentou:

— A Carolina não fala nada. Olha-me tanto! Que me dêixa preocupado! Vamos ver como é que eu vou sair no seu Diário. Será que vou sair como o Cantidio?

E sorria um sorriso que eu não vêjo a muito tempo. Um sorriso de felicidade. De pessôas que não teve encontro com a desventura. Cheguei em casa as 22 horas e meia.

30 DE DEZEMBRO DE 1960

Levantei as 4 hóras porque não suportava a cama, com tantas pulgas... E que os colchoes são de capim e está moido. As pulgas aqueçem naquêle capim e vão duplicando-se. Quando os nortistas mudam-se para agêitar a casa, que é um primor, só que está muito suja?

Fiquei escrevendo ate o dia surgir. Pedi ao José Carlos para ir comprar a Ultima Hora para eu ver as ocorrências da cidade. Chegou um casal, que veio pedir-me para auxilia-los na campanha de construção de uma casa para as crianças de favela. Mas, é toliçe, porque as mães de favela não separam dos filhos, porque as crianças auxiliam-os no lar, pedem esmolas. Ela vae construir um abrigo em Itapécirica da Serra. Ela despediu-se, eu troquei e sai. Fui na livraria.

O dr. Lelio telefonou para o Audalio e eu fiquei esperando-o. Quando ele chegou, o dr Lelio disse-lhe que ele devia acompanhar-me ate a gravadora Firmata. — O senhor Binidito Chagas chegou. Deu-me uns versos que ele compos. Ele já foi fiscal da favela. Foi o unico fiscal, que moralisou a favela. Disse-me que já recebeu o aviso de trinta dias. Se eu posso pedir ao Madruga para conserva-lo no trabalho.

— Eu não tenho força para auxiliar-te! O meu prestigio é pequeno.

— E o Audálio?

— O Audalio é jornalista do Cruzeiro, não tem prestigio na televisão.

O senhor Barbosa Lessa estava na livraria. Cantei uma moda de viola que compus. Se ele acha bonita. Disse que sim. Despedimos e saimos. O Chagas ia recitando uns trechos que ele compos. Como é cacete suportar os tipos que pensam que são intelectuaes. Ele seguio para a Praça Patriarca e nós fomos para a Avenida Ipiranga.

Quando chegamos na Firmata, o senhor Henrique estava a nossa espera para assinar o contrato. O Audalio leu. Eu li e assinei quatro copías. Saimos da gravadora. Eu estava cansada. Juro que estou enjôando de ser escritora. Uma escritora escravisada porque o escritor que escreve Diario é um martir. É a carreira literaria mais desgraçada que existe.

Mas, o Audalio exige o Diário.

Ele estava semi-afonico. Não sei porque. Ele, com aquele tipo enigmático, não prende um coração feminino. Homem delicioso é David S.T Clair. Ele dêixa uma mulher louca. Porque sabe acariciar, ressucita o delêite sexual. Eu queria voltar pra casa porque a Dona Balbina reclama que não gosta dos meus filhos. — Eu não estou enaltecendo-me. Vou apenas citar como é que eu trato os filhos d ela. Eu tenho uns cremes para fortificar cabêlos, dei para os jovens. Compro roupas nas lojas d eles, apresenta-os para os jornalistas. Eu não critico crianças porque eles tem o sangue fino, é igual as cabras e os bebes. Com o decorrer dos anos, o sangue vae condensando, eles vão normalizando. O cão emancipa-se em trêis mêses porque o sangue engrossa logo.

Quando cheguei na redação, encontrei os jornalistas que conversam so com o senhor Canarinho. O Miller estava presente. Ele é quem traduz as cartas que vem do exterior. Sai com o Audálio, encontramos a Dona Helena Silveira.[20] — O Audálio apresentou-me e disse-me que a Dona Jurema Finamur está hospedada no Hotel Exelsior. Fiquei contente. — Ele deu-me o numero do quarto que ela estava. Despedi do Audalio e segui com a Dona Helena Silveira. Ela ia encontrando as amigas. Na rua Don Jose de Barros nos encontramos com um senhor moreno, de olhar enigmático. Ela disse-lhe:

— Esta... é a Carolina!

Ele abraçou-me e bêijou-me. O povo que transitavam, pararam olhando-nos petrificado. Como se fossemos sobrenatural. — Fiquei preocupada com os olhares. Pensando: quem será o maioral? Eu ou este senhor?

— Quem é este senhor? — Perguntei para esclareçer aquela curiosidade ao nosso redor.

— É o Porfiro da Paz![21]

— Oh! — Exclamei atonita e deslumbrada.

Num segundo começei relembrar a tragetoria da minha vida: empregada domestica, lavradora, catadora de papel e agora escritora. Adimirada pelo universo e bêijada pelo nosso vice-governadôr. Começei pensar num sambinha incluido na cena com o senhor Porfiro

---

20 Advogada, escritora e jornalista.
21 Vice-governador de São Paulo pelo Partido Trabalhista Nacional (PTN), ex-prefeito da capital (1954) e general da reserva.

da Paz. Enquanto ele conversava com a dona Helena Silveira, eu observava os seus dentes nivios. Despedimos e seguimos.

Quando chegamos ao Hotel Exelsior, o porteiro disse-nos que lá não havia ninguem com o nome de Jurema Finamur. Mas, ressolveu consultar o fixário. Localisou uma Jurema e telefonou. A Dona Helena Silveira falou-lhe. Ela nos convidou para irmos ate ao seu apartamento. Ela disse-nos que foi visita o seu pae, que está doente. Conversou com a Dona Helena Silveria primeiro porque ela estava com pressa, tinha hora marcada no médico. Falaram da viagem a China. Quem fez a viagem foi a atriz Maria Dela Costa, o seu espôso[22] e a escritora Lygia Fagundes Telles. A Dona Helena Silveira enaltecia o regime da China, que beneficia o país. O povo é culto e compreensivel. A Dona Helena Silveria disse que está escrevendo suas impresôes de viagem.

Eu havia dito a Dona Helena que gosto do David St Clair, se ela acata minha união com ele. Ela disse-me para eu consultar a Jurema Finamur. Ela despediu-se, contei para a Dona Jurema as minhas decisões de casar com o David St Clair. E o Audálio é afonico. Não menciona nada. Mas, é o Miller a serpente venenosa que está desclassificando o David St Clair aos olhos do Audálio. Ela ouviu-me e disse-me sensatamente:

— Carolina, eu não te aconsêlho a casar com o David St Clair. Eu não sou casada com o Letelba.

— Eu sei. A Dona Elza Heloiza ja disse-me, quando viajamos a Pôrto Alegre. Ela aborreceu-me tanto, não permitia que eu falasse com ninguem. Ela é quem queria ser notada. Foi preciso repreendê-la. Ela é um tipo que quer mostrar ao esposo que tem prestigio. Mas, a mulher para ter prestigio ao lado do esposo é cuidando dos seus deveres no lar. Achei a Dona Elza Heloiza paradoxa! É professora, mas não comprova. É bonita, mas é futil. Quando fui visitar o dr Lionel Brizola, não levei a Dona Elza Heloiza porque ela é desagradável. Ela viajou com o dinheiro da Livraria Francisco Alves. Disse ao dr. Lelio que o seu esposo ia pagar e não pagou até hoje. Ela pertence ao tipo das pessôas que oscilam na vida. Eu disse-lhe que gosto da senhora. A senhora havia recomendado-me para desligar-me d ela. A mulher exaltou-se igual uma favelada inculta — A Jurema Finamur é cumunista! Porisso é que ela ataca o Don Heleder! — Contava a todos que

---

[22] Sandro Polloni, nome artístico de Alexandre Marcelo Polloni, ator e produtor teatral.

eu conversei com o o Don Heleder, pretendia escrever um livro citando as minhas viagens. Mas, ela devia acompanhar-me. Sei que se o senhor Letelba abandonou a esposa para viver com a senhora é a alma gemea d ele. Ele é um homem culto que não tolera uma mulher grosseira. A senhora é filtrada não é indolente.

— Você teve coragem de dizer isto para ela Carolina?

— É melhor dizer para a propia pessôa do que falar as ocultas. É as pessôas que fazem auto-analise.

A Dona Jurema Finamur estava aguardando um telefonema do seu pae. Disse-me com lagrimas nos olhos:

— Ele é um homem tao distinto. Não abandonou os filhos quando ficou viuvo. Quem criou-me foi a minha madrasta. Uma mulher muito bôa! Substitúiu minha mâe em tudo e honrou o papae. Ele não foi infeliz com mulheres.

Quando regressava de Porto Alegre, telefonei-lhe, ela não estava em casa. Disse-me que procurou-me Rio, e não localisou-me. Mostrei-lhe o numero do seu telefone, ela ficou alegre. Eu disse-lhe que a Dona Elza Heloiza, quando consegue uma reportagem num jornal, diz que é filiada naquêle jornal. Ela é desiludida, pertence o tipo das pessôas que quer viver sem sofrer.

A Dona Jurema Finamur aconselhou-me para amasiar com o David St Clair e não casar com ele, que as leis do Brasil é rigorósa no matrimonio.

— Voces podem viajar e voltar dizendo que casaram no Uruguay. Na alta sociedade, está repleta de casamentos no Uruguay. Eu vou ver quem é este David St Clair. Eu sempre combati os americanos porque eles levam tudo que nós temos de bom. Será que eles querem levar-te?

— Os norte americanos levam só as pessôas importantes. E eu... sou passavel.

Mostrei o endereço do David St Clair para a Dona Jurema Finamur. Ela convidou-me para sairmos e jantar num restaurante italiano. Acha o povo de São Paulo desligados:

— Pareçem peças desmembradas! Não se comunicam.

Circulavamos pela Avenida São João. Eu disse-lhe que ia ser televisionada porque a Radio Exelsior, canal 9, havia filmado-me. Saiu uma noticia no jornal que eu pretendo candidatar-me a Vice-prefêito de São Paulo. Comprei a Ultima-Hora para ela ver a noticia... Eu avisei o Remo Pangela qué o canal 9 foi quem deu-me a noticia. Ia ser televisionado as 20-30. Que eu não estou escrevendo para a Ultima Hora porque o Audalio deu-me muito cerviço.

A Dona Jurema queria tomar refresco. O que refresca mêsmo é a agua pura. É dôada pela naturêza. Não custa nada ao homem. Entramos num bar Sirio... Os paulistanos nos fitavam. Fomos até a Livraria Francisco Alves para ela ver o meu quadro, que está na porta. Entramos. O senhor Thomaz e o senhor Nelson estavam trabalhando. Era sete horas no relogio da livraria. Mostrei-lhe os meus livros que havia chegado. Ela perguntou ao senhor Thomaz onde poderia encontrar um restaurante italiano.

— Na praça do Corrêio. O restaurante Bologna.

Ela é jornalista do Rio. Escreve em varios jornaes. É funcionaria do Ministério da Fazenda. O senhor Thomaz estava contente e eu, muito mais porque a presença de Dona Jurema reanima-me. Saimos da livraria. Dirigimos para a Praça do Corrêio. Quando eu passava, era indicada:

— Olha a Carolina, que escreveu o Quarto de Despejo!

No restaurante, fui reconhecida. Uma firma estava jantando com os operarios. Achei lindo aquele espetáculo: patrôes e empregados reunidos amigavelmente é o comprovante da cultura de alma, o homem confraternizando-se com o homem. Não existe mais aquela muralha — quem é rico é supérior, quem é pobre é inferior — Se continuar assim, o mundo vae ficar sublime! Jantamos capelete e agua mineral.

Saimos do restaurante. Eu estava procurando uma televisão para assistir O concurso do homem do ano. Eu queria que o Audalio fosse o vencedôr! Não encontramos. Tinha uma loja que focalisava um canal, não conseguio focalisar o canal 9. Acompanhei a Dona Jurema ate o Hotel. Ela queria visitar-me mas, não dava tempo. Ela vae viajar de onibus porque o senhor Letelba vae encontra-la na viagem. Depôis tomam outro destino. Perguntei-lhe se é decendente de sirio.

— É decendente de francez.

Ela prometeu visitar-me na minha casa. Dei-lhe o endereço, ela deu-me o d ela para eu escrever-lhe.

Tomei um taxi porque estava exausta. Fui conversando com o motorista que a minha vida está tão confusa, igual a diretoria do CMTC. Quando cheguei em casa, os nortistas estavam palestrando-se.

31 DE DEZEMBRO DE 1960

Levantei as 4 horas para escrever e ler. Fiz café. Estou indisposta, com falta de ar. O Audalio disse-me que eu devo ir a televisão. Quando o dia surgiu, pedi ao João para ir comprar a Ultima hora. Quero ver quem é o homem do ano de 1960. O mais votado foi o senhor Jose Bonifacio,[23] 335 votos. Eu ganhei 8 votos e o Audalio 1 voto, que eu dei.

As pessoas que votou-me: Roque David, Celio Marehetti, Rosa Picaso, Comerciarios, Osvaldo Gomes Botâo — Jornaleiro, João Francisco Gouveia — Motorista, Nelson Guerra — Comerciario, Luiz Lot — Vereador.

Fiquei com dó do Audálio por ter ganho só o meu voto. Por mim, ele seria o homem eterno. Percibi que não podia sair, com falta de ar. Ressolvi deitar. A Dona Balbina vae passar o dia na casa de sua filha casada. Fui convidada, mas nós, os escritores, não gostamos de sair aos domingos porque a turba nos abórda.

Os escritores de Academia não quer considerar-me escritora. Mas, o povo quer. Então, eu não impreciono-me com a fraquissima opinião dos escritorés de Academia!

Passei o dia dêitada. Queria ouvir o radio para saber quem ia ganhar a corrida de São Silvestre. Pedi aos filhos e a Dona Balbina Monteiro para vir dormir em casa que eu tenho medo de dormir sosinha. Cada fim de ano é de um gêito. O ano passado eu estava na favela, este ano na minha casa de alvenaria. — Desde os meus oito anos, que estou procurando localizar a tranquilidade e a felicidade. Dessisti. Porque todos falam na felicidade, mas ainda não ouvi ninguem dizer que é feliz. Ha os que dizem que o ente humano é incontentavel.

1º DE JANEIRO DE 1961

Os filhos do senhor Monteiro dormiram aqui em casa. Preparei café para eles. Eles fôram passar o dia na casa de sua irmã casada. Fiquei sosinha com os meus filhos. — Eles estão a-vontade. A Vera diz:

— Que bom, mamãe! Se nós vivessemos sosinhos...

Eu estava indisposta, com falta de ar. Preparei o almoço para os filhos. O fêijão ficou salgado. Fiquei com dó de estraga-lo com tanto sal porque o feijão, atualmente, está ostentando corôa de rêi. Não abri a pórta porque estava sosinha. Atualmente, recêbo visitas de varias pessôas. Uns vem pedir dinheiro, outros vem para conheçer-me. Não

---

[23] José Bonifácio Coutinho Nogueira, secretário da Agricultura de São Paulo, autor da lei de revisão agrária do estado.

consenti que os filhos saissem a rua. Quando tocava a campanhinha, os filhos diziam:

— A mamâe não está.

Ressolvi limpar a casa. Aqueci agua para matar as baratas. Quando a campanhinha tocou, o João foi atender e disse que eu não estava. Cheguei até ao vitrô para vê-lo.

— O que desêja?

— Carolina eu vim aqui para bêijar os teus pés. Posso entrar?

Não convidei a entrar porque estava alcoolisado e os ébrios são falastrôes. Falam, falam e não dizem nada.

— Eu não posso reçeber-te porque vou a televisão.

— Está bem. Você não quer receber-me. Você agora ficou rica saiu da favela. Não dá atenção aos pobres... não anda fusando nas latas de lixos. Agora você é Dona Carolina.

Fechei a porta com dó porque eu não gosto de maguar ninguem. Ele implorava: — Carolina! Carolina! Tem dó de mim!

Abri o vidro da porta. Perguntei-lhe:

— Quem é o senhor?

— Eu sou o Cesar Verguêiro.

— Mas, os Verguêiros nunca fôram nas favelas porque vocês são riquíssimos!

— Fôram ricos os Vergueíros do passado, porque os da atualidades estão na iminência de ir morar na favela.

Fiquei com dó porque os que nasçem na opulência, revoltam-se na indigência. Ele saiu cambaleando. Tem pessôas que procura o alcoll para olvidar as confusões da vida. O homem que fica descontente com a pobrêsa.

Continuei limpando a casa, pensando na minha vida. Estou envelhecendo, trabalho com indolência. Limpei o banheiro, a casa ficou bonita.

As sete horas da nôite, fui lavar a frente da casa. Chegou um senhor que já procurou-me ha dias. Ele pediu-me para falar com a Ultima Hora para patrocinar um programa na televisão, que ele quer fazer uma palestra sobre o favelado. Mas a Ultima Hora não vae atender-me.

— O senhor é que deve ir!

— Eu não tenho o prestigio que a senhora tem.

— Eu não posso auxiliar-te, estou cansada! A minha vida tem sido de muito sacrificio.

— Eu vim procurar-te com a melhor das intensôes. E a senhora falhou.

— Eu não tenho compromissos com o senhor. O meu compromisso social é unicamente com os meus filhos... Eu, como mulher, já fiz muito lutando para comprar esta casa para os meus filhos. Com os meus dois anos de grupo, já venci!

— A senhora não quer compreender.

Ele pedia uns papeis, que deu-me para eu ler. Procurei os papeis e não encontrei. Eu estava procurando o endereço do David St Clair para o Audalio. O homem falava alterando a voz, quando os baianos chegaram. O homem saiu sem despedir-se. Eu estava apavorada. Se o homem invadisse a casa? Quando eu estava na favela ninguem me aborrecia com dinheiro. Eu vêjo pessôas ricas, que tem sossego.

2 DE JANEIRO DE 1961

Levantei as 4 horas. Escrevi ate o dia despontar-se. Abri a porta do quintal, estava chovendo. Hoje eu estou triste. A Dona Balbina disse:

— Se a senhora sair, leve teus filhos que eu não suporto estes meninos.

— Está bem. — Respondi asperamente

Eu vou pro Rio Grande do Sul. O Dr. Lionel Brizola está aqui em São Paulo, ele disse-me se eu precisar de um favôr, que ele favoreçe-me. Eu não tenho sorte. Lutei tanto para comprar uma casa e fui comprar esta desgraça. Eu não imprico com ninguem.

Começei arrumar as roupas nas malas. Hoje nós vamos dormir debaixo da ponte. A Dona Balbina ficou agitada:

— Não faça isto! A senhora comprou a casa. A senhora sai e volta porque a casa é tua.

A mulher falava tanto, que eu sai de casa de qualquer gêito. Como é horrivel falatorio na nossa cabêça!

Sai furiosa! Enquanto esperava o onibus, fui conversar com um preto que tem colchoaria. Queixei-lhe que estou revoltada com a vida e quero ir pro Rio Grande do Sul.

— A senhora ficou famosa. Em todo lugar que a senhora ir, encontrará dessabôres.

Quando passava um onibus, os filhos vinham dizer-me:

— Olha o onibus, mamâe!

Mas, eu estava indisposta. Por fim, dicidi que eu devia ir até a cidade para ressolver com o Audálio a minha situação confusa. Entramos no onibus, eu ia xingando. — Fui na livraria, conversei com o dr. Lelio e o senhor Nelson, que eu não queria comprar a casa. Não gostei do estilo. Mas, eu sou escrava. Tenho que obdeçer o Audálio. Eles ouviram sem comentar. Telefonei para o Audalio. Ele disse-me que estava preocupado porque precisava pagar a prestação da casa de 50.000, para eu pedir ao dr. Lelio. Ele deu-me 30.000 em dinheiro e um cheque de 20.

O senhor Nelson Assunção disse-me:

— Vou almoçar.

Eu disse-lhe que ele pareçe funcionario publico, está sempre olhando o relógio! Da a impressão de que estão descontente com o trabalho Despedi do dr. Lelio e disse-lhe que estava horrorisada com a revelação do senhor, que visitou-me e disse-me chamar Cesar Vergueiro e, está na iminencia de ir morar na favela. Pode dizer: eu... morei no inferno. O que notei no favelado é que ele tem tendencia para a maldade. Quando pratica o mal ficam contente. Como se fosse um ato heroico. O Dr. Lélio acompanhou-me ate ao elevadôr e perguntou me:

— Como vae o Diário?

— Vae indo bem.

Seguimos para a redação. Eu ia parando nas bancas de jornaes para ver as novidades e o què vae pelo mundo: "Cuba está em guerra!" Era a noticia sensacional.

Não louvo o homem que faz uma guerra porque a guerra destroi o que ele construiu. Cuba é um pais pobre. Não pode dar-se ao luxo de provocar uma guerra. É sempre um ditadôr que provoca guerra porque toma posse do pais pela violência! Um governo elêito é um homem culto, sabe que o efêito da guerra é pungente! No lapso da guerra, o país regride, estaciona e quem sofre? — As crianças, que ficam sem escolas. Cresçem neuróticas, devido as cenas tragicas que presenciaram na guerra. E são problema social para o pais. Um ditador é um perigo social, é uma Hidra no pais. Espero que o Brasil não interfira na polemica... E dêsde já o meu agradecimento ao general Teixeira Lot, se não enviar nossos jovens para o campo de batalha.

Quando eu passava perto da Livraria Teixeira, parei para olhar os livros. Estava nervosa porque eu comprei a casa e a Dona Balbina reclama que não quer os meus filhos dentro de casa. O João responde:

— A casa é nossa!

Queixei que já enjoei de escrever. É um comercio que a pior vitima sou eu!

Um empregado da livraria disse-me:

— O teu livro está mais caro. O que que ha com a Livraria Francisco Alves?

— Eu não sei. O Dr. Lelio não consulta-me quando eleva o preço do livro.

Segui. Encontrei o Audalio escrevendo. Perguntei-lhe se terminou suas ferias.

— Já.

Ele não teve férias. Teve uns dias tão agitados. Disse-me:

— Você não apareceu estes dias, estou precisando do dinheiro para pagar aquela prestação de 50.000 Cruzeiros.

— Dei-lhe o dinheiro. Você não me agradeçe pelo voto que eu dei-te para ser o homem do ano.

— Oh! Muito Obrigado. Mas, você devia ter vindo aqui para desêjar-me feliz 1961.

O Audalio não compreende-me. O meu sonho é viver num lugar isolado para escrever. Eu estava sem dinheiro. Disse-lhe que preciso pagar uma cama, que o meus filhos quebraram. A cama é da baiana que está na minha casa.

— E quanto é que eu devo-te? Porque eu gasto o meu dinheiro e gasto o do Audálio. Ele empresta-me.

Ele fez um cheque de 15 mil cruzeiros,[24] eu fui ritira-lo do banco. Comprei uma revista, O Cruzeiro para ver a reportagem do senhor Mario Canarinha e mostrei aos funcionarios do Banco.

Recebi o dinheiro, despedi e voltamos para a redação. O Audalio nos convidou para almoçar. Dei-lhe o dinheiro para ele fazer a divisão. Fica 7 e deu-me 8 mil cruzeiros.

A Vera disse-me que queria bêijar o Audalio, mas estava com vergonha. Perguntei ao Audálio se permitia receber um beijo da Vera. Disse que sim. Ele ia saindo, voltou e curvou-se para ela. Beijou-lhe e disse:

— O senhor é bom para nós! É melhor do que o meu pae.

Ele sorriu... Despedimos e voltamos para casa de onibus. Encontrei os sergipanos alegres. Que suplicio entrar dentro de casa por causa das pulgas. Eu disse para a Dona Balbina que nao encontrei a cama para comprar. Ela disse-me que vae mudar o dia 5. Eles tem dinheiro. O que dêixou-me horrorisada é a quantidade inlimitada de roupas que eles tem. Mas, as camas que eles dormem são tão sujas! Parece as camas do albergue nocturno. Os colchãoes são de capim ordinario. O capim quando seca vira pó e cria pulgas. As pessôas mediocres preocupam so com aparencia no trajar. — Tem o tio Antonio, o manda chuva na familia, disse-me que arranjou duas mulheres e elas

---

24 Cerca de 860 reais em 2021, corrigidos pelo IPC-Fipe.

abandonou-o. — Pensei: porque será? Um homem tão bonzinho. Depôis de observa-lo, percibi ele é tipo pae da Vera. Não gosta de gastar. Eu disse-lhes que amanhâ a televisão vem aqui para eles chegar mais cêdo e tomar parte.

3 DE JANEIRO DE 1961

Levantei as 4 horas com o ruido dos fêirantes na minha rua. Fiquei escrevendo e revoltada com a minha vida por que vêjo os meus moveis espalhados. Varri o quintal, lavei a frente e fiz cafe. Fui na fêira comprar dessinfetante para matar as pulgas e soda para dessentupir a pia, que está obstruida porque eles jogam tudo na pia: po de café...

A Dona Balbina levanta de manhâ, arruma as camas e vae lavar as roupas. A Dezuita varre a casa. So o centro.

Comprei dôis vestidos para a Vera, calças e camisas para o João. As calças eu comprei na loja do tio Antonio. A Dona Balbina disse-me para eu comprar so nas lojas dos seus filhos.

— Eu compro de todos, porque todos precisam viver!

Dessobistrui a pia, lavei o banheiro e a escada. A Dezuita fez o almoço. Eu não gosto de cumim na comida e não gosto de colorau. Comprei frutas na feira. As duas da tarde, o carro da televisão Record chegou, canal 7. Eles começaram a preparar os transmissores. — As crianças e os visinhos aglomeram-se no portão e na rua — Tomei banho e preparei os filhos — Fui comprar pinga, açucar e cafe. Vou preparar pinga com limão para os reportes. Tenho duas garrafas de vinho, que o senhor Rodolfo deu-me. Pedi caliçe emprestado as visinhas.

As 20 horas, os sergipanos chegaram furiosos. Um disse-me que estava descontente comigo porque eu estou pondo eles nos jornaes e na televisão.

— Eu sou de imprensa. Eu disse ao Audalio que queria uma casa dessabitada! Eu vou sair! Quando a televisão chegar, eu não estou aqui. Vamos sair João! Vae procurar a Vera!

A dona Balbina acalmou-me:

— Ele não falou por mal. É que ele tem dó de ver os seus moveis espalhados.

Deu-me vontade de dizer: porque é que vocês não mudam? Mas, contive-me. Sabendo que eles são ricos. Mas, não gostam de gastar. Levam vida primitiva. O que eles acham horrivel é comprar porque tudo está caro.

As crianças jogavam bola na minha porta, quando o José Carlos entrou chorando, com o braço arranhado, como se tivessem passado um ralo na sua pele.

— O que foi?

— Foi a Hilda quem expancou-me!

Ela entrou dizendo que expancou-o porque ele disse-lhe um nome fêio. Explodi.

— Você fala pornografia porque eu ja ouvi!

Ela ficava assanhada quando via os pernambucanos. Eu fico horrorisada de ver certas mulheres apréciar um homem porque é homem.

— Devemos apreciar o homem dinâmico, o homem de capacidade. Eu disse-lhe que ela devia falar-me. Eu não gosto d ela porque ela é preta e disse-me que não gosta de preto, porque foi criada com branco. Quer casar-se com branco. Eu não olho a cor. Olho as ações! Eu conheço um preto, o Ramiro, é distinto, correto nos négocios e limpinho. Esforçado. Quando ele chegou em São Paulo, foi ressidir na favela. Conseguio trabalhar na prefêitura. — Hoje está rico. É propietario. Eu disse a Hilda:

— Em Outubro, você me paga! Eu vou incluir o teu nome no meu Diário! Os visinhos falam que você é muito preguiçosa. Não varre a casa para a tua madrinha.

Ela chorou. A mãe morreu e a madrinha criou-a. Ela estava com nove dias de vida... Não quiz estudo, não aprendeu oficio. Para concluir, eu disse-lhe que ela não devia entrar na minha casa.

Entrei e fui sentar exausta e descontente. Para distrair-me, fui falar com a visinha. Vis-a vis. Ela e o seu esposo, senhor Rogerio Reis, eles são bons visinhos, sabem falar, tem cultura. Ele é calmo. Invejo, porque eu não sou. O João foi avisar-me que o Audalio havia chegado. Fui comprimenta-lo. Ele estava alegre dizendo:

— Pareçe um comicio!

— Porque não trouxe a tua esposa?

— O José de Paulo não fica so!

Convidei-o para irmos na ressidência do senhor Rogerio Reis. Queixei para a Dona Elza Reis que o nortista havia maguado-me. Dêsde quando publiquei o meu livro, não mais tive sossego! Pareçe que ha alguem com inveja do meu triunfo! Eu lia os livros do lixo, não aprendi oficio porque era muito pobre. Os meus sonhos eram altos. Não estavam ao alcançe de uma mulher de pele negra! Para melhorar a minha vida, tive que recorrer aos meus dôis anos de grupo.

O Audálio conversava com o senhor Rogerio, a luta que tem com o povo em torno do meu livro. O João foi avisar-me que o senhor Murilio Antunes Alves[25] havia chegado.

O Audalio convidou a entrar na ressidência do senhor Rogerio para combinarmos os detalhes do programa. Recordei-lhe quando ele era estudante. Era espiquer da Radio São Paulo. Ganhava 150 por mês e pagava 80 de pensão. Disse-me que copiava méméografia e vendia para os alunos que faltava. Ele mandava imprimir os cartôes. Ganhava um cruzeiro de cada aluno. A Dona Elza Reis serviu wiski e guaraná.

Quando iniciamos o programa, a casa e o jardim estava superlotada. Eu cantei e o senhor Murilio Antunes Alves perguntou-me porque é que eu tenho o retrato do senhor Janio Quadros.[26]

— Não sou janista. Sou adhemarista. Conservo o retrato do senhor Janio Quadros para ver se ele sorri até ao fim do mandato!

O senhor Murilio Antunes Alves elogiou o meu livro, citou que ele aborda um problema social. Que deve ser lido por todos! Quando a televisão despedu-se, eu fui conversar com o senhor Rogério. Elogiaram os modos fidalgos do senhor Murilio Antunes Alves. Ele pode ser meu filho. Está mais velho do que eu. Ele sofreu muito quando era criança. Venceu porque foi sempre correto. Nasceu vestido com a integridade! Deitei as 2 da manhâ.

4 DE JANEIRO DE 1961

Levantei as 6 horas porque os sergipanos levantam as 6, para ir trabalhar. Eles fazem tanto barulho! O pior é que eu durmo na sala. Quando eles saem, deixa a porta aberta. Estão com odio porque eu comprei a casa. Percibi que se eu não mudasse eles não iam sair, porque tem medo de aluguel.

A velha levantou-se preocupada e triste porque não aprecia sair nos jornaes e nas televisões. Eles discutem porque não tem casa e querem encostar nos parentes. Prometeram mudar sabado. Eles estao nos quartos. Tem hora que eu tenho sono e não posso dormir. A Vera reclama que não está contente com a vida. A Dezuita reclamava:

— Que casa suja, meu Deus!

---

25 Jornalista, apresentador e radialista da Record.
26 Presidente da República, eleito pela coligação PTN-UDN, ex-governador de São Paulo (1955-9) e ex-prefeito da capital (1953-4).

Foi lavar a banheira. Jogou agua na escada, espalhou pelos tacos. Eu disse-lhe que não pode jogar agua nos tacos. Levantei e fui enxugar o assoalho.

— Pôis é, a casa não é tua. Não foi você quem lutou para compra-la. Pode estraga-la. Isto... é maldade.

Lavei as escadas e varri a casa. As paredes estão sujas. Os lustres. Tem mulher que não da valôr a casa. Pretendo mandar limpa-la e hei de conserva-la sempre em ordem. Porque o meu sonho éra ter uma alvenaria. Depois que eu comprei a casa é que eu cheguei a conclusão que sou importante! Estou contente. Agora eu sou alguem. Posso receber visitas!

Passei o dia dêitada. As 16 horas, recordei do convite de Dona Suzana Rodrigués para comparecer no Fóro Leonan das Donas de Casa. Preparei e sai as pressas. Passei no Corrêio e puis uma carta para o David St Clair.

Quando cheguei estúdio, o programa já estava no ar... Conseguí entrar. Que cenario lindo! As mulheres selecionadas, cultas: Dra Veronica Rapp de Eston,[27] Regina Helena — jornalista, Euniçe Breves Duarte — Editora de livros infantis, Regina Helena de Paiva Ramos — jornalista, Ruth Escobar — Theatro, Josefina Rodrigues da Silva,[28] Bilu Ferreira, Aurora Duarte — Atriz, Maria Dela Costa — Atriz, ela é quem entregava as flores e os pergaminhos. Findo o espetáculo, a Dona Maria Dela Costa apresentou-me o seu esposo, senhor Sandro. Eu não conhecia a Dona Maria Dela Costa. Ela é bonita! Tem uma altura grêga.

Quando saimos da televisão, a dona Suzana Rodrigues convidou-nos para irmos ao Club dos artistas...Vi varias mêsas com homens sem mulher. Quando apareçe uma mulher, eles disputam. Sentamos na mêsa maior. A Dona Suzana pediu o Jantar: picadinho. Serviram ovos, arroz e farofa. A comida estava enjoativa porque estava oleosa ao extremo. Comi um pouco, deu-me nauseas porque eu estava nervosa. Eu tenho pavôr de ficar nêstes núcleos, perdendo tempo com conversa fiada! Gosto de ficar em casa, lendo ou escrevendo. Se eu pudesse ficar numa caverna oculta, só para ler. Mas, ninguem vive como idealisa.

Varias pessôas olhavam-me e comentavam:

— É aquela, a Carolina!

Tenho a impressão que sou um planêta que despreendeu-se do

---

27 Médica e professora de medicina nuclear da USP.
28 Escritora e jornalista.

limo e sou novidade na terra. A Dona Suzana Rodrigues, atenciosisima, apresentava-me para as pessôas de sua amisade. O seu filho e filha nos acompanhavam. Um senhor olhava a filha de dona Suzana com ínsistencia, que a mocinha ficou preocupada. A Dona Suzana convidou um senhor para ir a nossa mêsa. Apresentou-me:

— Este... é o Mario Donato.

Ja conhecia de nome e suas obras. Dôis livros horrorosos e obceno. Uma lêitura cansativa! Quando o livro saiu a imprensa divulgou. Eu queria ler o livro e não podia compra-lo. Mas, encontrava os livros do senhor Mario Donato no lixo e lia. Galateia e o fantasma. Uns livros fracos, sem classe. Ele disse-me:

— Carolina, emprega bem o teu dinheiro porque a literatura não é meio de vida. Você não é literata! O teu livro não é literatura. É documentario.

— Porque deixaste de escrever?

— Não tive sorte! Ressolvi fundar este club para ganhar dinheiro e ficar rico.

O senhor Mario Donato, com a sua cultura, o seu conhecimento dos pronomes, não conseguio dinheiro com os livros que escreveu. Eu... com os meus dois anos de grupo, escrevo estropiadamente, consegui enriqueçer com o meu livro! O meu livro foi uma fada que transformou-me de gata borralheira a princêsa! Levo uma vida de viludo. Os meus sonhos estão concretisando. — Eu desejava uma casa de alvenaria — consegui! Está suja, infestada de pulga, mas eu hei de limpa-la! — O que emociona-me é introduzir a chave na fechadura e abrir a pórta e sáber que a casa é minha! Tem hora que eu tenho vontade de dar um grito extentoreo, para ser ouvido no Universo:

— Viva o meu livro! Viva os meus dôis anos de grupo! E viva os livros! Porque é a coisa que eu mais gosto, depois de Deus.

O senhor Mario Donato disse-me que foi colega do Audalio nas Folhas. Que o Audalio é iducado. Eu fico pensando: Eu sou de favela. Semi-ilustrada e suplantei na vendagem os escritores de Academia.

A Ruth de Souza surgiu com um senhor. Não tive opurtunidade de falar-lhe. — Eu estava preocupada porque havia deixado os filhos com os sergipanos. Tem um que odeia-me porque eu comprei a casa. Ja ouvi dizer que eu sou a Bomba Atomica do Brasil porque consigo tudo.

Quando eu ia saindo, um senhor deteve-me para conversar. Eram treis, eles queriam falar ao mêsmo tempo e eu não sabia a qual dar atenção. Não compreendi nada. Por fim, o filho de Dona Suzana in-

terferiu-se, disse-lhes que eu precisava sair. Uma senhora convidou-
-me para tomar Wisque, que ela, tinha prazer de beber ao meu lado.
— Mas, eu não bêbo. Tenho tres filhos e preciso da-lhes bons exemplos, porque é dever dos paes não cultivar vicios.

Percibi que estava falando em vão. Elas estava alcoolisadas [⁂] São mulheres que não sabem parar em casa e eu gosto de ficar em casa, ao lado de meus filhos e os meus livros. Umas mulheres vazias. Dizem só banalidades... Elas dao tanto dinheiro por uma refeição e saem sem receber o troco porque estão embriagadas, não reclamam. É porisso que eu condeno o alcool. Os amigos do alcool porque quer embriaga-
-se fica inconciente.

O dono do club dos artistas deve estar rico. Deve ser um sugêito destituido de senso humanitario. Deve ser ganacioso. Se for para eu ficar n aquêle club, prefiro o Jardim da Luz, tem mais poesia. Tem as abêlhas que passam zumbindo, o homem que trabalha com o seu andar eletrico.

Quando sai do club, despedi de Dona Suzana. Tomei um taxi. Quando cheguei em casa era uma da manhâ.

5 DE JANEIRO DE 1961

Levantei as 6 horas com o barulho dos sergipanos que vão trabalhar. Que suplicio está a casa com a confusão de meus moveis espalhados pela casa! O meu colchão está sujo. Sai de manhâ para fazer compras.
— Os nortistas queixam que a casa está suja. O que dêixa-me louca são as pulgas. A casa está horrivel por causa da dessorde. Os nortistas estão descontentes com a minha presença...

Estou triste! Resolvi sair a pé. Fui visitar a oficina do senhor Rodolfo Sheroufer. Conversei com os empregados. O dr. Souza estava alegre. Ele é um bom homem, só que a felicidade não simpatisou-se com ele. Despedi promètendo arranjar-lhes reconstituinte para os cabêlos. Segui a-pé até a redação. O José Carlos acompanhava-me. Pretendia leva-lo ao medico. Passamos na estação da Luz para fotografar-nos para enviar a Dona Jurema Finamur, porque ela quer publicar. Circulou um buato no Rio que eu havia distribuido os filhos. Não pretendo da-los. Paguei 100 cruzeiros pelas fotografias e dirigimos para o Cruzeiro. O Audalio convidou-nos para almoçar e disse-me que precisava de oito mil cento e vinte cinco para pagar ao tal Cariovaldo. Eu não havia levado a bolsa, com os livros de cheques. Eu prometi da-lo hoje.

— Deve da-lo.

Quando lida-se com tipos inferiores é exencial ter noção de reponsabilidade de palavra. Reconduzi os filhos em casa. Na rua Imirim, vi uma placa: Eletricista. Toquei a campanhinha. Atendeu-me dôis mocinhos. Pedi para vir concertar o chuveiro, que não funciona. Eles acompanharam-me. Eu disse-lhes que ia voltar a cidade.

— Vocês concertam, depôis pago-os!

Peguei a bolsa e deitei no sofa. Estava com sono. A Dona Balbina dizia:

— Dorme Carolina!

— Quem sou eu para dormir? Os infelizes não dormem!

Ela sorriu comentando:

— A senhora tem dinheiro!

— Mas, o dinheiro não deu-me felicidade! Deu-me so dessabôres. Se ganho um milhão de cruzeiros, ganho dôis de aborrecimentos. Até os meus filhos sofrem. Quando eles saem na rua, os meninos semi adultos expanca-os, dizendo:

—Vocês estão ricos... Ordinários! Negro não deve ter dinheiro!

E os filhos ficam revoltados, xingando-me:

— A senhora não devia nos por no mundo. Na favela nós sofriamos fome e as brigas dos ebrios e vadios. A senhora dizia que as pessoas da cidade são civilizadas e não são!

O que nos aborrece são as visitas diárias. — As pessôas cultas agradam. Mas, os São Thomes — aborreçem.

Quando eu estava na favela, invejava os que ressidiam nas casas de alvenarias com todo conforto, agua a vontade, luz elétrica, radio, jardim com flores coloridas. A casa de alvenaria era o meu sonho ridente! Agora estou numa casa de tijolos que é alvenaria. Mas, eu sonhava com uma casa limpinha, as paredes coloridas, o assoalho reluzente. — Belo sonho! Infelizmente, comprei uma casa na rua Benta Pereira, 562, no alto de Santana, com treis linhas de onibus a cem metros. As quartas-fêiras tem fêira na minha rua. Eu desperto com os ruidos dos caminhôes. Rezo, pedindo a Deus para auxilia-los, que faça bôa vendagem, porque é horrivel ter que lutar no incio do dia.

A casa é um sobradinho! Os quartos são amplos. Dois dormitorios. A vista é magnifica. Avisto a Serra da Cantareira com seus capins verdes, cor da vida, porque o capim quando morre, fica amarelo. O branco quando morre fica amarelo — ja que estou mencionando a morte.

Na janela dos fundos, eu avisto o cimiterio, com seus tumulos brancos e pretos. Eu já idealisei o meu tumulo. Quero no formato de um livro.

Despedi de Dona Balbina e sai deixando-a horrorisada com a minha vida de andarilha. Eu pensava assim: vou ser escritora. Permaneço em casa lendo e escrevendo. Vou ser feliz. — Enganei-me.

Tomei o onibus. Ia pensando no senhor J. F Bueno, que resside na rua Guaporé, 436. — Ele está dessimpregado, devendo dois meses de aluguel e devendo o emporio do senhor José Martins. — Quem veio procurar-me a primeira vez foi a sua esposa. Veio pedir dinheiro, que está gravida. Queixou que o seu esposo é marceneiro, mas não tem ferramenta para trabalhar. Se eu podia pagar o emporio para ela. Enviei um bilhête para o José Martins, que eu ia pagar o emporio para o senhor Bueno, sexta-fêira. Mas, não me foi possivel. Ela apareceu com o esposo, que fez uma lista das ferramentas que eu devia comprar-lhe, para ele trabalhar:

1 praina
1 serrote médio
1 serrote de costa
Esquadro pequeno
1 galopa
1 martelo médio
1 groza
6 formôes
1 compasso
1 arco de pua
4 ferros de furar
1 lima triangulo.

Eu fico alucinada com os pedidos. Eu tenho os meus filhos pequenos — Os paes não prestaram. Eu tenho que lutar por eles. O meu problema são os meus filhos. Quero iduca-los bem. Eu sou um tipo chumbo. É um dos metal maneavel. Faço qualquer coisa. Não tenho a vaidade social. Ja trabalhei na lavoura, domestica etc. Mas, tem pessôas que sofre, mas quer ser importante!

Quando eu catava papel, catava de tudo. — Esterco de vaca para jardim, quando as madames pediam, eu levava e ganhava algo. Victor Hugo era modesto. As pessôas que tem propensão a celebridade são simples. Se eu fora homem, eu queria a lavoura. É belo o espetaculo que a lavoura nos apresenta. Como é belo ver o algodão desabrochando, o arroz amadureçendo...! Agóra que estou ressidindo numa alvenaria, tenho inveja dos que estão isolados la no sertão. Isto ocorre porque a casa de alvenaria decepcionou-me, está suja, cheia de pulgas, da a impressão de que a casa estava abandonada!

A casa não é encerada. Tem sete torneiras. Se a Marizheteh não limpava é porque não tem vaidade. Hoje eu estou triste! Estou com saudades do David St Clair. — Ele é agradavel.

Desci do onibus. Uma preta olhou-me, sorriu e disse:

— A senhora mora em Santana?

— Estou ressidindo lá. Porque?

— A senhora não conheçe um feiticeiro para fazer o meu esposo voltar comigo? Eu gosto de dormir com ele!

— Eu não conheço porque eu não preocupo com os homens! Se um homem gostar de mim, retribuo o aféto. Se não gostar, olvido-o. Os livros suplanta o afeto de um homem para mim, que compreendo o livro.

A preta olhou-me e disse-me:

— A unica preta que gosta de ler e escreve livros é a Carolina. Eu quero conhece-la! A senhora conheçe a Carolina? Tem branco que fala que os negros não são inteligentes, mas a Carolina está tapando a bôca destes brancos desgraçados.

Sorri e despedi da mulher negra que aconselhava-me para conheçer a Carolina. Ela ficou na praça do Corrêio.

Dirigi apressada para a redação. Encontrei o Audalio conversando com a Dona Suzana Rodrigues e o seu filho, que transformou-se em guarda costa de sua mâe, pareçem namorados! Quando abri a porta, o Audalio exclamou:

— Oh! Estavamos falando em você!

Comprimentei a Dona Suzana Rodrigues. Sentei-me, abri a bolsa, ritirei o livro de cheque para o Audalio preenche-lo. Ele comentou:

— A Carolina é milionaria e não sabe encher um cheque.

Assinei o cheque. Fiquei horrorisada ouvindo o Audalio revelar que o David S.t Clair havia preparado um contrato que ia prejudicar-me. Que ele ia dar-me 10 por cento da renda do livro nos Estados Unidos, que ele fez tudo para mim de graça e agora apareçer o senhor David St Clair querendo ter lucro extraordinário.

— Com certêza ele pensou que você não ia agir! — Comentou Dona Suzana.

Para mim, o David St Clair disse que ia ver se conseguia arranjar quinze milhões para mim nos Estados Unidos. Não fiquei ressentida porque o David St Clair procura benéficiar-me. Ele deu-me bons presentes.

Tive aviso que devia entrar na sala do senhor Canarinha. Entrei e fiquei conversando com o Ronaldo de Moraes. O Audalio atendeu a pórta quando tocaram a campanhinha e foi dizer-me que era o senhor Cariovaldo, se eu queria falar-lhe. Recusei porque eu não simpatisei com ele. E eu não converso com as pessôas que não simpatiso.

Voltei para a sala e o Audalio disse:

— Viu só!

Eu preciso obdeçer os avisos, se não obdeço da transtorno para mim. O Audálio não compreende. — A Dona Suzana despediu-se. Ela havia falado do programa de gala que inclui-me. — O meu Obrigado a Dona Suzana Rodrigues! — O senhor Mario Canarinha entrou comentando:

— Viu Carolina? A moça saiu, encontrou-se comigo e não comprimentou-me.

Sorri e despedi. Estava anciosa para sair da redação da revista O Cruzeiro porque as pulgas picava a minha pele. Voltei de taxi porque é horrivel anda a pe, tenho que parar para conversar. Quando cheguei, encontrei os nortistas jantando. Eles não gostam de mim porque sou a dona da casa.

6 DE JANEIRO DE 1961

Levantei as 4 horas porque as pulgas não deixavam-me em paz. Fiquei escrevendo. Os baianos ficam horrorisados vendo-me escrever. Critica-me. Eu digo:

— Se eu não escrevesse, não tinha dinheiro para comprar esta casa!

Eu tenho muitos livros. Eles olha os meus livros com desprêso. E olham as garrafas de bebidas com afeto.

Passei o dia em casa, lavei roupas e recebi visitas. Tentei dormir um pouco durante o dia, mas não foi possivel porque a Dezuita passava roupas e conversava com a visinha. Levantei e fechei a pórta da cosinha, que cumunica com a sala de jantar — Xinguei:

— Vida desgraçada!

Quem escreve gosta de ficar sosinho. Eu ja estou descontente com a minha vida. O Audalio devia comprar uma casa livre para mim. Pensava qual será o dia que eu vou ficar sosinha! Quem escreve gosta da solidão. — Da nojo olhar a casa. Eu estava impaciente com aquela sugeira. Eu não queria esta casa, mas o Audalio quiz compra-la. Vou ter uma despesa incalculavel para reforma-la! Paguei a fossa: 7.200. Os trincos das venezianas estâo quebrados. Pareçe que eram animaes que ressidia aqui! Recebi visita de um reporter de Ultima-Hora, que vêio perguntar-me se 6 mil Cruzeiros da para construir outro barraco noutro local para o favelado. Ele ficou horrorisado com a dessordem que está na minha casa. O senhor Pedro Monteiro perguntava-me:

— A televisão vae voltar?
— Vae.
— Chi... É horrivel ver a familia da gente na televisão.

Ele confabulava com a esposa:

— A Carolina disse que é poetisa ou poeta.
— O quer dizer isto Pedro?
— É pessôa que tem parte com o diabo. O diabo ensina tudo para eles. Não vê como ela sabe tantas coisas.

E a Dona Balbina começou olhar-me com recêio. Eu dei uma risada.

— O que nos ensina as coisas são os livros! A senhora viu os livros que eu tenho? Se eu pudesse, eu lia todos livros que ha no mundo!

Recebi a visita de um senhor que pretende construir um abrigo para as crianças, União Cristã de Amparo a infância. Eles tem um terreno de 15 alquerres em Itapecirica da Serra, quer construir um educandario para crianças dessajustadas. A campanha era para angariar fundos para a construção. Que o governo é insuficiente para iducar o povo. É preciso que as entidades religiosas cooperam. Sei que ele não vae concretisar o seu ideal porque o custo de vida domina tudo. Ele não vae conseguir obulo para construir o abrigo. Convidou-me para ser socio e fazer um apelo na Ultima-Hora. Combinamos que ele devia vir terça-feira.

Estou indisposta e agitada pensando na minha vida trepidante. Todos os dias deparo-me com um aborrecimento...

7 DE JANEIRO DE 1961

Levantei as 6 horas. Não consegui adormeçer com as pulgas. Que suplicio! Tenho a impressão que estou revivendo a época de Moyses, quando praguejava o Egito — só que, não são os mosquitos e sim as pulgas! Os filhos coçam initerruptamente. Estão dessiludidos com a casa de alvenaria. O jardim está maltratado. Os vidros empoeirados. Os lustres horrorosos. — As pulgas mordem os penis dos meninos, ficam inchados e coçando. — Eles xingam a Marizete e comentam:

— Quem morava aqui, eram câes porque câes é que tem pulgas!

A Dona Balbina está preparando as malas. Vae ficar na casa de um sobrinho até encontrar casa. Não tenho dó d eles porque eles tem dinheiro. Podem pagar um aluguel de 15 mil cruzeiros. Ela vae deixar os moveis num quarto e eu vou ocupar o quarto dos fundo ate eles conseguir casa. O que horrorisou-me foi a Dezuita, ao sair quebrou os vidros da janela da sala de jantar de proposito. — Pervesidade! Mas, eu coloco outro porque Deus auxilia-me muito. Não sei porque é que eles tinham apego na casa. Não limpavam, dormiam nuns colchôes imundos. Quando eu varri a casa, fiquei horrorisada com a sugeira atraz dos moveis. Até ratos encontrei! Se eu passasse dôis dias dentro desta casa, eu não comprava-a porque ela está inacabada.

A dona Balbina disse-me que os filhos vem dormir aqui... Não vou adimitir porque eu tenho a Vera e deixo-a a noite, quando vou na televisão. Eles podem pagar hotel... Eu tenho nojo das pessôas que não gosta de gastar consigo...

Fiquei mais animada. — O senhor Fabio Paulino vêio visitar-me com a sua esposa. Casaram-se a oito dias. Ela é professora, distinta e agradavel. Ele é radialista da Emissora Comêta e Nove de julho. São meus visinhos.

Estou dessolada com o aspéto da casa de alvénaria. Passei o dia limpando o assoalho... Passei desinfetante, para eliminar as pulgas. Limpei os vidros. As pulgas assanharam-se mais.

A esposa do senhor Paulino disse-me para eu passar parafina. Lavei o banheiro, ficou bonito. A noite os sergipanos chegaram, fôram tomar banho. Eu estava nervosa porque não vou adimitir que éles fiquem comigo. Começei dizer aos filhos:

— Não saem que o Audalío vae chegar d aqui á pouco e não pode encontra-los na rua!

Os sergipanos zarparam-se. Fecharam o quarto e levaram a chave. Que alvenaria complicada meu Deus!

8 DE JANEIRO DE 1961

Levantei de manha. Lavei as roupas e custurei umas roupas porque a maquina foi supervisionada pelo senhor Enoch. Um senhor, que disse-me ser do Paraná, veio procurar-me para eu emprestar-lhe 800.000 Cruzeiros, que ele fez uma divida no banco e os titulos estao vencendo e não tem dinheiro para pagar. — Ele é casado com uma senhora de pele branca. Tem mulheres brancas vaidosas sem personalidade... Quer viver com fausto. Quando casam, não estao pensando se o esposo tem possibilidades para dar-lhes tudo que elas ambicionam. — Quando quer, quer mesmo! Ele é preto. As brancas casadas com pretos, escravisa-os! A mulher tem que viver com as possibilidades do esposo.

Eu fiquei com dó do senhor Benedito Evangelista, coronel da fôrça publica do Paraná. — Ele disse-me que esperava-me ate terça-feira, para dar-lhe o dinheiro. Fiquei horrorisada! Onde é que eu vou arranjar oitocentos mil cruzeiros para emprestar a um desconhecido, no prazo de trêis dias? Exigir isto de mim, que sou preta? Porque é que ele não exige de sua esposa branca? Ele disse-me que depositava cem mil cruzeiros num banco para mim, todos os mêses. Se ele pode depositar esta quantia no banco para pagar a sua divida, porque não da ao banco? Ele despediu-se. Prometi ir procura-lo no Hotel Piratininga, onde ele está hospedado. — Eu sou vaidosa, mas não sacrifico ninguem na minha vaidade.

Ele estava lamentando que o seu pedido não devia ser divulgado, que ele é importante. Na minha fraquissima opinião, ele é um mendigo fantasiado de rico. Ganha 40 mil Cruzeiro por mês e não dá.

Hoje eu estou triste! Os meus moveis espalhados e a minha ilusão desfêita. A casa de alvenaria não concretisou os meus sonhos — Muito suja! Vi casas bonitas e o Audalio foi escolher esta espelunca!

Recibi varias pessôas que veio visitar-me. — Fico triste porque a casa está horrorosa.

Um senhor, que resside no bairo de Villa Mariana, veio procurar um livro para compra-lo. — Um pretinho acompanhava o casal, que despediu-se na porta. — O preto entrou, mostrou-me os retratos de seus parentes, suas nupcias etc. Fiquei observando-o. Ele é do tipo que quer ter classe na vida... Eu vivo a minha moda. Se a pessôa aborrece-me, eu enfrento... Não preocupo-me com a consideração de meus atos. Não gosto de confusão.

Convidei o pretinho e o senhor Rubens para sentar-se na cosinha, enquanto eu passava as roupas. O senhor Rubens quer cantar e gravar. Pediu-me para compor para ele.

Quando eles despediram-se, liguei o radio para ouvir o programa da velha guarda na radio Comêta. O locutor é o meu ilustre visinho, senhor Fabio Paulino. Ele dedicou-me o programa. Obrigada senhor Fabio Paulino! Ele sabe cantar. Vou compôr umas cansôes para ele.

O João foi ao cinema. Tenho dó de deixa-los dentro de casa, por causa das pulgas. De mêia em mêia hora temos que tirar as roupas para catar as pulgas. Eles reclama:

— Os barracôes de favelas são mais igíenicos!

Que nôite horrível! Não posso escrever por causa das pulgas, não posso dormir por causa das pulgas.

9 DE JANEIRO DE 1961

Levantei furiosa, xingando a minha vida desgraçada. Estou descontente com esta casa. Olho as paredes, estão sujas. Olho o jardim, está triste porque não tem flôr. Os filhos coçando por causa das pulgas. O quarto onde estão os moveis dos nortistas, está super-lotado de pulgas. — Tentei entrar, elas invadiu-me as pernas. Tirei as meias dos pés e joguei as dentro do tanque. O senhor Rubens ficou horrorisado:

— Isto é demaes!

Vou solucionar a minha vida. Desse gêito é que eu não vou ficar! Escrevi um bilhête:

Senhor Antonio, o repórter Audálio Dantas disse: Se o senhor não ritirar os seus moveis até amanhã, ele vae leva-los para o Ibirapuera, para o deposito municipal. Depôis o senhor ressolve com o prefeito!

Escrevi outro bilhête para o dr. Lélio de Castro Andrade, pedindo dez mil Cruzeiros emprestado porque eu vou limpar a casa. Por fora bela viola, por dentro pão bolorento! Xinguei o Audálio.

— Aquele cachorro podia comprar uma casa limpa para mim, porque eu dou lucro a imprensa! Colaboro com eles em tudo! Não escrevo inverdades para não prejudica-los! Eu não queria esta casa! Mas, o Audalio predomina, anula todos desêjos que manifésto. Mas, eu tenho que tolera-lo. Foi ele quem auxiliou-me, porisso prevaleçe. Mas, o dia 13 de maio, ele ha de dar-me a minha liberdade!

Fiquei furiosa! Se eu pudesse expancar o Audálio até quebrar-lhe os ossos...

Peguei a vassoura e dei umas vassouradas no travesseirro. A Vera ficou horrorisada, perguntou-me.

— O que é isto mâe? A senhora está ficando louca? Porque é que a senhora está batendo no travesseiro?

— Estou batendo no Audálio.

Ela deu uma risada. Comentou:

— Côitado do Audálio. A senhora vae fazer isto com ele?

Sobrou comida, esquentei para os filhos. Troquei-me. Ia comprar inseticida para expantar as moscas e as pulgas. Circulei o olhar pela sala, pensando nuns tapêtes e uma sala de jantar bonita. Contei os dessenove degraus que nos condus aos dormitorios, peguei a sacola e sai. Encontrei o José Carlos na rua. Chorei. Ele correu, pensando que ia apanhar porque viu-me expancando o travesseiro. Fui falar com a Dona Elza:

— Eu não suporto aquela casa! É um inférno!

Ela falava, mas eu não entendia nada. Minhas ideias estavam confusas. Eu disse-lhe que ia comprar sapatos para os filhos porque o Audálio disse-me que nós vamos a Campinas.

Encontrei o senhor Antonio, que é o manda chuva na familia dos sergipanos. Estava com o bilhête que eu enviei-lhe e dizia:

— O reporter não pode fazer isto!

— Eu preciso da casa para limpa-la. Vou morar aqui, não posso tolerar as pulgas.

— Eu vou por advogado. Isto não fica assim!

Os protestos do senhor Antonio dêixou-me nervosa. Que vida desgraçada é a minha, meu Deus do Céu!

— Vamos, João, comprar os sapatos, porque nós vamos a Campinas.

A visinha dizia:

— Ela precisa da casa! Ela recebe visitas diariamente.

Segui com os filhos. Fui na loja do senhor Armando Kegham Dakessian, na rua Francisco Biriba, 473. Comprei 3 pares: dois para o João, 1 para a Vera. 1.800 os dois sapatos do João e 300.00,0 da Vera.

— Que prêço fica um filho atualmente!

Eu estava furiosa. Voltei mais reanimada porque o senhor Antonio disse-me que ritira os moveis amanhã. Abri a janela para penetrar o ar e joguei inseticida. Os ex-donos da casa não leram as instruções do saudôso Oswaldo Cruz.

10 DE JANEIRO DE 1961

Levantei descontente com a vida. Será que eu não vou ter paz neste mundo? Comprei palha de aço. Vou limpar o quarto menor, que vae ser das crianças. Limpei o quintal, fiz café. Não tive tempo de fazer almoço. Limpei os vidros, as venezianas. A casa é bem feita, só que estragaram-na toda.

O dia terminou. Continuei lavando a cosinha. Quando abri a porta, o dia vinha surgindo. Trabalhei um dia e uma nôite para limpar esta casa — O assoalho ficou bonito.

Ando tão nervosa, que não posso ouvir nem o radio. Não suporto os meus filhos, repreendo-os por coisas insignificantes. Eu estou esgotada com tantas confusoes e turtura mental.

Que confusão na casa!

11 DE JANEIRO DE 1961

Despertei com os caminhões, que vem trazer os artigos que vão ser vendidos na fêira. Todos lutam, enquanto vivem e ninguem vive bem neste mundo. Eu pensava: quando eu morar na minha casa de alvenaria, não vou aborreçer-me... Porque hei de ter agua para lavar-me. Sonhava com uma casa bonita porque todos nós sonhamos, desêjando algo.

Fui percorrer a fêira. As mulheres perguntavam-me se os sergipanos já haviam mudado.

— Não. Prometeram vir hoje.

Comprei uma blusa para o João ir as aulas no corrente ano. É horrivel ver a vida da gente ém dessordem! A Dezuita vêio com uma senhora para ritirar os moveis. Dei-lhe o inseticida para ela espalhar. Misturei flit Lisofami Bruto e outros ingridientes que deixava os olhos ardendo-os. Enquanto ela preparava, eu ia xingando:

— Como é que podem dêixar uma casa ficar assim?

— Nós ja encontramos assim! — Defendia a Dezuita — Faz dôis meses que nós estamos aqui!

As pulgas subiam nos meus pes. Eu passava as mãos horrorisada. Devido o nervossismo, eu sai girando pela feira. Aproximei de uma barraca, vi uma senhora de vestido preto com uma menina de quatorze anos, que usava uns saltos mais altos que ja vi ate hoje. A mocinha devia estar é estudando. Olhei o seu rôsto pintado. Bonito porque é oval. As unhas longas. Eu disse-lhe que ela é bonita. Ela sorriu. Olhei a sua mãe vestida de preto. Uma mulher sem graça. Ritirei para casa, descontente com tantas pulgas.

A mulher entrou-se e foi galgando as escadas. Sua filha ficou circulando na sala de jantar, com os seus sapatos de saltos. Da a impressão que ela já nasçeu usando sapatos de saltos. — Eu estava chupando uvas. Ela perguntou-me:

— Foi a senhora quem escreveu aquele livro?

Não respondi. Continuei chupando as uvas, condenando-me por tratar a jovem indelicadamente. Mas, as visinhas advertiu-me que a Marizete é mulher de tapete. Dicidi ser enérgica:

— Ritira teus moveis d aqui, que eu quero a casa vazia! Voces disseram-me que a casa estava vazia e vem ritirar os móveis hoje, dia 11.

Ela não respondeu-me.

— Você sabe varrer casa? Crêio que não, porque se soubesse teria varrido esta casa. Mas, você pertençe a tipo da mulher que cuida so do aspéto pessoal. Pobre do homem que casar-se com você! Mulher para ter valôr precisa ser caprichosa!

A Marizete desçeu furiosa.

— A senhora vêio buscar os teus moveis?

Perguntei-lhe e já fui ritirando tudo para o jardim: cadeiras, mêsas e os adornos. Pedi o visinho para despreender os armarios e coloquei-os na sala de jantar. Fui ao quintal, peguei as garrafas incluindo-as entres os obgetos de Marizete.

Ela disse:

— Dona Carolina!

— Ah! Eu não quero falar-te! A senhora é muito porca. Deixar esta casa sujar assim! Vae morar num chiqueiro. Isto não é casa para por a venda! Já gastei somas incalculaveis aqui, com a fossa e as pulgas!

Ela olhou-me com despreso.

— Você é uma negra maloqueira!

— Sou de maloca. Fui maloqueira, mas tenho dignidade! Não me casei com ninguem. Não tenho compromisso com ninguem. Mas... se tivesse, havia de honra-lo. Esta carapuça ajusta-te! Os visinhos iam fazer abaixo assinado para ritirar-te d'aqui.

O senhor Antonio sorria. A Dezuita tremia. As mulheres que vendem na fêira ficaram olhando a nossa questã.

— Vae morar num chiqueiro. Eu tenho pavor de mulher porca! Estou odiando-te porque mentiu-me dizendo que a casa estava desshabitada.

— Eu não disse nada!

— Foi o teu esposo. Ele disse que entregava-me a casa, se eu concordasse paga-lo um milhão e setencentos cruzeiros, porque eu estou rica.

— Se a senhora quizer desfazer o negocio...

— O que faço, está fêito! Reconheço que arrependi de comprar este chiquerio. Nós, da favela, não lavavamos a casa, ou quer dizer, os barracões porque não tinhamos agua!

Ela saiu furiosa dizendo que ia chamar a radio patrulha. O telefone aqui de Santana custa ligar-se. Quem brigar no bairo, pode fugir. Não conseguem-se telefonar. Porisso eu não imprecionei, continuei pondo os moveis de Marizete no quintal. As visinhas estavam nas janelas, atengosando as minhas criticas, porque não apreciam a Marizete. Ela é jatanciosa. Eu dei 450 mil cruzeiros de sinal. Ela espalhou para os seus conhecidos que eu dei-lhe um milhão. Ela não tem um milhão na casa, ainda estava pagando.

Continuei carregando os utensilios da Marizete para o jardim. O senhor Monteiro ia carregando seus moveis. o caminhão não parou na porta por causa da fêira. A Marizete disse:

— Vou levar a minha cortina.

Ritirei a cortina da porta dizendo-lhe:

— Podeis leva-la. Esta cortina é caipira.

— Vou levar o lustre. Não vou deixa-lo porque eu comprei!

— O lustre a senhora não leva. Todas casas são vendidas com os lustres. Vou falar com o Audalio porque foi ele quem comprou a casa!

— Vou leva-lo! Não vou deixar o meu lustre para uma maloqueira.

— Sou maloqueira. Mas, vou pagar-te, porca! Se você fosse caprichosa, não dêixava a casa neste estado. Isto aqui... é a matriz das pulgas. Não insulta-me porque você não tem classe para competir com a maloqueira.

A mulher que acompanhava a Dezuita havia comentado que a Marizete desclassifica todas. Ela é quem tem prestigio. Ninguem contraria-a em nada. Ouvia a nossa discusão, sem interferir-se. Percibi que todas temem a Marizete.

Respirei aliviada quando vi a casa ao meu dispor. Eu não sabia que ia ter aborrecimentos comprando a ambicionada casa de alvenaria. Infelizmente ninguem sabe do que vae acontecer-lhe.

A Marizete saiu dizendo que ia dar parte na policia, que os seus moveis estão na rua. Bradei:

— É que estao chêios de pulgas! Porisso eu não quero-os aqui dentro. Você chama a policia. E eu chamo o serviço sanitário!

Ela dessapareceu na multidão que circulava pela fêira. Uma feirante vêio dizer-me que a Marizete trabalha fora e a sua mãe é quem ficava em casa e devia varrer. Que é uma velha imunda. — Ouvi sem comentar, respêitando a mãe de Marizete, porque é uma senhora velha. A casa é grande. Uma mulher velha não pode cuidar da casa e dos oito filhos de Marizete.

Tem mulheres que arranja filhos e encarrega as avos o encargo de cuidar dos netos.

São filhos inconscientes, que não reconhecem que sua mãe já as criou. Deveria viver o resto de seus dias despreocupada. Uma mulher nova ter disposição pode varrer a casa a-noite, se trabalhar durante o dia.

Peguei as vassouras e fui varrer o quarto. Os filhos auxilava-me. A Vera estava com os cabelos espalhados porque a filhinha de Marizete puchou. As duas brigaram, puchando-se os cabêlos — As pulgas invadia-nos, subindo nos pes, pulando nos moveis e nas paredes. O João coçava o pénis, o local onde as pulgas iam alojar-se, xingando:

— A senhora não devia ter comprado esta casa!

— A casa é bôa! Tem mulheres que não sabem cuidar de casa. Mas... eu hei de acabar com as pulgas!

Os filhos tiravam as roupas e jogavam no tanque, que estava cheio d água e vestia outras roupas. Eu entrava dentro do banheiro, abria a torneira nas pernas imobilisando-as, porque as pulgas não gostam d agua.

Eu pensava assim: quando eu comprar uma casa, hei de falar das flores que adôrnará o meu jardim. Quero conheçer os nomes e a origem.

— A ortensia é japonesa. Adalia é italiana.

E estou escrevendo de pulgas. Não tive tempo de preparar refeições. A Dona Elza Reis deu-nos almoço.

— Obrigada, Dona Elza!

Quando alguem vinha ver a casa, eu suplicava:

— Não entre! Tem muitas pulgas!

Paravam na porta olhando o interior da casa.

Eu estava exausta, preparava para dêitar, quando a campanhinha tilintou-se. O João abriu a porta:

— É o Audalio!

Comprimentou-me. Eu disse-lhe que estava lutando com as pulgas.

— Já ençerei os dôis dormitorios.

Ele galgou as escadas, elogiou o brilho do assôalho, dizendo que ele é que desêjava ter um quarto espaçôso igual ao meu. — Andou pelo quarto, contando os metros. Eu compus umas canções, cantei para ele ouvi-las. Disse me que estão bôas. Ele disse-me:

— O que ouve com a esposa do senhor Carivaldo? Ela disse-me que você jogou os moveis na rua.

— Ela queria levar o lustre, xinguei-a de porca porque tem muitas pulgas. Da a impressão que a casa está abandonada.

— O senhor Carivaldo chega chorando e vae queixar-se de você. Você tem que obdecer-me. Eu não ganho nada cuidando dos teus negocios! Aquela céna da televisão prejudicou o senhor Cariovaldo.

— Mas ele queria prejudicar-me. Quando fui na imobiliaria, o senhor João atendia-me sorrindo. Quem sorri nos negocios são trapaceiros. Já que estou aborreçendo-te, vou dêixar de escrever.

Ele prosseguio dizendo que não tinha dinheiro para pagar o automóvel. Pediu 200,00 emprestado. Emprestei-lhe 500,00.

— Amanha o senhor Cariovaldo vem ritirar os moveis. Você trata-os bem, pelo amôr de Deus! Faça isto por mim.

— Amanhã eu vou sair. Você procura a chave com a visinha.

Disse-me que está lendo a peça que a Dona Edy Lima traduziu do Quarto de Despêjo, se eu queria ler.

— Que tal é a peça?

— Está ótima!

— Quando é que ela vae para o palco?

— Em Março.

— Em que theatro?

— Maria Dela Costa.

Ele entrou no automovel e zarpou-se, dizendo que vae dêixar eu ler a peça. Fechei a porta. Tomei banho e dêitei. Mas... não me foi possível dormir. As pulgas. O Audalio disse-me que vem amanhã auxiliar o senhor Cariovaldo ritirar os seus moveis, as 9 horas, que ele tem mêdo de mim.

12 DE JANEIRO DE 1961

Levantei as 2 horas para lavar as paredes da cosinha. Tenho a impressão que estou sendo espraguêjada pelo profeta Moisés — Tem pulgas ate no banheiro!

Fiz o café, os filhos reclamam:

— A senhora mata pulgas e não lava as mãos!

Que dessordem! Os trastes da Marizete espalhados pela sala. Eu havia posto o fogão no jardim. O Audalio recolheu. O Audalio deve pensar que eu melhorei de vida e fiquei deshumana. — É que êxiste as pessôas que é possivel ser ductil com eles. Temos que ser rijo, igual ao ferro. Os visinhos estavam olhando-me com curiosidades. Se eles estivesse aqui dentro desta casa, que é a ante-sala do inferno, haviam de revoltar-se como eu revolto.

As nove horas, o Audalio chegou. Estava de oculos. Disse-me que ia trabalhar, para eu não discutir com o senhor Cariovaldo. Ela quer tirar o lustre.

— Você não deixa.

O Audalio saiu. A Marizete chegou. O senhor Carivaldo comprimentou-me. Não respondi, porque não simpatiso com ele. A Marizete disse:

— Tira o lustre.

— Não tira! O Audalio disse para não tirar.

— Eu estou mandando ritirar!

Percibi que ela gosta de confusão.

— Não ritira o lustre. Se a senhora por as mãos no lustre, eu quebro-o. Não aborreçe-me. Vocês já aborreçeu-me muito. Mentindo e vendendo este inferno. É pulga demaes. A senhora é muito porca. É mulher só na forma.

— Porca é você! Sem iducação!

— Se você tivesse classe ou fosse asseiada, ainda podia ser que eu tratasse-te com iducação.

O Carivaldo ia ritirar o lustre. Eu disse-lhe:

— Não ritira o lustre, que o Audalio não quer!

— Cala a boca, sua negra suja!

— Negra eu sou! Mas, quem são os sujos, são vocês. A casa está comprovando. Eu não invejo branco zero.

O José Carlos foi chamar o Audalio, que estava no ponto esperando condução. Eu sai xingando. Encontrei o senhor Rubens conversando com uns senhores. Eu disse-lhes que a Marizete havia vendido a casa por um milhão, quientos e cincoenta. Quando soube que havia vendido a casa para mim e os jornaes falar que estou rica, ela disse que entregava-me a chave se eu desse-lhe um milhão e setecentos. Ela comprou a casa por oitocentos mil cruzeiros. Ela ganhou seissento e cincoenta mil cruzeiros no negocio. Segui xingando. Vi o José Carlos, que vinha com o Audalio. Eu disse-lhe:

— A mulher quer ritirar o lustre. Eu não suporto mais esta confusão. Estou esgotada, porque escrevo demaes. Não suporto estas turturas mentaes!

O Audalio seguia apressado. Quando o Cariovaldo viu-lhe, assustou-se. Voltei apressada para auxiliar a Marizete por os moveis dentro do caminhão, porque quero saber que ela existe, mas a milhoes de metros longe de mim.

O Cariovaldo reclamava que eu não tenho iducação. Não posso ter consideraçao com as pessôas que mentem para mim.

— A vida está dura para todos! Comentou o Cariovaldo.

— Mas, não é preciso mentir. A mentira não auxilia ninguem.

— Em quê que eu lhe menti?
— Dizendo que a casa estava vazia.
E o Audalio dizia:
— Cala a bôca, Carolina! Ela tem iducacão de favela.

É que eu percibi que eles queriam expoliar-me! Que sugeira! Eu dou lucro a imprensa. Era para comprar uma casa limpa para mim porque eu não tenho tempo de limpar. E a pior coisa é exterminar pragas!

Os meus filhos queriam expancar a Marizete. Por um acaso, o meu olhar encontrou-se com o do Cariovaldo. Ritirei o meu olhar rapidamente dizendo:

— Chii... eu não olho as pessôas que eu não simpatiso!

O Audálio disse:

— Você cismou com o homem.

Fui para o jardim. O Audalio estava olhando-me. Eu disse-lhe que esta é a nossa tercêira briga. Quarta nós separamos! Eu vou para o interior, com o dinheiro que você reçeber das traduções, você paga este chiqueiro! Eu vou-me embora porque tenho coragem para enfrentar a vida. Quando eu nasci, eu chorei comprovando que estou viva!

— Eu tambem chorei! — Confirmou o Audálio.

A Marizete disse:

— A gente morre. Para que tanta vaidade?

— Enquanto vive-se, precisamos iducar-nos e aprender bôas maneiras. Tem pessôas que vivem oitenta anos. E não podem viver igual um animal.

Pelo aspeto da casa, no interior comprova que a Marizete não tem instrução. Não tem a vaidade feminina. A mulher quando é vaidosa gosta de casa bonita. E um homem que casar-se com uma mulher desmantelada, está arruinado.

O senhor Cariovaldo é um homem dominado pela Marizete. Homem dominado por mulher não triunfa na vida. Da dez passos para a frente e cem para traz! Citei para o dono do caminhão que fazia a mudança de Marizete, que ela queria expoliar-me.

— Precisamos acabar com os tipos desclassificados.

Respirei aliviada quando a Marizete preparava para sair. Ela disse ao Audalio:

— O senhor é tão iducado, não devia trabalhar com ela.

Eu estava dando-lhe uma lição de assêio. Ela nunca foi observada. Revoltou-se. Eu não toléro pessôas sem valôr, indolentes. Eles sairam. O senhor Cariovaldo queixou para a visinha que eu estava tratando--o indelicadamente.

— A tua mulher mereçe, porque ela insultava os visinhos!

Então o senhor Cariovaldo xingou a sua companheira. Ela assustou-se e abriu os olhos. Percibi que ela não está habituada a ser repreendida. Ela olhou a casa e chorou. Percibi que ela arrependeu-se de vendê-la. Mas os visinhos iam fazer um abaixo assinado para ritirá-la do local.

Passei o resto do dia limpando a casa. Minhas roupas ficava pretas de pulgas. Trocava-a os filhos, ficavam no jardim e na casa da visinha porque lá eles tem sossego.

— Oh, casa de alvenaria! Casa das pulgas. E eu... queria uma casa em ordem para eu ter tempo de ler...

Não preparei refêições. Não tive tempo, limpando a casa, o cavalo de troia que o Audalio comprou para mim.

13 DE JANEIRO DE 1961

Levantei exausta porque eu varro a casa quatro vezes ao dia, para exterminar as pulgas. A casa cheira a inseticida. Preparei a refêição matinal.

Estou nervosa com a casa. Vou procurar um pintor para pintar as paredes. A Vera está preocupada, convidou-me para ir ver o Audálio.

— A senhora deixou-o triste.

Comprei bacalhau, preparei a refêição e saimos pra cidade! A Vera foi na casa da visinha para mostrar-lhe o vestido novo. Lembrei do meu broche de esmeralda, que ganhei no Rio. Presente da esposa do Dr. Oscar Quetar, do club Renasçença. Fui procura-lo, não encontrei. Vasculhei as gavetas, os vestidos, os bôlsos dos casacos. Não encontrei. Ele estava na gaveta da maquina, foi roubado! O broche custou trinta mil cruzeiros. Fiquei furiósa porque eu não roubo nada de ninguem.

Tomamos o onibus. Estava com sono. Passei na loja dos sergipanos a   estava na porta. Eu disse-lhe que o meu broche havia dessaparecido, para ela ver se está no meio de teus adôrnos. Ela assustou-se.

— O broche custou 30 mil cruzeiros. Eu ganhei no Rio.

Ela não respondeu-me. Seguimos para a Livraria Francisco Alves. As vitrinas estavam adôrnadas com os livros do Deputado Julião[29] e

---

[29] Francisco Julião, líder das ligas camponesas, escritor e deputado estadual pelo PSB.

umas garrafas de aguardentes Juazeiros. Hoje é dia de fésta na livraria, vae ser lançado o livro Irmão Juazeiro.

Fui ver se havia cartas para mim. Não encontrei. Conversei com os funcionarios. Li os artigos que os jornalistas escreveram para mim.

Sai da livraria, dirigi a redação do O Cruzeiro. Encontrei o Audálio escrevendo e disse-lhe que a Vera estava preocupada, porque nós brigamos. Queixei-lhe das pulgas, que eu não sei de onde é que elas promanam-se e que os sergipanos roubaram o meu broche, que ganhei no Rio de Janeiro. Perversidade! Eu dizia nos jornais que eles eram bons, iducados. Quem é bom não rouba! Quem roubou o meu broche vae sofrer tanto porque minhas pragas pegam, igual praga de proféta. O roubo não benéficia ninguem.

Conversei com a Ritinha, uma jovem distinta que trabalha no jornal. Ela apresentou-me a um jovem que queria conheçer-me. Despedi do Audálio e voltamos pra casa.

O senhor Fabio Paulino e sua esposa vieram buscar livros para ler. Ofereci uns de poesias para ele ler no microfone. Combinei com a Dona Maria José visinha se quer dar pensão para mim, porque preciso concluir uns livros, que iniciei a-tempos.

— Só o almoço, quatro mil cruzeiros.

14 DE JANEIRO DE 1961

Levantei as 5 horas. Fui a feira comprar frutas para normalisar a minha pressão. Está baixa! Preparei a refêição matinal para os filhos.

Troquei-me. Fui no matadouro avicola, arranjar penas para confeçionar a minha fantasia no carnaval. Desci na avenida Tiradentes. Fui rever os velhos conhecidos. Conversei com o alfaiate. Quando eu catava papel, ele auxiliava-me. Conversei com o senhor Manoel Veloso, dono da farmacia Guaporé, quêixei-lhe das pulgas, ele vendeu-me um pó. Fiquei devendo-o porque não havia levado dinheiro. Ele disse-me que não leu o meu livro, se posso arranjar-lhe um autografado. Eu disse-lhe que os livros não dão para atender os pedidos, na capital e no interior.

O bairo que eu catava papel, "A ponte pequena", eles não leram o livro. O conhecimento que tem é dos jornaes. As pessoas acercavam-me para olhar-me com adimiração, como se eu fosse de outro planeta.

— Eu vi você na televisão!

— Eu vi você nos jornaes!
— Tua vida melhorou?
— Não melhorou. Piorou. Não tenho socêgo para escrever.

A Dona Anita convidou-me para eu ir falar-lhe, mas eu não fui porque quando eu catava papel, ela fugia. Se estava na janela, ritirava. Um dia, eu disse-lhe que não precisava ausentar-se da janela quando avistasse-me, que não mais olhava-a. — Ela feriu-me muito. Agora, chegou a minha vez de feri-la, pois a jura recebe.

Despedi, segui olhando as latas de lixo nas ruas. Quando eu, com o meu saco de quarenta quilos, curvava de lata em lata recolhendo os papeis no saco e as latas e os metaes na sacola. A Vera reclamando, que o seu sonho era vestir igual as meninas das vitrinas... Tenho a impressão que estou vivendo um sonho, onde há momentos maravilhosos e momentos tragicos!

Os momentos sublimes da atualidade são as caricias do David St Clair, quando ele abraça-me e beija-me. E eu, não gostava d ele. E agora... ele esáa hospedado no meu pensamento. Sonhei que beijava o David St Clair. Despertei com a voz da Vera:

— Eh, mamãe! Deixa-me em paz! Eu não sou o David.

Achei graça. Acendi a luz para escrever. É sublime escrever a nôite. O silêncio é um auxiliar surpreendente para os que escrevem.

Hoje é sabado. Se eu estivesse catando papel, estava correndo de um lado para outro para conseguir mais dinheiro. Se eu estivese na favela, a esta hora o meu filho João estaria preso, porque os favelados, quando não gostam das mães, corrompem os filhos que são incientes. Pensando bem... Dêvo agradecer a Deus e ao Audalio que auxiliou-me muito. Estou livre das brigas da radio patrulha.

As pessôas saiam nas portas para contemplar-me. Fui ver a Dona Mildred. O seu esposo quebrou a pena. Encontrei a Dona Bruna. Disse-me que fala em mim todos os dias. Citei-lhe que não apareço por la com assiduidade porque o tempo é escasso. A Dona Mildred disse-me que vae mudar-se. A casa que ela resside foi vendida e estão procurando outra. Citou-me que nos viu na televisão, com o senhor Murilio Antunes Alves. Apreciaram a minha resposta:

— Vamos ver se o senhor Janio Quadros ri até ao fim do mandato, porque dirigir um país igual o Brasil é duro. Os simianalfabetos são os dilemas do país. Querem ganhar muito e não tem cultura, nem profisão. Estes são os que criam problemas social para um governo.

O coronel está sentado numa cadeira. Perguntou-me pela Vera, se está gostando da vida de rica.

— Eles querem ficar internos, porque já aborreçêram-se desta vida agitada. Reclamam que a casa parece canil, devido as pulgas.

Despedi e fui ao mercado avicola, ver se tem as penas que preciso para fazer a fantasia. Consegui um pouquinho. Quando eu voltava, passei no bar do senhor Lindolfo Veloso. Fui até a cosinha conversar com a dona do Bar. Ela é caprichosa. Deu-me o seu telefone. Pretendo convidar uns amigos para comermos uma fêijôada, que é a especialidade da casa.

Que suplicio para andar a pé. O povo abórda-me. Olhei o sotape onde eu ritirava papelões. Tomei um carro, porque estava sem dinheiro para pagar o onibus. Vinha conversando com o choufeur nortista — Assunto gravissimo: "custo de vida."

— Se o homem vê que o custo de vida escravisa o homem, porque é que não modifica o methodo de venda?

— Lamento, não suluciona.

Quando cheguei no canil, o motorista não tinha troco. A dona Elza Rêis pagou o taxi para mim. Fui na fêira, ganhei uns abacaxi, comprei frutas porque estou com a pressão baixa. Permaneci o resto do dia em casa.

15 DE JANEIRO DE 1961

Hoje é domingo. Despertei às 4 horas para escrever. Vou limpar a casa de manhã e passar roupas. Preparei almoço. Os filhos queriam ir ao cinema, mas o dinheiro não dá.

Recibi a visita do senhor Fabio e sua esposa. Eles são cultos. Recibi visitas de uns pretos do interior e de outros de São Paulo. Umas pretinhas vieram visitar-me. Uma é pintora, aconselhou-me para alizar os cabelos:

— Os jornalistas não dêixam!

Elas ficaram horrorisadas.

— Credo! A senhora obdece-os?

— Quem não obdeçe, não triunfa. O senhor Rubem — "O cantor", vêio visitar-me. Disse-me que esteve em Jundiaí. Que as frutas lá são mais caras do que em São Paulo. Queixou-se que sua esposa é indelicada para ele, ja prendeu-lhe uma vez.

— Vivo ao seu lado por amôr aos meus filhos. Se abandona-la, ela não tem capacidade para cria-los.

Que ele é quem prega os botões, quando caem.

— Prefiro ficar na rua do que ao lado de minha esposa.

Ele ergue a cabêça, fitando o teto. Exclama com voz amargurada:

— Se eu pudesse sumir! Mil vezes morrer... do que viver assim.

Eu aprovo a violência quando a mulher é atrabiliário. Ele despediu-se. Ia saindo, quando a cama quebrou-se porque três senhoras estavam sentadas.

As mulheres perguntou-me se é verdade que vou casar com o senhor David St Clair. Sorri sem comentar. Relembrando os bêijos que ele deu-me no aereoporto de Congonhas. Ele tem personalidade.

As mulheres sairam. Continuei passando as roupas. Elas quêixavam das pulgas, que casa de negro não fica imunda assim.

Eu estava exausta! Desde que mudei para a casa de alvenaria, não tive um instante de sossego, com as pulgas as moscas varejeiras! Ja gastei tanto nesta casa... Os trincos precisam novos cadeados, a veneziana do quarto dos fundos está deturpada.

A campanhinha tocou, fui atender. Era dôis jovens. Um deles disse-me que foi namorado da filha de Marizete, que está habituado a fazer fulia aqui.

— Eu quebrei este lustre, ela comprou outro.

Ele prometeu voltar com o amigo para ver-me escrever. Gostei só de um jovem que atendia por Roberto. Ele é deçente. Outro jovem ficou aguardando o colega, pedi para ele ritirar-se, que eu estava com sono. O jovem que disse-me que foi namorado da filha de Marizete, não tem classe. Ele cresçeu muito, mas, não tem idade e quer casar-se. Fala que quer casar-se e estudar. Quem será a infeliz que vae casar-se com os homens que vacila? Com o decorrer dos tempos, eles cansam das esposas!

Fiquei horrorisada ouvindo o jovem dizer que fazia fulia na casa de Marizete. Comigo eu quero ordem.

Dêitei a uma da manhã.

16 DE JANEIRO DE 1961

Despertei com os gorgêios das aves. O bairo tem aves devido os arvorêdos. A brisa perpassa porque Santana está no topo.

Os filhos aprecia a casa de alvenaria por ser confortavel. Mas, reclamam o calor interno. Na favela nós não sentiamos calôr porque a brisa perpassava pelas frestas das tabuas. Confesso que não estou contente com a minha vida.

Dêsde os meus sete anos que estou procurando um local para estacionar e dizer: "aqui eu estou bem"! Na favela, eu não estava bem por causa da insolidariedade. Quem mora na favela, não tem visinho, não tem amigos. Temos em abundancia: calões, aguas pluviaes e os maus exemplos e quem imita-os, são as crianças. Uma pessôa de Espirito elevado luta para ritirar seus filhos das favelas. Nas condições que eu vivia e na atual... posso considerar-me rica. Mas, os meus filhos continuam catando o que encontram nas latas de lixo! Isto é o comprovante das primeiras atividades da infancia e é que predomina na mente do adulto. Com este esclarecimento, quero advertir aos futuros governos que sejam sensatos e cuidam de iducar as crianças humildes, porque os pobres devem ter filhos e os ricos devem ter filhos, porque uns precisam dos outros. Os ricos vão ser doutores, cientistas etc. Os pobres contadores professores, etc. A humanidade mescla-se, favorecendo uns aos outros.

Eu escrevo na cama. Não posso sentar-me na escrivaninha por causa das pulgas. Já gastei quinze mil cruzeiro em reparos na casa. Levantei, fui preparar a refêição matinal. Fiz compras. Preparei o almoço, varri a casa. Quando escrevo casa, me vem a mente a palavra barracão, porque passei varios anos nas habitações primitivas.

Preparamos para irmos na cidade. Fui na redação. Encontrei o Audalio escrevendo. Ele é o unico reporter que escreve para O Cruzerio. O jornalista Freitas Nobre estava preenchendo uma lauda para entrar no O Cruzeiro. Ele é bom, culto e sensato. Escreve bem.

Eu devo ao Audalio 1000 cruzeiros. Queria paga-lo. Ele disse-me que não, porque vae receber o seu pagamento hoje.

A Rita foi nos procurar. Quêixei-lhe que roubaram o meu broche. Eu tenho dó dos que roubam porque não prospéram.

Eu disse ao Audalio que vou recluir-me para escrever as viagens que fiz nos Estados do pais. Dirigi a livraria para ver o senhor Paulo Dantas. Ele perguntou-me como é que vae a minha amisade com o David St Clair, que os cariócas que visita São Paulo diz-lhe que está circulando um buato no Rio, que eu vou casar-me com o David St Clair, que nós vamos na Russia e na China. Só se o David St Clair impedir. O Audálio contou-me que o David fez um contrato que ia lesar-me. Mas, o David disse-me que vae contratar um editor que pague o dobro.

— Porque eu quero favoreçer-te. Porque te quero bem.

Fico confusa porque o Audalio dizia-me que o David St Clair é um homem culto, que eu lucro com amisade que ele dispensa-me.

O Paulo Dantas prosseguio: que o Audalio ganha dez mil cruzeiros em cada edição...

— Ele não disse-me. Disse-me que a minha parte sentimental é livre.

Citei-lhe que o David St Clair convidou-me para passar o carnaval no Rio com ele.

— Você pode passar o carnaval no Rio. Mas, os americanos gostam de unir-se nas pessôas que lhe dão famas. Todas atenções vae recair no senhor David St Clair.

— Ele ja é famoso, porque tem mulheres no Rio que gosta dele.

— Ele é galã?

— É sim senhor.

— Mas se o senhor achar que ele vae prejudicar-me, posso dessistir.

O telefone tocou. O senhor Paulo Dantas foi atender. Respirei aliviada porque é horrivel ouvir alguem desclassificando uma pessôa injustamente. Eu disse para o senhor Paulo Dantas, que o David St Clair disse-me que vae pedir ao Dr. Lélio, para enviar varios livros para o Rio na época do carnaval. Ele não está contra-nós.

Saimos da livraria. Desciamos a rua Libero Badaro. Vi varias pessôas conduzindo cartazes em frente a prefêitura. A pórta estava fechada. Os cartazes, com inscrições humuristicas, pedindo aumento. Instrumentos musicaes tocavam a canção dos grevista:

E você aí?
Da o dinheiro aí
Da o dinheiro ai
Não vae da
Não vae da não.
Você vae ver a
grande confusão.

Sorri porque o aspeto era comico. Parei para ver. Fui reconhecida. Eles vieram falar-me.

— Nós queremos aumento.

Fiquei condoida porque eu ja passei fome. Passei porque sou mulher. Mas, se eu fora homem, preferia viver na lavoura. La os dias são belos, os gorgêios das avês, as noites de luar, as colhêitas abundantes. Os grevistas despediram.

Eu descia a rua, pensando na confusão que rêina na capital de São Paulo. Quando ha greve num estado, o governo perde a força moral.

Desclassifica-se. O nosso dinheiro está fraco. Os governos fracos. Pobre Brasil! Foi classificado de gigante agora é anemico.

Eu fui ritirar o dinheiro da Vera, 500 cruzeiros. Se o pae da Vera fosse um homem completo, aumentava a pensão. A menina tem pretensões. Quer ser escritora, pianista. Com esta quantia, ela não vae iducar-se. Agradeço a Deus por ter dado-me esta capacidade.

Uns soldado xingava a policia feminina, que elas ganham 15.00000 e os homens 9.000,00. Uma senhora aludia que a policia feminina tem estudo. Na iducação, os soldados superam as policias femininas. Elas são jatanciosas, convencidas e deshumanas. Ele aludia que a policia feminina lida só com as crianças. Eles, os homens, é quem enfrentam os dessordeiros. Mas, os governos não reconheçe os seus esforços. Fico pensando: quando será que o homem vae cooperar com o homem? Quando falaram na refórma agraria, o povo reanimou-se. — Menos eu, porque todos progetos que é para benéficiar o povo, ficam engavetados. Transforma-se em fantasia. Eu gosto do Brasil porque sou brasileira, tenho dó de ver o meu pais nesta confusão.

Assustei-me quando ouvi, vi vozes e multidões com cartazes. Eram os bombeiros e a força publica. Vi um carro com uma faixa "Corrêio paulistano", o reporter Ronaldo de Moraes estava dentro do auto. Eu gritei:

— Ronaldo!

— Entra no núcleo, Carolina.

Um senhor pegou o meu braço e eu fiquei ao lado da Deputada Ivete Vargas.[30] Eu não ha conhecia. Conversamos sobre a confusão em São Paulo. O povo bradava:

O plano de ação![31]
Acabou com o nosso pão.
Abaixo o Carvalho Pinto:[32]
Aquele cachorrão.

Se é o Carvalho Pinto o causador desta confusão em São Paulo, eu não tenho remorço porque não votei nele. Percibi que ele ia falhar-me.

---

30 Jornalista e deputada federal pelo PTB paulista.
31 Plano de Ação do Governo do Estado (PAGE), programa de reforma administrativa e investimentos públicos da administração Carvalho Pinto.
32 Político e advogado paulista, governou o estado entre 1959 e 1963, eleito pela coligação PTN–PSB.

Um voto tem que ter o efeito de uma bomba atomica. Mas, até aqui o nosso voto tem tido o efêito de uma bomba de polvora.

Eu não pretendia entrar na passeata. Eu sou poetisa. O poeta não gosta de agitar porque as agitações são funesta. O caso Getulio v. Lacerda foi fatal. E o Getulio era util porque acabava a turba. Era a brisa na politica.

Passamos perto da livraria. O povo olhava o meu quadro exposto na frente da livraria. Um soldado vêio dizer-me que o Cardoso estava na passeata. Fiquei triste ao saber que o soldado Cardoso tem que instigar os grevista porque passa privações.

Quando eu morava na favela, eu adoeci e ele chamou assistência para mim. Comprava cadernos para eu escrever. Agora eu posso auxilia-lo. Não sei o seu endereço. Devemos recordar das pessôas que nos auxiliou.

Fomos no largo São Francisco, as esposas dos soldados perdiam os filhos. Olhando os filhos dos militares, não vi robustez. Nenhum deles podem tomar parte no concurso que realiza-se no mês de outubro, o mês da criança. Eles devem sofrer mais do que os favelados!

Não sei como é que os homens hão de fazer. Se vae pra lavoura o fazendeiro explora. Se entra na força publica, o governo quer pagar salario de fome. Quando o homem trabalha para o homem, deve ser bem remunerado.

O Audálio apareceu e deu-me um abraço. A Vera deu uma gargalhada. Fiquei pensando: um pais tem que seguir na pauta. Não podem promover disturbios porque a crianças presencia, elas são as antenas. Amanhã hão de praticar o que eles viram na infancia. Mas é por eles que os adultos lutam, porque ninguem quer ver o seu filho com fome, porque é pungente ouvir o filho pedir comida e não ter.

Perguntei ao Audalio:

— O que é plano de ação?

— É que o governo disse que não da aumento porque o dinheiro que arrecada é para o plano de ação.

Um soldado disse-me:

— O governo fala que o plano de ação está na Vila Maria. Vamos na Vila Maria e não encontramos nada.

— Então o senhor Carvalho Pinto mente e um governo não pode mentir!

Eu tenho dôis anos de grupo e não minto nem contra a minha pessôa! E o professor Carlos Alberto de Carvalho Pinto — mente. Um professor tem que ter noção de responsabilidade de palavra. A mentira é igual a linha, quando enrrasca-se. Se o senhor Carvalho Pinto não conceder o aumento para os seus funcionarios é porque gastou a verba na eleição do seu tutor, Janio Quadros.

Ja observei que as verbas que eles arrecadam são destinados as eleições, não benéficia o povo. Cargo que nunca apreciei: funcionario publico. Tem que andar bem vestido e não ganha o suficiente. Se o governo desse as roupas...

Encontrei o dr. Binidito, ele ia na favela visitar-me. Um dia, na favela eu não tinha nada para comer. Havia preparado para morrer. Ia beber formecida. Misturei o veneno no café. Os filhos tomam com pão e morre. Quando o senhor Binidito chegou, com uns pacotes: arroz, carne, açúcar, café, latas de oleo. Fiquei alegre! Joguei o cafe fora. O Dr. Binidito deu-me o seu telefone.

Ele comprimentou-me sorrindo. O Audalio disse-me para eu voltar pra casa. Eu queria ouvir os discursos, mas dessisti, com recêio de ser convidada a falar. Teria que dizer banalidades e não dizer ao povo a realidade. Eu ja disse que o causadôr da desordem no Brasil é o fazendeiro. Na fazenda planta o que da lucro pra ele. Ele não interessa pelo bem estar do colono. O colono é oprimido e o fazendeiro pensa que é mais inteligente do que o colono.

A policia feminina surgiu num carro tipo perua. Foram insultada pelos soldados. Se elas tocasse numa criança, iam ser expancada. Ressolvi vir pra casa.

Encontrei um casal conversando, pararam-me. Queriam a minha opinião: o que noto no senhor Carvalho Pinto?

— Não é um homem de ação. É um politico que vae ficar na historia de São Paulo. Para mim, os postos politicos é uma casa que aluga-se de quatro em quatro anos.

Entre os politicos, estava o senhor Jose Cyrillo, candidato a prefeitura de São Paulo.[33] Eu disse-lhe que o homem que tem possibilidade para governar o Brasil é o Audalio, que o Audálio podia ser o vice prefêito na sua chapa. Ele perguntou-me se é verdade que eu disse que queria ser vice prefêito de um candidato, mas não disse o nome.

— Eu não disse isto, porque eu não gosto de politica.

Quando hastearam a bandeira, li o nosso emblema — Ordem e progresso e disse para o Audalio:

— O emblema não predomina no pais!

A jovem que queria a minha opinião: O que noto no senhor Carva-

---

[33] Pelo Partido Republicano Paulista (PRP).

lho Pinto? Convidou-me para tomarmos sorvete. Um jovem acompanhava-nos. Eu não aprécio falar de politica.

Quando saiamos da confêitaria, encontramos um jornalista de Ultima Hora. Convidou-me para eu ir na fésta no proximo domingo, no alto da Vila Maria, que ele ia passar na minha casa.

Quando escrevo minha casa, recordo o meu barracão. Quando eu construi aquele barracão fiquei contente. Depôis fui enjôando d ele e desêjando ressidir numa alvenaria. E o desêjo concretisou-se.

Quando cheguei no ponto de onibus, a fila estava longa. O povo estava contente e os que trabalharam, não tomaram conhecimento da passeata. Ouvi uns comentarios que o senhor Carvalho Pinto teve um principio de enfarte. O povo comentou:

— Porque que não morre? O que é fraco deve morrer! Ele... é um governo fraquissimo!

Quando cheguei em casa, os filhos estavam alegres. Fui conversar com a visinha. Citei-lhe as confusões da cidade.

17 DE JANEIRO DE 1961

Permaneci em casa. Comprei o jornal para ler as noticias de hotem. Fiquei horrorisada com o suicidio de um sargento do côrpo de bombeiros. Envenenou-se com a familia. Os dôis filhos morreram na hora, a esposa está em estado grave. Será que o Carvalho Pinto está com remorço?

O senhor Carlos Alberto de Carvalho Pinto é o presente que o Janio ofereçeu aos paulistas — Cavalo de troia!

Os preços dos generos alimenticios vão subindo. Mas, tudo que êleva-se, cae um dia. Agora que eu posso comprar o que comêr. É que eu penso nos que não podem comprar o necessário.

Estou preparando a minha fantasia. A Dona Elza Reis está bordando-a para mim, com lantejoulas. Uma preta veio combinar comigo. Ela vem limpar a casa sexta-feira e quer ganhar 300 cruzeiros por dia. Contratei-a porque estou cansada!

18 DE JANEIRO DE 1961

Despertei com os fêirantes.

Quando o dia despontou-se, fui falar com uma senhora que vende roupas. Pedi umas roupas intimas para a Vera. Uma combinação: quatrocentos! Dessisti. — Passei o dia trabalhando na minha fantasia.

Uma senhora veio procurar-me, Dona Argentina Laferreira. Veio pedir-me quatroçentos mil cruzeiros, quer pagar a ipoteca de sua casa. Falta dôis mêses para vençer. Contou-me que é casada, vive com o esposo, que trabalha na prefêitura. Mas, ele maltrata-a muito.

— Ele sustentava-me. Mas, eu resolvi abrir uma loja com uma amiga e a minha amiga lesou-me. Tive que ipotecar a minha casa para pagar as dividas. A senhora empresta-me quatrocentos mil cruzeiros que eu pago-te oito mil por mês.

— A senhora volta amanhã e vamos falar com o dr. Lelio ou o Audálio. Quantos filhos tem?

— Quatro.

Ela queria auxiliar-me colar as penas. Mas, não tem habilidade.

19 DE JANEIRO DE 1961

Despertei as 6 horas. Fiquei lendo ate as sete e mêia, relembrando o tempo que eu catava papel, a esta hora ja estava na rua e a Vera acompanhando-me.

O João disse-me que a Dona Argentina havia chegado. Mandei entrar. Disse-lhe que iamos a cidade. Ela passou as roupas. — Não sabe passar. Ela não faz o vinculo na calça. Auxiliou-me arrumar a casa. Mas, não sabe varrer. Trabalha atabalhadamente. Preparei a refêição para os filhos. Tomei banho frio. Não gosto do banho frio. Mas, o chuveiro está deturpado. Deixei os filhos, dirigimos a cidade.

Parei na loja dos sergipanos para perguntar se encontraram o meu broche, que custou trinta mil cruzeiros. A carmelita disse-me:

— Com nois não está!

— Eu sei que uma joia não está com quem roubo. Mas... coitado de quem rouba-me!

Seguimos para a livraria. O Dr. Lelio não estava. Dirigimos para a redação. O Audálio não estava. Perguntei ao Taroks:

— Onde ele está?

— Está viajando.

Não disse-me onde ele está. Pedi ao Tharoks para preencher um cheque de dez mil cruzeiros para mim.[34] Ele disse-me:

---

34 Cerca de 690 reais em 2021.

— Você está gastando muito. Para que é o cheque?
— Para despêzas geral!

A Dona Argentina Saferreira acompanhou-me ate a loja Castro Muniz, para eu conseguir a cota de gaz Argonis. Eles deu-me o endereço. Nós fomos no banco Itaú ritirar dinheiro. Perguntei ao senhor Mario Soeiro Cabral para ver a minha conta. Tenho 9. Fiquei preocupada porque eu sou sosinha para manter os filhos. Pagar escola e dicidi não ter preguiça. Escrever e bajular os editores para imprimir minhas obras.

Ele disse-me para continuar depositando dinheiro. Para depositar é preciso ganhar.

A dona Argentina conheçe São Paulo. Conduziu-me até o Argonis gaz. A mocinha que atendeu-me disse-me que não sabia que eu gasto Argonis gaz. Citei-lhe que ressidia em Osasco e o senhor Vitor é que oferecia-me o gaz. Comprei outro bujão. Vou ficar com trêis e outro bujão. A conta importou em 2.875,60. O gerente disse-me que eu dêvo paga-lo na porta.

Quando saimos do Argonis gaz, estava chovendo. A dona Argentina levou sombrinha. Voltamos de onibus até o hanagabaú.

Os sergipanos disse-me que levaram uma colcha por engano. Não fui procura-la. Estou zangada com eles por causa do meu broche. Cheguei em casa as 6 horas.

19 DE JANEIRO DE 1961

Hoje eu não vou sair, passei o dia em casa, lavando as roupas dos filhos. Li o artigo que a Dona Helena Silveira de Queiroz escreveu referindo-se ao meu livro. Ela disse que não viu nada no meu livro para ser classificado Best Seler. Os semi intelectuaes não vê nada que ocorre no seu pais, vao a China inspirar-se. Escrevem livros que ficam ignorados do publico e acabam nas latas de lixo.

Deitamos as 6 da tarde porque estou exausta. Tive aviso — vae fechar a pórta com a chave. Obdeci. Desci apressada, fechei a porta preocupada. Bateram levemente na pórta o José Carlos abriu a portinhola do vidro. Uma voz masculina:

— A tua mãe está?

Ele foi na cosinha e disse-me que era um dos sergipanos que morou aqui e trabalha no Eron tecido.

— Fala que os jornalistas não dêixam eu reçeber ninguem a nôite.

O José Carlos transmitiu-lhe o recado.

— É que nós trouxemos uma fôlhinha com o retrato dela.

Ele fechou a portinha de vidro, galgamos e fomos dêitar. Eu estava com sono, adormeci logo. Despertei com alguem tentando abrir a porta. Fiquei assustada porque o João estava dormindo no andar terreo.

20 DE JANEIRO DE 1961

Levantei as 8 da manhã porque estou cansada. Não é velhiçe é o exesso de trabalho. A Dona Cilú veio trabalhar. Pedi para fazer o cafe e fui fazer compras. Comprei pão, esponja de brilho e carne para bife. Ela cuidou da carne. Estou indisposta. O que ela pedia, eu ia comprar. Auxiliei-a limpar os vidros porque a casa é grande. Ela ficou horrorisada com a quantidade de pulgas.

Fui conversar com a Dona Elza Reis. Que mulher notável! É professora em Minas. Não pode lecionar em São Paulo. Que formalidades prejudiciaes. As professoras mineiras são eficientes.

A Dona Cilu trabalhou tanto que eu fiquei com dó. Ela cobra 300 por dia. Dei 350 com todo prazer. Ela prometeu voltar quinta fêira. A Dona Elza disse-me que houve roubo nesta rua. Eles forçaram a minha porta. De manha, vi os cigarros que eles fumaram.

Eu enfrento ladrão porque o homem que rouba é um tipo desclassificado.

O Brasil tem muito serviço, podem trabalhar na lavoura. Mas, preferem violar a lêi e ser hospede do Estado.

21 DE JANEIRO DE 1961

Dêixei o leito exausta. Não sei de onde vem esta canceira, esta indisposição. Penso que é das viagens que fiz. Varri a casa porque as pulgas continuam. Elas promanam-se com tanta rapides que me deixa assombrada. Sera que esta casa é amaldiçôada? É porque não varriam. Elas estão côartando-se.

Fiz café. Estou economisando o gaz. Encerei a sala de visita com cera e parafina para expantar as pulgas. Fui na fèira comprar carne de porco e frutas para os filhos. Estou com mal estar. A visinha está dando-me pensão. Eu faço mais comida porque ela da só o almoço. Encontrei uns fêirantes que viu-me na televisão. Olham-me sorrindo, como se eu fosse algo sobre-natural.

Comprei pimenta e verduras.

Alguns perguntam se tenho esposo. Eu vêjo mulheres que tem espôsos e sofre tanto. A pior coisa do mundo é suportar um marido indiferente.

Os filhos desligou o relogio elétrico, fecharam a porta e ficaram no quintal. Percibi que eles já estão enjoâdos das visitas. Com a transformação da favela para a casa de alvenaria os filhos extranharam-se. O José Carlos fitou-me longamente. Para ele, eu sou uma heroina porque comprei uma casa de alvenaria.

Eles fôram catar algo na fêira. As frutas podres. Cataram uns adornos que caiu do caminhão. Tinha uns biombos que eu ia separa-los. O José Carlos deu para a visinha. Fiquei nervosa, quebrei o resto.

A jornaleira vêio visitar-me. Eu disse-lhe que arranjei uma senhóra que vem fazer limpêsa para mim.

— A senhóra podia dizer-me eu vinha trabalhar.

Mas, ela está com os dentes estragados. Vou pagar um dentista para tratar-lhe os dentes. Ela é casada. Não sei como é que um homem dêixa a esposa desmoronar-se d aquêle gêito. Ela foi fazer o orçamento, sêis mil cruzeiros! Vou pagar o dentista.

Queixei-lhe que estou cansada. Hoje eu estou indisposta. Tenho a impressão que estou com cem anos!

Hoje eu estou aqui brigando com o José Carlos. Xingo-o. Ele não me responde. Fica triste e dirige-me um olhar enigmatico. Pareçe um cão quando está sendo maltratado. Não fala. Implora compaixão com o olhar.

Fui deitar. Os filhos fecharam a pórta. Já enjôaram de receber visitas.

22 DE JANEIRO DE 1961

Levantei as 6 horas. Varri a casa, fiz cafe e fui fazer compras. Comprei bolo, pão e lêite. Lavei as roupas. Eu lavo-as todas os dias. Depois passo-as.

Estou indisposta, tomei um chá de herva-docê. Estou com dôr nos rins. Não posso mover-me. Coloquei emplastro fenix. Eu não estou cosinhando em casa. A Dona Zeze nos da pensão.

Estou escrevendo. Os visinhos ficam olhando-me andar com o caderno na mão e curvada. Passei o dia conversando com a Dona Elza e o seu esposo, senhor Rogerio Rêis, que homem agradável, sensato e honesto! Passa os domingos no lar. Quando ele atrasa a entrar em casa, eu fico preocupada pensando: será que ele deu trombada? Será que ficou ferido?

A Dona Rosa Esfacióti, de Osasco, veio visitar-me e levou o José Carlos para brincar com o seu sobrinho. Convidei-a para passarmos o carnaval no Rio. O João e o José Carlos ficam em Osasco. Levo a Vera.

— Ela está com saudades de Dona Luiza Fiori.

Deitamos cedo. O João foi ao cinema ver o Oscarito, gosta dos artistas nacionaes.

23 DE JANEIRO DE 1961

Amanheci indisposta. Estou cansada. Varria um quarto deitava. exausta. O João auxiliou-me na limpêsa. Fiz almoço: arroz, bacalhau e verdura. A visinha nos dou o almoço. Fico horrorisada vendo os meus filhos comêr. E a visinha insistindo com os filhos para comêr. A criança que brinca, corre muito, tem mais apetite.

Lavei roupas. Não vou passa-las. Comprei um vidro de remédio para o fígado. Melhorei. A Dona Argentina Saferreira vêio saber se posso emprestar-lhe 400.000 cruzeiros para pagar a Ipoteca de sua casa. Eu disse para o senhor Rogerio Rêis que não sou mulher de investimentos. Quero preparar um futuro sem luta para os filhos. Eu não quero que eles levem uma vida sacrificada.

Ela diz que trabalha para mim, para eu ter mais tempo de escrever e paga-me mensalmente. Eu disse-lhe que o dr. Lélio de Castro Andrade está viajando. Para ela ir falar-lhe dia 27 ou 26. Ela trouxe penas para mim. Ela é uma mulher seria, de bons princípios. Eu tenho dó de ver os casaes em divergências. Tem hora que arrependo-me de não ter casado. Não casei por amôr a literatura. Um homem não ia suportar a minha luta. Escrever dia e noite, aguardando uma opurtunidade para edita-lo.

Recibi a visita de uma preta velha. Os cabêlos estão cor de cinza. Ela pede esmola. Fica admirada por eu ter comprado esta casa. Perguntei-lhe se queria passar roupas para mim. Disse-me que ganha muito mais pedindo esmola. Ela fica exausta de tanto andar, mas não compreende.

Recebo visitas dos pretos, trato-os bem. Eles saem contentes.

Passei o dia escrevendo. A dona Rosa disse-me que estou engordando. Falou-me dos rumôres em torno do David St Clair.

— Eu estou com com saudades d ele.

Uma pretinha vêio avisar-me, que uns ladrões querem assaltar minha casa. Se um ladrão entrar na minha casa não sai vivo. Eles falam que a policia de São Paulo protege-os. Fico horrorisada vendo São Paulo desclassificando-se.

24 DE JANEIRO DE 1961

Que nôite deliciosa! Dormimos toda nôite. As pulgas estão dessaparecendo-se. Levantei as 6 horas, preparei o café. O João foi fazer as compras: pão. Hoje eu não vou sair. Estava ageitando as roupas porque os filhos trocam as roupas todos os dias.

A Dona Argentina Saferreira chegou com um pacote. Trouxe algodão para eu por na fantasia. Ela consertou os tacos e a luz. Ela varreu a parte inferior e eu varri a supérior.

Ela disse-me que vai trabalhar para mim, que eu posso emprestar-lhe 450.000 cruzeiros, que ela paga-me.

— Eu não tenho dinheiro dispunivel para emprestar-lhe.

Ela lamenta que o seu esposo promete mata-la, se ela não pagou a divida. Ela diz que foi lesada pela amiga. Porque não procurou a lêi para examinar e ver se ouve fraude?

Quem não sabe negociar, não deve negociar! Tem pessôa que não tem capacidade, deve ser teleguiada.

Ela pediu empréstimo na Caixa Economica, não foi atendida. Falta dôis mêses para vencer a ipoteca. Eu sou sosinha para lutar, não faço dividas porque tenho recêio. Ela comenta:

— Se eu não tivesse casa, eu seria mais feliz.

Penso que ela deveria dizer:

— Se eu fosse sensata, eu seria feliz.

Tem uma preta velha que vem visitar-me. Pedi para passar umas roupas para mim, mas ela não mais tem agilidade. É lenta. É viuva.

Eu disse-lhe que quero lutar para deixar uma casa a cada filho, que os pretos devem lutar para os filhos. Ela comentou:

— O homem preto sabe amar, mas não sabe lutar pelos filhos! Se as negras não pular, eles não pulam.

Achei graça. Perguntou-me porque é que eu não casei.

— É que eu gosto de ler e um homem não há de tolerar.

Queixou-me que não pode comprar gurdura, sente tuntura. Fiquei com dó porque ja fui aluna da fome. Dei-lhe um litro de oleo. Em troca recibi um olhar... que comoveu-me. Como se eu fosse uma santa no altar.

Eu trato bem os pretos que vem na minha casa. Procuro estimulá-los ao estudo. Passei o dia trabalhando na minha fantasia.

25 DE JANEIRO DE 1961

Levantei as 6 horas catando as roupas para lavar.

O José Carlos regressou. Disse-me que foi em Santos com a dona Rosa Esfacioti, que ela fala que a minha casa é bonita. Fiz o café. Hoje é dia de feira. Não vou fazer a feira por não ter dinheiro em casa. Não vou fazer almoço. A visinha forneçe comida.

É que a minha vida ainda não está organizada.

Fiz cafe, lavei as roupas e fui trabalhar na fantasia. Dei banho nos filhos. Hotem chegou o gaz. Dois botijões. Tenho trêis porque espero receber visitas. A casa está suja porque espalhei um pó que matou as pulgas. Como é bonita uma casa limpa!

Pretendia passar o dia em casa. A dona Zeze serviu o almoço. Os filhos gostaram. Eu estava trabalhando na fantasia, quando o Audalio chegou acompanhado com o fotografo Jorge Tarak.

Eu disse-lhe para abrir a pórta. Eles entraram, o Audálio comprimentou-me e circulou o olhar pela casa, criticando que a casa está suja, que os filhos deixam os sapatos espalhados pela casa. Eu disse-lhe que estou preparando a fantasia. Vou passar o carnaval no Rio com David St Clair. Convidei.

— Quem sou eu!

Mandou-me trocar para ser fotografada. Troquei. Fotografou-me na penteadeira, limpando a casa etc.

Fomos na favela. Ele fotografou-me na ponte pênsil, que liga a favela com a Via Dutra. Seguimos para a rua Carlos de Campos. Fomos visitar o senhor Antonio, proprietário da padaria Guiné.

Quando chegamos, encontrei a dona Magdalena triste. Estava de luto.

— O que ouve?

Ela que era tão alegre, custou responder-me. Aquele silencio sobressaltou-me. Ela indicou-me o retrato do senhor Antonio. Eu não gósto de retrato. Gosto é das pessôas locomovendo-se e falando.

— Ele morreu?

— Morreu no Natal. O auto caiu no Rio Tamanduatei. Morreu com os treis filhos menores.

Senti, porque ele auxiliava-me quando eu morava na favela. Um homem culto. Adorava os filhos. Um por ano.

Fui ver a Dona Alzira. Estava dêitada, usando luto. Chorando com as pernas enfaixadas. Ela sofre varizes. Citou que seu esposo foi levar o cunhado em casa, quando voltava o carro caiu no rio. Era época de chuva. O rio transborda. Eu disse-lhe que fui para ser fotografada com ele e a família. Despedi de Dona Alzira que dizia:

— O seu Antonio não merecia uma mórte assim. Ele deve ter sofrido muito! Pobre dos seus filhos...

Quatro cadáver numa casa. É um golpe fatal.

O Audálio ofereçeu-me guaraná. Relembre-o Senhor Antonio, quando vestia uma calça remendada para dessobistruir a valeta, usava botas e chapéu de palha.

Aos donos da padaria Guiné, os meus sentidos pêsames. Contei para o Audálio que o senhor Antonio dava-me queijo, bananas, roscas e dizia:

— Você não conta para as mulheres, que elas são pão duro.

A Dona Magdalena dava as bananas e dizia:

— Não conta ao Antonio!

Eu achava graça. Tinha dia que nós comiamos só aquelas bananas que o senhor Antonio dava-me.

Eu ia indicando as ruas para o Audalio. O Tarak ia guiando o seu carro. Eu disse para o Audalio comprar um.

— Quem sou eu!

Algum dia ele há de comprar. Tudo que é bom, eu desejo ao Audálio. Ganhei um pedaço de Nylon, fiz uma cueca para ele. Eu ia mostrando-lhe os recantos que eu passava. As ruas que transitava catando papel.

Quando cheguei na favela, as crianças iniciaram uma vaia. Em cinco minutos, a noticia circulou que eu estava na favela. — O povo afluíram-se para ver-me.

Conversei com a dona Esmeralda. Disse-me que o seu esposos não mais apareceu. Ele fingiu que estava louco e abandonou a família. Não aguentou criar os sêis filhos. O homem que abandona os filhos é um canalha.

A Leila chamou o Audalio, ficou conversando com ele. A agua corria com lentidão. — Fiquei horrorisada ouvindo as mulheres dizer que cortaram a agua.

Que dessumanidade!

Nos Estados, os políticos da agua de graça aos pobres. Em São Paulo... O estado mais rico do Brasil, eles cortam. Com certos atos perversos que o governo do estado pratica, concorre para desmoralisar São Paulo, que está perdendo o seu prestigio, paradóxo. Pensam que o povo é feliz e não é.

Eu e o Tarak circulavamos pela favela. — Que lugar imundo! É uma dessumanidade deixar os pobres viver assim. Fui visitar o meu barracão. O seu Chico modificou, apenas conservou a tabua que o João escreveu — "O Audálio é nósso."

O Audalio fotografou-me com o meu povo, os favelados. Fui conversar com o senhor Luiz. Pediu-me:

— A senhora precisa ser uma voz na favela. Falar por nós... Os políticos quer ritirarnos d'aqui e enviarnos para os suburbios. O que ganhamos, gastamos nas conduções.

É um erro pensar assim. Mesmos nos suburbios, vive-se melhór do que na favela. Percibi que os favelados olhava-me com adimiração. Se eu pudesse vender a minha antologia para comprar um terreno para eles. Um soldado foi na favela para ver-me. Que olhar... que atingiu-me! Um olhar que revelou-me tudo!

Eu disse ao Audalio:

— Este é o soldado que disse-me: Graças a Deus, sou brasileiro!

O esposo de Dona Angelina preta foi comprimentar-me. Ele é um homem agradavél e bom. Está habatido. Todos favelados estão magros. É deficiência alimentar, falta d agua. Olhando aquelas crianças raquíticas, pensei nos versos de Olavo Bilac:

Criança ama a terra que
                nacêste
Não veras no mundo,
    pais igual a este.

Eu estava com dez anos quando li este verso e concordei com o poeta. Naquela epoca não existia favela. Não existia fome. Os preços dos generos de primeira necessidade era ao alcançe de todos. O Senhor Arthur Bernardes não permitia aumento dos gêneros. Ele dizia: para um homem governar um pais sem sedição é preciso que o povo não passe privações.

Para mim, as privações e a polvóra são idênticas. As privações inrrita o povo e o povo inrritado supera a polvóra e a bomba atomica.

Os favelados queixavam para o Audálio que os politico quer a dessapropiação da favela. Mas o Senhor nos protege! Percibi que se o Audalio dizer-lhe faça isto, eles fazem.

— Quando os políticos vir dizer-lhes que vocês devem sair, voces vão falar com a Carolina!

O seu Chico estava alcolisado. Ele e sua cunhada. Fico horrorisada vendo uma pessoa beber tanto assim. Estes dias, eu estava com falta de ar. Uma senhora aconselhou-me tomar vinho. Quase morri. Dessisti. — O meu organismo não tolera o alcóol!

Saimos da favela. Eu ia parando para conversar com os visinhos das alvenarias. Eu dava o meu endereço para eles vir visitar-me.

A mulher do coca-cola disse ao Audalio que está escrevendo a vida de seu filho que morreu. Fomos ver o seu livro. — É agradável. Aconselhamos a continuar escrevendo. Ela ficou reanimada. O Audálio disse-me que ela tem gêito.

— Se o livro for bom, a senhora pode ficar rica!

Ela sorriu com a boca desdentada. Boca das pessôas que não podem visitar dentistas.

Na rua Araguaia, eu mostrei ao Audálio as casas do pae da Vera. Que homem deshumano! Nunca presenteou a filha.

Na rua Pedro Viçente, paramos para falar com o Aldo e sua esposa.

— E a Dona Irene?

— Vae falar-lhe. Ela está nervosa porque o seu esposo está preso.

Ele é tenente. Fui vê-la. Toque a campanhinha. — Ela atendeu-me chorando.

Olhando-a, dava a impressão que estava embriagada. Mas, era nervossismo. — Xingava o governador Carlos Alberto de Carvalho Pinto — o Nero paulista. Que ele deve atender o clamôr da força publica porque o salario dos militares é um salário de fome, que ele é o pior governo que já passou por São Paulo, — é avarento.

Se o povo de São Paulo está sofrendo com o governo, eu não tenho culpa porque não votei no Senhor Carvalho Pinto. — Não notei capacidade nele. As pouquíssimas vezes que falou nos comícios demostrou insapiência para governar. — Perguntei se nós podíamos fazer algo pelo seu esposo.

— Não há possibilidade porque a diciplina militar é igual a pena de morte nos Estados Unidos. É inrretrocedivel.

Antigamente eram os funcionarios publicos que viviam com menos dificuldades. Atualmente eles vivem pior do que os favelados, pior do que os colonos. Passaram para a hala do sofrimento. O Audalio ouvia a dona Irene xingando o governador. Devo muitas obrigações a Dona Irene e seu esposo. Um homem nobre. Maravilhoso. Ele dava livros para eu ler quando eu estava na favela. Despedimos do Aldo. Eu estava preocupada porque a dona Irene dizia que ia suicidar. Eu disse ao Audalio que as esposas dos militares tem que suportar estas agitações porque o oficio d eles é delicado.

— Você também é nervosa.

Não defendi-me porque ele tem razão.

O Audalio conduziu-me ate a minha casa. Agóra posso dizer: minha casa! Porque estou ressidindo numa casa de alvenaria. — O sonho de todos que passam por este mundo.

Quando nós passavamos perto de um quartel, eu olhava e não via os oficiaes. Eles estão presos para não perturbar a posse do novo presidente. — Espero que o senhor Janio Quadros dê liberdade a estes homens, que tem suas esposas e filhos.

26 DE JANEIRO DE 1961

Levantei as 4 hóras e fui escrever. Começo gostar da casa. As pulgas estão dessapareçendo-se. Que bom escrever, atualmente, com a luz elétrica. A minha casa tem 14 lampadas.

Quando o dia surgiu, fui cuidar da limpêsa e lavar roupas. A dona Argentina vêio procurar-me. Quer dinheiro. Eu não tenho dinheiro disponível para emprestar-lhe. E se eu não tivesse êxito com a vendagem do meu livro? O que aborreçe-me é a cretinice de certas pessôas, achar que eu dêvo auxilia-las. Quando eu não tinha nada, não aborrecia ninguém. Todos os dias a Dona Argentina Saferreira vem procurar-me. Ela tem algumas habilidades. Ela colou as taças que estavam descoladas.

Pedi a Dona Zeze para dar o almoço aos meus filhos e saimos passamos na Ultima Hóra, fui pedir para eles publicar que as esposas dos oficiaes que estão presos, algumas falam que vae suicidar-se.

Fui na livraria, o dr. Lelio disse-me que vae pagar-me duas edições amanhã. Ele ia pagar-me hoje, mas o Audalio viajou. Não quero reçeber na sua ausência. Foi o que disse-me o Senhor Carlos de Freitas. Ele é reporter do O Cruzeiro. Começou a trabalhar dia 18. Ele há de triunfar porque é muito iducado.

O dr. Lelio deu-me 15 mil cruzeiros,[35] comprei caderno, uma caderneta, lápis para eu anotar os fatos que presencio. Saimos da redação, os reportes ja estão notando a sombra da Dona Argentina Saferreira ao meu lado.

35 Cerca de 1030 reais em 2021.

Entramos nas lojas para eu comprar uma calça para o carnaval. Mas, o dono da loja atendeu-me com descaso. Eu perdi o interese de comprar na sua loja pelo olhar que dirigiu-me. Percibi que ele não gosta de pretos.

Fomos na loja Ao Mundo Elegante, na rua Barão de Itapetininga, 26. Atendeu-me o senhor Selicio da Silva Pereira. Que homem atencioso! Suas palavras humanas e sensatas. Eu disse-lhe que estava revoltada com a prisão dos oficiaes. — Ele disse-me que o Senhor Janio Quadros, quando foi governador fez um governo de ódio e vingança, que um governador tem que ser imparcial, que vingança demostra incultura. Ele medio o tamanho da calça e cortou. Paguei mil cruzeiros pela calça.

Saimos da redação e voltamo a pé, pela Avenida Tiradentes. Visitamos a Clicheria do senhor Rodolfo. Citei-lhe a morte tragica do Senhor Antonio da padaria Guine. Ele disse-me que a humanidade está tão pervessa, que são castigadas diariamente, que ele já está com nojo do povo. E eu também.

Percorri a oficina, relembrando quando eu catava papel. Eu tinha muitas desvantagem naquela época. Ganhava pouco e ressidia na favela, passava privações. Os meus filhos apanhava dos favelados e a minha agitacão interior, quando não tinha o que comer. Atualmente tenho o que comêr, mas tenho os aborrecimentos das pessôas que querem dinheiro. Somas fabulosas!

Despedi dos funcionarios e descia a Avenida Tiradentes. Comprimentava as pessôas conhecidas. Fui rever a Dona Guiomar, dona da tinturaria Tiradentes. Quantas vezes ela deu-me sabão para lavar as roupas dos filhos. Disse-lhe que pretendo comprar a casa que ela resside para construir um edificio.

A dona da casa quer 12.000.000. Ela pedia 8. Ela ja está velha não vae viver o tempo suficiente para gastar este dinheiro. Desci olhando os recantos que eu percorria com o saco nas cóstas e a Vera acompanhando-me. Conversei com o dono da loja, na esquina da rua Alfrédo Maia. Disse-lhe que vou comprar o prédio em frente. Quando eu dizia para a dona do prédio que eu ia compra-lo ela sorria, olhando-me, supondo que eu estava louca.

Fomos aos matadouros avicolas. Fui procurar penas para terminar a minha fantasia. O baiano das penas disse-me que não ajuntou e jogou fóra, para eu voltar sábado. Eu devia-lhe 20 cruzeiros, paguei. Saimos do matadouro, a dona Argentina Saferreira mostrava a minha fotografia na revista Fotos e Fatos para as pessôas que abôrdava-nos.

Encontrei o senhor Binidito, esposo da Nair preta, não mais está na favela. Foi ressidir na Vila Gustavo. Eu queria chegar logo em casa. Tomamos um taxi. Encontrei uma senhora que favoreceu-me muito. Parei o carro para ela entrar. Ela ia em Santana. Perguntei-lhe se sua irmã casou-se.

— Ainda não.
— Ela é tão bonita! Agradavel!

Falamos de Dona Mildred, o seu esposo já está andando. Ele é coronel. Comprava bonecas para a Vera. Disse-me que o povo adimira o meu triunfo na vida.

— Menos eu.

Ela desceu na rua Alfredo Pujol, eu segui com a dona Argentina. Ela quer 400.00 e pretende trabalhar para mim. Porque será que certas pessôas pensam que são mais inteligentes do que os outros? Paguei 93 de taxi. Estava cansada. A dona Argentina Saferreira deu-me a sua ipoteca para eu ler. Li. Ela e o seu esposo é que ipotecaram a casa.

— Quem lesou-te assim para complicar tua vida?
— Foi a Dona Ermelinda Serralheiro Martins.

Fiquei ouvindo a Dona Argentina falando de sua ex sósia. Ela é uma mulher de caráter numero zero. Prejudica todo mundo. Está trabalhando nos Diarios Associados ganhando um dinheirão.

— Ela é espanhola?
— É.
— São da mêsma nacionalidade! Não sei se tenho possibilidade para auxiliar-te.

Ela suplicou-me.

— A senhora arranja o dinheiro.

Ela queixou-se para a dona Elza. Se não conseguir o dinheiro o esposo prometeu matá-la.

Ela despediu-se. Tentei escrever, mas estava com sono. Dêitei. Dormi das 15 as 18 hóras. Levantei, fui comprar queijo, carne e um par de sapatos para o José Carlos, 600.00. Preparei a refeição. A dona Zeze emprestou-me um prato de arroz. Troquei-me.

Quando eu estava concluindo o meu toilete para sair, a dona Carmem, esposa do senhor Fabio Paulino, entrou. Vera procurou um livro pra ler. Ela lê um livro por dia. Invejo-a. Eu não tenho tempo. Eu lia na favela, mas a minha vida está atabalhoada.

Um senhor vêio procurar-me para agradeçer-me a reportagem que a Ultima Hora fez para o Centro Espirita, que quer construir um abrigo para as crianças dessajustadas. Eu disse-lhe que ia sair. Vou jantar na ressidencia da deputada Ivete Vargas. Fomos para o ponto de onibus. Ele dizia que a Dona Marlene adoeçeu. Então a criança que está no ventre vae morrer quando nasçer, peunomonia atinge as crianças. Que sacrifício para tomarmos um taxi.

Está chovendo. Conseguimos um. Dei o endereço para o motorista.
— Ele disse-me que ja votou na Dona Ivete Vargas trêis vezes e não está arrependido, porque ela não decepciona. Ela não ilude o povo. Está provando que o sangue do saudoso Getulio Vargas corre nas suas vêias. É uma grande mulher!

— Grande mulher é a que cuida dos filhos na época atual. Ter que enfrentar o custo de vida astronomico.

Ele não apreciou a minhas palavras.

— Grande mulher é a dona Ivete! É porque a senhora não lhe conheçe. Ela tem favorecido o povo.

Não comentei porque não há conheço. Eu era do quarto de despêjo. Agora eu sou da sala de visita. Estou na casa de alvenaria. No quarto de despejo eu conhecia os pé rapado, os corvos e os mendigos. Na casa de alvenaria estou mesclada com as classes variadas, os ricos e os da classe média.

O senhor que acompanhava-e disse-me que é bancário, trabalha muito e não tem tempo de auxiliar os pobres. Mostrou-me o banco onde trabalha. Ele desceu em frente o corrêio. Queria pagar o taxi, eu não consenti. Ele agradeceu-me dizendo que eu tenho sorte porque auxilio os pobres, que estou recebendo os frutos do passado.

Citei-lhe que estou recebendo os frutos desta existência. Contei-lhe que lavava roupas para as nórtistas que vinham do Nórte. Auxiliava-os ate eles colocar-se. Quem gosta de auxiliar o semelhante é recompensado. Deus duplica os nossos bens! Ele seguia e nos fomos para a casa de dona Ivete Vargas. Convidei o motorista para ir ver a Dona Ivete Vargas. Já que é o seu eleitor cativo.

— Ah! Ela não me reçebe.
— O senhor vae comigo, ela há de receber-te.

Ele disse que ia girar porque nos dias de chuva os motoristas ganham mais.

Quando entrei no edificio, varias pessôas reconheceu-me. Indicou-me o andar.

Quando cheguei na casa de Dona Ivete, fiquei horrorisada. A casa estava super lotada. Ela reside em dôis apartamentos. Vários homens, todos do P.T.B, os getulistas.

Estavam presentes os senhores Delfim Gores, candidato a prefeitura de Pôa. Vêio convidar a dona Ivete Vargas para tomar parte num comicio, lançando a sua candidatura. Gervasio da Silva, presidente do PTB de Ferraz de Vasconcellos. Eles falavam da eficiência dos bombeiros. São cultos, homens de valôr, que mereçe a nossa consideração. Falavam da Força publica, que merecem ser atendidas porque o Estado precisa da Força — que o senhor Carlos Alberto de Carvalho Pinto é inciente na politica. Eu disse que o estado não tem verba para os funcionarios porque o senhor Carvalho Pinto gastou na eleição do Senhor Janio Quadros.

Os politicos do interior despediam-se. A Dona Ivete Vargas leu o seu discurso que fez na Assembleia de Brasilia, criticando o governador de São Paulo. Disse:

— Os deputados fazem lêis. Mas, se um deputado aprova outros reprovam. Porisso é muito dificil podermos auxiliar o povo.

Pensei: quando uma lêi é para beneficiar os deputados, eles não reprovam. Aprovam.

O que achei interessante foi o telefone de Dona Ivete Vargas. O fio é longo e o secretario leva o telefone onde ela está. Ela é iducadissima. Monopolisa. A gente não tem vontade de deixa-la. Ela é graciosa, elegante no falar. O som da voz é agradavel. Ela convidou-me para jantar. Fiquei horrorisada com a quantidade de pimenta que ela come.

Escrevi os versos do saudoso Getulio Vargas e dei-lhe. A todos recantos, ve-se o busto do Getulio em bronze. Ela diz:

— Eu tinha loucura pelo titio. Mas, eu era inciente quando ele morreu.

Eu disse-lhe:

— Quem ficou viúvo foi o Brasil, não foi a Dona Darcy. E onde está ela?

— Ela está no Rio. Cuida da Casa que ela fundou. Ela cuida dos pequenos jornaleiros. A dificuldade é o dinheiro. No tempo do velho Getulio a vida era suave para ela. Que erro do Getulio foi apôiar o Dutra.

Eu disse que o Dutra foi

voz e agradavel. Ela es
tidou-me para jantar.
Fiquei humourada ea
quantidade de pimenta
ela col. Escrevi os vers
do saudoso getulio Var
e dei-lhe. En todos ueo
ve-se o busto do getuli
e bronze.
Ela diz; eu tinha loucur
elo titio. Mas eu era m
te quando ele morreu
Eu disse-lhe;
Que ficou viuvo pai o B
não foi a Roma Warey.
E onde esta ela?
Ela esta no Rio. Cuida
casa que ela fundou.
Ela cuida dos pequenos j
olenos. A dificulda de
dinheiro. No tempo do vel
getulio a vida era suav
era ela. Que o irmo do
getulio foi apáiar o Dut
. disse que o Dutra f

afamico. E Não fez um discurso no seu governo.
ria a impressão que o
governo estaria dórmindo
u rei, de reelegero
velho getulio reelegera
outra. Ela falava uns
mos politicos que eu
desconheço ouvindo êles
falar de politica tinha a
impressão que estava
nu mundo estranho
Falavam do David Nasser
e suas reportagens. Sie
tava presente um casal
radidlista - Eu disse-lhes
que sou compositor do
Ernesto. Cantei algo para
êles gostaram do negro
todos que chegavam a
deputada Yvette Vargas
edia - me para canto
stava presente o senhor
Rio Branco Paranhos

[...] afonico. Não fez um discurso no seu governo. Dava a impressão que o governo estava dormindo. Em vez de reeleger o Velho Getulio elegera o Dutra.

Ela falava uns termos politicos que eu desconheço. Ouvindo eles falar de politica tinha a impressão que estava num mundo extranho. Falaram do David Nasser[1] e suas reportagens. Estava presente um casal radialista. Eu disse-lhes que sou compositora da Fermata. Cantei algo para eles. Gostavam do negro. Todos que chegavam a Deputada Ivete Vargas pedia-me para cantar.

Estavam presente o senhor Rio Branco Paranhos[2] e a Dona Elisa Branco.[3] Autografei um cartão para ela enviar a China. Ela reçebeu um cartão chinês da Radio de Pequim, que indica os horarios dos programas em purtuguês. Disse-me que eu devo ir na China. — Citei-lhe que a Jurema Finamur está preparando a minha viagem.

— Ah! Eu conheço a Jurema Finamur. Ela é minha amiga.

As 23 horas e mêia nós saimos da suntuosa ressidência de Dona Ivete Vargas. A Dona Elisa Branco acompanhou-me. Eu ja a conhecia. Quando ela chegou da Russia, trouxe um vestido muito bonito, todo bordado. Eu ia reçeber o dinheiro da Vera, encontrei-a na praça da Çé. Parei adimirando o seu vestido bordado.

— Quem bordou este vestido? — Perguntei-lhe.

— Comprei na Russia.

— Quem é a senhóra?

— Eu sou a Elisa Branco

— Ah! — Exclamei.

Porque naquela época, os jornaes citava que ela é comunista. O homem vive combatendo algo, mas, eles vão combatendo e aderindo. Antigamente perserguiam os cristãos. Mas, os perseguidores acabavam aderindo-se ao Cristianismo. Depois perseguiram os republica-

---

1 Repórter e colunista de *O Cruzeiro*.
2 Advogado trabalhista e candidato a vereador pelo PTB.
3 Sindicalista e militante comunista.

nos, porque era as léis imperial quem predominava. Com o decorrer do tempo, o povo proclamou a Republica. Agora combatem o comunismo. Mas, com o decorrer dos tempos... Até lá eu não mais sou hospede deste mundo!

Estava chovendo, eu usava o meu capote vermêlho. Esquenta e a chuva não encharca-o porque é de lã. Tomamos um taxi. A dona Elisa Branco desceu perto do correio. Quem era o chaufeur era uma senhora que resside em Pinheiros. É a primeira vez que vêjo uma mulher chaufeur de praça. Disse que trabalha porque o seu esposo é alvenel e não é fixo. Tem ocasião que fica sem trabalho, mêses.

Eu disse-lhe que o meu sonho é viver dentro de casa, lendo e escrevendo. Eu tenho pavôr de andar, gostaria de ficar em casa, lendo e escrevendo sossegada. Ela disse-me que tem pavôr de ficar em casa.

— Quer dizer que o teu esposo teve que ceder com o teu capricho de não gostar de ficar em casa? Ele deve sofrer muito com a senhóra, porque a senhora pertençe a classe das mulheres que predomina.

— É que ele ganha pouco. O custo de vida transformou a vida num lar.

Eu ia indicando o roteiro. Quando chegamos, o meu dinheiro não dava para pagar a condução. Ela não tinha troco para mil cruzeiros. A dona Elza Rêis emprestou-me 200,00. Eu disse-lhe que fui jantar com a dona Ivete Vargas. Ela convidou-me para ir na convenção do seu partido sabado. O senhor Rogerio Rêis não estava em casa.

O relogio badalou. Olhei. Era 24 horas e meia. Despedi. Estava chovendo. Eu estava exausta. Depois que publiquei o meu livro, tenho levado uma existência agitada. Não é vantagem ser popular. A vida é mais agitada e sacrificada!

27 DE JANEIRO DE 1961

Levantei as 6 hóras. A casa está suja, as penas espalhadas. Fiz café. O João foi comprar pão. Ensaboei umas roupas. O João disse-me que a mulher que quer os 400,000 vinha chegando. Ele ia dizer-lhe que eu não estava.

— Diga-a que eu estou e mande a entrar!

Agi assim para não ensinar os filhos mentir.

Ela entrou com um embrulho, disse-me que era cimento e um ladrilho para consertar a cosinha. — Ela é habilidosa e confusa. Tem hora que ela é eficiente. Tem hóra que reclama ser infeliz com o esposo. Ela quer cativar-me para eu resgatar a sua hipoteca, mas eu ainda não normalisei a minha vida. Não tenho chuveiro elétrico, o da casa está queimado. Não tenho utensílios de cosinha. Não tenho sala de jantar.

Tenho a impressão que sou uma carniça e os côrvos estão rondando o meu côrpo. Côrvo humano que quer dinheiro!

Eu disse-lhe que estou nervosa porque o dr. Lelio marcou o lançamento do meu livro para setembro. Que eu estou cançada. É muita luta para mim! Cuidar dos filhos, eles brigam muito. O João é mais fórte e mais violento. Tenho que interferir nas brigas deles a favôr ao José Carlos. Tenho que ir na cidade todos os dias. Eu escrevo a-nôite. Durmo um sono, quando desperto, escrevo. Os filhos trocam roupas todos os dias porque nós agora somos de Alvenaria e recebemos visitas todos os dias.

O João estava brigando com o José Carlos, peguei uma chinela e dei no João. Cénas que eu reprovo. Eu disse para a dona Argentina Saferreira que tem hora que me da vontade de suicidar. Mil vezes quando eu estava na favela catando o que comêr nas latas do lixo. Eu estou no inferno! — É muita coisa para eu ressolver. O meu problema é solucionar a vida dos meus filhos porque eu sou sosinha. Ela queria falar de sua ipoteca.

Eu não a conhecia há dôis anos atraz. Não tenho nada com o seu problema. Eles são espanhões, era para ter amisade mutua. Começei xingar que sou uma mulher desgraçada e infeliz. A dona Argentina deixou um nomero de telefone para eu tirar informações de sua pessôa. Despediu-se e saiu.

Acompanhei-lhe até a pórta. Vi varias pessôas correndo paravam em frente um prédio. É que botijão de gaz que pegou fogo. Telefonaram. Os bombeiros chegaram. O povo dizia:

— Os bombeiros são utilíssimos e o governo não quer dar aumento para eles!

No Diario da Assembleia eu li esta referência fêita pela Deputada Ivete Vargas. Quando eu estava na ressidência de Dona Ivete Vargas, ouvi o seu secretario lendo um jornal impresso na Italia, mencionando a greve da força publica. É a primeira vez na historia, que a policia revolta no mundo. É o caso de dizer: Ê... Brasil! Quem dirige o Brasil são os brancos. Eles é quem estuda lêis.

Hoje eu estou nervosa com os filhos. Não obdeçem. Sai, deixando-os fechados.

Quando cheguei na livraria, telefonei para o Audálio comparecer que eu ia reçeber o pagamento das duas edições.

— Quando o Lélio chegar você telefona-me.

Fiquei girando pela livraria, pensando nos filhos que estavam fechados. Já estou habituando-me com essa vida de corre córre. O Audalio chegou, foi falar com o ilustre Paulo Dantas. Que homem sensato! — Citei-lhes que fui jantar com a Dona Ivete Vargas. Ela é culta e fascinante. Monopolisa atenção. Eu disse a Ivete Vargas que a sala da minha casa é espaçosa e as pretinhas que visita-me, falam:

— Faz um baile, Carolina!

Negro não pode ver uma sala, quer dançar. Mas, eu não gosto de baile. Se eu dêixar eles dançar um dia, querem dançar sempre. Baile é uma reuniao de pessôas cultas. Tem alguns que brigam.

Um senhor que falava com o dr Lélio despediu-se. Ele atendeu-nos. Fiquei horrorisada com o gesto indelicado do dr Lélio de Castro Andrade. Ele é quem enviou-me a Porto-Alegre e Rio de Janeiro e descontou as despêzas da viagem no meu pagamento. Se ele tivesse dito-me que eu é que ia pagar as viagens, eu não teria ido a Porto-Alegre e ao Rio. Adimito o desconto do dinheiro que pedi para despêsas pessôaes. Quer dizer que o lucro do editor é intocavel? O escritor é quem arca com as despêsas extras? Eu sou inciente na literatura. Mas, no próximo livro não colaboro nas vendagem. O dr. Lélio é advogado, sabe que não podemos fazer nada sem consultar as pessôas.

Eu não gosto do dr. Lélio ja disse ao Audálio. Mas, ele acha que eu sou imprincante. É que o dr. Lélio não é amigo de ninguém e assim percebi que é o editor quem mata o ideal do escritor!

Eu ia passar o carnaval no Rio. Percibi que não posso porque vou paga uma prestação da casa. O Audálio disse que estou gastando muito. Percibi que o Audálio ficou chocado com as ações do dr. Lélio. Quem prende escritor naquela editora é o senhor Paulo Dantas.

O telefone tocou, o dr. Lélio atendeu. Era o escritor Leon Eliachar, reclamando que o seu livro não está na praça. O Dr. Lélio respondia--lhe que o livro é muito caro e os livreiros compram pouca quantidade, porque o livro sae aos pouco.

— O livro da Carolina os livreiros compra 50 de uma vez, porque é um livro que tem saída.

Ele disse ao Dr. Lelio que abandonou o emprego para viver com a renda do livro. Fiquei horrorisada! O livro não é mêio de vida. Na America Latina ninguém vive de literatura porque a maioria é analfabeta.

Despédimos e saimos da livraria. Comprimentei a Dona Adelia e trouxe os bonécos para eu lêr e compôr algo que não tomei conhecimento. Entreguei o cheque ao Audalio para deposita-lo no banco. Estava chovendo, perguntei-lhe se eu podia ir a convenção do partido trabalhista. Disse-me que não. Ele estava triste.

Quando cheguei em casa, os filhos haviam feito dessordem. A Vera foi lavar roupas, molhou-se toda. O José Carlos pulou a janela. Andaram por cima do muro, sujando-o. Dei-lhes uma surra. Até a Vera apanhou. Eu não gósto de expancar-los. Eles tem medo, mas rêinam.

São os filhos que emancipam os paes. Quem tem filhos, tem que trabalhar, não beber, não roubar para dar bons exemplos. Não brigar na presença dos filhos, para impôr respeito.

Passei a tarde xingando o dr. Lelio. O homem que quer montar uma oficina de corte e custura voltou para pedir-me os 50.000 mil cruzeiros emprestado. Xinguei, dizendo-lhe que eu tenho obrigação de cuidar só dos meus filhos.

28 DE JANEIRO DE 1961

Levantei furiosa. Fui lavar o jardim. Eles pizaram na terra e no ladrilho. Xinguei a Vera o José Carlos porque eles não dão valôr a nossa casa de alvenaria. Nós estamos livres das enchentes, dos vadios. A nossa vida ficou cor de-rósa, graças ao Audalio.

Prendi os filhos, fechei a porta do meu quarto e sai. Não dêixei o radio para eles ouvir, pedi a dona da caza para trocar mil cruzeiro para mim. — Não tinha troco. A Maria Aparecida, filha de Dona Elza, queria brincar com a Vera. Mas ela está de castigo.

Tomei o ônibus. Desci na Avenida Tiradentes, olhando de ambos aos lados para ver se podia atravessar. Vi um soldado, estava triste. Fui falar-lhe, ele reanimou-se. Disse-lhe que reprovo os atos do senhor Carvalho Pinto com os funcionários. Ele gastou a verba na eleição e agóra está em apuros. Ele disse que as verbas são aplicadas no plano da ação. E o povo não vê o plano de ação. Ao povo não se mente.

Eu e Dona Ivete Vargas estamos lutando para abisolver os oficiaes. O senhor Carvalho Pinto quer prendê-los até a posse do senhor Janio. É assim que um politico angaria inimigos. O povo vê o valor dos homens da força publica e dos bombeiros.

Hontem eu fiz um apelo ao governador para libertar os oficiaes. O bombeiro é um homem de valôr. Ele sabe que no fundo d agua tem um homem môrto. Ele pode entrar e morrer também. Ele entra. O seu valôr está nestas ações. Mas, o governo não vê isto.

O soldado reanimou-se. A deputada Ivete Vargas quando vê um soldado vae falar-lhe para reanima-lo. Contei-lhe que o soldado Cardôso auxiliou-me muito. Ele comprava cadernos para mim. Pretendo dar-lhe um terreno ou material para construir uma casa. Ele disse-me que tem um terreno. Eu gostava e gosto do soldado Cardôso. Dei o meu endereço ao soldado para procurar-me e despedi d ele.

Fui visitar um farmacêutico amigo. As pessôas que dava-me papeis, olha-me com expanto. Passei na farmácia Guapore, paguei 45 cruzeiros que devia e comprei remédios caseiros. Fui seguindo a rua Guaporé. Os homens olhava-me sorrindo. Um senhor que estava com um carro convidou-me para ir até a cidade. Agradeci porque eu ia na rua Luiz Pacheco, comprar penas para a minha fantasia. Entrei na Igrêja São Sebastião, resei pedindo a Deus para proteger os meus filhos e o filho do Audalio, que eles dê bons elementos. Quando o filho é ajuizado, os paes não sofrem.

Encontrei a dona Guiomar que resside nos fundos do empório do senhor José Martins. Ela convidou-me a entrar, que o seu esposo está doente. Ela disse-me que estava gravida. Mentira! Ela continua esbelta igual uma minhoca. Convidou-me para batizar seu filho. Mas, se ela tiver filho e eu ser a madrinha, terei que sustentar o afilhado e os paes. É facil reconhecer quem gosta de trabalhar!

Não pósso entrar por ter o que fazer. Eles dão serviço com hóras marcadas. Perguntei ao José Martins se está melhor, se não tem falta de ar porque deram-lhe um tiro sem motivo. Disse que está bom. Está engordando.

Segui olhando aqueles recantos que eu percorria procurando latas, ferros e papeis para vender. Fui nos dôis mercados, não encontrei penas. Ressolvi ir no mercado central. Não encontrei penas. Comprei 4 frangos carijós para aproveitar as penas, quero terminar a fantasia. Paguei 800 cruzeiros. Os caprichos de poetas ficam caríssimos! Brinquei com o vendedôr perguntando-lhe como foi que perdeu a vista.

— Foi um prego. Mas estou ajuntando dinheiro para ir operar em Londres, igual o Janio Quadros.

— Deve ir porque você é bonito!

Despedi, conduzindo as galinhas. Eu comprei farinha de milho para os filhos comer com lêite. Tomei um taxi. O motorista disse-me que chama Serafim, é filho de uma lavadeira e está escrevendo um livro nas hóras vagas.

— Escreve o livro e da para o Audalio. Ele é honesto!

Ele continuou falando da sua mâe, que é muito enérgica. Mostrei-

-lhe a casa. Ele disse-me que acompanha-me os meus sucessos pela radio e os jornaes. Encontrei os filhos dentro de casa. Abriram o quarto e tiraram o radio.

— Não adianta fechar o quarto!

Matei uma galinha e dei outra para a Dona Elza. Ela auxilia-me muito. Trabalhei ate as 11 da nôite, ouvindo a radio Comêta. O locutor é o senhor Fabio Paulino. Ele mencionou na radio o lançamento do meu proximo livro — A Casa de Alvenaria. Obrigado senhor Fabio Paulino, anunciando a oitava edição do meu livro.

Os filhos jantaram galinha e arroz. O João exclamou:

— A vida está mélhorando!

Deitei. Dormi até as 3 hóras. Despertei com um vozerio pensei que estava na favela. Abri a janela. Era uns pretos que frequentam o Centro Espirita em frente a minha casa. O sono dissipou-se. Fui escrever.

29 DE JANEIRO DE 1961

Levantei as 8 hóras, fui na padaria, comprei macarão e paes. Vou matar as galinhas e recheia-las porque elas podem adoecer no cimento. Lavei roupas e ageitei as camas. Preparei a refeição.

O senhor Fabio Paulino e a sua esposa vieram visitar-me. Uma pretinha veio ver se o David St Clair chegou, passei as roupas. Dei dinheiro aos filhos para ir ao cinema.

A dona Elza veio visitar e mostrei-lhe os frangos que preparei para o David St Clair. Os filhos retornou-se, êlogiando a Decy Gonçalves. Eu disse-lhes para não sair. Não obdeçêram. Tomei banho e deitamos. Os filhos estavam fora. Tocaram a campanhinha. Xinguei-os. Eles não sabem obdeçer-me.

Está chovendo. Eu queria ir na radio Nacional, mas o cansaço dominou-me.

30 DE JANEIRO DE 1961

Levantei com a voz do Lélé, o jardineiro que veio tratar o serviço para mim. Desci as escadas, os filhos já haviam atendido-o. Ele examinou o jardim. Disse-me que vae arranjar mudas de flores no Hôrto Florestal. Fiz café, dei-lhe e mostrei-lhe a casa. Ele ficou adimirado da minha asçencão na vida e disse-me:

— Até que enfim, a tua estrela brilhou. Dêixou mêsmo as latas de lixo! Você não ficou orgulhosa.

Ele prometeu vir quarta-fêira. Limpei a casa. As pulgas estão extinguindo-se. Passei o dia trabalhando na minha fantasia. Os filhos rêinam tanto, dêixando-me quase louca. A dona Argentina veio visitar-me. Trouxe penas para a minha fantasia e deu-me um Dicionario escolar da lingua purtuguesa, autor Francisco da Silveira Bueno. Os filhos reinam tanto. Dei-lhes uma surra porque eles pulam a janela do meu quarto para sair a rua. Eles quebraram um adorno do banheiro, não vejo a hóra de interna-los.

31 DE JANEIRO DE 1961

Levantei as 9 horas com a voz do Lelé que veio cuidar do jardim. Ele trouxe um coqueiro, vae planta-lo no centro do jardim. Fiz café e fui comprar pão e queijo. A dona Argentina veio visitar-me. Hontem eu convidei-a para acompanhar-me até a cidade. O Lelé vae pregar o armário para mim, fui na Caap pedir pregos ao japonês. Entrei na loja para comprar um par de sapatos para o carnaval. Eu estava sem mêia. Voltei com os pregos, pregamos o armário. O Lele disse:

— Eu quiz casar com você! Você não quiz. Hoje... eu estaria bem.

Mas se eu me casasse, eu não conseguiria nada na vida porque eu gósto de ler. Passo noites e noites escrevendo. O livro é tudo para mim. Os homens que passaram na minha vida não toléraram o meu amôr aos livros. Os hómens abandonou-me. Mas, os livros não. Eu olho um livro com simpatia porque eu sei que o livro é um amigo, que nos instrue.

Paguei o Lele, que olhava-me com adimiração e dizia:

— Que salto voçe deu na vida! Você saiu do inferno, está no céu.

— Enganas-te. Eu estou no purgatorio.

Ele prometeu voltar para ver se as flores pegaram. Despediu-se. Tomei banho, pedi a Dona Argentina para destarrachar o chuveiro. Vou ver se tem conserto. Saimos de onibus. Fui levar o chuveiro para consertar. Comprei lampadas. O chuveiro tem conserto.

Fui na Livraria Francisco Alves retirar os meus livros, que ganhei os encadernados. Telefonei ao Audálio. Ele disse-me para eu ir amanhã na redação assinar um contrato. Eu disse-lhe que estou alegre. E que as pulgas estão acabando. Voltamos de automovel.

Convidei a dona Argentina para vir amanhã. Vou leva-la na redação para ver se o Audalio da um geito de emprestar-lhe o dinheiro. Ela disse-me que tinha pena em casa, vae arranjar para mim. O filho da visinha fotografou-nos porque ele vae para o exercito, quer levar umas fotos para mostrar aos amigos que conhece-me. A dona Argentina trouxe penas para mim. Ela é agradável, estou apreciando-a. Ela quer trabalhar para mim.

Passei a tarde trabalhando no meu vestido de pena. Ouvi o discurso do Senhor Janio Quadros. Hoje é o dia de sua pósse.

1º DE FEVEREIRO DE 1961

Hoje é o aniversario do João. Ele completa 12 anos. Está alto, dessenvolvido. Está no quarto ano, porque mudamos da favela acompanhado de pedradas. Quem atira pedra é insensato. A pedra pode atingir um lugar mortal. A pedra, quando nos atinge fere. Isto é um comprovante de que a favela, é um nucleo inculto.

A casa está suja. Espalhei remédios para exterminar as pulgas. Depois que adiquirimos algo é que encontramos defêitos. Para dêixar esta casa em ordem, tenho que gastar 40 mil cruzeiros. Trabalhei na fantasia. Hoje é dia de fêira na minha rua. Fui comprar frutas porque estou com nauseas.

A Dona Argentina chegou, vamos a cidade. Vou ver se Audalio consegue auxiliar-la. Não varri a casa. Troquei, saimos. Comprei frutas e carne para os filhos. Fomos de onibus. Ela está triste. Tristesa não soluciona os problemas!

Vi os meu livro nas bancas de jornaes. Perguntei ao jornaleiro se venderam muito.

— Vendemos trinta livro por dia!
— Fui eu quem escreveu este livro.
— Ah! É a senhóra?

Seguimos. Encontrei o Audálio na redação. Estava uma preta com umas crianças que ela cria-os, prétos e brancos. Convidou-nos para irmos visita-la. Eu estava com pressa, queria ser atendida logo. Apresentei o Audálio ao Tarak, dizendo-lhe:

— Este é o senhor Audálio Dantas, o meu secretario cativo.

O Audalio sorriu. Eu disse-lhe que os meus filhos desligaram a campanhinha. O Taraks disse-me que eu dêvo pedir um telefone. Coisas que não pretendo ter telefone e televisão. O telefone, eu vou pedir. O Tarokis disse-me que os filhos vão brincar no telefone.

Assinei os contratos que vão para os Estados Unidos. Ele entregou-me umas cartas. Perguntei-lhe se ha possibilidade de arranjar o dinheiro para Dona Argentina, disse que não, porque eu tenho a prestação da casa. O que vou receber não dá. Preciso comprar os móveis, internar os filhos...Vou vender os livros encadernados para comprar um piano para a Vera.

Saimos da redação, fui ao banco ritirar dinheiro para pagar o vestido que comprei da Carmem. Os bancarios estavam contentes porque o Audálio fez outro deposito para mim. Já estou habituando com a nova vida que estou levando.

A dona Argentina estava triste. Começou a queixar-se.

— Se eu não conseguir este dinheiro, eu vou suicidar.

— Mas o teu esposo tem que auxiliar-te! É uma casa que voces vão perde-la. A pior toliçe é hipotecar uma casa!

— Mas o meu esposo não auxilia-me. Eu seria mais feliz se não tivesse esposo.

Foi ela quem fez a confusão. Mas, não quer reconheçer o seu erro. As mulheres prepotentes são horriveis e suas quedas fataes.

Passei numa lója para ritirar a minha canêta, que estava no conserto.

Fomos para o ponto do bonde. Tomamos o bonde Canindé. Ela não falava. Comprei pasteis para nós. Desçemos na Avenida Tiradentes. Encontramos umas faveladas que estavam esperando o bonde.

Brinquei com uma delas dizendo-lhe:

— A senhora precisa engordar para arranjar um homem. O homem não gosta de mulher magricela assim.

Uns homens sorriam. Perguntaram-me:

— Você não foi na posse do Janio?

— Se fosse a posse do Dr. Adhemar de Barros eu ia a-pé.

Uma mostrou-me o retrato do Janio com arrogância, dizendo:

— Olha aqui! Ele...

Fiquei revoltada e disse-lhes:

— Para auxilia-los, vocês procuram o Adhemar. Quando não tem o que comêr, vocês vão na rua Jesuino Paschoal, 61 pedir ao Dr. Adhemar remédios e ele dá, com todo prazer. Na hóra de votar, vota no Janio.

Elas ficam furiósa quando alguém diz-lhe que são da favela.

— Nós não pedimos nada ao Dr. Adhemar.

— Vocês não trabalham e estão vivendo. Eu fui de favela. Vivi 12 anos nas favelas, não foi 12 minutos. Conheço vocês.

Sai sem despedir, ouvindo uma voz revoltada pronunciando:

— Ela ficou rica, está caçoando de nóis!

Desci a Avenida Tiradentes, passamos no grupo São Vicente de Paula para ver o diretor, o Senhor Roberto. Ele não estava, vae de manhã ao grupo e estuda a tarde. Estuda Odontologia. Conversei com as serventes e deixei um bilhete para o senhor Roberto com o meu endereço.

Seguimos para o matadouro avícola, ver se eles resservaram as penas para mim.

A dona Argentina ia reclamando a vida.

— Se eu não arranjar este dinheiro, eu vou suicidar!

— A senhora já prejudicou a vida do teu esposo, quer prejudicar ainda mais? A senhora não sabe negociar e foi negociar. Quem não sabe nadar, não entra no mar!

Tenho os meus afazeres e existe estes casos confusos para eu soluciona-los. No matadouro, não quiseram vender-me as penas — Paciência! Eles dizem que eu fiquei rica e consigo muito dinheiro com a fantasia de pena. A minha fantasia é sensacional. Eu posso competir com as fantasias de gala do Municipal do Rio. Não fiquei revoltada. Eu sou igual a agua, se faz um dique impedindo o seu curso, ela vae evoluindo-se e transpõe.

Segui a Avenida Cruzeiro do Sul. Tomei um taxi e Dona Argentina desçeu na rua Alfredo Pujol, prometendo voltar sábado. Vae arranjar penas para a fantasia. Ela fica horrorisada vendo o meu entusiasmo pela vida. Comenta:

— A senhóra parece que está com 16 anos!

Quando cheguei em casa, fui trabalhar na fantasia. Os filhos xingam porque as pena espalha-se pela casa. A noite, fui falar com o senhor Rogerio Rêis. A luz apagou com a chuva, a Dona Elza Rêis deu-me duas. O meu agradecimento. Citei ao senhor Rogerio a resulução de Dona Argentina, querendo suicidar se não conseguir o dinheiro para pagar a hipoteca de sua casa. Ele aconselhou-me ir falar com a Ivete Vargas. Ela hipoteca a casa na Caixa Economica com prazo de 15 anos para pagar. Eu acho o suicídio a pióR solução do mundo.

2 DE FEVEREIRO DE 1961

Levantei as 6 hóras. Os filhos despertaram-se e pediram pão de côco. Fui comprar.

Pedi a Maria do Carmo para dizer a Dona Silu que venha fazer limpêsas para mim. Hoje eu não vou sair. Vou limpar a cosinha. Acabei com as baratas e as pulgas. Agora vou limpar a casa e comprar moveis.

O Fabio Paulino e sua esposa vieram trazer as luvas e os saiotes que comprei. É que eu comprei o vestido de noiva da Dona Carmem, por 10 mil cruzeiros. Ela ficou contente, reçebendo o dinheiro na hóra.

Hoje eu estou alegre. Um jovem e duas mocinhas vieram pedir-me para autografar-lhes um livro.

Luiz Fernando Pereira Rio. Ressidente a rua Guajurus, 163. Jardim São Paulo. Está estudando. Quer ser Engenheiro Eletronico. Mostrei-lhe as fotografias que a Dona Eva Vastari[4] enviou-me do Rio. Observando o Luiz, ele é normal. Sera um homem correto? Ele anda com as duas jovens e um homem não pode casar-se com duas mulheres. Eu disse-lhes que vou viajar. Vou na Argentina, China e Estados Unidos.

— A senhora podia nos levar.

— De bom grado eu transferia as viagens, porque o meu ideal é ficar recluida.

Eles despediram-se, convidando-me para visita-los.

Lavei as roupas. Conversei com a visinha que já fui cosinheira de restaurante, as 10 hóras o almoço estava pronto. Choveu. As aguas penetram por baixo da porta da cosinha e alaga a cosinha. A casa não tem calha. Os filhos estão rêinando. Uma visinha vêio quêixar-se que os meus filhos brigam com o filho d'ela, que ela vae trabalhar e não sabe o que fazer com os filhos. Está separada do esposo e já faz trêis mêses que não lhe da um centavo. Quando os casaes separam-se, um maldiz o outro e quem sofre... são os filhos!

3 DE FEVEREIRO DE 1961

Levantei as 8 hóras. Leio ate as 2 da manhã. Estou lendo As mil e uma noite. O meu sonho era ler este livro. Como é sublime ver os nossos desêjos concretisando! Fiz café e fui fazer compras. Os filhos querem comêr só pão docê.

A vida está melhorando.

Lavei as roupas de cama. Eu não tenho fronhas. Vou fazer porque tenho panos. Limpei a casa. A Dona Zeze deu-nos o almoço. O João

---

[4] Jornalista e escritora finlandesa.

foi em Osasco, ver se consegue o boletim do José Carlos porque ele vae entrar na escola. Vou interna-los.

Trocamos. Eu fui a cidade. Estava chovendo. Dirigi a livraria, autografei uns livros, telefonei. O Audalio está no Rio.

A dona Adelia disse-me que o povo procura na livraria o livro Eu te arrespondo Carolina.[5] Eu também estou procurando o livro, mas ele não vae ser divulgado porque o Dr. Herculano quer vender o livro sosinho, para não dar comissão.

O sucesso do meu livro é que eu dou comissão a todos. Não sou egoista e agradeço aos livreiros, que divulgou o meu livro.

Ele convidou-me para ir na praça da Sé, no dia do lançamento. Não vou. Não gosto de auxiliar as pessôas que querem o mar só pra si. Queixei para a Dona Adelia que quero mudar para um lugar sossegado.

— Vae pro Matto Grosso. La... a senhora tem sossego!

Achei graça. Mas, tem hóra que eu desejo ressidir num dezerto. Se eu fóra homem ia ser heremita. Eu não tenho sossego com as pessôas que querem dinheiro emprestado. A Dona Adelia disse-me:

— Fala para eles fazer um livro diferente do meu que eles ganham dinheiro.

Tem pessôas que nunca fizeram nada. Agora que viram a minha transformação é que querem trabalhar. Elas pensam em dez profissoes num segundo. Não vejo elas pegar num livro. Dizem que são professoras, quando falam, falam banalidades. Eu disse para a Dona Adelia que a maioria são indolentes, não gostam de fazer o que é difícil, quando vê alguem triunfar admira. Podem imitar-me. Quem tem habilidade, podem apresentar-se.

Despedi de Dona Adelia, fui no bar comprar sanduiche para os filhos. Dôis sanduiches custaram 52 cruzeiros. Em que preço fica um filho atualmente. Filho está transformando-se em obgeto de luxo. Fome todos tem, ricos e pobres. Os ricos podem comprar, os pobres catam no lixo.

O Senhor Janio Quadros, no dia de sua pósse fez um discurso. Aludiu o custo de vida. Prometeu tabelar os preços dos géneros de primeira necessidade. Para mim, aquele discurso é igual uma trovoada sem chuva. Fica sem efêito. Os atacadistas ja estão habituados a vender a seu bel prazer. Não vae obdeçer. Eles violam a lêi. A inscrição da bandeira não tem efeito. Não predomina.

---

5 Livro de Herculano Neves inspirado em *Quarto de despejo*, publicado pelo autor.

Estava chovendo. Tomei um carro. Pedi ao motorista para conduzir-me até ao mercado. Eu ia conversando com o motorista. Custo de vida, era o assunto. Antigamente, nesta época falavam no carnaval.

Comprei duas galinhas carijó porque as penas acabaram-se. Antigamente o matadouro avicola vendia penas para mim. Agora dizem que eu fico rica com a fantasia e não querem vender-me. Se alguém tem capacidade para confeccionar algo sensacional, isto dará fama ao Brasil. Apreciamos o Eder Jofre porque venceu no extrangeiro. O Valdemar Ferreira, Maria Esther Bueno e o Pelé. A saudosa Carmem Miranda. Aos brasileiros que enalteçem o Brasil, merecem o nosso estimulo.

Paguei 470, as galinhas estavam gordas. Perguntei ao jovem que vendeu-me as galinhas, se estava estudando.

— Estou estudando comercio.

Percibi que ele não aprecia o estudo. Disse-lhe:

— Eu não tenho estudo. Tenho só dois anos de grupo. Mas, se eu pudesse lia initerruptamente. Eu escrevi um livro: Quarto de Despejo.

— Ah! É a senhóra?

Ficou olhando-me com adimiração porque o meu nome ficou famôso. Ser de favela e gostar de livros. Aconselhei o jovem a prosseguir os estudos. Despedi apertando suas mâos. Comprei couro de porco para cosinhar no fêijâo. 160 cruzeiros o quilo.

Estava chovendo, as ruas alagadas. As mulheres das favelas estavam dentro do mercado, sujas, descalças. Eu já fui d aquele nucleo. Comprimentei-as. Elas ficaram olhando-me. Perguntou-me:

— A senhora está limpinha.

— Eu já andei assim! Agora eu ando assim.

Elas estavam descalças, sem agasalhos, os dentes cariados. As crianças com os cabêlos compridos, tipo sansão. Uns rôstos tristes. Elas ficam esperando os comerciantes jogar fora os produtos desturpados e cata para comêr.

— A senhora deve estar bem empregada para vestir assim.

Os filhos estavam no auto. Fiquei com dó e revoltada com a condição dos pobres de São Paulo, que disputam com os côrvos o alimento para os filhos.

Entrei no carro. A Vera sorria satisfeita, achando graça das pessôas que corriam para não molhar-se. O motorista dizia que tem dó das mulheres que são motoristas de praça.

— É um serviço perigôso. Nós, que somos homens, morremos...

Falamos do mocinho que foi assaltar o japonês e o japones matou-o.

Os paes não apareçeram para reclamar o corpo do filho. Deviam interessar pelo filho transviado. Temos que suportar os nossos filhos com bôas ou mas qualidades. A minha saudosa mae dizia: do ventre de uma mulher sae ovêlha e leão, sae o chumbo e o ouro.

Quando cheguei, encontrei o João esperando-me no ponto de onibus. Gritei:

— João!

O motorista parou o carro. Ele correu e entrou. Não trouxe o boletim do José Carlos. Paguei o motorista. Dei uma galinha para a Dona Maria José. Ela come a galinha e me da as penas. Ela ficou alegre e disse:

— Carolina! Faz uma fantasia de pirú!

4 DE FEVEREIRO DE 1961

Levantei as 6 horas. Ensaboei as roupas. Limpei a casa e fui concluir a fantasia. A Dona Elza Rêis comprou galinha carijó e vae dar-me as penas. Fui na feira comprei frutas e verduras. Almoçamos a canja de galinha que sobrou.

Eu estava concluindo a fantasia quando bateram na pórta. Era uma preta. Mandei entrar. Ela disse-me que lê todas reportagem que fala de minha pessôa. Disse-me que reside no Jardim Adhemar ou Cidade Adhemar. Chama Isolina. A mulher fala por trinta. Mas, não é pernostica. Comprova que lê diariamente. Da gosto ouvi-la. Podia ser professora de geografia, conheçe os limites do Brasil e os centros de hervas medicinaes. Conheçe vários estados do Brasil. Disse-me que ficou doente vinte e dôis anos chagas nas pernas. Os medicos não descobriam a origem da enfermidade. No Hospital Nossa Senhora Aparecida é que descobriram que a deficiencia insircular do sangue no organismos, que o icho de suas chagas transformavam em manchas, que as pessôas tinham nôjo de sua pessôa. É toliçe um ser humano ter nojo de outro ser humano enfermo porque o côrpo humano é frágil.

Disse que tem filhos. E os filhos fôram criados nas instituicões de caridades porque ela foi doente. Sarou depôis de velha. Queixou que foi pedir auxilio no serviço social do palacio, pedir remédios e comida.

— Me puzeram num carro de preso. Eles são perversos. É o povo mais desumano do Brasil. Eles sabem que nós estamos com dôr e quem tem dôr, está dominado. Mas, eles não condôe-se. Carro de preso não é solução. O lugar onde o pobre sofre mais, é São Paulo. O serviço social era bom só no tempo do Janio. Ele é bom para os doentes! Ele é quem pagava o terreno que eu comprei. Paguei só dôis anos, estou atrasada a oito anos. A companhia quer o terreno. Deixaram eu ficar porque eu estava doente. Eles exige os 44 mil cruzeiros de uma vez. Eu venho pedir a senhora para pagar o terreno para mim, depôis eu vou pagando-te aos pouco. Se eu não puder pagar-te, o terreno é da senhora ou de teus filhos. A agua é bôa! O pôço deu agua com dôis metros. Todas as casas são alvenarias e o meu é um barracão. Ninguem queria dar-me agua porque tinha nojo de mim. Os outros pôços tem 16 metros e o meu tem dôis metros. Tem um visinho que fez um pôço na direção do meu e não encontrou agua. Deus está é ao lado dos pobres! O advogado disse-me para eu levar o dinheiro ate o fim do mês.

Dei um prato de canja para ela e uma laranja. A Dona Maria José estava assando biscoitos, deu-lhe uns. Eu disse-lhe que vou ver se pago o terreno para ela. Ela vae voltar dia 15.

Fico pensando na inconciência de certas pessôas. Eu não tenho esposo para auxiliar-me. Tenho 3 filhos que precisam de estudar e comêr. Eles pensam que eu sou mãe da humanidade. Dei graças a Deus quando a dona Isolina despediu-se, porque eu estava com dôr de cabeça... Assim que ela saiu, começou chover. Dei 50 cruzeiros para ela pagar a condução. Uma mulher que está habituada viver de esmola, onde é que vae arranjar dinheiro para pagar os 44 mil que dêvo emprestar-lhe? Já estou ficando descontente com certas pessôas em São Paulo. Quem resside em São Paulo não precisa mendigar porque encontra o local para trabalhar.

Eu já disse aos meus filhos para dizer-lhes que não estou, mas eles esquecem. O José Carlos diz:

— Eu vou perguntar a mamãe se ela está.

Continuei trabalhando na fantasia, com a ilusão do meu sussesso no Rio.

Era dessenove horas quando um carro parou na pórta. Desçeram os fundadores do orfanato União Crista de Amparo a Infancia. Duas senhóras, dôis senhores e duas meninas. A Vera abriu-lhes a pórta. Vieram convidar-me para ir na televisão pedir auxilio para construir um abrigo em Itapicirica da Serra. Mostraram-me reportagens que fizeram em vários jornaes da capital e do interior. Eu não li a reportágem da Ultima Hóra.

O malandro que acompanhou-me, acresçentou que vão fundar um

orfanato e vão abrir um livro de ouro. "Carolina Maria de Jesus abre o livro de ouro com cem mil cruzeiros." Fiquei horrorisada porque eu não dei esta autorisação. Eu não mencionei isto. Eu não estou rica. Eu ganho percentagem nas vendas do livro. E tenho os meus filhos menores. Quero da-lhes estudos elevados. A caridade social que eu tenho é com os meus filhos ritirando-os da favela. As meninas sem iducação subiram as escadas. E eu não vou adimitir porque estão dessapareçendo meus livros. Se eu fora homem, eu não pedia nada a ninguém. São Paulo é a cidade do Brasil onde abriga uma leva de malandros. Mas, eu dêixo eles vir pedir-me dinheiro até cansar. Imito o Serviço Social. Eu não sou mãe da humanidade.

5 DE FEVEREIRO DE 1961

Levantei as 6 horas. Hoje eu não vou sair. Lavei as roupas das crianças, limpei a casa porque o Audalio pode aparecer. A Dona Argentina chegou, trouxe umas penas e auxiliou-me na limpêsa da casa. Convidei-a para vir a tarde e acompanhar-me até a Radio Nacional. Mandei os filhos chamar a Maria do Carmo para perguntar-lhe se deu o recado a Dona Silú, para vir limpar a casa para mim. Ela estava na missa. Vou esquentar a comida que sobrou. Continuei trabalhando na fantasia.

O senhor Fabio Paulino vêio visitar-me e trouxe seus tios, que ressidem no Rio, pra conheçer-me. Acharam linda a fantasia. Iam voltar ao Rio de onibus. Quando vou ao Rio, vou de avião e fico no Hotel Serrador. Eles despediram-se. Os filhos almoçaram e fôram ao cinema ver o Zé Trindade.

A Vera vae ao cinema com a Maria do Carmo. Troquei-me, fiquei aguardando o retorno dos filhos. Demoravam. A dona Argentina chegou com a sua filha Maria Antoniêta. Perguntei se a menina estava estudando ou aprendendo oficio.

— Ela fez o quarto ano. A mais velha estava no ginásio, não poude prosseguir, saiu na segunda serie.

Percibi que a Dona Argentina complicou a sua vida, abrindo uma loja com uma mulher sem excupulos e vigarista. A senhóra Ermelinda Serralheiro Martins foi nociva na vida de Dona Argentina, que diz: eu hei de suicidar se não encontrar quem empresta-me dinheiro! Mesmo ela perdendo a vida, os seus deçendentes perdem a propriedade.

O João saiu. Foi encontrar a Vera que havia saido do cinema. Ressolvi não espera-los porque o senhor Mario Brasini[6] entra no programa as 8 horas. A dona Argentina queria deixar sua filha olhando a casa. Não consenti. Convidei a jovem para nos acompanhar.

Fiquei com dó da mocinha. Ela é tão triste. Tem quinze anos. Mas, pareçe ter quientos. É que os jovens tem a mente povôadas de sonhos. Não vê os sonhos realizar-se. O seu redor é adôrnado de agruras e as incompatibilidades dos paes. Durante o tempo que a mocinha esteve ao meu lado, ela não falou. Ela serve de modelo para a estatua da tristêza. Os brasileiros pobres servem para modelo desta estatua.

Eu estava com frio. Vesti o meu casaco vermêlho. Procurei no guarda-roupa um palitol para a mocinha. Encontrei um. Ela vestiu. Parecia um palito dentro do palitol. Eu dei uma risada e ela sorriu um sorrisso triste, o sorrisso dos que sofre, dos que estão sobre o signo da desventura. Signo que os atacadistas não conhecem porque eles são os donos dos generos alimenticios. Quando os generos deterioram, eles jogam os fóra. E os pobres aproveitam.

Fomos para o ponto de onibus. O onibus estava demorando e tomamos um taxi. Convidei as pessôas que estavam esperando condução, se queriam ir no auto, porque havia espaço. Duas mocinhas acêitaram e acompanharam-me até a Radio Nacional.[7] Elas queriam dividir as despesas eu não aceitei porque fui eu quem as convidei. Perguntaram-me se fui eu quem escreveu o livro, Quarto de Despejo.

— Fui eu. Mas não estou contente com a carreira literaria. Encontro trapaça no oficio.

O senhor Mario Brasini estava na rua das paheiras na Organisação Vitor Costa. Dirigimos pra la.

O que preocupava-me é a tristêza da filha de Dona Argentina. É uma pena ver uma jovem triste. A tristêza é companheira dos velhos que já conheçe as agruras da vida.

— Porque não matricula a tua filha no corte e custura?
— Não posso. O dinheiro não dá.

O estribilho da classe pobre.

— Quero estudar.
— O dinheiro não dá.
— Quero casar!
— O dinheiro não dá.

Se adoece o dinheiro não dá para comprar remédios. Na Organisa-

---

[6] Ator, radialista e diretor.
[7] Na rua das Palmeiras, em Santa Cecília.

ção Vitor Costa, o Senhor Mario Brasine estava, o que achei graça. Foi quando perguntei ao porteiro se o Mario Brasine está.

Olhou-me minuciosamente e disse-me:

— O Senhor Dr. Mario Brasine está. A senhóra vae na outra rua.

E assim fiquei sabendo que o senhor Mario Brasine é doutôr. Dirigi a outra rua. A jovem porteira disse-me que o dr. Mario Brasine estava no tercêiro andar. Entramos. Encontrei-o escrevendo. Está magro.

— Oh! Carolina!

Ele saudou-me e abraçou-me. Que homem limpinho. Pareçe reçem-nascido.

— Quando é que devemos vir para autografar os livros?

— Depôis do Carnaval.

— Você e o Audalio estão ocupados porque são importantes.

— O senhor está magro. O que foi?

— Trabalho em exesso.

Fiquei com dó do Senhor Mario Brasine. É perigoso emagreçer sem sentir dôr. O custo de vida escravisa a humanidade. E o Dr. Mario Brasine é um homem culto. Honesto, humano e nobre. Deus pode conceder-lhe uma longa existencia porque ele, é bom elemento. É um homem que nasceu na pauta. E vive na pauta.

Despedi ele apresentou um senhor que estava sentado saimos. Eu estava indisposta. Vestia o casaco sentia calôr. Despia sentia frio. Entramos num bar. Um jovem reconheceu-me. Disse-me que conhece-me dêsde 1952. Quando o Pachêco fez uma reportagem para mim. Começamos conversa sobre a minha popularidade.

Chegou um jovem dizendo que gravou "Favela do Caninde" e se eu já ouvi o disco. Eu disse-lhe que quem escreve, não ouve radio. Tomei uma cervêja. Fiquei tonta e disse para o canarinho que eu sou compositora da Fermata. Tentei cantar mas dessafinei porque estava embriagada com um copo de cerveja. Pensei nos filhos e reaji, porque eu não quero apareçer embriagada perto deles.

Tomamos um taxi. Aconselhei a dona Argentina Laferreira para enviar sua filha a escola de corte e custura que eu pago as aulas.

— A senhora tem maquina?

— Tinha uma de minha mâe mandei consertar e não tenho dinheiro para pagar o conserto.

— Quanto é o conserto?

— Quatro mil cruzeiros porque preciso trocar peças.

— Se eu puder auxilio-te.

Ela ouviu-me indiferente percibi que ela está interessada é nos quatroçentros mil cruzeiros. Olhando-a, ela é calma por fora e revoltada por dentro.

Quando chegamos na minha casa, paguei o carro e fui procurar os filhos. Fui ver se a Vera estava na casa do senhor Rogerio Reis. Ele é muito iducado, reçebe os meus filhos sem orgulho. Tenho bons visinhos. A dona Maria Jose e o seu esposo senhor Jose Simôes Paulino reside no numero 566.

Dona Ivette Oddonê residente no numero 600 e a Dona Jacy Villar Miranda residente no numero 608. O Senhor Anêis Cassabian, residente no numero 597. E dona Elza Bertolini Lopes ressidente no numero 575.

Os filhos estavam na casa de uns pretos bons, eles tem televisão. Na rua Francisca Biriba. Eu disse à Dona Argentina para vir amanha que eu vou escrever uma carta para ela levar a Dona Ivette Vargas. Ver se ela ipoteca a casa na Caixa Economica Federal.

Elas despediram-se.

Percibi um brilho diferente no olhar da mocinha. As cores retornaram-se ao seu rôsto. Pensei: ela pensa que eu vou auxiliar sua mâe. A esperança tambem reanima um espirito atribulado. Acho horrorôso os paes que acumulam aborrecimentos para os filhos compartilhar-se. Elas despediram-se.

Eu estava tonta. Transpirando as roupas intimas grudadas na minha pele, como se tivesse passado goma.

Entrei. Fechei a parte e deitei adormeci. O alccol tambem dá sono. Jurei não mais beber cervêja. O meu organismo não acata os derivados da uva e da cana. Despertei com os filhos batendo na pórta. Fui abrir. Desci os degraus contrariada porque quando estamos dormindo são os únicos momentos, que somos felizes. Eles entram comentando o filme do Zé Trindade.

Sorrindo com as cenas comicas supliquei os que calassem a bôca. Porque eu estava com sono. As paredes rodavam. Dizem que a cervêja Malzibier não tem álcool. Adormeci. Sonhei que o David St Clair havia chegado com uns pacotes nas mâos e as barbas longas ate a cintura. Quando fui abraçar-lhe cai da cama. Os raios solares estavam penetrando.

6 DE FEVEREIRO DE 1961

Abri a janela. O astro rei já estava visível. Não liguei o radio para ver a classificação do meu livro. Porque o senhor Rogerio deu-me a Ultima Hora eu sei que estou em terceiro lugar.[8]

Fui na casa da custureira levar uma blusa para ela fazer porque a televisão prometeu vir filmar-me para o carnaval. Ela mostrou-me os vestidos que faz pra fóra. Os vestidos ficam bonitos Ela sabe adornar uma casa. É viuva criou os filhos sosinha e deu instruções a todos.

Ela vendeu-me um conjunto por dez mil cruzeiros porque o senhor Paulo Dantas disse-me que eu vou na China depois que internar os filhos. A custureira adorna a casa com quadros chinêzes. As decorações são de estilo chinês.

Eu disse-lhe que ela devia apertar os olhos, para igualar-se com as chinêzas.

Eu adoro os chinêzes. Eles são cultos e humanos.

Perguntei-lhe se queria receber em cheque ou se esperava eu retornar-me da cidade.

— Reçebo em cheque.

O seu filho levantou-se.

Que homem bonito! Corado. A cabeça é maravilhosa. As sombrancêlhas contornadas. Eu disse-lhe que sua mâe caprichou quando lhe fez. Foi feito com fita metro.

Ele sorriu. Um sorrisso triste. Da a impressão que está faltando algo na sua vida.

Ele é fotografo. É que ele amou uma japonêza e os paes da japonêza não consentiu a união. A custureira é a Dona Dinorah, residente na rua Armenia 15. A filha menor acompanhou-me até a minha casa para receber o cheque. Vinha elogiando a sua mâe.

Fui mostrar o conjunto a Dona Elza Reis ela achou caro e desgracioso. Disse-me que conheçe outras custureiras que faz coisas melhores. É que ela não viu os modelos de Dona Dinorah. A mulher pode costurar em Hollywood ou no Rio.

Fui preencher o cheque e dei a menina. Mostrei-lhe a minha fantasia e o meu vestido elétrico. Acendi para ela ver.

— Não se assuste. A minha casa é casa de poeta. Tem estes aspetos loucos. Vestidos de penas e vestidos eletricos são trages que vou usar no theatro.

---

8 *Quarto de despejo* perdera a dianteira no ranking de títulos nacionais da Câmara Brasileira do Livro para *Missão em Portugal*, de Álvaro Lins, e *Raiz amarga*, de Maria de Lourdes Teixeira. Em quarto lugar, estava *Gabriela, cravo e canela*, de Jorge Amado. *Quarto de despejo* terminou 1960 como o livro brasileiro mais vendido do ano.

Ela ficou descontente com as criticas de Dona Elza. Compreendi a sua tristeza, porque a sua mâe é custureira e trabalha para viver. E quem trabalha precisa agradar. A menina saiu. Fui olhar a fantasia e colocar mais penas. Quando a Dona Argentina chegou. A casa já estava em ordem preparei a Vera ela trançou os cabêlos da Vera almoçou e saimos. Eu escrevi uma carta para ela a Dona Ivette Vargas.

Levei a Vera. Fechei a porta deixando os meninos na rua porque eles enchem a casa de moleques e os meus livros dessapareçem. Eu pedi o endereço da ressidência de Dona Ivette. Mandei a Dona Argentina pedir o endereço na Ultima-Hora. Eles não sabiam.

Continuamos andando. Ela comprou um envelope. Passamos na loja J. Chall para ver se o chuveiro que mandei consertar já está pronto. Não levei a nóta. Na livraria sub escritei o envelope ensinando-lhe a ressidência de Dona Ivette Vargas. Autografei uns livros e fui até o andar superior. Telefonei para o Audálio.

Ele disse-me, que ia ao escritorio do conde Francisco Mattarazo e chegava na livraria. Fiquei circulando por ali. Chegou uma alemã loira que vae editar um livro. Não comprimentou-me. So porque o seu livro foi açêito já está orgulhosa. Quem tem orgulho, não cursa. O dr. Lelio estava. Eu estou maguada com ele, porque mandou-me viajar e descontou as despêzas da viagem. Não estou revoltada estas acões são praticadas pelos brancos. Perdi a simpatia pela livraria Francisco Alves.

A Dona Adelia disse-me que a editora mais correta do Brasil é a Francisco Alves. Será que com os escritores brancos o dr. Lelio age como agiu comigo? Cheguei a conclusão que o branco considera o branco.

Telefonei para o canal 9, convidando o reporter Domingues para vir focalisar a minha fantasia. Custaram ligar. Deixei o recado para ele vir. O Audalio chegou e disse-me que eu estou triste. Eu disse-lhe que vou cortar o meu labio superior porque ficarei sorrindo sempre.

O advogado da livraria estava presente. O dr. Lelio perguntou-me quanto falta para terminar o pagamento da minha casa...

O Audálio é quem sabe...

Somaram. Quanto ja recebi até a setima edição.

O Audalio disse-me que eu gasto muito. Eu não tinha nada. Tive que comprar de tudo. Se estou gastando gásto o que é meu. As mulheres brancas que eles arranjam não fazem nada. São indolentes. Não esforçam são preguiçosas fisicamente e intelectualmente. Elas gastam furtunas que eles ganham.

Eles não falam nada. Não sensuram os seus atos. Eu conto ao David St Clair o que eles me fazem, as observacôes injustas que magôa-me.

Recibi dôis cheques. O Audalio disse-me para eu por no banco. Fui ao banco. Depositei o dinheiro e ritirei 10:000,0 para comprar botinas para a Vera. O Audalio disse-me que eu compro sapatos todos os dias. Se ele continuar aborreçendo-me eu volto a catar papeis. Ja estou habituada a comêr nas latas do lixo. E era mais feliz.

Passamos num bar e compramos doçes. Que doçes gostôsos na praça da Republica 302. O senhor que nos atendeu era culto. Hafiz Cesar Hajje Docês Vally. Da gosto ver um homem iducado.

Encontrei um preto bem vestido com uma fisionomia calma. Brinquei com ele.

— Você precisa trabalhar!

Ele olhou-me sério. Percibi que ele não apreciou-me. Eu disse-lhe que gosto de brincar com os pretos. Que escrevi o Quarto de Despejo.

— Ah! Você é a Carolina? — Olhando-me com simpatia.

Disse-me que seus filhos estudaram. São contador. Eu disse-lhe que gósto de ser preta. So que estou descontente com a vida literaria. Mas, comprei uma casa para os filhos. Vou interna-los porque vou viajar. Ele disse-me que o seu nome é Pedro.

Contei-lhe que fiquei horrorisada com a preta que suicidou-se desgostosa por ser preta. Toliçe. A cor não regride as pessôas. Os atos sim. Deus que suavise o seu grande erro.

Eu disse-lhe que não aliso os cabelos porque aprecio o que é natural. Despedi do preto pensando na nossa cor que foi e continua sendo sacrificada. O preto citou a época que o negro não podia ser funcionario publico. Que suplicio para o preto encontrar local para trabalhar. Ninguem preocupava em dar instruções aos negros. Quer é ignorante e inútil. Os pretos acreditavam em feitiços. Uns desconfiando dos outros e... O Binidito é feiticeiro. Eu recordo o fim desta crediçe. Quando eu morava em Sacramento era feiticeira porque eu lia um Dicionario prosodico de João de Deus e os incultos dizia que era livro de São Cipriano.

Fui presa e apanhei. A minha mâe foi defender-me um soldado deu-lhe uma caçêtada e quebrou-lhe o braço. E eu jurei não mais voltar na minha terra. Eu estava com dessesete anos. Faz trinta anos que dêixei Sacramento.

Entrei nas lojas Eduardinho e comprei umas botinas para a Vera. 780 cruzeiro. É muito dinheiro nos pés de uma criança. Fiquei horrorisada pensando. Sera que o mundo vae consertar-se? Que confusão para vivermos...

O dr. Lelio disse que está de férias estes dias. Vae passar o carnaval no Rio para ver-me fantasiada. Vou se o David St Clair vir buscar-me porque eu não tenho dinheiro. Eu ia gastar o dinheiro que ele descontou.

Quando chegamos no ponto de onibus que fila.

Eu estava procurando um carro quando ouvi a voz docê do senhor Fabio Paulino, o meu visinho, perguntando-me: que condução ia pegar?

— Um carro.

Os carros que passavam estavam ocupados. Que sacrificio para encontrarmos um carro por fim encontramos um taxi.

O motorista preto, mas agradavel. Eu disse-lhe que estou contente com as acôes do governador dos Estados Unidos Senhor Kenedy porque está habolindo o preconçêito.

O senhor Fabio paulino não aprecia os norte-americanos acha-os deshumanos com a raça negra.

Eu disse que recibi convite para passar o carnaval em Brasilia. Preferia o Rio mas não posso. Tenho que enviar os filhos para um colégio interno.

— A senhora é a Carolina? — Perguntou o motorista olhando-me atraves do espelho.

— Sou sim senhor.

Deu-me os parabens.

Quando chegamos a Dona Rosa Esfacciotti estava esperando-me na casa do senhor José Simôes Paulino. A dona Carmem estava na pórta eu disse-lhe:

— Agora a senhóra vae xingar-me, porque eu vim com o teu esposo. Ela sorriu.

A Dona Rosa veio saber se vamos passar os trêis dias de carnaval no Rio. Citei-lhe que não me é possível, porque tenho que pagar a escola para os filhos. Não posso gastar.

Fui na casa da modista buscar a minha blusa. Passei na farmacia para comprar remédio de vermes para o Jose Carlos e a Vera. Comprei pinturas para o Carnaval.

Na confusão do troco, eu esqueci mil cruzeiros no balcão. O dono da farmácia não chamou-me para devolver-me. Eu não condeno estas ações estolidas destes comerciantes porque as pessôas que roubam-me tem uma queda terrível na vida. O Juvenal roubou-me uns livros ha de pagar. A Dejuita roubou-me o meu broche. Ela há de ocilar na vida até devolver o meu broche.

A custureira devolveu-me a blusa bem feita. Eu vesti a blusa. Ficou maravilhosa.

Vesti a fantasia para a dona Rosa ver. A Dona Zeze vêio ver gostou. O Fabio e sua esposa apreciaram a fantasia. Os filhos estavam rêinando.

Quêixei para a Dona Rosa que estou desgostosa com a vida. Na favela era melhor para escrever. Não reçebia visitas todos instantes. Era ignorada.

Dêixei os filhos e fomos na casa da custureira pedi para mostrar os vestidos que ela confecciona. A dona Rosa achou bonito. Ficamos conversando com a dona Dinorah sua filha e o nôivo estavam no portão. Eu abri a pórta e disse-lhe:

— Nós estamos vasculhando suas roupas.

Ela e o noivo entraram. Ele é bonito iducado. É um homem normal está com vinte e dôis anos. Está formado. Seu nome e João Mourão.

Eu disse-lhe que a sua futura sogra havia dito-me que ele é bom elemento. E eu adóro as pessôas honestas. Coisa rara aqui em São Paulo, tem tanos malandros em São Paulo, que da até nojo. As pessôas tem valor quando são honestas.

Falamos do David St Clair e suas piadas. Ele é um homem notável. E bom jornalista.

Escolhi uns modelos e vou pedir dinheiro ao Audalio para comprar os vestidos. Preciso preparar-me para irmos na Argentina. A Dona Dinorah é agradavel. Ela estava alegre com os dez mil cruzeiros que paguei-lhe ela saldou as dividas e disse-me: que gostou dos meus atos. Ela trabalha mas recebe aos pouco. Ela, ia fazer café mas não podíamos esperar. Despedimos. A Dona Rosa estava habismada com os vestidos confeccionados por dona Dinorah elogiando o seu demodo. Ela ficou viuva estudou corte e custura para criar os filhos. Não relachou. Não esmoreceu. Está vencendo na vida.

A sua filha vae casar-se com um homem rico em finanças e nas qualidades moraes. Tem mulher casada que podem aprender um oficio rendôso não aprendem nada. Ficam esperando pelo esposo se um dia a fatalidade atingi-las elas sofrem porque não sabem nada. Quando vê uma mulher vencer sósinha na vida tem inveja. A dona Rosa veio ver se vamos ao Rio. Ela quer ir para um hotel barato, mas eu não estou em condição de gastar.

Estou dessiludida. So o David St. Cler pagar a viagem. Mas, ele não manifestou-se. A dona Rosa queixou-se que a Pedrina está insuportavel. Ela era empregada de Dona Rosa.

É bonita. Namorava um engenheiro. Mas ele não quer casar-se porque ela não sabe ler. E não quer aprender. Diz:

— A mulher precisa saber fazer so a comida. Eu não tenho inveja das professoras e nem da Carolina.

Ela é grosseira. Quem estuda é que adiquire boas maneiras.

Insisti com a dona Rosa para dormir aqui. Ela concordou-se. Ficamos conversando ate a uma da madrugada. Eu disse-lhe que os gestos incorretos do Dr. Lelio está destruindo o meu ideal pela literatura. A humanidade e um nucleo mesclado de bons e maus. E os maus destroe tudo que os bons possue ate o ideal que é o vestido do nosso espirito.

Jesus disse: Nem so do pão vive o homem. Vive também do ideal. Mas eu já dicidi, vou trabalhar no radio. A Dona Rosa disse-me que queria dormir. Apagou a luz. Eu não escrevi estou revoltada com a minha vida que é semelhante um mastro que ocila ora a direita, ora a esquerda e não obedeçe o prumo. Crêio que enquanto eu viver hei de dizer: que não ha coisa pior na vida, do que a própria vida.

7 DE FEVEREIRO DE 1961

Despertei a dona Rosa e o João era quatro horas. Ela precisa chegar cedo em casa para olhar o seu sobrinho, porque a sua irmã vae ao hospital de manhâ. O João vae para ver o boletim do Jose Carlos que está num grupo de Osasco. Eu não conheço o grupo. Não conheço Osasco. Conheco so a rua Antonio Agú.[9] Antonio Agu foi o fundadôr de Osasco.

Dei mil cruzeiros para pagar os vidros.

Fiz café e fui comprar paes. Dei remédio de vermes ao José Carlos.

Estou atrasada no Diario o Paulo Dantas disse-me que eu estou atrasada. Todos já entregaram os originaes so eu. Falta so o meu livro.

Não quero continuar escrevendo Diario, é uma lêitura grosseira. Eu tenho que ser imparcial passei o dia escrevendo e lavando as roupas dos filhos. O senhor Fabio Paulino veio visitar-me ele e sua esposa. Ela é professora tem um gênio maravilhoso. É fidalga no falar. Não magôa ninguem. É calma e feminina gosta de tudo que relaciona com

---

[9] Endereço no centro de Osasco onde Carolina e seus filhos residiram depois de deixar a favela do Canindé.

o nósso sexo. Eu adimiro as pessôas calmas porque eu, não sou. Pertenso a classe dos que não leva dessafôro pra casa.

Não tive tempo de varrer a casa. Hontem a noite veio um jovem do centro Espirita União Cristã de Amparo a Infancia. Queria que eu saísse com ele, ir nos Diarios falar com o senhor Mauricio Loureiro Gama, se ele concede um apelo pela televisão para angariar fundos para as crianças pobres. Mas eu não açêitei porque estava exausta.

Eu estou por conta com eles que andam anunciando que eu vou dar-lhe 100.00 cem mil cruzeiros. São homens malandros que quer expoliar-me. Sera possivel que eu tenho que solucionar todos problemas que aflige o povo do Brasil?

É o meu prazer auxiliar os que sofrem. Mas, eu, sou impotente.

Eu estava escrevendo na rua devido o calôr. Vi um um preto com uma bicicleta perguntei-lhe se é tintureiro?

— Sou o tintureiro do Audálio.

A Dona Iracy é muito bôa. Eu apreciei o teu gésto, levando a dona Iracy no Norte porque o Senhor Audálio não passeia com a esposa, e as mulheres precisam sair de casa. Eu não converso com ele. Porque, ele, é um homem exquisito pareçe jagunço. Eu não sei como é que a Dona Iracy casou-se com aquele homem. Ele tem aspeto de ditador.

Achei graça. Dei o casaco da Vera para ele lavar. Queria paga-lo adiantado recusou. Aludindo que recebe depois.

— Quantos filhos tem?

— Quatro. Estou lutando para comprar um caminhão. Dei dez de entrada vou dar o resto. É oito mil. Vou ver se o meu amigo empresta-me.

Eu já enjoei: de ouvir a palavra dinheiro.

O tintureiro disse-me que já nos viu na televisão, eu, e o Audalio. Mostrei-lhe a casa. Ele olhou-a sem inveja. Porisso é que eu gosto de ser preta. E gosto dos pretos. Eles não são ambiciosos. É raro ambição no preto.

Passei o resto do dia escrevendo. Estou perdendo o ideal pela literatura. Escrevi até as 23 hóras. Senti mal estar deitei.

Estava dormindo. Despertei com batidas na porta. Levantei xingando e amaldicoando ter nascido.

Abri a janela para ver se era o Audalio. Era uma senhora e duas meninas. Disse que queria falar-me. Eu disse-lhe que estava exausta. Passei a nôite e o dia escrevendo.

— Eu sou das Perdizes.

Fechei a janela e desci para atende-la. Quando abri a pórta, ela havia dessaparecido.

Tem pessôas que são estupidas e neuroticas querem ser atendidas com deferença especial, esquecendo que todos nós ficamos exaustos pelas lutas diarias. Deitei e adormeci.

8 DE FEVEREIRO DE 1961

Despertei as duas horas e comecei a escrever.

As horas que aprecio é a porque sei que ninguem vem aborreçer-me com pedidos de dinheiro emprestado. Da a impressão que os brancos de São Paulo da por mal empregado a transformação de minha vida. Com estes pedidos eu estou ficando neurotica. Sobressaltei ouvindo rumores e vozes. É que as quartas-fêiras tem fêira na minha rua. Abri a janela e comprimentei os fêirantes.

— A senhóra já está de pé?

— Estou escrevendo.

Preciso preparar o livro para setembro. O ultimo livro que vou escrever. Porque estou com nôjo de literatura. Por causa dos desgraçados que quer expoliar-me. Não suporto os velhacos. Eu ando tão nervosa que vou acabar num hospício. Eu não enlouqueci na favela no meios dos incultos. Mas, vou enlouqueçer na casa de alvenaria. No quarto de despejo que é a favela, eu estava no inferno. Na casa de alvenaria que é a cidade, eu estou no inferno.

Qual sera o signo que protege-me? O signo do diabo?

Porque em qualquer lugar que estou apareçe um emissario do diabo para aborreçer-me. Eu não alcooliso-me. Não sou indolente. Esforço-me para vencer as dificuldades da vida. Tenho so dôis anos de grupo. Com o pouco que aprendi da para eu vencer na vida. Agora eu vêjo os que tem cursos superior sem ação como se estivessem amarrados. Da impressão que eles, não querem lutar pela vida. Se eu fora homem eu queria enfrentar a vida com denodo. Queria morar na roça longe dos taes civilizados.

Com os ruídos dos feirantes o sono dissipou-se e o dia despontou-se com os seus clarões promanado pelo astro rêi.

Ablui-me e fiz café.

O senhor Paulo Dantas disse-me que eu dêvo ficar em casa para receber um reporter. Estou esperando o reporter da televisão canal 9. O Audalio disse-me que eu deveria ir na redação para combinarmos o horário para Campinas.

Eu queria limpar a casa mas estava com falta de ar porque dormi pouco. Pedi o João para varrer a casa. Peguei a sacola e fui girar na fêira. Comprei umas carnetas para o José Carlos e Vera, porque o José Carlos achou 210 cruzeiros.

Eu disse ao Levi, um visinho: quando eu morava na favela não achava um tustão. Contei-lhe uma historia de um padre que revoltou-se contra Deus, porque os dessignos de Deus favoreçe mais os ricos do que os pobres. E apareçeu um menino para provar-lhe ao contrario e transformou-se, num anjo conçêito. Quando nos precisamos não achavamos.

Comprei uns copos pratos e duas canécas. Os preços estão subindo Os governos estão dormindos. Quando o povo revoltam querem aplacar-lhe a fome com prisôes. Comprei um aviãozinho para o João.

Não consegui varrer a casa com falta de ar. Pedi ao João para varrer a casa. Ele exaltou-se. Eu estava comendo canjica com amendoim que a dona Zezé deu-me. Joguei a canjica no rosto do João. Ele é malcriado. E as mães, não tem obrigação de tolérar um filho dessobediente.

As mulheres que vendem na feira disseram-me:

— Quando a senhora sae ele expanca os menores. Pareçe o diabo.

Joguei-lhe a vassoura. Pegou o pe de uma senhóra que vende na feira.

— Interna ele no colégio. — Disse-me a mulher, que foi atingida com a vassoura.

— Mas, quem deve educar o filho é a mâe. A professora tem a obrigação de ensina-lo.

Eu estava agitada com falta de ar. O senhor João Velôso vêio colocar os vidros na janela e trouxe os quadros que o escritor Paulo Dantas deu-me. Ele queria agua gelada. Mas eu não tenho geladeira.

Quando eu ia saindo para comprar água tonica para ele e uma Caracu para mim, quando chegou o senhor Rubens, que quer ser cantor. Ele entrou-se e sentou-se. Eu sai e fui comprar o refrigerantes. Quando voltei ele havia ligado o radio. Desliguei porque estava com dôr de cabeça.

Não devemos ligar o radio na casa de ninguem, porque não sabemos se há alguém doente. Fui auxiliar o senhor Joao conçertar o vidro do armário conversei com o senhor Rubens. Eu disse-lhe que os filhos de paes ébrios não são inteligentes. Na favela tem um jovem que ficou cinco anos na escola e não aprendeu nada. O filho do Dito Onça. O homem ébrio prejudica a sua decendência. Ele, não apreciou minhas palavras. Pensei: será que ele bebe?

Contei-lhe que esqueci 1000 cruzeiros no balcão da farmácia quando fui comprar remédios e o farmaceutico não devolveu-me. Eu não fui reclamar porque tenho a certêza que ele não devolve-me. Sei que a humanidade, não foi vacinada com o vírus da honestidade. As pessôas honestas são iguaes as pedras diamante. Dificil de encontrar-las.

Paguei 1.400 ao senhor João que saiu satisfeito recomendando-me que dêvo por o seu nome no meu testamento. Quando eu catava papel ele dizia:

— Pôe o meu nome no teu testamento.

O seu filho, o senhor Manoel Velôso dono da farmácia Guaporé dizia:

— Ela vae dêixar o saco para ele catar papel.

E ele sorria. E eu também.

Mas a minha vida transformou-se. Hoje eu, já posso fazer um testamento. Vou manda o José Carlos em Osasco buscar o seu boletim. Sai para comprar-lhe um par de sapatos de pano. Não tinha o numero d'ele. Comprei um par de sapatos disse o dono da lója que eram saldo. Mas, o saldo custou 600, cruzeiros.

O dono da loja disse-me:

— Não faz dôis mêses que a senhóra resside aqui e já gastou, aqui uma soma considerável comprando sete pares de sapatos.

Ele mostrou-me um par de sapatos branco. Se eu for na China, vou compra-lo. Dei 100 cruzeiros ao José Carlos para a viagem. Ele está reanimado tomou o remédio de verme pôis sete vermes que ia dessovar.

Ficou alegre e disse-me:

— A senhora é a mulher mais inteligente do mundo. A senhóra sabe criar filhos.

Ele saiu eu deitei.

Ouvi a voz de dona Elza. Ordenei-lhe que galgasse. Ela veio devolver-me o molde do corte e custura. Ouvi pronunciar o meu nome mas pensei que era confusão auditiva. Ouvi choro e o José Carlos galgava as escadas, chorando. Disse-me que o João mandou uns meninos expancar-lhe. Levantei nervosa xingando o João. Fui levar o José Carlos até o ponto de onibus. Fico furiosa com a quantidade de crianças na minha pórta vem trocar gibi. Xingo-as. Que os brasileiros deviam ficar em casa lendo para ilustrar-se ficam nas ruas rêinando. Eu preciso escrever. Quero sossego. O Brasil não é pais para quem quer escrever é muitas atribulações.

Uns, quer dinheiro emprestado. A Dona Argentina Saferreira estava a minha espera.

No ponto do onibus um homem dizia que eu dêvo ficar contente porque estou ganhando dinheiro.

— A senhóra está feliz?

— So estou feliz quando adormêço. Mas, a minha felicidade completa é quando eu estiver no cimiterio.

Olhando o cimiterio na minha frente pensei: ali ninguem vae impurtuar-me com dinheiro emprestado para pagar ipotecas.

Como é horrivel viver em São Paulo parece que eles não admite que eu uma favelada tenha conseguido uma casinha eu sou uma amóstra que Deus apresenta a humanidade, comprovando que a humanidade, é egoista.

O povo da feira aplaudia as minhas palavras iradas. Xinguei o João por ter mandado uns muleques expancar o José Carlos. Ele respondeu-me:

— É para ele não ser marrudo.

— Voce me paga!

Entrei em casa fiquei conversando com a Dona Elza. A dona Argentina estava triste. Disse que não encontrou a deputada Ivette Vargas. Para eu dar um gêito de arranjar o dinheiro para ela pagar a ipoteca. O que venho ouvindo com assiduidade. Ipoteca! Hipoteca! Hipoteca.

A dona Elza falava de sua vida na casa de teu pae. Ela convidou-me para ir na sua casa que ela ia dar-me uma garrafa de vinho. Fui para afastar de Dona Argentina que fala com assiduidade em dinheiro. Dinheiro, e dinheiro.

Tem pessôas que são loucas por dinheiro e não sabem ganha-lo. E eu, sei ganhar dinheiro e não tenho ambição desmedida.

Fui atender a Dona Argentina. Agradeci a garrafa de vinho que recibi. A dona Argentina suplicava-me para localisar a dona Ivette Vargas. Ela quer 1000,000 cruzeiros, para dar ao purtugues da hipoteca. Depois dá o resto.

Pedi para contar-me como foi que a sua vida complicou assim?

Ela comecou contar. Mas é uma historia tão confusa, que a gente vae ouvindo e aborreçendo. Os personagens de sua historia são cafagestes, malandros, vigaristas falsarios e ladrões.

Que a deu-lhe a loja. Mas se ela ficava na loja quando o seu esposo chegava e não lhe encontrava em casa. Xingava-a. Ela mandava as crianças tomar conta da loja. As crianças não tinham noção ninguem ia comprar. Ressolveu vender a loja. Quando foi vender a loja soube que estava ipotecada. Teve que recorrer ao advogado. Ele aconselhou-a mudar a loja para outro local e vende-la. Ela transferiu-a para outra local e vendeu a loja para um jovem que era quase seu irmão. Vendeu a loja sem letra sem contrato. E ele não quer pagar-lhe. Exasperei:

— Se a senhóra não sabe negociar, porque é que vae meter-se em negocios para negociar, é preciso ter ação.

Ela contou-me como é que foi ludibriada pela sua patrícia. Eu não pagava uma confusão desta. Se fosse preciso dava uns tapas nesta mulher. Pedi a dona Argentina para trabalhar para mim que pago seis mil cruzeiros. Ela concordou-se. Mas, ela é mulher de sonhos elevados já foi cabo elêitoral do Dr. Homero Silva.[10]

— E ele não pode auxiliar-te — Perguntou a Dona Elza.

— Não pode. Porque o que ele ganha gasta com os pobres. Eu já supliquei até ao governador para auxiliar-me.

O erro deles foi desfazer-se da loja. É um casal que não quer concordar-se. Ela queria vir amanha. Eu disse-lhe que não porque vou a Campinas. Quando ela saiu fui falar com a dona Elza, para dissipar o nervossimo que apossou-se do meu ser.

Hontem eu dei uns cosmeticos para o tintureiro levar para o Audalio porque os seus cabêlos estao fracos. Foi a dona Rosa Esfacioti que arranjou para ele.

Estava conversando com a Dona Elza quando chegou o carro de reportagem do canal 9. A Vera gritou:

— É a televisão!

Sai as pressas era o reporter Domingues.

Fui pedir a Dona Elza par auxiliar-me a vestir a fantasia. O repórter Domingues galgou as escadas para ver a fantasia. E deu umas sugestã de pôsses. Mostrei-lhe a fotografia do dia do lançamento do livro que ele apareçe na fotografia. Preparei-me para ser filmada. A dona Zezé vêio ver-me, ficou horrorisada olhando-me através dos oculos. Finda a reportagem fui despir-me e desci para conversar com o reporter Domingues. A Dona Elza dizia-lhe que eu sou grata a televisão por ter auxiliado-me na vendagem do meu livro.

Ele perguntou-me se vou passar o carnaval no Rio.

— Não sei. So se o David St Clair levar-me porque eu não tenho dinheiro.

Mas a revista Time convidou-me. Eles despédiram dizendo que a reportagem ia ser televisionada as 20 horas e mêia.

---

10 Vereador de São Paulo pela UDN.

Fui avisar as vizinhas que eu ia apareçer na televisão as 8 e meia. Quando a visinha disse-me que tinha uma mulher na minha porta. Fui atende-la. Convidando-a entrar.

Ela disse-me que tem uma casa inacabada, se eu posso emprestar-lhe 300.000,00 para ela concluir depôis aluga-me e paga-me as letras no banco. Que o seu esposo é Tenente, mas os funcionarios da força não podem contar com o senhor Carvalho Pinto. Pensei: Não so os funcionarios da Força que não podem contar com o senhor Carvalho Pinto. É o Estado de São Paulo em geral. Ele, agora deve estar jatancioso e prepotente porque o seu padrinho é o presidente do Brasil. Eu quero ver o fim do governo do senhor Quadros. Porque podemos iniciar uma coisa sorrindo e terminar chorando. Começar vestindo de branco e findar vestido de preto que é o luto.

Eu disse-lhe que não posso auxilia-la porque é o Audálio quem dirige o meu dinheiro. Convidei-a para subir e disse-lhe que havia confeccionado a fantasia para ir ao Rio e o Audalio não permitiu aludindo que eu gasto muito. Ela quer dinheiro para ela e para o filho.

Eu não ganho muito. É que eu sei economisar. Enquanto não pagar a casa não compro sala de jantar. Vou internar meus filhos. Preciso de dinheiro para pagar colégio.

Mas a mulher dizia:

— Me ajuda Dona Carolina tem dó de mim!

Contou-me os horrôres que os funcionarios da Força publica sofre com o governo, que eles são uns escravos. Que vergonha. Funcionários do governo pedindo esmóla. Em 1944 o dr. Adhemar de Barros quiz dar-me emprêgo publico. Não acêitei, porque eu previ a degradação do funcionalismo. Preferi catar papel.

A mulher é honesta. Disse-me que obriga a força pagar-me, se o seu esposo faltar. Mas eu não tenho dinheiro para investimentos. O que vou arrecadar é para iducar os filhos.

A mulher disse-me que o sr Carvalho Pinto pois uma lêi punindo os funcionários que falam d'ele. Então não é democracia. É ditadura. Ele quer ressuscitar a lêi do Nero perseguindo os cristãos. A mulher deu-me o seu endereço pedindo-me para ir visita-la e ver a sua casa.

Ela, já tem uma casa. E não está contente. E os pobres favelados ficam alegres com um barracão de tabua. Não pensam em construir para ter rendimento. A belêza do favelado é que ele não tem ambição. Vive-se bem dentro de quatro paredes de tabuas. Não azucrinam os ouvidos de ninguem pedindo dinheiro. Ninguem fala em banco. Não sabe o que quer dizer cheque.

Eu não sabia preencher cheque. O mundo do pobre tem mais poesia porque não tem ambição. Os ideaes impossíveis alojados na sua mente tendo o pão de cada dia para os filhos ele já está radiante. O dia que come um pedaço de carne é o seu dia de regosijo.

Será que esta senhora não pode contentar-se com o que tem? Eu não menciono o seu nome, porque ela, pode ser castigada pelo faraó Carvalho Pinto.

Eu ainda não escrevi nada sobre São Paulo. São Paulo é uma cidade importante. Deve-se falar algo desta cidade. São Paulo era o estado enaltecido do pais. As pessôas que sofriam no mundo, pensava em São Paulo suspirando:

— Oh! Se eu pudesse ir pra lá!

São Paulo era o pônto de salvação.

Com o meu livro, Quarto de Despejo eu apresentei a mazela de São Paulo. As favelas e os seus dramas. Com a greve da Força publica confirmou o que escrevi que São Paulo é por fóra bela viola.

A mulher despediu-se dizendo que se for preciso ela vae falar com o Audalio para emprestar-lhe o dinheiro que a caixa da Força empresta dinheiro de cinco em cinco anos. Ela disse-me que, se eu emprestar-lhe o dinheiro que recebo da caixa da Força publica. Mas eu não tenho confiança na caixa da Força publica que perdeu a sua força moral com o governo epilético do senhor Carvalho Pinto. Que pena deixar São Paulo desmoralisar-se assim.

Da para dizer: Quem te viu... E quem te vê!

São Paulo é o estado mais orgulhoso do Brasil. Tinha pretensões... queria ser rêi. Queria uma corôa de ouro pesando mil toneladas. Quando os outros estados pedia-lhe um favor ele sorria convencido que era superior. Ficava jatancioso vendo. O Norte vir procura-lo. Não recebia o norte de braços abertos. Dizia com rancôr:

— Eu não gósto dos nórtistas.

Dizia ao nortista:

— Eu tenho chuva! Todas os dias. E você não tem! Eu não amparo os teus filhos!

São Paulo é irmão do norte porque é filho do Brasil. Irmão legitimo porque o Brasil, não tem filho bastardo.

O norte dizia-lhe com lagrimas nos olhos:

— Eu envio os meus filhos porque eu não tenho recursos para cria-los. Eles são teu sobrinhos e você é rico!

Mas o tio rico deixa os sobrinhos dormindo nas calçadas. Sentindo frio. Ele não da agasalho ao sobrinho que está habituado com clima quente. Mas, que coração frio tem o São Paulo para reçeber os sobrinhos.

Mas o tio orgulhoso está revelando-se. Não é tao rico como se diz. Porque não tem dinheiro para pagar seus empregados. É trapaçeiro e mentiroso. Inventou uma historia de plano de ação, e este plano de ação não existe. Quem mente não tem valôr. São Paulo foi orgulhôso, mas, a queda do orgulhoso é pungente. Ele está pobre. Um estado precisa de soldado. Os que vençe o tempo se quiser sai sae. Como é que São Paulo vae fazer se ninguem quizer entrar na Força publica? Tem certas organizaçôes que não podem desmoralisar-se. Um homem para ser governo tem que pensar muito. Nas vantagem e desvantagem dos seus atos.

Eu fui falar com a Dona Elza Rêis porque ela é professora e a Vera gosta de brincar com a sua filinha. Comentávamos a fantasia. Eu não vou ao Rio. Não vou fantasiar aqui em São Paulo.

O carnaval em São Paulo é triste porque quem brinca são os operarios. E os operarios não podem comprar fantasia. Os funcionarios estadual e municipal ganham salario de fome. Conclusão. A classe media não podem dissipar os seus magros vencimentos. E o povo de São Paulo é um povo triste porque o custo de vida não lhes permite alimentar-se como se deve. Eles não tem vigôr. Quem não passa privações são as patentes do exercito porque o governo precisa deles e da um salario gigantesco para os oficiaes. Mas um dia as condições de vida tem que ser igual. No Brasil os prêços variam de acordo com a cultura que adiquire-se.

Dona Elza aconsêlhava-me para ir ao Rio, que o carioca conheçe arte e da valôr ao que é belo. Mas o Audalio disse-me que eu não posso gastar muito. Dissisti e perdi a simpatia pela fantasia. O dr. Lelio disse que eu gasto quarenta mil cruzeiros por mês. Ele não sabe que eu tenho que consertar a casa.

Fui avisar as visinhas que eu vou aparecer na televisão. O João não entrou em casa. Não almoçou. Ele é malcriado para mim, dêixa-me nervósa.

Fui ver a reportagem na casa de Dona Elza Reis. Achei bonita a gargalhada do Senhor Rogerio quando viu o rôsto bonito de sua filha. E sua empregada.

Quando eu dancei no filme, eles puzeram um fundo musical, "Mamãe eu quero". Agradeço a televisão que auxilia-me muito.

Eu estava comentando a reportagem quando a Vera veio dizer-me que treis homens estavam expancando o João.

— Bem fêito. — Exclamei!

E sai correndo pela rua xingando os pacilistas. Encontrei o João perto de uma fogueira. Xinguei-o:

— Cachorro! Você precisa criar vergonha.

As crianças mostrou-me o homem que queria expancar o João. Ele assustou-se quando viu-me. Pensei que ele ia ter uma sincope. Ele tremia igual um condenado nos Estados Unidos quando vae para a cadêira elétrica. Quiz explicar-me os fatos mas ficou nervoso. Ele é um jovem de vinte e dôis anos. Não quiz ouvir e voltei pra casa pensando na vida desgraçada que levo atualmente.

O homem que expancou o João é branco. Ele olhava o meu filho e dizia:

— Voces enriqueceram desgracados.

Percebo que o branco não acata o negro que enriqueçe. São invejosos.

Os meus filhos andam tristes com receio de sair a rua, porque são apedrejados por desconhecidos. Quem predomina no Brasil é o branco. E ele quer tudo de bom só para ele. Eu queria uma Alvenaria por causa da enchente. Porisso é que eu escrevia nos papeis que encontrava nas latas de lixo para ver se vendia um livro e sair da favela para não ver os meus filhos degradar-se. Os brancos que xinga-me são egoístas e quer ver o negro dessajustado.

9 DE FEVEREIRO DE 1961

Levantei as 4 hóras porque o Audalio disse-me que vem buscar as nove horas para irmos a Campinas. Estou nervosa, porque eu não quero ir. Ouvi dizer que os campineiros não gostam de preto. E eu não vou nos lugares onde os pretos são oprimidos.

Eu não tenho inveja dos brancos. Tem branco que não tem classe. É desumano. E quem é desumano, não tem valôr. O negro não veio para o Brasil atraído pelas riquêzas porque as ambições dos pretos são limitadas. Quem trouxe os negros para o Brasil foi os brancos. Trouxe para vendê-los porque os brancos vendem tudo. Venderam Cristo.

O branco nos persegue. Achando que o negro não deve ter posição elevada. Deve ser dessajustado favelado e ladrões. Porisso é que eu aconselho o negro a não roubar a não beber para não ser preso e chicoteado pelo branco. Não deram instrução ao preto. E quando um preto cata livros no lixo para ler desêjando instruir-se é invejado igual a eu. Eu estou pagando caro o meu noviciado na literatura.

Fiquei esperando o Audalio até ao meio dia. Ele não surgiu fui telefonar. Não consegui. Aqui no meu bairro tem só um telefone publico e nunca tem linha.

O Audalio disse-me para eu pedir um ao Dr. Adhemar de Barros. Que ele é meu amigo. Eu não creio que o branco seja amigo de preto. So quando o preto auxilia-o a ganhar dinheiro.

Não consegui telefonar.

O João está de castigo não vae brincar. Eles estão com medo de sair rua devido os homens e os meninos que falam:

— Vocês estão ricos desgraçados!

O pior estado do Brasil para viver é São Paulo, porque é um estado mesclado de extrangeiros e os extrangeiros são muito ambiciosos.

Mas quem xinga os meus filhos são os deçendentes de italianos. A massa bruta. Porque os cultos são bons. Eu estou ficando neurótica. Sonho que estao matando meus filho a pedradas. Tudo nas favelas é adimissivel devido a incultura. Mas, aqui na cidade! Na sala de visitas! É horrorôsso.

Eu vou publicar só este livro que vae ter o titulo de (Diario) Casa de Alvenaria e vou dessistir da literatura. Não tolero a inveja dos brancos.

Os negros não aborrece-me. Aos negros, o meu agradecimento.

Despimos e almoçamos.

Fui escrever. Queixei a Dona Elza que o Audalio não vêio. Os repórteres não tem destinos certo.

Hoje, ninguem vêio pedir dinheiro graças a Deus!

A noite veio duas senhóras visitar-me. Uma é jovem e uma já trabalhou na televisão Tupi. Dêixou o trabalho porque o jovem insistiu que sua nôiva não deve ser do radio. Ela pediu-me para arranjar-lhe trabalho na radio que ela é balconista, e não gosta. Resside na Penha e quer vender a casa.

Se eu pudesse compra-la tenho vontade de ressidir num lugar distante da cidade. Aparecida criada de Dona Elza veio convidar-me para ir tomar café e disse as jovens que eu tenho uma fantasia muito bonita.

As jovens pediu para ver. Convidei-as para subir. A jovem que quer vender a casa dizia que a sua casa é terreo que os apossentos no cima. Ela apreciou os dormitórios porque são amplos. Mostrei-lhes a fantasia de pena. Não vou usa-la no carnaval vou guarda-la para usa-la no palco.

Porque o meu sonho é cantar. Sou livre. Tenho capacidade. Tenho oputunidade. Devo aproveita-la.

Elas elogiaram a fantasia e a minha paciencia em conclui-la.

Citei-lhe que não tenho preguiça física e nem mental. Tenho muita disposição. As pulgas subia nas pernas das jovens. Elas despediram-se prometendo voltar qualquer dia. Hoje eu estou alegre. Tenho a impressão que estou com quinze anos epoca que pensamos que o mundo é deslumbrante que tem as cores do arco iris.

10 DE FEVEREIRO DE 1961

Levantei disposta. Lavei as roupas limpei a casa. Ablui as janelas o ar penetrava invadindo a casa. Olhei os tôpos ao redór. O pico do Jaraguá a serra da Cantaneira ao lado e o cimiterio com os seus túmulos brancos.

A dona Zeze quiz dar-me almoço. Recusei porque tenho comida que sobrou de hontem preparei os filhos. O João foi a Osasco buscar o boletim do Jose Carlos. O Jose Carlos não quiz acompanhar-me ficou. A Vera foi contra vontade. Passei na loja J Exhol para ver se o chuveiro estava pronto não estava. Fomos a redação. Eu havia telefonado. O Audalio não estava.

Eu ia olhando as bancas de jornaes e as noticias sensacionais, horrorisada com as perseguições da Africa. A Africa é terra dos pretos. Mas os brancos fôram pra lá açambarcar o territorio dos coitados.

Eu acho que a interferência do branco na vida do negro é só para atrapalhar-lhe. Deixar os côitados azarados. A alma do branco é diferente da alma do negro. Fiquei com dó do Patrice Lumumba que podia viver mais uns dias.[11]

O nosso fim é a mórte, então não há necessidade do homem matar. Morremos um dia. Quando será que a civilisação vae predominar no globo.

Será que existe pais civilisado? Quem é civilisado não prejudica o proximo. Com a capacidade que eu tenho eu devia ter nascido na Africa. Lá Africa eu predominava. E aqui eu sou predominada. Tenho que andar curvada.

---

11 O primeiro-ministro do Zaire (atual República Democrática do Congo), Patrice Lumumba foi assassinado em janeiro de 1961 por militares golpistas.

Nas ruas todos reconhece-me.
— Olha a Carolina! É aquela? Na televisão, ela é mais velha!
Passei para pertençer os astros. Sou destinguida. Igual o sol, a lua ou as estrelas. Quando eu pedi para escrever foi visando sair da favela. Aspirava mesclar-me num núcleo elevado, com recêio dos meus filhos transviar-se se continuassem na favela.

Quando cheguei na redação encontrei todos os jornalistas reunidos. Comprimentei todos e fui falar com o Audalio.
— Hontem eu fiquei esperando-te. Você disse-me que íamos a Campinas.
— Ah! Eu esqueci. Tenho tanto que fazer! Você não vêio aqui para combinarmos.
— É que o Paulo Dantas disse-me que eu devia ficar em casa aguardando a visita de um repórter da revista do radio. E o canal 9 que foi filmar-me para a televisão com a fantasia de pena. Você viu-me na televisão?
— Não.
— Eu acêito estas reportagens para ficar sempre em evidência.
— Faz bem.
— Eu vim aqui para pagar a prestação da casa.

Dei o livro de cheque para ele que somou os meus gastos repreendendo-me porque gasto muito. Eu disse-lhe que quero internar os filhos porque quero trabalhar.
— Que espécie de trabalho você quer?
— Radio.
— Oh! Não.

Ele foi preencher o cheque. Errou. O senhor Canarinho abraçou-me. E o jornalista Carlos de Frêitas.

O Ronaldo disse-me que eu não olho os pobres. Já enjoei de ouvir isto. Canarinho dizia:
— Não vae nasçer um Audalio Dantas. Vae nasçer é um Canarinha!
Eu dei uma risada.

O senhor Miller estava encubando o seu cachimbo na bôca. Disse:
— A Carolina. Não gosta de mim!

Acho que foi por eu ter dito que não convem a sua amisade com o David St. Clair.

Não comentei o nome do Davi St Clair. Com o que ouço ao seu respêito o afeto que ele inspirou-me foi murchando. Eu posso gostar muito de um homem, mas não ao ponto final, que é o casamento. Eu sei ganhar dinheiro para viver. Não preciso de homem dominando-me.

Gosto de ler. O livro preenche o lugar destinado ao homem. Os livros não proíbe os meus caprichos.

O Audálio foi preencher o cheque errou. Foi escrever outro pediu explicação ao Ronaldo e disse:

— Eu não tenho pratica de lidar com dinheiro.

Os jornalistas saíram para almoçar. O Audalio ficou porque queria falar-me. Eu sentei presentindo que havia qualquer coisa no ar. Ele lavantou-se dizendo:

— Tem uma carta para você.

Levantou-se e foi buscar a carta. Entregou-me: li David St Clair. Time. Eu abri ritirei a carta. Já estava aberta. Li a carta. Fiquei chocada com as palavras que ia lendo percibi mil coisas nas linhas que eu ia lendo. Não odiei o David St Clair. Parece que o Audalio não acata as minhas ressuluções de unir-me a quem quer que sêja. Xinguei o David St Clair para demonstrar ao Audalio que o senhor St Clair não significa o élo de minha vida. Xinguei por formalidades. Mas eu admiro-o ele é tão inteligente! É um homem culto e agradavel. É um tipo que a gente não enjôa de sua presença.

Se eu pudesse construir um altar de ouro e pedras preciosas eu construia e colocava o David St Clair. Eu fiz a fantasia com todo carinho para dançar com ele. Eu já beijei o David St Clair é um homem que desperta tudo que está adormecido numa mulher!

Nos braços daquêle homem uma mulher tem sempre dessôito anos. Quando eu estava xingando o David St Clair o Audalio disse:

—Você está xingando o David St Clair porque gósta dele!

Não. Eu não dêvo gostar dele porque eu sou enigmatica. E um homem ao meu lado há de aborreçer-se. Se enfilêirar cem homens e dizer-me:

— Escolhe um para você.

E dar-me uma enxada, e dizer:

— Você prefere o homem ou a enxada para carpir ate o fim dos teus dias?

— Eu prefiro a enxada. Porque o homem inculto é intolerável. Adiquire tantos vícios... E os vicios não favoreçe o homem. Corrompe-o.

O Audalio perguntou-me o que acho da bondade?

— Não sei. Mas, acho que bom é Deus, porque nos da saude.

— E eu não sou bom para você? Não perçebe que eu gosto de você.

— A tua amisade é a numero um.

— Você está enganando sempre a respeito das pessôas. Eu te aconsêlho a ser mais calma. Não aprecio tuas ideias.

— Se o meu modo de pensar não presta, então eu vou dêixar de escrever. Porque os escritos são pensamentos.

— Oh! Não. Você pode continuar escrevendo. Tem pessôas que eu gosto. O Barbosa Lessa, Paulo Dantas o Cyro Del Nero.[12] São uns homens tipo gotas de orvalho.

— Daqui uns dias, voce começa encontrar defeitos no Barbosa Lessa e no Cyro Del Nero.

Será que o Audalio quer insinuar que eu estou ficando louca? O meu pensamento volta la para a fazenda do Lageado. O meu tempo de criança carpindo café com inveja das aves que tem azas e eu não. Eu ignorava estas confusões que vamos enfrentando no decorrer de nossa existência.

Ele pediu-me para autografar dôis livros. Um para o senhor João Tranccuili e o senhor Machado os donos da imobiliária Joia que vendeu-me a casa.

Eles queriam expoliar-me o Audalio disse que não. Mas, eu vivi anos e anos entre os malandros, conheço-os muitíssimo bem...

O Audalio disse-me que eu devia sair porque o senhor Cariovaldo ia chegar. O Audalio olhava-me. Um olhar angustiado. Da a impressão que ele arrependeu-se de ter auxiliado-me.

— Se está arrependido é so falar. Que eu dessapareco de sua vida.

Eu estou forte. Tenho a impressão que fui recuperada. E gosto de escrever se eu pudesse viver com a canêta na mão diariamente eu vivia posso viver em qualquer lugar do mundo, porque tenho habilidade.

Eu disse ao Audalio que queria internar os filhos porque o Paulo Dantas disse-me que eu vou na China. Ele disse-me que o dinheiro que eu tenho depositado não dá para pagar um colégio para eu matricula-los no grupo até junho.

A Vera pediu dinheiro para comprar um docê. Dei. Ela saiu e voltou com um saquinho plástico, contendo amendoim. Xinguei-a:

— Você devia ter almoçado.

O Audalio defendeu-a e disse que estou devendo-lhe os telegramas que ele passou. A pórta abriu-se e o senhor Cariovaldo entrou. Tive a impressão que era o diabo entrando.

— Vamos Vera!

E fui saindo. O Frederico vêio dizer-me que o Audalio estava chamando-me.

---

12 Cenógrafo, autor dos cenários da peça *Quarto de despejo* (1961).

— Não vou!

O Frederico insistiu:

— É urgente.

Eu não liguei. Olhando as luzes do elevadôr. O Audalio vêio na minha direção com uns passos agitados e anôso. Disse-me que havia enganado no cheque. Para eu ir ao banco fazer outro pedido de talão. Percibi que ele estava triste. Disse-me que usou uma camisa que eu dei-lhe no baile dos artistas. Sera que ele levou a sua esposa ao baile?

Entrei no elevadôr nervosa com eles. Tem hora que eles me diz que o David St Clair é bom tem hora que diz que ele não presta.

Eu estava nervosa porque queria internar os filhos para poder trabalhar. Com eles interno eu ganho mais dinheiro. Prevêjo muito sofrimento aos meus filhos. Espero que eles possam viver em paz. Se eu deixa-los bem de vida.

A Vera queria vir de carro. Mas eu disse ao Audalio que havia comprado uns vestidos para o dia da estrêia da peça Quarto de Despêjo. Vae ser em são Paulo e no Rio. A Vera insistia querendo vir de carro. Mas o Audalio disse-me que estou com pouco dinheiro no banco. Esperamos o onibus.

Quando cheguei fui devolver o relógio de ouro que comprei de Dona Elza porque não posso dar-lhe o 25 mil cruzeiros. Eu jurei. Não comprar mais nada por causa das criticas do Audalio. Ele é um detetive na minha vida. Mas eu vou publicar só a Casa de Alvenaria depois dessisto de literatura. Estou fazendo o meu noviciado. E não vou tomar o habito. Os brancos aborrecem muito com esta mania de pedir dinheiro.

Tomamos o onibus. Eu estava com fusôes de ideias. Queria suicidar ou acabar com a minha vida. Eu quero internar os filhos porque eles não podem sair nas ruas. Os moleques paulistanos correm atraz deles para expanca-los dizendo:

— Voçês estão ricos.

Dá impressão que estamos no inferno. Eu estou dessiludida na casa de alvenaria. Quando eu vêjo um branco, na minha pórta penso: já vêio pedir dinheiro.

Não reçebo a visita dos meus colegas do albergue nocturno da sôpa da sinagoga da rua Casimiro de Abreu. Do pão da igreja Imaculada Conçeição da Avenida Brigadeiro Luiz Antonio. Eles devem estar invejando-me. E eu invejando-os. Os que não aborreçe-me são os jornalistas. A estes o meu agradecimento.

A Dona Elza não queria desfazer o negocio, mas eu disse-lhe que o Audalio não deu-me autorização para fazer compras ultrapassando a quantia de 10.000,00. Tenho que obedecê-lo. Queixei que havia recebido uma carta de David St Clair dessagradável. As que enviei-lhe foram agradável. E as dele foi tão rude.

Ela falava que eu prejudiquei-lhe. Eu disse-lhe que tem hora que eu tenho vontade de suicidar. Porque a condição do negro no mundo é hedionda. Tem que viver submetido aos caprichos dos brancos que querem prevalecer.

Contei aos filhos que recebi uma carta do David St Clair. Eles ficaram alegres.

— Que bom! Ele vem morar com nois?

— Não! Porque o Audalio não quer.

O João disse:

— Eu já comprei duas latas de graxa para engraxar os sapatos do David St Clair.

— Eu já aprendi fazer café para fazer café para ele. — Comentou a Vera.

— Quando ele vir aqui, a senhóra não toca ele.

— Eu pensei que ele tinha morrido no avião. Que bom! O David não morreu!

— Eu ia aprender inglez para conversar com ele. — Comentou o José Carlos.

E eu que queria o David para escrever argumentos para filme. Entrei casa xingando a fada de minha vida que não auxilia-me.

Deitei. Quando eu fico nervosa deito e adôrmeço para acalmar as ideias. Sonhei com a minha mãe dizendo-me:

— Eu avisei-te. Cuidado! Cuidado.

Ela era jovem. Despertei e levantei o dia ia findando-se, levando consigo os aborrecimentos que proporcionou-me.

Preparei refeição aos filhos. E fui conversar com a Dona Elza. Mostrei-lhe a carta do David para ela ler. Ela achou a carta confusa. Eu não mais estou pensando no senhor David St Clair. Para mim ele é igual uma nuvem que desvaneçeu-se. Tem muitos homens no mundo. Não sou inciente para lutar visando um determinado homem. Eu sei viver sem ele. Porque tenho capacidade. Para vencer as confusões que surgem.

Agradeço os conselhos oportunos que deu-me o senhor Rogerio Rêis.

11 DE FEVEREIRO DE 1961

Levantei as 4 hóras quando ouvi os ruídos dos caminhões que vem fazer a fêira.

O João despertou-se e foi ler gibi. Começei escrever ate o dia despontar-se. Fiz café e fui comprar pão passei pela fêira com pretensões a fazer compras. Mas os preços afastavam o desêjo. Laranjas 45 a dúzia. Uva 50, o quilo. Com os preços desse gêito nós somos candidatos a um lêito de hospital.

Comprei couve, por ser uma verdura que da sono. E eu quero dormir. Para esqueçer que minha vida vae de marcha-ré. Troquei-me e fui matricular os filhos no grupo Barão Homem de Mello, na rua Alfredo Pujol. Encontrei uma fila de senhoras com os filhos. Fiquei na fila.

Varias pessôas reconhece-me e vem me dar os parabens. Deveria dar-me os pesêmes. Porque eu arrependi de escrever. Se bem que quem arrepende do que faz é fraco.

É que eu não contava com o sofrimento que a literatura porpociona.

As mulheres que estavam na fila reclamavam que os diretores demoravam atendê-las. Elas queriam ir na fêira. Eu não reclamava porque conseguindo escola para os meus filhos é muito mais importante do que ir a feira. Os filhos sendo cultos ilustrados conduzem-se na vida com senso. Não transvia-se.

A diretora queria matricular os meus filhos. Eu disse-lhe que aguardava a minha vez na fila, que eu sendo escritora tenho que dar exemplo. Quem deve gosar de primazia são os médicos, porque eles tem que atender um enfermo. E os jornalistas porque, eles tem que girar atrás de novidades para o jornal. São serviços que devemos auxilia-los.

Na fila estava uma preta. Foi matricular os filhos de sua patrôa que é professora. Queixava que ganhava 2.500, por mês paga 2.000, de aluguel. E tem dôis filhos para cria-los. É viúva. O esposo morreu no hospício.

Se aborrecimentos enlouqueçêsse eu já estava louca. Qual sera a causa da loucura?

A sua magua é ser preta e ter que servir o branco. Que pode pagar-lhe mais, mais não paga.

Citei-lhe que as professôras são funcionarias do senhor Carvalho Pinto. E ele, é usurário. É homem de aço. Não tem sentimento humano. Deixou um soldado suicidar-se, para não dar-lhe aumento.

É que o dinheiro que eles arrecadam é empregado na campanha eleitoral e não sobra para os funcionarios. Pedi a preta para trabalhar para a professora que elas são abnegadas ensinando as nossas crianças. Eu estava nervosa ouvindo os lamentos dos funcionarios que o aumento do senhor Carvalho Pinto não beneficia-os.

Quando adoeçe um funcionario é um sacrifício para encontrar hospital. E o funcionário que falar do senhor Carvalho Pinto é punido. Depôis que ele pôis esta lêi é que eu vêjo os funcionários xingando-o. Que ele tem ideias infantil. O governador mirim. Depois que o padrinho Janio venceu a campanha ele fortaleçeu-se pensa que pode tratar o povo a chicote.

É que ele não leu a vida de são Luiz Rei de França. Ele dizia que os políticos deve respeitar o povo. Não devemos deixa-los descontentes. Ele já viu amóstra. Foi no governo do senhor Carvalho Pinto que a força publica revoltou-se. Eu já li o manual da policia. Eles não podem revoltar-se. Mas a fome dessorienta. Ha uma diferença entre o senhor Carvalho Pinto e o dr. Adhemar de Barros. O dr. Adhemar presenteou a policia com um palácio.[13] E o senhor Carvalho Pinto com prisão e um suicídio.

O dr. Adhemar é humano tem noção de politica. É o amigo do povo. Se colocar o dr. Adhemar de Barros numa balança e o senhor Carvalho Pinto, o dr. Adhemar desçe tem peso moral. E o senhor Carvalho Pinto sobe. Não tem unidade humana. O senhor Carvalho Pinto é um representante do senhor Janio Quadros governo paradoxo. Abstrato. Governo que brilha igual ouro mas é um metal que enferruja. Quando eu vêjo uma pessôa andando com cabeça curvada penso. Deve ser funcionario publico. Para satisfazer a minha curiosidade aproximo e pergunto:

— Onde a senhora trabalha?

Responde-me com uma voz fraca voz de quem come só uma vez por dia. As palavras saem picadas agonisantes prestes a extinguir-se.

— Eu... sou... fun... ci... o... na... ria, pu... bli... ca.

Mas o senhor Carvalho Pinto não anda nas ruas a pé para ver os seus funcionarios indigentes. Eu fico revoltada ouvindo o povo falar de suicidio.

Até eu estou ficando contagiada qualquer aborrecimento eu digo:
— Ah! Eu vou suicidar.

Mas o suicídio não é solução. Quando estou na rua fico alucinada com os lamentos do povo... As terras são dos fazendeiros. Eles não

---

13 Alusão ao Palácio da Polícia Civil, no bairro da Luz, inaugurado nos anos 1940 durante o governo do interventor Ademar de Barros.

podem plantar. Não podem comprar um lote na cidade porque os prêços são elevados.

Depôis da matricula dos filhos voltava pra casa quando um senhor convidou-me para ver os seus moveis e se eu quero comprar algo.

— Quero comprar uma sala de jantar.

— Vem ver.

Entramos. Os moveis são usados e altos. Não apreciei. 20.000,0 preço a vista. O Jose Carlos é quem guiava-me indicando-me as ruas. Porque a rua Benta Pereira é inclinada fatigada para galga-la.

Entramos noutra rua. Eu ia adimirando as casas antigas com suas flores variadas. Eu não tenho fascínio pelas flores. Tenho pelas crianças e os livros. Uma senhora deu-me uma muda de flor pediu-me para avisa-la quando eu passar na televisão. A distancia é longa.

Tenho pavôr quando ouço mencionar:

— Olha a escritora!

Quando cheguei fui dormir. Os filhos foram na fêira catar verduras. Despertei com batidas na pórta. Levantei abri a janela era o tintureiro com o casaco da Vera. Desci os degraus. Atendi o pretinho. E fomos trocar o dinheiro. Entramos no açougue para comprar carne para assar. O açougueiro disse-me o preço 170,00 cruzeiros o quilo.

Pensei nos funcionarios do Estado, nos funcionarios municipaes. Nos opérarios e os favelados. Classe que não podem comprar carne. Classe que deve estar enfraqueçendo com a deficiência alimentar. A esperança dos brasileiros é o senhor J.Q. as siglas da esperança.

Eu já estou tão dessiludida que o meu sonho é recluir-me numa floresta ou caverna porque os que vivem na cidade vivem comentando o que eu ganho, não dá. Paguei o menino e comprei um quilo de açúcar. Ouvi um boato que os atacadistas vae ocultar o açúcar para êlevar o preço.

Comprei linguiça e voltei para casa.

Quando ia chegando vi o Léle na porta falando do jardim que a terra não tem força e as plantas não cresçem. O que ha de mais forte no mundo, é a terra. É por seu intermédio que nos adiquirimos o nósso alimento.

Ele disse:

— Preciso falar com você. Em particular. Você está bonita com este lençó na cabêça. Ha oito anos eu quiz casar com você, você não quiz!

Eu disse-lhe:

— Para eu me casar teria que ser com um homem culto e bom. Fórte resoluto. Eu só encontro uns homens frageis igual a casca de um ovo. Homens que tem medo de tudo homens que cultivam mais defêitos do que qualidades.

— Mas eu, sou inteligente! O que pensa ocê!

Pediu-me para emprestar-lhe mil cruzeiros que a sua mãe está doente e pode piorar de uma hora pra outra.

— Eu te pago com serviço.

A Maria do Carmo entrou. Ele disse-lhe:

— Arranja uma pretinha para eu casar do tipo da Carolina que sabe ganhar dinheiro. A oito anos eu quiz casar com a Carolina ela não quiz. Ela não casa com ninguem. Parece que ela não gosta de homem. Se você quiser eu pinto a casa pra você. Você compra só a tinta.

Deus me livre tolera-lo. Ele pertençe a classe das pessoas que quer agradar e aborreçe.

Queixei para a Maria do Carmo que os brancos aborrece-me tanto que o meu fim será o hospício. E eu pensei que ia passar o dia sossegada.

A Maria do Carmo disse-me:

— Eu vou dizer-te que a mamãe mandou chamar-te e você acompanha-me.

Eu disse ao Lele que ia jantar na casa da Maria do Carmo. Fechei a porta e sai cansada com vontade de deitar debaixo de um arvôredo num lugar silente. Os meus pes doiam devido eu ficar sentada escrevendo este Diario. Lêitura que eu tenho pavôr. Mas o Audalio obriga-me escrever.

Quando cheguei na casa da Maria do Carmo, o seu pae recebeu-me adimirávelmente. Quêixei-lhe que eu não conhecia os brancos. Eles aborrece-me tanto com dinheiro que eu estou ficando neurótica. O meu fim sera estilo Getulio. É horrivel não ter paz de espirito. Tem hora que eu tenho vontade de expancar as pessôas que vem aborrecer-me.

Ele aconsêlhou-me, ter paciência. Assisti o programa de televisão. Perguntou-me se vou comprar televisão.

— Pretendo comprar sitios para plantar. Quero empregar os lucros do meu livro em terras.

Eu despedi agradeçendo e disse-lhe:

— Quando os brancos aborreçer-me eu venho para a sua casa.

Quando cheguei em casa entrei, descontente. E fechei a porta. Chegou visita eu não atendi.

Quero sossego. Deitei as vinte e duas horas.

Estou cansada.

12 DE FEVEREIRO DE 1961

Hoje é domingo Carnaval o dia está triste. Eu estou alegre. Dormi toda noite. Levantei as 9 horas. Fui fazer compras. Lavei as roupas. Fiz cafe. Não vou sair. Não vou usar a fantasia. Vou guarda-la para usar no palco porque eu vou abandonar a literatura. Os cronistas escrevem que não tenho estudo que sou inculta. Eu vou dêixar a literatura pra eles. Que tem academia. O meu noviciado na literatura deixou cicatrizes na minha sensibilidade. Eu queria voltar ao passado. Viver pobre mas tendo a ilusão que é a chama da vida. Tudo isto eu perdi depois que vim ressidir na sala de visita. Na casa de alvenaria.

Comprei leite para os filhos. Noto-lhes transformações. Estão civilisando. Vendo-os comportado a minha esperança vae ressurgindo. Espero que eles sejam bons no futuro.

Passei a parte matinal escrevendo quando chegou a Dona Argentina. Disse-me que foi falar com a Dona Ivette Vargas para auxiliar-lhe arranjando um meio dela ipotecar a sua casa na Caixa Economica Federal. Ela disse-lhe que não há possibilidade porque ficou sem governo. Ela é do partido Trabalhista. Fiquei horrorisada se o governo não favoreçe um deputado de outra legenda é um governo inculto. Vingativo. A vingança pertençe ao primitivismo. Que o senhor Janio Quadros cortou os emprestimos da Caixa Eonomica. E ele prometeu que estaria sempre unido com o brasileiro em qualquer circunstancia.

Um homem não pode ser falastrão. Tem que ter noção de responsabilidade de palavra. Eu queria ter fôrça para viver com o povo em qualquer circunstancia e quem confia em mim não sofre. É que eu estou no noviciado da vida financeira. A dona Argentina tem um olhar de Maria Antoniêta. Um olhar de condenada ao suicídio. Ela diz:

— Se eu não conseguir o dinheiro terei que dar fim na minha vida. Porque se eu perder a casa o meu esposo vae xingar-me. Ele xinga-me diariamente. Quando me olha é um olhar duro. E frio. Para as pessôas de fora ele é terno. Para mim que sou sua esposa ele é o diabo.

Ela olha-me. Um olhar esquisito que impreciona-me. Um olhar que revela toda angustia de sua alma. Ela diz:

— Carolina! Você é a mulher mais inteligente do mundo porque não casou-se. Não seja tôla. O homem depois que casa... transforma-se.

— Se eu casar-me eu não deixo o homem dominar-me. Ele ha de tratar-me com humanidade.

Mas eu nunca amei um homem a ponto de me casar com ele. Uma

mulher inteligente vê os defeitos do homem antes de casar-se com ele. As tôlas vê depois.

Até nas cartas que um homem escreve uma mulher inteligente vê os seus defêitos e as qualidades.

Ela deu-me a planta de sua casa para eu ver. Tem sete comodos. Ela disse que o seu esposo comprometeu-se a pagar a casa no prazo de dois anos e terminar a casa e não terminou. Ele é que não presta não tem noção de responsabilidade de palavra. Queixou-se que não tem sorte. O primeiro erro de sua vida foi casar-se com um homem fútil. Vazio. Para mim os homens são artigos que devemos olhar e não adiquiri-los.

A serpente a gente sabe que tem veneno. Mas o homem a gente vê depôis que se casa com ele.

Contou-me que olhou uma menina e foi maltratada pelos paes da menina e ficou ressentida. Ela deu-me o seu diario para eu ler. Heis o diario.

São Paulo 22 de dezembro de 1937 — nesta data que foi eu me casei. Eu contava 16 anos de idade. O meu marido tinha 21 anos.

Depôis do meu casamento um dia o meu marido arrependeu-se de ter desposado-me. Então... começou o meu sofrimento. Ele passou a odiar-me. E todos de minha família. Eu não tinha paz espiritual. Ele me batia. Vivia lastimando tudo que se passava na minha vida. Não contentava-se com nada. Lastimava que não podia possuir nada. Que o seu salario não dava nem para comêr — O que é verdade. Ele nunca teve coragem de enfrentar a vida. Ele queria tudo facil. Eu sempre dizia-lhe:

— Vamos fazer uma forcinha para comprar um terreno.

Ele, nunca quis. Tinha muito medo.

Então, encontramos um amigo que é vendedor de terras e falou:

— Compra um terreno deste que eu estou vendendo. É tão barato!

Eu disse-lhe:

— Nós, não temos dinheiro!

— Vocês arranja 1.500,00 cru que eu vou segurar o terreno pra vocês.

Enquanto nos conseguia o dinheiro ele já foi na companhia e pagou e nos fez ficarmos com o terreno. E as prestações era de 100.00,00.

E foi assim que conseguimos o nosso terreno em que estamos morando hoje.

Isto foi em 1959. Eu consegui emprestado 2.000,00 com um parente e começamos a construir a nossa casa. Porque a propria companhia nos deu 10.00 tijolos e 400, telhas. E foi assim que comessamos a nossa luta. Sempre com tremenda dificuldade. Fizemos dois comodos e cosinha. Fomos morar sem rebocar sem assoalhar. O meu marido continuava lastimando-se. Trabalhava sempre xingando. Deus, e todo mundo. Não havia um momento de satisfação, na nossa vida. Nunca está satisfeito com nada. Vivemos uma vida de atribulação. Nunca tive paz de espirito. Eu rezava muito. Não descasava. Fiz tantas promessas. Nunca perdi a minha crença. Foi sempre constante. Mas, nunca fui ouvida em meus pedidos. Porque o meu marido nunca acreditou em nada. Ele, foi sempre um ateu.

Sempre foi discrente. Duvidou sempre da existência divina. E é porisso que eu tenho sofrido terriveis decepções em minha vida. Nossas ideias são completamente oposta. Não combinamos de genio. Eu pedia a Nossa Senhóra de Aparecida que me ajudasse para que um dia eu pudesse ajudar-lhe. Para ele deixar de lastimar-se tanto.

E foi assim em 1957, quando aconteçeu aquele milagre de Nossa Senhóra Aparecida em Tambaú. Quando vêio em São Paulo uma imagem que fez muitos milagres em vila Prudente. Eu fui diversas vezes lá. Até que transférirem aquela imagem para o Ipiranga. E, foi assim... que começou a minha maior tragedia.

Certo dia eu fui visitar a Igrêja de Nossa Senhora Aparecida. Ao sair da igreja eu fui andando pela rua do Manifesto para ir até o ponto final do bonde Fabrica para comprar um par de sapatos na casa Santo Antonio. Ao passar pela rua do Manifesto quando dêi-me com uma lojinha muito bonita que chamou a minha atenção.

Eu aproximei-me da vitrina e fiquei encantada com tantas coisinhas bonitas. Nisto apareçe a dona da loja e disse-me com tanto entusiasmo.

— Quer comprar esta loja?

Eu disse-lhe:

— Com que poderei compra-la se não tenho um tustão!

Ela voltou-se para mim sorrindo e disse-me:

— A gente tendo bôa vontade, pode comprar tudo o que desêja. Mêsmo sem dinheiro. Porisso a senhóra poderá comprar esta loja sem dinheiro.

— Como assim?

— Eu vendo esta loja sem entrada e você vae pagando-me 5.000,00 por mês. Eu dêvo 100,00 mil cruzeiros na praça e esta loja me rende 30.000,00 por mês. Com a renda que você tira da loja paga folgado as prestações da loja de 5.000,00 e as duplicatas que vão vençendo. No praso de 4 a 5 mêses.

Ela iludiu-me tanto que eu acabei caindo no conto. Tudo aconteceu num so dia. Ela pediu-me que pensasse bem na proposta e voltasse no dia seguinte. Eu, como tinha adoração por uma loja porque eu sei fazer muitas coizinhas bonitas custura bordados flores enfêites para féstas. Enfim muitas e muitas coisinhas interessantes. Esta mulher iludiu-me tanto. Ela dizia:

— Compra esta loja! Porque, com esta loja eu já comprei um automóvel uma maquina de lavar roupas. Eu tiro 30.000,00 por mês.

Comecei a pensar: Se é assim como ela fala... Dá para eu compra-la. E não preciso dispor de nenhum dinheiro. Ela disse-me:

— Vae resolver ou não? Porque eu já tenho duas pessôas que querem fazer este negocio comigo. Se você quer eu já mando o meu guarda livro fazer o contrato e a senhora assina e pode tomar conta da loja imediatamente.

O contrato resumia assim nestes termos:

— Eu vendo esta loja para Dona Argentina pela importancia de 200.000,00 cru Duzentos mil cruzeiros. Ela devera pagar-me 100.000,00 em prestações de 5.000,00 e 100.000,00 ela devera pagar na praça aos meus credores.

Só isto.

— A senhora faz uma experiência em treis mêses se acaso a senhora não acustumar a senhora pode desfazer o negocio.

Então, foi assim que assinei o contrato. E começei a tomar conta da loja. Logo em inicio ela começou dizer:

— A senhóra precisa arranjar um pouquinho de dinheiro emprestado para pagar umas duplicatas.

E no primeiro mês eu arranjei 30.000,00. Emprestado. Ela mesma arranjou um agiota que emprestou-me. E ela mesma ficou fiadora. Quando ela deu-me a chave da loja ela ficou com outra e disse-me:

— Eu fico porque a senhora mora longe. Eu abro a loja antes da senhora chegar porque eu moro aqui mêsmo e a senhora chega tarde e a loja tem hora certa para abrir.

Ela abria a loja e vendia a vontade.

Quando completou 3 mêses eu disse-lhe:

— Dona Ermelinda, eu vou dessistir da loja. Eu quero que a senhora fica com a loja de volta.

Ela disse-me:

— Eu fico com a loja mas a senhóra vae continuar pagando tudo aquilo que a senhora assinou.

E foi assim que eu compreendi que tinha caído no conto do vigário. Eu tive de continuar. Ela começou afastar toda a freguesia da loja.

Quando eu não estava ela pegava a mercadoria ia vender nas casa das freguêsas e pedia para as freguêsas não ir na loja. Quando elas quisesse alguma coisa que pedisse para ela levar-lhe. Foi assim que ela levou-me a ruina.

E algumas freguesas que vinha comprar na loja ela obrigava-me a vender fiado. E eu vendi fiado mais de 70.000,00 e não recebi nem 20.000,00. E tudo em prestação de 200 por mes. Eu não tirava nem para a condução. E ela continuava com a chave. Não queria dar-me de geito algum. E obrigava-me arranjar dinheiro emprestado para pagar a praça.

— Se não puder pagar a minha prestação não faz mal.

Mas a intenção dela era que eu pagasse a praça e ficasse com as prestações atrasadas e ela me tirava a loja e só ficava com todas as dividas. Eu cheguei tirar 100.000,00 emprestado para pagar a divida dela. E ela dizia:

— A vizinhança que tirar-me a loja. Eu fiquei realmente com as prestações atrasadas.

Ela quiz me tirar a loja. Ela viu que não conseguia.

Sabe o que ela fez! Pegou todas as letras das prestações e descontou-as num agiota e ele pois as letras num banco para o banco arreceber. Eu quase enlouqueci. O banco vêio por cima de mim igual um Leão.

E eu não arrecebia nada dos freguêses porque ela dizia aos freguêses que não pagassem nada para mim porque eu, era Sua empregada.

A dona Ermelinda Serralheiro Martins vendeu mais de 120.000,00 cru porque ela entrava na loja na minha ausência. Eu fiquei sem mercadoria e sem freguesia. As vizinhas dizia-me:

— É só a senhora virar as costas esta mulher entra na loja e leva pacotes e mais pacotes para as freguesas.

E este martirio continuou. E esta mulher não me passava a loja no meu nome. E não entregava-me a chave. Eu jamais poderia supor que tinha muitas sugeiras para eu descobrir.

Quando eu dizia:

— A senhóra precisa passar a loja para o meu nome.

Ela dizia:

— Eu preciso resolver um negocio que eu tenho com um homem chamado seu Abrhão.

Eu via sempre este homem falar com ela. E ela dizia-me:

— Quando o seu Abrhão perguntar alguma coisa para a senhora a senhora não responde. E se ele perguntar o que a senhora está fazendo aqui a senhora diga apenas que é minha ajudante.

Eu nunca podia supôr que aquele homem tinha alguma coisa com a loja. Não julgava mal de ninguem. Aquilo que eu não faço não julgo que pósam fazer-me.

Depôis de um ano de sofrimento e tapiação. Venho descobrir que a loja estava ipotecada com este homem. E ela, não podia vender está loja enquanto não pagasse a divida.

Quando eu disse-lhe que estava sabendo ela disse-me:

— A senhora tem que ficar com a divida que dêvo para este homem para a senhora poder ficar com a loja. Ou a senhora sae que eu continuo com a loja e a senhora tem que pagar tudo que assinou.

Eu não tive outro caminho sinão ficar com aquela divida e depois o homem mostrou-me os documentos que ela tinha feito para ele. Ela não podia vender a loja, e nem tira-la do local. Se fizesse qualquer destes gestos responderia como crime.

Eu precisava mudar a loja do local porque ela havia afastado toda freguesia. Eu ficava o dia todo e não ia um freguês na loja. Ela expantou todo mundo. Eu não vendia 10,00 cruzeiros por dia. Eu não conseguia nem para o aluguel, que era apenas 3.000,00. Ela obrigava-me a vender fiado e dizia:

— Vende! As freguesas são boas.

Eu chorava o dia inteirinho dentro daquela loja. Sem uma companhia sem uma palavra amiga de conforto. Fiquei com um habalo nervôso. Eu tremia igual uma vara verde. Até a minha voz, quando falava era tremula. Era um dessispero terrivel. Procurava todas pessôas que conhecia para ajudar-me e minha irmã que é solteira queria ajudar-me. Mas, côitada. Ela vive do trabalho. Não tinha dinheiro guardado mas ela repartio o seu ordenado comigo para ajudar-me. Esta irmã é um anjo. Ela chama Iolanda. Ela sofria com a minha desgraça.

Em 1958 — outubro foi que eu tive a ideia de ir na casa do governadôr. Ele pôis a minha disposição o seu secretario e o seu advogado. Disse-lhe que fizessem por mim tudo o que fosse possível para salvar-me. E o advogado entrou em ação chamou os credôres e fez com que todos esperassem eu pagar-lhes procurou evitar a falência. E chamou o homem da ipoteca queria que ele ficasse com a loja. Porque ele tinha o dirêito sobre a loja. Ele não quiz porque sabia o quanto tinha de divida preferiu esperar até eu poder pagar-lhe.

Mas a situação continuava cada vez pióг porque eu estava com a loja.

A Dona da residencia onde eu tinha a loja perçebeu o que estava acontecçendo pediu-me que dessocupasse a casa. Eu disse-lhe que não podia mudar-me.

Ela não mais quiz receber para ter chançe de dizer que eu não pagava o aluguel para requerer despejo. Então passei a pagar o aluguel em juiz se ela fizesse o despejo não atingia-me.

O meu advogado disse-me:

— Dona Argentina procura outro local para senhora colocar a loja e o meu advogado mandava a companhia Pauliceia ir retirar a loja.

Ele responsabilisou por tudo. E assim eu consegui sair d'aquele local sem ser despêjada.

Mas o dono da casa não ficou satisfeito. Depois que eu já havia saído ele requereu despêjo da loja. Depois, de muito tempo é que eu fiquei sabendo. Foi quando fizemos a ipoteca de minha casa que eu descobri. Requereu no nome do meu marido. Eu não sei como é que ele descobriu. Eu nunca disse o nome do meu marido.

Conseguio com aquela maldita mulher. Ela fazia tudo para sujar-me e desgraçar a minha vida. Com a ipoteca eu não consegui pagar as dividas. Todo dinheiro que entrava era só para pagar um e outro e o meu marido disse que não podia dar-me um tustão para pagar a ipoteca. Ele não quiz alugar a casa para poder ter o dinheiro para pagar a ipoteca para castigar-me.

Se eu conseguir pagar esta ipoteca eu posso obriga-lo alugar as duas casas. Para nos pagarmos esta divida com o proprio aluguel.

Heis aí. O diário de Dona Argentina Saferreira.
Ela envia-me, um bilhête:

Minha bôa dona Carolina a senhóra com certêsa pensa que eu sou uma destas pessôa exploradeira igual a muitos que procuram explorar a senhóra. Se eu a procurei é apenas para pedir-lhe um favôr, que eu pretendo paga-la em dobro. Fui a procura da senhóra porque a sénhora possue um coração de ouro. E só a senhóra é que poderá compreender-me melhor do que ninguem. Porque conheçe as misserias humanas por ter passado por tantos sofrimentos.

Eu sou uma criatura predestinada a todos os sofrimentos desta vida. Nunca encontrei uma mao amiga e nem uma palavra de conforto com as pessôas que tenho procurado. Tenho arrecebido recussa. Todos as pórtas que eu bato encontro elas fechadas para mim.

Eu não pretendo aproveitar da bondade de ninguem e estou pronta para trabalhar em qualquer lugar para pagar esta divida nem que sêja na enxada.

Eu sou sincera como o sol e as flores dos campos. Eu serei uma fiel amiga aquela que souber compreender-me.

Dona Carolina se não acreditar nesta historia que acabo de narrar a senhora procura saber nos moradores de rua do Manifesto Nr. 2562 e a vizinhança.

Pergunta o foi que a Dona Ermelinda Serralheiro Martins fez com a Dona Argentina.

Pergunta para Dona Juana telefone 63-57-96.

Heis aí a historia de Dona Argentina que foi victima de uma malandra e outro malandro que comprou a loja e não pagou-a. É que a dona Argentina não tem esposo. Tem um pulha na sua vida. Que aproveitou a sua virgindade e depôis perdeu o interesse por ela. A mulher deve ser mais forte do que o homem para ele não domina-la. O homem tem que fiscalisar os atos de sua esposa. Mas o esposo de Dona Argentina é inferior. Ela queixa que ele da pouco dinheiro e quer encontrar banquete na mêsa.

Eu não entendo nada da vida conjugal, porque não casei com ninguem. Porque eu sou calma até certo ponto. Quando um homem quer prevaleçer eu perco a simpatia. É horrível um ditador no lar. E é horrível viver com um homem por formalidade. A vida fica insipida.

Por eu ouvir as mulheres queixar-se dos homens é que eu não interessei por nenhum. É preferível lutar sosinha.

Está chovendo. Eu estava escrevendo. Levantei e fui fechar a janela. Vi uma preta com um casal de filhos ocultando-se da chuva perto de uma garagem. Convidei-a entrar e desci para abrir a pórta. Ela é gôrda. É preta. Eu disse-lhe:

— Os brancos não vão convidar-te para entrar nas suas casas e ocultar-se da chuva. Eles pensam que nós somos ladrões. Eles pensam tudo de mal para o preto. Os êrros deles, eles não comentam.

Ela sorriu satisfeita e disse-me que o seu esposo é muito bom. Ela não trabalha pra fóra e não lhe falta nada.

Mas é dado ao vicio de embriaguês. Quando bebe expanca a filha de 15 anos. Que as visinhas diz coisas dessabonadoras da perversidade do pae que a filha está estudando. Está na primeira serie. Para finalizar disse: que os homens pretos são pessimos esposo.

Não comentei porque no convívio com o sexo opôsto eu sou lêiga. Vivi até aqui, gostando de livros. Acho melhor continuar assim.

Dêitamos as 23 horas.

13 DE FEVEREIRO DE 1961

Eu levantei as quatro para escrever. Deu-me sono. Dêitei as 5. Os ruidos na rua impediu-me de reconciliar o sono, mas eu estava indolente. E com sono. Os filhos já estavam circulando pela casa. Eles acham horrivel casa de alvenaria por ser muito quente. Dizem:

— O barracão é sempre tépido.

Bateram na porta. Os filhos destruíram a campanhinha. Não gostam e subiram os degraus e disse-me que um homem queria que eu autografasse um livro para ele. Levantei as pressas abri a janela e olhei.

— Abre a pórta!

Os filhos atenderam-o ele entrou-se. Entrei no banheiro para abluir-me. Vesti o casaco vermelho por cima da camisola e fui atende-lo. Disse-me ser jornalista da Hora e escreveu uns artigos para mim.

— Eu não li por falta de tempo. Mas agradeço-te.

Citei-lhe que estou descontente com a literatura devido as criticas dos escritores violetas que tem muitos diplomas e continuam ocultos igual a violeta na grama. Que não cresce igual o eucalipto. Eu tenho dois anos de grupo, mas galguei igual o pinheiro.

Elas tem academia e continuam rasteiras. As criticas não habala-me. Mas eu devo dar o meu ceptro aos ilustrados aos academicos.

Não tive a sorte deles que puderam cursar escolas supériores. Era o meu desêjo estudar mas os desêjos dos pobres ficam em pretensões. É igual a fumaça que desvanecem no ar.

Ele disse-me que vêio da parte do Audalio. Pediu-me para autografar-lhe um livro para o seu neto que está ressidindo em Venezuela. É maestro Benjamin Sandino Hohagen. Mostrei-lhe as minhas roupas que pretendo trabalhar num theatro.

Ele conversou reanimando o meu espirito já dessiludido deste mundo. Queixei-lhe que acêitando o auxilio do Audálio fiquei sua escrava. Ele anula todos desejos que apresento-lhe.

Vou escrever só esta tal Casa de Alvenaria depois vou dessistir de literatura. Varias pessôas perçebeu que o Audalio colocou-me num élo. Ate as minhas cartas ele abre. Isto é ousadia. Isto é falta de iducação. Começo a desgostar. Quando o branco auxilia o preto transforma o desgraçado em escravo.

Ele aconsêlhou-me para casar-me.

— Pra eu casar-me preciso encontrar um homem bom. Que gosta de literatura.

— Isto é fácil encontrar.

Ele deixou o seu telefone para eu telefona-lo. Pretende escrever um artigo. O negro no Brasil vae entrevistar os negros popular. Eu, a Ruthe de Souza, o Pele. Eu destaquei porque o meu ramo é coletivo. Enriqueçe os brancos. Eu classifico a minha vida assim. O meu livro é um frango. O editor come o pêito. Os livreiros a côxa. E eu os pés e o pescôso. Mas eu não tenho ambição. Escrevo por ideal. O livro, é o adorno de minh'alma.

Passei o dia escrevendo não fantasiei este ano. O senhor David St Clair convidou-me para passar o carnaval no Rio e não veio de Nova Yórk. Ele falhou. Eu não! Quem é superior não falha. Não cansa. Eu sou igual o sol. Ele, nunca teve férias não atrasa para sair. Não atrasa para recluir-se.

Hoje eu expanquei o João. Ele é insuportável. Gestos que constrange-me. Dou consêlhos não adianta. Eu penso que as crianças são iguaes as arvores. Quando cresçem é que dão frutos. Eu fui criada na roça. Vivia a vontade.

Limpei a casa e lavei as roupas.

14 DE FEVEREIRO DE 1961

Levantei as duas da manhã para escrever. Este tipo de literatura que é o diario, cansa muito. Escravisa o escritor.

Não aconsêlho ninguem adotar este estilo literário. Tem pêssoas que diz que eu não sou escritora. Quem escreve qualquer coisa é escritor. Mas eu não impressiono com estas fracas considerações.

Ablui-me e fui fazer café. Fazer compras fiquei chocada com o preço do leite Vinte e cinco o litro. Fico pensando nos bombeiros. Os operarios e os favelados. E as crianças gostam de lêite.

Passei na casa de Dona Lygia Andrade esposa do senhor Fernando Andrade Industrial dono da fabrica Jofer. Ela é iducada. É agradavel.

A Dona Ivete foi quêixar-se que os meus filhos escreveram palavrões no seu muro. Se não existisse os palavrões ninguem tomava conhecimento. O excencial é a pessoa saber ler.

Está circulando um buato que ouve um dessastre os filhos estão preocupados pensando se foi avião porque o David St Clair está nos Estados Unidos e os meus filhos não quer que ele morre. Ele é muito bom para os meus filhos.

Passei o dia em casa. Estou descontente. Porque tudo que é mal fêito nesta rua eles acusam os meus filhos. Ate os fêirantes já expancou o José Carlos. Mas eu estou reagindo. Digo eu não queria ressidir nesta rua. A maioria dos paulistanos são decendentes de imigrantes que enriqueceram. No afan de enriqueçer-se não ilustraram-se. E o semi-inculto rico é cruel e prepotente.

A Dona Elisabeth vêio visitar-me. Prometi auxiliar-lhe. Escrevi um bilhete ao Dr. João, para tratar os dentes de Dona Elisabeth que eu pago o serviço. O seu sonho é ter os dentes tratados.

Este foi um dos meus sonhos a tempos atrás. Ela é preta. E eu também. Se eu puder auxiliar a raça negra auxilio com todo prazer.

Hoje... eu estou alegre.

15 DE FEVEREIRO DE 1961

Despertei as quatro horas com os feirantes. Eles falam uns brigam outros cantam. Estava frio. Fiquei com dó das mulheres. Mas, eu já levantei as trêis da manhã para trabalhar na lavoura foi a quadra mais ditosa de minha vida — Eu era inciente. Apreciava o despontar d'auróra os gorgeios das aves.

O meu passado foi mesclado de alegria e tristêzas. Os momentos ditos de nossas vidas desvanecem igual a fumaça no espaço. A tristêza mêsmo com o decorrer dos tempos retorna na nossa mente.

Fiquei escrevendo até o dia despontar-se. O dia em São Paulo é cizento porque o sol oculta-se por detraz das nuvens. Ablui-me e fui perguntar uma feirante se conseguia uma blusa de feltro para o Jose Carlos. Citou que as fabricas cortam artigos de lã em maio.

Tinha duas mulheres que armavam as barracas sosinhas. Eu brinquei com elas dizendo-lhes:

— Voces não casaram. Não tem um Adão para auxilia-las.

Um homem sorria dizendo que não deviam ter habolido a lei de um homem ter duas mulheres.

— E casava com a senhora neste instante.

A mulher explicou que ficou viúva e não casou-se por amôr aos filhos. Com recêio do padrasto maltrata-los.

Escolhi uma saia e pedi para a feirante mandar fazer uma maior para mim. Entrei peguei a sacola e fui fazer compras.

Estou com mal estar.

Tomei uma Caracu com ovo. Fiquei tonta. Estou com falta de ar. Tomei um banho melhorei.

Limpei a casa. Lavei roupas. A Dona Cilu veio dizer-me que pode trabalhar para mim só as terças-feiras. Aceitei porque quero a casa em ordem. A Maria do Carmo acompanhava-a. Estava chorando porque uma senhora havia xingado-a no mêio dos fêirantes. Pensei não é só nas favelas que o calão predomina.

E que a mulher cita que a Maria do Carmo não lhe comprimenta. Polemicas femininas.

Eu fiquei limpando a casa. Não quero o retorno das pulgas. Preparei a refeição matinal para os filhos. Quando fui ver a fêira as barracas estavam dessarmadas. Não fiz compras porque o que compro deturpa por falta de geladeira. Na favela as comidas não extragavam. Penso que era a intenção divina porque era tão difícil arranjar o que comêr!

A dona Maria Jose deu-me pamonha dôce que veio do interior. A Dona Maria Jose os meus agradecimentos.

Tomei banho e fui a cidade ver se encontro Audálio. Passei na Ultima Hora para entregar o convite do senhor Fabio Paulino que vae nos receber no seu programa. Familias da velha guarda.

Falei com o jornalista Remo Pangela. Ele comparesçe ou envia um jornalista.

Ele entregou-me um recórte do Diario de Pernambuco divulgando o cheque enviei a campanha de combate ao cançer. Perguntei-lhe pelo seu pae se o velho continua pintando retratos. Continua. Podia expor os quadros mas, não quer.

O doutor Jose Pangela tem consultório na freguesia do Ó. Pretendo ir visita-lo.

Sai da Ultima-Hora fui na livraria entregar uma carta ao senhor Paulo Dantas. O convite para irmos na Radio Comêta entreguei a Dona Adelia.

O senhor Paulo Dantas chega a tarde.

Ela perguntou-me como fui de carnaval.

— Não sai este ano. Fiquei em casa preparando as roupas dos filhos. Eles vão a escola. Estão contentes.

E eu tambem. Se eu puder vou entrar na escola para concluir o curso primário interrompido. Despedi de Dona Adelia. Segui para a redação. Parava nas bancas de jornaes para ler o assasinato de Patrice Lumumba. Fico pensando: Deus deu aos homens o seu torrão natal. A Africa para os pretos. Mas errou numa coisa. Dando ambição aos homens.

Ambição quando avuluma-se na mente do homem transforma-se em tragédia. E tem certas ambições desmedidas que desligam as bôas amisades. Que perversidade matar o preto no seu pais. Mas os naturaes acabam predominando. Uns vão convençendo os outros.

Hoje eu estou alegre, pensando no David St Clair. Ele suplicava-me para gostar d'ele. Creio que a nossa amisade deve ser platonica.

Os jornaleiros perguntam porque dessapareci das ruas.

— Estive limpando o meu barraco.

— A senhora ainda está no barraco.

— Oh! É o habito.

Vivi doze anos nu barraco. A favela é nas margens do rio. Lá não ha calôr. É frio diariamente. Quando o sol é cálido noutro lugar lá é tepido. Quando cheguei na redação o Audalio não estava. Trabalhou toda noite foi dormir. Disse que retornava a tarde.

Fiquei esperando-o. Que suplicio ficar sentada sem ocupação. Conversei com o senhor Tarak e o senhor Carlos de Freitas e o Ronaldo. Cançei de espera-lo. Citei-lhes que a Dona Ivete Vargas convidou-me para passar o carnaval em Brasilia. Mas eu não adapto ao núcleo politico.

Dicidi voltar pra casa. Despedi entrei no elevador. Quando eu estava no saguão recordei que havia esqueci o livro que estava lendo. Voltei para pega-lo e desci novamente. Quando saia do elevador, encontrei o Audalio comprimentamos subimos. Ele disse-me que eu devia ir ao banco ritirar um livro de cheque. Fui o banco estava fechado. Voltei a redação e peguei os livros que Audalio trouxe do Rio.

Voltei pra casa cansada.

Quando cheguei fui preparar a refeição para os filhos. Não os encontrei em casa. Eles brigam e dispersam. A visinha citou-me que o João bate na Vera e no Jose Carlos quando estou ausente. Quando o João chegou repreendi-o ameaçando interna-lo.

Fui avisar ao locutor Fabio Paulino que nós vamos no seu programa. Conversei com a dona Zeze. Ela estava tão triste. Parece que a tristeza fixou residência no Brasil.

Antes da posse do senhor Janio Quadros o povo mais animado. Porque ele prometeu congelar os preços dos gêneros alimenticios. É que o povo está triste porque o senhor Quadros está interessando pela ocorrências belgas.[14] E o povo não quer guerra. O povo quer paz e o governo deve lutar para diminuir o custo de vida.

A Dona Maria Jose quer mudar-se. A noticia dessagradou os ressidentes da minha rua porque ela é agradavel.

Despedi e fui fazer compras.

Comprei linguiça fiz sôpa os filhos jantaram. Fui ver se o senhor Rogerio está melhor. Eu tenho pavôr de ver um ente humano doente. Estava conversando com ele quando o João foi avisar-me que um homem estava procurando-me. Sai as pressas sem despedir-me do senhor Rogerio. Era o Eduardo de Oliveira[15] veio convidar-me para

---

14 Alusão ao conflito civil no Congo, ex-colônia belga, depois do assassinato de Patrice Lumumba.

15 Advogado, jornalista e escritor, um dos precursores da literatura de autoria negra no Brasil.

ir ao Ministerio da Educação. Mostrei-lhe a casa e as cansoes que componho e os livros que estou concluindo. Ele despediu-se. Eu fui deitar.

16 DE FEVEREIRO DE 1961

Despertei as 3 horas. Escrevi um pouco. O sono retornou-se dormi novamente. Quando o dia despontou-se os filhos levantaram. O João fez o café. Fui fazer compras. Olhando as fissionomias dos paulistanos que demonstram tristêsas e angustias — É que o messias falhou.

O novo Moyses não faz brotar agua da rocha. Não envia aves para o povo faminto. Não faz cair maná do céu.

Eu não votei nesse messias de oculos. O povo percebe que ele desvia dos problemas do pais. Tem a confusão do Congo ele está interferindo-se pensando que o povo concentra suas intensões nos programas da Onu.

Mas o nosso povo não está interessado nas polemicas politicas. Estão preocupados com os custo de vida. Se o povo vota nu governo é porque supõe ser um homem intelectual porque o vate contenta gregos e troianos.

Fiz as compras e sai da padaria. Passei na casa do pintor para combinarmos o preço da pintura. Quero normalisar a casa. Ele não estava. Pedi a sua filha para avisa-lo que eu estava esperando-o. Recordei da Caracu que havia comprado. Voltei ao bar outra vez dizendo ao proprietário que é a pressa de ir a cidade que esqueço.

Fico pensando onde encontro ressitência para enfrentar a vida atual. Na favela o barraco era pequeno. Eu varria só o centro e passava a tarde lendo. Mas a casa de alvenaria precisa ser cuidada com carinho porque tudo que custa dinheiro requer cuidado. Preparei o almoço o João foi comprar carne pra bife. Ele adora bife.

Da impressão que ele é abisinio. Deixei os filhos e fui a cidade.

Quando cheguei na cidade fui ao banco ritirar um talão de cheque. Mostrei aos funcionários do banco a reportagem que o Diario de Pernambuco fez para mim citando que eu enviei o cheque para a campanha contra o cancer. Eles gostaram. Um senhor pediu o jornal para mostrar ao gerente.

Quando cheguei a redação o Audalio não estava. Esperei. Ele ia preencher o cheque para pagar a casa. O dono da imobiliária transferiu para o dia 25. O Audalio preencheu um cheque de 30 mil cruzeiros[16] eu fui desconta-lo no banco. Eu devia 5 ao Audalio paguei. Conversamos amigavelmente. Eu estava impaciente. Não sei ficar sentada. Sai da redação fui na revista Quatro Ródas. Eles haviam telefonado ao Audalio.

Queriam uma entrevista concedi. E escrevi uma piada para a Revista Quatro Ródas. Ganhei umas revistas. Quando eu entrei eu disse-lhes que estava na redação ouvindo as repreensões do Audalio.

— O que fez você de errado?

Não respondi.

Um reporter disse-me que vae fazer uma reportagem para uma revista extrangeira. Vae combinar com o Audalio.

Quando sai da redação tomei um taxi.

Eu não queria a minha vida assim. Queria viver só escrevendo. Quando cheguei em casa respirei aliviada porque ia repousar um pouco.

17 DE FEVEREIRO DE 1961

Levantei as 5 da manhã. Hoje os filhos vae a escola. Preparei a refêição matinal e fui fazer compras. O João e o Jose Carlos vae de manhã. A Vera a tarde. A casa está horrorósa. Os filhos pizam na lama e sujam os degraus. Preparei o almoço arroz feijão e carne. Acabou aquela apreensão do passado:

— Mamae, o que vamos comêr hoje?

Lavei as roupas preparei a Vera para ir a escola. Estava girando quando a Dona Argentina chegou. — Disse-me que maguou o pé num prego. Ela está triste por não ter conseguido o dinheiro para pagar a hipoteca.

Disse-me que quer trabalhar para mim. Eu não quero porque ela é predominada pelo esposo e poderá falhar. Ela passou as roupas e auxiliou-me na limpêsa da casa. Eu disse-lhe que vou leva-la na televisão ou na Ultima Hóra para ela explicar a confusão de sua vida. Ela preferiu a Ultima Hóra. Enquanto ela passava as roupas eu ia custurando-as. Troquei-me e fui comprar cadernos para a Vera. Ela foi a aula. Segui com a Dona Argentina. Tomamos o onibus. Dirigimos até a Ultima Hóra. Eu dei o diario para o jornalista Reno Pangela ler e publicar o seu diário.

---

16 Cerca de 2 mil reais em 2021.

Fomos nu bar. Eu tomei café e comprei pizza para ela.

Estava chovendo. Despedi de dona Argentina e segui. Passei na loja J. Eschol para pegar o chuveiro que dei para conçerta-lo. Estava pronto. Não cobraram nada. Fui na loja comprar um vestido que escolhi hontem. Comprei e segui para a redação.

O Audálio não estava. Fui ver se ele estava no restaurante. Encontrei o Rinaldo, o senhor Mario Canarinho, o Frêitas e o fotografo Jose Pinto.

Ofereceram-me almoço. Recusei. Acêitei um cafésinho. Sai do restaurante e fomos para a redação. Fui abraçada com o senhor José Pinto até o saguão do edificio. Entramos no elevadôr. O Canarinho ia cantando:

Carolina! Carolina!
Vae dizendo por favôr!
Carolina! Carolina...
Se você me tem amôr.

E dizia ao acensorista:

— Você vê? Eu canto e ela não compreende!

Sorriam. Menos eu. Olhando aqueles homens eu estava intranquila com a falta do Audalio. Escrevi uns bilhetes ao Audálio avisando-lhe que íamos na Radio Comêta que nos vamos cantar. E uma senhora disse-me que vae patrocinar um programa de televisão para mim. No canal 2.[17] Que eu encontra-la as 20 horas. Eu estava exausta. Tomei um taxi.

Os ônibus eletricos estavam parados por falta de energia.

O motorista não correspondia as minhas palavras. Vendo que ele não respondia-me, silenciei. Indiquei-lhe o roteiro. Quando paguei--lhe ele reanimou-se e queria conversar. Pensei: Ele, pensou que eu não ia paga-lo.

Preparei-me para ir no programa do senhor Fabio Paulino. Estava chovendo. Sai com o jovem Levy. Ele ensinou-me onde tomar o onibus que vae até a Gazeta. Gostei porque eu chego depressa na redação. Eu era o alvo dos olhares. O Audalio e os jornalistas das Folhas estavam no saguão. Aguardavamos a chegada do escritor Paulo Dantas. O Cyro Del Nero não ia. O Barbosa Lessa não ia porque vae na televisão. Todos êlogiaram o meu vestido. Percibi que o Audalio ficou contente.

---

17 TV Cultura, da rede dos Associados.

Hoje eu estou alegre. Pareçe que a tristêsa dêixou-me para sempre. Eu estava inquieta com os lamentos dos funcionários Federal que vão trabalhar em dôis feriado. Que confusão nos transportes. O povo trabalhando no mesmo horário. O Janio vae arruinar muitos lares. Tem mulheres que cuidam dos lares de manhâ e trabalham a tarde.

E os salários das funcionarias não dá para pagar criadas domésticas. É a primeira vez que um presidente altera o horario publico. Vi e ouvi varias pessôas xingando o senhor Janio Quadros. Recebi parabens por não ter votado no senhor Janio Quadros.

Enquanto aguardavamos a chegada do senhor Paulo Dantas conversávamos com os jornalistas, que criticavam o Audalio porque ia cantar. Quando O Paulo Dantas chegou dicidimos que o poeta Solano Trindade nos acompanhasse. Ele disse-nos que não pretendia sair de casa saiu para promover uma passeata ao saudoso Patriçe Lumumba. O preto que depois de morto ficou poderoso.

Fomos tomar um café e tomamos um taxi até a radio Comêta. O programa foi estupendo. Falamos do folclore brasileiro que é origem da Africa. Quem descorreu sobre a musica foi Solano Trindade. O Paulo Dantas falou do meu talento literario e o Audalio dos meus artigos que escrevo ininterruptamente.

Quando findou o programa agradecemos aos funcionarios da radio, e ao Senhor Fabio Paulino. O Audalio simpatisou-se com as maneiras cultas do senhor Fabio Paulino. O Levy não quiz acompanhar-nos ficou na radio. Eu desci na Avenida da Luz. Tomei o onibus. Vinha sentada ao lado de um sargento da Aeronautica. Que homem maravilhôso. Não é bonito na fisionomia mas o seu grau intelectual.

Quando cheguei fui conversar com a Dona Elza Reis perguntei-lhe se havia ouvido o programa. Não ouviu.

As 12 horas fui dêitar. Amanhã não vou sair.

18 DE FEVEREIRO DE 1961

Levantei as 5 horas para preparar os filhos que vão a aula. Fiz o café. O João e o Jose Carlos preparam-se. Fui comprar pão. As barracas da feira já estavam em ordem. Fui comprar umas jogo de alumínio para guardar mantimentos paguei 720,00 6 latas.

Aos poucos eu vou organisando a minha casa.

Senti indisposição. Deitei. Estou com uma grandula doendo. Estava impaciente pensando na dessordem e nos filhos que vae chegar e não encontra o almoço pronto. Levantei e começei preparar o almoço. Fui comprar carnes e frutas.

O senhor Rubens vêio visitar-me e disse-me que procurou-me hontem a noite e não encontrou-me. Dêixou as revistas que levou para ler na janela. O Fabio Paulino veio falar do programa. Eu disse-lhe que o Audalio e o Paulo Dantas simpatisou-se com ele.

Promoteu nos convidar para outro programa. O Rubens olhando disse-me que eu estava preparando um banquete. Eu estava preparando a carne. Carne na minha casa entra só no dia do pagamento. E eu tenho filhos. E as crianças precisam de carne. Pensei: Entra um governo, entra outro e o povo continuam com o problema da fome... O Rubens saiu.

O Fabio continuou quêixando que o programa não saiu como ele idealisou. Eu disse-lhe que ele devia ir-se porque a sua esposa não há de gostar encontrando-o aqui. Ele disse-me que ela não faz questão. Mas as mulheres tem ciúmes dos espôsos. Ele despediu-se. Eu deitei no sofá escrevendo. Os filhos chegaram eu disse-lhes que ia ao médico porque estou com dôr nas glândulas. Pedi ao João para limpar a casa. Varreu tão mal que eu tive que varrer novamente.

Eu estava com frio. Pedi ao João para arranjar um cobertor e um travesseiro para mim. Adormeci. Despertei com uma senhora mulata que acabara de chegar. Mandei entrar.

Ela entrou-se fiquei observando-a nos seus trages do passado. Tipo sinhá moça. Chegou Dona que veio perguntar-me se posso arranjar-lhe dinheiro para reformar a casa. Ela quer concertar a casa para alugar. Isto é ambição. Ela já tem uma casa para morar. Chegou o Dr. Herculano Neves e sua esposa. Ele veio dar-me o seu livro: Eu te arrespondo Carolina.

Ele pediu-me para mostrar a minha fantasia a sua esposa. Mostrei. Ela apreciou. O Dr. Herculano deu-me um livro para levar ao Audálio. Dei o endereço do Audálio para ele. Ele disse-me que varias pessôas vae sensura-lo por ter escrito o livro Eu te arrespondo Carolina.

Citei-lhe que varias pessoas estão procurando o livro.

— Estou vendendo-o no interior.

Contei-lhe que os livreiros xinga-o porque não dá o seu livro nas livrarias. Quando ele despédiu-se entregou-me o livro.

Fui mostrar o livro a dona Elza. Ela pegou o livro por formalidade. Quem pega um livro como se pegasse uma joia sou eu. Ela leu o prefacio do livro citei-lhe que estou discontente com as visitas que vem pedir-me dinheiro.

Fui atender a esposa do tenente que quer dinheiro para reformar a casa. Contou vantagem que tem televisão. Em vez de comprar televisão porque não construiu a casa para alugar.

Tem pessôas que deve contentar-se com uma casinha para ressidir. Citei-lhe que não ganho muito. E que eu quero pagar a casa e depois mobilhar-la. Eu não tenho moveis. Não tenho roupas de cama. Não consegui internar os meus filhos. Porque o dinheiro não deu.

Eu vou falar com o Audálio. Falar o que? Se não temos dinheiro!

— Eu vou receber no decorrer do ano. Preciso comprar roupa escolares. Sou sosinha para mantê-los.

Ela dirigiu-me um olhar de ódio como se eu tivesse obrigação de emprestar-lhe dinheiro. Porque é que ela não vae pedir aos brancos. Vem pedir a mim que fui de favela e estou lutando para ilustrar os meus filhos. Pareçe que o branco não gosta de ver o negro em condições humanas na vida.

Quando ela saiu fui atender a dona Olga. Ela pediu-me se sei de uma clinica que queria acêita-la para tomar conta do estabelecimento ou uma estação de televisão, para cuidar dos vestiarios. Mas ela não aguenta. A sua idade é avançada. Eu disse-lhe para dormir aqui em casa se quer trabalhar para mim. Ela disse-me que foi enviada pela Ultima Hora.

Ela concordou-se. Foi preparar o jantar e lavar as louças. O Lelé chegou. Veio quêixar-se que enviou sua mãe ao hospital. Ele aborreçe com o seu falatorio sem utilidade.

O Jose Carlos disse-lhe:

— Porque é que você, não ia na nóssa casa na favela? Agora que a minha mãe está rica é que vocês tomaram conhecimento que ela existe.

O Lele disse-lhe:

— Eu tambem sou faveleiro.

Eu dei uma risada.

Ele começou brincar com os filhos. Pedi que ficassem quietos porque estou com dor de cabêça.

Que homem fêio. Pareçe um bonéco de pau. O Pinochio. O Jose Carlos disse-lhe que a sua esposa precisa subir numa cadeira para beija-lo. Queria levar os meus filhos para dormir na sua casa.

Porque não nos convidou para dormir na sua casa quando moravamos na favela na época das enchentes?

Agôra... Graças a Deus tenho a minha casa de alvenaria. Estou no topo. O senhor Murilio Antunes Alves disse referindo ao alto que estou ressidindo:

— A Carolina subiu mêsmo.

Pedi ao Lelé para ir-se embóra porque estou com dor de cabeça. Ele quer pintar a minha casa. Não açêitei porque ele fala demais.

— É porisso que você não casou-se.

Ele pediu dinheiro para a condução.

— Eu estava catando fêijão!

Ele disse-me com voz de brasileiro. Da época de Carvalho Pinto e papae Quadros.

— Fêijão... na tua casa. Coisa que não tem na minha vida! Carolina! Tem dó de mim! A vida para os pobres continua angustiosa. Há uma quadrilha no mundo. Dançam Vis a Vis, ricos e pobres. Você já dançou no mêios dos pobres. Passou para o lado dos ricos. Mas não esqueça os pobres. O Janio já dançou na quadrilha esteve uns minutos ao lado dos pobres. Quem passa para o lado dos ricos esquece dos pobres. O Janio tem mais possibilidade de favorecer os pobres do que eu.

Dei 25 cruzeiros ao Lelé. Ele saiu. Fiz um chá para dor de cabeça. Tomei banho e dêitei. Ouvi bater na porta. A dona Olga abriu a porta e foi avisar-me que era um repórter do Ebano. Abri a janela. Olhei. Era o Eduardo de Oliveira. Veio dizer-me que o Ministro da Educação recebe-me dia 21 as 15 horas. Pediu-me para escrever uns versos para o jornal Ebano e uma fotografia. Eu disse-lhe para pedir ao Audalio. A dona Olga fez café. Ele tomou com bolo e quêijo. Disse-me que a recepção vae ser televisionada. Para eu levar o Audálio. Ele despediu-se.

Fui dêitar. Como é bom dêitar, quando estamos exaustos. Adormeci. Sonhei com o Dr. Lelio de Castro Andrade.

19 DE FEVEREIRO DE 1961

Levantei as 6 horas. A Dona Olga já estava de pé. Fez o café. Eu fui comprar pão e carne para a Dona Olga fazer pasteis. Limpei a casa. Preparei os filhos para ir ao cinema. A Dona Olga vae trabalhar para mim. Ela vae avisar os parentes. O Fabio veio convidar-me para irmos em Osasco. Ele vae comprar uns moveis e a casa de moveis Estoril vende mais barato.

Eu estou cansada.

Dêitei no sofá escrevendo. Quando tinha fome, levantava ia comêr pasteis. O dia que como diariamente não sinto dôr nas glandulas.

Senti uma lethargia invadir-me o organismo.

Adormeci. Sonhei com Vera dizendo-me:

— Mamãe... olha o David St Clair!

Ele entrou mancando e disse-me:

— Carolina! Eu estou com paralisia infantil.

E não estava com as barbas no rosto.

A Maria do Carmo veio saber se íamos na Radio Nacional. Não vou a indolência física dominou-me.

Os filhos chegaram as 23 horas. Estavam olhando televisão na casa da Maria do Carmo. Xinguei-os mentalmente: Cachorros isto é hora de chegar em casa... Dormimos com as janelas abertas.

20 DE FEVEREIRO DE 1961

Levantei as 4 horas e fui preparar o almoço. Fiz café. Arrumei a cosinha. Quando o dia surgiu despertei os filhos. O João foi fazer as compras. As sete horas o Fabio chegou. Fui tomar banho. Dei banho na Vera. Ela vae ficar com a Dona Zeze. Entreguei-lhe a chave. Quando o João chegar almoçou. O feijão queimou-se.

Eu e o Fabio saimos o onibus estava superlotado. Fomos de pé. O que achei engraçado foi ver uma pretinha oxigenada. Toda pintada. Perguntei-lhe se os seus cabêlos são loiros.

— Não. São pintados.

O Fabio olhou-a e sorriu.

— Cabelos oxigenados orna so as lôiras. A Carmem pode oxigena-los.

O senhor Fabio disse-me que não deixa a sua esposa violar a natureza.

Descemos do onibus. Fomos na Ultima Hora. Apresentei o Fabio aos jornalistas. Ele, disse-lhes que vae convida-los para o seu programa quando instalar os nóvos transmissores. Tem um jornalista que vae lançar um livro e o Fabio vae divulga-lo no seu programa.

Despedimos e fomos para o ponto do ônibus Osasco. Que suplicio a estrada de Osasco está em conserto. Os passageiros xingam o prefeito.

Quando chegamos em Osasco fui comprar um tecido para fazer uma blusa. Não encontrei. Comprei um vestido primavera por 500,00. O Fabio foi tomar café. Quando seguimos eu ia conversando com os amigos e os donos das lojas.

Deixei o Fabio na casa de moveis Estoril e fui na ressidência de Dona Rosa. Dizer-lhe que arranjei um medico para trata-la. Convidei a dona Maria para vir visitar-me. Que mulher bonita. Falamos de seu filho que está melhorando. Quando ele tiver uma emoção normalisar-se-a. Ela estava fazendo café. Ofereçeu-me. Não quiz sentar-me.

Fui comprar uvas e ver se o Fabio havia escolhido os moveis. Ele estava indeciso. Troquei o fogão com o senhor Vitor. Paguei a escrivaninha que eu devia-lhe. O Fabio escolheu os moveis ganhou uma mesinha e o Rubino nos trouxe de caminhão. Passamos na sua ressidência para dêixar o seu filho adotivo. Ele está criando um casal de orfós. Belo gesto. Comentamos o tresloucado gesto do homem que envenenou a família. Ele não é digno de piedade. Tem homem que não devia casar-se, porque o homem que casar-se não sabe o que vae encontrar na vida. Filhos duplos quedas nos negocios. Mas deve ser fórte para vençer a vida.

Vençer a vida é o homem que espera a morte arrebata-lo. O que suicida foi vencido pela vida.

Quantas pessôas querem filhos e não tem. Ha os que tem e mata-os. São os tipos que preferem morrer do que lutar pela vida. Eu acho a vida fácil porque não tenho ambição. Estou contente com o auxilio que Deus envia-me.

O Fabio estava com pressa. Desçeu na Avenida Paulista. Nos seguimos via ao Pacaembú. Quando chegamos fomos levar os moveis do Fabio. A casa do Fabio está em reforma. Pedi o filho da visinha para ir procurar a chave na ressidência do pae de Fabio e guardamos os moveis. Fomos levar o fogão na minha casa. O Rubino levou o outro fogão porque está deturpado. O Rubino gostou da casa. A casa estava suja. Xinguei o João por não ter varrido a casa.

A Dona Zezé mandou a Hilda auxiliar-me. Ela arrumou a cosinha. Chegou um senhor que veio do Norte. Disse-me que leu todas as reportagens que cita o meu nome. Disse-me que está doente do cerebro. Veio para tratar-se. Mas está piorando aqui em São Paulo. Com o bulício da cidade. Quer ir ao Rio. Disse-me se de Recife.

Chegou umas senhoras e um jovem muito bonito. Eles vieram conheçer-me convidaram-me para ir na igreja protestante. Prometi ir.

O pernambucano disse ser inventor. Inventou um remédio que cura todas doenças. Que inscreveu-se no instituto dos inventores. Mas, não sabe explicar a invenção. As visitas despediram-se. Preparamos para ir no jornal falar com o Audálio.

A Hilda fez café e serviu ele com bolo. Nos saimos. O pernambucano ia sorrindo falando de sua vida confusa. Tinha hora que ele ficava serio. Quêixando-se da misseria do Nórte. Tomamos o onibus. Quando íamos para o Diário da Noite começou chover. Que chuva! Quando chegamos na redacão encontrei o Audalio. Apresentei o pernambucano.

Ele mostrou um papel que relata o seu invento. Pareçe que ele quer ser, importante. E estas pessôas são caçêtes. Querem ser notadas. Tratadas com deferência especial. Chegou um jovem que diz ser jornalista. Ele abraça-me e tem uma voz muito bonita. O Audalio comprou refresco ofereceu-me e aos demaes. Pedi um livro para o pernambucano. Ele não queria da-lo porque está precisando de livros para enviar as editoras extrageiras.

Convidei o senhor Milton Mathias de Faria para vir na minha casa que eu pagava o automóvel. Despedi dos jornalistas dando a mão a cada um dizendo-lhe:

— Vou pegar na mão de cada um para voces não dizer que eu gosto do Aulio.

Estava chovendo.

Que sacrifício para tomar um taxi. O senhor Milton abraçava-me. Pensei: Eu sou popular. Ele está abraçando-me para ser notado. Com que finalidade será?

Ele disse-me não poder vir na minha casa.

— Mas um dia eu vou. E vou levar-te flores. Vamos na rua Marconi tomar um café.

Seguimos. No bar pedi o seu nome para o meu Diario.

— Você vae incluir-me no seu Diario?

— Vou!

— O que vaes dizer?

— Que você é iducado e bom.

— Não escreva isto! Escreve que eu tenho loucura pelo Audalio! Acho ele formidável!

— Você não tem ciúmes?

Não respondi e fui saindo porque eu gosto de cada sexo, dentro do seu sexo. Eu sou mulher. Gosto dos homens. E adimiro os homens que gosta das mulheres. Ele disse que trabalha nas relações publicas. Que vae comprar um apartamento para ele porque é sosinho. Que é natural de Mococa mas a sua mãe não quer vir para São Paulo.

Tentei pegar um taxi. Não consegui. Fui na Gazeta pegar o Alfredo Pujol. Não consegui. Fui na praça do Corrêio... Não consegui. O povo era demais e não formava fila. Os taxis não paravam. Os motoristas iam importantes como se fossem um semideus sendo implorado. As mulheres xingavam o Dr. Adhemar que não superlota São Paulo de condução.

Os homens xingavam os motoristas rogando-lhes praga:

— Estes desgraçados hão de dar uma trombada.

Um jovem pediu-me para para irmos na Ultima Hora pedir condução. Fomos. Quando vi a quantidade fabulosa de pessoas dessisti. Fiquei girando por ali. Ouvindo uma propaganda do senhor Prestes Maia[18] pensei: estes politicos cativos das eleições não perdem tempo. Uma pirua do senhor Emilio Carlos[19] dava carona aos passageiros que iam a Parada Ingleza.

Eu estava ao lado de um senhor bem vestido usava terno branco. Estava falando sosinho. Passava o carro de propaganda do senhor Candido Sampaio[20] ele dizia:

— Morre desgraçado! Você não vae melhorar a vida dos pobres de São Paulo. Você tem carro desgraçado vem ver o povo sofrendo.

Passou o carro de propaganda do senhor Prestes Maia. Ele xingou:

— Você tambem é outro desgraçado. Fala só em urbanisar urbanisar! E derruba as casas. Dificultando a vida dos pobres. O povo não precisa de ruas amplas precisa é de condução.

Eu ouvia cada disparati. Compreendo angustia dos que precisam de transportes. É que choveu e o povo afluíram-se depois da chuva. Quando o povo ficam nervoso tem que xingar alguém. Xingam os políticos.

Para acalmar o homem eu disse-lhe:

— Se fosse no Rio Grande do Sul eu o Dr. Lionel Brizola já estaria solucionando este defict.

O homem enfureçeu-se.

— Qual Brizola, qual nada. Eu sou gaúcho! Não tive sorte no meu estado. La... eu era idiota no concêito dos amigos.

— E aqui?

— Sou industrial! E vivo muito bem.

O homem seguiu procurando conducão.

Fui conversar com os jornalistas de Ultima Hora citei-lhes que pretendo escrever um argumento para o cinema nacional. Citei-lhe o enredo. Gostaram.

Citei-lhes que o povo queria pedir caminhão no jornal. O caminhão

---

18 Candidato a prefeito de São Paulo pela coligação UDN-PTB-PDC.
19 Candidato a prefeito de São Paulo pela coligação PTN-PR-PTN.
20 Cantídio Sampaio, candidato pela coligação PSP-PSD.

vae de manhã levar papeis. Despedi dos jornalistas fui ver se conseguia condução passou auto. Um alemão pegou o carro para leva-lo a Tucuruvi. Entrei pedindo-lhes que conduzisse-me até a rua Voluntarios da Pátria.

Ele disse-me:

— O carro é meu.

Sobrava lugares. Um sírio ia apregoando:

— Tucuruvi... dôis lugares.

E parava o carro.

Na avenida Tiradentes pegamos os dois passageiros. Fiquei sentada perto de um oficial do exercito. Que homem destestavel. Antipatico nojento. Prevalecia e alisava-me as cóstas.

Eu disse-lhe que a mulher gosta de ser acariciada pelo homem que ela gosta. Que suplicio. O transito congestionado. Quantas pessôas passavam a pé carregando os sapatos nas mãos. Ao nosso lado um casal beijavam dentro de um carro. Uma loira oxigenada fumava. Os homens que iam no meu carro diziam:

— Faz uma reportagem Carolina! Para o teu Diario.

A mocinha que estava no carro normalisou-se. O oficial ia aborreçendo-me. O alemão não queria conversar dizendo que gosta de falar pouco. Desceu para averiguar a causa do congestionamento. O oficial aproveitou a sua ausência para dizer que conheçe Santa Catharina. Lá a população é alemã. Que as boates superlota-se de alemôns. O alemão voltou dizendo que o trafego estava livre. As horas iam passando. O sírio revoltou-se começou xingar os governos. O motorista disse:

— Os políticos não iam prever que a população de São Paulo duplicasse assim.

O sírio silênciou. Começei cantar. Pensava nos filhos que estão sem jantar. Dei graças a Deus quando o carro zarpou-se. Eu desci na Voluntarios da Patria. Entrei na pastelaria. O povo que passavam dizia:

— Estou com fome!

Comprei empadas e pasteis e descia a rua procurando condução. Os pés doíam. Passou taxi. Fiz sinal. Ele parou. Pedi para levar-me em casa.

— Ah! É no Imirim? Não vou!

— Leva-me! Eu te pago o dobro.

Entrei no carro. O motorista ia quêixando que estava com fome.

— Come qualquer côisa!

— Não gosto.

— Você é motorista. Tem que comêr em qualquer local e quer coisa! Sem comêr, é que não pode ficar... A pressão abaixa e voce fica com falta de ar e os pés incham. Se a pessôa passa muitos dias com deficiência alimentar incha o côrpo todo.

— Pareçe que a senhora já passou fome, porque conhece todos detalhes.

— Eu era da favela! E os favelados lutam para comêr.

— Ah! A senhóra é a Carolina?

— Sou!

— Prazer em conheçer-te.

— Obrigada. Quando precisar de mim, estou as ordens. Quantos filhos tem?

— Trêis.

— Para sustentar trêis filhos atualmente luta-se.

Quando cheguei em casa... Reanimei-me. O taxímetro marcava 65. Dei 150. O motorista disse-me...

— A senhora tem palavra. Disse que dava o dobro e deu! Quem tem palavra é correto. Impõe e domina.

Os filhos estavam ouvindo o radio alegres e despreocupados. O João quiz saber:

— Porque demoraste tanto?

— É o trafego.

— O Fabio vêio a pé.

Côitado do senhor Fabio Paulino. Vir a pé do mercado até o Imirim. O João estava contente. Ele está com dinheiro no bôlso. Foi remecher um lixo. Achou 200 cruzeiros.

Notei que os hábitos que a criança adiquire nos primeiros dias de vida ficam gravados na sua mente igual a voz no disco. A formação moral da infancia requer cuidados especial. Dêsde o inicio do mundo nasçem crianças. E os adultos ainda não aprenderam a arrenta-las.

Fui prepara a janta para os filhos era 23 horas. Eu sai da cidade as 5 da tarde. A dona Olga chegou dizendo que pediu carona na radio-patrulha. Os guardas disse-lhe que não podiam sair do ponto.

Dêitamos. Que confusão na minha mente.

21 DE FEVEREIRO DE 1961

Levantamos as 6 horas. Preparei os filhos para ir a escola. Fui comprar pão. Quando cheguei vi a dona Cilú uma senhora que faz limpesa para mim. Comprimentei-a e mandei ela entrar. Ela subiu e foi trocar-se.

Eu estou exausta e sonolenta. Eu não tenho sono a noite. Tenho durante o dia mas não posso dormir. Tenho meus afazeres. Sai e fui comprar as indumentárias da escola. Cadernos para os filhos. Se o pae da Vera fosse homem cooperava na iducação da filha. Comprei uniforme para ela giz e os livros.

Quando passava nas ruas era indicada:

— Olha a Carolina.

Conversava com alguns.

Que suplicio é galgar a rua Benta Pereira. Quando chega no topo estou exausta. A Dona Olga estava preparando o almoço. Ela faz tudo depressa para sair para a rua. Tem 60 anos quer trabalhar na radio como auxiliar ou numa clinica médica. Com o decorrer dos anos o nosso sangue vae condensando. Vamos ficando morosos. Quando adiquirimos experiência da vida a idade nos impede de participar na vida. Quando a dona Olga trabalha da a impressão que ela está ausente. Pensando noutro mêio de sua preferência. Será theatro? Ela disse-me que quer trabalhar como auxiliar ou secretaria.

Eu não tenho vaidade de profissão. Eu tenho vaidade de cultura. Ler muitos livros.

Fui trocar-me para ir visitar o secretario da iducação. Fui conversar com a Dona Elza citar-lhe que ia visitar o secretario da iducação. A dona Olga preparou o almoço e saiu. Que comida horrível não temperou a carne. Não é ela quem compra. Ela nunca passou fome. Eu classifico o sofrimento de professor. Um professor que nos ensina a ser cuidadoso e sensato. A dona Cilú ficou horrorisada vendo-a sair antes do almoço. Ela não dá conta do serviço e quer ganhar 6 mil cruzeiros. Os filhos voltaram da aula. E a Vera foi. Ela é do terçeiro período.

Paguei a dona Cilú 320 cru.

O José Carlos ficou olhando a casa. Eles estão civilizando-se. Estao polindo-se prometendo ser bom elemento no porvir. O João é que apanha mais porque é respondão. Mas eu estou habituada a domar os rústicos. Comprei uma pasta para o João ele não a quer. Disse que a pasta é de marmiteiro.

Fui troca-la. Quando cheguei na loja percibi que havia esquecido o dinheiro. O João voltou para procura-lo. Fiquei esperando na loja. Eu estava usando um vestido primaveril. Fiquei preocupada com o horário. O João voltou eu estava na esquina aguardando-o. Ele deu-me o dinheiro. Paguei a pasta e fomos numa loja comprar duas calças para eles. O numero do João não tinha duas calças. Comprei duas para o José Carlos e uma para o João.

Tomei o onibus. Quando cheguei a cidade era 3 e mêia. Tomei um taxi para e dirigi a Academia Brasileira de Letras.[21] Relembrando o dia que eu e o Audalio fomos tirar fotografias e o porteiro nos expulsou.

Galguei para o oitavo andar. O Eduardo estava aguardando-me em companhia de uns pretinhos. Conduziram-me para uma sala tépida. Fiquei aguardando o momento de ir falar com o secretario de cultura. Ele recebeu-nos amavelmente. O Dr. Luciano Vasconcellos de Carvalho.[22] Disse-nos que quer criar outro tipo de ginásio. Que o ginasiano não aprende oficio. O homem pode ter curso superior e um oficio para angariar meios de vida. Ele disse-nos que o secretariado contribue com os mêios de educar os filhos dos ruralistas mas encontra dificuldades porque eles abandonam a escola na época das colhêitas.

— Está certo.

Ele é fazendeiro. Não é professor mas conheçe o método educacional. É um homem maravilhoso. Não tem orgulho. Ele nos deu café.

O Eduardo de Oliveira levou dôis retratos que o Audalio deu-lhe. Eu autografei um para o ilustrado secretario da iducação. Ele atendeu-nos amavelmente. Despedimos.

Enquanto esperava o Eduardo que girava pelo palácio declamei a poesia "O colono e o fazendeiro". Citei-lhe as vantagens que tem o homem do campo. Plantando com coragem de enfrentar a lavoura. A vida será melhor no campo do que nas favelas. Estavam presentes uns deputados que ouvia o meu dialogo dessinteressado.

O Eduardo estava demorando, despedi. Tomei um taxi fui ao Diario da Nôite. Levar uma loção para o Ronaldo. Contei ao Audalio as cenas horrorosas que o Milton Mathias de Faria praticou. Eles sorriam. Dirigi para a Gazeta.

Tomei o onibus Alfredo Pujol. Que suplicio para galgar a ladeira. Cheguei exausta. Cheguei e deitei. A dona Olga não estava. Os filhos estavam com fome.

Dêitei e não vi nada mais. O João estava em casa. O José Carlos estava fóra.

---

21 Academia Paulista de Letras.
22 Secretário estadual de Educação.

22 DE FEVEREIRO DE 1961

Levantei as 6 da manha para preparar os filhos que vao a escola. Quando abri a porta vi a Dona Olga dormindo sentada. Ela está trabalhando para mim. Ela faz o almoço e zarpa-se. Chegou tarde da noite. Eu disse-lhe que não posso ficar com ela porque ela sae todos os dias. Eu preciso de uma pessôa que olhe os meus quando eu viajar. Não tenho confiança em entregar-lhe a casa porque eu recebo muitas vistas preciso de uma mulher enérgica.

Ela suplicou-me que quer trabalhar para mim.

Eu não a conheço. Foi a Ultima Hora quem enviou-a, a mim. Para arranjar-lhe colocação. Quer trabalhar num consultorio médico ou numa clinica. Ela é anosa e lenta.

Mas os jovens devem ter paciência com os velhos porque não sabem se vão envelhecer. Ouvindo-a comentar... Fiquei com dó.

Os filhos fôram a escola. Eu fui circular pela fêira. Olhando os preços astronomicos. Comprei umas fronhas e flores artificiaes, pêixe legumes e verduras. O João retornou-se as dez horas dizendo que ia ter reunião dos professores para escolher qual livro que vão usar na classe do 4º ano.

Quando vou falar com o João ele responde-me com indelicadeza. Mas eu não dêixo filho me por a sela. Expanco-o sem dó. Ele escapa quando córre. Ele correu.

Tem filho que é bom quando está no ventre da mãe e quando não sabem falar.

Estou cansada. Dêitei um pouco. Não consegui adormeçer. Ressolvi escrever.

O João estava fazendo a lição. Escrevi um bilhete para ele levar ao Audalio. Dei-lhe dinheiro para mandar fazer duas chaves.

A chuva desprendeu-se quando o João estava na cidade. Que suplicio na minha vida. Tenho sono mas não consigo dormir. As ideias literárias surgem ininterruptamente. O João retôrnou-se. O Audalio está em Campinas foi entrevistar o capitão Henrique Galvão o portuguès super-homem que enfrenta e divulga as arbitrariedades de Oliveira Salazar.[23] — O Nero de Portugal.

Veio uma senhora pedir-me um auxilio. Disse-me que foi no ser-

---

23 Cabeça de um grupo de resistência à ditadura salazarista, Galvão liderara o sequestro de um navio de passageiros em janeiro de 1961, quando se asilou no Brasil.

viço social prenderam-na. Ela estava chorando. Percibi que ela não mentia porque eu conheço o serviço social. O médico deu-lhe uma receita para engordar, aconselhando-a comer carne, arroz e feijão.

23 DE FEVEREIRO DE 1961

Levantei as 6 xingando os filhos, para preparar-se ir a aula. O Jose Carlos quer passar para o segundo período. Das 11 as 2. Mas ele sae para brincar e perde as aulas.

Fui fazer as compras. Está chovendo torrencialmente. Pobre paulistano. Quando vae ao trabalho de manhã está chovendo. A tarde está chovendo. Comprei queijo, lêite e paes para os filhos. Eles não queriam ir por causa da chuva. Expulsei-os. Fiquei em casa custurando, preparando roupas para a Vera. A dona Olga fez o almoço. Arroz, feijão e carne de porco. Bolinhos de arroz.

Os filhos retornaram-se. Quando eles chegam — adeus sossêgo! Almocaram. Estou indisposta. Deitei. Não consegui adôrmeçer. O José Carlos estava brigando com o João. E vinha despertar-me. O João quebrou o meu revolver. E batia a porta. Levantei descalça. Pedi ao João para segura-lo e dei-lhe uns tapas na rua. Ele enfureceu. Dei-lhe com chinelo. Ele disse-me que não mais falara comigo. Vamos ver.

Se fico em casa não tenho sossego. Dou uma ordem aos filhos não obedecem. O João lê o tal gibi do diabo o dia todo.

Preparei-me e fui a cidade. Ver o Audalio e assinar uns contratos. Nas ruas os que reconhecia-me diziam:

— Olá Carolina.

Quando cheguei na redação encontrei o Audalio. Disse-me que estava chegando de Campinas n'aquele instante perguntou-me se estou mal com ele. Perguntei-lhe se ia assinar contrato com a França?

— Não. Porque o contrato está com o Miller.

— Vim aqui a tôa. — Reclamei.

A Dona Edy Lima chegou com a saia muito bonita perguntei-lhe onde comprou-a?

— É tecido feito a mão nos teares primitivos.

Convideia para vir na minha casa. Pediu-me o endereço. Ela disse-nos que nós estávamos no Estado de São Paulo, o Audalio leu. E a noticia do lançamento do meu livro no theatro com a Ruth de Souza.

A dona Edy Lima conversava com o Audálio. Aproximei do Torok e Ronaldo, e o Carlos de Frêitas, disse-lhes.

Um senhor disse-me:

— Carolina, o Audalio pressiona-te muito. Se você dormir com ele então ele vae prevaleçer. Conselho de amigo. A tua amisade com o Audalio deve ser platonica. Ele é autoritario e prepotente.

— Eu não quero homens. Quero viver só para os meus filhos.

O Ronaldo o Toroks e o Carlos de Freitas convidou-me para tomar café. Eles desceram na frente. Fiquei conversando com o Audalio citei-lhe o dinheiro que gastei e emprestei. Recomendou-me não mais emprestar dinheiro.

Despedi de Dona Edy Lima e do Audalio. Sem olhar-lhe o rôsto. O Ronaldo, o Tarak e o Carlos de Frêitas estava no saguão. Aproximei do Frêitas e disse-lhe:

— Quero a minha canêta Senhor Menegheti.

E abraçêi-lhe. Introduzi a mão no bolso e ritirei a canêta. Fomos tomar café. Olhando o Frêitas e o Torok disse-lhes que eles estão engordando. Tomamos o café. Despedi. Olhando a calça do Toroks disse-lhe que gostaria de ter uma saia igual para bôrda-la se comprou a calça no Brasil ou na Argentina.

— Comprei no Brasil.

Olhando o bolso volumoso do Toroks perguntei-lhe:

— É dinheiro?

— Não. É a chave do carro.

— Ah! — Exclamei.

Abri a bolsa ritirei uma chave pedi para entrega-la ao Audalio. Quando ele quizer entrar na minha casa na minha ausência pode entrar.

Eles murmuraram. Eu disse-lhes que ele, tinha permissão para entrar no barracão da favela. Despedi e voltei pra casa depressa antes que as filas alongassem.

Quando cheguei em casa encontrei tudo e ordem. A dona Olga estava custurando. Fui na ressidência do Fabio Paulino. Conversar com ele e ver o aspeto da casa. Ele estava contente. Reanimado. A Vera foi procurar-me. A Carmem serviu café e docê ofereceu guaraná. Recusei.

O João chegou dizendo que a Ultima Hora estava procurando-me. Levantei as pressa. Sai correndo. Quando cheguei vi gipi na minha porta. Comprimentei-o. Ele foi relatando-me se já estava ao par das arbitrariedades do ditador Salazar. Impedindo a entrada do meu livro em Purtugal. Deu-me o manuscrito para eu lêr. Li que enviaram vários livros a Pôrtugal e o meu foi devolvido. Será que as verdades que relato, é carapuça para o Salazar. Ele deve compreender que o povo cança dos políticos cronicos estagnados.

O senhor Salazar é um politico de cultura primitiva que não acompanhou a evolução do povo.

Eu não critiquei o Salazar. Não enviei-lhe o meu livro porque eu alerto o povo contra o homem velhaco que apossa um poder para transformar-se num senhor impiedoso. Tem políticos que depois de eleito pensa que é o vate da nação.

Quando eu ressidia em Osasco uma senhora por nome Leonor natural de Purtugal visitou-me pediu-me fotografias para levar. Dei as fotografias para ela escolher. Escolheu uma que estou ao lado do senhor Esdras Passaes, jornalista da Tribuna da Imprensa. Ela disse-me que o Salazar é muito bom. Percibi que ela mentia.

O jornalista ia anotando o que relatava-lhe. O Audálio chegou citando que a imprensa estava comentando os atos incivilizados do ditadôr de Purtugal. Fui pedir um livro a Dona Lygia para fotografa-lo.

Escrevi um artigo respondendo ao Salazar. O Audalio ia enviar o artigo ao Rio. O senhor Salazar é inculto. Ele ha de morrer um dia. E alguem, publicara seus herodismos. O Salazar está criando um ambiente hostil para os filhos de Purtugal que estão espalhados no Universo. Portugal é um pais pequeno precisa imigrar seus deçendentes.

Será que o Oliveira Salazar é dono de sua existência vae viver séculos e seculos?

A queda dos ditadores são tragicas. Hitler Mussoline, não lhe serve como exemplo?

O ditador é um esbulho que o homem tira-o da circulação. Eles querem ser venerados, bajulados. Querem ser imunes.

jornalista das "Folhas"
ignoro o seu nome. Ele
tem um aspeto honesto.
de haver partido é um
tipo que a gente deposita
confiança a primeira vista
O Sorokos despediu-se.
Dei graças a Deus quando
o senhor Canarinha nos
convidou para sairmos
eu, o Audolio, o Miller
o Ronoldo de Moraes, o
Senhor Carlos de Freitas
O Miller não quis almoçar.
Eu via almoçando-o.
Disse-lhe: o senhor pelo
de ales, eu e a professora
confabularamos contra o
Miller. O Ronoldo defendia
dizendo que êle é muito
inteligente. Ele disse que tinha
um sentigo no diário.
Recusou o convite para o almoço

[...] jornalista das Folhas. Ignoro o seu nome. Ele tem um aspeto honesto, de homem pautado. É um tipo que a gente deposita confiança a primeira vista.

O Toraks despediu-se. Dei graças a Deus quando o senhor Canarinha nos convidou para sairmos eu, o Audalio, o Miller, o Ronaldo de Moraes, o senhor Carlos Frêitas. O Miller não quiz almoçar. Eu ia abrançando-o. Disse-lhe:

— O senhor fala demaes.

Eu e a professora confabulavamos contra o Miller. O Ronaldo defendia-o dizendo que ele é muito inteligente. Ele disse que tinha um serviço no Diário. Recusou o convite para o almoço. Seguiamos brincando. O Ronaldo dizia que o Audálio estava com ciumes por eu estar abracada com o Miller. Eu sorria demonstrando uma falsa alegria. Sinto a minha vida vasia, sem atração.

Na rua o povo nos olhava. Entramos num restaurante chic. Estava superlotado. O ambiente é bonito. Faltava musica. Escolhemos os pratos. Eu sentei ao lado do Canarinha e a professora do Rio. Ela pediu mixto e dividiu a carne de pôrco comigo. O Canarinha idem. Quando eu acariciava o braço nivio do senhor Canarinha, a professora olhava sorrindo. Sorrisso enigmático, que não se sabe se está achando graça ou odiando-me. Eu não mais préocupo com o sexo-forte.

Almoçamos fêijôada. Ninguem apeteceu sobremêsa. Eu estava com as compras que fiz. O Audalio e o Ronaldo carregavam as compras. No restaurante, autografei um retrato que um senhor pediu-me, dizendo-me que sua esposa é minha fâ.

Quando saimos do restaurante, convidei-os para vir na minha casa. Recusaram. Dei graças a Deus, porque a casa está em dessordem.

Dei um abraço em cada um. Falamos do escritor Homero Homem que ele elogiou-me. Eu disse ao Audalio:

— Quando eu estava autografando no Rio, a esposa do senhor Homero Homem disse: É isto que é Carolina? Eu só dou valôr as mulheres que tem homens. Mas, eu não podia dar-lhe uma resposta adquada, porque estava escrevendo para o publico. As vezes o homem tem uma mulher e gosta de outra. Eu sou feliz porque não gosto de ninguem, só dos livros.

Despedi dos jornalistas e das pessôas que estavam no restaurante. Elogiei a refêição quando sai do estabelecimento, olhando as pinturas que adornam as paredes do recinto.

Nas ruas paravam para comprimentar-me, pediam autografo e falavam do senhor Oliveira Salazar. Na fila do onibus conversava com dôis guardas civil. Eles diziam que leu o meu livro.

— Se vou editar outro? Estou escrevendo: Casa de Alvenaria.

O onibus estava super-lotado. Uma menina ia de pé. Sentei-a no meu colo e disse aos guardas:

— Se não existisse a malicia, as mulheres podiam ir sentadas no colo dos homens.

O guarda sorriu dizendo:

— Que bom! Eu escolhia as mulheres mais bonitas para sentar-se no meu colo.

Olhando-me nos olhos, perguntou-me se a minha vida melhorou.

— Piorou, porque eu ressidia numa casa simples. Atualmente ressidindo numa casa ampla, os afazeres duplicaram-se.

Ele disse-me que ia dizer a sua esposa que havia viajado na minha companhia. Ele havia comprado a Ultima-Hora, com a reportagem do Salazar vedando a entrada do meu livro em Purtugal.

Quando entrei em casa, que confusão! Que dessordem. Os meus filhos não auxilia-me com nada! Não gostam de estudar, gostam só de ler o tal gibi desgraçado. Quem será que inventou esta lêitura desgraçada e nogenta? Se o Janio acabar com estas revistas nojentas ele sera reéleito.

A dona Dinorah vêio trazer as custuras. Eu disse-lhe que ia procurá-la, levar-lhe um vestido para ela fazer.

— Quero o vestido bordado para ir ao Rio.

Ela tirou as medidas. Faz o vestido por 5.000 cruzeiros. Leva 15 dias bordando.

Paguei-lhe adiantado. Ela ficou alegre. Dizendo que está resando, pedindo a Deus para duplicar a minha vida e a minha inteligência. Saiu sorrindo com o dinheiro na mão. Comentando que foi Deus quem enviou-me para o Imirin.

Fiquei meditando. Quando ouvi vozes era a Vera conversando com a dona Dinorah. Ela está alegre porque ela faz os seus vestidos rapidamente. — Bateram na porta, era um senhor que vêio convidar-me para ir no culto domingo, na Igrêja Presbiteriana. Falamos das pessôas que andam suicidando atualmente.

— São os que não crê em Deus, crê apénas no dinheiro!

Ele criticou a religião católica, enaltecendo a protestante, que o protestante vae ser salvo. Para mim, a religião consiste em não prejudicar o proximo.

Dêitamos as 19 horas. As crianças faziam algazarras, impedindo-me o sono.

26 DE FEVEREIRO DE 1961

Levantei as 6 horas. Fiz café, ensabôei as roupas e estendi os sacos que comprei para fazer lençol para os filhos. Fui fazer compras. Comprei açucar 6 quilos, paes, carne e sabão, porque as vezes lavo roupas a nôite. Vou limpar a cosinha. Ver se tem baratas. Pedi ao João para varrer a casa. Mas, ele prefere brincar do que auxiliar-me. Os filhos não dão valor as mâes quando estão vivas!

A dona Olga dêixou tudo sujo. Tive que limpar tudo. Ela não veio para trabalhar, quer que eu lhe dê 30.000,00. Que povo inconciente! Eu tenho obrigação só com os meus filhos. Eu tinha minhas pretensôes. Queria imprimir meu livro, mas não pedia nada a ninguem.

Os filhos saíram, nem siquer diz-me onde vae... Passei o dia limpando a casa. A dona Maria do Carmo vêio convidar a Vera para ir ao cinema, que é filme nacional. — Fiquei ouvindo o drama — Os transviados. Preparei a Vera. A Maria do Carmo vêio busca-la, passei a tarde limpando a parte superior da casa. A tarde recebi visitas.

Uma jovem por nome Aracy pediu-me para autografar um livro. Ela queria ver a Vera, achando bonito ela não gostar de andar descalça. Citou varios trechos do livro. Conversamos. O assunto — extinção das favelas — custo de vida e o Oliveira Salazar, o tirano de alem-mar.

Chegou umas pretas que vieram convidar-me para tomar parte na festa dos negros em maio e setembro. Vou usar o vestido eletrico no palco e declamar as "Noivas de maio". Os filhos fôram chegando. O que achei interessante foi ouvir uma pretinha. Ela dizia:

— Carolina, você pode pagar empregada, arranja empregada branca. Faz ela andar de touquinha, avental e esfregar o chão. Obriga ela passar palha de aço com as mãos, levar o café na cama e te chamar de Dona Carolina! Faz com elas o que elas fazem conôsco. Quando elas sair e mandar as brancas pedir referências você diz: Ela... serve.

Quem vem trabalhar para mim é a dona Cilú. Ela é agradavel e caprichosa.

27 DE FEVEREIRO DE 1961

As 4 horas começei ler depois fui escrever. Estou envelhecida. A minh'alma está definhando, por pensar demasiadamente no custo de vida, que vae galgando-se. No fim do ano quantas pessôas estaram a procura de um sanatorio para internar-se, fraco dos pulmões e dessiludido. A dessilusão na alma afasta o prazer pela existência!

Eu tenho dó dos pobres que estão condenados a morrer de fome. Quando vou tomar café penso: quando eu era da favela, de manhâ eu ia pedir um pouquinho de açucar as visinhas e elas diziam:

— Eu não tenho!

Os meus filhos fôram a escola sem tomar café. Quando chove, eu recordo a lama da favela e as crianças descalças, transitando nas poças d'agua.

O dia surgiu. Despertei os filhos para ir a escola. Comprei pão e quêijo. E os filhos ficaram contentes dizendo:

— É bom ter o que comer!

Passei o dia escrevendo. Quando cansava, varria a casa ou lavava as roupas. Preparei almoço: arroz e fêijão com linguiça. Recebi a visita de um jornalista, acompanhado com o Walter Rocha, repórter do canal 9. O jornalista que vêio entrevistar-me é do Paraná, Curitiba, é o senhor Jorge Barbosa Elias, radialista e sua noiva, Dilma Nassif.

Disse-me que acompanha a minha evulução. Fez-me perguntas para o Jornal — O Dia — do Paraná. Perguntou-me:

— Qual é o homem mais notavel que eu vi nas minhas viajens?

— O Dr. Lionel Brissola, vou convida-lo para ser padrinho do meu proximo livro.

Sorriu, comentando que eu gosto do PTB, porque o senhor Batista Ramos[1] é do PTB.

P. O que acha do Janio?

R. Não sou janista. Não creio que ele faça um bom governo! Venho observando que os nossos politicos são atabalhôado.

P. Todos?

---

[1] Ex-ministro do Trabalho do governo JK e deputado federal pelo PTB-SP, compareceu ao lançamento de *Quarto de despejo* em São Paulo.

R. O mais sensato é o dr. Adhemar de Barros, mas o povo não compreende. Ele não é prepotente.

A Dona Dilma Nassil, noiva do radialista, concordou-se comigo, citando que foi cortada pelo senhor Janio Quadros... Quanta amargura na sua voz! Ela está tão triste. E a tristeza é o luto da alma. Coisa que o senhor Janio Quadros não conhece, porque não tem alma.

— Eu não sei o que hei de fazer! Eu trabalhava e estudava a-nôite. Para mim o senhor Janio não trouxe ventura! Ele deçepou meus sonhos!

Mostrei-lhes os versos que publiquei para o meu ilustre politico, Dr. Adhemar de Barros. Quem compreende politica é adhemarista.

O senhor Jorge pediu um jornal para levar a Curitiba. Fui procurá-lo entre os jornaes e dei-lhe. Dei-lhe os versos que fiz para o dr. Adhemar, para ele levar e fazer um livretinho. Selecionar os melhores. Disse-me que vae anunciar em Curitiba que eu vou dar tarde de autografo e vou na radio. Que é uma hora de avião.

Dei-lhe um livro encadernado, com autografo. Citei-lhe que tenho um programa de televisão. Citei-lhe que pretendo viajar numa companhia theatral. O senhor Walter Rocha deu-me o endereço para filmar-me na televisão. Despediram-se.

Fui preparar para sair. Guardei O Dia, do Paraná para eu ler. Dêixei a Vera aos cuidado de Dona Maria José, visinha.

Tomei o onibus, fui de pé. Na praça do Corrêio, telefonei para o Audalio. Fiquei horrorisada com o preço do telefone: Cinco cruzeiro! — E o Janio prometeu reduzir o custo de vida... O que está reduzindo... é o esforço que o homem faz para sobreviver.

Citei ao Dantas que ia a televisão. Que recebi a visita de um jornalista do Paraná. Que recebi convite para ir na festa dos pretos em maio. Ele disse-me que estava com saudades, para eu ir — vê-lo. Para espera-lo quarta-fêira, que ele vem ensaiar a peça na minha casa.

Despedi. Fui ver se conseguia condução para o aeropôrto. A fila estava longa. Fiquei preocupada com o horario na televisão. Tinha um senhor bonito, prontificou-se auxiliar. Ele olhava o meu rôsto com adimiração, que eu pensei: será que estou tão bonita assim? Vendo ser difícil conseguir condução, fui até a livraria ver se o dr. Lélio podia levar-me ate a Radio Record. Ele estava na livraria e levou-me até a radio.

Cheguei as 21 horas. O senhor Nelson acompanhou-nos. Quando entrei na radio, vi o ilustre senhor Durval de Souza.[2] Na portaria,

2 Ator e produtor.

encontrei o senhor Souza Francisco.[3] Ele disse-me que fui a mais votada no programa Telefone para o melhor. Nós iamos receber um trofeu do Seiva Ribeiro.[4]

O locutor J. Silvestre. O primeiro entrevistado foi o pae do Eder Jofré. Disse que o seu filho não compareceu, porque foi receber um trofeu na academia de boxe. Que o Eder vae lutar com o Rolo, que o carioca é que está patrocinando esta corrida. O paulista não interessa em promover luta para o Eder.

O segundo a ser entrevistado foi o menino de Goiaz, que ficou cego, com um tumôr na cabeça. O tumôr vazou pelos ouvidos. O menino canta e vae gravar. Ele é afinado, declama compassado. Quem acompanha o Felicio, é o Odilon Bosco Carvalho Braga.

Quando fui entrevistada, citei ao senhor J Silvestre que pretendo estudar o tercêiro ano e o quarto. Ele aconselhou-me para fazer um curso de português e entregou-me uma estatueta com a inscrição Honra ao merito.

Entrevistaram o senhor Murilo Antunes Alves, ganhou o trofeu por ter entrevistado o senhor Janio Quadros quando foi eleito. Trouxe a mensagem de Janio para a televisão dia 6 de outubro de 1960. Localisou a ressidência do presidente desçendo de helicoptero. O senhor J. Silvestre perguntou-lhe se o senhor Janio vae fazer bom governo.

— Ele vae fazer um governo aspero, igual lixa grossa, mas vae realizar obras de vulos.

Findo o programa. Despedi. Sai e fui procurar condução. Desci ate ao ponto. Entrei num bar, a convite de um pretinho que trabalha na Record. Disse-me que vae convidar-me para compareçer no seu programa. Perguntaram-me porque foi que o meu livro não penetrou em Purtugal.

— O senhor Salazar não permitiu. Ele maltrata os brasileiros que visita Portugal. Ele expulsou a atriz Maria Délla Costa.

O purtuguês, dono do bar, disse-nos que foi o esposo da Dona Maria Dela Costa que procedeu mal em Purtugal.

— O senhor não lê jornaes? — Argumentei irritada com os modos indelicados do purtuguês.

— Eu não acredito no que diz os jornaes. Quem escreve, escreve asneira!

Não prossegui, percebendo que o purtuguês deve ser ferrado na

---

3 Irineu de Souza Francisco, publicitário e jornalista.
4 Silva Ribeiro, vereador (PL).

lingua, porque é a lingua que nos magôa. Percebendo que o purtugues é violento, parei de falar e sai do estabelecimento.

Vi o pae do Eder Jofré entrar num carro. Entrei atraz pedindo que conduzisse-me até ao Imirin. Ele permitiu.

Voltavamos falando do Eder, que é bom elemento e de sua luta no Rio com o Rolo. O pae do Eder disse-me ser argentino, casado no Brasil, que a sua profissão é ensinar luta de boxe, que foi lutador quando era jovem.

Na casa do Eder, sua mâe recebeu-me alegre. Somos conhecidas! Conhecemos no avião, quando eu retornava do Rio.

O motorista que nos conduzia entrou. A casa é um primôr. Os moveis finissimos e os adôrnos de alto preço. Assim que desci do carro, as crianças reconheceu-me e espalharam-se. Foram avisar aos paes que eu estava na ressidência do Eder Jofre. Fui ver as flores que adornam o quintal.

A dama da nôite estava desabrochada. Pena que uma flôr tão bonita feneçe logo! Circulei pela casa toda, olhando tudo e elogiando tudo. O senhor José Aristides Jofre é um homem normal, conciente do seu dever de chefe de familia. Gosta de estar entre os seus filhos. Elogia a sua esposa dizendo:

— Eu não troco a minha esposa pela Gina Lumbriga e nem pela Marilin Hemoroida. A minha esposa é bôa mâe, soube formar o carater do meu filho mais velho. Espero que os outros não transvia-se!

Quando eles olham-se, da a impressão que estão namorando. Amisade entre os dôis não arrefeçe. Aqueçe cada vez mais.

A dona Angelina Jofre deu-me docê. Que docê gostôso! O Eder não estava em casa. Fui visitar a ressidencia da cunhada do senhor Aristides. Estava super lotada para ver-me. As flores exalava seus perfumes. O estilo da casa é bonito por causa do terreno em declive, não foi aterrado o solo. Tem umas escadas para desçer e galgar. As pessoas que estava na ressidencia do senhor Igino Zumbano:

Irene Lajolo Plusé
Dora Escalão
José Escalão
Margarida Tuclé
Cleeuniçe Rigetti Zumbano

Citei-lhe que vou escrever contos para a revista O Cruzeiro.

O Eder chegou exibindo o seu trofeu. Uma medalha de ouro. A casa do Eder é adornada com quadros de lutas e os trofeus representa lutas de boxe. Da a impressão que aqueles trofeus expostos pela casa

195

é para estimular o Eder a lutar boxe. Ele é normal. Não bebe, não fuma. Perguntei-lhe se a sua nôiva está estudando.

— Não estudou porque precisava auxiliar a mâe.

É a desculpa que as pessoas que não gostam de estudar adotam. Quem quer estudar, consegue tempo. Um homem tem que casar-se com uma mulher culta, que possa acompanha-lo no seu dessinvolvimento.

A tia do Eder deu-nos vinho. Declamei uma poesia para Eder e citei-lhe trechos dos futuros livros. Aconsêlhei-o para não transviar-se. É bonito um homem culto que não prejudica ninguem. Os maus êlementos são excluidos da sociedade.

Despedi do Eder primeiro abraçando-o. A Dona Cleeuniçe deu-me mudas de flores. É casal sem filhos. Disse-me que o seu esposo é muito bom.

O motorista conduziu-me até a minha casa paguei. O motorista não queria receber aludindo que o pae do Eder Jofré já havia pago. Os filhos ficaram contentes quando ouviram a minha voz. Dei 100 cruzeiros ao motorista. Entrei e deitei. Exausta. Fiquei pensando na minha vida, não decorre como desejei. Eu queria viver recluida, lendo, porque gosto de lêr.

28 DE FEVEREIRO DE 1961

Levantei as 5 horas, preparei os filhos que vão a aula. Fui preparar o cafe. A dona Cilú vêio fazer limpêsa. Recebi-a com delicadêza, dizendo-lhe que estava com recêio d'ela faltar. Eu penso que devemos ser amavel com as pessôas que nos auxilia com o seu trabalho.

Ela iniciou a limpêsa. Os filhos sairam na chuva. Fui fazer as compras e preparei o almoço. A Christina vêio pedir-me uma lembrança. Ela é do interior. Está estudando. É inteligente, quer formar-se. As pessôas de espirito êlevado quer ser culto. Para os cultos, a vida é mais suavel.

Os filhos retôrnaram-se, almoçaram.

Pedi um guarda-chuva emprestado e sai. Fui fazer compras. Comprei dôis guardas-chuvas para os filhos, uma sombrinha para a dona Cilú e o presente da Cristina. Quem faz amisade com ela, tem que dar-lhe algo. Os indios são idênticos. Que suplicio tomar condução nos dias que chovem!

Dei o presente a Cristina. Ela ficou contente.

Finda a limpesa, paguei a Dona Cilú, pedindo-a para voltar amanhâ a tarde.

1º DE MARÇO DE 1961

Levantei as 4 horas para escrever. Que silêncio. Ouço apenas o cantar dos galos saudando o novo dia que desponta. As 6 horas fui preparar os filhos. Eles vao a aula. Iniciei a limpêsa da casa e fui fazer compras.

Hoje é dia de fêira. Todas quartas-feiras, tem fêira na minha pórta, mas os preços são êlevadissimos. Os fêirantes queixam que estão vendendo nada.

O povo que circula pela feira é triste. Seguem curvado, como se estivessem conduzindo um peso as costas. São os prêços dos generos de primeira nessecidade. Comprei limôes. A Hilda e a dona Maria José estão fazendo os quitutes para mim. Tudo salgado. Emprestou-me a mêsa, as cadeiras, tôalha de mêsa, copos, calices e os vasos de flores.

Uma senhora, que vende na fêira, vêio trazer uma saia que encomendei-lhe, 1.400,00, paguei. A saia está muito bonita. Quando eu era vaidosa, não podia comprar roupas. Agora que sou vencida, posso ter o que almêjo. Se eu pudesse ser alegre... Vivo cantando. Mas eu sou triste. A minha tristêsa derriva devido eu ser poetisa. É que o coração do poeta é igual uma antena, vendo o povo sofrendo, eu compartilho deste sofrimento.

Uma mulher loira bonita, vêio queixar-me que o seu esposo está num sanatorio em Campos do Jordão. Ela queria vender-me um cobertor para comprar remédio para envia-lo. Tem treis filhos que passam fome. Pobres crianças! Vivendo num lar onde os microbios da tuberculose já estão hospedado e passando fome, já são candidatas a enfermidade.

Passei o dia limpando a casa, usando tudo nôvo! — Convidei umas pretinhas para vir — a noite. Tomei banho. A casa está alegre com as flores, que compartilha-se na alegria e na dôr. A flôr é imparcial.

Que confusão na minha vida. Eu queria comprar um sitio para ficar lendo os livros que ganhei.

O meu sonho, era ser escritora
Não arrefecia o meu ideal

Mil vezes ser amadora
Do que profissional

É que o povo reconheçe-me. Tenho que parar nas ruas para conversar e não sobra tempo para escrever e lêr. Percebi que tenho que viver dentro do meu ideal literario.

Os filhos estão transformando-se. O João era rude, está meigo. Estao dêixando de brigar. Estao perdendo aqueles gestos do lampeonismo. Aquelas maneiras rudes dos favelados que não tem onde cair mortos, mas conduzem toneladas de arrogancia.

A casa ficou bonita. Tomei banho, usei a saia que comprei hoje. O meu guarda-roupa está superlotando-se mas, não vou imitar a Maria Antoniêta e nem a Eva Peron. A Vera diz:

— Estes vestidos vão ser meu quando a senhora morrer.

— Você pode morrer antes de mim. Ninguem sabe, ninguem adivinha a hora de partir para a campa.

Tem pessôas que vão pra campa por expontanea vontade, os que suicidam-se. Este ano de 1961 pode ser denominado, o ano do suicido. O causadôr de tantos suicidos... O custo de vida.

As classes prolétarias não podem comprar outra coisa a não ser — comida. Se comprar um par de sapatos tem, que passar fome uns dias. Que vergonha para o nosso país, tantos suicidos por dificuldades de vida!

Uns dizem: quem suicida é porque não tem fé em Deus! Mas, quem suicida é porque não pode suportar a fome!

As cinco horas, a Hilda despediu-se dizendo que vae a aula noturna. Contemplei o espaço para ver se vae chover — O céu está belissimo. As nuvens estâo vagueando-se. Umas negras, outras cor de cinza, outras claras. Em todos recantos, existe a fusão das cores. Será que as nuvens brancas pensam que são supérior as nuvens negras? Se as nuvens brancas chegasse até a terra, iam ficar horrorisada com as divergências de classes! Aqui na terra é assim — o preto, quando quer predominar é môrto! Podemos citar Patriçe Lumumba — Eu queria nasçer na Africa. Nos paises dominados pelos brancos, eu afastava os brancos com discursos, com palavras, sem armas, Esclarecendo-os que os naturaes... vencem!

Crêio que dêvo ficar contente em nasçer no Brasil, onde não êxiste ódios raciais — são os brancos que predominam, mas são humanos. A lêi é igual para todos! Se analisarmos os brancos mundiaes, os brancos do Brasil são superiores.

Hoje... eu estou alegre. O sol vae recluindo-se. A noite vem surgindo. Não está chovendo — Os pretos que convidei estão chegando — O Rubens veio, trouxe o violão e um pretinho para tocar — O Souza... Cantaram.

As horas iam passando. Enviei convite ao Dr. Lelio, mas o meu filho não entregou porque o dr. Lelio não estava. Eu estava pensando — Será que o Audálio foi fazer reportagens...? As nove e mêia eles chegaram. Fiquei contente. Se eles não comparecessem, os visinho iam dizer que sou pernóstica.

O valôr das pessôas está em falar e comprovar.

Estavam com o Audálio Dona Edy Lima e os componentes artisticos que vão representar a peça Quarto de Despêjo.

Recebi-os amavelmente. Eles são cultos. E as pessôas cultas sabem agradar. São iguaes a brisa — Quando perpassa arrefece, suavisa. Já os brutos são iguaes as tempestades. Assemêlha os furacões.

Pedi ao Rubens para cantar. Ele estava alcoolisado. E o alcôlatra não canta, grita. Ele quer ser artista de radio. Quando ele embriaga-se vem dizer-me que vae suicidar-se, aludindo que sua esposa maltrata-o. — Ele embriaga-se e chega tarde em casa. Tem homem que depôis de casado, fica rude e prevalesse. Pensando que comprou a esposa.

Mostrei a casa aos ilustres visitantes. E disse-lhes se a peça for declinando no theatro eu colaboro num show. Com o meu vestido de pena. Ou o vestido elétrico. Eles concordaram. E ficaram reanimados.

Cantei as composições que fiz. Eles apreciaram.

O Audalio gostou da casa achando tudo bonito. A casa está limpinha. O solo brilhando.

Fez pinga com limão. Comêram os salgadinhos que a Hilda preparou com todo carinho.

O Audalio disse-me que eu estava no jornal convidada para ir ao lançamento do jornal O Ebano — jornal dos pretos. Que eu devia ir ao Centro do Professorado Paulista, felicitar os pretos — Concordei. Porque, eu... gosto de literatura. Eles convidaram uma pretinha iducada para trabalhar na peça. Ivette. Ela é bonitinha. Tem um cabêlo maravilhôso. É longo. É natural.

Ela disse que ia pedir ao seu pae se deixa. Porque ela é menor.

Fui trocar-me. O João retornou-se do cinema. Ficou alegre.

Eu dançei com o Rubens, pedi a dona Cilú e ao seu esposo para dormir com as crianças enquanto eu ia a cidade. Ela concordou-se.

Saimos de automovel. Uns fôram no porta-malas, passamos no pôsto de gasolina para encher os pneus. E seguimos. Nós iamos cantando. A esposa do senhor Rubens — o empresário, dizia:

— Carolina, você pode ficar com o meu esposo. Eu não tenho ciumes. Ele gostou de você. Vocês podem bêijar-se abraçar-se que eu não préocupo-me.

Que mulher notavel. Não azucrina a cabeça do esposo com banalidades. Eles não envelheçem. Ela está com 32 anos. Aparenta dessôito — o que nos envelhece são as preocupações futeis. Ela dançava com o Audálio sorridente.

São deçendentes de Sirios, sem opção de classe. Querem mesclar-se com a turba sem preconceito, são tipos que despertam ideaes. E da gosto estar entre eles. O Audalio pedia-me para cantar a Valsa "Rio Grande do Sul" — Autor desconhecido.

Quando chegamos no Centro do Professorado Paulista o povo havia ritirado. O Eduardo de Oliveira recebeu-nos amavelmente. Disse-me que os pretos de Campinas perguntaram por mim. Citei-lhe que precisava reçeber os integrantes da peça — Formamos um grupo para sermos fotografados. Conversei com um preto deçendente de inglez. — É professor. É advogado. Leciona inglez. Disse-me que os pretos do Brasil não gostam de estudar.

— Quando tem um aluno preto na minha classe eu interesso mais pelo aluno preto.

Deu-me o seu cartão. Convidando-me para ir visita-lo. O Eduardo deu-me uns jornaes. O jornal publica "Os negros" — os meus versos.

Os pretos de Campinas convidou-me para visita-los. Eles tem um jornal — O Hiffi.[5] Autografei o livro Eu te arrespondo Carolina e alguns jornaes.

O Eduardo de Oliveira é um preto maravilhôso. Honra a classe — É o José do Patrocinio da atualidade. A cor não lhe é obstaculo.

Despedimos — o senhor Rubens conduziu-me. Quando cheguei em casa encontrei o João tomando banho. Disse-me que ficou duas horas recebendo a água tepida na pele — Queimou o chuveiro — Eu disse-lhe que o chuveiro eletrico não pode ficar ligado horas e horas.

Dêitei exausta. Era duas da manhã.

2 DE MARÇO DE 1961

Despertei os filhos as 6 horas, a Dona Cilu já estava de pé. Fez o café. Os filhos sairam fui fazer as compras.

---

[5] *Hífen*, "órgão dedicado à classe de cor, crítico, literário e noticioso", lançado em fevereiro de 1960.

A dona Cilu despediu-se preparei o almoço as pressas. Tomei banho. Troquei-me sai as pressas para tomar parte na concentração dos artistas com o governador Carlos Alberto de Carvalho Pinto — Tomei um taxi.

Convidei uma japonesa para entrar no carro. Ela ia levar os filhos na loja para comprar uniformes. Ela ficou em Santana eu segui, suplicando ao motorista que avôasse.

— Avôando terei uma multa.

Eu disse-lhe que ia tomar parte na concentração dos artistas — Quando cheguei ao palacio vi varias pessôas na frente do palacio — perguntei:

— A dona Edy Lima está presente?

— Ela foi-se embora porque a concentração foi transferida para amanhã. Espero que você esteja presente.

— Hei de compareçer por causa da peça Quarto de Despêjo.

Surgiu um senhor e comprimentou-me. Disse-me ser Jorge Miguel Nicolau. Ser deputado da média mogiana. Que São Paulo tem treis problemas fundamentaes para resolver — a condução, habitação e ampliar as escolas.

Que o Brasil deve cuidar da cultura do povo. Os cultos dessinvolve-se e os incultos atrofia-se. Ele entrou no auto que eu usei. Eu disse-lhe que ia acompanha-lo ate a rua 7 de Abril.

Fomos conversando. O assunto: o plêito municipal que aproxima-se.

Aconsêlhou-me para votar no senhor Emilio Carlos. Desci perto da redação. Galguei no elevador. O Audalio não estava. O Ronaldo apresentou-me para um senhor de nome Ton. Dêixei um bilhête para o Audálio. Despedi e voltei pra casa. Cheguei. Dêitei. Dormi até as 2 horas. — Levantei fui escrever.

3 DE MARÇO DE 1961

Levantei as 5 horas. Preparei o café para os filhos. Eles foram a escola. Fiquei em casa apreensiva. Troquei a Vera. Preparei-me e sai. O sol está calido. Não ha brisa.

Deixei a Vera com a visinha. Tomei um carro. Convidei uma jovem para acompanhar-me e uma senhora minha visinha. Eu ia observando os recantos que percorria catando papeis. Elas desçêram na Avenida Tiradentes. Segui. Quando cheguei ao Palacio vi os artistas reunidos.

Perguntei pela Dona Edy Lima — Ela não estava presente. Fui entrevistada pelos repórtes. E fotografada pelos fotografos ao lado de Dona Maria Dela Costa e outros. Convidaram-me para entrar na sala de imprensa.

Fiquei conhecendo o reporte da Radio Bandeirante, o senhor Bahia Filho —. Conversamos sobre o livro Quarto de Despejo e os futuros que pretendo escrever. As artistas estavam tristes. Dona Cacilda Beker animava-os. Fomos introduzida no palacio. A sala de audiencia superlotou-se.

As artistas sentaram-se ao redor de uma mêsa negra artistica. As paredes adornadas com quadros regionaes. Na primeira sala vi os retratos dos governadores passados. Os meus olhos circulou procurando o retrato do Dr. Adhemar de Barros, no retrato ele é jovem. Naquele tempo ele via a política como uma meta de ouro. Com o decorrer dos anos surgiu o Janio e............., vamos ficar por aqui. Os artistas convidou-me para aproximar a mêsa.

Uma porta abriu-se e surgiu o senhor Carvalho Pinto. — Que homem... maravilhôso! Elegante no trajar e no falar. Uma dição corretissima. A atriz Cacilda Beker iniciou a lêitura do oficio citando as dificuldades do theatro de São Paulo, pediu ao senhor Carvalho Pinto para ter paciência com a classe artística.

O senhor Carvalho Pinto olhou-me e sorriu. Um sorrisso bonito. Duas vezes ele olhou-me e sorriu. Enquanto a Cacilda Beker lia o artigo eu pensava na Dona Maria Dela Costa sempre bôa e agradavel. Pretende construir outro theatro — deve trêis milhôes no atual theatro.

Eu havia telefonado ao Audalio convidando-o a comparecer. Ele recuso aludindo estar sosinho. Os artistas estavam bem trajados. Gostei da atriz Rosamaria Murtinho e Renato Borghi. Felicio Sojordi das Folhas.

O primeiro a falar foi o deputado Abreu Sodre. — Citou que foi radialista da Radio São Paulo, o meu olhar girava em torno dos armarios superlotados de livros bem encadernados.

O texto foi longo e sensato. Achei interessante os artistas fazer o pedido impondo seus estatutos. Depois do pedido de dona Cacilda Becker ela foi aplaudida.

Os gestos cultos do senhor Carvalho Pinto atraia-me. Para mim ele é metamorfosse pelo que se ouve falar de sua pessoa, eu tinha a impressão que ele é um tipo rude, primitivo. Enganei. Ele é sensato e culto. Não é falastrão. Não é prepotente.

O que é visto tem mais valor do que descrito. Ele é completamente diferente do que falam.

E assim fiquei sabendo que a lingua humana conduz mais maldade do que bondade. É pior do que a bomba atômica. Disse estar disposto auxiliar o theatro e as massas humana. O TBC[6] já foi auxiliado pelo governo.

Um reporter citou aos meus ouvidos que quem auxiliou o TBC — foi o governo federal.

Continuou dizendo que ha possibilidade de auxiliar o theatro porque o dr. Jânio da Silva Quadros é amigo do theatro — Este conçêito pertençe ao professor Carvalho Pinto.

Para mim o amigo das massas é dr. Adhemar de Barros. É um homem incompetivel.

Finda a resposta do professor Carvalho Pinto o povo despedia-se dele. Reanimado, porque ele disse que soluciona a crisse theatral em dez dias. Vae dessignar uma comissão para estudar.

Enquanto o povo despedia-se eu pensava.

Eu não posso ser do governo. Não sei ouvir lamentos. Eu desvasiava o tessouro estadual. E os compromissos do governo com o funcionalismo. Pensei — vou ser a ultima a despedir do senhor Carvalho Pinto para não ser fotografada. Disse-lhe: eu almejava conheçer-te porque o senhor Jânio Quadros pintou-te com as cores do arco-iris. — Ouço dizer que o senhor é iducado e sensato. Despedimos cordialmente. Pensei — não fui fotografada.

Mesclei na turba e desci as escadas. Fui abordada por um senhor:

— O que achou do governo do senhor Carvalho Pinto?

— O povo diz que ele é rude aspero e deshumano. Vendo-lhe pessoalmente ele desfaz os rumôres.

O reporter disse-me que ia registrar as minhas impressôes. O reporter Bahia Filho convidou-me para falar ao microfone da radio Bandeirante.

A dona Cacilda Becker já havia gravado.

No microfone citei que a peça Quarto despêjo comporta 60 figuras. Vae ser lançada no Theatro Bela Vista.[7]

Na porta do Palacio os artistas estavam dispersando-se. Uma jovem

---

[6] Teatro Brasileiro de Comédia, fundado em 1948 no bairro paulistano da Bela Vista.

[7] Inaugurado em 1956 nas instalações do antigo Cine-Teatro Espéria, na rua Rui Barbosa, bairro da Bela Vista, sediava a Companhia Nídia Lícia e Sérgio Cardoso. Foi demolido nos anos 1970 para a construção do Teatro Sérgio Cardoso. A peça inspirada na obra de Carolina estreou em 27 de abril de 1961.

bonita acompanhou-me o seu nome é Clelia Murtinho — Citei-lhe que tenho umas composições para gravar. Cantei para ela ouvir. Entramos num bar. Tomou café. E eu uma guaraná — Recordei que não haviamos pago e voltamos ao bar. Citei ao jovem que nos serviu que não pagamos ritirei uma cedula pedi para cobrar as despêsas. Surgiu outros senhores e nos ofereceu café.

Citei-lhe que no Rio de Janeiro eu ia nos restaurantes e as mulheres diziam:

— Carolina, você escolhe os pratos apetitosos que vamos comêr. E não olha os prêços. Isto fica aos cuidados dos homens. Você é caloura no nosso nucleo.

Agradeci ao senhor que ofereceu-me café. E saimos. Encontramos outros jovens. Começamos cantar. Ate Avenida São João.

A Clelia ia ao largo do Arouche. Acompanhei-lhe. Cantavamos os sambas que compus.

Despedimos. Eu ia pensando: que homem amavel. O homem agradavel é o adorno do mundo. Quando deparamos com um homem amavel já sabemos — é carioca.

Eu estava usando saltos. Sou caloura. Não tenho pratica de andar calçada. Tem hora que aborrêço. Tem hora que agradeço esta transformação de minha vida. — Ha muitas maneiras de transformações na vida. Ha os que matam e vão para a masmorra — Ha os que eram ricos e ficam pobres. E os pobres que ficam ricos. Para mim que fazia minhas refêições nas latas de lixo... devo agradecer a Deus esta transformação.

Quando estou na cidade fico contemplando a fusão das cores. Os jardins com suas hastes verdes.

Quando estive no Norte percibi que o nortista tem predileção por tudo que é verde. Depois que vi o norte aprendi amar o verde e os nortistas.

Quando cheguei na redação o Audálio estava almoçando. Sai para procura-lo.

Encontrei-o de retôrno com o jornalista Frêitas.
— Onde vae?
— Procurar-te. Estou voltando do palacio.
— Como decorreu a entrevista?
— O governadôr prometeu auxilia-los. Temos que auxiliar a Cacilda Becker. O theatro, é o seu ideal.

O Audalio disse-me que devo compareçer segunda-feira para passar a escritura da casa. Que eu dêvo pagar a cama que os sergipanos disseram que meus filhos quebraram.

Exaltei com o Audalio:

— Eu tive prejuizos comprando a casa. Roubaram o meu broche que ganhei da esposa do Dr. Oscar. Gastei oito mil cruzeiros na fossa. Vou gastar 30 mil cruzeiros para reformar a casa. Você pensa que está lidando com uma idiota?

— Mil vezes eles dever-te obrigações do que você dever a eles.

— Eu não penso assim! A minha inteligência é um bolo que você quer dividir as fatias.

Sai enfezada fui ao banco ver o saldo se dá para pagar a escritura da casa.

No banco, eles perguntara-me como é que vae os livros.

— Vae indo bem.

Citei-lhes que dei o endereço do banco para os editores extrangeiros enviar o dinheiro dos direitos autoraes. — Ficaram contentes. A funcionaria deu-me a quantia por escrito. Levei para o Audálio que recomendou-me para não tirar dinheiro do banco sem consulta-lo. Levantei, e sai sem despedir. Quando cheguei em casa fui deitar um pouco. Xinguei o Audálio de...

Não consegui dormir fiquei nervosa — Fui falar com a dona Elza. Queixando que estou cansada. Já enjôei de escrever.

4 DE MARÇO DE 1961

Despertei as 6 horas com o João batendo na porta do meu quarto. Levantei e fui troca-los para ir a aula. Eles dormem de pijamas. Fui fazer as compras e limpei a casa. Amanhâ vou receber visitas de umas senhoras de cor.

Fui ver a fêira — Os prêços estão elevando-se. Nas elêições os profetas dizem que vão congelar os preços dos generos de primeira nessecidade. Promessas olvidadas depôis do plêito. Não comprei nada. Fico pensando: nos pobres — que infestam o nosso país.

Quando os filhos chegaram o João foi na livraria pedir cinco-mil cruzeiros[8] ao Dr. Lelio de Castro Andrade. Tomei banho aguardando a chegada da Ivette para irmos ao Theatro Bela Vista ver como vae indo a incenação da peça — Quarto de Despejo.

Dêixei os filhos. A Vera foi a aula. Tomamos um taxi. Convidei uma senhora para ir conosco. Ela desçeu na Avenida Tiradentes. Disse-nos

8 Cerca de 340 reais em 2021.

que sua irmâ ia casar-se. Ela ia pentea-la. Ia tomar o trem para Osasco — Eu não conheço Osasco. Só a rua onde ressidi uns dias.

Quando carro seguia o motorista disse-nos:

— Eu namorei esta moça. Mas, eu já estava casado com dois filhos.

A dona Lozinha mae da Ivette sorriu. O motorista continuou dizendo que não corria porque a moça não gostava. Ela agradeçeu-me quando desçeu do carro.

Quando chegamos ao theatro perguntei ao porteiro se a Dona Edy Lima estava.

— Não. Mas a senhora pode chegar. Entra. Os artistas estão ensaiando.

Convidei a dona Lozinha e a Ivete para irmos tomar um refresco num bar.

Uns jovens foi nos procurar indentificaram-se.

Paguei os guaránas e voltamos para o theatro. Eu ia dizendo-lhes que pretendo tomar parte no show. A dona Edy Lima chegou. Nós fomos ver o palco e a plateia. Fomos ver o local dos ensaios. O jovem que vae ser o galan da peça é bonito, alto e culto. Chegou uns reportes do Globo e nos fotografou. Eu cantei composições de minha autoria. Chegou uns jovens que vão tomar parte na peça. Tem uma mulata que vae ser a Fernanda Jurema Ferreira.

O diretor é um jovem.[9] Nos levou ao bar para tomar café. Fui ver as fotografias da peça que estão sendo expostas anunciando a estreia.

Telefonei para a redação o Audalio não estava.

Despedimos dos artistas. A Jurema Ferreira nos acompanhou até a rua principal. Eu disse-lhe que estou enjôada desta vida que levo.

— Com o tempo a senhora habitua-se.

Passava um carro eu dava sinal. Eles não atendia-me. Ela disse-me:

— Quando estiver escrito livre é que da-se o sinal.

É que eu não estava habituada a tomar carro. Consegui tomar um carro. Desci na Avenida da Luz para comprar a Folha de S. Paulo, com uma reportagem para mim. Comprei docês para os filhos. Quando cheguei em casa estava triste. Acho horrorosa a vida mesclada com o povo. Estou ficando neurotica. Tem hora que desejo desaparecer — mas, o meu dia chegará... ei de dessapareçer um dia.

Quando eu for recluida nas entranhas da terra. Não vêjo vantagem em ser popular, aborreçem-me demasiadamente.

9 Amir Haddad.

5 DE MARÇO DE 1961

Domingo. Hoje não vou sair. Não gosto de andar aos domingos.

O povo está nas ruas, conhecem-me. Procura-me para falar-me, cansa-me. Eu não tenho orgulho. Mas, não suporto confusôes. Estava habituada com uma vida apatica. Encerei a casa, comprei sanduiches. Estou aguardando a visita das senhoras de cor que vem homenagear-me. Preparei a refêição. Os filhos fôram ao cinema. Fiquei em casa. As roupas estão sujas. Não tive tempo de lava-las. A dona Elza, emprestou-me uns caliçes.

Eu não tenho louças.

Pretendo pagar a casa depôis mobilia-la. As dessesêis horas as pretas chegaram. Dona Lazara Martins Vicenza Martins de Souza, Maria Benidita dos Santos, Maria José Ribeiro, Leontina Miguel dos Santos. Convidaram-me para tomar parte na fésta de setembro. Se estiver no Brasil, hei de ir com todo prazer.

6 DE MARÇO DE 1961

Levantei as 4 horas para escrever. Fiz café. Puis o feijão cosinhar — graças a Deus, acabou o problema da fome. Surgiu outro problema pior. Que é atender a classe média que quer dinheiro emprestado. — Penso. Se a pessôa não pode ter, conforma-se. Quando eu não tinha dinheiro ressidia na favela. Agora posso têr casa. Não aborreço ninguem com emprestado. Eu vivo nas minhas posses.

O dia despontou-se. Com seus ruidos. Os carros circulando. O sol espalhando seus reflexos. Fui comprar pão e lêite, gasto todas manhâs cem cruzeiros. Fico horrorisada. Preparei o João, fui leva-lo ao grupo para falar com a professora. Ela diz que ele não acompanha a classe na matematica. Ela fala na classe. Ele fica com complexo. Ele é semi-apatico.

Fui falar com o diretor que aconselhou-me transferi-lo para o 3 ano. A professora, disse-me que devo pagar uma professora sua amiga 700, cruzeiros por mês. O João vae estudar a tarde — deu-me o endereço da professora de matematica. Rua Alfredo Pujol 835. Das 2 as [*].

— E se uma mãe não puder pagar as aulas extras para os filhos?
Eles ficam relegados.

Fiquei horrorisada com este metodo de Da Oneyde Maccgnan. Vendo as professoras da atualidade eu tenho saudades da minha professora. Que mulher bôa! Insuplantavel. Quando o aluno adoecia ela enviava as liçôes para ele fazer em casa. As mâes não recebia queixas dos filhos. Ela era iducada. Vêio ao mundo predestinada a ensinar.

O diretor disse-me que o grupo precisa ampliação. Está em divergencia. Municipal vs. Estado. A escola é estadual. Mas o predio é municipal. O estado não amplia o estabelecimento porque é municipal. O municipal não amplia porque a escola é estadual — Eu não gosto de polemica. Dei 1000,00 a dona Oneyda para pagar a professora particular para o João.

Voltei pra casa xingando a minha condição humana. Entre os animaes, não ha odio não ha rancôr. Não é necessario instruções.

Para viver aborreçendo-se com a assiduidade crêio que eu, seria mais feliz sendo animal. Eu estava furiosa impriquei com o sol que estava tepido e eu gosto do calôr. Com a brisa que perpassava. Com as nuvens que vagava, com os carros que circulavam. Desejei está na selva. No Mato Grosso entre os selvagens. Pensei. Vou mandar o João estudar na minha terra.

Fui preparar-lhe as roupas agêitando-as na mala. Pretendia viajar a noite.

Fui a cidade ritirar dinheiro na livraria. Citei ao dr. Lelio que ia levar o João para éstudar na minha terra. O José Carlos foi ao grupo buscar os 1000,00 que dei a professôra para pagar aulas particular para o João. O dr. Lelio já está habituando-se comigo. Tolera os meus modos rusticos. Reconheço que sou super-nervosa. Devido o excesso de imaginações. Sei que o côrpo humano, tem o seu derrivado. O fisico é igual as mentalidades, diferentes.

Tem pessôas que melhoram o modo de viver, ficam orgulhosos, soezes. Não pertenço esta classe. — O que aborrece-me, são as ideias initerruptas promanando-as promanando-as e eu, não posso detê-las. Tem dia que chego odiar a minha existência.

Depôis que publiquei o livro Quarto de Despejo passei a odiar a vida. Ficou insipida: devido as pessôas que vem aborreçer-me com seus problemas. A dona Adelia, a caixa da livraria, percebe quando estou nervosa.

Sai da livraria xingando a minha vida mentalmente. Eu sou uma desgraçada! Negro não tem sorte! Negro da um passo para frente. E dôis mil para trás.

Entrei na redação dos Diários. Circulei o meu olhar ao redor olhando o povo circulando. Povo que são obrigados a ressidir nas cidades porque as terras não são livres. Pertençe aos dessalmados prepotentes que quer expoliar os desfavorecidos. Eles cançam e vem tentar a vida na cidade.

Vem conheçer o purgatório, a vida da classe média é pungente. Queixei para o Audalio, que ia levar o João na minha terra para estudar com a Corrina Novelino. Comprei um livro Quarto de Despêjo para dar-lhe. Um senhor pediu-me o livro. O Audalio, ouviu-me em silêncio.

Quando ele me vê pergunta:

— Quaes são as novidades?

Todos os dias tenho algo a quêixar-lhe. O que adimira no senhor Audalio Dantas é a paciência que ele tem com os meus nervos excitados. — Mas, ele, compreende. Tem esposas que os homens da-lhes tudo que elas querem, e elas são nervosas. E eu? Sou sosinha para trabalhar, cuidar da casa dos filhos estudar escrever ler e suportar a massa humana.

Agora que estou mesclada com o povo, fico observando os tipos de pessôas. Classificando seus caraters.

Ha os tipos trapaçêiros fantasiados de honestos. São cinicos. Tem duas faces, suas palavras são leves; não pesam porque não tem valôr. São os metaes laminados. Tipos que querem ser granfinos. Sem ter condições de vida definida. São sonhadores, sonham com o impossivel aludindo a cada instante:

— Se eu tivesse dinheiro!...

Penso que eles devem dizer assim:

— Se eu tivesse coragem para trabalhar!...

Quem trabalha triunfa.

Estou ficando nervosa com os aborrecimentos diarios. Não mais aprecio as ruas. Quando estou nas ruas ouço mais de mil vezes, as pessoas citando o meu nome:

— Olha a Carolina! Ela está rica!

Param e fitam-me interrogam-me se estou escrevendo outro livro.

Tem dia que não escrevo por falta de tempo. A casa é grande. Não tenho empregada. Que confusão. Tenho que varrer os quartos, tirar o pó, limpar os vidros. Cuidar da cosinha. Regar o jardim. Ir a cidade. Preparar os filhos para ir a aula.

Tem dia que não faço almoço por ter que ir a cidade. Tomamos café com lêite. A professora mandou dizer-me para dar mais comida aos meus filhos que eles estão enfraqueçendo.

Tem pessoas que vem visitar-me e diz-me que não tenho nada. Para eu mobilhar a casa. O que tenho, já é o bastante para roubar o meu tempo de ler, e escrever. O que eu sei dizer é que a minha vida, está muito dessorganisada.

Estou lutando para ageitar-me dentro da casa de alvenaria e não consigo. Minhas impressôes na casa de alvenaria variam. Tem dia que estou no céu. Tem dia que estou no inferno. Tem dia que penso ser a gata borralheira.

Estou preparando-me para ir a televisão. Vou comparecer no Foro Leonam das donas de casas. Com a dona Suzana Rodrigues. E as esposas dos prefêitos.

9 DE MARÇO DE 1961

Levantei as 4 horas. Li um pouquinho. Estou lendo Os sertões de Euclides da Cunha. Da a impressão que ele foi um homem triste.

Quando o dia despontou-se fui preparar os filhos para ir a aula, o João está reinando. Não quer ir para o terçeiro ano. O Jose Carlos não faz confusão. Não quer perder aulas. Disse que quer ser médico. Passei o dia cuidando da casa.

Convidei a Hilda se quer acompanhar-me ate a televisão. Preparei as roupas que a Ruth de Souza vai usar na peça Quarto de Despêjo.

Saimos de casa as 19 horas. Nas ruas o povo fitava-me. Uns perguntavam-me se a Hilda é minha filha. Se um homem olhava-nos com insistência, eu parava côrrespondendo o seu olhar. E perguntava-lhe:

— Porque olha-nos?
— É a senhora quem está olhando-me.
— É o senhor!
— É a senhora.

Sorriamos e eu seguia pensando nos sorrissos dos paulistas adultos. Um sorrisso forçado. Fingido. E triste. O unico sorrisso sinçero, são os das crianças que ignora o grande drama que elas tem que participar.

E este drama chama-se, vida.

horas. Nas ruas o pessoal fitava-me uns perguntavam-me se a Hilda é minha filha. Se eu houvesse olhado-nos com insistência, eu paroria compreendendo o seu olhar e perguntaria-lhe:
— Porque olha-nos?
— É a senhora que está olhando-me.
— É o senhor!
— É a senhora.
sairíamos e eu seguiria pensando nesse sorrisso dos paulistas adultos. Um sorrisso forçado, fingido e triste. O único sorrisso sincero, são os das crianças. que ignora o grande drama que elas têm que participar.
É este drama, chama-se, vida.

Carolina, quando você
morava na favela, você não
escrevia aqui. Era da
pauta pra pauta porque o
povo fala que favelado
é ladrão. Eu estava escrevi
já estou saturada destes
comentes faustosos.
Estava presentes quatro
senhoras bem vestidos,
que elogiava seus gestos
na televisão. criticava os
gestos indelicados das
esposas faltosos. se as espô
sas são eleitos elas não são
auxiliar a classe zero. que
são os invadidos. Eles precis
de um maneira para te
rolar. E estes numeros
chama-se politicos.
Os politicos tratam e a
deferência especial agora
que eu tenho dinheiro e no
stou pedir-lhes algo.

[...] Carolina, quando você morava na favela você não entrava aqui. Era da porta pra fora porque o povo fala que favelado é ladrão. Eu estava exausta já estou saturada destes convites faustôsos. Estavam presentes quatro senhores bem vestidos que êlogiaram meus gestos na televisão. Criticaram os gestos indelicados das esposas faltosas. Se os esposos fôi elêitos elas não vão auxiliar a classe zero, que são os favelados. Eles precisa de um numero para terem valôr. E estes numeros chama-se politicos. Os politicos tratam-me com deferência especial agora que eu tenho dinheiro e não vou pedir-lhes algo.

Quando eu ia pedir-lhes algo ameaçavam-me, com prisão. Eu classifico os politicos assim. Nas épocas êleitoraes, eles brilham igual o ouro. Mas, são metaes laminados. São amaveis nos atos e palavras. Iducados com o povo. Não há preconçêito. A igualdade predomina. Depôis de êleitos surgem as negociatas com os produtores e atacadistas conçedendo-lhes permissões para aumentar os prêços porque eles querem rehaver os gastos nas propagandas.

Fiquei atonita olhando o luxo fóra do comum na residência do senhor Humberto Casciano. Disse-me ser secretário do senhor Janio Quadros. A casa é forrada com tapete de viludo. Dá a impressão que estamos num castelo dos contos as mil e uma nôites. Os meus olhos percorria os adôrnos carissimos que estão espalhados pela casa. As estantes superlotadas de livros mas aqueles livros são adôrnos comprovante de falsa cultura. Da a impressão que são novos ricos. A dona Suzana Rodrigues chegou com o seu seqüito feminino que ovacionou-me. Os meus olhos procurava um relógio. O sono queria dominar-me. Meu Deus! Meu Deus. Eu estou num mundo diferente. Mil vezes entre os favelados que lutam pelo pão de cada dia. Pensava. Porque será que eles disputam um posto politico com tanta ambição. Ja tem com que viver.

Não é patriotismo. Não visam benéficiar o povo. Quanto ganha um prefêito por mês. Deve ganhar bem porque prefeito não faz greve. Governador não clama aumento de salário. As agruras da vida está reservada a classe média.

A esposa do senhor Casiano, ofereçeu nos sorvête com bolo e café. Eu estava anciosa para ver a casa. Ela concedeu-me atenção deferencial. Percorremos a casa. Eu disse-lhe:

— A senhora deve ter uma despesa fabulosa com criados.

Fiquei pensando. Meu Deus, sera possivel que nessa cidade existe o contraste e o confronto. O contraste são as favelas com seus habitantes semi-alimentados. Comendo com dias alternados, ressidindo as margens dos rios. Catando algo para comêr nas latas de lixo. E o confronto são as riquesas fabulosas que estou conheçendo atualmente. Loças de prata. Xicaras de porçelanas finissimas. Penso, estes são os camelos que não hão de passar pelo fundo de uma agulha.

Ofereceram-me coca-cola. Não gosto mas tomei. Vi o jardim de inverno com geladeira superlotada com iguarias finissimas. Enquanto observava aquela riquêsa pensava nos pobres que estão espalhados pelo Brasil. As cenas pungentes que presenciei nas minhas viagens vinha-me a mente igual uma fita de cinema.

O Nordeste com seus mucambos e sua gente triste. O olhar do nordestino é um olhar de orfó, são filhas adotivas da miseria a mâe riquêsa abandonou-os. Deu preferencia so as filhas do Sul. A conversa deles é uma conversa vasia. Balôfa sem raizes é igual, as plantas aquáticas. Conversa com raiz é conversa de opérario.

Meu Deus! O custo de vida está duplicando-se. O meu salário não dá. — Eles são diferentes dos pobres. Eu naquêle nucleo era igual uma atriz estreante entre atores veteranos. Porque eu sai do minimo para o maximo. Eu era lixeira. Agora sou escritora.

Titulo imortal. Neste nucleo que estou mesclada não envaideço.

Estou cansando de tudo. O senhor Casiano, deu-me um livro, brochura, Diario de uma campanha relatando a campanha elêitoral de Janio. Disse-me que o seu nome está incluido no livro da pagina 25.

A dona Suzana e as senhoras que acompanhava-a despediram-se. O filho de dona Suzana pediu-me para telefonar-lhe amanhã. Fiquei com inveja quando vi a dona Suzana retirando-se. O senhor Casiano convidou-a para ir á televisão enaltecer o gesto côrtês de sua filha compareçendo na televisão que ele pagava o programa. Dona Suzana, recusou aludindo a sua condicão de jornalista imparcial.

Uma Senhora convidou me para sairmos com uma perua bradando ao povo para votar no dr. Farabuline.[1] Recusei aludindo canseira. A esposa do senhor Farabuline, estava tão contente com o seu fêito

---

[1] Anselmo Farabulini Jr., deputado estadual (PTN) e candidato à prefeitura de São Paulo.

radiofonico. Parecia a Maria Antonieta, quando recebeu a noticia que ia ser rainha da França. Convidou-me para irmos encontrar com o dr. Farabuline em Santo Amaro. Ele ia encontrar com as empregadas da CMTC na garagem. Era 23 horas eu rodando dentro de um automovel. Pensando nos filhos que haviam ficado sosinhos numa casa. E São Paulo é a cidade dos roubos.

Eu ia xingando a minha vida atribulada. Não estou apreciando estas solicitações diárias. Estou exausta, tem dia que tenho vontade de dormir durante o dia. Mas, não tenho tempo. Eu lutei para melhorar a minha vida. Pirou mais. É o caso de dizer eu queria ir pro céu e fui pro inferno. A Hilda, ia em silêncio.

Quando chegamos em Santo Amaro não encontramos o dr. Farabuline. Os motoristas estavam recluindo-se. Eu disse para o dono do carro o que os politicos sempre faz algo para o país. Respondeu-me que eles tem possibilidade de fazer muito mais. Desci do carro e fiquei girando por ali. Os pés doia-me. Eu estava com inveja das pessôas que estavam dormindo. A minha vida é uma musica que dánço e não acerto o passo. Fomos num bar tomar café. Comi bolo média. Não sei se eles pagaram a minha despêsa porque eu não paguei.

Conversei com os motoristas, os homens tristes. Dá á impressão que são condenados a espera da morte.

Dois senhores espalhavam retratos do senhor Farabuline com o senhor Janio Quadros. Cansei de ouvir a esposa do senhor Farabuline, dizer:

— O Janio, é meu padrinho de casamento.

Ela colocou uns retratos do senhor Farabuline, na vitrine.

O purtuguês dizia:

— Tira isto d'aí! Isto vae expantar os freguêses.

Devido ela estar com uns trajes simples o purtuguês não acreditou quando ela disse ser a esposa do dr. Farabuline Junior, dirigindo-lhe uns olhares. Pensei no sacrificio de uma campanha elêitoral. É preciso um sacrificio mesclado com paciência para não desistir.

Dei graças a Deus quando a dona Concêição Farabuline resolveu partir. Meus pés ardiam dentro dos sapatos. Estavam quentes tinha a impressão que estava com febre nos pés. Eu levanto as três da manhã para lêr ou escrever e ficar de pé vinte e quatro horas é um sacrificio imenso para mim. Começei ficar nervosa odiando tudo ao meu redor. Enjôei de ouvir a dona Concêição, dizer:

— Farabuline é um homem honesto. Tem um passado correto deve ganhar a elêição.

Quem os vê percebe, que eles não são patrioticos querem conseguir estes postos politicos por interesse. É o unico mêio d'eles enriquecer-se sem esfórços e rapidamente.

Levamos dona Concêição Farabuline em casa. Ela reside num apartamento e disse-me:

— Olha a minha casa Carolina! Eu sou pobre. Quem é rico, é o meu pae.

A mãe de dona Conceição Farabuline, disse-me que o unico gesto do senhor Farabuline foi casar-se com uma moça que está bem na vida. O que horrorisa-me, é que ha muito interesse nos pôstos administrativos. Eles não falam: eu quero governar porque tenho dó do povo. A dona Concêição Farabuline, dizia:

— Eu fui ao programa porque era de graça. O meu esposo não pode pagar um programa de televisão.

Perguntou-me quem patrocina o programa.

— A maquina Leonam.

A dona Concêição, quêixava que estava com sono dizendo que ia dormir um mes depois do plêito.

Despedi de dona Concêição. Ressolveram conduzir-me ate a minha casa. Pedi que deixasse eu ir de onibus para não fatiga-los. Nas epocas de eleicões eles são dinamicos parecem que são impulsionados por energias atomicas.

Quando chegamos na minha casa era treis horas da manhã. Eu estava exausta com febre pedindo a Deus para morrer. Eu supliquei ao senhor Audálio Dantas para escrever foi para dar o que comêr aos meus filhos. Não pretendo auxiliar os politicos porque cada um que entra arruina o país.

Cheguei em casa com fome com sono. Os meus pés estavam inchados respirei aliviada quando retirei-os de dentro dos sapatos. Para mim era um suplício de tanta dor. Dêitei. Não adormeci devido ao cansaço.

Levantei as sêis para preparar os filhos para irem a escola. Passei o dia indisposta. A casa está em dessordem. Eu estou com febre e dor de cabêça. A dona Elza felicitou-me pelo meu gesto na televisão.

Os versos afluia-me no cerebro deixando-me confusa.

Pensei: vou vender esta casa. Vou pro Rio Grande do Sul. A minha vida está dessorganizada. Quando os filhos chegaram perguntaram:

— Mamãe têm comida?

— Não fiz almoço. Estou com sono. Toma café com lêite.

Que suplicio. Na favela, eu não tinha o que comer. E tinha tempo para preparar refeições. Aqui eu tenho de tudo e não tenho tempo.

Escrevi um bilhete para o Audalio avisando-o que devolvesse os meus cadernos que eu quero deixar São Paulo. Não suporto mais esta vida confusa. Os termos do bilhete fôram rudes. Eu citei-lhe que sou um joguete ao dispor de todos. Convites pra féstas politicas etc.

O meu obgetivo era livrar-me da favela e da fome. O João foi levar o bilhete. Fiquei oculta na casa da visinha com receîo de ser molestada pelos politicos que prometeram vir procurar-me para fazer propaganda para o senhor Farabuline.

Devido eu não ter sossego tenho pavôr e horror da casa de alvenaria. Dêsde que entrei nesta casa os aborrecimentos são sucessivos.

O João retornou-se com um carta do Audalio. Eu disse-lhe que quero sair do meio destes brancos desgraçados. Eles, para conseguir seus obgetivos escravizam uma pessoa. Não tem noção no pensar que aqui em São Paulo todos lutam. O João disse-me que o Audalio disse-lhe:

— Quando eu fui na favela a primeira vez não simpatisei com a Carolina.

E eu não simpatisei com o senhor Audalio Dantas. Podemos separar-nos a qualquer momento que eu, não vou sentir saudades. Se rifa-lo eu não compro um bilhête. Ele tem tipo de brasilíndio. Fiquei furiosa. Troquei-me e fui pra cidade disposta a dar uma cacêtadas no Audalio porque eu queria comprar uma casa no interior, ele não dêixou. Queria comprar terras para plantar. Num recanto onde os dias são iguaes. Aqui na cidade a vida varia muito.

Quando cheguei na cidade encontrei o Audalio sentado. Furiôso.

Disse-lhe que queria os cadernos porque eu quero ir-me embora para o Rio Grande do Sul. Disse-me que em qualquer lugar que eu apareçer a minha vida será atribulada.

A Lourdes que foi empregada do senhor Raul Dias de Almêida, surgiu dizendo:

— Deixa de nervosismo e aperte a minha mão.

— Eu não pego nas mãos de malandros. Eu não gosto de você. E você sabe porque. Eu estou falando com a nota e não com troco.

O Audálio disse:

— Ela não gosta de ninguem.

Eu disse-lhe que quero os cadernos.

— Pretendo sumir de São Paulo. Aqui tem muitos malandros que querem explorar-me.

Ele deu-me um caderno eu joguei no solo e sai furiósa.

É duro ficar trêis nôites sem dormir. Eu estava com dôr de cabêça.

E o poeta não pode ter dor de cabêça. Ficam loucos. É um calôr interno nos miolos que vae duplicando-se.

Sai da redação pensando em dar fim a existencia. Quando cheguei em casa soube que as mulheres que estão fazendo a propaganda para o dr. Farabuline, procurou-me. Xinguei-as. Será que essas mulheres não vê que eu tenho filhos na escola e um lar para cuidar. E não tenho criada?

Da a impressão que estou entre animaes. Na favela eu era torturada pela fome. E aqui na casa de alvenaria pelas mulheres. Elas que lute pelo seu ideal sem aborrecer-me. Eu estou exausta. O meu cansaço vem de longe. Sai da favela na luta. Já fui viajando autografando livros ininterruptamente.

Não tinha tempo para comêr a fraquêsa foi dominando-me. Passei a tarde pensando. Não varri a casa não fiz almoço. Os meus pés doe-me tanto. Que confusão na minha vida.

10 DE MARÇO DE 1961

Levantei disposta a dêixar São Paulo. Eu não gosto de escrever Diário. É uma lêitura rude. Mas o Audalio obriga-me. Preterindo o que escrevo ao natural.

Ele disse ao João que não simpatisa comigo. Dou graças a Deus. Ele é um homem enigmático. Os filhos foram a escola. Fiquei limpando a casa.

A televisão canal 9 vêio filmar os filhos para inauguração de um programa. Troquei-me e fomos retirar os filhos da escola. Voltamos de carro.

Eu estou nervosa. Quero escrever romances dramas e tenho que escrever Diário. Não gosto deste tipo literário.

Os filhos almoçaram comida que sobrou de hontem. Sai com o Jose Carlos. Está chovendo. Fui a redação procurar os cadernos. Eu não quero escrever porque eu não gosto de Diário. É horrivel fazer o que não gostamos. Da á impressão que sou escrava.

Eu tenho o pensamento literário ao natural, não preciso escrever Diário. Não casei com ninguem e vivo dominada por este tal Audálio Dantas. Ja estou enjoada desta vida atabalhoada.

Depôis que filmaram os meus filhos fui na redação encontrar o Audalio e disse-lhe que queria os cadernos. Ele disse-me que estavam na livraria. Encontrei aquela preta que cria filhos alhêios e pede auxilio para cria-los. Não vou auxilia-la porque não mandei ela criar filhos alhêios. Eu crio os meus porque geraram no meu ventre. Mêsmo assim crêio que arranjei sarnas para coçar. O Audálio diz-me para auxilia-la. Não vou auxiliar ninguem. Chêga de bancar palhaço.

Quem deve auxiliar os indigentes é o serviço social — Ela bajula o Audálio dizendo-me que dêvo obedecê-lo. Ela, não tem nada que interferir-se nas minhas resoluções. Quem tem preguiça é que precisa bajular para viver. Eu não preciso tenho coragem para enfrentar qualquer especie de trabalho — Não sou miniatura.

Sai furiósa. Fui na livraria olhando o quadro exposto onde se lê: Esta favelada escreveu um livro e a livraria Francisco Alves tem o prazer de oferecer ao povo. Pensei nas reviravoltas de minha vida depôis do lançamento do livro — A fama espalhou se que estou rica. E adeus, tranquilidade! Tudo em mim está extinguindo-se — O amôr a vida o afeto pelos livros. É a dessilusão pela casa de alvenaria. É horrivel viver qual a massa humana. Todos desêjam ser ricos.

Encontrei o dr. Lélio e o Paulo Dantas na livraria e queixei-lhe que não supórto a cidade. Que o povo quer dinheiro e eu não tenho. Uns, quer um milhão, oitoçentos mil e quatrocentos mil. Ja cançei de ouvir as palavras, dinheiro! Chego a sonhar que as folhas das arvores são notas de oitocentos mil cruzeiros. E as visitas diárias, as que querem emprego mas não tem profissão. Tem apenas o curso ginasial. Quem tem curso ginasial não quer ser opérario.

O dr Lélio disse-me que estou esgotada. Que editou o meu livro para eu ter descanso. Que eu dêvo ir para o interior. Citei-lhe que quero ir pro Rio Grande do Sul. Quero separar-me do Audálio ir viver no sitio entre as aves. Elas não tem ambições igual os homens. O dr. Lelio disse-me:

— Se você deixar o Audalio ele acaba suicidando-se. Ele está em divergência com a sua esposa. Que está chegando tarde em casa. Ele está declinando na opinião publica você precisa readiquiri-lo.

Fiquei estarrecida so em pensar que o Audálio possa morrer por minha causa. Isto havia de aborreçer-me pelo resto da vida. Fiquei com dó do Audalio. Ele havia dito-me que o Cliris dessapareceu.

Não crêio. Ele é muito caprichoso. O dr. Lélio indicou-me o armario onde estavam os cadernos. Retirei-os nervosa com as atribulações que estou passando. Convites e mais convites. Estou super nervósa e não consigo dormir. Sai furiosa xingando a hora que nasci neste mundo. Eu disse ao Dr Lelio que ia telefonar ao Audalio oú ele telefonasse convidando-o para vir a minha casa de alvenaria que inspira-me horror.

A fila estava longa no ponto Imirim. Ressolvi ir ate a Gazêta a fila do onibus Alfrêdo Pujol estava longa. Pensei: vou voltar a fila do onibus Imirim. Senti dor nos pes e pensei: eu... estou ficando louca. E seu eu enlouquecer quem vae cuidar de meus filhos? Vou tomar outra decisão não tenho nada com os problemas dos outros.

Quando cheguei em casa mostrei os originaes para a dona Elza. Ela achou-os bonitos. Encontrou muitos êrros de purtuguês. — Eu disse-lhe que pretendo estudar quando organisar a minha vida. Ela prometeu-me ensinar-me os pronomes.

Eu disse ao dr. Lelio que pretendo falar com o governador para auxiliar-me. Quero sair de São Paulo. Quando matei o porco la na favela os favelados queria linchar-me por causa da carne. Tive medo. E agora a classe média aborreçe-me quer dinheiro. Eles são a classe vaidosa — os ricos não tem tantas pretensões, vivem normarmente. O pobre, vive de qualquer gêito. Não perturbam, contentam com as esmolas que ganham nos Centros Espiritas.

A dona Elza aconsêlhou-me: dormir e não receber visitas. Obedecer o Audálio que ele é meu amigo.

11 DE MARÇO DE 1961

Levantei triste. O João está rêinando na escola não quer ir para o terceiro ano. Contratei a dona Thelma, para ensina-lo mathemática. Ela disse-me que cobrava 200 cruzeiros. Achei barato e disse-lhe que pago 300.

Dei-lhe os 300. Ela aceitou eu vim para casa. Depois ela apareceu dizendo que cobra 200, por aula. Fiquei horrorisada. Mas, atualmente ninguem deve assustar se com os prêços.

Troquei-me e fui para a cidade pensando: se eu pudesse dêitar e adormecer!...

O Audálio não estava fui ao banco retirar 20.000,00. Dei 10.000,00 ao Torok para entrega-lo ao Audalio. Citei ao José Pinto que estou com recêio de escrever contra ao nucleo que estou mesclada. Ele disse-me que não ha pirigo. Se eu mudar o estilo serei criticada pelo publico. O meu sonho é sumir de São Paulo, ir para o campo. Não é egoismo é ideal.

Cansei de esperar o Audálio. Quando eu ia saindo, ele entrou. O Torok entregou-lhe o bilhête e eu saí. Não quiz falar-lhe desci os degraus anciosa para chegar em casa e dormir. Estou dominada pelo sono.

O Audálio desçeu os degraus. Ele estava reanimado porque eu havia dêixado um bilhête amavel para ele. Ele acompanhou-me ate a rua Barão de Itapetinga. Encontramos um pretinho por nome Osvaldo[2] disse ser o redator do jornal O Ebano. Pediu ao Audalio se dêixava eu ir até o jornal. O Audalio disse-lhe que sou livre. Ele recusou o convite e voltou pra redação.

Acompanhei o Osvaldo ate ao edificio onde está localisado o jornal. Um engenheiro cedeu-lhe a metade da sala com telefone — Eles falam demaes da a impressão que estão brigando. O Osvaldo estava nervoso. Um senhor telefonou cobrando uma divida de 1.500 cruzeiros. Eles não tinha o dinheiro e o credor ia enviar a letra ao protesto. Eu dêi 2.000,00.

O purtuguês zelador do predio queria fechar o predio. Estava nervoso e dizia que ia reclamar ao proprietário. Dei razão ao purtuguês porque a vida em São Paulo, é atribulada. Quem puder descansar um pouco deve descansar.

Eu não conhecia atribulações. Fiquei conheçondo depôis que estou mesclada com as classes dominantes. Eles turturam-me com a insistência em pedir-me dinheiro emprestado. Ja estou ficando esgotada. Estou enjoando da vida.

O Osvaldo, dizia ao Eduardo, que ele aparece no jornal quando tudo está em ordem. Não concordei. O Eduardo de Oliveira tem emprego publico. E o senhor Janio Quadros mudou o horario acarretando mais dificuldades a classe funcionaria que ganha um salário médio e tem que enfrentar os prêços maximos. O Eduardo de Oliveira, é casado, é pae de cinco filhos. É sosinho para trabalhar.

Entramos no carro e dirigimos para a Manchete. Estava fechada. É sabado. Fomos tomar café. Eu comprei sanduiches para nós. 6 sanduiches há 50 cruzeiros cada — pensei ja gastei 2.300,00.

Em todo o nucleo que mesclo tenho que gastar. E eu não tenho ninguem para auxiliar-me a ganhar. Tenho o Audalio e ele é metodico. Não acêita o meu dinheiro. Eu quiz dar-lhe os meus livros para ele edita-los a meia ele não quiz.

Agora que tenho dinheiro sou procurada igual um personagem em destaque. Transformei-me em abêlha rainha de uma colmea que não quer mel. Quer dinheiro.

Porisso é que quero renunciar a literatura.

Eu estava cansada já faz oito meses que não descanso. A minha

---

2 Oswaldo Borges, fundador da publicação *Ébano*, da década de 1960.

pressão está abaixando — fraqueza. A fraquêsa enlouqueçe. Eu não tenho dever social com ninguem so com os meus filhos. Cansa ouvir os clamôres do povo. Quem deve ouvir as angustias do povo são os governadores. Mas ele vivem recluidos dentro dos palácios, que são suas conchas.

Fiquei girando com as pretas nervosa porque eu não gosto de andar a tôa. Respirei aliviada quando entrei no onibus.

Quando cheguei em casa que confusão. Louças sujas o assoalho imundo. As camas desfêitas os filhos sujos e amarrotados. Eu estava com falta de ar. Déitei pensando: Não foi assim que idealisei a minha vida numa casa de alvenaria. Preciso e dêvo tomar uma resolução.

Recebi convite para ir numa festa na associação cultural dos negros. Mas eu não vou. Quero descansar. O meu dever é viver para os meus filhos.

Deitei as 18 horas. Bateram na porta. Não atendi.

12 DE MARÇO DE 1961

Levantei as 6 hóras. Fiz café fui comprar pão. Senti tunturas. Dêitei. Os filhos sairam queixando-se que estão descontentes com a casa de alvenaria. As visinhas deu-me comida. A dona Zezé deu-me macarronada e a dona Elza deu-me risôto. Tomei um calmante para dormir. Eu estava dormindo quando ouvi a voz do Audálio. Ele galgou as escadas. Levantei abri a porta do quarto.

Tinha a impressão de estar sonhando.

Pareçe que estou transformando-me. Como é horrivel não ter sossego nem para dormir. Ele disse-me: o Paulo está aí. Ressolvi descer os degraus. Quando eu ia erguer as pernas sentia-as pesadas como se fosse de chumbo. Quando estava no fim da escada sentei exausta como se tivesse andado mil quilometro perpassei o olhar vendo a esposa do Paulo Dantas e a esposa do Audálio acompanhadas com os filhos demostrando disposição. Pensei: elas é que são felizes. Tem os esposos para pensar por elas.

Quêixei do Audálio que sai com a esposa do senhor Farabuline. Eles fotografou-me ao lado dele e gravaram a minha voz.

— E eles pagaram? — Perguntou a dona Julia, esposa do senhor Paulo Dantas.

O Audalio, disse-me:

— Se você ouvisse-me não teria saido com o Farabuline.

Eu passei o dia fugindo d'eles. Sai a nôite para comprar leite quando retornava eles obrigou-me acompanha-los.

Eu e meu filhos estavamos loucos de fome.

Infelizmente eu não posso xingar os deputados. É horrivel a minha vida de marionette.

O meu sonho era arranjar o que comêr para os meus filhos. Eles são ricos. Ja estão instalados na vida e continuam ambiciósos — pareçem os toneis das donoides. O senhor Paulo Dantas, disse-me:

— Você precisa passar uns dias fóra.

Meu Deus! Com os filhos na escola como é que hei de passar uns dias fóra de casa? Quem é que vae tolera-los a não ser eu? Uns menino endiabrados. Só as mães é que suportam os filhos quadrados ou retos. Eu disse-lhe que desêjo ir para o Rio Grande do Sul. Pretendo comprar sitios e plantar lavouras. De manhã os filhos vão a escola. E a tarde trabalham. Disse-lhes que as visinhas deu-me almoço. E mostrei-lhes a comida.

— Eu quero sair de São Paulo, eu sou preta. E nós os pretos, não temos muita ambição... É melhor o Audálio devolver-me os meus cadernos. Eu vou-me embora.

Ele ficou furiôso. Disse:

— Eu devolvo os teus cadernos.

Minha cabêça doeu. Deu-me vontade de sair correndo até cair inconciente. Sai gritando:

— Eu quero morrer!

Entrei na casa de Dona Elza. Ela assustou-se, ficou palida perguntando-me:

— O que foi?

— Dona Elza eu quero morrer! Eu não tenho mais sossego.

Quantas dessilusões depôis que sai da favela. Eu via o lado de cá cor de rosa e o resto é mais tenebrôso do que o purgatorio.

Como é horrivel ser turturada assim. Duas nôites sem dormir com os politicos. Agóra que ia dormir o Audálio, vem repreender-me. Como é horrivel ser preto. Em qualquer lugar do mundo somos predominados. E quem predomina, nos domina. Tinha a impressão que o meu sangue era eletrico impelindo-me andar, andar, até, cair exausta. Fui na casa da visinha ela, deu-me um calmante — fui reanimando-me um pouco.

Tive a impressão de estar despertando de um sonho pensei: será que estou en-louqueçendo?

E se eu enlouqueçer-me quem é, que vae cuidar dos meus filhos? Eles tem pavôr do juizado de menóres. Quando eu estava na favela usava os trages da alegria. Sonhava: eu hei de ser feliz, na casa de alvenaria. Agora que estou na casa de alvenaria uso os trages tristes, trages negros. A cor que simboliza tristêsa. Meu Deus! Será que o Audálio não compreende que estou cansada!

Dá a impressão que sou sua escrava. Ele anula os meus ideaes. Todos escrevem romances e dramas e ele quer obrigar-me a escrever Diario. Um dia ele disse-me que quer fazer o povo tomar medo de mim. Porque?

Isto é maldade. Cheguei a conclusão que os pretos não devem aspirar nada na vida. — O mundo não é para os pretos. O mundo é dos brancos. Nós os pretos somos capachos que eles pizam e nos esmagam. Quando o preto grita igualdade eles põe mordaça.

Quando a gente não tem sórte!
Quando perde-se a ilusão
Tudo é triste, so a mórte
É a unica solução.

O Audalio saiu com a sua esposa e o Paulo Dantas. Eu fiquei girando com dor de cabeça. Mas ninguem tem dó do côrpo humano. O egoismo é o sinete da humanidade.

Ergui os olhos para o céu. Se eu tivesse azas eu levaria os meus filhos um de cada vez para lá e não mais retornaria a terra. Isto aqui, é um vale de lagrimas. Ate Jesus, chorou aqui. Jesus nasçeu entre os animaes. Isto é simbolo. Quem nasce entre os homens pelos homens são feridos.

A dona Elza Reis disse-me:

— Cuidado Carolina. Você pode ficar louca! Você não tem sossego. Eu e o Rogerio vamos sair. Você vae conôsco. Vae aprontar-se.

Fui vestir pensando se a esposa do senhor Farabuline, chegar e convidar-me para sair tenho que ir. E eu, estou cansada pareçe que o meu cerebro aumentou-se. O Renato, jornalista previu isto. O David St Clair que, eu, ia ter um disturbio mental. Porque eles sabem que o poeta é fraco.

A Vera estava no cinema com a Maria do Carmo. Os filhos estavam girando. Saimos. Fomos de onibus. A cidade estava super-lotada. As pessôas reconhecia-me quando eu passava citando o meu nome. A dona Elza levou-me a igrêja Santa Efigenia. Primeira vez que entrei naquela igrêja. Resei pedindo a Deus paz tranquilidade no meu cerebro. Acendi uma vela pro São Geraldo. Nas ruas o povo dizia:

— Ela está rica.

Olhando-me com curiosidade. Circulamos pela cidade olhando as vitrines e os prêços astronomicos. Os homens tem pretensões de ir ao espaço e os prêços tambem. Convidei a dona Elza para irmos a rua Libero Badaró, ver o cartás com o meu retrato. O senhor Rogério, disse-me que passava outro dia. Tomamos café varias vezes.

Fomos sentar no jardim da Biblioteca Municipal. Os casaes, de namorados sentavam tão unidos. A filhinha de dona Elza sorria olhando-os e achando graça.

Ela queria rolar na grama. A dona Elza impedia dizendo-lhe que o seu vestidinho ia amarrotar-se. Olhava aquelas arvores frondósas pensei: aqui é a morada das aves. Não precisam pagar aluguel. Já nascem vestidas. Não precisam calçar os pes. Não é esplorada pelos homens. Tomamos o onibus para o retorno. Eu estava pensando nos filhos, porque eu dêixei a porta fechada. Com a companhia amavel do senhor Rogério, reanimei-me.

Ao chegar em casa fui procurar os filhos na casa de Maria do Carmo. Eles estavam dormindo nas poltronas. Quêixei para eles que estou cansada ouvindo os pedidos de dinheiro emprestado e os lamentos do povo reclamando o governo do senhor Janio Quadros. O povo tem que aprender cada um confiar em si e não esperar nada dos governos.
— Fico pensando: na turtura mental que os filhos porprociona-me. E o povo. Antigamente o povo apôiava na fé. Atualmente eles esperam dos governos ou dos idolos. E eu não quero ser considerada ídola. Não posso dar ao povo o que o povo desêja. Será que o Carvalho Pinto tem tranquilidade de espirito. O que eu sei dizer é que a minha vida está cada vez pior. Ambição do preto é a tranquilidade. A paz.

Lembro, quando mamâe dizia:
— Aprende o corte e custura.
E eu... alegre respondia:
Não. O meu ideal, é literatura.

Ela dizia:
— Dêixa de ser louca minha filha. Tem certas coisas na vida que nos porpociona so aborrecimentos. Um dia... você ha de dar-me razão.

Nada mais pra mim existe
Vivo tão disiludida
A minh'alma ficou triste
Não há encanto na vida.

Carreguei a Vera. Ela estava dormindo. Fiquei com dó dos meus filhos.

> Os poetas sensatos
> Não tiveram filhos
> Não dêixaram sementes
> porque o mundo é ingrato
> sofre-se, diariamente.

Chegando em casa dêitamos. Que sono confuso é o meu.

13 DE MARÇO DE 1961

Levantei as 5 horas preparei o café para os filhos. Eles trocaram-se e fôram a escola. Eu estou triste. Ressolvi limpar a casa. Ensaboei as roupas lavei o jardim ia preparar o almoço quando o Osvaldo do jornal Ebano chegou convidando-me para sair. Fiquei alucinada. Meu Deus! Eu tenho os filhos, preciso fazer comida para eles. O meu contrato é com a Livraria Francisco Alves e o dr. Lélio não aborreçe-me porque hei de colaborar nisto, ou naquilo.

Ele dizia que a raça precisa unir. Quem está bem deve auxiliar o outro. Disse-me que ia levar-me na radio Record no club dos artistas. Que havia prometido ao Hiron.

Troquei-me e fui porque não dêvo recusar um convite da Recórd. Eles auxiliou-me muito. Dêixei os filhos aos cuidados dos visinhos. Pedi a visinha para molhar as roupas que dêixei quarando-as. Sai contra-vontade. Da a impressão que sou uma folha ao sabôr das ondas.

Entramos no carro e seguimos para a rua Don José de Barros. Os pretos ficaram contentes quando viu-me. O Osvaldo pediu-me para escrever uma artigo para o jornal. Saimos. Eu estava pensando nos filhos que estão enfraqueçendo-se. Quando chegamos na Recórd fomos para o restaurante.

O Osvaldo tomou cervêja. Sentei na mêsa que estava os artistas da Recórd.

Citei-lhes que estou com medo de escrever o Diário da vida atual. O Audalio diz que não dêvo temer. Mas, ha varios tipos de profissão que posso exerçer. Estava com a cabêça confusa. Citei-lhes que na favela eu fui apedrêjada. Se escrever citando o que acho horroroso na sociedade posso tomar um tiro.

— Porque é que o Audalio não escreve? — Sugeriu um jovem que não conheço.

Nem sempre o preto pode ter vontade propria.

A dona Celina Amaral vêio sentar-se na minha mêsa.

Eu disse-lhe que acho a sua voz muito bonita. Voz adolesçente. Disse-me que a Radio São Paulo não aprécio a sua voz e da os papeis de criada para ela representar.

— Oh! O radio é voz. A voz modifica-se no radio. É o que diz o senhor Manoel Durâes.

Continuou elogiando o senhor Manoel Durâes.[3] Citei-lhe o enredo da peça que estou escrevendo. Ela gostou e pediu-me para escrevê-la e dar ao senhor Manoel Durâes. Aconsêlhou-me para não escrever contra a sociedade que, vou encontrar dificuldades no nucleo. Ela é contra o editor que está obrigando-me a escrever Diário da sociedade.

— O editor edita. Ele não tem nada com o livro. Quem escreve é que é o responsavel.

Ela ouviu-me ate o fim e disse-me com a sua voz de rouxinol:

— É melhor escrever um bom livro do que escrever inumeros sem valôr. O outro poderá préjudicar este.

O meu coração pulou dentro do pêito. Será que vou decepcionar-me com o diario no nucleo social? Mesclada com as pessoas que pensam que são supériores. Que são de primeira qualidade. Jurei a mim mêsma não escrever Diario. Vou dizer ao Audalio que dessisto de literatura.

Ela despediu-se e foi sentar-se n'outra mêsa. Anunciaram o nosso programa. Eu fui para o palco. Sentamos nas mesinhas. Eu havia ensaiado para cantar — Eu cantei no programa. O Osvaldo disse que ia lançar-me como cantora. Fez uma apresentação do jornal O Ebano.

Fui aplaudida. Cantava pensando na confusão de minha vida — Hontem eu chorava. Hoje estou cantando. E o amanhã? O que estará reservado para mim? Talvez a campa silente e fria. A vida é um palco e as cenas variam com o decorrer da existência.

Os outros cantôres cantaram. Um maestro que estava presente disse-me que apreciou a valsa "Quem assim me ver cantando".

Quando saimos da Record fui visitar a noiva do Jayme, um dos diretores do jornal O Ebano. Eu havia autografado um livro para ela. Ela coleciona autografo. Havia conversado com ela no telefone, pensei que fosse menina. A sua voz é infantil. O Osvaldo, pediu algo para comêr. Ela nos deu quêijo com bolachas.

---

3 Ator, diretor, locutor e apresentador.

Perguntamos se haviam visto o programa de televisão? Não viu.

— A Carolina cantou. O Ebano lançou-a como cantora — Comentava o Oswaldo.

A noiva do Jayme, não quer casar-se na igrêja ortodoxa. E ele, não quer casar-se na igreja romana — Não discuto religião porque elas, são indiscutiveis — Todas ensinam o bem.

A dona Emy, disse-me que a sua amiga queria conhecer-me. Entramos no elevador. Depôis dos comprimentos, fiquei sabendo que os donos da casa são de Franca. A dona Sylvia, é a filha do senhor Fisico. Neta do senhor Candido Lêite — seu Candoca. A esposa do senhor Candoca morreu. Viuvo duas vezes. Antonia, que foi criada do senhor Candoca é de Sacramento. Está velha e doente. Falamos dos conhecidos. Fiquei com dó da Lélia ela, era bonitinha quando criança. Está sofrendo da vista. O corpo humano é ingrato. Ficaram admirados por eu conheçer Franca de vinte anos atrás. Falei com a dona Sylvia:

— A senhóra não ficou bonita igual a sua mãe. A dona Mariinha, era linda.

Mas, a mórte é egoísta. É imparcial. Ricitei uns versos para eles as "Noivas de maio". Dei autógrafos e fiquei pensando. É isto... A vida de escritor? Perde-se um tempo preciôso em conversa fiada. Eu pensava assim: quando eu estiver na minha casa de alvenaria quero passar os dias lendo hei de comprar muitos livros. Graças a Deus, ganhei muitos livros mas, não tenho tempo para ler. Ja estou cansando desta vida confusa que levo. Quando saio gasto somas elêvadas. Não posso dissipar tenho que pensar nos filhos. A Vera quer ser pianista.

No inicio eu gostava desta agitação. Agora estou enjoando. Pareçe um filme de longa metragem.

Despedi de dona Sylvia entramos no Douphine do Jayme, o Oswaldo levou-me em casa.

Encontrei a visinha contente porque levamos o seu filho ate a cidade de carro. Que bom. Ele economisou dinheiro. Ela enxagou as roupas para mim.

A Vera, e o João, e o José Carlos estavam contentes comentando que viu-me cantando na televisão de dona Elza.

A dona Elza, sorria dizendo:

— Carolina, a tua vida é a vida mais confusa que eu já vi, ate hoje!

Entrei e sentei pensando na minha vida que não pode continuar como está.

Contaram-me que as senhoras que estão fazendo as propagandas para o senhor Farabuline vieram procurar-me. Ele não vae ganhar as elêições. O vencedôr vae ser o dr. Prestes Maia. É o mais sensato. O Emilio Carlos é molecotte.

14 DE MARÇO DE 1961

Levantei as 5 horas. Fiquei lendo estou lendo As mil e uma nôites. Preciso ir agradecer o senhor Herloy Quody dono da editora Carneiro Leão. Ele deu-me varios livros. Quero ir levar-lhe um livro encadernado. Mas é tao dificil andar nas ruas porque, tenho que parar para dar autografo.

Lavei as roupas passei. Não tenho tempo para escrever. Fiquei horrorisada quando li a Ultima Hora. Vi o meu retrato com o senhor Farabuline. Ele está dizendo que eu estou andando com ele em todas as favelas, pedindo aos favelados para votar nêle.

Mas o povo não nos vê visitando favelas. Eu não estou saindo com ele. Pobre Farabuline. Ele, é inciente e não sabe, que quem mente, não vençe. Não é o jornal que deve propalar que eu estou andando com ele para fazer propaganda — é o povo. É o povo que nos conduz a derrota. É o povo que nos conduz a vitoria. Côitado de quem depende do povo.

Hoje não recebi visitas, o João voltou as nove horas ele está rêinando na escola. Penso que cabulou a aula, disse-me que chegou atrasado. Escrevi um bilhête. Ele levou ao Audalio. No bilhete citei-lhe que estou desgostosa com o dr. Farabuline. Ele está dizendo que estou andando com ele nas favelas.

A mentira nos arruina. A verdade nos êleva. Um homem derrotado com a verdade pode andar de cabêça erguida. Os derrotados com a mentira tem andar com a cabeça curvada. O senhor Farabuline não vae vençer porque, ele está usando o nome do senhor Janio Quadros. E o senhor Janio Quadros, decepcionou o povo, com as reformas que está impondo no país. Quando ele atinge um posto desvanesçe. Entre o povo e o senhor Janio Quadros ha um espaço reservado para as desilusões que o seu governo está causando.

Ouço varias pessôas queixar-se que arrependeu-se de eleger o senhor Janio Quadros. É o estribilho da atualidade:

— Eu arrependi de votar no Janio.

Eu não tomo parte neste estribilho.

As pessôas que não vota
No Adhemar, depôis arrepende

porque os que lhe derróta
De politica, nada compreende

Mal por mal, mil vezes o dr. Adhemar.

Eu estou com dor de cabêça. É o pior suplicio para mim. Eu pensava que a minha vida ia melhorar. Está piorando cada vez mais. Eu não sou fórte. Eu sou poetisa. Não suporto o zum zum do povo porque o meu cerebro não compórta a fusão de ideias que promana-se.

Quando pedi ao Audalio uma casa ritirada da cidade é porque conheço o meu fisico. Não nasci para viver na turba. Eu nunca percorri a rua Direita aos domingos. Não conheço solâres de bailes conheço livrarias porque o livro é o meu estojo.

A nôite o senhor Fabio Paulino convidou-me para gravar uma homenagem que ele ia transmitir no programa Cantores da Velha Guarda.

Fui ouvir o programa na casa de Dona de Dona Elza Rêis. Ela não conhecia o programa achou a voz do Fabio, bonita e afinada. Findo o programa o senhor Rogério desligou o rádio. Eu despedi. Fui pra minha casa ouvir o fim do programa. Agradeço o Dops ter telefonado dando-me os parabens.

— Fiquei surpreendida com uma ouvinte que telefonou dizendo-lhe: porque perder tempo com a Carolina?

Não deu o nome. O Fabio protestou — dizendo-lhe que eu, sou mais nobre escrevi um livro e assinei. Não é covarde o que escreve assina. O meu agradecimento ao senhor Fabio Paulino.

15 DE MARÇO DE 1961

Despertei com a voz das fêirantes, dando bom-dia uns aos outros. Quando o dia despontou-se deixei o lêito. Preparei os filhos para ir a aula. O João, não quer ir. Está chorando. Xinguei-lhe e disse-lhe que não é ele o culpado. É que a professora passou para o quarto ano e ele não acompanha a classe. Estou cansada. Limpei a casa.

As onze horas a professora do João vêio dizer-me que ele não foi a aula. Eu disse-lhe que ele é incabulado. Que eu vou leva-lo a aula, amanhã. A professora disse-me que falaram que ela vae sair no Cruzeiro. Que eu escrevi um artigo contra ela. Citei-lhe que pretendo convidar o canal 100 para filmar o grupo no fim do ano. Quero comparecer nas festas cooperar na caixa escolar. Porque o meu sonho é a extinção do analfabetismo. Mostrei-lhe as roupas que pretendo usa-

-las no theatro. Mas estou cansada e triste. Tenho que sair todos os dias. Faz quatro anos que estou escrevendo diariamente. Levantando a noite para ler viajando para autografar livros. Estou combalindo. Todos os dias é um aborrecimento.

O meu cerebro está enfraqueçendo-se. Eu fiz o exame raquidiano, o medico disse-me que eu era calma. Normal. Fiquei contente. Naquela época eu dormia todas as noites. Mostrei-lhe os livros inacabados que pretendo conclui-los. Elas aconsêlhou-me ler. Citei-lhes que pretendo estudar purtuguês quando a minha vida normálisar-se. Se elas conheçem alguma professora que dê aulas particulares. Elas não conheçem. Despediram-se dizendo estar com pressa, iam almoçar.

Fiquei triste. Parece que a tristêza, é a sombra do poeta. — Todos os dias os aborrecimentos vem visitar-me. O Osvaldo, vêio procurar-me, dizendo-me que eu devo vender o meu nome para o sabão Appia, para propaganda e com o lucro da venda ele manda imprimir o jornal na casa da imprensa no largo do Arouche.

Disse-me que o Pelé vae ceder o seu nome para qualquer produto que queira usa-lo como propaganda. Que a raça precisa unir-se.

Ressolvi cooperar cedendo-lhe o meu nome. E prontificando-me a fotografar usando o sabão Appia. Ele convençeu-me colaborar no jornal. Fomos procurar o dono do sabão Appia. Não encontramos ele havia saido. O escritótio é na cidade, a fabrica é em Guarulhos. Combinamos voltar amanhã. Fomos na agencia do senhor Iran. Conversamos sobre o jornal O Ebano. Ele, pretende divulgar histórias em quadrinhos. Mostrou-me uns escritos eu li. Achei bonito o artigo.

O Osvaldo disse-lhe que eu posso escrever-lhe historias para o jornal. Disse-lhe que tenho uma historia interessante. O titulo é "Onde estaes felicidade?". Ele disse-me que quer ver o conto. Percebi que com ele ha possibilidades de arranjar bons emprêgos. Ele disse-me que ouviu-me cantar.

Estava mobilhando o seu escritorio. Comprou ha poucos dias. Disse-nos que vae a Santos. Talvez va até Argentina ver o jogo do Santos para transmitir as noticias.

O Osvaldo disse-lhe que vae levar-me em Santos para fotografar-me com o Pelé para a primeira pagina do jornal que vae incluir o chefe da iducação no centro da fotografia. Pediu ao senhor Iran se podia nos conduzir no seu carro. Ele concordou, percebi, que foi para nos agradar.

Conversamos sobre arte. Respirei aliviada quando despedimos. Combinamos ir a Santos sexta-fêira. Eu estava pensando na minha casa. Gosto de ficar em casa lendo, escrevendo, ou cuidando dos afazeres. Fico desconte ao lado destas mulheres ricas, que obriga-me a permanecer horas e horas ao seu lado ouvindo futilidades. Umas mulheres incientes. Pareçe que estão divorciadas da vida. E a vida atualmente tem que ser considerada coisa seria. Com o custo de vida o povo vae ficando neurotico. E o neurotico deriva para o suicídio.

Eu estava nervosa por ter ouvido a esposa do dr. Farabuline falar incansavelmente no senhor Janio Quadros. O falso Messias que nunca foi amigo do povo. Ele é um homem métamorfoseado. Quando quer conquistar algo bajula o povo. Depôis que conquista fere. O governo que aumenta o custo de vida não é amigo do povo.

Um governo é mâe do seu povo. E a mãe não acarreta sofrimento aos filhos. Mas a mamãe Quadros está sendo severa demaes. Castigando os seus filhos. Deixando-os sem comêr. Nunca votei no senhor Janio Quadros achando que seria mal empregado. Eu não tolero as jatancias do senhor Janio Quadros. Um homem que precisa entrar numa faculdade de humanidade.

Um político tem que observar minuciosamente a lêi que vae impor no país. Estou horrorisada com o custo do pão. Com o governo do senhor Quadros o pão passou a ser obgéto de luxo.

Quando o convidarmos uma pessôa para almoçar devemos dizer:

— Vae... lá tem pão.

Chegou a época das crianças brigar e ferir-se as sensibilidades:

— Lá em casa tem pão. Na tua casa não tem. Lá em casa tem pão na tua casa não tem. Você é pobre nós somos ricos.

Se os preços continuar elevando-se os operarios vão plêitear aumento de salário. E os patrôes serão obrigados ao corte, despedir homens que lhes são util. Um governo não pode ser neurotico e jatanciôso prepotente. Ha tempos que eu venho citando o exame raquidiano para os politicos. Quando viajo nos transportes coletivos ouço um desventurado falando consigo.

— Eu votei no Janio... estou arrependido. Antes tivesse votado no diabo.

Ninguem ri porque está ao lado de um opérario. E a sua voz é amargurada. O senhor Janio Quadros está fazendo o governo de fuxicos — Você disse, que eu disse, que ele disse. Derivando para as banalidades que não favoreçe o povo.

Ele podia investigar o contrabando com mais discreções sem esta onda de publicidade. Tirando a força moral dos homens do nosso país. Deturpando o nome de familias que não mais poderão andar de cabêça erguida porque a tal sociedade está superlotada de burguêses incultos endinheirados que não tiveram capacidades para o estudo mas tem capacidade para não esqueçer os escandalos da classe.

Errar é humano. O Messias de Belem o filho do carpinteiro disse: Aquele que não tiver pecado que atira a primeira pedra. Mas o messias Quadro está castigando impiedosamente sem complaçência. O senhor está enfrentando tigres com canivete na mão. Eu esperava isto. E espero muito mais do senhor Quadros. Fico com dó de ver o povo sofrer, para mim é a reprisse do calvario. Naquela época crucificaram um Cristo de trinta e trêis anos.

Mas o Messias Quadro não faz seleção de idade. O verdadeiro Messias era humano. Duplicou os pães e os peixes para o povo. E o nosso messias Quadro reduz. O povo vae comêr com dias alternados. Quando eu advertia ao povo:

— Não vota no Janio.

— Ah... ele, é o pae dos pobres.

Um pae impiedoso que pôis o pão a 50, o quilo. Ele quer impôr a ditadura no país. Se ele diminuir o custo de vida ele predominará. Se duplicar arruinará-se. Eu já disse: que quem predomina é o branco. Quem predomina, deve ter mais senso de humanidade do que os predominados.

Respirei aliviada quando cheguei em casa. Ja estou enjoando desta vida de andarilha. O Osvaldo conduziu-me no carro.

Era quatro horas quando cheguei em casa. Não consegui dormir a nôite. Estava exausta, cansada e triste.

Percibi um aviso da professora avisando que o João não foi a aula. Pedi uma reportagem na Ultima Hora. Ja estou cansada da casa de alvénaria. Tenho a impressão que sou um bonéco ao dispor do povo.

16 DE MARÇO DE 1961

Levantei as 6 horas preparando os filhos para ir a aula. Estou cansada. É horrivel esta vida intensa. A casa está em desordem. Quero comprar curtinas e uma sala de jantar. O João, retôrnou-se da escola. Disse-me que o diretor deu-lhe umas lições de matématica e mandou vir para a casa. Fiquei préocupada pensando ser mentira. O Osvaldo, vêio procurar-me para eu ir assinar o contrato com o sabão Appia. Troquei-me e disse-lhe que ia passar no grupo para esclarecer as confusões. O Osvaldo conduziu-me. Fui falar com o diretor se o João, compareçeu na classe.

— Disse-me que não.

Fui chorar chamar o João, para comprovar. O diretor disse-lhe que ele não compareçeu na classe e o João sustentava que sim. O diretor disse-me que eu levei um repórter para intimida-lo, mas ele não tem mêdo de imprensa. Que a imprensa é de todos. Que ele pode escrever citando que o meu filho é mentirôso — Que ele não vae ficar prejudicado por causa das mentiras do meu filho — O Osvaldo havia saido. Notando a minha demora foi ver o que havia. Eu disse-lhe que o diretor estava dizendo que eu havia levado o reporter para intimida-lo.

— Eu trabalho com jornalista. Não quis confusão com o diretor. Estamos na época dos neuróticos.

O diretor reside no Ipiranga. Quando chega no grupo ja está cansado.

Aqui vae o meu pedido ao senhor governador do Estado para arranjar condução estadual para os diretores escoláres que residir nos bairros periféricos. Repreendi o João pensando se estava sendo justa ou injusta, porque ele é o bode expiatório em tudo.

Eu estava nervósa com as ocorrências. Tem hora que arrependemos de sêr mãe de alguem. Seguimos para a cidade. O Osvaldo ia quêixando-se as dificuldades que vem encontrando para divulgar o jornal aludindo o prêço do papel. O senhor Iran prometeu auxilia-lo.

Ele está superlotado de ilusões com o decorrer dos tempos. Ele vae vendo as desilusoes despetalando-se. — Ha certos empreendimentos que são necessario, dinheiro, e capital. A dupla nos negocios.

Fomos ao escritorio do sabão Appia. O dono nos reçebeu.

Depôis de uma lenga lenga desnecessaria entraram num acordo. Achei graça quando o purtuguês que discutia o negócio com o Osvaldo disse-lhe:

— Se estaes com pressa... a pórta é aquela.

O Osvaldo exaltou-se. Percibi que ele não está pratico nos negócios. Eu conversava com a esposa do dono do sabão Appia. São casados de novo. Mas o ciumes já está interferindo-se. É horrivel a divergência nos casaes. E a maledicência mutua. Dei a minha opinião aludindo o estado interessante da jovem. O Osvaldo alterou-se com o purtuguês, por fim chegaram a um acordo. Dêixaram assinatura para outro dia. Saímos do escritorio e fomos para o jornal O Ebano. O prédio já estava fechado. Fomos para a casa da imprensa.

Tem que pagar 60 mil cruzeiros para o jornal rodar. O ideal sem o capital, feneçe. Vi varios jornaes do interior e de Brasilia vi o Candango. O jornal O Ebano estava sendo composto. Sai com Osvaldo e voltamos pra casa. Ele ia pegar o Jayme na volta. A casa estava so. Os filhos estavam nas casas dos visinhos — Que vida cacête esta que estou levando.

17 DE MARÇO DE 1961

Levantei as 6 horas. Fiz cafe preparei os filhos e fui levar o João a escola. Pedi a professora para não repreendê-lo que ele, é vergonhôso.

Ele está estudando matematica com a dona Thelma. Duzentos cruzeiros a aula. Fiquei aguardando a chegada do diretor. Queria falar-lhe. Ver se ele quer que eu leve algum bilhête para o senhor Carvalho Pinto. Amanhã é o dia do seu aniversario eu vou comprimenta-lo.

Ele estava demorando. Não me foi possivel espera-lo. Que suplício galgar a rua Benta Pereira. Foi fêita sem topografia. Parava no centro da rua para contemplar a cidade que espalha-se agiganta-se. Se pudessemos olhar na cidade e dizer... Aqui nesta cidade, habitua-se a felicidade.

Respirei aliviada quando entrei em casa. Perpassei o olhar ao redór. Os filhos pregaram as propagandas do senhor Farabuline pelas paredes. Preparei uma refêição para os filhos que estão reclamando que não faço comida.

O Osvaldo chegou de carro. Disse-me que veio buscar-me para ir a Santos que vae fotografar-me com o Pelé para sair na primeira pagina do jornal O Ebano. Eu estava com sono. Não podia parar de pé.

Quando será que hei de ter sossego. Galguei os degraus fui procurar um vestido para vestir. Tomei um banho rapidamente. Da janela do banheiro avisto o cimiterio. Não vêjo ninguem circulando no cimiterio. Tenho inveja dos que repousam nas entranhas da terra livre das confusôes dos homens. Percebi que não é vantagem demostrar capacidade no mundo. Ha os que nos expoliam não respêitando a integridade fisica.

Passamos na cidade no escritorio do jornal O Ebano. O Osvaldo, disse-me que nós tinhamos que estarmos em São Paulo às 5 hóras da tarde para assinar o contrato com o sabão Appia. O reporter preto que tem apelido de Unha por ter uma unha longa e recurvada, a unha do dêdo minimo da mão esquerda nos acompanhou para nos fotografar. Passamos na ressidência do senhor Unha para pegarmos a maquina fotografica. Ele convidou-me para ir ver sua mãe. O Osvaldo, não permitiu, dizendo que iamos atrasar.

Seguimos até Avenida Brigadeiro Luiz Antonio ver se o senhor Iran ia a Santos. Não encontramos. Compramos sanduiches de quêijo e mortadela. Eu paguei 250.

Seguimos. O tempo estava ameaçando chuva.

O Osvaldo, parou na casa de sua noiva para convidar o seu futuro cunhado para ir conôsco. Não encontrou-o. Seguimos. Que medo, viajar com o Osvaldo. Ele guia, como se a via fosse exclusivamente para ele. Pensava numa trombada. Um lêito branco com enfermeiras ao meu redor. Repórtes, jornalistas e os guardas civil. Fomos comendo pela estrada.

Estes dias estou passando a sanduiches. E os filhos café com lêite. Que confusão na minha vida. Do gêito que está não é possivel continuar. Eu lutei para melhorar a minha vida e está piorando.

O Osvaldo disse-me que eu fiz mal apôiar o Farabuline. Tinha varias mulheres no programa e o povo alude so a minha presença. O programa não é meu é de Dona Suzana Rodrigues. Ela, não é mencionada — so eu! Ja enjoei de ouvir falar no senhor Farabuline. Vieram dizer-me que ele é o Errol Flinn do Bras.

Respirei aliviada quando chegamos em Santos. Dirigimos a casa de Pele ele não estava. O Osvaldo não telefonou-lhe.

Eu levei dois livros. Um para o Pele, outro era para o jornal O Ebano. Dei um para o guarda que circula na rua Libero Badaró perto da livraria Francisco Alves.

Na casa de alvenaria.
Eu não tenho alegria.
Vêjo meus filhos degradar.
O João, já quer fumar.
Com outras crianças vão brincar
Começam a instigar-lhes.
para roubar.
Ter meninos malcriados
piór do que os favelados
Filhos de paes endinheirados
Insolentes, mal educados.

Fomos no campo de foot-bol procurar o Pelé. Encontramos o Coutinho. Irmão do Pelé. Conduzimos até a ressidência do Pelé para vermos se ele estava dormindo. Não estava. A casa é bonita o assoalho é com cascalaque. Fui comprar sanduiches e cervêja para o retorno. Não podiamos esperar o Pelé. O Oswaldo mandou o senhor Unha nos fotografar. Fotografou-me entregando o Quarto de Despejo ao Coutinho. Autografei outro para o Pelé. Outra fotografia com o Osvaldo e o Coutinho.

Chegou o outro jogador negro. Ele é famôso. Mas eu não guardo nome de jogador na mente. Guardo so os nomes dos jornalistas e os editores e os jornaes. Porque gosto de imprensa. Tem dia que eu falo: eu não mais vou escrever. Mas estou sempre com um caderno na mão ou um livro. Quando lêio um livro e termino a lêitura fico contente. Ha ocasiões que as ideias litérarias duplicam-se. Fico nervosa. Xingo o Audálio. Quero morrer. Depôis penso se eu não tivesse ideias literarias não podia escrever. Tem noites que as poesias promanam com impetuosidade impedindo-me o sono. Fico nervosa invejando as pessôas normaes. Conheço pessôas normaes que inveja-me.

Se elas soubessem como é horrivel, ter o pensamento litérario. Eu sou uma escrava da naturêza. Se eu fosse analfabeta podiam pensar, que sou demente. Mas, eu sei. Sei as poesias que deixa-me confusa. Porisso é que não posso passar uma nôite desperta.

Olhando os jogadores pretos notei: são tristes. Será que sentem a predominança dos brancos!... Embora o branco trate o preto admiravelmente bem o preto sempre está pensando que a sua cor é uma muralha.

Tem dia que eu penso: A minha cor desfavorece-me. Tem dia que eu penso: A minha cor, favoreçe-me. E assim, vou vivendo.

Despedimos dos jogadores e voltamos para São Paulo. Quando chegamos fomos para a redação do jornal O Ebano. Dei dinheiro ao Osvaldo para comprar gasolina. Esperamos o dono da agencia para fazer o contrato com o sabão Appia. Ficamos esperando. O Osvaldo estava nervôso. Eu disse-lhe para acalmar-se. Que os calmos resolvem tudo com perfeição. Fiquei reanimada quando vi o dono da agência. O Jayme levou o carro. Fomos ate Avenida São João procurar um taxi. Não encontramos.

Resolvemos irmos a-pé ate a rua Frederico Abranches na casa da Imprensa. Eu assinei contrato em trêis vias. Uma para a firma outra para a agência outra para mim. O contrato diz que eu dêvo ceder o meu nome para o sabão Appia por um ano para propaganda nos jornaes televisão. O preço de 94.000,00. 60.000,00 para o Osvaldo para o jornal O Ebano e 34.000,00 para o dono da agência. O Osvaldo disse-lhe que vae vender-me para outros produtos.

Com aquela confusão de vender a Carolina eu fiquei pensando: será que sou escrava? Cristo tem mais valôr do que eu, e foi vendido por 30 dinheiro e eu... uma pecadora sem merito vendida por 94.000,00. Quando eu estava na favela não valia zero, agora tenho valôr. Fruta tem valôr depôis de madura. E eu tenho valôr depôis de velha.

Saimos da casa da imprensa fui tomar um onibus. Quando cheguei em casa encontrei os filhos espalhados. A Vera estava na casa do senhor Rogério Reis. A dona Elza é a visinha tipo dona Julita. É a minha mãe branca da rua Benta Pereira. Devo-lhe muitos favôres. Quando estou nervosa ela acalma-me.

Juro, que invejo as pessoas calmas.

Citei-lhe que fui a Santos — Estou cansada.

18 DE MARÇO DE 1961

Sai de manhã fui a cidade. Entrei no predio do jornal O Ebano. O Osvaldo disse-me que o jornal vae circular segunda-feira e convidou-me para ir ao Horto Florestal comprimentar o senhor Carvalho Pinto. O atual governador de São Paulo. Ele vae descontar as letras promissorias e arrecadar os 60.000,00 para imprimir o jornal. É mais barato a impressão de um livro do que um jornal.

Fomos almoçar num restaurante proximo a casa da imprensa. Almoçamos fêijôada enquanto esperavamos o Jayme, com o carro. Um senhor muito amavel que reside no Estados Unidos estava no restaurante.

Perguntei-lhe se a vida nos Estados Unidos é muito cara?

— Para os que trabalham não. Em qualquer lugar é assim, quem não trabalha, sofre. O seu livro é muito comentado nos Estados Unidos. O pais de norte a sul fala no teu nome.

— Continuo escrevendo. Não tenho indolência.

— Falam que o reporter do Cruzeiro que lançou-a é um homem honesto.

Circulou o olhar pelo restaurante comentando homem honesto atualmente é raridade!

— A senhóra vae aos Estados Unidos?

— Não sei. Isto é com o repórter Dantas.

Eu e o Osvaldo comemos uma fêijôada. O Jayme chegou. Pagamos as despêsas o auto não cabia todos. Fomos. O americano não foi. Uma jovem que estava com o Jayme nos acompanhou ate a minha casa. Peguei um livro encadernado para presentear o governadôr. Troquei-

-me e dirigimos para o Horto-florestal. O Osvaldo conhece todos os recantos de São Paulo. E disse conheçer New York. Eu não conhecia o Horto-florestal.

Quando eu residia na favela não ganhava o suficiente para comêr quanto mais para pagar conduções, eu não tinha roupas. Olhei aquela imensidade de populares procurando ver, se via um favelado.

Ah! Os favelados iam nas féstas do dr Adhemar porque, ele nos enviava conduções. Mas o dr Adhemar ja está despedindo-se da politica onde foi cruciado com as injurias dos médiocres que enaltecem a si proprio. Confecionaram para o seu uso uma capa de virtude. Não devo citar o seu nome porque, ele, agora é um dignatario quer implantar ditadura num pais com mais de cem mil habitantes. Indico as siglas J.Q.

Na festa do senhor Carvalho Pinto havia fartura, sanduiches e refrigerantes para os pobres. Porque os pobres é quem compareçem nestas féstas visando comêr algo, alguns levavam sacolas. Eu ja fui mendiga conheço os habitos. Não fui tomar refrigerante porque, não mais pertenso a ala dos famintos. Mas, tenho dó d'eles. Agora que estou mesclada com a classe bafêjada pela furtuna fico observando seus atos. A unica senhóra que fala — eu tenho dó dos pobres — é a Dona Suzana Rodrigues.

Ela é culta humana e visionária. É participante no combate ao custo de vida. Perçebe que a alta dos precos dos generos alimenticios afeta a classe prolétaria. Os artigos por ela, publicados revela o senso conciente da desorganização social.

Voltamos a falar da festa do professôr Carvalho Pinto. Pedi permissão aos porteiros para subir no palanque e comprimentar o nosso governador. Conçederam-me. O Osvaldo não quis subir no palanque por estar sem palitol. O Jayme e o Rubens acompanhou-me.

As bailarinas japonésas estavam dançando.

Vi o Audálio e o Torok no palanque com o governador. Ele e sua esposa dona Iolanda Carvalho Pinto. Uma mulher modesta e agradável. Um casal sereno. Da a impressão que não estão contentes com o cargo que exerçem. Ofereci o meu livro e disse lhe:

— Deus, que duplique a Vossa existência.

Ele sorriu e disse-me:

— Carolina! Mêio seculo, já foi.

O Audálio sorriu-me e aproximou-se. Baixei o olhar — Hoje eu estou de mal, com ele. Sem motivo. Ele continua auxiliando-me em tudo. Interesando-se pelos meus negocios. Graças a Deus a minha vida melhorou por intemedio deste homem notavel que é o senhor Audálio Dantas.

Ele tolera os meus caprichos com paciencia de Jó. Se não fosse a paciência sensata deste senhor Audalio Dantas eu não podia divulgar minhas produções literaria. Tem dia que sou insolente com ele. Não é minha culpa. É devido a fusão de ideas que brotam no meu cerebro. E eu fico revoltada porque todos nos queremos nascer perfêitos.

Tendo o pensamento poetico ao natural, posso ganhar a vida com o que eu produzir na litératura. Agradeço a Deus ter dado-me uma inteligencia util. E se a minha inteligência fosse destruidora? Eu sou correta gosto de tudo com o comprovante para não dar confusão.

Voltamos a festa do governador. Estavam presentes varios politicos. Vi o dr Homero Silva, comprimentei-o.

Desci do palanque depois de autografar o livro e ofereçer ao governador. O radialista Heitor Augusto irradiou que eu estava visitando o nosso governador.

Circulei pelo parque olhando os trages tipicos que fôram homenagear o governador. Os descendentes de russos. Estavam com trages tipicos. Os purtuguêses. Os japonêses estava na fésta semi-carnavalesca. O povo acompanhava-me pedindo autografo dizendo:

— Ela está rica. Têve sórte!

Dei autografos aos que solicitavam. Achei interessante um grupo de indios tinha purtuguês, pretos e mulatos. Sorri. Achando graça nas fusões de raças com trages de indios. Saimos do Horto-florestal. O Audálio e o Torok nos acompanhavam. O Osvaldo procurou ser amavel. Percebi que o Audalio estava em ponto de bala. Acho bonito um homem nervôso. Ele disse-me que a dona Suzana Rodrigues havia convidado-me para ir a sua casa segunda-feira dia 20. Disse-lhe que estou cansada — Quero descansar uns dias. Entramos na Daphine do Jayme o Audalio ficou olhando o carro.

Nós seguimos. Os meus olhos acompanhava o Audálio que subia em companhia do Torok. Pensava: que homem maravilhoso. Se fosse outro já teria mandado-me para um hospicio. Tem dia que trato-o com todo aféto. Tem dia que dêixo-o super-nervôso. É que eu não tenho paciência para suportar os aborrecimentos com o povo. Circulou um buato:

— A Carolina está tao rica! Está financiando a campanha Farabuline.

Os que ouviam dizer isto, vinham pedir-me dinheiro emprestado. Quando chegamos na casa da jovem que nos acompanhava descemos. Entramos. É casa de pretos. Tem televisão. E a vovó fica sentada apresciando os filmes. Disse-me que viu-me na televisão varias vezes. Despedimos. Ela pediu-nos para esperar o café.

Esperamos. Que café gostoso. Despedimos. Eles pediu-me para voltar. Quando cheguei em casa compreendi que estou exausta. As ideias confusas. Queixei para dona Dinorah que estou cansada se ela, consegue alguem para trabalhar para mim pago sete mil cruzeiros.

Ela disse-me que a sua irmã precisa trabalhar e é de confiança. E gosta de trabalhar.

Não fui a fêira.

A casa está em desordem. Fui dêitar um pouco. Estou acalmando-me. Como é horrivel ficar nervosa ao extremo. Depois que o cerebro vae normalisando-se sentimos uma cancêira imensa. Como se tivessemos carregado mil toneladas. Percebi que as pessôas que ficam super-nervósas descontrolam o sistema nervôso e ficam inutilisados para a vida.

Não devemos cansar ninguém.

Que suplicio para reorganisar-nos a mentalidade.

Fatos que os escritores devem conhecer.

Passei o resto do dia em casa. Estou reanimando-me.

Recebi a visita de uma pretinha. Véio dizer-me que não compareci na festa da associação cultural do negro. Que os pretos esperou-me. Não compareci por estar exausta. Peço desculpar-me. Deitei as dessenove horas.

19 DE MARÇO DE 1961

Domingo. Passei o dia limpando a casa. Não recebi visitas. Estou reanimando-me. Os filhos foram ao cinema.

20 DE MARÇO DE 1961

Levantei as 5 horas. Li um pouco. As mil e uma noites. Desci os degraus. Fui preparar a refeição matinal para os filhos. Desperta-los para ir a aula.

Fui fazer as compras. Os filhos sairam. Fui ouvir o Grande Jornal Falado na radio Tupi. A dona Didi chegou. Iniciou os seus afazeres. Ela trabalha morosamente da a impresão que trabalha porque precisa. Ela é do tipo de pessôas que não queixam suas amarguras. Eu auxilio-a porque sou veloz para trabalhar comprovando que estou viva.

Estou cansada. Tenho a impresão que lutei numa guerra. Tudo está confuso para mim. Eu pensava que a vida na casa de alvenaria ia ser aveludada. Enganei. É arduá cheia de contrastes e confrontos. O confrontos com as desilusôes e aborrecimentos. Senti indisposição. Tuntura. Deitei pensando: Vou morrer! Quem tem filhos não quer morrer e deixar os filhos pequenos. É tão triste a condição do orfo no mundo.

Quando o João chegou eu disse-lhe que estava desfalecendo:

— Pareçe que vou morrer.

Se dêitava sentia calôr. Levantava sentia frio. E dor de cabeça. Tinha a impresão de estar ouvindo vozes. Me dá dinheiro! Empresta-me, um milhão. Empresta-me quatrocentos mil cruzeiros. Eu via o rosto de Dona Argentina avulumando-se inlimitadamente. Pensei: eu estou enlouquecendo-me. Consequencia de ter ficado sem dormir com a esposa do senhor Farabuline — pensei: vou morrer!

Os moveis giravam como se estivessem dentro de um carróssel. Eu estava sosinha deitada pensando: a minha vida é igual um vestido que descorou-se ou manchou-se. O mundo está horrivel para mim.

Escrevi um bilhête entreguei ao João para levar na Ultima-Hora pedindo ao Loyola[4] para vir ver-me que eu estava doente.

O João foi levar o bilhête. Dêitei. Depôis levantei assustada com recêio de ficar dentro do quarto. Quando olhava os moveis tinha a impresão que eles moviam. Pensei: eu estou confusa. Levantei. Fui ao acougue comprei carne pedir a dona Didi para fazer uma sôpa de aveia. Pedi um calmante a dona Elza Reis.

Ela deu-me coramina. A respiracão normalisou-se. Senti calôr. Levantei senti frio. Percibi que é o efeito do nervossismo que tive com estes politicos desgraçados e com o Osvaldo do jornal O Ebano.

Mas, eu vou impor não vou permitir que espoliem-me tanto assim. Eu tinha pretensoes de melhorar a minha vida, mas, não aborrecia ninguém.

Eu estava confusa girando pela casa sosinha e Deus. Os filhos estavam ausentes. Pensei: da a impressão que não tenho amigos. Sera que vou ter uma morte assim, isolada sosinha... Levantei com medo de cair nos degraus. Desci os degraus. Cansei. Percibi que estou enfraquecendo.

Fui na Dona Maria José. Queixei-lhe que estou cansada e confusa. Se sentava ficava impaciente. Se andava cansava. Cheguei a conclusão que o corpo humano é um fardo hediondo tem as perturbações desagradaveis. Levantei ia saindo quando vi o carro da Ultima-Hora. Fiquei

---

[4] Ignácio de Loyola Brandão, repórter da *Ultima Hora* paulistana e escritor.

reanimada. Fui atende-los. Citei lhes que estou confusa nervosa e descontente com a vida. Devido os convites que recebo para as festas e não tenho tempo para dormir. Tenho tanta dor de cabeça acho que a vida para mim é um cilicio. Perguntei-lhe se é médico?

— Ouvi dizer que o Loyola é médico.

— Não sou.

Citei-lhe que o meu sonho era comprar um sitio mas o Audalio não permitiu. Queria viver isolada. Estou com reçêio de escrever o Diário e arranjar inimigos.

P. O senhor aconselha-me se dêvo escrever ou não?

R. Você deve escrever se o que você escrever for verdade. Não vae haver nada.

P. Não posso sair a rua com o povo pedindo-me favores, dinheiro emprestado. O que devo fazer?

R. Da o livro de cheque para o Audalio guardar. Quando alguem vir pedir dinheiro emprestado você diz que está com ele, se as pessôas insistir você leve-as ao Cruzeiro para eles ver o livro de cheque com o Audálio. Crêio que é o unico mêio.

Ele fotografou-me. Eu lhe disse que estou com medo de morrer. E deixar os meus filhos sosinhos. Eles tem tanto medo do juizado de menores. O ilustrado Inagcio de Loyola saiu. Suas palavras reanimou-me. Tive a impressão que tomei um reconstituinte. Ao Loyola, o meu agradecimento pela visita. Ele me disse:

— Carolina quando você estiver confusa procura-me.

Ele saiu. Levantei pensando: eu queria viver em paz. E não vivo. Estes dias enfraqueci muito. Não me alimento porque, se fico sem dormir o meu organismo transfórma, fico semialucinada. Eu preciso dormir para poder dominar as ideias quando pronanam. Mas infelizmente ninguem comprende o poeta. O que posso dizer é que o poeta tem horror a existência. Devido eu ter filhos sou obrigada a prolongar a minha existência aqui na terra. Uma coisa eu digo... a terra, não é paraiso — passei o resto do dia pensando: parêce que o meu corpo era uma maquina e as peças desconjuntaram-se.

Estou recompondo-me. Quando eu estava na favela sonhava com uma casa de alvenaria. Com agua encanada. Um jardim. Consegui tudo o que sonhei. E queria ter tempo para lêr bons livros. Não tenho tempo para lêr. Tem pessôas que disseram que eu, não ia habituar-me na casa de alvenaria por eu ser da favela. Sou poetisa. E o poeta nasçe com a alma fidalga.

E assim eu passei o dia vinte de Março de 1961.

21 DE MARÇO DE 1961

Recibi a visita do Osvaldo do jornal O Ebano.

Disse-me que o dono do sabão Appia anulou o contrato. Ele vae processa-lo. Quer que eu assine a procuração para o processo. Eu disse-lhe que o Audalio não permite que eu faça propaganda de produtos.

Ele insiste que eu dêvo auxiliar a raça.

Estou confusa. Não tenho ideias para escrever. Porque chorei. Quando o poeta chora as ideias literarias ausentam-se. Que confusão na minha vida. Percibi que o Dr. Lelio ficou ressentido comigo por dizer-lhe umas verdades. Eles impõe que eu escreva a verdade. Mas, não posso dizer-lhes as verdades. Eu escrevia ficção. Porque a verdade tem o sabôr acre. Impuzeram-me... Tem que escrever Diário. E eu, relutei para não escrever este tipo de literatura. Mas a vontade do preto não prevaleçe. Branco diz: vae! o negro tem que obedeçer. E assim vamos vivendo neste mundo onde as fusôes de raças convivem-se. Uns predominando os outros.

Recibi a visita de um senhor maravilhôso. Eu gosto d'ele. Conheci-o em Osasco. Ele, é um tipo de homem que desperta tudo que está adormecido numa mulher. Com ele uma mulher retórna-se aos desseseis anos.

24 DE MARÇO DE 1961

A dona Didi está trabalhando para mim. Quer ganhar sete mil cruzeiros mas o serviço dela não é feminino. Ela é irmã da Dona Dinorah por parte de mãe. Ha uma diferença enorme entre as duas. A Dinorah é feminina. Tem a vaidade mulher. É habilidosa. Tem gosto. É modesta. Confeccionou a minha saia branca bordada com aplicações chinêzas.

Hoje é dia de fêira. Fui fazer compras, comprei uns presentes para o homem maravilhoso. Eu gosto de dar presente. Não gosto de dar obgetos usados. Gosto de dar artigos nóvos. Comprei fiado. Tenho conta na fêira. Passei o dia lendo. Mas... estou desligando da litératura. Estou perdendo o ideal pelos livros.

O Audalio diz que sou eu quem arranja confusão para mim. Chegou uns parentes de Dona Elza Rêis. Residem no Rio de Janeiro. Ele, é professôr. Está com a familia. Não fui vê-lo porque estou preocupada com a modista. Mandei confeccionar um vestido para eu ir em Curitiba. O senhor Jorge Barbosa Elias vae levar-me. Estou cansada... Acho tudo tão confuso. A noite fui conversar com os parentes de Dona Elza, são cultos. Durante o dia mandei o José Carlos levar um bilhête na ressidência do Audálio e disse-lhe:

— Ae ele estiver entrega-o. Se não estiver não entrega.

No bilhête eu perguntava quando é que vamos ao Paraná citando que vou casar. Quero ver se conserto a minha vida.

O Jose Carlos voltou dizendo:

— Nunca mais eu hei de ir na casa do Audálio. Eu não queria entregar a carta e a esposa do Audalio me disse que ela não é amante do Audálio, é esposa começou falar para as visinhas.

Eu ja disse para a dona Iracy que não quero o Audálio para amante ou esposo. Se ele fosse livre eu não o queria. O homem que eu quero é... Ele é agradavel. Gosto de acaricia-lo beija-lo e premi-lo nos braços. Que homem sublime. Não estou indo a cidade. Quero descançar uns dias.

25 DE MARÇO DE 1961

Levantei as 6 horas. Hoje não tem aulas. Estou preparando os grupos escolares para as eleições amanhã. Vou votar no senhor Prestes Maia. Ele, é tão sensato nas palavras e ações.

Fui conversar com a dona Elza Rêis. Ela me disse que a Vera disse-lhe que o José Carlos está tirando os brinquêdos na fêira. Se o juiz pega-lo prende-o. Fiquei nervosa. Calçei os sapatos fui a cidade falar com o Audalio, para arranjar um colégio para o José Carlos. Entrei no onibus. Ia pensando. Não tinha vontade de falar. Confrontando as duas faces da vida. Na favela as crianças não rêinam tanto, porque estão mescladas com os policiaes. A presença dos policiaes nas favela evita a degradação.

Queixei para o Audálio as rêinaçoes do José Carlos. Se ha possibilidade de arranjar um colégio para interna-los.

O Audálio disse que vae interna-los em junho. Disse-me que havia depositado o dinheiro que veio da Holanda. Entregou-me o recibo do banco. Combinamos a viagem ao Paraná. Citei-lhe que o Osvaldo do jornal O Ebano vae receber o dinheiro. Que estou cansada com as confusões que o senhor Farabuline vem fazendo com o meu nome. Para vencer a elêição eles aplicam todos recursos e cansam o povo com suas promessas hipocritas.

Percibi que o Audalio está triste por causa do caderno que dessapareçeu. Se o caderno não apareçer tenho capacidade para recompô-lo novamente. Quando, eu e o Audálio combinamos trabalhar juntos prometemos não prejudicar-nos um ao outro. O Audálio ia comprar umas camisas eu despedi d'ele. Hoje eu estou contente. Quando cheguei em casa fui entregar um livro Quarto de Despêjo que vou ofereçer ao cunhado de dona Elza Rêis.

Hoje, ninguem aborreceu-me pedindo-me dinheiro emprestado. Vou dormir. Preciso dormir muito para estacionar as ideias litérarias.

A dona Didi fez almoço. Ela trabalha a moda da casa e vae embora a uma hora da tarde e quer ganhar sete mil cruzeiros. Não capricha no serviço. Eu não posso reclamar. Ela revolta. Passando para o nucleo burguês tenho que suportar o gravissimo problema domestico.

26 DE MARÇO DE 1961

Levantei de manha. A dona Didi não vem trabalhar, vae votar. Lavei as roupas. Limpei a casa preparei a refêicão para os filhos. Eles foram ao cinema. Estou cansada mas vou votar. Sai com a Vera. Começou chover. Voltamos para pegar os guardas chuvas — Fomos de onibus. Que suplicio as ruas estavam alagadas. Andamos na agua. Começei sentir tunturas percibi que estou doente. Estou combalindo.

Encontrei pessôas da favela. Crianças maltrapilhas. O Clovis o Onofre olhando-me com curiosidade perguntava-me:

— Dona Carolina, cadê o João? E o José Carlos?

— Foram ao cinema.

Votei no dr. Prestes Maia. Ele, não fez tantos alardes. A sua campanha politica foi silenciosa igual a garôa paulista. Espero que ele vençe a elêição. No nucleo dos candidatos ele, é o mais eficiente. Os outros aborreçeu o povo com seus falátórios. Encontrei a Piedade, filha do Paulo, não estão morando na favela. Depois do voto sai as presas. Não parava para não dar autografos porque estava com tunturas. Que sacrificio para encontrar um carro. E andar n'agua. Lutava com o meu organismo para não cair na rua. Hoje eu estou triste. Resolvi vir a-pé tomar o onibus ate a cidade. Mas o meu organismo não estava bom. Tomamos um carro. Quando cheguei dêitei. Adormeci.

Despertei as 6 horas com os filhos que retornavam da escola. Esquentei comida para eles e dêitamos.

26 DE MARÇO DE 1961

Despertei as 6 horas. Liguei o radio para ouvir o resultado do plêito. Está vençendo o dr Francisco Prestes Maia. Fiquei pensando na alegria do senhor Prestes Maia, e na tristesa dos preteridos nas urnas. Espero que o eleito sêja feliz. A dona Didi vêio trabalhar. Não aprecio o seu modo de trabalhar. Falta a feminilidade.

27 DE MARÇO DE 1961

Os filhos foram a escola. Comprei jornaes para ler. Auxiliei a dona Didi limpar a casa. Elas querem ganhar somas elevadas mas não sabem trabalhar sosinhas. Ela encerou o assoalho. Mas não tem brilho porque não sabe varrer. Preparei a Vera para ir a aula. Troquei-me.

Fui a cidade vou sair com o Audalio e a Ruth de Souza. Vamos na favela. Ela quer identificar os tipos para representar no palco — Fomos na residência da Ruth na Rua Abolição predio Aboliçao. A Ruthe reside num apartamento minusculo. Ela não tem filhos. As paredes são adôrnadas de peças que ela já tomou parte.

Uma senhóra que estava com a Ruth saiu quando nós chegamos. Nos disse que ia sair. Despediu-se e ritirou-se. A Ruth foi preparar-se para sairmos. Achei interessante quando a Ruth pegou o saco de catar papel entrando no automovel. Eu disse-lhe:

— Se catar papel fosse assim dentro dos autómovel ouvindo radio, a vida seria um paraiso.

Eu ia revendo os recantos que percorria. Para mim aqueles recantos, é a via-sacra. Fico confusa com a transformacão de minha vida. Eu não esperava porisso sai do minimo para o maximo. Quando chegamos na favela fiquei com dó dos infaustos brasileiros que habitam aquele antro degradante. Desçemos do automovel do George Torok e percorremos a favela. As crianças reconheçeu-me de longe. Começaram falar!

— Olha a Carolina! Olha a Carolina!

E os favelados iam saindo dos barracos descalços e sujos. A Ruth foi fotografada perto da torneira com uma lata d'agua. Ela não sentiu emoção. Eu senti. Olhando aquele fio d'agua e a quantidade de habitantes. Que luta para encher uma lata — As mulheres foram seguindo. Vi varios rostos nas janelas olhando-me. Perguntei as crianças se estavam na escola.

— A minha mãe não manda eu ir a escola.

Foi o que respondeu-me o Bolão, o filho da Fernanda. Ela estava girando pela favela suja descalça. A Pitita seguia-lhe — pensei: são jovens podiam trabalhar. E levar uma vida confortavel. Fui rever o meu barracão. Encontrei a dona Alice triste fazendo aquelas medalhas para uma fabrica — não ganha nada. Ela, é custureira. Não custura por não ter maquina. O seu Chico estava dêitado. A cama estava suja não por desleixo. Mas por falta de sabão. Dilema que eu conheço. Eu ia citando os trechos do meu livro e apresentando os personagens. O seu Chico nos disse que um bicho mordeu-lhe. Infeccionou-lhe a perna. A dona Aliçe nos disse que chamaram assistência.

Seguimos contemplando a favela. A chaga de São Paulo. Vi o Orlando Lopes e sua companheira Dona Sebastiana, fitando-me. Como será que ele está vivendo?

Ele podia trabalhar... É jovem. Quando eu estava na favela ficava condoida das maldades que ele praticava.

Fomos ver a dona Esmeralda. Ela tem varios filhos era casada com um barbeiro. Que homem bom. Não dêixava faltar nada para os filhos móreninhos igual a ele. Quando chegaram em São Paulo nasçeu outra criança loirinha. Bonitinha. O senhor Luiz ficou triste. Quando pegou aquela criança nivia parecia com o homem que a dona Esmeralda convidou para padrinho da criança. O senhor Luiz ficou desgostôso. Ficou falando sosinho. Foi preso varias vezes e desapareçeu. O senhor Luiz era um homem conciente dos seus deveres de esposo. Contei para o Audalio na presença de dona Esmeralda. Ela ficou meditando. Talvez relembrando o bom esposo que perdeu. Ele comprava galinha todos domingos. As crianças reunidas num barracão. Desmontaram o barracão de dona Esmeralda. Elas estão reunidas num barracão. Trêis casaes com filhos numerósos. Uma podia olhar as crianças, e duas trabalhar. Mas, não tem iniciativa.

Dei 50 cruzeiros a dona Esmeralda para comprar pão. Na época atual compra-se um quilo.

Quando chegamos na favela o senhor Francisco nos chamou para nos entregar um jornal da Alemanha e uma carta. A Ruth tentou ler.

Fiquei com dó do Torok. As crianças da favela colocaram um prego no pneu esvasiando-o. Envez de praticarmos o mal devemos praticar o bem. O mal entristece. O bem nos alegra. Conçêito que a humanidade deve adotar.

Não sei se é a pobrêsa que dêixa o favelado perverso. Saimos da favela os visinhos de alvenaria fôram comprimentar-me. Dei-lhes o meu endereço citando-lhes que estou em casa de manhã. Fomos na Via Dutra tirar fotografias. Enquanto o Audálio fotografava-me o Torok e a Ruth trocavam o pneu do carro. Voltamos para a cidade. Fomos levar a Ruthe na sua casa. Ela, tem medo de entrar no elevadôr.

Quando cheguei na redação encontrei o dinheiro que pedi ao Frederico para ritira-lo do banco. Dez mil cruzeiros.[5] O Audalio me disse que chegou dinheiro da Italia.

Despedi do Audalio e voltei pra casa. Que suplicio para andar nas ruas. Tenho que parar para conversar com as pessôas que reconheçe-me. Quando cheguei em casa era sete horas.

Encontrei uma visita que estava aguardando-me — Fiquei contente. Recibi a visita de Maria do Carmo e disse-lhe que vou viajar ao Paraná. Preparei o jantar para a visita especial. Mandei o João chamar a Dona Dinorah para pagar-lhe. Ela vêio. Dei-lhe 2.000,00. Para pagar-lhe umas combinações que ela vendeu-me. Ela, conversou com a minha visita especial. Ficou olhando. Eu fui fritar ovo na mantêiga, para a visita especial.

Achou-o muito bonito.

Eu não admiro a belêza. Admiro as belas qualidades. Ele admirou-me por pagar a dona Dinorah.

Ela despediu-se. Deitei as crianças. Tomei banho. E... depôis a visita especial foi-se embóra. Prometeu voltar dia 11 de abril.

28 DE MARÇO DE 1961

Levantei as 6 horas fui fazer compras. Os filhos fôram a escola. A dona Didi vêio trabalhar. Ela, não está habituada ao trabalho — Não simpatiso com ela. Tenho a impressão que a nossa amisade não vae terminar bem.

Ela faz muita comida. Azeda, tenho que jogar fora. E eu tenho dó porque, já fui escrava da fome. E a epoca atual, não é para disipação. Hoje não vou a cidade. Fico cansada. Porque tenho que falar demaes. O povo está comentando a vitoria do senhor Prestes Maia e Freitas Nobre[6] — Ele, é jornalista é iducado. Fico contente quando um jornalista vence.

---

5 Cerca de 690 reais em 2021.
6 José de Freitas Nobre, vice-prefeito eleito (PSB).

29 DE MARÇO DE 1961

Despertei com as vozes dos fêirantes. Mas, continuei na cama. Estou pensando: não posso queixar-me da vida. Ha outras pessôas, que sofre mais do que eu.

Quando o dia despontou-se troquei os filhos. Eles foram a escola. Pedem-me para comprar lêite todos os dias. Quando entro com o litro de lêite eles cantam:

Agora nós somos ricos!
Agora nós somos ricos!
Agora nós somos ricos.

Convida-me para tomar parte no coro. Eles estão habituando com a casa de alvenaria.

Fui circular pela fêira. Comprei uma blusa de seda bordada para usa-la com a minha saia chinêsa. Comprei uns presentes para a visita especial. Ja conheço o seu numero de camisas sapatos e cuecas. Comprei fiado. Fiquei devendo 3.000,00. Vou pagando aos pouco. Comprei frutas para os filhos. Recebi visitas. Recebi os livros que comprei a-prestação 10.000, vou pagar 500,00 por mês.

Hoje eu estou contente. O Audalio disse que dêvo escrever minhas impressões sobre a Ruth de Souza para a revista O Cruzeiro e escrever um artigo para o programa theatral.

Estou perdendo aquela capacidade belissima para escrever. Escrever é arte. Mas, quando a arte passa a ser comercializada perde o encanto.

Fiquei horrorisada ao saber que a visinha Harmenia que reside nesta rua jogou agua na filha de dona Elza. Isto, é perversidade. Não devemos jogar agua nem nos animaes.

Eu pensava que estes atos severos eram propios para os marginaes que não recebem instruções. A filha de Dona Elza é amavel. Sadia inteligente. Aprende tudo com facilidade. É uma menina elétrica. Eu gosto de ver uma criança perfêita que córre de lado para outro. Porque uma criança defêituosa cresce revoltada com complexo.

No meu jardim tem uma roseira. As crianças colhe as rosas, para brincar. Não revolto porque násce outras flores. E nascem o dobro. Mas se os meninos penétram noutro jardim as donas de casa xinga-os, e saem correndo atrás das crianças elas atravessam a rua. E se um carro, passar no momento?

Nós devemos ter paciência com as crianças porque a humanidade é um conjunto. E este conjunto derriva-se. Uns são cultos, outros inventôres e a humanidade vae aperfeiçôando-se. As crianças colhe as flores no meu jardim. Não reclamo pareçe que Deus apreciou o meu gesto e as flores duplicaram-se no meu jardim. Contei quarenta e sete flores. Ha um proverbio: Quem não é ambiciosa Deus duplica seus haveres.

Quem maltrata uma criança não perçebe o que está praticando. Crianças não tem noção dos deveres social. O senhor Ivo Barrete da revista Manchete veio fotografar-me. Disse-me que é uma reportagem para O Estado de São Paulo, fotografou a Vera escrevendo. Fomos a favela para fotografar um menino usando a camiseta com o rôsto do senhor Farabuline.

Escolhi o Ninho de Dona Alice e dei-lhe cem cruzeiros A Dona Aliçe pegou o dinheiro sorrindo. Sorrisso que eu conheço porque, eu sei o valôr dos cem cruzeiros para uma mulher favelada. O seu Chico estava catando ferros. Perguntei a Darça se os politicos estão auxiliando-os?

— Está auxiliando so os que tem emprego fixo os que estão trabalhando a longos anos numa firma.

Sendo assim, a Darça tem que ficar na favela porque o seu esposo não trabalha. Vive-se so para beber. Eu aconselhei-a para não casar-se com ele.

Ela repondeu-me:

— Eu gósto de dormir com ele!

Penso que uma mulher deve casar-se com um homem dinamico porque é o homem que deve lutar com denodo. Fiquei com dó da Dárça. Ela tem tantos filhos e não sabe orientar as crianças podia arranjar escolas profissionaes. Quando eu dêixava a favela a Deolinda esposa do Lalau perguntou me:

— Carolina, eu ouvi dizer... que você comprou uma casa bonita! É verdade? Tem jardim Carolina? Planta flores... e não dêixa a casa ficar suja.

Começou chorar. É o sonho do favelado. Ter uma casa de alvenaria.

Eu e os jornalistas do Estado de São Paulo deixamos a favela com o seu odor de podridão. Se existisse humanidade neste país aqueles indigentes estariam em melhor condições.

Estava chovendo. Contava aos jornalistas a minha luta quando estimulava os favelados para trabalhar. Xingavam-me e diziam:

— Quando for para nós sairmos d'aqui os politicos dá gêito.

Eu ficava horrorisada. Será que eles não estao vendo que os politicos não da gêito em nada. Quando cheguei em casa a dona Didi estava preparando o almoço. Eu estava com fome. Quando fui almoçar a carne de galinha estava com gosto de querosene. Que comida horrivel.

A Vera foi a escola. Os filhos retornaram-se e almôçaram. Fui a cidade passei na Manchette para perguntar ao Silva Netto se o Ivo Barretti mostrou-lhe as fotografias que tirou na favela. Disse-me que não. Que o Ivo está agindo, sem consulta-lo. Mostrei-lhe o caderno de canções que compus e cantei o slogan para ele ouvir — Despedi dizendo que ia encontrar o Audalio. Quando cheguei no Cruzeiro mostrei ao Audalio a camiseta com o retrato do Farabuline que vae ser usada na peça. O senhor Silvio Canarinho estava chegando. Comprimentei-lhe e dei-lhe um osculo.

Combinei com o Audalio a viagem ao Paraná e — os filhos vão ficar com a dona Didi.

30 DE MARÇO DE 1931

Hoje não vae ter aulas em homenagem ao drama do Calvario. Se é que Jesus sofreu tôdos turturas que a historia revela, aquilo não foi drama. Foi tragédia e os seus efeitos ainda incide na humanidade.

Resolvi auxiliar a dona Didi limpar a casa.

Ela trabalha desinteressada. Eu dou-lhe 1.000.00 por semana. Quando ela recebe o dinheiro fica alegre. Depôis vae relachando-se.

31 DE MARÇO DE 1961

Hoje é sexta-feira santa. Ouvi o Reporter Esso citou que a Terêsa[7] está sangrando. Todas sextas-feiras santas ela sangra. Que privilegio nasçer estigmatisada.

Lavei as roupas. Não comprei pêixe está carissimo eu comi uma sôpa. Caldo de fêijão com verduras e arroz porque a dona Didi faz muita comida para jogar fóra. Estou preparando a mala. Vou a Curitiba dia 7. Pedi a Dona Dinorah para apresar no vestido — passei o dia

---

7 Therese Neumann, mística alemã famosa pelos estigmas sangrentos e pela suposta dieta à base de hóstias e água.

em casa. A casa está suja as pulgas ja estão surgindo-se. A dona Didi trabalha até a hora que ela quer. Não limpa os moveis.

Não está contente comigo. Ela está esperando um motivo para sair. Eu dou conta do serviço. É que estou cansada. Um ano na burguesia cansou-me muito mais do que os doze de favela. Estou custado agêitar por aqui. Passei o dia limpando a casa. Eu custei comprar a casa. Não quero deslêixa-la.

1º DE ABRIL DE 1961

Os filhos estão percorrendo as ruas com os muleques que vão queimar o Judas. É o Janio Quadros. Estou horrorisada ouvindo as crianças gritando pelas ruas.

> Vamos quêimar o Janio
> Vamos quêimar o Janio!
> Vamos quêimar o Janio
> Ele está aumentando os preços. O pão já subiu.
> Vamos quêimar o Janio!
> Vamos quêimar o Janio.
> O pão ja subiu.

Fico pensando. Faz trêis mêses que elêgeram o senhor Quadros. E os que o elegeu ja estão descontentes.
Estou cançada de ouvir este estribilho:
— Eu estou arrependida de ter votado no Janio.
Passei o dia limpando a cosinha, matando as baratas. A dona Didi veio trabalhar. Fez uma comida mal feita. Temperou a carne pôis tanto alho que ficou incomível. Esqueçeu de por sal. Saiu as onze hóras dizendo que ia ao cinema. Eu ja fui empregada doméstica. Mas considerava os patrões porque quem paga deve ser bem servido. Mas as empregadas domésticas quando vão tratar um emprego vão pensando ganhar somas elêvadas. Não vão pensando auxiliar os patrões.

A dona Didi não fritou os biffes — Fiquei com dó de ver a carne mal cuidada. Lavei a carne para ritirar o exesso de alho. Dividi um pouco para fazer pasteis. Xinguei a dona Didi que ganha mas não capricha no serviço. Preciso ter paciência. Ela disse-me que ia almoçar com a sua família. Recibi a visita de uma professora que queria conheçer-me. Ficou admirada vendo-me cuidar da casa e escrever.

2 DE ABRIL DE 1961

Levantei as 6 hóras. Hoje é domingo. Eu estou exausta. Achando tudo enfadonho. A dona Didi veio trabalhar. Ela faz tudo com displicência.

Os filhos fôram ao cinema. A dona Didi saiu cedo, fiquei agêitando as malas. Vou a Curitiba. Não sei se vou ficar uns dias.

3 DE ABRIL DE 1961

Levantei as 5 horas preparei os filhos para ir a escola. A dona Didi chega as 7 e mêia. Eu ja estava lidando na cosinha. Lavando as roupas dos filhos porque ela não da conta do serviço. Estou com saudade do meu predileto. Fui falar com o Audalio. Queria pedir-lhe dinheiro porque estou devendo a dona Elza. Comprei uma blusa para a Vera e um jogo de xicaras. Ele reclamou que eu gasto muito dinheiro. Que eu ritirei dinheiro na livraria. E eu pedi ao dr. Lélio para não revelar--lhe que eu ritirava dinheiro.

Porisso estou resentida com o dr. Lélio, e quero ir na livraria o menos possivel. Percibi que o dr Lélio não aprecia-me.

4 DE ABRIL DE 1961

Levantei as 5 hóras. Escrevi um pouco. Quando o dia despontou-se fui preparar os filhos. O predileto esteve aqui. Que homem bonito. É culto, e agradavel. Ele, é nortista. Eu disse-lhe que os nórtistas são severos.

— Tem exeção Carolina. No Nórte tem homens rudes. Mas, tambem tem homens amaveis e bom.

Eu disse-lhe que vou a Curitiba dia 7. Ele disse-me que vae voltar dia 11. Terça-fêira. Vou sentir saudades porque... já estou gostando d'ele. Ele é sergipano. Mas é inteligentissimo.

É um homem normal. Não fuma, não bebe. Está estudando. Se ele dicidir a escrever, sera otimo escritor — preparei almoço para ele. Se ele chega e não encontra-me fica esperando-me ouvindo radio. Gosto de dormir com ele! Eu gostaria que a nôite prolongasse quarenta e oito horas para eu ficar dormindo com ele para mim não ha coisa melhor no mundo, do que o homem. Ele é limpinho.

É na Groelandia que as nôites são interminaveis se eu pudesse passar uma temporada por lá com ele... Mas, nem tudo que se pensa realisa.

Eu não posso revelar o seu nome. A minha vida é assim mesmo. Não posso revelar, os nomes dos prediletos.

Os filhos fôram a escola. Vão indo bem. O José Carlos tem uma falta. O João tem 12. O diretor pediu-me para compareçer a escola, não tive tempo com os preparativos para a viagem. Fui na cidade não encontrei o Audalio ele disse-me para eu escrever um artigo para o programa theatral. Mas, eu estou com as ideias confusas. O prediléto dormiu comigo. Que homem maravilhôso! Gósto de bêija-lo.

5 DE ABRIL DE 1961

Hoje é quarta-fêira. Despertamos com os ruidos dos caminnhôes. Levantei, preparei os filhos para ir a aula.

O predileto ficou dêitado. Fiz mingau de avêia para ele. Fui pagar a mulher que vende na fêira. Dei-lhe 200, cruzeiros. Fiquei devendo R$3.030,00. Preparei o almoço para o predileto. A Vera foi a aula. O predileto ficou em casa eu fui na redação. A dona Argentina vêio visitar-me. A dona Didi fez o almoço.

Eu fiz uns bôlinhos de arroz. Porque eu tenho dó de jogar comida fora. A senhora que vende na fêira vêio fritar carne para o seu povo. Ela achou o predileto bonito e disse estas coisas são gostosas. A dona Argentina deu-me um plastico para guardar agua na geladeira. Mas eu não tenho geladeira. A dona Argentina pediu-me vinte mil cruzeiros emprestado. Eu disse-lhe para ir falar com o Audalio e dizer-lhe que eu não vou mais na redação porque estou ocupada com o predileto.

Fiquei com o predileto sosinhos falando no nosso futuro. Ele quer estudar, eu quero escrever. Deixei o predileto e fui na cidade. Encontrei uma senhora que reconheceu-me. Disse-me que me viu na televisão do Rio e queria um livro autografado. Convidei-a para irmos até a redação. Ela ia dizendo-me que dêvo ir ressidir no Rio de Janeiro. Que o meu livro foi a bomba atomica do Brasil que as criticas são justas. O Audalio estava na redação. Apresentei-lhe a senhora e disse-lhe que devia dar-lhe um livro. Ele deu-a. Autografei e pedi dinheiro.

O Audalio reclamou dizendo que gasto muito. Que a sua esposa gasta quinze mil cruzeiros por mês. Comecei xinga-lo mentalmente — Cachorro! Pão duro.

Infelizmente ninguem xinga um jornalista verbalmente porque eles tem o jornal para defendê-los — Mas o Audalio não pode comparar a minha vida com a vida de sua esposa. Eles tem um filho. Eu tenho trêis. Ela não gasta dinheiro nas conduções. Eu não posso usar o mesmo vestido, tenho que variar. Ele ja ouviu as criticas do meu vestido de bolinha.

O senhor Dantas preencheu um xeque de cinco mil cruzeiros.[8] Sai com a senhora fui leva-la na rua Barrão de Itapetinga. Ela, ia encontrar-se com o seu esposo. Disse-me que está casada a vinte e cinco anos está contente com o esposo e continua namorando-o. Eu ia chorando porque ja estou cançada das observações injustas do Audálio. Preciso comprar generos para a casa. A mulher dizia:

— Você está ganhando rios de dinheiro. Tem que gastar porque a vida está muito cara.

— Eu não estou contente com esta vida. Tem dia que fico nervósa. A senhora está vendo a vida que eu levo. O que a senhora presenciou foi uma amóstra.

O seu esposo chegou. Um senhor de quarenta e cinco anos. Eu disse-lhe que ela havia elogiado-o dizendo que está contente de ser sua esposa. Que ele é general. Ela sorria ouvindo-me. Ela, mostrou-lhe o livro com a minha dedicatória. Contou as represensôes de Audálio. Deus me livre de ser esposa de um homem igual ao Dantas. Imagina só... ele dá so quinze mil cruzeiros a esposa — Ela deve passar fome!

O general comentou:

— E nem podia ser esposa de um homem assim. Côitada. É uma favelada inciente. Sem pratica. Não tem quem oriente.

Fiquei ouvindo sem comentar porque, ela não conheçe atuação do Audálio na minha vida. Ele é um pará-choque contra os espertalhões.

Despedi do general e sua esposa e fui ao banco ritirar o dinheiro.

Voltei pra casa. Fui fazer compras para os filhos. Porque, eu vou viajar.

6 DE ABRIL DE 1961

Levantei as 5 horas preparei as roupas dos filhos porque, eu vou viajar. Deixei as camisas passado para eles não perder aulas. Quando a dona Didi chegou eu havia lavado as roupas e jardim. Vou varrer a

---

8 Cerca de 340 reais em 2021.

casa bem varrida porque, tenho medo de pulgas. Fui na redação ver que horas vamos sair de São Paulo.

    Encontrei o Audálio. Ele não reçebeu aviso. Disse-me se ele não pouder acompanhar-me ia um da televisão. Chegou um menino com o aviso para irmos marcar o horario na Vasp.[9] Sai com ele: queixando que estou cançada com as confusões atuaes.

---

[9] Viação Aérea São Paulo, estatal de aviação paulista privatizada em 1990. Deixou de operar em 2005.

Levantei as 6 horas. preparei as filhas para ir a aula. Troquei-me e fui pedir ao visinho que é notario para levar-me a rua sete de Abril. Fui na residência de Dona Amarah ver se o vestido ficou pronto
Não ficou. paciência já faz dois mêses que eu dei o tecido para ela confeccionar o vestido. Estava frio. Eu corria de um lado para outro. Fui na padaria pedir ao Senhor Rodrigues para despachar-me logo que eu ia pegar o avião
Dei 50 cruzeros ao joão. Não dei ao José Carlos Ele ruma muito dai costigo lo – Dei 500,00 cruzeros a Vera para entregar a dona Didi para comprar pão e frutas para os filhos

7 DE ABRIL DE 1961

Levantei as 6 horas. Preparei os filhos para ir a aula. Troquei-me e fui pedir ao visinho que é motorista para levar-me a rua Sete de Abril. Fui na residência de Dona Dinorah ver se o vestido ficou pronto. Não ficou. Paciência. Já faz dôis mêses que eu dei o tecido para ela confeccionar o vestido. Estava frio. Eu corria de um lado para outro. Fui na padaria pedia ao senhor Rodrigues para despachar-me logo que eu ia pegar o avião. Dei 50 cruzeiros ao João. Não dei ao Jose Carlos. Ele reina muito vou castiga-lo — Dei 500,00 cruzeiros a Vera para entregar a dona Didi para comprar pão e frutas para os filhos.

Entrei no carro. O motorista levou uns passageiros que queriam condução. Fomos falando do Salazar. Eu ia cantando a marchinha que compus para o Salazar.

Salazar

— O que queres aqui
purtuguês?
— Cai fora!

Eu vim ao Brasil pra cantar
A cabêça do Galvão.
É ordem do meu salazar
O nosso chefe da Nação

O nosso chefe da Nação
Não adimite rebeldia
Vae castigar o Galvão,
por causa do Santa Maria.

O salazar diz assim...
O povo tem que obedeçer

Aqueles que estão contra mim!
Não tem dirêito de viver.

Os passageiros que estavam no automovel não mencionaram nada. O motorista é desçendente de italiano, e dizia:

— O Salazar está muito velho.

Citei-lhe que ele não dêixou o meu livro entrar em Purtugal. Ele tem ideias antigas.

A pior toliçe é a de um governo que não dá liberdade ao seu povo. Um povo livre sente-se feliz e ama os seus dirigentes. Os ditadores angariam inimigos. O trânsito estava congestionado. Tem tantos automóveis no bairo de Santana.

Os passageiros ficaram na Avenida da Luz. Eu fui na Ultima-Hora perguntar-lhes se queriam algo para Curitiba. Despedi d'eles entrei no auto e fui pra redação. Quando cheguei o Audalio não havia chegado.

Fiquei esperando-o. Fui procurar a redação do Mundo Ilustrado[1] para entregar ao Dr. Rayder[2] um artigo que escrevi para o doutor Herculano Neves, o autor do livro Eu te arrespondo Carolina!

Não sei localisar o local do Mundo Ilustrado. Deixei a carta na redação do Cruzeiro para o senhor Frêitas entregar ao Dr. Rayder.

Fiquei conversando com o fotografo Barata. Falávamos do Audálio. Eu disse-lhe que o Audálio devia tirar proveito da minha capacidade. Eu disse-lhe para ele comprar um carro para nós ele não quiz. O Barata disse que ia aconselhar o Audalio para tirar provêito da minha sapiência.

O Audalio chegou. Comprimentou-nos e disse — que estava impaciente pensando que eu estava atrasada.

Despédimos do fotografo Barata. Ele havia citado que comprou uma casa no Rio de Janeiro. Tomamos um taxi. Ele achou a minha mala muito pesada. Levei varios vestidos e sapatos e uns livros. Quando cheguamos no aeroporto os carregadores abraçou-me. Dizendo:

— Chegou a nossa namorada!

Carregaram a minha mala. Eu e o Audalio entramos no saguão do aereopôrto. Encontramos o senhor Murilo Antunes Alves e sua esposa. Iam para Brasilia ele vae ser o chefe cerimonial do senhor Janio Quadros. Iam com a Dona Elôá Quadros.[3] Vão ver o seu apartamento.

A sua esposa é desçendente de alemães. É muito iducada.

---

1 *O Mundo Ilustrado*, semanal carioca de notícias e variedades.
2 Elias Miguel Raide, redator da revista.
3 Primeira-dama do Brasil de janeiro a agosto de 1961.

O senhor Murilio Antunes Alves perguntou-me como é o livro Casa de Alvenaria?

— É a minha vida atual. E o senhor, já está incluido no livro.

A esposa do senhor Murilo abriu os olhos e pediu-me com a voz amargurada:

— Carolina! Sêja imparcial e justa. O meu Murilio é o homem numero um do glôbo. Eu estou tão contente com ele!

Brinquei com ela pedindo:

— Se a senhora quer rifa-lo eu compro todos bilhêtes.

Ela sorriu.

Eu disse-lhe que a sua esposa estava dizendo que ele é muito bom. O dia que ela quizer vendê-lo eu compro a prestação.

Ele sorriu comentando:

— A Carolina já tem dinheiro.

O senhor Murilio Antunes Alves comentou a peça Quarto de Despejo que está no theatro Bela Vista. Propôs se a peça fizer sucesso em São Paulo, ele vae leva-la para Brasilia — Não comentei porque não vi os ensáios.

Despédimos de Dona Erika Antunes Alves. E fomos para o portão numero 2. Eu estava tranquila.

Quando entramos no avião pensei nos meus filhos. Que será que a Dona Didi vae olha-los como se deve? Quando estou no avião fico pedindo a Deus. Para nos amparar. Chegamos em Curitiba as 11 e 10.

Que beleza os pinheiraes. Que arvore graciosa!

O aereoporto Afonso Pena é num vale. Estava frio. Tive a impresão que estava em São Paulo, vendo os habitantes de São Paulo com seus trages de lã.

Quando descemos do avião fui fotografada. Estava nos aguardando o reporter Jorge de Oliveira Elias. Jornalista e radialista. É deçendente de sirio. Mas o seu aféto é para os problemas do Brasil. Da gosto ouvi-lo. Ele nos recebeu sorrindo. O Audálio não o conhecia. Fizemos uma saudação pela radio Guayacá. O Jorge disse que o Brasil é um país dessajustado, uns, veste casaco, outros morrem de fome. Quando cheguei é que fiquei sabendo que fui inaugurar um programa. Reportagens vivas. Dirigimos para o Lord Hotel. Troquei e fui percorrer as estações de radio. O povo olhava o Audalio com adimiração achando que ele é jovem. Fomos na emissôra Paraná. Fui em Curitiba convidada pelo dr. Nagib Chedi.[4]

[4] Nagib Chede, fundador da TV Paranaense, canal 12.

Fomos na residencia do Jorge Barbosa Elias. Sua mae recebeu-me com carinho. É otima dona de casa. Ofereceu me um bolo gostôso. Está de luto. Sua mãe morreu. A casa é bonita na entrada da casa tem um bar. É um predio original. Que cidade gostosa tem todo conforto de uma cidade grande sem ser uma cidade grande.

Como é bonito as casas mescladas com os pinheiros.

Fui recebida pelo jornalista Ayrton Marino do jornal A Tarde e radio Maracá — o Jorge dizia que o povo quer saber a verdade, que o meu livro foi bem acatado pelo povo porque escrevi os fatos degradante da favela do Canindé.

Na residencia de Jorge estava uma senhora que ja sofreu tanto e é alegre. Perdeu os filhos o esposo e é corajosa na vida. Eu disse-lhe que estou cansada dos aborrecimentos. Sorriu dizendo-me:

— Eu, tenho aborrecimentos, mas, afasto-os da minha mente. Faça o mêsmo. Desliga de tudo que te aborreçe. Eu sou pintora e vou dar-te um quadro.

Deu um suspiro comentando:

— Depôis de velha, perdemos todas ilusões. Precisamos encontrar um lenitivo para viver.

Saimos para almoçar a mae do Jorge não quiz acompanhar-nos — por causa do luto. Almoçamos no restaurante Ao Galeto eu o Audalio, o Georje e seu pae, Dr. Chofic Elias. Que homem agradavel, é médico.

Quando entramos no restaurante o radio estava anunciando a nossa visita:

— Acaba de chegar em Curitiba Carolina Maria de Jesus. E o seu descobridor. Audalio Dantas.

Almoçamos frango e virado com linguiça. Depois do almoço fomos a Radio Murumbi. O Audalio quando falou citou do descaso dos poderes publicos com os favelados que é a classe que luta demasiadamente para viver. O Jorge Barbosa Elias disse que é justo que os ricos auxilie os pobres. Temos que lutar para ilustrar o nosso povo. Para o país não ser desclassificado pelos escritores sociologo.

Quando falei citei o porque escrevi Quarto de Despêjo. Para revelar aos poderes publicos a vida insipida do homem pobre. A luta com o custo de vida. É horrorôso ver as crianças andando descalços com o ventre crescido superlotado de vermes comendo os frutos deteriorados no lixo onde as moscas pousaram deixando seus ovos infecciosos. Espetaculo que eu reprovo em qualquer recanto do glôbo.

Depois do almoço fomos a Radio Murumby. E a tarde na residencia do Jorge. Demos entrevista aos jornalistas e radialistas.

As cinco da tarde na Livraria do Povo. O diretor é o senhor João Ghingnone. Não tive publico no Paraná. O Jorge disse que os paranaenses não sabem recepcionar quem os visita.

Sinto não poder dizer o mêsmo. Em todos lugares que eu chegava ofereciam comida em grande quantidade.

Na livraria estava presente o reporter correspondente da revista O Cruzeiro, o jornalista Ivan Fêijó. É brotinho e diretor de revista, e o senhor Joaquim Esteves, radialista da radio Cultura. É um jornalista culto. Fiquei conheçendo o senhor Altair Astor, Idelfonso de Azevêdo. Na radio Cultura formamos uma mêsa redonda. As perguntas variavam de favelados a politicos. E o que acho do governo do senhor Janio Quadros.

— Não sou janista. Mas a minha fraca opinião do governo é esta: para mim o senhor Janio Quadros está dançando ao son de varias musicas e atrapalha no compasso. Revolto contra as perseguicões que ele promove com os nossos homens publicos tirando-lhes as forças moraes. Tem calunias infundadas. Tem certas difamações que atinge até a quarta geração. Ele é agressivo. E um governo deve ser tolerante. As investigações com os homens publicos deve ser sigilosa sem publicidade para não desmoralisar o país.

P. Perguntaram-me qual é o homem mais honesto que conheço?

R. O Audálio Dantas. Ele seria bom governo. Mas, eu não dêixo ele mesclar-se na politica para não sair crismado de — ladrão. Se for para ele entrar na politica prefiro vê-lo na campa.

As pessôas que estavam presentes fizeram varias perguntas. Tema, a vida na favela. Citei as cénas degradante que a favela representa para as crianças.

O senhor Paulo Belix perguntou-me. Porque é que eu escrevi o Diario?

R. Quando eu chegava em casa não tinha nada para comêr. Eu ficava nervosa. Quando fico nervosa não gosto de xingar, prefiro escrever. Cada um tem uma mania.

O senhor Vitor de Lara:

P. Porque é que a senhora não casou-se:

Prometi responder-lhe no meu proximo livro que é A Casa de Alvenaria, Senhor Vitor de Lara, de Curitiba. Estado do Paraná.

Aí vae a resposta:

— Quando fui jovem tive os sonhos dos jovens, mas os homens que pediu-me em casamento dêixou-me deçepcionada. Uns queria que eu roubasse. Outro queria que eu comércializasse o meu côrpo, para arranjar-lhe dinheiro. Outro queria ensinar-me adultérar dinheiro. Outro, queria que eu estudasse. Ou aprendesse o corte e custura. Ele, compraria uma maquina e eu devia custurar para sustentar a casa.

O que pediu-me em casamento com a condição de roubar não servia porque, a minha mãe dizia que não devemos roubar. E expancou-me quando roubei um anelzinho da Abigail Silva. Filha do senhor Jose Saturnino.

A mamae era empregada do senhor José Saturnino. O anel que roubei são os que vem nas balas. Conservo na mente as lições de minha mãe, quando dizia-me:

— Minha filha, quando roubamos algo as pessôas que são donos dos obgetos ficam tristes, choram e nos rogam pragas.

— E as pragas pegam mamãe?

— Pegam.

Continuava ensinando-me deveres sociaes. A mulher voluvel não deve casar-se o casamento é um ato muito sério. A mulher não deve ser exigente com o espôso. Deve conformar-se com as posses e ser participante na luta que a vida nos concede. Eu ficava horrorisada com as propostas e fui ficando sosinha.

Mas a mulher com o decorrer dos tempos acabam iludindo-se com o homem.

O senhor Vitor de Lara referiu-se aos meus filhos dizendo: que eles são bastardos. Mas, são felizes. Luto por eles. Não dêixando-os abandonados. Tem crianças legalisados que invejam os meus filhos. Porque tem paes ebrios que transformam a casa num inferno.

Conheço crianças que não mencionam o nome do pae, porque o pae está na cadêia como ladrão. Tem mulher que interna os filhos nas instituições filantropicas porque não quer lutar por eles.

— Os meus filhos não sentem a falta de um pae.

Crêio que minhas respostas satisfez o senhor Vitor Lara.

O Audálio defendeu-me das ironias do senhor Vitor Lara dizendo que, eu vim pra São Paulo sosinha e as cidades grandes, são os redutos das deshumanidades.

— Ao Audálio, os meus agradecimentos.

O que achei interessante foi o jantar na ressidência do jornalista Ivan Fêijó.

Disse que viu-me no cine jornal com o meu vestido de bolinha. E eu estava usando-o. O vestido custou cinco mil cruzeiros. Reservo-o para as féstas de gala.

O Audalio disse: que isto é propio das mulheres. Observar os toilétes femininos. Jantamos na ressidência do senhor Ivan Fêijó. Ele dizia:

— Os que moram aqui, vão jantar nas suas casas. Não é dó de comida. É que eu não avisei a minha esposa.

A esposa do senhor Ivan Fêijó é bonita e caprichosa. Ela deu-me umas mudas de flores.

Fomos no Sesi. Tomamos café ganhei uma peça! O seu nome era Juana. A peça é agradavel.

Ganhei uns presentes. Lembrança do centenário do Paraná — Fomos na televisão canal 12.[5] Os telespectadores faziam as perguntas pelo telefone. Contei. Uma bolada. Um jovem que está estudando queixou-se que está dessanimando perdendo o ideal pelos estudos devido o custo dos livros. Que é um absurdo. Todos os anos, mudam os livros didáticos. Os livros deviam ser impressos pelo Ministério da Educação, com a elêvação dos livros vae ser dificil a extinção do analfabetismo no país.

Senhor Sigfried Stary. Ai está o seu apelo ao Ministro da Educação.

Fiquei chocada com a friêsa das mulheres do Paraná. Tratou-me com indiferença. O Jorge Barbosa Elias disse-me:

— Pôis é Carolina, as mulheres d'aqui são assim.

As senhoras que tratou-me bem: a mãe do jorge Barbosa Elias. Fez um bolo de fubá e deu-me. E dona Ofhélia Menêzes e a esposa do jornalista do O Cruzeiro Ivan Fêijó. A estas trêis senhoras o meu agredecimento.

O povo animou-se comigo depôis do programa da televisão. Na livraria não tive publico. Agradeço os homens do Paraná fôram agradaveis.

Em cada entrevista perguntavam o que acho do senhor Janio Quadros.

— Eu classifico o governo do senhor Janio Quadros assim: o povo está quêimando. E ele, pôis mais gasolina. Os preços dos genéros alimentícios elêvaram-se. E eu fico pensando na classe média e nos opérários que elegeu o senhor Janio visando sua interferência na alta do custo de vida.

Quando fui pro Lord Hotel era duas horas da manhã.

Tinha um jovem que imitava o José Vasconçellos.[6] Estava cançada de tanto andar.

---

5 TV Paranaense.
6 Ator e comediante.

8 DE ABRIL DE 1961

Despertei as cinco hóras. Pensei nos filhos. Hoje... eles não vão a aula. Levantei abri a janela fitei o ceu do Paraná. O meu olhar girou pela cidade cor de cinza porque o astro rêi estava oculto pelas nuvens. Tomei banho. Troquei roupas e desci fui tomar café. O salão é luxuôso, sete lustres adôrnando o salão. As mêsas com jarras de flores. Dez janelas longas com cortinas estampadas. As mêsas quadradas com tôalhas brancas. E as cadeiras forradas com estampadas cor de violeta.

Os hospedes tomavam cafe silênciosos. A unica que falava era eu. Tomei so café e fiquei circulando pelo salão, contemplando a cidade. O sol estava despontando-se dêixando seus reflexos cor de ouro no espaço. Contemplava os pinheiros que adorna a cidade.

Desci no elevadôr comprei jornaes comprei o Diario do Paraná. Atravessei o jardim publico fui a igrêja. O padre estava celebrando a missa. Gosto de olhar os altares e os quadros relembrando o roteiro do Carvalho. O triste drama de Cristo.

Sai da igreja fitando os rostos das mulheres. Da a impressão que são mais orgulhosos do que os paulistas.

Dirigia a casa do Jorge Barbosa Elias quando ouvi a voz melodiosa de sua mãe convidando-me para ir tomar café. O prédio é humuristico na entrada do predio tem um bar. Os funcionarios sorriram quando entramos no prédio. É que eles me viram na televisão. O elevador estava funcionando. Fiquei alegre, porque ja havia galgado as escadas.

Quando entramos a mae do Jorge disse:

— O teu bolo, está assando.

— Oh! Que bom.

Exclamei com alegria pensando nos filhos, que iam apréciar. Sentei, ouvindo os comentários do programa da televisão.

O Jorge despertou-se, e levantou-se. Que homem culto. Insisti com ele, para prosseguir os estudos. E se eu for viva, hei de compareçer na formatura, dar-lhe o meu abraço pessoalmente. O Jorge, é inteligente. Se estudar será o segundo Ruy Barbosa.

A mãe do Jorge esquentou trêis ovos para mim. Fez kibi crú eu comi com pão. Fez o kibi na maquina em dez minutos. Ela está fraca. Chorou muito porque morreu-lhe a mãe. O Jorge foi trocar-se. Fiquei conversando com o seu primo. Disse-me que tem uma tia em Santana. Tomou nota do meu endereço para vir visitar-me. O que aborrecia-me eram as perguntas.

— O que acha do Janio Quadros?

Eu disse: que o Janio, quando quer ser elêito bajula o povo depôis de elêito metamorfosêia-se.

Um senhor disse:

— O Janio não precisa bajular o povo porque, ele, ja está no posto maximo. E o povo, no posto mínimo.

Respondi revoltada com a ignorancia do interlocutôr que não perçebe a desorganisação no país.

A reforma cambial[7] é o comprovante, que vem impédir o pobre comêr.

Mas era as incientes que acreditam que o governo vae melhorar a condicão de vida da massa humana. Quem vae melhorar a vida do homem, é o propio homem. Iducando-se, sendo bom uns aos outros. E abolindo os defêitos nocivos que são prejudiciaes. Com uma formação moral perfêita, havemos de ser — felizes. O pae do Jorge, não estava em casa — os médicos dêixa o lar ao raiar do dia. Fiquei olhando a mãe do Jorge, preparar um bolo para eu trazer para os filhos. Despedi, convidou-me:

— Quando vir a Curitiba hospeda-se na minha casa.

Eu disse-lhe que gosto de trabalhar para os sirios são bons e fartos. É uma raça humana. — Não gostam de guerra.

O Jorge deu-me o endereço de sua noiva para eu ir visita-la.

O elevador estava funcionando — dêi graças a Deus. Porque acho horrivel desçer os degraus.

Entramos no automovel. O povo reconhecia-me as mulheres olhava-me com friêsa. So os homens é quem sorriam. O meu agradecimentos aos homens de Curitiba pela amabilidade. As mulheres curitibanas não ganham agradecimentos porque são orgulhosas.

Quando chegamos ao Lord Hotel o Audalio estava despertando-se. Foi abluir-se. Ficamos esperando-o.

Eu não gosto de esperar ninguem. Pedi ao gerente para ritirar a minha mala do quarto. Eu estava disposta. Percibi que fôi a super--alimentação que os curitibanos deu-me.

Achei os homens de Curitiba bonitos. Talvez sêja por eu ter sido reçepcionada por eles. Fomos na Radio Guayracá. Fiquei conhecendo o senhor Nagib Chedi. Que homem amavel. Aconselhou-me para empregar bem o dinheiro que estou ganhando:

---

[7] Através da instrução n. 204, de 13 de março de 1961, o governo unificou as taxas de câmbio e eliminou subsídios cambiais às importações de alimentos, provocando alta nos preços.

— Cuidado com as reviravoltas da vida.

Fiquei satisfêita ouvindo-o percibi que ele, não é egoísta. Deu-me o seu cartão para corresponder-me com ele. Citou-me que adimirou a minha coragem de escrever a verdade. Ao povo não se conta lendas. Devemos escrever a verdade.

— Continua assim Carolina.

Eu observava os belissimos moveis e os quadros regionaes. O dr. Nagib Chedi é advogado. Formado no ano de 1925. Pedi para aconsêlhar o Jorge Barbosa Elias a estudar. O estudo é um bordão na vida do homem.

Estava presente o radialista Helio Polito. — Um homem inteligente. Nos apresentou pelo microfone. Saudamos os curitibanos. Agradeci o Dr. Nagib Chedi.

Dêvo dizer que recebi varios convites para visitar diversas cidades do Brasil, o convite parte das pessôas que gostam do Dr. Adhemar de Barros. Ele ainda tem prestigio. Ao Dr. Adhemar de Barros o meu agradecimento pelo seus fêitos ao país.

Despedimos dos funcionarios e dirigimos para o aereopôrto. Trocamos de carros, passamos para o carro da Radio Guayracá. Eu ia contemplando as paisagens e as terras fecundas do Paraná. Eu disse na radio que pretendo comprar terras para fomar lavouras. O locutôr aconsêlhou-me comprar terras no Paraná.

Interessante. — O grande erro do país. Não sêi se este erro que vou citar estende-se ao mundo porque, eu conheço só o Brasil. O meu país de origem.

Tem tantas terras... E as terras, pertençe a um fulano que não cultiva e nem dêixa os pobres cultiva-la. Ao meu ver, as terras não pertençem a ninguem. Ninguem é dono da terra. A terra é que é dona do homem, porque ela absorve-o na suas entranhas, quando o homem feneçe. Isto é êgoismo do homem. Quando o homem liberar as terras por sua expontanea vontade, ai sim, o mundo será o jardim do Edem que as santas escrituras cita o homem tem que liberar a terra sem a interferência do homem.

Eu e o Jorge iamos sentados atrás. O Audálio, e o Hélio Polito, iam na frente. O Helio, ia guiando. Reporter poliglota. Conheçe o continente. É um tipo de homem que diz:

— Eu vou fazer!

E faz.

É iducado. Quando eu era da favela pensava: não ha homens cultos no Brasil! Que país... Depôis que o reporter A. D. tirou-me das trevas vêjo que existe homens cultos e capás no meus país. Tem brasileiros refinados. Tenho visto mulheres brasileiras que falam:

— Eu... não quero casar com brasileiro.

Tem cada homem brasileiro, que eu vou te contar... É o suco da uva.

O Jorge estava triste. Fiquei pensando. Qual será o motivo de sua tristesa? Ele não é pobre. É rico! Tem pae e mãe.

— Porque está triste Jorge?

— É que eu não gosto das mulheres de Curitiba.

Ouvi sua resposta justa porque, dá a impresão que as mulheres de Curitiba não gostam dos homens. Eu ia fitando o céu cinzento do Paraná e os pinheiros fidalgos. Que arvôre bonita. Imponente igual uma atriz.

As terras do Paraná são plâinas não tem alcantil. Em cada estado a topografia transforma-se o que sei dizer, é que as terras do Brasil são belissimas. E bôas até as terras do Nordeste. O que deturpa o Nordeste é o clima tropical.

Eu devia estar alegre. Porque estou sendo bem tratada em Curitiba. Mas, estou préocupada com os filhos. Será que eles fôram a escola?

É horrivel uma mulher criar filhos sosinha. Tem que ser pae e mãe ao mêsmo tempo. Porisso aconsêlho as jovens, casar-se, respêitar os esposos. Brigam hoje. Fazem as pazes amanhã, mas, devem viver, sempre unidos!

Penso: se eu fosse casada a minha vida seria outra. Eu tenho inveja da esposa do Audálio, e outras que vivem dentro de casa.

Quando chegamos ao aereopôrto fiquei preocupada quando vi o avião com o seu bojo tipo pato. Pensei nos filhos. E pedi a Deus para auxiliar-me na viagem.

Despedimos do Jorge e o Helio Polito e dirigimos para o avião. Antes de penétrar circulei o olhar ao redor contemplando as paisagens magéstosas do Paraná. É lindo o verde do Paraná. O pinheiro sobresaindo entre as arvores. Garbôso igual um ator principal. Sentamos e apertamos o cinto.

A aereo-moça nos saudou... desêjando, bôa viagem. Eu estava sentada ao lado do Audálio.

O avião partiu na pista mas o motôr falhava. Fiquei assustada quando o comandante pediu-nos que desembarcasse-mos e aguardasse-mos nova chamada. Vi passageiros saindo as pressas do avião.

Quando sai contemplei o espaço. E respirei aliviada. Fomos para o angar. Sentamos. O comandante disse-nos para irmos almoçar. Olhei o relogio. Era nove horas. O Jorge Barbosa Elias, e o Helio Polito estava no aereopôrto. Sorriu, quando nos viu e disse:

— Quando vou esperar altas autoridades fico de prontidão, se chegar, é noticia. E se não chegar. É... grande noticia!

Fomos almoçar. Já enjôei de comêr frango. Fico relendo a lista das iguarias. O Helio Polito é culto e bom, conversador. Contou-nos que caiu um avião e os reportes foram fazer as reportagens e o comandante anunciou:

— Morreram quatros.

— Só? — Perguntou um reporter descontente.

Enquanto almoçavavamos eu ia cantando as marchinhas que componho e observando os gestos fidalgos do Helio Polito — para mim, estes homens cultos que tiveram a honra de nasçer no Brasil, são diamantes lapidados.

O Jorge estava triste. Os passageiros estavam inquietos. Reclamando:

— Se eu soubesse viajava de onibus.

O Audalio, percorria o aereoporto conversando com o Jorge, e o Helio Polito. Sentei pensando nos filhos. E nas horas que iam passando. Mas agradecia a interferência de Deus impedindo a ascênsão do avião ja que estava defêituoso.

Deus devia estar protegendo o Audálio. Porque, ele é o melhor de todos que iam embarcar. Conversava com os passageiros oferecendo-lhes autografos. Fui fotografada com umas senhoras que circulavam pelo aereopôrto.

Achei graça quando um casal em lua de mel renunciaram a viagem com recêio de um desastre — pensei: eles estão progétando tantas coisas são jovens.

Os meus pés dôiam ritireo os sapatos. Respirei alegre, quando ouvi a ordem de embarque.

Uma senhora anosa estava triste. Dizendo que ia passar o dia com a filha que vae residir nos Estados Unidos. Varios passageiros transferiram a viagem para a Varig[8] no ultimo vou, a tarde. Estava presente um radialista quarentão agradavel nas palavras. Quando dirigia-mos para o avião convidei-o:

— Vamos...

— Eu vou a tarde!

— Medôso!

Ele sorriu. Seguimos a metade dos passageiros. O meu coração parecia o sol quando está no eclipse, ocilava dentro do pêito. Circulei o olhar enviando o meu adeus aos pinheiros do Paraná. O ceu estava

---

[8] Viação Aérea Rio-Grandense, companhia gaúcha extinta em 2006.

nublado. Deve ser belo o panorama, quando o sol está descoberto. Entramos no avião. Fiquei gelada olhando o relogio do Audálio. Pensava: meu Deus do céu. Antes eu estivesse na favela comendo as coisas do lixo. Vinte minutos dentro de um avião, para mim, pareçe vinte mil seculos.

Depôis que passei a viajar os meus cabêlos embranquêceram-se. Curvei a cabêca pensando. Tive a impresão que ouvi uma voz sonora. Pronunciando o meu nome!

— Carolina!

Asustei pensando... Meu Deus! A morte está chamando-me. E pausava o olhar no relógio do Audálio — começei pensar... se o avião cair, o Audálio morre. E eu... não sêi ficar sem ele. Ja habituei-me ir ao Cruzeiro e vê-lo sentado escrevendo.

Depôis pensei. Meu Deus. Se o Audalio morrer. Hei de morrer tambem porque estou ao seu lado. Estava apavorada e dizia ao Audalio:

— Eu vim neste avião para provar aos outros passageiros que sou corajosa.

Ele sorriu dizendo-me:

— Este capricho está te custando caro. Se eu soubesse transféria a tua vinda mas, eu não consentia dêixa-lo partir num avião defeituoso.

Acabou-me dizendo que o comandante não ia partir num avião defêituôso. Ele girou treis vezes testando-o. Ouvi dizer que este comandante viaja nos aviões super-revistos.

Respirei aliviada quando li — aperta o cinto. Sorri — semisatisfêita. Mas estava impaciente para pizar na terra.

Foi com prazer que fitei o céu confuso de S. Paulo, o céu garôento. O céu que eu adoro. Porque foi debaixo deste céu, que sofri, lutei, e venci. É debaixo deste céu que quero ficar sepultada.

Vi os funcionários aereos que conhece-me sorriam o meu coração estava acabando-se retôrnando-se ao seu lugar. Fomos ritirar as malas. Quando fui tomar o taxi vi Angela Maria. Está magra. Mas está muito bonita com os cabêlos pretos. Disse-me:

— Eu, sou tua fan.

Entramos no taxi, eu e um purtugues e o Audalio.

O purtugues pediu-me para escrever a lêtra da marchinha "Salazar" para ele enviar a Purtugal. O Audalio ficou na rua São Luiz. E disse-me para eu levar a sua mala em na sua casa.

Perguntou-me:

— Tem dinheiro para a viagem?

— Tenho.

— Pudera! Uma milionária desta, não ter dinheiro!

Despedimos. Seguimos até a rua Vitoria. O hotel onde o purtugues hospeda-se é modesto. Deu-me o seu cartão para eu ir visita-lo no Rio. É chefe de vendas quer dar dôis ternos para os meus filho.

Fico pensando nas reviravoltas da vida. Quando eu era lixeira não ganhava nada. Agora que posso comprar ganho tantas coisas. Da a impressão que a felicidade fez as pazes comigo. Eu gostaria que a felicidade fizesse as pazes, com todos habitantes do mundo. Não sou egoista. Desêjo o bem estar de todos. Dirigia o meu olhar nas ruas de São Paulo, tragétos que conheço quando catava papel. O purtuguês queria pagar o carro não permiti. Agradeçeu-me.

Segui pensando nos filhos. Chegando na casa do Audalio pedi ao motorista para esperar me. A dona Iracy não estava em casa, so a sua mãe.

— Onde está a dona Iracy?

— Foi visitar uma amiga.

Assustei-me olhando o braço ingesado da sogra do Audalio.

— O que foi isto?

— Cai.

Eu trouxe a mala do Audalio.

— Cuidado no abrir. Tem louças.

O Audálio disse para a dona Iracy entregar-me um caderno que está em cima da comoda. Subi as escadas ate ao quarto de Audálio e vi o meu caderno amarelo.

Fiquei alegre. Pensei: já visitei esta casa varias vezes e nunca vi uma das mulheres que aqui resside lendo um livro. E elas tem tempo. Eu penso que todos devem gostar de lêr.

A sogra do Audalio seguia-me.

Queixei-lhe que estou cansada desta vida. Com os pedidos de dinheiro emprestado.

— E a senhora empresta?

— Não tenho. O que ganho da para as minhas despêsas.

— A senhora vae visitar-me gosto de conversar com a senhora.

— Eu estive doente. Esgotamento nervôso. Agora, estou melhor. Percibi que sou obrigada a confomar com esta confusão. Tenho que conformar...

Estas frases ficaram na minha mente. Suspirei pensando no que ha de surgir no decorrer da minha vida. Agora é que a minha vida ficou horrivel. Achei linda a casa do Audalio, tudo em ordem.

Fiquei pensando: o Audálio fala:

— A minha mulher não sae de casa.

Isto é lá com eles. É que eu gosto das pessôas que falam as coisas comprovando. Eu não estou dizendo que o Audálio, é mentiroso.

Bem. Vou parar — Da a impressão que isto é uma intriga.

Voltei no mêsmo auto. Paguei 60.0 cruzeiros, do aeréôpôrto até a casa do Audálio, depôis até a minha casa. Era cinco horas quando cheguei.

Fiquei horrorizada. A dona Didi não comprou frutas para os meus filhos. Não comprou tomates nem verduras. Não comprou fêijão. Fez so arroz e carne. Os meus filhos não gostam de arroz branco.

Que comida horrivel. Não comprou pão para os meus filhos.

— Eu dêixei 500 cruzeiros com a senhora, porque não comprou frutas para os meus filhos? Eles gostam de fêijão.

A Vera contou-me que eles não foram à escola.

— Porque é que os meus filhos não fôram a escola?

— Os teus filhos são malcriados. É porisso que aqui não para ninguem.

Respondeu-me aspéramente percibi que ela não tem qualidade. É revoltada. É um tipo que a gente perde a simpatia. Não citou o que fez com os quinentos cruzeiros. Pensei que mulher trapaçêira e embrulhona. Percibi a sua ambicão pelo dinheiro. Pessôas assim dão cabeçadas na vida.

Depôis quêixam, que não tem sorte. Fiquei com dó dos meus filhos percibi que não posso confia-los a Dona Didi. Ela não sabe viver. Não tem formacão Moral.

Esqueçendo que ambição desmédida nos conduz ao abismo. — O erro da humanidade. Fiquei nervosa expanquei os meus filhos por ter perdido a aula.

O João disse-me que ela despertou-os as sete e trinta. As sete e trinta eles já estão formando a fila.

A dona Didi quer ganhar sete mil cruzeiros...

9 DE ABRIL DE 1961

Hoje, é domingo. — A dona Didi vêio trabalhar.

Ela é vaidosa diz para comprar moveis de luxo, geladeira — Diz:
— Se fosse eu!...

Citei-lhe: eu não posso comprar moveis de luxo porque não tenho tempo de limpa-los. Tem pessôas que acha os moveis bonitos nas lojas. Depôis que os compram desleixa-os. E perdem aquele encanto. Fui comprar o jornal. Li o dialogo do Hichiman.[9] O carrasco nazista — Não devemos matar. A humanidade é uma massa coletiva que devem amar-se, e não exterminar-se.

— Penso: Os homens estão castigando os monstros da guerra passada. Mas, estão preparando outra guerra. As polémicas das nações.

Quem fazem guerra são insensatos. A guerra arruina um país. Quem faz guerra estará prejudicando o homem do porvir, que vae reconstruir a destruição que a guerra promoveu. A guerra é áspera. A paz é aveludada.

A dona Didi não fez um almoço caprichado. Temperou a carne com sêbo. Não pois sal. Disse-me que ia sair ia ao cinema durante o dia, e a sua filha ia a nôite. Infelizmente passei para a burguesia preciso de empregada.

Que dilema. Elas são jatanciosas. Tem que ser como elas querem. Mandei a dona Didi comprar fêijão. Comprou o jalo. Não gosto d'aquele fêijão.

Repreendi:

— Porque foi que comprou o fêijão jalo? A senhora não viu este fêijão na minha casa.

— Comprei porque gosto e faz um caldo grosso.

Pensei: ha fresquinha desgraçada. Ela comprou o fêijão por ser o mais barato. Ela estava pensando que sou boba. É um erro pensar isto porque eu sou poetisa.

Nasci com um espirito elevado — prefiro ser correta do que ser trapacêira.

Tive que jogar a comida que sobrou. Fiquei com dó porque os preços dos alimentos são elevados. Eu ja passei fome sêi dar valôr a comida.

A dona Didi não fica dentro de casa nem um quarto do dia. Ela saiu fui limpar a casa. Se pago empregada é porque quero escrever e ler. Mas, infelizmente as domesticas é um problema. — Quando vem tratar um serviço pergunta:

— Quanto é que vou ganhar?

Querem ser benéficiadas mas, não beneficia os patrões — Fui fritar a carne era demaes. Dividi e fiz pasteis para os filhos. É um pecado jogar a carne fora no preço que está.

---

9 Adolf Eichmann fora sequestrado por agentes israelenses na Argentina, para onde fugira depois da guerra, e aguardava julgamento em Jerusalém, iniciado em 11 de abril de 1961.

E eu não quero relaxar. Tenho que dar valor a esta casa porque adiquiri tudo com sacrifício. Recibi a visita de uma professora. Disse-me que é solteira ofereçeu-me para lécionar-me o purtuguês.

Recusei. Já, tenho professor.

É o Luiz. Um professôr maravilhôso.

Os filhos fôram ao cinema.

10 DE ABRIL DE 1961

As crianças foram a aula.

Troquei as camas e fui lavar as roupas. A casa está alegre limpei os moveis. Lavei o jardim.

A dona Didi chegou. Eu disse-lhe, que ela, não havia fêito um almoço bem fêito para mim. O trato é para fazer refêição unica esquenta a comida que sobra no jantar.

— A senhora não pôis sal na carne.

— Ah! Eu vou-me embora! Não aguento dessafôro.

E foi preparar suas roupas. Tem pessôas que não adimite observações. As domésticas pensam que elas são insubstituivas. Ela olhou-me e disse:

— A senhora tem fama de bôa.

— É que o povo confunde-me. Eu não sou bôa. Sou justa e correta. Não tolero o trapaceiro, o mentirôso, o indolente e o velhaco, o cinico. O homem sem palavra, os que confundem tolérancia com idiotiçe.

— Eu vou-me embora. Depôis a senhora me dá o meu dinheiro.

— Não vou dar-lhe um centavo.

Ela não lavava roupas. Entrava as sete saia as duas. Não varria o quintal. Não lavava a escada. Tem desenove degraus.

Fazia um trivial horrivel. Eu jogava a comida na lavagem. Alimentos que comprei para um mês ela estragou em quinze dias. Ela queria ganhar sete mil cruzeiros mas não vale.

Recibi a visita dos estudantes que vieram convidar-me para ir ao colégio Otavio Mendes. Passei a tarde fazendo versos para os estudantes. O Audalio disse-me para eu ir na livraria Francisco Alves.

Recibi visitas de duas senhoras vieram pedir-me uma carta para um deputado dar-lhes trabalhos. Querem trabalhar num parque infantil.

Citei-lhes que não tenho prestigio na politica porque eu sou apolitica. Mas, escrevi uma carta para o Vereador Italo Fitipaldi.[10] Pedi ao João, para ir comprar um envelope. Ele não não queria ir. Xinguei-o, estes cachorros, não auxilia-me em nada. E são brutos para mim.

As mulheres ouviam, comentando.

— É isto mêsmo dona.

— Os filhos de hoje não respêitam os paes. Eu tenho um filho de quatôrze anos não está trabalhando, será que a senhora, pode arranjar um emprego para o meu filho?

— Ele sabe ler?

— Não.

— Porque nao aprendeu?

— Ele, foi criado com uma familia que não interessou-se em iduca-lo.

— E a senhora, vendo que eles não iducavam o seu filho porque não ritirou-o?

— Eu estava doente. E sou doente.

Eu ouvia as palavras das senhoras que demostravam revolta contra a existência. Citei-lhes que criei meus filhos sosinha e Deus. Dêixando-os fechado quando chovia e conduzindo-os quando podia.

A mulher continuava dizendo que era doente.

O João estava demorando fui chama-lo. A japônesa não havia atendido-o. Eu chamava. Ele respondia:

— Ja vou mãe! Espera um pouco!

Mas, eu sou impaciente gostaria de ter azas. Ou ser elétrica. A japoneza atendeu-lhe arrebatei-lhe o envelope e voltei correndo pra casa. Sobrescritei, coloquei o bilhête, elas despediram-se.

Trocamos e fomos pra cidade. Quando chegamos na cidade. Que suplicio andar nas ruas. Da a impressão que estamos dançando uma quadrilha com os automoveis. Fomos a livraria. O dr. Lélio não estava. Se ele soubesse o quanto me custa andar nas ruas atualmente. Tenho que parar para atender as pessôas que reconhece-me. Não subi o andar supérior. Falei com a dona Adélia. Ela repreendeu-me:

— Nós soubemos aqui, que a senhora anda emprestando dinheiro? Não faça isto! A senhora deu sêis mil cruzeiros para uma senhora. Quando a senhora estava na favela ninguem te dava nada. Tem uma sua visinha que vem nos contar tudo que se passa com a senhora.

---

10 Vereador pelo PSP, ademarista.

Não fiquei revoltada. Já estou habituando com as confusões em torno de minha vida. Sai da livraria pensando: Quem será? Que vae contar os meus atos na livraria?

Ninguem tem nada com a minha vida. Eu vou dar sêis mil cruzeiros a dona Elisabeth. Uma preta — Ela, é casada. Tem 8 filhos. E o esposo... é d'aquele gêito. Eu disse-lhe para ir ao dentista extrair os dentes que pago o tratamento. É que, ela, com os dentes deturpados dava nôjo olhar-lhe o rôsto.

Ela ja extraiu os dentes. Está engordando. Reanimou-se. Quando encontra-me, olha-me. E sorri. Mas, que sorrisso! Demostra a extensão da sua gratidão por mim. Depôis, eu gosto de fazer o bem.

Dirigimos a redação o Audálio não estava. Foi a Santos com o Jorge Torok fazer reportagens — Não estou alegre nem triste. Reconheço que dêvo ressignar-me com a vida atual, permaneci na redação uns segundos. E voltamos pra casa. Eu já estou ficando cansada. É dificil o retorno. Tenho que conversar com as pessôas.

Quando chegamos no ponto de onibus, a fila estava longa. Os filhos estavam impacientes. Pensando na Vera, que ia encontrar a porta fechada. Pedi ao João para ir comprar dôis jornaes que havia publicado reportagens para mim. A Ultima Hora. A reportagem do Loyola.

Respirei aliviada quando chegamos em casa. A Vera estava na casa da visinha Arménia, brincando com a Georgete.

Jantamos e dêitamos.

11 DE ABRIL DE 1961

Levantei as 5 horas. Os filhos fôram a escola — Todas as manhãs vou a padaria compro lêite pão quêijo, ovos e Caracu.

É a padaria do senhor Rodrigues. Que homem bom. Iducado. Trata os fregueses amavelmente. São limpinhos.

A esposa é dona do estabelecimento. Auxilia na vendagem do pão. Começo gostar do bairo. Os filhos retornaram-se da escola. Recibi visita, os estudantes. Estimulam-me a escrever. Pretendia levar os filhos ao theatro para ver o ensaio da peça. Ficou tarde para eu sair.

A noite o Luiz chegou. Ele é a visita especial.

Dormiu comigo. Que homem. É amavel, culto e bom.

Eu disse-lhe que vou a Santos segunda-feira.

12 DE ABRIL DE 1961

Quarta-fêira. Despertamos com os ruidos. Eram os fêirantes. O meu predileto estava dormindo. Despertei-lhe e ficamos conversando.

O dia despontou-se. Dêixei o lêito. Despertei os filhos. Eles foram a escola.

Fui a fêira. É horrivel ressidir nas ruas de fêira. Mas todos precisam viver. Dei 200, cruzeiros para a mulher que vendeu-me roupas. Comprei uma fôrma de bolo no formato de um coração. Comprei fiado. Vou pagar na outra quarta-fêira se Deus quizer.

A dona Argentina vêio visitar-me. Pediu-me vinte mil cruzeiros emprestado. — Que visita!

Disse-me que precisa pagar uma duplicata vencida. Depois de ouvi-la disse-lhe que fosse falar com o Audálio. Ela, prometeu pagar-me trabalhando para mim. Eu disse-lhe que fosse falar com o Audálio e dizer-lhe que eu não ia porque estava atendendo a visita especial.

Os filhos voltaram da escola. A visita especial tomou banho almoçou estudou. Ele tem a chave da porta.

Vesti a Vera ela foi a aula.

Dêixei a visita especial e fui na cidade pedir dinheiro ao Audálio.

Ele reclamou que gasto muito. Fiquei descontente. Porque ele está sendo injusto. Ele deu-me um cheque de cinco mil cruzeiros.[11]

Ele não vê que as vezes preciso andar de automovel. Sai da redação chorando. Quando choro não escrevo. As ideias literarias dessaparece.

13 DE ABRIL DE 1961

Levantei fui fazer as compras.

Os filhos fôram a escola.

A dona Argentina vêio trabalhar. Saiu comigo. Fomos na redação. Eu estava alegre. E disse ao Audálio para dar os vinte mil cruzeiros[12] a dona Argentina.

Ele preencheu o cheque.

Eu disse:

— Agora, eu tenho uma empregada branca. Ela vae andar de tou-

---

11 Cerca de 340 reais em 2021.
12 Cerca de 1400 reais em 2021.

quinha e levar-me café na cama. E se a dona Argentina não trabalhar dirêito. Dou-lhe uma surra!

O Torok sorriu.

Hoje... eu estou alegre. Hoje eu não tenho ideias literaria. O meu cerébro está calmo. Hoje eu sou normal.

Fomos ritirar o dinheiro do banco. Ela, foi ao banco eu fiquei esperando-a na banca de jornaes — Fui reconhecida. Iniciamos as palestras de sempre. Um guarda pediu-me um livro autografado, pedi o seu nome.

Francisco Siqueira, guarda civil numero 3.794.

O carro da Ultima Hora estava parado e o motorista pediu-me um livro. O seu nome é Arnaldo Matteucci. — prometi levar-lhe um.

A dona Argentina voltou do banco alegre. Olhou-me com o seu olhar enigmático. Ela anda de preto. Quem não a conhece pensa, que ela, é um espirito. Pedi para ela ir na redação pedir um livro ao Audálio. Ela voltou com o livro.

Autografei e dei ao guarda seguimos para o Theatro Bela Vista. Eu não sêi andar em São Paulo. Mas a dona Argentina percorre São Paulo com os olhos fechados.

Fomos de bonde. Extranhei. Já faz tempo que não ando de bonde.

Atualmente ando de carro, avião e navio. A minha vida, é igual o foguête astronauta. Da favela, para a burguêsia. Desçemos no theatro a dona Argentina pagou o bonde. Eu não tinha dinhéiro trocado. É a primeira vez que entro no Theatro Bela Vista.

Eles estavam ensaiando. Fui bem recebida pelo ensaiador Hamir Haddad e os outros. Combinamos que eu devia voltar a nôite com os meus filhos para ver-mos o ensaio. Nos iamos com a Ultima-Hora que vinha buscar-me em casa.

Telefonei avisando o Audálio.

A dona Argentina despediu-se dizendo que ia preparar a refêição para os filhos.

Era dessesete horas quando sai do theatro. Tomei um taxi porque a condução estava dificil. Quando cheguei em casa os filhos estavam brincando. Gritei-os eles surgiram. Disse-lhes que trocassem para irmos ao theatro com a Ultima-Hora. Vestimos as roupas velhas. As horas iam passando. Fiquei impaciente. Mandei o José Carlos procurar um taxi.

Quando iamos entrando no carro a Ultima Hora chegou. Eu ia dispensar o carro pensando que nós iamos no jipp não cabia eu, e os meus filhos. Entramos no carro e partimos. Quando chegamos no theatro encontramos os reportes d'O Cruzeiro.

No palco os artistas circulavam. Eu escrevia as letras para o drama.

Parava de escrever olhava as cenas, vendo o que não estava de acordo. Os filhos circulavam no palco. Fazendo uma algazarra terrível. O senhor Renato repreendeu-lhes. Eles voltaram para o palco. Eu dizia-lhes:

— Bem-fêito! Vocês não obdeçem.

Meus filhos identificavam as senas. O Joao, disse-me:

— Tenho pavor de recordar esta quadra horrivel de nossa vida.

Eu, o Audálio, outro jornalista das Folhas saimos antes de terminar os ensáios. Quando chegamos no ponto do onibus começou chover. Entramos num bar. As pessôas que estavam no bar olhavam-me com curiosidade, por eu estar mal vestida, mesclada com aqueles homens cultos.

Identificaram-me quando pronunciei o nome do Audálio.

Murmuraram:

— Ah! Esta... é a Carolina!

Pediram autografo — outros queriam versos.

O João saiu na chuva para ver se conseguia um carro — O Jose Carlos acompanhou-o.

Chegou um carro. O motorista estava molhado.

As aguas circulavam pelas ruas com velocidade. — Pensei: é a chuva que forma estes buracos nas ruas e os politicos é quem são criticados injustamente.

Os jovens que estavam no bar conseguiram um carro. Entramos agradeçemos e partimos. O Audalio ficou na rua São Luiz eu fui para minha casa. Quando entramos liguei o radio para saber as horas. Era uma e mêia.

14 DE ABRIL DE 1961

Hoje eu não vou sair. Estou indisposta. Mas, vou escrever. Machuquei a perna. Fui correr atraz do João para expanca-lo, bati a perna no sofá chorei de dor e tomei um Melhoral.

A dona Argentina vêio trabalhar. Ela sai as duas horas dêixa o jantar pronto. Ela, ia na cidade pagar dividas. Dei-lhe um bilhête para levar ao Audálio. Um chapeu de palha e uns revolver de pau igual o que as crianças brincavam na favela — Acrescentei no bilhête que ele devia comparecer na minha casa as dessôito horas para acompanhar-me ate ao colégio Olavio Mendes.

Passei o dia em casa. Fui a farmacia fazer curativo. As desenove horas o pae de Norma uma estudante vieram buscar-me de automovel.

A nôite está tépida. Vesti uma saia xadrez e uma blusa branca.

Eu ia conversando com o pae de Norma. Assunto — custo de vida.

Quando chegamos ao colégio os estudantes estavam circulando pelas classes. Eu, fitava os rostos jovens sem rugas. Eles andavam erretos demostrando vigôr. Pensei: se ele dessanimar nos estudos! Com os preços dos livros.

Penso que o ministro da iducação devia interferir-se na vendagem dos livro. Galguei os degraus comprimentando os estudante. Conduziram-me a sala nobre. No fundo tem um palco. Subimos ao palco. Umas cadeiras ao redor de uma mêsa com jarras de flores.

Sentei no centro, pensando na minha vida que transformou-se. Da a impressão que eu estava morta e ressucitei.

Uma estudante belissima, apresentou-me. Citando que havia convidado-me para visitar o colégio — saudou-me o estudante Edgar, professor Horacio de Carvalho, Wilson, Pereira Borges, Benedito Vieira da Costa. Professor de educação física.

Quando deram-me a palavra citei-lhes que gosto de livros. Tenho so dôis anos de grupo.

Dêsde o dia que aprendi ler lêio todos os dias — Não prossegui nos estudos por ser pobre. Mas, voçês tem possibilidades devem prosseguir. As pessôas de espirito superior não devem dessistir do que iniciam. Para anima-las disse-lhes que estou ganhando mais de quientos mil cruzeiros por ano.[13] Com os meus dois anos de grupo estou vençendo na vida. Citei-lhes a dificuldades que encontrei para dominar as ideias litérarias que promanavam. Procurei médicos pensando que estava louca. Consultei dentista. Fiz o exame raquidiano. Fui classificada de: calma. Em primeiro lugar — pensava, eles dizem que sou calma. E estas ideias que giram no meu cerébro? Lá no interior eu não tinha isto! Maldita hora que vim pra São Paulo!

Um dia, peguei um lapis e escrevi — percibi que escrevendo aquelas ideias o meu cérebro tranquilisava. Pensei: eu escrevendo a minha cabêça melhora.

Começei escrever. Mas, não sabia o que era. Conheci um jovem Luiz Catapano. Pediu-me para ver, o que é que eu escrevia. Mostrei-lhe com vergonha. Ele exclamou:

---

13 Cerca de 26 mil reais em 2021.

— Versos! Que belêza!

E eu fiquei sabendo, que os meus escritos eram versos.

O Luiz Catapano aconselhou-me:

— Vae mostrar estes versos para um jornalista.

— Onde é que localisa os jornalistas?

— Na rua do Carmo.

Tem a redação das Folhas e o Dia.

Eu conhecia a rua do Carmo. Por causa de um salão de baile naquela rua. Por varios dias fiquei pensando: Um jornalista... vae curar estas confusões na minha cabeça.

Fui na redação. Mas fiquei com vergonha de entrar. Voltei pra casa tristonha pensando: Quem será que ha de curar-me.

Os dias fôram passando. Por fim dicidi ir. Precisava solucionar aquela confusão na minha vida. Fui. E falei com o senhor Villi Aureli. Ele, leu os meus versos e deu preferência ao "Colono e o fazendeiro" — ricitei os versos.

Fui aplaudida. Citei-lhes que onde o meu olhar pausava, eu compunha um versos. Ricitei as quadrinhas propagandas. O senhor Villi Aureli leu os versos Getulio Vargas. Quando ele pronunciou as palavras, Getulio heroico é potente — assustei pensando: e se ele perguntar-me o que é potente? Eu não sei o quer dizer isto!

Sai da redação rapidamente pensando. Que confusão na minha vida meu Deus!

Dia 24 de Fevereiro de 1943 saiu o meu retrato no jornal. Carolina Maria poetisa negra.

Fiquei sabendo que sou poetisa. Pensei: agora eu sei o nome de minha enfermidade. Sou poetisa. O que achei interessante as pessôas que despresava-me passaram a tratar-me de: Dona Carolina!

As vezes eu ia ao espêlho. Fitava o meu rôsto negro e os meus dentes nivios. Achava o meu rôsto bonito! A minha cor preta. E ficava alegre de ser preta. Pensava: o melhor presente que Deus deu-me. A minha pele escura.

Como é bom ser preta.

A minha palestra com os estudantes foi derrivada. Autografava livros para os estudantes que aglomerava-se ao meu redor.

A mocinha que dirigia a recepção pediu aos estudantes que eu ia galgar. Ia na sala dos professores. Os estudantes acompanhava-me. É bonita a sala dos professôres. As imagens dos santos adôrnando as paredes. Os livros nas estantes — o local que estava os livros era o alvo do meu olhar. Eu queria viver seculos e seculos para ler todos os livros que ha no glôbo. Eu quero o meu tumulo no formato de um livro, igual o Quarto de Despêjo.

Queria chegar perto da estante mas percibi a impossibalidade. Os professôres e os alunos estavam ao meu redor. Estavam presentes os alunos da Força publica. Perguntou-me se estudei sociologia. Que o meu livro é sociologo.

— Não estudei nada. Apénas aprendi a lêr. Dêsde o dia que aprendi ler, passei amar os livros.

Tinha docês variados. — pensei nos filhos e nas crianças das favelas que catam docês no lixo para comêr.

A organisadora da festa percebeu o meu pensamento. Preparou uma bandêija para os meus filhos ganhei umas palhas. Agradeci pedindo aos jovens para estudar.

Eu estava alegre naquêle nucleo deçente olhando os jovens pensei se os homens que predominam organisar outra guerra... vae... destruir os sonhos destes jovens. O professôr Vieira pediu-me um livro. Prometi enviar dôis. Um para a bibliotéca do colégio outro para o professor Vieira que disse-me:

— Eu não ganho 300.000 por dia. O que é que você faz com tanto dinheiro?

Sorri. Um professôr disse-me:

— É "nas valadas que rebentam lírios".

Sorri. Achando graça porque o lirio é a minha flor predileta — Despédi peguei minhas flores e os docês. Saimos do colégio. Eu quero ver o colégio no periodo diurno. O prédio deve ser maravilhoso.

Disse-lhes que o Audálio não compareçeu por estar viajando. Ele é correto. Não recusa os convites dos estudantes. Temos que dar exemplo estimulando os homens do porvir ao estudo. Eu deixo deçendentes. Quero que eles sêjam iducados para não ser problema social.

O pae de Norma, outros jovens estudantes e a Norma acompanhou-me até a minha casa. Mostrei-lhes a casa os vestido theatraes. Autografei dôis livros, para a biblioteca do Colégio, outro para o professôr Vieira.

As meninas perguntou-me se iam ficar arquivada a visita ao colégio. Porque eu estava anotando. Tudo.

Agradeço ao diretor do colégio Otavio Mendes e aos alunos. Os gestos amaveis que dispensou-me.

Os filhos estavam dormindo nos sofás. Fui mostrar as flores a dona Elza. Ofereci docês, recusou. Os estudantes noturnos passavam. Perguntou-me:

— É festa Carolina?
— Eu ganhei no colégio Otavio Mendes.
Despédi de Dona Elza. Despertei os filhos e fui dormir.
Hoje, eu estou alegre.

15 DE ABRIL DE 1961

Levantei as cinco horas. Fiz café.
Fui comprar pão. Os filhos querem lêite todos os dias. Compro. Eles não tomavam lêite na favela.
Graças a — Deus, eles estão civilisando.
A dona Argentina chegou tarde. Vêio desculpando-se que foi ao Horto Florestal — Hoje é sabado. Dia de fêira no bairo. Os caminhões ficam estacionados nas imediações.
Fui a fêira. Os feirantes estavam revoltados. Xingando o Jose Pinto, e o jornalista Carlos de Frêitas, porcausa da reportagem da fêira da Consolação que congestiona o transito. Perguntavam:
— Dona Carolina, a senhora conheçe o Jose Pinto e o Carlos de Frêitas d'O Cruzeiro?
— Nao. Porque?
— Eles escreveram uma reportagem contra os fêirantes.
— Não os conheço. Deve ser jornalistas do Rio porque os jornalistas de São Paulo não escrevem artigos prejudicando os paulistas.
Eu não disse que conhecia porque existe pessôas fanaticas que ficam nervosos podem até cometer delitos.
Continuaram quêixando que precisam da fêira. Eles tem os empregos d'eles e não querem perdê-los.
Eles instigam os prefêitos contra nós. Eles não reconhecem que nós somos unidades que compram a revista O Cruzeiro. E nós comprando a revista estamos auxiliando-os viver.
Um jovem disse-me: que viu artigos para mim, na revista cinco vezes.
— A senhora pode pedir a revista para não escrever contra os fêirantes. É um favôr que a senhora nos faz.
Quando vou a fêira vou descalça para não ser expoliada. Ando tipo favelada. Fiquei horrorisada vendo as visinhas brigando. Elas tem o mêsmo nome. Elzas.
Uma xingava. A outra ouvia sem retrucar. Porque é professora. Diz que as pessôas iducadas não ofendem-se. Dizia:

— Carolina! Põe no teu Diário que este bairo é semifavela.

Existe Lêilas por aqui. A minha visinha pode trabalhar na peça Quarto de Despejo. A mãe de dona Elza comentava:

— Pobre filha! Viver num bairro assim.

A mãe de Dona Elza reside em Minas. Vêio visita-la. A dona Elza tremia. Eu achava graça e dava risadas.

Ja estou habituada com brigas. O esposo de Dona Elza foi fazer estação de aguas. Entre as pessôas de Alvenarias ha rivalidades e calões. Indiretas irônicas.

Procurei acalmar a dona Elza. Ouvia sem dar opinião porque não quero rivalidades com os visinhos. Se registrei esta polemica é porque a dona Elza Rêis pediu-me.

A dona Argentina arruma a casa, faz o almoço e vae-se embora.

Um jovem vêio buscar um livro que o seu pae escreveu e deu-me para eu ler e arranjar um editor. Falei com o Audalio ele disse-me ser dificil devido a falta de papel.

Duas vezes por semana eles vinham saber se os editores estavam lendo. Que medo que eles tem que vamos roubar-lhes os originaes.

Quando o jovem que vêio procurar o livro estava falando comigo, o João entrou correndo. Estava brigando. O menino branco dizia o calão.

Repreendi-o:

— Seu sujo! Vae por mêia-sola na lingua.

O jovem que vêio buscar os manuscritos saiu pedindo ao jovem que respeitasse-me. O jovem obdeçeu-lhe.

A Vera foi a aula. Ela ja sabe lêr. Diz:

— Eu quero aprender depressa para ler o Quarto de Despejo.

O filho da Dinorah vêio cobrar o dinheiro que devo-lhe.

— Você vae lêr e me dar razão.

A dona Didi irmã da Dona Dinorah vêio trabalhar para mim. Quer ganhar sete mil cruzeiros. Não lavava as roupas. Limpava a casa muito mal cosinhava horrivelmente. A comida era incomivel fazia uma quantidade inlimitada. Eu jogava fora. E a epoca não está para jogar comida fora. Eu disse-lhe que não pago a dona Didi porque ela não vale sete mil cruzeiros. É lambona para trabalhar. Tem empregada domestica que sabe o quanto vae ganhar mas, não coopera o serviço d'ela não realça. Faz as coisas com desinteresse. Eu sei trabalhar conheço serviço bem fêito. Quem trabalha bem para mim é a dona Argentina.

O filho da Dinorah ficou azucrinando a minha cabeça. Dei gracas a Deus quando a irmã de Dona Elza entrou. Quem trabalha deve esforcar-se caprichar porque o patrão reconhece.

> O empregado tem o direito
> De bem servir o patrão
> porque o serviço bem fêito
> — É uma recomendação

Esta quadrinha é uma carapuça para a dona Didi. Ela, é irmã da Dinorah por parte de mãe. Mas a Dinorah, é caprichosa eu pensei que ela era caprichosa igual a irma. Uma é de ouro. A outra é cobre.

A dona Didi varria a casa so no centro. Dei quinhentos cruzeiros para ela fazer compras. Não devolveu o dinheiro e não comprou nada. Ela é velhaca. Não suporto estes tipos mediocres.

Quando eu estava preparando para sair e ver o ensaio da peça, uma senhora vêio reclamar. Que o João havia brigado com o seu filho. Não lhe atendi dizendo aos filhos:

— Vem trocar-se. Temos que sair.

Quem não trabalha passa fome. Fechei a casa. Rapidamente. Quando cheguei ao portão a mulher havia dessaparecido.

A indireta solucionou a questã — Tomamos o onibus. Quando cheguei ao theatro fomos filmadas para a televisão. Cantamos eu dançei com o Audálio no palco. Estava presente o Miller, Ronaldo, Torok sua esposa e outros. Voltamos de auto pra casa. Quando chegamos fomos avisar a visinha que iamos passar na televisão. Quando ela ligou o canal quatro eu estava despedindo da Ruth.

Agradeci a dona Ivetti. Fui abrir a porta de minha casa. Jantamos. Abluimos e dêitamos.

Eu pensava que a vida do escritor era calma enganei. São Thomé acertou quando disse:

— É preciso vêr... para crêr.

16 DE ABRIL DE 1961

Domingo. A dona Argentina não vêio. Fiz compras lavei roupas. A agua acabou-se. Fiz almoço. A dona Elza chorou ao saber que o seu esposo está passando mal.

Acho bonito estas amisades solidas nos casaes. Ela está triste com a cena de hontem que a visinha praticou xingando-a.

Os filhos foram ao cinema. Sai com a Vera. Fui ao theatro levar umas roupas para a Ruth entregar-lhes as garrafas de pinga que a dona Elza Reis deu-lhes. Fui a igrêja presbiteriana a convite.

Ouvi os canticos e os trechos biblicos. Fui convidada para relatar se estou contente com a vida atual.

Citei, que acho tudo confuso. Ha mais tristeza entre os ricos do que entre os pobres favelados. Os favelados não sentem tristesa. O alcool dissipa-a. Nêste nucleo em que estou mesclada tenho a impressão que estou perdida.

O David citou alguns trechos de minha vida na favela. Que estou rica. Tenho a impressão que despertei de um sonho.

Eu pensava que a vida na casa de alvénaria era cheia de encantos e lirismo. — Enganei. Tenho a impressão que estou dentro do mar lutando para não afogar.

Quando eu estava na favela tinha ilusões da vida de cá — pensava que isto aqui fosse o paraiso. Serviram doces e chá. Eu gostei do bolo de fubá. Recibi convites para compareçer a igrêja. Mas, não tenho tempo. Depôis que sai da igrêja fui ver os ensaios. E ver se os artistas que vão tomar parte na peça não havia faltado porque hoje é domingo.

Sai do theatro voltei pra casa. Os filhos não havia regressado.

Hoje o dia foi normal. O Luiz veio visitar-me. Achou o meu vestido bonito. Dei-lhe um abraço. Ele, é nortista.

17 DE ABRIL DE 1961

Levantei as cinco horas preparei os filhos para ir a aula. Lavei roupas as roupas do Luiz.

O meu visinho disse-me que estou nos jornaes.

Fui comprar as Folhas vi as reportagens. Eu ao lado da Ruth de Souza. Mostrei as reportagem a dona Elza. Ela leu que eu vou ser condecorada cidadã paulista.

A dona Argentina vêio trabalhar. Sai com os pedreiros que vão trabalhar para mim. Fomos na redação pedir dinheiro ao Audalio. Fomos de automovel até Avenida da Luz. Levei minhas bôlsas para conserta--las. O Audálio deu-me vinte cinco mil cruzeiros.[14] Dei vinte aos pedreiros fiquei com cinco para os alfinetes da vida. O Audálio disse-me para ter cuidado com o dinheiro, e com os amigos que aparecêram

---

14 Cerca de 1700 reais em 2021.

depôis que a minha vida transformou-se. Aconselhou-me não dar presente aos amigos.

Fui ao banco ritirei o dinheiro. Entreguei aos pedreiros e despedi--os. Prometeram iniciar os trabalhos amanhã.

Voltei pra redação. Fui com o Audalio no cambio, descontar o dinheiro que vêio da França. Os direitos autoraes do meu livro.[15]

Fiquei comovida pensando na asçensão de minha vida. O Audalio disse-me que estou triste.

— Você já está começando.

Eu disse-lhe que vou cortar o lábio supérior e assim, o meu sorrisso será permanente.

Quando chegamos no cambio, fomos recebidos com deferência especial. Os funcionarios nos ofereçeu café. O Audalio telefonou para o Corrêio Paulistano. O fotografo foi nos fotografar. Dêixamos o cambio fomos almoçar. Como é facil comida atualmente. E eu, que lutava tanto para conseguir o que comêr... O Torok foi almoçar conosco.

Eu disse-lhes que um senhor perguntou-me:

— Carolina, você não tem medo dos jornalistas?

— Tenho. Mas preciso d'eles.

— Os jornalistas podem elevar uma pessôa e podem derruba-los — Comentou o Torok.

Quando a imprenssa começar atacar-me, vou para o sitio. E não mais retorno a cidade. Mando construir uma sepultura. Quando eu morrer fico sepultada por lá. Desligo da cidade para sempre.

Findo o almoço fomos a televisão. Canal 5.[16] Encontramos os artistas que vão tomar parte na peça Quarto de Despejo. Estava presente a Celia Biar, Rute de Sousa e outros. A Rute reclamou que tomou parte no filme Brumas secas e o seu nome não apareçe no programa. A Rute queixa que encontra segregação racial no nucleo theatral.

Ela não está mentindo. Quando eu era jovem tentei incluir-me no meio artistico, fui vedada. Eu queria cantar. Depois fiquei observando qual o nucleo que devia entrar. Lixeiros, mendigos. Para ser mendiga precisa ter defêitos fisicos.

E eu sou forte, graças a Deus. Não posso trabalhar como domestica. Porque as ideias literarias impede-me nos afazeres. Fico confusa.

---

15 Com o título *Le Dépotoir* e tradução de Violante do Canto, a versão francesa de *Quarto de despejo* foi publicada em 1962 pela editora Stock, de Paris.

16 TV Paulista.

O unico nucleo que adaptei foi entre os jornalistas. Entre eles não ha dicacidade.

Contei ao Audálio que fui empregada do dr. Pedro Monteliani. Não continuei porque o dr. tinha um cachorro que não gostava de negro.

O programa de televisão foi citando as impressões da peça, que vae estrear dia 27 de Abril. Eu disse ao Audalio que ele é bem quisto entre as mulheres. Saimos do theatro. Despedi do Audálio e fui pra casa.

Passei o resto do dia em casa. Quando fico em casa o dia todo que alegria para mim.

18 DE ABRIL DE 1961

Levantei as cinco horas. Os filhos foram a escola.

Os pintores chegaram. Vão cobrar 39, mil e duzentos cruzeiros. São dôis irmãos Luiz Costas, e Ullises Costa. Residente na rua Tuiuti 1.595. Tatuapé.

Quando peço dinheiro ao Audálio, ele diz que o pae do Pele é quem controla todo dinheiro que ele ganha e da 10.000 por mês.

Mas, o Pelé não tem filho. Os meus filhos gastam um par de sapatos por mês porque, não andam descalço. Fico descontente com as observações.

19 DE ABRIL DE 1961

Passei o dia em casa escrevendo. Os pintores vieram trabalhar.

A noite o Audalio vêio fotografar-me com os filhos para o concurso infantil que a nossa revista O Cruzeiro vae lançar um cuncurso instrutivo. Que vae auxiliar na iducação das crianças.

"O Cruzeiro no mundo maravilhoso". As crianças vae conheçer as peças que compõe um automovel — são 175 figurinhas para preencher o album. Bela iniciativa d'O Cruzeiro. Aproveito a opurtunidade para agrader os jornalistas do Cruzeiro o auxilio que prestou-me na divulgação do meu livro. São jornalistas honestos. Humanos.

Que estimulou-me a divulgar o meu livro sociologo. Para dizimar as desorganisacões num país, devemos escrever. Para o povo tomar conhecimento da vida desajustada da camada semiinculta que derriva para o marginalismo e transforma em problema social. Temos que escrever para alertar os politicos voltar seus desvelos para a classe prolétaria. Que não tem apoio para desenvolver-se. Pretendo escrever as agruras do Norte do país onde o sofrimento instalou a sua matriz.

É um pecado dêixar um povo viver primitivamente.

Eu queria ter força para reajustar o povo do meu país. Até aqui o unico homem que pretendeu reajustar o seu povo. Foi Abrham Linconl. Nos Estados Unidos. E José, Juaquim da Silva Xavier, no Brasil, vulgo Tiradentes — É uma pena que homens humanos nasçem de cem em cem anos. — Eu já passei fome. Comi nas latas do lixo. Atualmente levo uma existência humana. Mas préocupo com os que não podem comprar o que comêr.

Sei que existe pessôas que estão comendo com dias alternados. Existe crianças que não sabe o que é carne.

Sou poetisa. Podia escrever poesias.

Mas, a época é de agruras, sofrimento e suicidas neuróticos por causa do custo de vida. Ja que os governos olvida o povo o poeta deve reelembra-los nos seus escritos. Depôis que eu ver o meu povo filiz vou escrever poesias. Mas é preciso que os governos cooperam comigo. — Não estou fazendo apelo aos governos eles tem o dever de velar o seu povo. E o povo está a espera de um bom governo.

20 DE ABRIL DE 1961

Passei o dia em casa. Vou desocupar os armários embutidos, para reforma-los. Recibi a visita de uma jovem residente em Jaú — Deu-me um broche para recordação.

Perguntei-lhe se conhece os Pires de Campos. Que a dona Julita favoreçeu-me muito. Disse que conheçe.

Mas, ignorava as belas qualidades filantropicas dos Pires de Campos. Lhe acompanhei ate o ponto de onibus. Elas tomaram um carro. Com a divulgação do meu livro, recebo varias pessôas. Transformei-me em atração turística.

21 DE ABRIL DE 1961

Passei o dia em casa. Os pintores vieram trabalhar.

Hoje os filhos não fôram a escola em homenagem justa a Tiradentes. O homem que queria igualdade e solidariedade na terra. Mas um homem não luta com os homens.

A dona Luiza Fiori veio visitar-me e conheçer a minha casa. Pediu-me para arranjar internação para o seu pae na Casa do Ator.

Mostrei-lhe os meus vestidos para theatro. Cantei minhas composições e disse-lhe:

— Se eu pudesse cantar na Nat and Dey.[17]

Ela sorriu, comentando que eu ia fazer sucesso.

Ela fez café. Adimirou a casa mas está incompleta porque falta copa, garage e quarto de criada. Troquei-me.

O João foi procurar um auto.

Fomo ate ao theatro Bela Vista. Os artistas estavam ensaiando — Apresentei a dona Luiza. Pedi ao diretor do theatro para conseguir a internação. Prometeu auxiliar-la. Vi o cenário e o Cyro Del Nero. Pedi para escureçer as panelas. O primo de dona Luiza despédiu-se.

Que homem amavel. É funcionário da Paramont. Eu e dona Luiza fomos ao hospital IAPTC.[18] Para conhecer o pae de Dona Luiza Fiori. Ele ficou alegre ao vê-la. Adimirei o nobre gesto de Dona Luiza Fiori amparando o seu pae anoso.

Os filhos devem auxiliar os paes na invalides da velhiçe. Meus parabens dona Luiza.

Despedi de Dona Luiza prometendo telefonar-lhe quarta-fêira. Voltei de onibus para casa.

22 DE ABRIL DE 1961

Levantei indisposta. Sentei na calçada — Hoje eu estou triste.

Os pintores chegaram vi as crianças dirigindo-se a escola. Fui preparar os meus filhos. Não tomaram café. Dei 20 cruzeiros ao João para tomar café no bar. O Jose Carlos tem dinheiro. A dona Luiza Fiori deu-lhe cem cruzeiros. Eu nunca vi crianças gastar mais dinheiro do que meus filhos. Eles comprovam este velho ditado:

— Negro, não economisa.

Eles chegaram tarde a escola. Encrencaram com o diretor. O João ficou de castigo, castigo injusto. Eu é que fui a culpada. Devia levantar mais cêdo e prepara-los. Mas hoje eu estou cansada.

---

[17] Night and Day, casa noturna no mesmo prédio do Hotel Serrador, no Rio.
[18] Instituto de Aposentadoria e Pensões dos Empregados em Transportes e Cargas.

Quando a dona Argentina chegou eu disse-lhe que vou arranjar uma mulher que dorme em casa para auxiliar-me de manhã e os filhos não perder aulas.

— A senhora é casada tem o seu lar não pode cuidar de dôis lares. Ela começou chorar. Dizendo: que é triste precisar dos outros.

Os filhos ficaram em casa são barulhentos. Foram a fêira, catar frutas podres. Eu compro frutas bôas mas eles conservam os habitos da favela. Os pintores sairam ao mêio dia, iam ao casamento de sua sobrinha.

Eu estava escrevendo, quando o visinho disse-me que eu estava na Gazêta pedi o jornal. Li: a peça Quarto de Despejo foi adiada para o mes de maio.

Fiquei preocupada. Estava cansada. Queria deitar. Mas devia ir ver o motivo com a peça. — Levei a Vera na farmacia para fazer curativo na mão.

Queixei ao farmaceutico:

— A Vera está doente.

Ele deu-me uma pomada, a pele está rustica e coça. Limpei a casa e fui ao theatro. Olhava aquele cénario triste porque o aspeto da favela é pungente.

O Audalio e dona Edy Lima estavam presente. O Torok e sua esposa. O Ronaldo. Todas atenciosas com a dona Elisabeth. Ela vae ser mãe.

Saimos do theatro. Fomos ate a redação do Cruzeiro. O Audalio deu-me um cheque de nove mil cruzeiros[19] — vou pagar o radio que comprei para ele. Tomamos outro taxi fomos jantar num restaurante chic perto do canal 9. As pessôas que entravam para jantar olhava-me.

Eu agradeço o Audalio o Torok, Dona Elisabeth e o Ronaldo, as atençoes que dispensam-me em publico. É um gesto que vae abolindo o preconçêito. Findo o jantar, tomamos um carro, o Audalio vinha cantando comigo.

O motorista judeu que nos conduzia dizia que ouviu o senhor Colifeu de Azevedo Marques[20] ler os meus versos no radio dizendo que são bonitos.

O Ronaldo de Moraes não conhecia a minha casa. Achou bonito dizendo. — Esta é casa de rico.

O motorista prometeu-me uma muda de dama da nôite.

---

19 Cerca de 620 reais em 2021.
20 Jornalista e radialista da Rede Tupi.

23 DE ABRIL DE 1961

Hoje é domingo.

A dona Argentina vêio trabalhar. Fez o almoço e foi-se embora preparar o almoço para o esposo e os filhos. Ela é triste. Tem uma grande magua. O seu sonho era ser rica mas não enrriqueceu. Porisso é amargurada.

— Juro. Eu não compreendo o ente humano.

O ente humano é o pior enigma para mim. Se uma pessôa é pobre. Quer ser rico.

— se está doente.

Quer ter saude.

Se é gôrdo.

Quer emagrecer.

Se é magro.

Quer engordar.

Se é solteiro,

Quer casar-se. Ha os que depôis que casam.

Arrependem-se.

Os que são altos demais ou baixo demaes.

Tem complexos.

Eu conheci uma preta Nair, empregada de Dona Lucila Sales Oliveira. Tinha desgosto de ser preta. Imitava os brancos tomando banho todos os dias. Não ia aos bailes de preto.

E eu... gosto de ser preta. A minha cor, é o meu orgulho.

Meu Deus! Que confusão!

Ha... eu estava falando de Dona Argentina.

Ela casou-se tem quatro filhos. Fala que não gosta do esposo. E o esposo fala que não gostar de viver ao seu lado.

Ai vae, a minha fraquisima opinião na vida conjugal — sou suspêita para falar no matrimonio porque, eu, não casei com ninguem.

Tem mulher que luta para casar-se. Agrada o homem com frases aveludadas. Se o noivo não quer vestido curto, ela, usa o vestido comprido. Se não quer pintura ela, deixa de usar pintura. Enfim a vontade do homem prevaleçe.

Depois de casado. É a outra façe do disco em ação.

Ela passa a usar pintura. Encurta o vestido. Porque está na moda vestido curto. — Sae de casa sem avisar o esposo. Não quer filhos porque da trabalho. O que eu sei dizer é que as confusões de um lar as vezes começam com as mulheres. Acho lindo um casal que festeja as bôdas de prata.

Passei o dia reparando as roupas dos filhos, pregando botões e passando-as. Fiz docê. Pedi Aparecida para auxiliar-me passar umas roupas para mim. Mas a dona Elza não permite que ela fique na minha casa porque eu não sou casada... Eu vêjo casal infelizes. Que não invejo a vida dos casados. Não tenho orgulho. Eu não casei porque o poeta tem que casar com um homem inteligentissimo. E eu não encontrei um homem inteligente na quadra matrimonial. Mas a mulher, ou casa ou não... o final é iludir com o homem. E surge os filhos como comprovantes.

A Vera está doente. Pegou eczema. O sangue infantil é delicado.

Mostrei o cheque ao senhor Abel. O Audalio deu-me um cheque de 9 mil cruzeiros.[21] E eu tenho que pagar-lhe quatro mil — Ele espera até amanhã. Fui dêitar as duas da manhã.

24 DE ABRIL DE 1961

Preparei os filhos para ir a escola. A dona Argentina chegou com os pintores. Vou a Santos. Dei 60 cruzeiros a dona Argentina para comprar pão e frutas para os filhos. Troquei-me, vou levar um vestido para representar no palco. Fui ao Theatro Bela-Vista não encontrei o senhor Renato — Fui a pé ate ao Cruzeiro. Parava nas vitrinas para contemplar os obgetos expôstos.

Achei lindo aquela imagem de Cristo que está na rua João Ramalho.

A morte de Cristo é o comprovante da incultura dos homens d'aquela época.

Vultos que não deviam deixar o mundo tragicamente, Abhanh Linconl, Socrates, Tiradentes e João Batista.

Fico pensando: eu, que tenho ideal sociológico. Quero ver o bem predominando na humanidade. Se tivesse nascido naquela época seria executada na guilhotina ou na forca cruxificada. Eu condeno estes methodos de turtura para o ente humano — graças a Deus no meu Brasil não ha estes suplicios. Não temos camara de gaz. Campo de conçentração. Nem pena de morte — Então vamos bradar:

— Viva o Brasil!

Quando cheguei no O Cruzeiro pedi ao Ronaldo para mandar descontar o cheque que o Audálio deu-me. O João foi descontar.

O Ronaldo de Moraes acompanhou-me ate ao bar e ofereçeu-me café.

---

21 Cerca de 620 reais em 2021.

Despedi e fui ate a redação da Manchete procurar umas revistas. O Silva Netto deu-me quatro revistas. Duas para mim, e duas para o Audálio. Eu disse-lhe que ia a Santos representar na peça de Nidia Licia.

Voltei ao Cruzeiro para guardar as revistas. Mostrei ao Ronaldo as reportagens que o jornalista Pedro Blok fez para mim. Ao senhor Pedro Blok, o meu agradecimento.

Sai d'O Cruzeiro e fui tomar o onibus para Santos. O dia está tépido. Eu estou alegre.

O onibus estava completo. Eu ia observando as paisagens. Com seu topos e vales. Cheguei em Santos as duas horas. Não sabia localisar o theatro onde a dona Nidia Licia estava. Fiquei circulando pela cidade ate encontrar a redação de Ultima Hora. Pensei: este jornal tem divulgado-me diariamente. Seria descortezia de minha parte de minha parte não ir sauda-los.

Entrei — identifiquei-me.

Disse-lhes que ia ao theatro de Nidia Licia declamar a poesia "Nôivas de maio".

Escrevi a poesia. Entreguei aos jornalistas. Um reporter sugeriu que eu devia ir visitar o transatlântico Augustos. Um diretor da divisão marítima nos acompanhou ate ao caes.

Primeira vez que entrei num navio. Desconhecia aquele lucho. As pessoas que estavam no navio estavam despréocupadas. Da a impressão que eles são protegidas pela varinha de condão. Os toiletes são carissimos.

Quando eu circulava as pessôas olhava-me e reconhecia-me, perguntando-me:

— Quando sae o outro livro?

O navio é uma cidade. Gostei do salão nobre, com o piano e as cadeiras estofadas. Para mim que vivi longos anos na favela, estou habituada com a luta para arranjar o que comêr. A minh'alma está chêia de cicatrizes, cicatriz da fome. A falta de um lar condigno para o povo. — Agora é que os homens estão despertando se procurando melhorar a condição do homem.

Visitei a capela do navio. As irmãns resavam. Ajoêlhei o fotografo fotografou-me. O tapete de viludo impedia os ruidos quando pizavamos. Varias pessôas visitavam o navio, confundindo-se com os passageiros.

Os passageiros diziam:

— Vi o teu retrato no Hoje.

— Vi o teu retrato no Time. No O Cruzeiro etc.

Uns queriam ser fotografadas comigo, outros recusavam. Fui visitar o casal libanezes. Achei lindo o seu drama. Carlos Hallak. Ele é casado. Mas separou-se da esposa e gostou de outra. Casaram-se. Viveram juntos dôis anos. Incognitos. Casaram na igreja sinagoga. Resolveram vir para o Brasil. Ele adulterou-lhe o passaporte. Ritirou o retrato de sua esposa e colocou o da predileta. A esposa nasçeu em 1912 e a predileta 1937. Os fiscaes maritimos notaram a falsificação.

O artigo maritimo é este:

De acordo com as instruções do Ministerio das relações exteriores fica impedido de desembarcar no territorio Nacional de conformidade o artigo 113. Inciso oitavo do decreto lêi. 3.010 de 20 de Agosto de 1938.

Estado da Guanabara.
16 de Abril 1961
Hugo Miranda
Inspetor da policia Maritima

Quem nos acompanhou foi o culto senhor Heitor de Souza Dias, encarregado da fiscalisacão.

Vi varias flores no navio. Conversei com Dona Helga Scavenius. A unica mulher iducada no navio.

Eu disse para o bigamo que a sua predileta é bonita. Podia trabalhar no theatro. Eles estão presos no camarote. O homem estava revoltado já esteve no Brasil tem a carteira modelo 19.[22] Disse ter parente no Brasil. Ia retornar ao Libano — Quando sai do navio estava condoida do destino confuso do casal. Confusão, companhia confusa. Isto serve de lição ao homem. Para aprender obdeçer a lei do homem. Fui fotografada com os estivadores. Adimiro a coragem d aquêles homens trabalhando no mar.

Fomos na Ultima Hora para fazer a reportagem.

Tomei um carro fui ao theatro Independência.

Encontrei os artistas ensaiando. A Francisca indicou-me o seu camarim. Fui preparar-me. Eu ia ricitar no inicio do espetaculo. Eu estava calma pensando: quando eu estiver no palco faz de conta que estou sosinha.

Fomos jantar numa pensão. É carissima a comida em Santos. Quan-

---

[22] Carteira de identidade de estrangeiros residentes no país, vigente até 1969.

do sai no palco e declamei as "Noivas de maio" fui aplaudida com entusiasmo. E fui sentar no palco para assistir a peça Chá e simpatia.[23]

Findo o espetaculo voltamos de onibus. O senhor Renato deu-nos a passagem voltei cantando. Quando cheguei em São Paulo era uma e mêia. Tomei um carro. Cheguei em casa as duas horas. A dona Argentina estava ouvindo radio. Disse-me que extranha dormir fora de casa. Olhando o seu rosto triste gritei:

— Ri mulher!

Peguei-a e dançamos. Acho horrorôso uma pessôa ser triste, porque não conseguio ser rica.

25 DE ABRIL DE 1961

Levantei as 7 horas. Estou indisposta. Estou dormindo pouco demaes. Passei o dia em casa. Os pintores estão trabalhando. Lavei roupas. Passei. O dia que fico em casa fico contente.

26 DE ABRIL DE 1961

Estava exausta. Não despertei ás cinco horas. Os filhos não foram a aula. Fiquei descontente com a dona Argentina por chegar tarde. Repreendi-a dizendo que é triste ter que precisar dos outros. Passêi roupas.

Fui contratar os carpinteiros para consertar os armários. Paguei os quatro mil cruzeiros do radio que compei para o Audálio. A tarde fui a cidade para ver se ritirava dinheiro no banco. Estava fechado.

Voltei pra casa. O Audálio está viajando. Não posso dizer aos filhos que ele viajou de avião. Ficou aborrecendo-me o dia todo. É horrivel ouvir os trêis filhos azucrinando me:

— E se o Audalio morrer?
— E se o Audalio cair?
— E se o Audalio morrer?
— Como vae ser a nossa vida?

Quando o Audálio viaja os meus filhos não perdem as reportagens do Reporter Esso.

---

23 Drama de Robert Anderson estreado em 1953. Além de Nídia Lícia na direção e no papel principal, participavam da montagem Tarcísio Meira e Wolney de Assis, entre outros.

27 DE ABRIL DE 1961

Passei a nôite escrevendo. Dormir das trêis as cinco. Levantei. Preparei os filhos para ir a aula. Os pedreiros chegaram.

Pediram material para concluir os trabalhos.

Fui comprar carne e vinho pão e lêite. A esposa de um guarda-civil estava chorando, dizendo que o seu esposo havia expancado-a com um chicote. Ele bebe. Fiquei ouvindo as mulheres queixando-se dos espôsos. A dignidade de um homem fica combalida quando uma mulher revela as cenas intimas no lar. Recordei que havia dêixado toucinho fritando sai as pressas. O toucinho ficou escuro. Não da para aprovêitar os torrêsmos.

A dona Argentina chegou. Entreguei-lhe a direção da casa. Fui ao Cruzeiro pedir um cheque de 40.000[24] ao Carlos de Frêitas para concluir o serviço dos pedreiros. Ele deu-me um talão do Audalio. Quando cheguei ao banco é que notaram a troca de talões. A jovem deu-me outro, e preencheu, porque eu estava nervosa. Pensando: o Audalio vae dizer que estou imitando a Maria Antonieta. Mas eu quero a casa bem bonita.

Começo gostar da minha casa de alvenaria. É a concretisação de um longo sonho. E o sonho dos favelados a casa de alvenaria. Olhei os jornaes já estão anunciando a estreia da peça. Voltei a redação encontrei o senhor Mario Camarinha, diretor do boreau de São Paulo. Ele almoçou-me sorrindo. Pedi para levar o livro de cheque, e guardar na gaveta do Audálio.

Cheguei em casa dei quinze mil cruzeiros aos pedreiros para comprar o material. Fui falar com o senhor Abel para consertar os armários. Passei o resto do dia escrevendo. Pedi a dona Argentina para vir dormir com os meus filhos. Vou sair a noite. Vou ver a estreia da peça.

A dona Argentina foi avisar o seu esposo. E voltou com o esposo. Quando eles chegaram eu estava tomando banho. Desci para ver o homem que teve a desventura de casar com a dona Argentina —Não vi um homem. Vi um decendente de fantasma. As faces cadavericas. Um olhar brilhante da a impressão de estar na presença de Lazaro quando saiu do tumulo.

— Quantos anos tem o senhor? — Perguntei-lhe depôis de comprimenta-lo, um comprimento respeitoso. Pensei: este homem é um martir.

---

[24] Cerca de 2750 reais em 2021.

— Quarenta e dôis.

Oh! Ele apresenta ter 60 anos. Sorriu dizendo-me que desêjava conheçer-me. A dona Argentina sorria dizendo:

— É este o meu esposo.

Pensei: uma mulher tem que lutar para conservar a juventude do esposo. Dêixei-os e fui até a farmacia comprar um pente para adornar os cabêlos. Queria tomar um carro. Mas os carros que passava estavam ocupados. Resolvi ir ao ponto de onibus. Encontrei a dona Argentina com o esposo e a Vera. Convidei o seu esposo para ir comigo ate a rua Voluntarios da Patria. Perguntou-me:

— Onde conheçeu a minha esposa?

— Na Assembleia Legislativa e nos Diários Asociados. Os jornalistas gostam d'ela. Ela é correta. Vai depositar dinheiro no banco e ritirar sem confusão.

— Ela é correta. —

Confirmou o seu esposo com voz amargurada. Citei-lhe que emprestei-lhe vinte mil cruzeiros.

— Ela disse-te?

— Não. Ela, não diz-me o seus negocios. Quando eles estão muito complicados ela revela. Cheguei a conclusão que, ela é dificil de moldar-se.

Prometi auxilia-la. Ele, quer terminar a construção de sua. Ele quer aluga-la.

Despédimos na rua Voluntarios da patria. Eu segui ate ao theatro Bela Vista. Estava super lotado — pessôas de destaques. Porque o espetaculo é benéficente. Estava presente Dona Heloisa, uma senhora que ofereçeu-me um almoço na sua residência, quando eu residia em Osasco.

Os paulistanos bem vestidos circulavam pelo theatro comprimentando-me.

Fiquei conversando com o dr. Raul Cintra Lêite e sua filha Estela Godoy Moureira, nora do ilustrado ortopedista de São Paulo, Dr. Goodoy Moureira.

O dr. Raul estava alegre olhando sua filha com orgulho. — Disse-me quando um filho é bom elemento, é uma satisfação para os paes. Está satisfêito porque tem duas netinhas. Quando iniciou o espetaculo, eu subi no palco para sortear uns premios oferecidos por umas lojas da cidade.

Fui aplaudida. O espetaculo agradou. A cena mais comovente foi, a briga com o cigano e o porco saiu do chiqueiro ficou circulando no palco. Os expectadores dizia:

— Será que o Hamir Haddad ensáiou o pôrco? Este porco na televisão vae ser um sucesso.

Ouvi uma voz humurista:

— Este porco é ator, e eu, não sou nada.

Findo o espetaculo fui agradeçer os artistas. Para mim o espetaculo estava triste com ausência do Audálio. Quando cheguei em casa era duas da manhã. Uma atriz que reside em Santana, foi comigo no carro. Estava chovendo. Dêitei pensando no Audálio. Contei para a dona Argentina a conversa que tive com o seu esposo.

Ela ficou triste e disse-me:

— Ah!... Carolina... ele... vae xingar-me. A senhora não devia dizer-lhe nada.

— Dona Argentina... eu não posso mentir.

28 DE ABRIL DE 1961

A dona Argentina preparou os filhos para ir a aula. Os pintores chegaram. Fôram comprar tintas para concluir a pintura. Vou reformar o quintal. Vou comprar calhas para a casa. A dona Argentina foi levar a Vera ao curandeiro para benzer a mão.

Esqueci de dizer: dia 27, depois que sai do theatro chegando em casa encontrei a Vera coçando-se e chorando. Fiquei com dó fui leva-la ao Hospital das Clinicas. Não havia condução. Era duas e mêia. Passou um caminhão fez sinal. Parou pedi se podia levar-me ate a cidade.

— Vou ao Hospital das Clinicas levar a minha filha que está com a pele inrritada coçando muito.

O japonez ia conversando amavelmenle com sua voz de barítono. Eu disse-lhe que havia saido do theatro. Fui ver a peça Quarto de Despêjo.

— Ah! É o livro da favelada. Dizem que ela está rica. Dizem que é muito inteligente. A senhora conheçe-a?

— Conheço. Ela escreveu o livro para arranjar mais comida para os filhos. Não foi visando ficar na historia. O escritor pobre escreve por necessidade.

— São os unicos que açertam porque conhecem o sofrimento — Comentou o japonez fitando o meu rôsto.

O caminhão continuava rodando. Eu estou com sono. Tenho dormido pouco.

O japonêz sorriu dizendo:

— Esta hora está apropriada para dormir com a mulher amada. A estas horas eu sempre dou uma...

Fingi não entender. Ele disse-me:

— Parei o caminhão porque a senhora está com a criança. Em qualquer parte do mundo a criança mereçe consideração e deferência especial. Não devemos dêixa-las sofrer.

Pensei: que japonês maravilhôso — Oh se os nossos governos pensassem assim... Desci na estação da Luz. Dei-lhe o meu endereço. Para vir buscar um livro para ele.

— Eu, sou a Carolina da favela.

— Ah!... é a senhora...

— Prazer em conheçer-te.

Ele anotou o numero de minha casa dizendo:

— E aquela rua que tem fêira as quartas-feiras.

— É!

Ele seguio. Tomei um taxi.

Quando cheguei ao Hospital das Clinicas o médico de plantão reclamou com voz ironica:

— Imagina só: trazer esta criança aqui por causa de coçeira.

— Durante o dia não tenho tempo.

Preencheram um formulário. Deu-me dizendo para eu ir ao outro lado na luz vermêlha. Fui. A Vera ia caindo no escuro. O médico que atendeu-me disse:

— Nós cuidamos so de quebraduras. Ela, não caiu?

— Não sêi. Não fico em casa. Cheguei do theatro encontrei-a coçando.

— Então a senhora dêixa a sua filha doente para ir ao theatro? Que especie de mãe é a senhora?

— Hoje, estreou a peça Quarto de Despejo. Fui eu quem escrevi o livro. A minha presença é nescessaria. O reporter que trabalha comigo está viajando. Está na Argentina. Preciso ir ao theatro para fazer as reportagens. E o senhor quer dar-me lições maternaes?

Mas, so quem é mãe é que sabe dar valor ao filho. Eu tenho dó de vê-la coçando até sangrar-se.

— Vamos embora Vera!

— A senhora fica!

Ordenou o guarda energicamente. Fiquei girando pela sala fitando as paredes nivias. Percibi o descaso do médico — Ele deu-me o papel de volta dizendo que eu devir ir falar com o senhor Julio. Peguei o papel com violência.

— O senhor Julio que vae para o inferno.

O descaso do médico é devido os buatos que circulam que estou rica.

Posso procurar um médico e paga-lo. Uma coisa eu noto nos medicos. Eles, não curam as pessôas famosas e ricas.

Nas diferenças de classes eu noto desvantagens. As vezes é melhor ser indigente. Quando vou comprar comida eu gosto de ter dinheiro, porque os prêços dos generos alimenticios são elevados.

Percibi que o médico não conheçeu a enfermidade da Vera. Deve ser estudante. Sai nervosa. Tomei um carro. A mão da Vera parou de coçar. Tomei um taxi e voltamos pra casa. Deitamos as quatro horas. Quando o dia surgiu pedi a dona Argentina para leva-la ao curandeiro.

29 DE ABRIL DE 1961

Levantei de manhã.

Os pedreiros foram chegando um, a um. A dona Argentina vêio. Fui a feira comprei frutas para os filhos e verduras.

Tive aviso que ia receber visitas. Pensei: será o Audalio! Faz oito dias que não o vêjo.

Fui escrever. Chegou visitas. Desci para ver quem havia chegado. Era a dona Jurema Finamour e a esposa do escritor Jorge Amado e seu filho.[25]

Fiquei alegre quando vi a dona Jurema Finamour. Recordei os bons dias que passei ao seu lado lá no Rio, no festival do livro. Mostrei-lhe a casa. Apresentei a dona Argentina.

— Esta senhora trabalha para mim. É uma mulher afonica.

A dona Jurema deu uma risada estetorea. Mostrei os meus vestidos artísticos.

A esposa do senhor Jorge Amado fotografou-me com o vestido de pena. Liguei o meu vestido elétrico. Elas acharam graça dizendo:

— Carolina! Você é um genio! Canta tuas cansões.

Cantei minhas composiçoes elas gostaram. Dançei com o pintor. Combinamos um encontro no Claridge Hotel. Avenida 9 de julho. Passei o resto do dia escrevendo. A dona Almeirinda vêio visitar-me. O Luiz estava em casa.

---

25 Zélia Gattai e João Jorge Amado.

Citei-lhe que Dona Amerinda é de minha terra. Ela, veio pedir-me um livro para o seu neto.

Convidei o Luiz para ir ao theatro. Ele aceitou. Fui tomar banho. Preparamos. O João foi chamar um carro. Deixei a Vera com os meninos e saímos.

Eu estava usando o meu vestido bordado pela primeira vez.

Quando chegamos no Claridge Hotel telefonei para o apartamento 47. Atendeu-me o esposo de dona Jurema Finamour. Pediu-me para espera-lo. Eu disse-lhe:

— Se a dona Jurema tivesse dito-me que o senhor estava aqui, eu vinha avuando pra cá.

— Muito obrigada Carolina! Então você espera. Que eu vou avuando para ver-te.

O Luiz sentou-se. Fiquei girando pela sala, já estou aprendendo andar de sapatos de salto.

O senhor Lebret[26] surgiu. Abraçei-lhe e apresentei o Luiz.

Sentamos. Disse-me que a dona Jurema estava ausente e o Jorge Amado, estava preparando-se para vir ver-me. Fiquei nervosa! Eu ia falar com o Jorge Amado! O vate do Brasil! Mas, eu não simpatiso com o Jorge Amado. Um homem que não ri pareçe um general.

Pensei: sêja o que Deus quizer! O Jorge Amado surgiu. Levantei e fui cumprimenta-lo. Almoçei-lhe e bêijamos. Eu gosto de beijar — Ele é agradavel no falar. Deu-me um livro — de sua autoria. Os velhos marinheiros.

— Que bom! — Exclamei alegre. Como se estivesse recebendo tôdas estrelas do céu.

Acariciei o livro com carinho. Ergui o olhar vi os olhos de Jorge Amado observando minhas expressões.

Perguntou-me:

— O que ha com você e o Salazar?

— Ele não dêixou o meu livro entrar em Purtugal. Lucrei com a proibição porque o meu livro estava em terceiro lugar voltou para o segundo, os purtuguêses dizia:

— Vou comprar este livro para ver o que ha contra o meu Purtugal.

Falamos da nôite de autografo promovida pela Ultima Hora. Mostrei-lhe as cansões e cantei para eles, ouviram-me e aplaudiram. Os hospedes e os garçons sorriam. O senhor Lebret dava opinião enaltecendo minhas composições.

---

26 Louis-Joseph Lebret, padre e economista francês.

Eu estava alegre. A esposa do senhor Jorge Amado chegou. Comprimentei-a. Ela ficou olhando o meu vestido. Perguntou-me se havia cantado para o senhor Jorge Amado.

— Oh! sim. Cantou — Confirmou o senhor Lebret.

A dona Jurema Finanur entrou, olhou-me e sorriu. Apresentei o Luiz. Olhando o meu vestido disse:

— Que chic! Ao teu lado, nós é que estamos parecendo favelados.

Levantei dizendo:

— Vou desfilar para a senhora ver.

Andei ao redor da sala. Sentei e começamos falar do Rio, do senhor Homero Homem. Foi ele quem levou me ao Rio. A esposa do senhor Jorge Amado saiu foi até a garagem, saimos. Confabulando onde iamos jantar.

Dicidiram ir numa cantina na rua Santo Antonio. Eu ia ao lado do Luiz. A Jurema ao lado de Lebret e o senhor Jorge Amado com sua esposa. Os motoristas não quizeram nos levar dizendo que a rua Santo Antonio é perto da 9 de julho.

— Se quizerem ir a pé é um passeio.

Que suplicio para mim ir de salto alto a pé.

Quando chegamos na cantina eu era o alvo dos olhares. Estava bem vestida. Acompanhada com o senhor Jorge Amado. Pedimos lazanha ao fôrno.

Eu, o Luiz, o senhor Lebret Jorge Amado pediu frango grêlhado. Dividiu o frango comigo. Pensei: se todos pudessem comêr assim... estamos na época de alguns comem e os outros, não.

Eu disse ao Luiz:

— Os pobres procuram o restaurante xinez. E os ricos os restaurantes de luxo.

A dona Jurema Finanur disse:

— Você... ja não é do restaurante xinez. A tua época de indigência ja passou.

Ela está enganda. A epoca do sofrimento dêixa cicatriz na mente. Tem hora que relembro a voz angustiosa de dona Maria Preta:

— Estou com vontade de comer um pedacinho de carne!

O pobre quando fala na comida, da a impressão de estar ouvindo um martir. Jamais hei de olvidar que existe fome. E o povo precisa uma alimentação reconfortante.

Ha de existir alguem que dirá — a Carolina escreve mencionando a fome para fazer sensacionalismo.

Os que assim pensar, estarão enganados. A fome já foi minha sinhá. A pior sinhá que êxiste no mundo.

Enquanto jantavamos ricitei as "Noivas de maio". O Jorge Amado gostou, e disse que estou certa.

A Dona Jurema Finanur e a esposa do Jorge Amado eram contra a minha poesia. Mas, eu vivo entre os homens. E vêjo suas lutas. Tem homem que não pode chegar cêdo em casa. O trafego em São Paulo, não permite. Congestiona. Quem está no onibus atrasa. E os que tem carro atrasam. Um homem chegando vivo em casa, a mulher deve ficar satisfeita — o Jorge Amado disse que ha mais delicadeza, do homem para o homem do que, da mulher para o homem.

Eu olhei a esposa do senhor Jorge Amado, ela disse-lhe:

— Oh! Jorge. Você disse isto, ela ja olhou-me como se você fosse uma vitima ao meu lado.

A Jurema Finamour disse que no Rio, eu era mais atenciosa com os homem do que com as mulheres. Quando autografava um livro para o homem era com dedicatoras amaveis. Sorri.

O Jorge Amado disse:

— A Carolina acha que o Lebret namora tuas amigas.

Porque eu disse que o senhor Lebret namora a imperatriz da Hungria.

Quando saio da cantina tomamos dôis taxis. Fomos ao theatro Bela Vista.

A dona Edy Lima chamou um fotografo para nos fotografar. Sai de perto do Luiz. Fui sentar ao lado do Jorge Amado. Pensei: Meu Deus! Isto pareçe um sonho. Outro dia eu era uma favelada.

Atualmente sou ex-favelada. Minha historia pode ser resumida assim:

Era uma vez uma preta que morava no inferno saiu do inferno e foi pro céu. Olhando o senhor Jorge Amado pensava:

— Ele... estudou. Eu não. Ele, pode escrever sosinho. Eu preciso do Audálio devido a minha deficiencia cultural, tenho que ser teleguiada. E os teleguiados, são infelizes.

No intervalo, o povo pediu autografo. O Jorje Amado e dona Jurema Finamour fôram ao palco comprimentar a Ruth e não despediu-se de mim.

O senhor Jorge Amado prometeu visitar-me. Minha casa está as ordens. Ficamos sentados. O Hamir Haddad convidou-me para sentar--se ao seu lado. Mas eu estava acompanhada.

A dona Edy Lima nos fotografou. Permanecemos uns minutos no theatro, depois saimos. Os olhares dos funcionarios do theatro nos seguia. Desçemos. Procurando um taxi.

Um jornalista nos seguia. Felicitou-me pelo exito da peça. Tomamos um taxi. Ele, ficou no Angabaú eu voltei pra casa — pensando no Jorge Amado. Que homem maravilhôso. Envez de chamar Jorge Amado, devia chamar — Jorge Amôr.

O que imprecionou-me foi ouvir isto:

— A delinquência é derriva da miseria.

O Jorge Amado sabe o que diz. Ele, é um vulto ínclito. Dêixou de ser Dr. Jorge Amado. E é simplesmente o Jorge Amado.

O que pertençe ao universo não tem protocolo. Não podemos dizer:
— Senhor sol. Dona lua. Senhor vento.

Devemos respêitar... Deus!

30 DE ABRIL DE 1961

Eu estava dormindo quando a dona Argentina despertou-me. Desci os degraus. Abri a porta. Ela entrou com uns cabides de materia plastica que encomendei-lhe.

Fui fazer compras.

A dona Argentina limpou a casa — fez pizza e foi preparar o almoço para os filhos.

1º DE MAIO DE 1961

Que primeiro de maio sem graça. Não houve festejos comemorativos os desfile dos trabalhadores. Quem gostava do primeiro de maio era o saudôso Getulio Vargas. A sua voz atraves do radio cortava o Brasil, de Norte a sul.

— Trabalhadores do Brasil. Temos que escrever estes fatos, para relembrar as gerações vindouras que o primeiro de maio, já foi um dia consagrado.

Eu, e o José Carlos fomos na residência do Audálio. Fomos a pé. Eu ia fitando a cidade lá distante com os arranha-céus empolgantes. Quando cheguemos o Audálio estava dêitado. Escrevi um bilhête. A dona Iracy, está com torcicolo.

Voltei para casa.

Os filhos foram ao cinema. Passei o dia em casa.

2 DE MAIO DE 1961

Levantei as cinco horas. Os filhos fôram a aula. Os pedreiros chegaram pediram dinheiro para comprar material, para construir uma cobertura em cima do tanque.

Preparei para ir a Santos. Fui na redação. Encontrei o Audalio. O Torok ficou na Argentina. O Audálio está resfriado. Pedi para ligar o telefone para o Rio de Janeiro. Vou falar com a dona Luiza Fiori pedir-lhe para vir a São Paulo para tratar a internação do seu pae. Ela atendeu o Audalio, ele passou o telefone para mim. Falei com a Dona Luiza combinamos que ela devia vir sabado. Convidei o Audalio para almoçar comigo. Disse-me que não tem dinherio. Dei-lhe 1000.000 dizendo:

— Foi você quem ajudou-me ganhar tudo que tenho.

Fomos almoçar. Depôis do almoço. Despedi e fui a Santos. Estava indisposta e triste. Encontrei uns amigos de São José dos Campos. Perguntei pelo Dr. Alvaro enviei-lhe lembranças. O amigo de São Jose do Rio Pardo é o dono da livraria onde autografei meus livros quando visitei aquela cidade.

Despedi dizendo que ia a Santos. Fui comprar passagens. Encontrei um artista da companhia Nidia Licia, que ia embarcar no expresso Zefir. Embarquei pra Santos as quatorze horas.

Estava chovendo. Eu ia conversando com uma senhora que dizia:

— A senhora deve estar ganhando muito dinheiro.

— Já enjôei de ouvir a palavra dinheiro.

Um homem que estava sentado ao nosso lado ficou nervoso. Porque nós estavamos falando demaes. Nos dirigia cada olhar. Por fim mudou de lugar.

Eu achei graça pensando. Este homem deve ser muito imprincante. Mas quem é que é calmo na época atual? Com tantas confusões na vida. Custo de vida. O fantasma da atualidade. Porisso, não critico as pessôas nervosas.

Quando cheguei em Santos estava chovendo. Olhei os topos e as casas de tabuas que estao construidas nos morros. Pensei: como o pobre luta para viver com tantas terras deshabitadas e o homem mal habitado. Eu estou pensando nêste problema que é a condição humana para o ente humano. Mas eu não sou governo. O que eu tenho notado, é que entra governo, sai governo e a desorganisação continua. Se eu fosse homem queria ser governo. Queria impedir o custo de vida. Queria ver o meu povo feliz. Quando ando pelas ruas, fico horrorisada, vendo os homens andando cabisbaixo falando sosinho. Juro que tenho medo de uma neurose geral. E se o povo ficar loucos?

Fico pensando: e se o Castro Alves ressuscitasse. Ele, que foi humano. Que almêjou, o bem estar comum. Passei a mão pela cabeça nervosa porque eu não posso concertar o mundo.

Tomei um taxi e fui para o theatro. Encontrei os artistas ensaiando a peça Inez de Castro.[27] Com seus trages antigos, espadas. Pelos trages, comprova que a peça foi escrita em 1700.

Eu e os artistas fomos jantar — Eu queria pagar a despêsa. Não consentiram.

Depois do jantar fomos ao theatro. Os artistas fôram trocar-se. Fui com uns colegas assistir a peça. Que peça cacête. Ninguem compreende o purtuguês.

A maioria dormiram. E despertavam com os aplausos — Eu dava risada quando os expectadores abriam os olhos assustados e tomavam conhecimento que estavam no theatro. No final do espetaculo ouvi uma voz:

— Graças a Deus! Nunca mais, hei de assistir esta peça.

Eu dei uma risada. Atraindo os olhares dos expectadores que diziam:

— Olha a Carolina!

— Sorri. E fui comprimenta-los. Porque, eu não despreso ninguem. Eu sou contra o orgulho.

Fomos para o camarim prepararmos para voltar e guardar as roupas da peça. O theatro tinha que ficar livre porque o Silva Filho[28] vae estrear amanhã. Saimos do theatro e ficamos girando pelos bar. Eu estava no O Cruzeiro. Mostrava a reportagem para os estudantes e autografava as revistas.

Pedi um biff milanez paguei 60 cruzeiros. Fiquei horrorisada. A comida em Santos é carissima. Deus me livre. As pessôas que iam reconheçendo-me iam pedindo autografo. Diziam:

— Voltamos ao theatro para ouvir a tua poesia. Que poesia moralista. Citava:

— O senhor Renato não permitiu-me porque a peça é dialogo poético.

Embarcamos num onibus das 23 e quinze. O onibus ia seguindo e

---

27 *A Castro*, tragédia de Antônio Ferreira de 1587, baseada na história de d. Inês de Castro. Além de Nídia Lícia no papel-título, Tarcísio Meira e Wolney de Assis também integravam o elenco da peça, dirigida por Milton Baccarelli.

28 Ator e comediante, protagonista da revista *Brasil em Bossa Nova*.

superlotando-se de passageiros que reclamavam os lugares ocupados por outros. Eu vinha dormindo num banco. Sorria quando ouvia um artista da peça Quarto de Despejo dizer:

— Vou pedir a minha mãe: me vende para a dona Carolina. Ela está cheia do dinheiro!

Despertei quando o onibus chegou na praça João Mendes. Desci, despedi dos artistas tomei um taxi.

Quando cheguei em casa estava exausta. Que luta para ganhar dinheiro.

As palavras de Roberto Nuzzi ecôava-se no meu cérebro:

— Me vende para a dona Carolina. Ela está chêia do dinheiro.

3 DE MAIO DE 1961

A dona Argentina vestiu os filhos para ir a escola. Fiquei dêitada. Mas, não conseguia adormeçer com o barulho das crianças.

Levantei — fui comprar jornal. Está chovendo. O pedreiros estão construindo uma cobertura no tanque.

A noite fui ao theatro. Noite dedicada a critica. Fiquei sentada autografando e conversando com o publico. As mulheres estavam bem vestidas. E eu tipo favelada. O dr. Lélio estava com a esposa. O Audálio e dona Iracy. As mulheres olhava-me.

A televisão filmava o theatro. Eu fui filmada.

Os artistas estavam trabalhando com entusiasmo. Dava a impressão de ser um dia na favela.

Findo o espetaculo fui ao palco agradecer o publico. Enviava bêijos em retribuição aos aplausos. A televisão focalisou-me perto do Mauricio Nabuco, o brilhante galã da peça Quarto de Despejo. Dona Edy Lima subiu ao palco, Hamir Haddad. O Audalio não subiu. Não sei por que. Podia apresentar sua esposa para o publico.

Sai do theatro com o Ronaldo, Paulo Dantas, o Audalio e sua esposa. O Carlos de Frêitas e outros. O Ronaldo queria jantar no Gigêtto.[29] Recusei aludindo que precisava dêitar para despertar cêdo e preparar os filhos para ir a escola. Recusei porque a esposa do Audalio está doente. Descemos. Os outros foram para outro local. O Ronaldo de Moraes estava contente, enalteçendo o meu gesto de enviar beijos a plateia.

---

29 Cantina italiana na rua Nestor Pestana, na Consolação, em São Paulo. Fechou em 2016.

Segui ao lado de Paulo Dantas. Discutindo. Ele diz que me deve. E eu dizia que não.

Citei ao Paulo Dantas que estava contente. Eu não conhecia o nervoso ilimitado. Agora eu conheço. Se for preciso descrever as emoções neuróticas posso escrever. O Paulo Dantas disse-me que as emoções nervosas podem destruir um cerebro não voltar ao normal. Que devemos reagir. Não dêixar os nervos nos dominar. Ouvi os conselhos sensatos de Paulo Dantas. Que homem notavel. Agora que estou mesclada com os nortistas é que vêjo o quanto eles são inteligentes.

— O senhor tem lido as referências que faço do senhor?
— Tenho.
— Cito o teu nome em tôdas reportagens.

Seguimos a pé ate avenida São João. O Paulo Dantas despédiu-se. Eu segui com o Audálio e sua esposa ate o ponto de onibus.

Despedi do Audálio revoltada. Ele demora sair com sua esposa podia tomar um taxi. Fico pensando: será que o Audálio é carinhôso! Como é gostoso, um homem carinhoso.

Eu estava com sono tomei um taxi. Um jovem acompanhou-me. Dividimos as despêsas.

4 DE MAIO DE 1961

A dona Argentina não vêio trabalhar. Disse que vae ao casamento de sua irmã. Os filhos levantaram e vestiram sosinho. Levantei fiz café, fui fazer compras matinaes preparei o almôço.

Está chovendo. Estava com sono fui dêitar. A Vera lavou as louças.

Fiquei horrorisada ao saber que, quando eu fui a Santos a dona Argentina dêixou a Vera sosinha com os pedreiros e saiu. Jurei não mais dêixar minha filha com ela. Ninguem olha melhor o que é seu, do que o propio dono. Quem tem amisade aos filhos, é a mãe. A mulher tem préocupação so com o seu filho.

As empregadas entram numa casa pensando em quanto vae ganhar... Não entra, pensando em ser coadjuvante e participante com o patrão. Eu, nunca pensei que um dia ia ter empregada. E o pior de tudo isto, é que a dona Argentina não quer ser mencionada no Diario como empregada. Tem que ser empregada porque paga a 5.000 por mês. Mas quem lava as roupas sou eu.

Ela, vive queixando-se que não tem sorte. Mas, ela, não é defêituosa quêixa, porque não é rica. Eu lutava na favela para arranjar o que comer, mas dava graças a Deus, por ter saude. A minha ambição era sair da favela.

5 DE MAIO DE 1961

Passei o dia em casa escrevendo.

Os pedreiros construiram a cobertura no tanque. A tarde fui ao Cruzeiro o Camarinha ia ao Rio de janeiro brinquei com ele. O senhor não foi ao theatro. Não foi ao lançamento do livro. Pareçe que o senhor não gosta dos paulistas. O senhor não agrada as mulheres de São Paulo. Tem a namorada do Rio.

Êle sorriu e dirigiu-se ao elevador. Estava presente o BB. Lobo, compositor. E o cantor que vae gravar o samba "Carolina".

Achei graça quando ouvi o B.B Lobo dizer: Audálio, você que protege os deçendentes do José do Patrocinio, patrocina esta gravação para mim. O Audalio prometeu. E as promessas do Audálio não falham. Combinei com o Audálio o programa de amanhã na televisão com o Silveira Sampáio,[30] as dez da noite. Voltei pra casa. O Fabio Paulino vêio visitar-me. Disse-lhe que vou...

Ele ficou horrorisado. Meneando a cabeça.

6 DE MAIO DE 1961

Passei o dia em casa. Cuidando das roupas dos filhos. Que confusão. A casa está suja. Os pedreiros estão trabalhando.

A tarde preparei-me fui encontrar com o Audalio. Ele estava com visitas. Despediu-as dizendo-lhes que iamos a televisão. Tomamos um taxi descemos no...

A sala é magnifica. Encontramos o Dr. Silveira Sampaio discutindo o programa com o ator Sandro Poloni do theatro Maria D'ela Costa e Wesley Duke Lee.

Quando chegou a minha vez eu disse ao senhor Silveira Sampaio que fui lhe pedir trabalho quando ele dirigia a revista No Pais das Cadilac. Ele não atendeu-me — disse que estava com pressa.

Ele disse não recordar-se.

---

30 Médico, jornalista, roteirista, dramaturgo, diretor e apresentador do programa homônimo na tv Paulista.

Eu estava com o meu vestido elétrico.

Ele sorriu, exclamando:

— Vestido eletrico?

Combinamos as respostas para a televisão.

O garçon nos serviu chá com bolachas. Despedimos eu e o Audálio fomos ao theatro Bela-vista pegar uns cartas da peça Quarto de Despejo para expor nas vitrines. O theatro estava com uma assistência regular.

Sentamos um pouco. Depôis saimos tomamos um taxi e fomos ao canal 5. Encontramos as pessôas que iam ser entrevistadas na porta. Pensei: ate que emfim o brasileiro está sendo pontual. Entramos.

Estao reformando a televisão. Quando iniciou o programa, o primeiro a ser entrevistado foi o Dr. Sergio de Andrade. O Arapuan, da Ultima Hora citou seus estudos e o porque do seu pseudonio. Ouviu o gargeio de um passaro. Arapuân. Achou bonito e adotou o nome do passaro como pseudonimo litérario.

A tercêira entrevista coube-me.

— Carolina, como voce se sente, no apogeu em que vive?

— Sinto-me confusa.

Respondi isto para não desagradar. E o povo não taxar-me de grosseira.

O que eu sei dizer é que estou farta de tudo isto. Não vivo como desejei. O meu sonho era comprar terras plantar e escrever nas horas vagas. Queria morar num sitio. Internar os meus filhos para eles aprender musica. Receber uma iducação fina.

Mas, eu não tenho vontade propia. Se menciono um desejo o Audálio anula. Deçepa-o.

Que desgosto ver os meus filhos. Vão a aula de manhã, e passa o resto do dia com os vadios. Ha mais perigo deles delinquir fora da favela. Na favela nós viviamos mesclados com os policiaes que eram severos. Uma severidade eficiente. Pretendia dar esta resposta ao Dr. Silveira Sampaio.

Jurema.
Hotel Claridge
Av. 9 de Julho
ap. 47

propria. Se menciono um
desejo o efudá'rio anula
deseja-o. Que desgas[to]
ver os seus filhos, tá
a aula de manhã, e pas[sar]
o resto do dia com os ro[tos?]
Ha mais perigo d'elles deli[n]-
quir fóra da favela.
Na favela nos vivian
mescladas com os policia[is]
que eram severos, Uma
severidade eficiente.
pretendia dar esta resp[os]-
ta ao Dr. Silveira
Sampaio.

diz com desprêso... a policia não é minha irmã.
Descemos do onibus, tomamos um carro. Quando chegamos ao theatro fui falar com o senhor Renato. se havia possibilidade de arranjar uma vaga na casa do ator. Ele pediu um artista para fazer um oficio. e a dona Lidia Licia assinar.
Enquanto esperavamos o oficio eu ia dando autografo no Catolo do theatro. A dona Luiza estava triste, pensando no Hotel senador. Percebi o violão moral de dona Luiza. Um senhor que é funcionario dos produtos arno estava presente. O senhor Renato nos ofereceu guaraná. Recebemos o oficio e saimos do theatro. tómamos um taxi. Quando chegamos em casa era trinte e quatro horas.
Dona Luiza aliviu-se, e foi deitar-se com a Vera. O João, e o José

[...] diz com desprêso... a pobrêsa não é minha irmã.

Descemos do onibus, tomamos um carro. Quando chegamos ao theatro fui falar com o senhor Renato, se havia a possibilidade de arranjar alguma vaga na Casa do Ator. Ele pediu um artista para fazer um oficio e a dona Nidia Licia assinar.

Enquanto esperavamos o oficio eu ia dando autografo no catalogo do theatro. A dona Luiza estava triste, pensando no Hotel Serrador. Percebi o valôr moral de dona Luiza. Um senhor que é funcionário dos produtos Arno estava presente. O senhor Renato nos ofereçeu guaraná. Reçebemos o oficio e saimos do theatro. Tomamos um taxi. Quando chegamos em casa era vinte e quatro horas.

Dona Luiza ablui-se, e foi dêitar-se com a Vera. O João, e o José Carlos dormiram juntos.

Quando meu predileto chegou fui apresenta-lo a dona Luiza. Abri a porta do quarto. Ela comprimentou o Luiz dizendo-lhe:

— O senhor pareçe com o meu irmão.

Ele achou a dona Luiza bonita — Fomos dêitar. Fiquei pensando.

7 DE MAIO DE 1961

Levantamos as seis horas. Fui fazer compras. Comprei dois litros de lêite para fazer doce.

A dona Argentina não vêio. Que mulher desgraçada. Ela tem uma aparecia infausta. Mas é o diabo fantasiada de anjo. Comprei carne de vaca e carne.

A dona Luiza fez o almoço para mim, estava horrorisada com os modos primários de dona Argentina Laferrera.

Os filhos trocaram-se e foram ao cinema. Preparamos e saimos, fomos a Casa do Ator de carro. A Vera estava alegre com a presença de dona Luiza Fiori. Ela ia conversando com o Luiz. Sorri, comentando:

— Hoje, eu estou entre os Luizes.

Passamos no hospital dos funcionários publicos para levarmos o pae de dona Luiza na Casa do Ator. Não tinha força. Os elevadôres estavam parados.

Sugeriram desçer o pae de Dona Luiza pela escada. O predileto queria descê-lo nos braços.

A dona Luiza dicicidu que vamos sós. Um funcionário indicou o roteiro ao motorista. Zarpamos. A Casa do Ator está na rua do Ator. A dona Luiza conheçe a casa. Descemos, fomos falar com o senhor Francisco Choliman.

Que homem cacête. Disse que foi ator. Da a impressão, que ele está representando — Quer ser notado.

Antepático no falar. Fala... fala e não diz nada. Critica todos que conheçe. Dá a impressão que ele ja está gaga. Disse que os artistas pagam dez cruzéiros ao sindicato. É pouca mensalidade. Pediu-me para escrever no meu Diário que a Nidia Licia e Cacilda Beker não auxilia a Casa do Ator. Que os artistas lembram da Casa do Ator quando a velhice surger.

Eu disse que não ia escrever isto, porque não gosto de intriga. Suplicou-me:

— Escreva Dona Carolina! Escreva.

Continuou dizendo que o Manoel Duraes é o atual presidente da Casa do Ator — mas; quem faz tudo para os artistas — sou eu. A dona Luiza percebendo que ele não perguntava o motivo da nossa visita, entrou no assunto. Que foi ver se havia possibilidade de internar o seu pae.

— Ele foi artista? Aqui, entra so os artistas. Em que pais o teu pae representou?

— Na Itália.

— Tem documentos comprovando?

— Naquêle tempo ele trabalhava sem documentos. Elê está com 85 anos.

— Alguem viu o teu pae trabalhando? Porque a documentação tem que ser exata.

Foi nos mostrar o livro de anotações. Recusamos ver, aludindo deficiência de tempo. Fez questâ de nos mostrar um livro do escritor Afonso Schimidt — O retrato de Valentina. A pagina 136 fala do seu pae que foi artista de circo caiu do trapésio e faleçeu quando era transportado para o hospital. É um tipo que quer apresentar sua genealogia. Quer contar o seu passado num segundo. Deu-me o livro autografado:

A escritora notável de Quarto de Despejo. Obra social de grande repercusão. Com a minha simpatia e admiração São Paulo, 7-5-61.
Francisco Choliman.

Nos convidou para ver a Casa do Ator. Quando íamos desçendo os degraus encontramos uma senhora loira. De longe pareçe jovem. De perto ela ultrapassa os cincoenta. Eu não conheço estes tipos metamorfoseados. Mas a dona Luiza disse:

— Estes cabêlos oxigenados e estes cosmeticos inlimitados não disfarça a velhiçe.

Ela sorria dizendo que ia representar. Uma mocinha acompanhava-a. Percebi que os artistas tem pavôr de velhice. O sindicato é a Casa do Ator, ficam vis a vis. Fomos na Casa do Ator. A casa é ampla de um pavimento. Condoeu-me ver os velhos enfraquecidos aguardando a hora final. Uns são surdos, outros reumaticos.

O senhor Choliman ia nos mostrando as repartições dizendo:

— Cada um tem sua divisão. Nos esforçamos para da-los uma vida de conforto afastando-lhes da mente a ideia que estão vivendo de esmolas. Não queremos ferir-lhes as sensibilidades.

Contou-me que havia um homem que pedia auxilio nos circos para a Casa do Ator. Ele achava ridículo ver a Casa do Ator angariando donativos. Nos mostravam a cosinha, e a enfermaria inacabada por falta de verba.

A dona Luiza prometeu auxilia-lo se internasse o seu pae. Mas o homem pôe tanto obstáculos que cansa a paciência dos que lhe ouvem. Quando estavamos no carro, uma artista disse ser fadista. Nascida na capital mas não era capitalista.

Pediu-me para arranjar-lhe um programa na televisão, com a dona Bibi Ferreira. Tomei nota do nome num cartão. Fiquei com dó daqueles velhos na Casa do Ator. São obrigados a bajular o senhor Francisco Choliman.

Ele perguntava aos velhinhos:

— Quem é melhor para vocês?

Elas respondiam em coro:

— O senhor Francisco Choliman!

Da a impressão, que elas tem recêio de falar algo que magoe o senhor Choliman.

Como é horrivel uma velhice humilhada, pensei: Ha... o pae de dona Luiza Fiori não ha de vir para esta casa. Ele é culto não está habituado ao predominio. Peço ao artista da atualidade: se puder comprar uma casinha devem comprar para ter uma velhice tranquila.

Saimos da Casa do Ator condoída, com a vida infausta que levam os velhos jocosos de outros tempos. A dona Luiza ficou no hospital. Eu e o Luiz seguimos. Ele desçeu no Anhangabaú. Eu segui ate a Ultima-Hora.

Desci. Quando iamos entrando no onibus o motorista que nos conduzia fez questã de conduzir-me até minha casa. Paguei 1.35,00 cruzeiros. Despi e fui lavar roupas. Os filhos apareceram a tarde. Não vejo vantagem em ter a dona Argentina com empregada. Ela é morosa. A unica qualidade que ela apresentou é andar... andar... Andar...

8 DE MAIO DE 1961

Passei o dia em casa. A dona Argentina vêio trabalhar. O João foi na livraria levar um bilhete para o dr. Lelio, eu pedia 10.000 para comprar material para concluir a reforma da casa. Queixei-lhe no bilhete que o Audálio reclama que gasto muito. E eu não gosto de ser observada injustamente. É horrivel ter sinhô. Mas dia 13 de maio está chegando!

O João voltou dizendo que o doutor Lelio não estava na livraria. Está doente.

Fiquei nervosa. Os pedreiros foram fazer outro cerviço. A dona Argentina fez o almoço e zarpou-se. Da a impressão que ela é cigana. A tarde a dona Maria José vêio buscar-me para ir a igrêja. É uma missa mandada celebrar pelos pretos do bairro.

O Fabio Paulino veio pagar-me. Deu-me mil cruzeiros e pouco. Ele prometeu dar-me trêis mil por meses. É que o dia 20 de fevereiro eu comprei um jogo de sala para ele em Osasco na casa de moveis Estoril. Comprei a vista para ele ir pagando-me aos pouco. Tenho que pagar os moveis na Casa Estoril em duas vezes. Eu esperei os noventa dias. Ele não pagou, cobrei. Ele deu-me 1.000. Eu comprei os moveis na Casa Estoril por 28.000 para pagar em duas vezes. Eu não conheço o Fabio Paulino. Mas a irmã dele Geny disse-me que ele não gosta de pagar ninguem. Antes d'eu comprar os moveis para o Fabio ele visitava-me treis vezes ao dia, acompanhado por sua esposa Carmem. Depôis que ficou devendo-me foram afastando-se. Gestos desagradavel.

Eu não queria incluir este fato no meu Diário. Pensei: ele é locutor da radio Cometa. Não vou divulgar este fato para não choca-lo na sensibilidade.

Mas... ele não está sendo correto comigo... Vassoura nele. Queixei ao Audálio que tenho esta divida para pagar e quero ser correta com o senhor Vitor, dono da casa de moveis Estoril porque, ele, é correto.

Reconheço que sou debutante na vida burguêsa. Estou conheçendo os tipos de dupla personalidade. Malandros fantasiados de honestos.

O que dêixou-me descontente com o Fabio é que quando eu cobrei os 28, Cruzeiros ele disse: que ia devolver os moveis a Casa Estoril. Fiquei horrorizada e perdi a simpatia que nutria pelo personagem Fabio Paulino.

Se ele devolver os moveis a Casa Estoril. O dono recebe os moveis mas, não devolve os 14.000, 00. E quem vae perde-lo... sou eu! Ja percebi, o povo sabe que estou ganhando dinheiro. E há os espertalhões que querem expoliar-me.

Mas o Fabio está engananado. Pensa que por eu ser da favela ser ex-maloquêira sou parva.

O Fabio tem dois empregos e a esposa trabalha. Podem pagar-me. O que acho horroroso neste nuclo que estou mesclada, é a ganância desmédida.

A irmâ do Fabio disse-me que a Carmem esposa do Fabio que deturpou lhe a moral. A queda moral no homem é a sua destruição.

Eu não queria relatar este fato porque a mãe do Fabio, é boazinha. Distinta e serviçal. Quando falamos de alguém atingimos a mâe.

Ha um provérbio nêste estilo: a mâe é verde. A filha é encarnada, a mâe é mansa, a filha é danada.

— É a pimenta.

Talvez o Fábio sêja a pimenta. Tenho pavor das pessôas que confundem calma com idiotice. Não devemos enganar quem nos confia. Para mim o homem não nasce nú, nasçe vestido com a honestidade, integridade, e a honra moral. Quem tem estas qualidades triunfa.

Eu ja disse que a dona Maria José vêio buscar-me para ir a missa noturna. Quando cheguei a igrêja fui saudada pelo padre Constancio.

Que homem calmo. Que olhar sereno.

Esperaram à minha chegada para iniciar a missa. Ao padre Constancio o meu agradecimento pela deferença especial.

Estas manifestaçoes reconforta meu espirito combalido e discrente de tudo — anotava as prédicas do vigário. A igreja está inacabada. Gostei do sermão. Agradecendo a Deus por ser brasileiro viver neste pais sem temor. Porque o brasileiro não persegue a religião. Aqui não ha a lêi de fuzilamento. Um país nobre onde os filhos são iducados ao lado dos paes. Devemos amar este país, onde não ha preconcêito de cor. Onde ha fraternidade. A humanidade brasileira não anda angustiada.

Porque é que o homem se atira ao cumunismo?

É a falta de cristianismo do amôr a Deus. Falta de religião baseada no evangelho. Devemos procurar um meio de humanisar o homem, para ele não expoliar o próximo. Devemos ser mais humilde.

Minha replica ao sermão do padre:

O cumunismo é um regime em que o povo adota-o devido a fome e a pressão do capitalista que pra ter dinheiro pode comprar tudo que quer, os seus ideaes não ficam aguardando opurtunidade são idealisado e concretisado. O ideal do pobre é igual uma fruta. Vem a flor. Depois vem o fruto e vae crescendo avulumando-se depois só jorra.

O capitalismo e o prolétariado estão apostando corrida. O capitalismo está avançando o proletariado está nutrindo-se, fortificando-se... E o que é forte... vençe.

Finda a missa fiquei conversando com os pretos que me dava os parabens. Pelo exito do meu livro.

Recebi um convite para ir ao theatro da igreja dia 14 deste... se puder... irei prometi ao padre ver se conseguiamos televisão.

Despedimos. Umas senhoras queriam conhecer a minha casa. Quando chegamos a casa estava fechada-a chave. Chamei os filhos, não despertaram.

Bati na porta varias vezes. As mulheres cansaram.

Despédiram-se prometendo voltar outro dia. Pedi a visinha se dêixava eu pular o muro. Dêixou. Eu ia galgar a escada para abrir a janela e pular. Mas tenho fobia das alturas. A escada que refiro-me, é a escada que os pintores estão usando-a. Resolvi empurrar a porta da cosinha, éstava aberta. Entrei. Subi furiosa e expanquei os filhos que estavam dormindo.

Despertaram assustados. Quando eu sai pedi para eles entrar que eu ia levar a chave. Não obdecêram. Despi e dêitei.

9 DE MAIO DE 1961

Passei o dia em casa. O João não foi a escola. Foi na livraria levar um bilhête para o dr. Lelio, pedir dinheiro para comprar materiaes. Ele deu-me dez mil Cruzeiros.[1]

1 Cerca de 690 reais em 2021.

A dona Argentina olhava o dinheiro com o olhar arregalado. Dei trêis mil para os pintores para comprar os materiaes e um lustre para o quintal. Os filhos rêinam tanto que eu pensei que ia enlouquecer. O caminhão vêio trazer os materiaes do deposito. Nossa senhora de Fatima Estrada do Imirim 500. O motorista disse-me que soube que eu xinguei o medico do Hospital da Clinicas dia 27.

— Agora eu tenho dinheiro posso pagar médico. Talvez sêja esta a razão, por eu não ser atendida no Hospital das Clinicas.

Hoje eu estou calma. Alegre.

10 DE MAIO DE 1961

Passei o dia em casa.

A dona Argentina veio tárde. Ela, enalteçe-a que sabe trabalhar. Mas o serviço d'ela não agrada. Passa o dia falando do esposo, que ele não presta. Eu defendo-o. Digo que a mulher não deve difamar o esposo. Regride sua força moral.

Os pedreiros vieram trabalhar. São amáveis. Dançamos e cantamos pretento paga-los bem. Tenho pavôr das pessôas que brigam na hora de pagar o que deve. Devemos ser corretos nos negócios. Ouvi uns xingatorios.

Fui ver. As crianças havia soltado um balão. E o balão entrou no quarto de uma senhora. Contei onze meninos. Mas ela xingava so os meus filhos.

— Favelados desgraçados! Ordinários. A tua mâe não te da iducação?

Ela não compreende que a favela é obra do rico. Os pobres, não podem pagar os preços exorbitantes que os ricos exigem pelo aluguel de um quartinho. E não pode ficar ao relento. A condição do pobre no Brasil, está piorando dia-a dia.

Os infaustos comem com dia alternados. Fico pensando nesta desorganisação.

A dona Maria José vêio avisar-me que dêvo comparecer na festa do dia 14 — Deu-me um convite:

Não percam dia 14 de maio proximo um grande espetaculo beneficiente em prol das obras da igreja N. S. de Fatima do Imirim. Serão levados um show e uma peça teatral em 2 atos. Contamos com a colaboração da nossa escritora:

Carolina Maria de Jesus. Não percam. Aguardem
Elenco na peça teatral Escrava engeitada.
Sinhô Mauricio.... Benito
Sinhá Juliana... M. José
Capataes...... Julião
Escrava engeitada... Leontina
P. Isabel......... Irene Batista
Sinhazinha...... Sumaya Firma
Rut Mucama...... Rocha
Preto Mathias...... Ilodoaldo
Pae Ignacio...... Evaristo Gomes
Parte cantada a cargo de Sabará
Animação. José Garcia

 Vêio um pretinho pedir-me um auxilio. Sofreu um acidente na mão direita não mais pode trabalhar porque cortou os nervos do braço e a mão ficou sem ação.
 P. E a lei de proteção ao operário que o saudoso Getulio Vargas criou?
 R. Eles fazem tantas confusões que a gente acaba desiludindo. É que as leis neste pais, vae enfraqueçendo, enfraqueçendo, enfraquecendo, ate... morrer!
 P. O que você sabe fazer?
 R. Nada. Eu era operário. Qualquer serviço que executamos é preciso ter maos... e eu, não as tenho.
 P. E se voce montasse uma banca de jornaes, poderá ganhar algo para viver. Escolha um local e eu auxilio-te a montar a banca.
 Mas, o jovem é inesperiente. Se eu gastar dinheiro numa banca para ele, vou desperdiçar o meu dinheiro. Ele não vae levantar cêdo para comprar jornaes.
 Quem deve normalisar a situação critica deste jovem é a lei trabalhista! E o patrão inconciente que dá valor ao homem so quando o homem pode produzir — É deshumanidade dêixar um opérario acidentado, abandonado. Ofereci almoço ao jovem. Dei-lhe 90 cruzeiros. Citei-lhe que não posso favorecer ninguem e o meu dinheiro está com o Audalio Dantas. O que gasto tenho que prestar contas.
 A dona Argentina interferiu-se. Xinguei-lhe.
 — A senhora não está aqui para interferir-se nos meus négocios.
 Ela é antepática. Enjoativa. Morosa para trabalhar. Pareçe que foi vacinada com sangue de tartaruga.

Ha quem diz que o poeta é morôso. Mas, eu não sou. O jovem despediu-se.

Que confusão na minha vida. O meu dever é cuidar exclusivamente dos meus filhos.

E surgem cada uma... Que fico horrorisada.

11 DE MAIO DE 1961

Passei o dia em casa cuidando da reforma.

Eu queria comprar uma casa pronta. Para não ser preciso reforma-la.

Os pintores não vieram aludindo ser dia santo. O visinho vêio entregar-me as cartas que estava no côrreio. Lavei roupas e passei. Não tenho tempo para escrever com os afazeres da casa.

A dona Argentina tem vergonha de ser minha empregada porque ela é branca. Chega as nove horas sai as treze.

Nem os funcionários públicos não mais tem estas regalias. Estou triste com os retratos que mandei por nos vidros para por nas paredes. O Audalio não quer. Disse que parece galeria. Eu queria comprar uma casa para eu dirigi-la ao meu modo. Quem manda numa casa é a mulher. O adorno fica aos seus cuidados.

Eu adoro o guarda civil por ser um homem maravilhôso. Não me repreende. Ele mora na minha cabeça. Ele mora no meu coração. Se eu pudesse, confeccionava uma rede de arninho para embala-lo. E adôrnava com estrelas sintilantes. Um dia com o guarda, parece um minuto. Um dia com o Audálio, pareçe um seculo.

O Audalio jogou-me nos braços do guarda civil. Porque vive criticando-me. Repreendendo-me. E o guarda agradando-me. Diz que sou inteligente, compreensivel, caprichosa carinhosa. Elogia tudo que faço. Ele saiu de casa as duas horas. As duas e mêia eu ja estou louca. Com saudades d'ele. Ele é super-civilizado para mim que vivi com homens fera, rudes e predominadores. O guarda é o meu anjo Gabriel. Ele é bom para os meus filhos.

O José Carlos escreveu-lhe um bilhete:

— Luiz, o senhor é muito bom. Eu quero ser teu filho.

A Vera disse-lhe:

— Luiz você é muito bonito. Se eu fosse grande, casava com você.

Ele sorriu. Ainda existe homens bons. E ele é um dos bons.

12 DE MAIO DE 1961

Levantei as 6 horas. Os filhos não vae a aula. É reunião das professoras. A dona Argentina chegou tarde. Agora que ela está convivendo comigo estou notando seus defeitos. Ela não obedece. É pirraçenta. De manhã eu digo para ela não cantar. Mas ela canta. Quer imitar-me. Quer competir-se comigo. Será que ela esqueçeu-se que é casada? Ou ela esqueceu, que aquela aliança que ela traz no dêdo é o simbolo da fidelidade?

Eu ja disse: quem não presta para casar-se não deve casar-se.

As cartas que recebi são do Rio. Senhoras pedindo empregada ou meninas para cria-las. Não vou arranjar meninas para ninguém. A céna da Maria José Cardoso Ex-mis Brasil expancando a menina de Porto-Alegre. Serve de advertências.

A ex-miss Brasil pode ser classificada de — A bela e fera.

Belêza externa. Maldade interna.

Ninguem suplanta a Martha Rocha. Bela, bonita e bôa.

Parabens Martha Rocha. Continue assim.

Depôis do almôço sai com o pintor. O senhor Ulisses Costa. Fomos na redação pedir dinheiro ao Audalio para pagar a pintura 34.500.

Encontrei o Ramiro. Convidei-o para ir ver o Audálio. Apresentei o Ramiro como personagem do livro. Ele soube tirar provêito da favela. Aproveitou-se. Colocou-se na prefêitura. Eu lavava-lhe as roupa para auxilia-lo.

Quando citei-lhe a quantia que devia pagar os pintores éle repreendeu-me que gasto muito.

Xinguei o Audálio mentalmente. Cachorro! Desgraçado. Você não manda no dinheiro que rêcebo. Eu não interfiro no teu dinheiro. E favôr não interferir-se no meu. Como dizem os caipiras cada um, com o cú que é seu. Não mêcho no cú dos outros, para ninguém mêcher, no cú que é meu.

O Audálio acaricia-me com a mão esquerda e magôa-me com a mão direita. Ele é um homem que uma mulher toléra-o mas, não pode ama-lo não sabe prender o afeto feminino. Ele preencheu o cheque. Assinei.

Despedi e fomos ao banco. Encontrei o senhor Raul Dias de Almeida. Conversamos. Queixou-se que não mais fui a sua loja. Ele vendeu-me um radio a prestação. Passamos no banco. O senhor Ulisses recebeu o dinheiro. Voltamos de onibus. Com as repreensões do Audálio fiquei triste: ele prevalesse. Porque foi ele quem auxiliou-me. Eu ja disse que o preto em qualquer parte do mundo, é predominado pelo branco. Porisso é que eu tenho dó dos pretos. Quem é predominado, é escravo.

13 DE MAIO DE 1961

Levantei as 5 horas. Os filhos foram a escola. O João ficou. O José Carlos não entrou por estar sem uniforme. Fui a feira fazer compras. Passei o dia com os pintores e carpinteiros. Fui na loja Nossa Senhora de Fatima comprar tabuas para fazer prateleiras para os armarios embutidos, a casa está inacabada. Um preto por nome Gazoza vêio colocar a calha no têlhado. O pedreiro disse que eu deveria aumentar um quarto na parte superior e um terraço seria um quarto para a Vera. Pedi ao visinho o senhor Lino para vir fazer o armário embutido. Quero organisar a casa. A palavra ordem não está predominando no meu lar. A noite recebi a visita dos diretores do centro espirita "União Cristâ de Amparo a infancia".

Prometi auxilia-los na angariação de donativos. Não devemos dêixar as crianças sofrer, porque elas não tem possibilidade para angariar mêios de vida. Pedi licença aos diretores do centro espirita. Ia trocar-me para ir ao baile dos 220. O club dos pretos, organisado pelo agradavel e culto Frederico Penteado. Um preto dinâmico, que não tem complexos em si. Eles despediram-se.

Fui trocar-me. A Hilda veio auxiliar-me a vestir o vestido que comprei da Carmem, esposa do Fabio Paulino por dez mil cruzeiros. A Hilda emprestou-me as luvas. E uma bolsa. Eu estou triste. Não gosto de baile. Troquei-me e fui procurar a Ivete na sua casa. Quando eu descia a rua Imirim com o meu vestido amplo notava os olhares dos opérarios fitando-me como se eu fosse de outro planeta. A Ivete estava trocando-se. Estava bonita com seu vestido branco. A mãe da Ivete ficou alegre. As primas da Ivete estava presente perguntaram-me porque não alíso os cabelos.

— O Audalio não dêixa.

— E a senhora obedeçe este homem?

No inicio extranhei. Não estava habituada a obedecer ninguem. Era selvagem. Era da favela. Era diamante bruto. Agora já habituei-me. Eu não gosto de cabelos liso. Acho belo, o que é natural. Acho lindo sol, com o seu reflexos cor de ouro. A lua, com a tonalidade prateada. As estrelas, com a sua luminosidade semelhante as pedras preciosas. E as flores que conservam suas tonalidades.

É a primeira vez que penetro na casa da Ivete. É casa propia. Bem mobilhada. Quando vêjo uma casa de pretas bem ornamentada fico contente. Agora é que os pretos estão libertando-se. Dêixando de ser apaticos. Estudando. Cooperando com os brancos. Se os pretos estão evoluindo é porque os brancos da atualidade são bons. Estão cooperando com os pretos para eles evoluir-se.

Aos brancos da atualidade, os brancos do meu Brasil, o meu agradecimento pelo carinho com que tratam os homens de cor. Hoje é 13 de mâio. Dia consagrado para os pretos que vivem tranquílos mesclados com os brancos. Sem receio de chibatas e troncos. Os brancos procuraram instruir os pretos transformando-os em bracos para a nação. Hoje é um dia que nos os pretos do Brasil podemos bradar:

— Viva os brancos!

Tomamos um carro fomos ate ao Theatro Bela-Vista.

O Audálio estava na porta. Pelo olhar que dirigiu-me percebi que ele não ficou contente com o meu toilete. Ele não sabe, o que significa o 13 de maio para o preto. É o nosso dia! Dia de gála para a raça negra.

O Hamir Haddad e outros olhando-me, dizendo que eu estava pareçendo uma noiva. As pessôas que saiam do theatro pediam-me autógrafos. O Audalio disse-nos que ia procurar o produtor italiano que quer filmar-me. Ele estava demorando, tomamos um taxi e zarpamos. O motorista conhecia-me foi na minha casa com o Rubens. Um pinguço sem classe. Ia quêixando que o Rubens aborreçeu-me muito.

— A senhora precisa arranjar um homem. É um pirigo viver sosinha.

O motorista não sabia a rua. Ia perguntando.

Quando chegamos no salao Esporte Club Pinheiros vi varios carros estacionados — Que club. Maravilhoso. É um club orgulho de São Paulo. Entramos sem dificuldades. O irmão da Odete nos acompanhava. O salão estava iluminado com o palco la no fundo e os musicos uniformizados, pretos e brancos mesclados. Uma fésta fraternal.

O Audalio chegou. Disse que pensou que nós não sabiamos onde era o club.

O senhor Frederico Penteado, organizador do baile vêio nos reçeber. Eu fui homenageada Ano Carolina Maria de Jesus. — O meu agradecimento ao senhor Frederico Penteado. — Indicou- nos a nossa mesa. Eu estava olhando na direção da porta. O Audalio perguntava:

— O que você está olhando Carolina?

Xingava o Audalio internamente. Reporter espicula do díabo. Quer saber até o que pensamos.

Eu olhava um homem que parece com o Luiz quando está vestido a paisana. Pensava se for ele... vae ter confusão no salão. Quem será aquela mulher que está ao seu lado? Percibi que não era.

Acalmei. Os jornalistas foram chegando. O Ronaldo de Moraes. Estava circulando o olhar procurado nos localisar. Levantei. Ele nos viu. Fui ao seu encontro e dei-lhe um abraço e um bêijo.

Quando o baile iniciou dançei com o Ronaldo. Eu não sei dançar. Dancei com o Madruga e o Audálio. Mas, não acertei. Lutei para aprender dançar não consegui.

Estava presente pretos do Kennel club do Rio de Janeiro. Disseram-me:

— Quando a senhora foi ao Rio nos não podiamos homenagear-te.

Estavamos iniciando. O Frederico Penteado disse-me que eu devia dar presente as bonequinhas de café.

O Audalio não disse-me. Aludiu que faz dias que não me vê. O baile foi televionado. Fui entrevistada. As 23 horas iniciou o desfile das bonequinhas do café. Pretinhas jovens. Bem trajadas. Findo o desfile foi classificada cinco finalista. Os aplausos foi para a segunda colocada.

A Companhia Antartica ofereceu premios — Eu corôei a 5ª colocada. O Fernando Rêis cantou o samba "Quarto de Despejo", de B.B. Lôbo.

O fotografo do O Cruzeiro nos fotografou: Acompanhei-lhe quando cantava.

O Audalio saiu antes da corôação. Depois que o Audalio saiu convidaram-me para sentar na mêsa do diretor do club. Ele, ofereceu-me champanha. Quando ofereçem-me bebidas dêixo o local porque tenho medo de embriagar-me. E dizer inconvinientes. Eu tenho medo do alcool, seu efêito, é trágico. Convidei a Ivete e o seu irmão para voltarmos para a casa. Despedi do Penteado. Agradeci a homenagem e saímos. O Fernando Reis nos acompanhou. Comprei um ramalhête de flores por 50 cruzeiros para auxiliar aquele pobre côitado que estava tremendo com frio. Tomamos um taxi.

Dei graças a Deus quando chegamos. Fui dêitar o Luiz auxiliou-me despir. Que vestido complicado.

14 DE MAIO DE 1961

Levantei as nove horas. Fui fazer compras. A casa está em desordem. A dona Argentina não vêio. Que estupidês. Ela falha todos os domingos. Trabalha horrivelmente. Pensa que por eu ter sido habitante de favela que eu sou relaxada. E não conheço serviço. Ela é morosa para trabalhar. Se eu soubesse tinha empregado uma tartaruga. Quando ela queria dinheiro emprestado, era boazinha. Vinha despertar-me. Passava roupa para auxiliar-me.

Depois que emprestei-lhe o dinheiro, relaxou-se. Emprestei 20.000 cruzeiros para a dona Argentina dia 13 de Abril de 1961.

Combinamos que ela devia trabalhar quatro mêses para mim a 4.000 por mês. O meu grande erro! A pior toliçe é pagar uma empregada doméstica adiantado sem conheçer o seu metodo de trabalho. Pode ser que não agrade.

A dona Argentina chegava as nove saia as doze. Não espanava os colchôes. Não varria debaixo dos moveis. Deixava a comida quêimar. Ela queria fazer almoço lavar as roupas e varrer a casa ao mêsmo tempo. Conclusão:

A comida quêimava.

As roupas ficavam mal lavadas.

A casa mal varrida.

Os pintores que estavam pintando a casa diziam:

— Manda esta mulher ir-se embora que ela não presta.

A pior coisa para mim era ver a interferência de Dona Argentina na minha vida querendo competir-se.

Ela é casada. Mas, quando referi ao esposo era para rogar-lhe praga. Aquele desgraçado nunca deu dinheiro em casa o suficiente para sustentar os filhos.

Eis o problema do homem que casa com mulher ambiciosa e não prospera na vida. São difamados, tratados como cães.

O dinheiro é um intermédiário desgraçado. Provoca mais catastrofe do que a bomba atômica.

Fiz almoço. O Luiz almoçou. Fui lavar as roupas xingando a dona Argentina de tudo quanto ha no mundo. Ela está pintando a pele e eu xingava-a. Pintada do inferno. Ela quêixa que o esposo, não gosta dela. Ela não sabe conservar as amisades. Tem pessôas que não percebe, quando estão sendo benéficiadas pelo ráio de Sol. Sempre existe alguem, que é o ráio de sol de nossa vida.

O meu raio de Sol, é o Audálio. Tem dia que eu xingo o Audálio. Tem dia que gosto d'ele.

Hoje, eu gosto d ele.

Trabalhei o dia todo.

A Ivete vêio convidar-me para ir ao teatro da igrêja com o meu vestido elétrico. Prometi ir.

A nôite, a mâe da Maria do Carmo veio buscar-me. Fui com os filhos. Encontrei uns jovens fazendo batucadas. Quando me viu, gritaram:
— Olha a Carolina!
Começaram a cantar:

Saudosa maloca!
Maloca querida!
Dim din donde nos passamo dias felizes de nossa vida.

Achei graça. Dei uma risada extentorea.
Quando cheguei a igreja entramos pelos fundos.
Eu estava cansada. Não aguentava a dor na perna e o sono. Pensava na confusão de minha vida. Faz nove méses que dêixei a favela. Para mim representa nove mil anos.
A Maria do Carmo ia levando a minha sacola com o vestido elétrico.
Fui preparar o meu vestido ligar para ver se ascendia. As personagens que iam tomar parte na peça circulavam trocando seus vestidos normaes por trages exoticos. Os pretos so usavam calças, e o tronco nú e chapeu de palha. Trajes que simbolisa um passado. Eu iniciei o espetaculo, declamando as "Noivas de maio". Agradeci o convite para participar da fésta. Estava presente algumas pessôas de minha terra que ficam olhando-me como eu fosse o Gagarim sovietico.
Sai do palco fui desligar o vestido. Ritirar lampada por lampada. Tem hora que eu tenho pavôr de inventado estes vestidos complicados.
Deixei os filhos sai sem despedir. Por estar exausta. Quando cheguei em casa fui lavar roupas. Era vinte e trêis horas eu estava no tanque. E eu, que pensava que ia levar uma vida de rainha na casa de alvenaria. Senti indisposição Dêitei. Percibi que estou resfriada. A vinte e quatro horas os filhos chegaram, jantaram e deitaram.
A uma hora o Luiz chegou preparei janta para ele e fomos dêitar. Eu gosto de dormir com ele. Ele é agradável. Culto. E me dá liçôes de purtuguês.
Ensinando-me as pontuações... colher e colhêr.
Vou ouvindo, até adormecer.

15 DE MAIO DE 1961

Levantei as cínco horas preparei os filhos para ir a escola. Os pedreiros chegaram. Perguntaram se a dona Argentina havia chegado... Comentaram que ela está abusando da minha bondade.

— Eu não sou boa. Sou justa. Se a pessôa é bôa, sou bondosa. Se, é má eu sou malvada.

As nove e meia a dona Argentina chegou com o seu vestido preto. A cor de sua alma. Para mim as pessôas sem palavras tem alma negra.

Comprimentou-me:

— Bom dia dona Carolina!

Respondi.

— Cadela! Desgraçada. Branca pintada do inferno. A senhora é um aborto nasçeu morta. Não presta pra nada. Não quer trabalhar aos domingos presta so pra andar. Andarilha do inferno! Vae percorrer o Brasil de norte a sul!

— Sabe Dona Carolina!

— Cala a bôca desgraçada. Sinão eu te quebro a cara. A senhora é casada e da bola a qualquer um. A senhora tem que ser distinta por causa desta aliança que usa na mão. Tem mulher que não dá valor aliança. Mulher que tem miôlo de galinha não deve casar-se e a senhora é uma delas! A senhora queria que eu te emprestasse 400.000 cruzeíros para pagar a ípotéca de tua casa.

Olhando-a com os olhos semiçerrados disse-lhe:

— A senhora tem capacidade para pagar esta quantia. A senhora não sabe o que é dever moral. Eu não tenho obrigação de cuidar dos teus negocios. A senhora é mais masculina do que feminina. Porque a mulher feminina gosta de ficar em casa. As roupas que a senhora lava ficam sujas. Eu sei trabalhar cadela branca do diabo. A senhora não quer sair no Diario como empregada. Quer sair como patrôa. Vae embora. E me paga os quinze mil cruzeiros que eu emprestei-te. O prazo para a senhora pagar-me é quatro meses. Em agosto eu quero o meu dinheiro! Sinão eu te ponho no jornal! Vagabunda. A senhora vive nos curandeiros vae pedir-lhes que ponha fēitiço no meu...

Eu havia embrulhado o seu sapatos e o seu vestido preto. Entreguei-lhe indicando a porta.

— Vae andar cigana desgraçada! Esposa do vento vae acompanhar o teu marido!

Ela foi pagar 50 cruzeiros aos pintores. Que mulher desgraçada se alguem lhe da atenção ela pede dinheiro. Será cigana? Eu nunca vi mulher casada pedir dinheiro a um, e outro. Isto é propio para as merétrizes. A mulher que comercialisa o côrpo. Está ao dispor de quem dá mais.

Quando ela saiu perguntou:

— Vera o senhor Luiz está?

— Ele não vêio. — Respondeu a Vera sem olhar-lhe o rôsto.

Quando o Luiz levantou-se citei-lhe que havia despedido a dona Argentina, não suporto as pessôas que relaxam.

Disse-me que eu devia ser tolerante com ela. Defendeu-a.

Eu sou tolerante com as crianças. Os doentes, os cegos, os opérarios e as pessoas retardadas mentaes — malandro — cacête n'eles.

A dona Argentina não trabalha com capricho. O seu esposo avisou-me que eu ia aborreçer-me com ela. Ela pertençe a classe das pessôas que faz as coisas com as mãos, e desmancham com os pés

Os pintores elogiou-me:

— Fez bem Dona Carolina! Esta mulher é muito ordinaria para ficar na tua casa.

Trabalhei o dia todo. A noite fui a redacão d'O Cruzeiro encontrar com o Audalio. Fomos no canal 9. Quando chegamos na porta, o povo queria autografo. Não me foi possivel atender. O Audálio ia apresentando-me os artistas. Da gosto ver os nossos artistas são amáveis, atenciosos sabem respêitar o publico. Eles cooperam na iducação do povo. Fui entrevistada pela vereadora Dulçe Sales Cunha.[2] Que mulher bonita.

O pae de Dona Dulçe olhando-a ha de dizer:

— Será que fui eu, quem fez esta belêza?

Ela é graciosa no falar. perguntei-lhe:

— Quantos filhos tem.

— Sou solteira Carolina!

— Oh! — Pensei estupefata.

Ouço dizer que os homens preferem as mulheres tolas para esposa.

Eu ia respondendo as perguntas com calma. Estou reeducando-me aprendendo ter calma. Cheguei a conclusão que o nervoso é propio para os incultos.

Declamei "O colono e o fazendeiro". Enquanto ela entrevistava o Audálio eu escrevia. Ia anotando os fatos para o proximo livro que é Casa de Alvénaria.

Escrevi:

Dulçe Sales Cunha. Culta e solteira.

Ela leu na televisão e sorriu.

Quando saimos do estudio os artistas sorriam dizendo:

---

2 Eleita pela UDN.

— Carolina, você fez bem em dizer que a Dulçe é culta e solteira. Quem sabe se ela consegue um casamento.

Convessavamos animados. E os artistas dava-me os parabens. Comentando:

— Você saiu muito bem.

Despedi dos artistas e saimos. A filha de Dona Suzana Rodrigues nos acompanhava. Despedi do Audálio e fui tomar o onibus na Avenida da Luz.

Quando cheguei em casa os filhos estavam furiosos xingando-me:
— A senhora é muito mentirosa. Foi dizer na televisão que nos pedimos esmola?

Bateram a porta no meu rosto. E o Jose Carlos disse:
— A senhora me paga! Hoje... eu vou fazer chi chi na cama.

Sorri. Prometendo comprar-lhe o disco: O bom menino e oférecer-te.

Dêitei. As vinte e trêis horas o Luiz chegou. Que homem iducado. Estou contente com ele. Enquanto o relogio marca um minuto eu penso nêste homem cem vezes.

Quando eu bêijava o Luiz a dona Argentina ficava com inveja. Quando estou na companhia de um homem as mulheres ficam cubiçando-o. Pensando que é o homem perfêito, o homem santo. Mas, se alguem cubiçar o Luiz, vae ter sururu.

16 DE MAIO DE 1961

O Audálio disse-me para eu não ir a cidade. Lavei roupas. O cantor Fernando Reis veio convidar-me para irmos na gravadora Tapajos. Marcamos encontro no Cruzeiro as 3 hóras.

O pretinho Luiz Carlos Rocha veio visitar-me. Está sem iniciativa depois que feriu a mão. Tem medo de vidro. Sofreu quatro acidentes no vidro.

Quando olha um vidro assusta-se. Ele é iducado. Eu, agrado-o muito para ele não criar complexo que é um homem inutil. Convido-o para passear. Fomos a cidade. Encontramos o Solano Trindade, disse-me que um jovem estava esperando-me. Subi de elevador. O Audalio não estava. Encontrei o diretor Hamir Haddad, estava esperando o Audálio, disse que os israelitas haviam comprado o espetaculo dia 17. Convidou-me a compareçer. Estou indisposta não sei se poderei ir.

Nêstes nove mêses que dêixei a favela, andei tanto que cansei.

Fico horrorisada com a resistência do meu coração que continua pulsando. Estou exausta. Fisicamente, e mentalmente. Na favela, com suas obsenidades e desajustamento, fome, a sombra do favelado, mêsmo assim, eu era semi alegre. Na casa de alvenaria onde tenho mais conforto, vivo triste e horrorisada. Com os opurtunistas que vem me pedir dinheiro. Somas elevadas. Quem tem os seus problemas vem recorrer a Carolina. Supondo que sou inciente. Se eu fosse inciente não lutava para imprimir um livro, porque eu sei que o livro é mêio de vida.

Eu tenho pavor das pessôas que querem teleguiar-me. O meu erro foi não ter casado. Mas, eu não encontrei um homem culto que quizesse utilizar a minha capacidade. Tem homem que pensa que a mulher deve ter um filho por ano. E ser dona de casa. Esqueçendo que se a mulher tiver capacidade deve utilizar-la. Quem revela capacidade estimula os outros. Enalteçendo o país.

Quando uma pessôa começa azucrinar a minha diretrizes de viver, vou odiando taes indivídos. Vou desligando d'eles lentamente até não mais vê-los: vou imitando a garôa paulista que não cae aos jarros mas humideçe.

Eu disse ao Hamir Haddad:

— Fui convidada para o baile de amanhã na Colonia Israelita. Vou autografar livros. Vou ver se irei.

A minha vida está tão confusa. Sai as pressas: paguei os 500, cruzeiros que devia ao Torok. Sorri para o Carlos de Frêitas e saimos. Eu estou rouca. Sai com o Fernando Rêis. Passamos num bar para tomarmos chá. Dirigimos para a Gravadora Fermata cantei umas cansoes para éles, mas, eu estou rouca. Quando melhorar a voz vou grava-las.

Dirigimos a gravadora Tapajós, e o diretor que vae lançar o disco Quarto de Despejo. Combinamos que a gravação vae ser terça-fêira ao mêio dia.

Pretendia ir ver a gravação. Mas a hora impede-me. Tenho que enviar os filhos a escola.

O Fernando levou-me na redação da revista portuguesa. Uma jovem nos acompanhava. Era dengosa no andar. Requebrando o corpo. Disse-lhe que a vida em São Paulo é atribulada, ninguem tem tempo de requebrar-se quando anda. Ela é solteira. Bêijava o Fernando, que ficava emocionado dizendo, ela... é minha fã. Conversei com o diretor da revista que deu-me umas. Citando que a revista circula ha dez anos. E eu não conhecia. Escrevi uma poesia para ele publicar no proximo numero. E despedi.

Tomamos o onibus. Quando chegamos em casa encontrei os filhos reinando. O João respondeu-me. Fiquei nervosa.

17 DE MAIO DE 1961

Levantei as 3 hóras para passar roupas. A dona Argentina não lavava as roupas. Não lavava os panos de pratos. Se eu dêixar a casa aos seus cuidados vae criar pulgas. Ela não é feminina para trabalhar. Preparei o almoco, tenho que ir a cidade. Estou resfriada. Fui tomar uma ingeção deu-me sono. Dêitei.

Adormeci. É horrivel não poder repousar um pouco. Levantei disposta. Lavei o quintal, as roupas e o jardim. O Eduardo de Oliveira convidou-me para o baile, mas não vêio buscar-me. Eu não sei andar em São Paulo. Mas eu estou indisposta. Fui pedir a dona Elza se podia arranjar uma empregada para mim. Ela fez café e deu-me. Agradeci. Voltei pra casa e dêitei — adormeci.

Os filhos preambulam. Não auxilia-me em nada.

18 DE MAIO DE 1961

Despertei com a feira na minha porta. Levantei preparando os filhos para ir a aula.

Permaneci dentro de casa cuidando das roupas. Eu não quero relaxar-me. Quero viver dentro da inscrição da bandeira — Ordem. Estou habismada com a ação inqualificavel de dona Argentina. O seu ato desabonou-a no meu concêito. O bordâo do malandro é fragil. Com ela, a casa transformou-se num inferno.

Guardava as roupas sujas para não lava-las. E é estes tipos que dizem:

— Sou mulher...

As onze horas fui na fêira. Comprei utensilios domésticos. Fiado, para pagar depois. Não paguei a prestação das roupas de cama que comprei. Tenho que pagar semanalmente. Comprei remedios fiado. Hoje é o dia do fiado. Estou cansada destas confusôes.

Os filhos emprestou-me dinheiro.

Estou indisposta, e triste. O Luiz não vêio. Fiquei pensando será que ouve algo! O João encontrou um bilhête. Ele dizia que vêio as 11 da noite não entrou porque esqueceu a chave as dez horas ele chegou.

Fiquei alegre. Como é bom ver o homem que adoramos.

Depôis que conheci o Luiz rejuvenesci. O homem inculto grosseiro envelheçe uma mulher.

As caricias deste homem reconforta o meu espirito. Aduba a minh'alma enfraquecida.

Obrigado Luiz, pelas amabilidades.

19 DE MAIO DE 1961

Levantei as 5 horas. Preparei os filhos para ir a escola. Preparei o almoco. Quando inicio o almoço penso nas mulheres das favelas. A hora da dôr. Do ranjer de dentes. A Biblia menciona a época do ranger de dentes. Deve ser esta epoca, com os prêços dos generos de primeira nescessidade tâo elevados os pobres encontram dificuldades para alimentar-se.

O que eu nóto, é que a burguêsia a êlite corrompida e vaidosa não coopera não combate o custo de vida, para favoreçer a camada pobre. As esposas dos atacadistas querem que os preços êlevam-se para que elas possam ter conforto dinheiro em abundancia. Para as suas libações.

Noto que a maioria da burguêsia não estuda. Não reeduca a sua mente pensando em amparar os infelizes. Gastam somas elevadas consigo propio. Roupas magnificas. São as Marias Antonietas. A historia menciona os fêitos de homens filantropicos do passado. Considerando-os vultos aládos. São Vicente de Paula São Camilo de Lelis, São João Bosco. — Os bons ganharam o titulo de Santo.

O maior titulo do mundo. E este titulo é dôado pela naturêza — o corpo santo fica imêstro. A terra condensa e o esquife fica no vacuo. Eis o comprovante de que a terra considera e venera o côrpo de um homem caridôso.

A casa está horrível. Vou limpando aos pouco. Lavei roupas. Faz cinco días que estou ageitando a casa. Tenho inveja das mulheres que ficam dentro de casa cuidando dos seus afazeres.

Quando fui vestir a Vera para ir a escola ela chorou. O José Carlos disse:

— Dona Carolina, os teus filhos são perverssos, aborreçe-te muito. A senhora devia dêixa-los na favela. Eles não agradece o que a senhora faz por eles são uns animaes.

Pegou uma cinta subiu as escadas dizendo que ia expancar a Vera.

Eles continuam semi-favelado quer solucionar os mal entendidos com pancadas.

Preparei a Vera. Que estava chorando. Queria dinheiro. Todos os dias, ela pede dinheiro para pagar a caixa.

— Não dou o dinheiro! Vae pedir ao teu pae! Ele é rico!

Ela não queria ir a escola. Peguei uma tabua e sai correndo atras d'ela. Eu estava com as mêias nos pes descalça. Os visinhos davam risadas.

O Fernando Rêis vêio buscar-me. Quando chegamos no O Cruzeiro o Audalio não estava. O Camarínha abraçou-me e bêijou-me.

Apresentou-me para umas visitas do Rio e disse:

— Esta, é a Carolina. Mas, ela vem aqui, por causa do Audálio.

O Ze Pinto quêixou-se que não dancei com ele. Não sei dançar. Fico tonta. A minha luta na vida foi girando em torno de comida. Não tive tempo de frequentar salôes de baile. Despedimos.

Fui na livraria. Pedi 15.000 Cruzeiros ao dr. Lelio. Ele deu-me. Somei o quanto dêvo na livraria 25.000.[3] Espero que o papae Dantas não vá repreender-me. Porque eu não vivo com ar.

Quêixei ao irmão do Thomaz Parrilho que o Audálio reclama que gasto muito.

Vou concluir este Diário que será a Casa de Alvenaria. Depôis vou ingressar no radio. Quero gastar o que ganho sem ser observada. Quando sai da livraria fui na Alfaiataria São Paulo, comprar um cobertor para a Vera. O Fernando Reis dizia que conheçe uma fabrica que vende ao consumidor por um preço médio. Eles estão expoliando-te.

Citei ao Fernando que gasto na Alfaiataria S. Paulo, e faço questâ de conservar as bôas amisades. Comprei o cobertor e uma camisa voltei pra casa.

Que suplicio para tomar condução. Os onibus superlotou-se. Não sei de onde sae tantas pessôas. As roupas ficam amarrotadas.

20 DE MAIO DE 1961

Levantei as 6 horas. Fui fazer compras. Encontrei um colegial: mal vestido. Tive a impressão de estar vendo um habitante da favela. Ele olhou-me e sorriu. Que sorrisso bonito. Que menino robusto. Demos-

[3] Cerca de 1260 reais em 2021.

trando contrastes e confrontos... pobre, mas sadio. Eu estava na padaria pedi que me esperasse que eu ia ensinar-lhe a minha casa.

— Quando você voltar da aula passa na minha casa que eu compro um par de sapatos para você.

Fiquei cuidando da casa. Estou com tosse estou resfriada. Por falar em resfriado, outro dia eu estava no onibus. Dôis senhores sentados na minha frente conversavam.

— Agora chegou a nossa época.

— É, agora chegou a nossa epoca.

— Época que o povo resfria-se e nós vendemos bastante xaropes ingeções. Eu tenho estoque do ano passado. Vou ter lucro este ano porque, vou aumentar o prêço.

Eu tenho pavor da palavra aumento. Por causa dos pobres. Agora eu estou rica, mas a minh'alma continua pobre.

Minh'alma está no Nordeste. Está nas favelas, porque é a alma de poetisa.

Quando o colegial saiu da escola vêio procurar-me. Fomos comprar os sapatos.

Ele olhava-me e sorria.

Paguei 530, relembrando quando o senhor Rodolfo Cherroufer comprava sapatos para a Vera. Quem ja pediu esmola, tem prazer de dar esmola.

Mostrei os sapatos para o Luiz e o menino. Ele bêijou-me dizendo:

— Obrigado.

Perguntei-lhe:

— Você não está precisando de uma mâe preta?

O Luiz é guarda civil. Disse-me que devemos ser bons para as crianças. O Fernando Reis vêio procurar-me para irmos assinar o contrato com a gravadora. O Luiz Carlos Rocha foi conosco. Levei a Vera para comprar-lhe sapatos. Ela estava comentando:

— Quero crescer para trabalhar. Quero crescer para trabalhar.

É a indireta de que os sapatos estão furados.

Na sapataria o sapateiro não encontrava um numero para a Vera. Disse-lhes que não podia esperar saimos. Fomos na redação. O Dantas estava. Fomos na gravadora Tapajos com o fotografo d'O Cruzeiro, que fotografou o Fernando Reis quando assinava o contrato. Depois fotografou-me com o compositor B.B Lôbo.

Despedi dizendo-lhes que estava com pressa. Fui comprar sapatos para a Vera. Ela estava xingando porque o Audálio havia dito que ela gasta muitos sapatos.

Dizia:

— Eu não quero ser filha do Audálio.

Fui na livraria pegar os bonecos para ver a reportagem de Dona Elza Heloisa. Que suplicio para pegar condução. Quando cheguei em casa respirei aliviada.

Estava exausta.

21 DE MAIO DE 1961

Levantei as 5 horas. Hoje eu estou triste. A minha vida está imensa para mim. Igual um movel que não passa numa porta.

Pesada demais para mim. Estou agastada com a vida. Achando o mundo amargo para mim. Hoje eu estou indisposta. Se eu pudesse dormir!...

— Dorme — Sugeriu o Luiz.

— Não posso! Preciso ir ao teatro. É ordem de Paulo Dantas.

Fui tomar banho. Sai atrasada tomei um carro. Os pintores foram comigo. Um ficou no ponto de onibus Tucuruvi. Seguimos eu e o senhor Luiz pintor. Ele ficou na praça da Sé eu segui para o teatro.

Quando cheguei ao teatro era sêis da tarde.

Meu Deus do céu. Eu estava com sono. Tenho dormido pouco com a confusão na minha casa.

Perguntei ao esposo de Dona Edy Lima se o Audálio estava presente?

— Ele esteve aqui as cinco horas. Disse-nos que ia num casamento.

Sentei. Conversando com as pessôas que iam surgindo e autografando os programas. Tomei café. Os televisores fôram chegando para televisionar a peça. Fui para o palco. Ia comprimentando as pessôas que reconhecia. Um jovem levou-me a presença de Dona Conceição Santa-Maria,[4] D. Filomena Suplicy Matarazzo, e o seu esposo, Dr. Paulo Suplicy. E seu filho Eduardo Suplicy Matarazzo.

Circulei o meu olhar pela plateia. Contemplando aquela burguêsia bem nutrida, bem vestida. Ouvindo a palavra fome, palavra Abstrata para eles e Concreta para mim que fui aluna da fome por longos anos. Sentei ao lado do jovem Eduardo Suplicy Matarazzo. Que jovem amavel!

O seu olhar, a sua voz é suavel aos ouvidos. Da vontade de pega-lo

---

[4] Deputada estadual (PTB).

nos braços e acaricia-lo. Ele tem dó dos pobres. O dinheiro não lhe envaidece. Olhava as cenas no palco e perguntava:

— Mas... eles vivem assim nas favelas?

— Pior do que isto. Isto é apenas uma miniatura, as cenas reaes de favelas são primitivas. Estarrecem quem as presenciam.

Um fotografo pediu-me para sentar-se ao lado da Deputada Concêição Santa-Maria para nos fotografar.

Eu circulava pelo teatro procurando o Audálio o Paulo Dantas e o Dr. Lélio. —Não os vi.

Quando findou o espetaculo atriz Celia Biar saiu no palco anunciando o debate, convidando o deputado Abreu Sodré[5] para presidir o debate porque ele foi diretor de teatro e nos convidando a subir ao palco. Subimos. Eu, Solano Trindade, Concêição Santa-Maria, professor Angelo Simôes Arruda,[6] Deputado Cid Franco[7] e Edy Lima.

Quem presidia o debate era o senhor Rogê Ferreira.[8] Citou: que o meu livro Quarto de Despejo é um retrato real das agruras que o pobre encontra atualmente quer em São Paulo, quer no Brasil.

Eu estava confusa naquêle nucleo. Percibi que a Dona Elite encara o problema da favela com vergonha. É uma mancha para um país. Um país com favela é identico uma época de escravidão. Atualmente é escravidão social. Diferença de classe. Ricos e pobres. O mundo para o pobre está se transformando num elo. Que lhe comprime até dizima-lo. Este elo... chama-se custo de vida! O que achei interessante foi: a cena do deputado. A Concêição Santa-maria disse:

— Olha o Cantidio!

Eu dei uma risada, relembrando o 1952. Quando o senhor Cantidio Sampaio passava os domingos na favela dançando tangos com os favelados.

— O senhor recorda? Nós os favelados votamos no senhor pensando que o senhor ia educar e reajustar as nossas crianças.

Mas o senhor Cantidio Sampaio é igual o garimpeiro. Depôis que encontra o díamante esqueçe as águas do río esqueçe o lôdo. Eu votei no senhor Cantidio duas vezes. Negro não é participante na politica mas tem o direito de votar. Alimentando a esperança que o politico

---

[5] Deputado estadual (UDN) e presidente da Assembleia Legislativa de São Paulo.
[6] Advogado e professor.
[7] Jornalista e deputado estadual (PSB).
[8] Suplente de deputado federal (PSB-SP).

sêja bom. Pareçe que a bondade está ausente do mundo. O Eduardo Suplicy Matarazzo prestava atenção nas cenas meneando a cabêça.

Os politicos presentes não estavam apreciando as cenas que desenrolavam no palco. Demonstravam nervosismos.

O segundo orador foi o senhor Angelo Simôes Arruda. Estava lendo o Quarto de Despejo, e anotando o que lia. Disse que em São Paulo, o povo trabalha nas fabricas nas oficinas não saem pelas ruas catando papel. Saem para um serviço digno que lhe porpociona uma condição de vida deçente.

Pensei: se o homem de São Paulo levasse uma vida decente não faziam greve salarial. Continuou dizendo que São Paulo é uma cidade de pessôas humanas.

Pensei: se São Paulo fosse uma cidade habitada por pessôas humanas eles impédiam o aumento dos generos alimenticios. Pensavam na classe proletaria, que ganha salário e não podem acompanha o custo de vida. O mundo do pobre acabou-se. O rico reclama o custo de vida. O pobre curva a cabêça. O silêncio do pobre é o comprovante de sua angustia interior. Juro que temo pela saude do opérario brasileiro. Com alimentação deficiente vão enfraquecendo. Pode surgir uma epidimia geral.

O povo reclamava que haviam combinado não debater politica. O professor Angelo Simôes Arruda continuou dizendo que as pessoas indolentes não escolhe lugares para habitar vivem nas claocas.

Cloáca é mitorio.

Pensei: se o pobre reside nas margens das ruas é porque não recebeu instruções. Não aprendeu oficio. Os políticos passado não preocupavam com a iducação do povo. Quem estudava era os habastados. Se o estudo fosse geral o pais estava mais adiantado. Não culpo os politicos da atualidade. Nós estamos recebendo negligência do passado.

— Congratulei com Carolina pela sua coragem de relatar a verdade. Sem pensar que ia maguar Grêgos, ou troianos. Parabens por ter denunciado os fatos deshumanos da favela.

Penso: um politico tem o dever de conhecer profundamente as ocorréncias do país, o grau cultural do seu povo. E estes politicos agem despreocupados, demonstrando que ignora o fatos desoladores do país. Um polìtico tem que conhecer sociologia.

O professor Angelo Simões de Arruda, não mencionou a nescesidade de habolir as favelas. Que duplicam por este Brasil afora.

A terceira oradora fui eu. Citei.

Fui residir na favela por necessidade. Com o decorrer dos tempos percibi que podia sair de aquele meio. Era horroroso para mim presenciar as cénas rudes que desenrola-se na favela como se fosse natural.

Procurava serviço nos teatros e estaçôes de radio. Era pretérida. Aludiam que não queriam negro na arte. Mas não era a minha cor o impécilho. É que eu não sei bajular. Eu sou eficiente. Sei cumprir os meus deveres mas, sou rude. Não tolero a prepotencia dos patrôes. Que devem dar graças a Deus quando encontra alguem que quer trabalhar para eles.

Eu quiz ensinar os favelados ler e escrever. Mas eles não levavam nada a sério convidava-os para aprender ler, eles diziam que queriam dormir comigo. Aconsêlhava-os para aprender oficio. Cansei de insistir, desisti. Quem devia auxilia-los era o Serviço Social. Eu catava papel de manhâ para dispor de tempo a tarde e ver se conseguia reajustar aquelas miniaturas humanas. Os favelados são os colonos aquela gleba que era da lavoura. Por ser expoliado pelos patrões, abandonaram o campo. Por não ter cultura, encontram dificuldades nas grandes cidades, que oferece conforto e deçência so aos que tem bons empregos. Eles não podem acompanhar a vida atualmente. Devido o custo de vida são obrigados a recorrer ao lixo ou restos de fêiras.

Não adianta falar de fome com quem não passa fome. Eu estava tão nervosa que se eu pudesse sair avôando d'aquêle nucleo eu saia.

Quando escrevi o meu Diário não foi visando publicidade. É que eu chegava em casa não tinha sabão. Não tinha o que comêr. Ficava revoltada interiormente e escrevia. Tinha a impressão de estar contando as minhas maguas a alguem. E assim surgiu o Quarto de Despejo. Classifiquei a favela de quarto de despejo porque, em 1948, quando o dr. Francisco Prestes Maia começou urbanizar a cidade de São Paulo, os pobres que habitavam os porôes fôram atirados ao relento impiedosamente.

Eu dava risadas quando ouvia os pobres rogando praga no dr. Francisco Prestes Maia. Aquele carrasco ha de dar dez passos para a frente, e cem para traz.

E nas êleiçôes posteriores, quando o senhor Prestes Maia candidatou-se, foi preterido. Mas o povo olvida. E dr. Prestes Maia rehabilitou-se.

O resentimento do povo com o dr. Prestes Maia, foi por causa das demoliçôes. Mas, na adiministraçôes politicas, ele foi integro. É um homem sensato. Não envaideçeu. Não transformou-se, em ditador.

Fiquei chocada com o efêito do meu livro no Universo. Contribuir para desabonar São Paulo. Que é o Estado mais rico do Brasil.

Percorrendo alguns estados do país ouvi comentarios desairôsos que o paulistano é um povo deshumano. Destituido do senso filantrópico. O paulista quando nasçe tem um cifrão no coração. Os outros estados considera o São Paulo, o primo rico. Inconcientemente mostrei o São Paulo por dentro.

O Universo pensava que São Paulo era um atleta. Um fisico forte. E eu apresentei suas chagas. As favelas. A chaga moral de um país.

Favela é um tema que deve ser divulgado com asiduidade pelos periodicos. Para que o homem tenha vergonha de residir nas favelas. É por intermédio dos livros da imprensa que esclareçemos um povo. Temos obrigaçoes de dêixar esclarecimentos para os vindouros. Entre estes vindouros, estão os nossos decendentes.

Um fêito heroico. Uma existência pautada é coadjuvante. Quando o povo for educado. O mundo ha de ser o novo jardim do Edem.

O quarto orador foi o poeta negro, Solano Trindade. Criticou a teatrealisação de Dona Edy Lima. Ela não citou as agruras que o livro relata como depoimento do gravissimo problema que são favelas espalhadas pelo Brasil afora.

Eu estava sentada ao lado de Dona Concêição Santamaria e dizia:

— Na favela predomina a indolência. As favelas devem ser extintas.

Compete aos politicos impedir a construcão de favelas. O povo tem que abominar estes núcleos. O dr. Adhemar e o Janio depôis de elêitos iam na favela oferecer serviço aos faveládos. Eles não interessavam.

O Solano prosseguia:

— A dona Edy Lima fez da peça uns atos de riso. E a favela é um desajuste social.

Eu dizia:

— Mas, a favela, tem cenas de risos. Quando um favelado corre da policia. Quando brigam quando praticam cenas pornográficas.

O publico interferiu-se. Ora aplaudindo ora vaiando.

O esposo de Dona Edy Lima interferiu aludindo que a Edy não alterou os textos do livro. Conservando a linguagem simples na peça relatando o meu desvelo pelos filhos. Lutando para ritira-los d'aquêle pardieiro. Na favela não ha cultura para o povo. Ser deçente e social, eles vivem ao abandono. Quer dos poderes publicos quer da elite.

O Solano Trindade proseguio. Repetindo o que a Ruth disse:

— Quando uma criança passa fome é dever de todos ampara-la.

Fico horrorisada vendo a fome debatida em assembleia.

O Deputado Cid Franco disse que passou fome. E conheçe as agruras que o meu livro relata. Que o regime capitalista é o causador das desigualdades de classe.

A dona Concêição Santamaria dizia:

— Ele pertence ao regime capitalista. Ele está metamorfoseando-se na presença do publico. Mas ele não apoia um progeto que venha favorecer a classe proletaria. Ele está de mâos dada com o regime capitalista.

Que confusão para mim. Que queria ouvir as opiniões dos protetores do povo por quatro anos. Queria ouvir o deputado Cid Franco. Por causa da sua cultura. Ele não é banal. Não é politico de negociatas. Não é tipo Lupion.[9]

Citou que esteve preso quando foi cumunista militante.

— Adimiro no livro de Carolina a despreocupação literaria. O grau de qualidade literaria do livro é ausência de intenção politica, quando ela cita o convite que um deputado fez ao povo e distribuio pão e regua. Paulo Teixeira de Camargo. Se existe favelas são criadas e alimentadas, pelo regime capitalista que suga a seiva da classe salarial para duplicar seus haveres.

— Não apôiado. — Respondeu o dr. Paulo Suplicy.

Eu levantava andando no palco nervosa e arrependida de ter morado na favela. Os que sairam da favela encontram paz de espirito. E eu... sinto não poder dizer o mêsmo.

Um jovem na plateia disse que o Deputado Cid Franco errava aludindo ao regime capitalista o desajuste social. O deputado Cid Franco, disse:

— Tenho um filho de 18 anos que não teme a extinção do regime capitalista.

Foi aplaudido. Os estudantes interfériam.

Eu pedia ao deputado Rogê Ferreira que desse as palavras porque os estudantes, são os homens de amanhâ. Os estudantes apuparam o Deputado ele sentou-se, dizendo que nunca foi a favela pedir voto.

— Ele não conheçe favela. E os politicos precisam conheçer todos nucleos habitáveis.

Comentou:

— Não renego a peça. Renego o regime social que favorece um terço da população. Sei que o capitalismo renega a reforma social.

---

9 Moisés Lupion, ex-governador do Paraná deposto sob acusações de corrupção.

Não apôiado. Vozes da plateia.

Convidei o Roney Nogueira para falar da favela porque ele já foi favelado.

Citou que agradeçe ao seu pae por ter ritirado-o da favela. Hoje ele serria um transviado. Um hóspede do carçere. Que as cenas de favela são anti-social.

Ele tem o curso ginasial e pretende estudar. O Solano não conheçe a favela do Canindé para debater o assunto. Eu disse que ha indolencia nas favelas. Quêixei ào José Francisco que arrependi de escrever as ocorrências da favela. Visava uma casa de alvenaria, comida para os filhos.

— Vocé abordou um problema Carolina. Tem que suporta-lo.

É um problema que os politicos conhecem porque iam pedir os votos dos favelados. Viam as condições infaustas d'aquêle povo. Porque relatei o desajuste d'aquele povo tenho que arcar com o problema da favela e seus dilemas, isto compete ao serviço Social.

Uma atriz dizia que o governo deve dar mais estudo ao povo. — Eu não estudei e venci. A vontade tem que estar dentro do individo. As pesssôas precisam ter ideal ambição e vaidade. Eu sou vaidosa.

Quando eu percorria Avenida Paulista, Desêjava residir n aquêles palaçêtes.

Com aquela confusão no parque eu tinha a impressão que estava na favela. Todos falando ao mêsmo tempo.

O relato que fiz no meu livro envergonhou os industriaes famosos no continente. Quem reside em São Paulo ao viajar gastam somas fabulosas nas viagens não tem coragem de auxiliar a classe média e a favelada. O meu livro despertou as consciências ausentes da filantropia.

A ultima a falar foi a Deputada Conceição da Costa Neves.

Iniciou dizendo que auxiliou os leprosos citando que estava respondendo uma senhora que havia solitado sua prestação de conta. Por seu intermédio os leprosos são curados.

Uma voz da plateia.

— Não estamos falando de politica. Estamos falando da favela.

— A Carolina disse que na favela existe muitas indolências. — Argumentou Dona Concêição da Costa Neves.

— E na Assembleia tambem.

Uma voz do palco. Não houve risos.

— A Carolina citou que os politicos ofereciam trabalho aos favelados. Eles não acêitavam. Ninguem melhor do que ela para falar de favela. Em 1944 quando eu percorria as favelas, n'aquela época era ditadura que predominava.

Uma voz na plateia:

— A senhora é bem madura em?

Risos. A dona Concêição da Costa Neves respondeu sem perturbar-se:

— Naquêle tempo, não existia jovens mal iducados igual a você. Eu represento uma maioria. Os que votou em mim. E você é uma unidade apagada.

Um japones falava uma voz lenta que ficava indistinta entre as outras, os guardas civil, davam risadas. Os demaes estavam nervosos dava a impressão que ia haver um conflito no teatro.

Os estudantes apoupavam a dona Concêição da Costa Neves. O Hamir Haddad tomou parte no debate, citando que a peça é o que revela no livro.

Outro artista falou num tema classico, estupendo é o diretor artistico de Nidia Licia.

Por falar em Nidia Licia contei-lhe que fui na Casa do Ator e o senhor Francisco Colman pediu-me para incluir no meu Diário que nem ela, e nem a Cacilda Beker não auxilia a Casa do Ator. Lembram que a Casa do Ator êxiste quando estão velhas.

— A Casa do Ator, é o museu humano, que o Manoel Durâes é o presidente. Mas age como um semipresidente. Quem olha tudo aqui, sou eu!

Citei ao senhor Colmam que não gosto de intriga. Mas, ele insistia.

— Põe; pôe Carolina, no teu Diário.

O senhor Renato disse:

— Carolina, pôe no teu Diario que eu vou arrojar o Francisco Colman. Mecheu com a Nydia, mecheu comigo.

A dona Nydia disse-me arranjou uma vaga para o pae de Dona Luiza Fiori na Casa do Ator.

Quando sai do teatro eu encontrei o jovem Eduardo Matarazzo e disse-lhe.

— Vocé viu que confusão? Mas o teu avô auxilia a pobrêsa.

— Não é bem isto Carolina!

A resposta do jovem Eduardo dêixou-me preocupada. Pensando: será que este jovem não acata o meu êlogio ao seu avô! Será que ha odio na familia... E se houver o causador é o dinheiro.

Eu estava com dor de cabêça e o povo pedindo autografo. O meu desejo era chorar. Afastar-me daquela confusão. Eu sou o élo de tudo isto. Descia as escadas ao lado de Eduardo Suplicy Matarazzo. Gosto de ouvi-lo falar. A sua voz é suavel. Lenta. Igual notas musicaes.

Segurei o braço nivio de Dona Concêição da Costa Neves, e disse-lhe:

— Este problema da favela não pode ser solucionado atabalhôadamente. Requer tempo. É preciso iducar os deçendentes dos humildes, para que eles por si, se desinvolvam. O governo que interessar-se na cultura de um povo estará ampliando, e moldando uma nação.

Despedi de Dona Filomena Suplicy Matarazzo e dona Concêição da Costa Neves, que disse-me:

— Carolina... eu gosto de você.

Dona Filomena Matarazzo convidou-me para almoçar na sua residência.

Tomei um taxi e fui para a minha casa. Ia quêixando a vida para o motorista que ouvia-me em silêncio. Não disse a, nem b.

Pensei: ele deve estar pensando que sou louca. Dei uma risada.

Quando cheguamos na minha casa paguei o motorista. Ele sorriu, e agradeçeu-me. Entrei. Estava nervosa.

Dêitei. O Luiz chegou. Citei-lhe que o debate do teatro dêixou-me nervosa.

Ele disse-me:

— A peça e o livro Quarto de Despêjo, é propia para os ricos; que não conhecem as agruras das favelas, e do Norte. Os infelizes que não tem possibilidades de residir numa casa de alvenaria.

Fim do Diario
Carolina Maria de Jesus

que o debate do teatro
deixou-me nervosa.
Êle disse-me: A peça e o liv
quarto de despêjo, é propia
para os ricos; que não
conhecem as aguras das
favelas, e do Norte... As
infelizes que não tem possi
bilidades de residir
numa casa de alvenaria.

Fim do Diario

Carolina Maria de Jesus

quando eu não estou em casa
Luiz deia a noite.
28 de outubro de 1961
Levantei as 6 horas. o João,
foi a aula. eu dei-lhe um
bilhête para a professora
ispensa-lo depois da aula.
e dei outro bilhête para êle
levar para o dr. Célio de
Castro Andrade, enviar-me
cinco mil cruzeiros.
Aqui aguardando a sua
volta. Uma senhora que quer
sessenta mil cruzeiros impresta[d]
[v]eio visetar-me com a sua
[fi]lha, que não casou-se e
[q]uer alugar a minha casa
quando eu mudar para a
[ci]dade. Ela queixou a vida
[di]zendo que esta insipida.
[En]sei nos palavras de Cristo
[qu]ando disse: vos sois o sal
a tera. O sol quando é de

[...] troco, fôram procurar um par de chinelos para mim, fiquei esperando. Estava impaciente porque precisava ir na RCA Vitor.[1]

Quando recebi o chinelos sai pensando no Paulo Dantas, que estava aturando os aborrecimentos com o Waldemar Bernardino. Chegamos na RCA Vitor fui falar com o senhor Roque, pegando-lhe no braço e disse-lhe:

— Qualquer dia eu vou roubar este relogio.
— Não sai, Carolina!
— Eu corto o teu braço e o relogio vem. Quem deu-te foi namorada?
— Quem sou eu? Comprei o relogio é de ouro.

Pedi, para arranjar os discos para segunda-fêira. Telefonei ao senhor Pytagoras dizendo-lhe que vamos arranjar os discos.

Eu quiz pagar a dona Mercêdes, ela não quiz receber. Dizendo que recebe segunda-fêira. Que mulher amavel. Está escrevendo um livro. Gosto de quem escreve.

O Paulo Dantas, deu-me o seu livro[2] para eu ir lendo na viagem. Vou pedir ao dr Luciano Sahovoler, para traduzir os livros de Paulo Dantas. Ele é elegante para escrever. E educado. Eu queria ter a educação do Paulo Dantas. Ele nasçeu mais refinado do que eu. Eu sou do tipo que saiu do lixo. Do quarto de despejo. Fui marginal. Sou um tipo recuperado.

Eu estava impaciente pensando, onde estaria os papeis da casa que o Audálio, quer para passar a escritura. Na minha casa tem tantos papeis.

Uma coisa que eu acho exquisito é dizer, minha casa! Pareçe que ainda estou no barracão. Na lama, no lixo.

Saimos da RCA Vitor, e despedimos, fui tomar o onibus. Quando cheguei em casa soube que Aparecida, a empregada de Dona Elza Rêis, havia expancado o José Carlos, pensei nos favelados que expancava os meus filhos quando eu não estou em casa o Luiz vêio a nôite.

---

1 Gravadora do LP *Quarto de despejo: Carolina Maria de Jesus cantando suas composições*.
2 *O livro de Daniel*, publicado pela editora Francisco Alves em 1961.

28 DE OUTUBRO DE 1961

Levantei as 6 hóras. O João, foi a aula eu dei-lhe um bilhête para a professora dispensa-lo depôis da aula. E dei outro bilhête para ele levar para o dr. Lélio de Castro Andrade, enviar-me cinco mil cruzeiros.[3]

Fiquei aguardando a sua volta. Uma senhóra que quer cincoenta mil cruzeiros emprestado vêio visitar-me com a sua filha, que vae casar-se e quer alugar a minha casa quando eu mudar para a cidade. Ela quêixou a vida dizendo que está insipida. Pensei nas palavras de Cristo quando disse:

— Vos sôis o sal da terra.

O sal quando é demais, a comida fica intragavel. E o que está intragavel atualmente, são os prêços dos generos alimenticios. Quêixa que o seu filho está doente e o instituto de aposentadoria não lhe da assistência condigna. Fico pensando se o saudoso Getulio Vargas, estivesse vivo será que o Brasil, estava assim confuso. Quêixou-se que come mal.

— Mas, a senhóra precisa comêr carne!

— Quem sou eu para comprar carne! O meu futuro genro come na minha casa. E é uma luta para dar-lhe o que comêr.

Convidei a mulher para sair comigo, e comprei 1 quilo de carne e um pedaço de toucinho e dei-lhe. Ela ficou contente paguei o que devia ao acougueiro, o João trouxe o dinheiro.

Fui comprar algo na fêira. Os prêços desanima. A época está insipida. Não ha possibilidade, de viver com pouco dinheiro. Que povo triste, os que andam pela fêira. Olhando os preços como se fosse um fenomeno. Passei o resto do dia escrevendo. Comprei frutas para os filhos que ficam me olhando. Como se estivesse vindo de outro planeta.

29 DE OUTUBRO DE 1961

Levantei as sete hóras.

Fui lavar as roupas. Arrumar a cosinha. Os filhos estão azucrinando-me que querem ir ao cinema. Fui fazer as compras matinaes. Vou fazer macarronada. Pedi ao João para varrer a casa.

---

3 Cerca de 340 reais em 2021.

— So se a senhóra me pagar!

Peguei o chinelos e dei-lhe uma surra. Para mim, a pior coisa é expancar alguem. Mas infelizmente, as mâes precisam expancar os filho. Eu não nasci para ser carrasca. Gosto mais de agradar. Pedi ao Ely para auxiliar-me a colocar penas no meu vestido porque eu vou leva-lo na Argentina. De manhâ quando fui comprar carne, conversei com um senhor que disse ser fazendeiro em São Juaquim da Barra, que os falamos colonos preferem viver na cidade do que trabalhar na lavoura. Que ele da terras e casas para quem quer plantar e não encontra ninguem. Eu disse-lhe que já trabalhei na lavoura. Desgostamos das fazendas porque os fazendeiros não nos deixavamos plantar. Antigamente os fazendeiros dêixavam plantar, atualmente eles dão uma ordem para o colono comprar. E recitei, os versos que eu fiz quando deixei a vida de fazenda. Ele ouviu e disse que os versos estão certo.

Eu disse-lhe que não estou contra a reforma agrária, mas queria que o fazendeiro que não utilisasse as terras dar permissão para quem quizer plantar. Quando o dono reclamasse a terra seria devolvida. Perguntei ao fazendeiro de Sao Juaquim da Barra, se há fazendas no interior para vender?

— Por lá há.

— O senhor não quer vender a sua tua fazenda?

— Não.

Despedi do açougueiro e voltei para casa. Fui preparar o almoço. A mulher que quer os cincoenta mil cruzeiros vêio visitar-me com sua filha de 14 anos.

Perguntei se a mocinha está empregada?

— Não está. Ela estava trabalhando numa fabrica mas saiu por ser de menór idade. Ela quer estudar o corte e custura. Porque, eu não pude pagar-lhe os estudos comprei uma maquina com sacrificio e estou pagando.

— Se a senhóra quizer eu ajudo pagar o corte para a sua filha. Ofereci.

— É... eu não pude comprar os materiaes. Quem podia auxiliar-me é o meu sobrinho que foi prefeito de Santo Andre.

— A senhóra refere-se ao Osvaldo Gimenes?

— É ele mesmo. Aquele é um canalha. É a ovelha negra da nossa familia. Uma vez ele pôis uma caza e lesou os parentes, porque pedia dinheiro emprestado a um e outro. Um dia eu fui lá falar com ele e os soldado não me dêixaram entrar. Mas Deus é grande. Ele perdeu o mandato. E aquele nogento queria ser presidente do Brasil.

Pensei: que familia, que uns difama os outros. Numa familia de ambiciósos, os que enriqueçem passam a ser odiado pelos os que ficaram pobres passei a ter pavor da humanidade.

Enquanto a mulher ia falando eu ia enxaguando as roupas. Ela dizia:

— Credo. Cómo a senhóra trabalha!

Ela despediu-se, eu fui concluir os preparativos para a viagem.

A noite uma senhóra que vende na fêira vêio pedir-me para leva-lá no bar do senhor Cariovaldo, que a dona Marizelte lhe deve quatro mil cruzeiros. Quando chegamos na cidade eu indiquei-lhe o bar e fiquei aguardando o seu retorno. Achei interesante uma pretinha fumando charuto.

Quando a mulher voltou disse-me que o senhor Cariovaldo deu-lhe o endereço de sua casa para ela ir cobrar a sua esposa. Que o senhor Cariovaldo fica desapontado. A piór coisa que eu acho é uma pessoa esperar lhe cobrar para pagar. Isto é malandragem.

Uns pretinhos perguntou:

— É a senhora que é a Carolina Maria de Jesus?

— Sou. Porque?

— É que no dia 29 deste vae ter um baile promovido pelo 220 e outros clubes. Nos vamos numa romaria na Aparecida do Norte.

Eu não gósto de baile! Gosto de fésta com alusão as data e discursos. Eu disse aos pretinhos que estou em São Paulo o dia desenove e se puder vou ao baile. Não posso ser indelicada.

Despedimos dos pretinhos e fomos procurar um restaurante para comprar pizza para a filha da feirante que quer ser artista.

Eu aconselhei-a para não dêixar a mocinha ser artista. Ela deve aprender um oficio e casar-se. E ser uma mulher deçente. O mundo precisa de mulher que sabem cuidar de criança.

Por falar em criança sabado vêio uma professora queixar-se que o José Carlos, havia quebrado um pe de flôr do seu quintal. Que os brasileiros são mal educados porque estudam pouco. Que criancas mais educadas do mundo são os françêsas. Que ela no fim do ano vae para os Estados Unidos. Que os brasileiros são desorganisados.

Ela é harmenia. É professora formada no Libano. Pensei: professora sabe que as crianças não nasce sensatas. Quando volta vamos da cidade, encontramos o senhor José, um catador de papel. Ficou contente.

Conversamos relembrando os bons tempos que passaram. Falamos do finado Estefam, que tinha um deposito de papel. A esposa abandonou-lhe, ele começou beber. Fico pensando na perversidade das mulheres. E eles eram casados e tinham filhos. Eu condeno as amisades que não criam raizes. Paguei o transportes para eles.

Quando cheguei em casa, estava exausta. Queria escrever mas o sono dominou-me. Fiquei pensando no Luiz. Um homem intenligentissimo. De habitos aristocráticos.

30 DE OUTUBRO DE 1961

Levantei as 6 horas.
Não vou varrer a casa vou escrever. Hoje eu estou confusa.
Tive aviso que vou ter um aborrecimento.
Não vou comprar pão sobrou pâes. Esquento-o no fôrno. Não vou fazer almôço. Sobrou macarronada. Fiquei relembrando meus dias na favela. As segundas-fêiras eu ia nas casas ricas ver se havia sobrado macarronada. Quando chove fico pensando nos catadôres de papeis: os depositos não acêitam papeis molhados.

Eu estava escrevendo quando chegou o Senhor Bertini, funcionário da Editora Abraxas.[4] Vêio convidar me para sair com ele e arranjar os meus documentos para a viagem. Fui trocar-me e parei de escrever dizendo-lhe:

— Se eu pudesse eu escrevia dia e noite. A única coisa que eu gosto é de livros.

Mostrei-lhe os meus livros. Ele pediu-me para tocar o meu disco toque. E mostreis-lhe as fotografias que vou levar na Argentina.

Ele corrigiu uma inscrição que eu fiz na fotografia dizendo que ia prejudicar-me. É que eu escrevi na fotografia, os pobres do Brasil, anda decalsos. Ele disse que o que interessa é dizer que eu era favelada e gostava de livros.

Agradeci os géstos sensatos. O João, retornou-se e eu recomendei-lhe que preparasse a Vera para ir a aula e esquentasse a comida.

— Se eu tiver tempo chego até ao Cartório para tirar uma copia do teu registro.

Ele estragou o registro porque levava ao cinema para pagar mêia entrada. Está precisando do registro para preparar o diploma. Tomamos um taxi. Fomos ao Consulado Argentino.

Perguntei-lhe se as bailarinas argentinas fôram para Buenos Aires?

---

[4] *Quarto de despejo: Diario de una mujer que tenía hambre.* Trad. Beatriz Broide de Sahovaler. Buenos Aires: Abraxas, 1961.

— Fôram. Eles nos disse que foi a senhóra quem emprestou-lhe dinheiro.

Fiquei satisfêita, ouvindo isto. É o comprovante que os argentinos que procurou-me não são malandros.

É bonito ver um homem pobre, e honrado. As fotografias não servem para o visto de viagem. Fomos tirar outras fotografias cinco por cinco. O fotografo é de origem alemâ Rodolfo Stein.

Eu disse-lhe que os inventores da fotografia foram dôis irmâos francêses. Niepçe e Luiz Jaques Mandê. Falamos da guerra. O fotografo disse que na epoca da guerra eles predem os scientistas e obrigam-o a revelar suas descobertas quimicas para usa-las na guerra. Na minha opinião, o homem é tolo se a propria natureza destróe o homem porque é que o homem deve destruir-se. Fomos ao posto de vacina. Quem atendeu me foi o dr. Antonio Prado na rua Anhanguera. Eu disse-lhe que vou para a Argentina.

Quando saimos do posto dirigimos para a RCA Vitor. Dirîgi com o senhor Bertini para o escritório e fomos falar com o senhor Roque, um dos diretores. Assim que o Fred Jorge, me viu, foi dizendo:

— Sabe Carolina, eu gostava muito de você e agóra não gosto mais?
— Porque Fred?
— É que voce foi falar para aquele moço que vêio pedir emprego aqui, que eu te pedi vinte e oito mil cruzeiros emprestado. E não paguei. E para o Audalio, você emprestou trinta mil.
— Eu não disse isto!
— Eu não sou de confusâo!

Eu dei abrigo para aquele branco andarilho, indolente porque ele foi pedir-me. Eu fiquei com dó da criança e de sua esposa que está gestante. O homem quando é homem, faz um barracão para a familia mas, não fica andando com a mala nas costas. Se ele fosse na casa de um branco pedir auxilio não ia conseguir. Porque os brancos não são tôlos. Ele disse que estava na casa de sua tia, e ela expulsou. Ele fez isto para incompalibilisar-me com a RCA Vitor e a revista O Cruzeiro, por inveja, e maldade. Pensando que eu estou ganhando muito dinheiro. Com vocês jurei não mais auxiliar ninguem. O senhor Bertini foi falar dos discos para arranjar o dia 6 se falta.

Eu dei o contrato da RCA Vitor para o Audálio lêr, e guardar para mim. Sai da RCA Vitor furiosa com o Lauro por ter intrigado-me com as pessoas que eu trabalho. O Audálio é culto, compreedeu[5] que o

---

5 A frase "Adoniran Barbosa Radio Record S. Paulo" está anotada no centro da página, verticalmente. Ao que tudo indica, Carolina escreveu-a

Lauro é um cafageste. Não aprendeu um oficio porque foi menino vadio. Quando cheguei em casa estava molhada porque estava chovendo.

Tinha comida, fiz uns bifes e jantei. Hoje eu estou triste os filhos ficaram rêinando. A dez horas o Luiz, chegou usando uma capa ordinário. Eu estava preparando para dêitar. Os meus filhos ficaram alegres quando lhe viu ficaram sorrindo. O José Carlos foi contar uma anedota para ele. Ele sorriu. Um sorrisso forçado.

Pedi aos meus filhos que ritirassem do quarto. Os filhos obedeceu-me de má vontade.

Ficamos so. Eu fechei a porta, e dei-lhe um amplexo e um osculo, como se ele fosse meu. Ele pediu:

— Você quer fazer as minhas unhas?

Desci os degraus e fui aqueçer agua para corta-lhe as cutículas. Ele estava raspando as unhas com a tesoura.

— Oh Luiz! Você é louco! Assim, você estraga-as. Eu tive tanto trabalho para tuas unhas bonitas. Você é um burro!

— Eu reconheço dona Carolina.

Sorri e disse-lhe:

— Então, eu vou dar-te um par de ferraduras de ouro.

— Muito obrigado pelo presente.

Depois que esmaltei-lhe as unhas pedi:

— Tira o teu palitol para eu custurar o forro.

Ele despiu-se e indicou os lugares onde estavam descuturados.

Custurei com linha preta. Percibi que ele queria dizer-me algo fiquei aguardando impaciente.

Perguntou:

— Que dia o Galvão esteve aqui?

— Não sei. Eu puis no Diario e já entreguei ao Audalio.

— Você pôis no Diario?

— Puis, mas citei que você é bom, educado e auxiliou-me muito.

— Em que foi que te auxiliei?

— Você afastou os vadios que vinham aborrecer-me. Os vadios que queriam conduzir meus filhos para o crime intimidaram com a tua presença.

— Você deve ficar com os jornalistas.

---

primeiro e aproveitou o restante do espaço em branco para registrar a entrada do diário.

— E eu estou com os jornalistas. Tenho muitos contratos com editores estrangeiros. Porque é que voce acha que eu dêvo ficar com os jornalistas?

— Porque eu não mais vou voltar aqui.

Que odio que eu senti pelo Luiz! A extensão do amôr foi para extensão do odio. Pensei: se eu pudesse picar este homem em pedacinhos! Se eu pudesse transforma-lo numa estatua. Fiquei xingando-o mentalmente. Cachorro. Ordinario, ingrato, estupido. Ele ha de trepidar na vida, até cair num habismo.

Perguntou:

— Que dia você vae para Argentina?

Não respondi.

— O Audálio vae com você?

Ele sabe, quando eu deixo de gostar de alguem não lhe falo mais. Tirou a calça para eu custura-la e disse-me:

— Você tem que arranjar um lugar para nós encontrar-mos. Aqui eu não volto mais.

Enfureci e disse-lhe:

— Eu não preciso de homem posso viver sem você sou uma mulher altiva. Tenho muita opiniâo. Tenho força de vontade. Para mim, era uma vez um homem chamado Luiz.

Ficamos em silêncio.

Perguntei-lhe se queria usar o relogio do Ely, na viagem que vae empreender no Nórte.

— Não quero, porque eu não gosto de usar nada dos outros: arma de fôgo e relogio, tem que ser meu.

Dei a calça para ele vestir, e peguei o chaveiro e disse-lhe:

— Me dá as minhas chaves.

Ele ficou olhando eu retirar-las do chaveiro. Ha muitas especie de canalhiçe no mundo. Dá a impressão que você preméditou tudo. E disse lhe outras palavras duras que não vou inclui-las no Diário.

— Vae abrir a porta para mim Carolina!

Ele desceu os degraus na minha frente. Eu ia seguindo-lhe xingando o mentalmente. Eu havia deixado as chaves no meu quarto. Pedi ao Ely, para dar-me a chave e pegou a calça procurando-a nos bôlsos. Encontrei-a abri a porta. Ele foi despedir-se do Ely. Quando ele extendeu-me a mão para despedir-se eu dei-lhe um empurrão, ele saiu porta-a-fora e disse:

— Pucha!

Fechei a porta rapidamente e fui sentar no sofa.

O Ely, assustou-se e perguntou:
— O que foi isto Carolina?
— Nós brigamos! E nossas brigas criam raizes.

Não pensas que vou voltar
aos teus braços novamente
O meu odio vae médrar
Criar raizes, e dar sementes.

O Ely que estava com sono reanimou-se com a céna que presenciou. Perguntava:
— O que ouve? A senhora gosta tanto dele fala nêste homem o dia todo.
As palavras de minha mâe voltaram no meu cerebro:
— Nunca te iludas com os homens que você será feliz, vivendo do teu trabalho.
Fiquei sentada no sofá xingando o Luiz. E percebi que não odêio este homem. Eu não quero outro homem. Porque é dificil um homem, com a educação do Luiz. Mas eu não vou entristeçer quero lêr, e escrever. E a vida continua.

31 DE OUTUBRO DE 1961

Levantei as 6 hóras. O João foi a aula. Preparei a refeicão as pressas. Estava trocando-me quando o Frederico Penteado chegou. Vêio perguntar-me se estou em São Paulo o dia 12 de novembro. Para comparecer ao baile no palacio Maua.[6] Quando olhei pela janela vi a dona Merçêdes, e disse-lhe:
— A senhóra chegou na hóra H. Pode subir.
Ela entrou e galgou os degraus entrou no meu quarto. Eu apresentei-a ao Penteado, dizendo-lhe:
— Este senhor, é o diretor do 220. Um club de pretos de escaol. Ele é que deu-me o titulo de cidadã paulistana. Eu já ouvi falar no senhor mas não conhecia.
O Penteado disse-me que mandou fazer as fotografias que estou com o presidente da Republica, e vão ficar prontas dia 3. Pedi uma para levar para Argentina. Disse que custa seiscento cruzeiros cada

---

6 No viaduto Dona Paulina, centro de São Paulo.

fotografia são quatro, vou pagar dôis mil e quatrocentos cruzeiros. Achei caro mas. Eu agora sou a dona do dinheiro!

Troquei e saimos. Fomos de onibus.

O Penteado, pagou as despêsas e desçeu perto da Ultima-Hora. Eu disse-lhe que o Luiz, foi-se embora para não mais voltar.

— Ele volta. — Disse a dona Mercêdes.

— Eu não o quero mais!

Ele me suplicava para açeita-lo, eu não queria porque um homem sendo inferior não suporta a minha superioridade. Eu vou pensando e agindo. Sou igual a astros que despontam e va galgando-se. Não comércialiso o meu côrpo. Quando acêito um homem é porque gosto d'ele. E eu gostava do Luiz.

Desçemos do onibus e dirigimos para o escritorio da Bali-cala. Onde funciona a firma. Fiquei sabendo que a Balicala pertençe ao meu editor Argentino. O senhor Sahavalher.

O senhor Bertini estava esperando-me e disse que eu cheguei atrasada. Expliquei-lhe precisava preparar a Vera para ir a aula e preparar o almoço. O senhor Phitagoras disse-me que a sua esposa convida-me para eu ir visita-la. Quando eu voltar da Argentina prometi ir ve-la. Estava chovendo. O senhor Bertini disse que ficou pensando em mim que andava na chuva que ia adoeçer. Eu já trabalhei na lavoura. A agua da chuva é distilada não faz mal.

Fomos pegar as fotografias e leva-las ao consulado, que ia preparar o passa-porte. O senhor consulo não estava para por o visto no passaporte nos saimos, fomos na Manchete pedir uma reportagem ao Silva Netto. Ele ia saindo do elevador. Bradei:

— Oh, Silva Netto!

Apresentei-lhe o senhor Bertini, como o representante da editora da Argentina que está providenciando a minha ida para o lancamento do livro. O Silva Netto, deu o endereço do representante da Manchette, que trabalha na Radio El Mundo.

Para enviar reportagem de lá pra cá. Fomos tomar café, o senhor Bertini anotou o endereço do correspondente na Argentina. Dei um abraço no Silva Netto, que nos apresentou uma mocinha que ofereceu-lhe um liquido para adoçar o café. Ele está fazendo regime. Citei-lhe que o saudoso Chico Sá do jornal O Dia, resolveu fazer regime e adoeçeu e morreu. Não devemos interferir no organismo.

Despedimos e fomos para as Folhas, de São Paulo. Fomos de auto. A telefonista nos recebeu amavelmente e telefonou para a redação pedindo permissão para nós.

Fomos falar com o senhor Fred. Apresentei o senhor Bertini, que pediu uma reportagem anunciando a minha viagem na Argentina dia 6. O reporter que nos atendeu foi o senhor Carlos Pizaro.

Saimos das Folhas, fomos para a Ultima Hora. Eu ia pensando no Gil Passareli, que tem uma fotografia minha com o senhor Altino Arantes. Eu queria a fotografia para leva-la para Argentina.

O Gil, não está em São Paulo, foi para Tambaú.

Na Ultima Hora falamos com Alik Kastaki. Pedindo uma divulga na Ultima-Hora, anunciando que eu vou na Argentina.

Quando saimos da Ultima Hora, o senhor Bertini perguntou-me:

— Quem é esta jornalista?

— É a dona Alik Kostaki.

— Ah! Se eu sôubesse que era ela, teria tratado-a com deferência especial. Ela é um colôsso! Ela está bem na vida. Está rica. Ela é estrangeira. Ela nasçeu para ser jornalista.

E assim, chegamos ao restaurante. O senhor Bertini pediu macarrão com franco, e sobremêsa de chantily. Pagamos 700, cruzeiros. Fiquei horrorisada. Estamos na epoca que uns comem e os outros olham. Quantas pessôa devem olhar as comidas como coisas abstratas.

O senhor Bertini, reclamava por eu ter levado a dona Merçêdes. Fiquei nervosa porque eu não quero confusão com os editores internacional. Eu ia quêixando que estava com saudades do Luiz.

— Ele voltará. Você vae ver. — Dizia a dona Mercêdes.

— Se voltar não o quero mais. Eu não gosto das pessôas enigmáticas. Nós brigamos.

— As brigas reforçam as amisades.

Comigo as brigas atrofiam a amisade. Saimos do restaurate fomos na livraria Francisco Alves, ver o dr. Lélio de Castro Andrade, ele não estava. Não podiamos esperar fomos ao Consulado concluir o passaporte. E despedi do senhor Bertini, ele queria que eu voltasse de carro para a minha casa. Mas eu estava com pouco dinheiro. Fui na redação d'O Cruzeiro e escrevi um bilhête ao Toroks.

— Toroks, me empresta 500, cruzeiros, depôis eu te pago.

E pus na frente dos seus olhos para ele lêr.

— Não tenho. Só quando receber o pagamento. Espera o Frêitas, ele te dá.

Sentei, e fiquei conversando com um pretinho que tem cavanhaque. Disse-lhe que o meu sonho é viver na minha terra, e abandonar a vida litéraria. Dá muita confusão. Quando eu era de favela era despresada pelo povo. Porque ninguem quer amisade com favelado. Dizem q são ladrôes. Mas o que falta para o pobre é comida e carinho. Agora, tem tanta gente que bajula-me e aborreçem.

O pretinho disse que os branco querem dominar os pretos. Eu disse-lhe que não adimite que um branco domina-me. Não dêixo ninguem me por sela, nem frêio. Quero ser livre igual o sol. O meu astro prediléto, porque aqueçe e eu sinto tanto frio, porisso eu sou filha adotiva do sol. Tem dia que eu penso: se fosse para eu escolher um astro para ser o meu esposo queria o sol. Eu não gosto do vento. É mal educado. Espalha tudo. O pretinho continuou dizendo que é casado com branca e ela é contra a raça negra. Quando saiu aquela reportagem, n O Cruzeiro, as nove musas negras,[7] eu mostrei-lhe dizendo que nós os negros estamos suplantando os brancos. Pensei: é que os brancos da atualidade são bons e auxilia os negros nos tratando com carinho. O pretinho que me ouvia disse que, eu residindo na roça podia escrever a vida dos camponêses.

Eu já escrevi em versos e recitei "O colono e o fazendeiro", estava ricitando quando o Frêitas, entrou.

Levantei, caminhando na sua direção e disse:

— Bôa-tarde senhor Freitinhas.

E dei-lhe um abraço.

E disse ao Torok, que se ele soubesse! E pedi os 500, cruzeiros emprestado. Ele me deu 1000.00.

— O Audálio te paga depôis.

Expliquei ao Frêitas, porque é que eu estava sem dinheiro e sai da redação. Entramos no bar, fui tomar uma guaraná.

— A senhora não quer canja dona Carolina? — Ofereçeu-me o garçon.

— Hoje nâo.

— A canja está gostosa!

Sorri, e comentei:

— Tudo que é fêito aqui, é gostoso!

Saimos do bar, pedi a dona Merçêdes para acompanhar-me até a RCA Vitor. Queria perguntar qual é o dia que vou reçeber o pagamento do meu disco.

---

[7] Em "As nove musas negras do Brasil" (*O Cruzeiro*, 28 out. 1961, texto de Glauco Carneiro e fotos de Geraldo Viola, Jean Solari e George Torok), Carolina (associada a Clio, musa da história) figurou ao lado de Dirce Machado (miss), Hilda Ribeiro (vedete), Elza Soares (cantora), Vera Regina (atriz), Wanda dos Santos (atleta), Luiza Maranhão (atriz), Lourdes de Oliveira (bailarina) e Ruth de Souza (atriz).

Quando o senhor Basilio me viu, perguntou se havia cartas para mim.

— Não tem cartas.

Varios artistas estavam presentes, com suas fisionomias tristes pareçe que faltam qualquer coisas para eles? Pedi ao Basilio, para arranjar uns discos para eu levar. Prometeu-me arranjar.

Quando chegamos na porta do edificio fiquei conversando com o Charutinho — o nosso querido Adoniran Barbosa... Queixou-me foi pedir ao Julio Nagib,[8] para gravar para o Carnaval uma composição de sua autoria e o Julio Nagib, recusou. E continuou falando da RCA Vitor...

Eu fiquei horrorisada com as considerações do Charutinho que não é o primeiro a queixar-se da RCA Vitor.

Perguntou-me qual é a minha opinião sobre a organisação da RCA Vitor. Eu tenho uma pratica de desviar os assuntos incomodos. Alterei a voz dizendo:

— Charutinho, os meus filhos gostam do teu programa. Vae visitar-me um dia. E dei-lhe o meu endereço.

— Eu vou para Argentina dia 6. Vou ver se faço um filme por lá, se houver possibilidade de incluir artistas brasileiros o senhor vae?

— Vou com a condição de ser o artista principal.

— Estou fazendo o escript.

Um preto que estava com o Charutinho[9] disse-me que vae dar-me uns discos para eu levar. Convidei o Charutinho, para vir na minha casa. Recusou. Perguntei-lhe:

— E o Oswaldo Malles, é bom para o senhor?

— É o meu pae. Você sabe que o jornalista é bom. Coração de jornalista, é aveludado. Não tem espinho.

A dona Mercedes, deu-me um pedaço de plastico para eu por na cabeça, porque estava chovendo. Recusei. Eu olhava as aguas que avulumava-se no solo, e pensava na favela quando ha enchentes.

Despedi do Charutinho, e convidei a dona Mercêdes, para vir dormir na minha casa.

— Eu não posso!

— Ou a senhora tem alguem.

— Luiz que dorme com a senhora.

---

8 Diretor artístico da gravadora.

9 Personagem interpretado por Adoniran Barbosa no programa *Histórias das Malocas*, da rádio Record.

— Ninguem me quer. Eu não sou Carolina Maria de Jesus.

Fui tomar o onibus perto da Ultima Hora. A fila estava longa. E o povo calmo aguardndo a sua vez para entrar no coletivo. Um senhor xingava o motorista que lhe pedia para por mais gasolina no carro. Pensei: o homem vae pagar e está sendo maltratado.

Um senhor advertiu o empregado do posto de gasolina.

— Você vae ficar no Diário da Carolina ela está te olhando.

O empregado do posto ficou amarelo. Pensei: eu estou impondo respêito mutuo.

A fila começou a andar. Não entrei no primeiro onibus entrei no segundo. Quando cheguei em casa encontrei a dona Alba Borges, que vae tomar conta de minha casa enquanto eu estiver na Argentina. Encontrei um bilhête do Jorge Barbosa Elias, do Paraná que me convidava para ir ao Cruzeiro falar-lhe amanhã as duas da tarde. Jantei e fiquei girando pela casa. Fui arranjar uma cama para a Alba, ablui, e fui dêitar. pensando no Luiz, que vae viajar a uma da manhã. Vae de avião.

1º DE NOVEMBRO DE 1961

Levantei as 6 horas. Fui lava as roupas. A Alba, e Ely foi raspar o assoalho da sala de jantar. Hoje eu estou nervosa. Fui fazer compras na feira. Fiquei horrorisada com o prêço do quilo de fêijão. Cincoenta e cinco cruzeiros. Dôis quilos cento e dez.

Eu estava lavando as roupas quando uma senhora tocou a campanhinha. Eu não queria atender. Ela disse ser um recado que recebeu pelo telefone. Fui atende-la.

— É da Panair do Brasil, que telefonou para a minha casa dizendo que a senhora tem que ir marcar a passagem para Argentina.

Pedi desculpa a mulher e disse-lhe que estou atarefada com tantas coisas para fazer. Ela despediu-se.

Eu fui preparar para ir na cidade atender a Panair. Passei na redação para perguntar onde era a agência da Panair. O Flavio Pôrto, o novo diretor do Bareau de O Cruzerio quando me viu e disse:

— Como você está bonita! Não quer me levar na Argentina?

Sorri. Dei um abraço no Frêitas. Ele explicou-me o local. Sai sorrindo. Entrei no elevador e dei um abraço no acensorista e disse-lhe:

— Voce está engordando muito. É porque fica sentado. Eu vou te pôr na enxada.

Sai do elevador, encontrei o filho do senhor Antonio, secretario do Dr Assis Chatoubrand.[10] Perguntei pela Dona Tereza Beker.[11]

— Ela, vae aos Estados Unidos visitar o dr. Assis.

Dirigi a Panair. Passei na agência da Folha de São Paulo. Conversei uns minutos com o caixa dizendo-lhe:

— Quem descobriu-me foi o senhor Wily Aureli,[12] foi ele quem disse: Carolina, você é poetisa. E eu revoltei porque não queria ser poetisa. Chorei tanto porque é horrivel ter ideias, no cérebro, que envez de regridir duplica-se. Sou grata ao Audálio, que auxilio-me.

— Quanto rendeu o Quarto de Despejo?

— Não somamos. Agora é que estamos ganhando dinheiro da Europa.

— E divide com o Audálio?

— Eu pedi á diversos jornalistas para auxiliar-me, que os lucros seriam divididos.

— Quaes fôram os jornalistas que a senhora pediu auxilio?

— Matos Pacheco,[13] José Tavares, o finado Castrinho o finado Chico Sá, e ao Mario de Oliveira. Tive sorte com o Audálio Dantas.

— Voce já comprou casa?

— Já. Quero ver se compro uma casa para o Audálio com o dinheiro que vier da Europa. Tem pessoas que me falam tantas coisas do Audálio, será verdade?

Cheguei na Panair[14] e aceitei a passagem. Dêixei o cartão do senhor Bertini para ir concluir a passagem, ele tem que levar os documentos. Conversei com as pessôas presentes, dizendo-lhes que gosto dos livros. Quando eu morrer quero o meu tumulo no formato de um livro.

Sai da agência voltei pra casa cheguei com sono fui dêitar pensando na mâe da Maria do Carmo, que quer um livro para dar de presente a frêira. Eu não sou fanática para igrêja sou fanática para os livros. E as crianças que passam fome na favela, eu via as crianças brincando com os bracinhos de bonéca que encontravam no lixo e cabêcinhas sem o côrpo.

---

10 Dono dos Diários e Emissoras Associados.
11 Atriz, amiga de Chateaubriand. O dono dos Associados sofrera uma trombose cerebral em abril de 1960 que o deixara tetraplégico e se tratava nos Estados Unidos.
12 Jornalista e escritor.
13 Colunista social do *Diario da Noite*.
14 Companhia aérea carioca extinta em 1965.

Cheguei a conclusão que se um pobre fica rico, a alma continua pobre. E se um rico ficar pobre a alma continua rico. E transformam em dilema mentaes.

Tem pessôas que me diz:

— A senhora não deve preocupar com a classe que passa fome. Quem deve pensar nisto, são os governos. Os governos pensam em bombas atomicas para distruir o povo. Dá a impressão que um governo não gósta de um pobre.

Hontem encontrei a Ruth de Souza. Ela me viu. Ia passando altiva percibi que não queria me comprimentar. Abôrdêi-a e disse-lhe que vou a Argentina. Por hoje... Tenho dito.

2 DE NOVEMBRO DE 1961

Despertei as duas hóras para escrever. Eu estou atrasada no Diário. Hoje é o dia dos mortos. Fico observando a ipocresia dos vivos levando flores aos mortos. Quando uma pessôa está viva, é mal-tratada, e despresada. A tal sociedade, que envez de chamar sociedade, devia chamar podridão moral exclui, e seléciona as pessôas ferindo sensibilidades nobres. Depôis que morrem choram e enalteçem.

Quantas pessôas morrem por falta de recursos. A minha casa tem o fundo para o cemiterio. Fico olhando os vivos visitando os mortos adornando as campas com flores e velas. Hoje eu vou ficar em casa escrevendo. A Vera vae brincar com as meninas brancas, que reçebe-a com displicência. Acêitando-a por formalidade como [**] os vivos selécionando dividindo as classes.

Se um menino branco entra na minha casa, as mâes vem correndo retirar os seus filho como se contagiassem ao nosso lado. Tem hora que eu tenho vontade de mandar a humanidade a puta que... Mas hoje é dia de finado. Os meus filhos estão xingando-me dizendo que eu vivo abraçando e bêijando os homens se eles soubessem que eu faço isto porque tenho pena dos brasileiros que lutam com o custo de vida. As pessôas quêixam o custo das flores. Passei o dia em casa.

3 DE NOVEMBRO DE 1961

Levantei as 6 horas. Hoje o João, não vae a aula.

A dona Alba, a jovem que está trabalhando para mim, disse-me:

— Quando eu estava em Uberaba, o meu sonho era morar com a senhóra.

Pago-a sêis mil cruzeiros por mêses para cuidar dos meus filhos e da casa. Ela... porinquanto é iducada.

Com relaçôes as pessôas ha muita possibilidade de enganarmos. Estou tomando nôjo da humanidade. Que brilha igual ao ouro, mas é metal laminado.

Hoje eu estou nervosa. Hontem caiu uma faisca eletrica perto de minha casa. Podia atinjir-me. Podia penetra na minha casa e matar-me com os meus filhos. Pareçe que o poeta não tem Deus, para proteger-lhe.

Tomei so café de manhâ e fui na cidade. Fui na Panair acertar a passagem. Pedi ao funcionário da Panaer para telefonar ao senhor Bertini, avisando-o que eu estava esperando-o no escritorio da agência. Sentei, aguardando-o. Mas, eu estou supernervosa para ficar sentada. Sai, e fui ao escriptorio da Bali-Cala encontrei o senhor Bertini, que estava de saida para a Panair. Comprimentei-o e saimos. Fomos na Panair concluir o passaporte.

Depois fomos no Diario ver se o filme que fizeram comigo está pronto. Pometeu o filme para tarde. O encarregado não trabalhou hontem por ser fériado. Saímos do Diário e dirijimos para a Lívraria Francisco Alves. O senhor Bertini, quer conheçer o dr. Lelio de Castro Andrade. Mas o dr Lélio, não estava. Os funcionários diz que ele está doente. Pareçe que o dr. Lelio não gosta de receber-me. Mas eu jurei:

— Vou abandonar a literatura.

Com as confusões que enfrento com o Quarto de Despejo, fui perdendo o amor pela literatura. É que o senhor Bertini, o representante da Editora Abraxas,[15] queria uma fotografia minha com o dr. Lélio. Saimos da livraria eu fui quêixando que vou dêixar a litératura de lado. Vou arranjar um emprego. Não me adapto a ser teléguiada.

Com o dinheiro que recebi da Europa eu queria dar entrada noutra casa e alugar a que estou morando. Com o aluguel eu ia pagando as prestações da casa. Mas o dr. Lélio e o Audálio, interferiram, querem pagar a casa de uma vez. E atrapalham os meus progétos. Avisei ao senhor Bertini, se eu não tiver dinheiro para comprar comida para os meus filhos eu não vou a Argentina. Ele ouviu-me desinteressa-do.

---

[15] Editora portenha que publicou as versões espanholas de *Quarto de despejo* em 1961 e de *Casa de alvenaria* em 1963, assim como o diário de viagem de Carolina a Argentina, Chile e Uruguai.

Pensei: ele ainda não me conheçe. Não sabe que eu sou desçendente da bomba atomica.

Quando chegamos no escritorio o senhor Bertini, deu-me as fotografias que tiramos para o passaporte. É que eu vou mandar reproduzi-las porque a fotografia ficou bonita. Ele deu-me os trezentos cruzeiros que emprestei-lhe. Sai, fui na Livraria Francisco Alves. O dr. Lélio, não estava. Fiquei esperando-o.

Antigamente era ele quem me esperava. Agora sou eu. Mas eu não bajulo procuro cumprir os meus deveres apenas isto. Quando uma pessôa começa a ficar confusa eu mando para o inferno. Sou laboriosa é esforço para as pessôa que negociam comigo ter vantagem.

O Barbosa Lessa, entrou me viu. É claro. Porque eu estava usando um vestido espalhafatoso. Entrou direto sem me olhar. Eu disse-lhe:

— Está rico! Não comprimenta os pobres.

Ele voltou-se e comprimentou-me. E abraçou-me. Falei das ultimas composições que gravei na Fermata e cantei umas composições para ele ouvir. Olhando-o perguntei:

— Qual é a razão dos teus cabêlos abandonar-te e a desilusão de ter entrado nêste mêio?

Ele, olhou-me de disse:

— Quem entra nêste nucleo ou perde os cabelos, ou perde a dignidade.

Dei um suspiro comentando:

— E eu... Perdi a ilusão.

— Isto é que é pior!

Ele seguio, ia falar com o dr. Lelio. Fiquei congeturando. Para mim o dr. Lelio não está. E para outros estão. Mas eu não preciso d'eles. E estou perdendo o interesse pela literatura. Estava pensando nas palavras do senhor Bertini que disse-me que eu devo levar dinheiro se quizer ter despêsas extras. O editor é quem devia me arranjar dinheiro adiantado. Fiquei nervosa. Um senhor que trabalha na livraria disse-me que eu devia ter calma e paciência. Pensei: mesmo eu sendo explosiva eles querem me embrulhar imagina só se eu fosse calma. Comecei a escrever.

Humanidade

Depôis de conhecer a humanidade
suas pervesidades
suas ambições

Eu fui envelheçendo
E perdendo
as ilusôes

O que predomina é a
maldade
porque a bondade:
Ninguem pratica
Humanidade ambiciosa
E gananciosa
Que quer ficar rica!

Quando eu morrer...
Não quero renascer
É horrivel, suportar a humanidade
Que tem aparência nobre
Que encobre
As pesimas qualidades.

Notei que o ente humano
É pervesso, é tirano
Egoistas interesseiros
Mas trata com cortêzia
Mas tudo é ipocresia
são rudes, e trapaçêiros

Um senhor aproximou-se:
— Como vae Carolina? Está vendendo muitos livros?
— Ah! — Respondi bruscamente:
— Eu já enjoei desta confusão.
E li o que acabava de escrever. "A humanidade". Ele ouviu e perguntou:
— Esta é a tua conclusão a respêito da humanidade.
— É que eu estou desiludida neste ambiente. Tem hora que eu tenho vontade de catar papel.
O homem ouviu-me e disse:
— Tem pessôas que te inveja.
— São os tolos que não observam os danos da vida. Cristo teve ventura e desventura. A felicidade é a infelicidade são visinhas, vis a vis.

O homem despediu-se. Eu cansei de ficar na livraria. Sai, fui no bar tomar um café e disse ao empregado da livraria:

— Se eu não tiver dinheiro para comprar comida para os meus filhos eu não vou a Argentina.

E sai furiosa. Varias pessôas convidou-me para morar na Argentina. Eu estava cansada mas meu desejo era de andar, andar ate cansar. Resolvi ir no juizado ver se o pae da Vera deixou dinheiro.

Encontrei as mulheres xingando os espôsos. Quêixando perde-se um tempâo aqui, e não encontra dinheiro.

— O diabo podia carregar o meu marido.

Outra comentou.

— O diabo podia carregar todos.

— Os homens, são tâo nogentos que estes diabos não vão par o céu.

A outra comentou.

— Eu queria ser secretaria do diabo, para instiga-lo a maltratar estes homens nogento que fazem as mulheres sofrer.

Outra que ouvia disse:

— E morre tantos homens na guerr ainda ficam homens para judia de nós.

A fila ia andando. As que encontravam dinheiro ficava contente sorrindo. As que não encontravam saiam resmungando. Eu não encontrei. As mulheres ficavam olhando-me com curiosidade. Falando dos advogados. Uma quêixava que a Olga Maria, está a favôr do seu esposo e contra ela. Outra êlogiava a Dra Zenêida, que é muito bôa e obrigou o seu esposo resolver seus problemas em trêis dias. Ela é contra os homens que abandonam os filhos.

Eis o que me disse a Dona Maria Arlinda Silva dos Santos. Estava contente dizendo que é feliz. Trabalha por dia e ganha dôze mil cruzeiros por mês e tem só um filho. Perguntou-me se sou feliz?

— Não. Sou desgraçada.

Eu penso a vida de um gêito e ela corre de outro. Agora é que eu estou conheçendo os homens. Has os que tem barbas e vestem calças. Mas, são cafajéstes. Deus devia selecionar os homens. Os homens honestos nasçem com barbas e os vadios sem barbas. Os homens deviam honrar a sua condição de homem. Ser honesto andar de cabeça erguida.

— O que é que a senhora faz?

— Já fui lavradora, doméstica, catadeira de papel, e agora sou escritora. Mas a quadra melhor de minha vida foi quando eu era lavradora. Moravamos na roça. Havia solidariedade entre os colonos. Aos sabados, nos faziamos mutirão e a noite havia baile. Tinha um viuvo que queria casar-se comigo. Mas eu não quis porque não tinha confiança em mim. Não tenho paciência com as discusôes que os casaes ençêtam. É bonito um lar, onde rêina paz e alegria.

Eu queria andar initerruptamente. Resolvi ir visitar os recanto onde eu catava papel.

Fui almoçar na casa de Dona Angelina, na rua Frei Antonio Santana Galvão 15. Relembrei os tempos passados. O meu cérebro era povôado de ilusôes. Pensava... Eu vou escrever! Eu vou editar um livro! Eu vou comprar um sitio e plantar flores, criar aves. Como é bonito o cantar dos galos. O cacarejar dos patos. As angolas com suas pénas preta e branca. Revi o numero 17. Onde residia a dona Julita.

O senhor Angelo dizia:

— Você ficou rica. E nos dêixou.

— É falta de tempo.

Respondi circulando o meu olhar pela cosinha. Perguntei:

— O que vamos comêr hoje?

As meninas ficaram alegres quando me viu. Esquentaram sopa, e arroz, e fritaram um ovo para mim. Almoçei, conversei um pouco e fui visitar a Veva. Ela, tem uma filhinha. Está com nove mêses.

A menina chama Maria Luiza. É bonitinha. Fiquei com dó da Veva. Está habatida e triste. Porque reçebeu a visita da desventura. Falamos de Dona Julita do Glimôt, irmão da Veva.

— Ele está contente com a menina?

— Está.

— Não alude a tua condição confusa?

— Não fala nada.

Mas, deve sofrer interiamente. A Veva, era clarinha, agora está escura, e quêixava a vida para mim.

— Eu tenho chorado tanto Carolina! Carolina, me ajuda a ser feliz! Tem dó de mim! Sabe Carolina, eu tenho chorado tanto. Eu não sabia que o mundo era pervesso assim...

— E tua mâe onde está?

— Está trabalhando em Guarulhos na fabrica de uns parentes. A minha mâe tem trabalhado tanto!

Pensei na Dona Julita quando dizia:

— A Veva precisa criar juizo.

Despedi e fui ver a Sandra. Ela está bonita! Reçebeu-me sorrindo. Sua mâe, não estava em casa. Despedi e fui ver uma senhora que tem pensão. Fui ao instituto Bernardo, ver a Marlene. Ela estava auxiliando a sua mâe. Sorriram quando me viu. Perguntaram:

— Como vae de vida?
— Mais ou menos.
— Está feliz?
— Mais ou menos.

Começaram a falar que me viu na televisão, com o Jr. Silvestre,[16] e outros programas. A Marlene disse-me que eu olhei a sua mão e disse-lhe que ela vae casar com um homem rico. Ela respondeu-me:

— Se eu casar com um homem rico vou te auxiliar. E o resto pareçe que é a Carolina que vae auxiliar-me.

Despedi da Marlene dizendo lhe que havia visto o seu pae no juizado. Entrei na sapataria para ver o Eduardinho, e o seu pae. Que é sapateiro e me dava papel.

Hoje eu estou super triste. Queria ficar num lugar dizerto, sem ruidos. Como é horrivel a vida com a fata de tranquilidade interior.

Eu tenho a impressão que estou entre milhares de judas. Eu não gosto de ser contrariada. Quando eu era menina, eu pensava: será que eu vou viver como desejo? Comprar vestidos bonitos, residir numa casa vermêlha, a minha cor predileta. Agora que comprei a casa não me foi possivel pinta-la de vermêlho porque os padres havia de dizer:

— A Carolina é cumunista.

Gostaria de ter um tumulo vermelho mas os padres não vão permitir. Porque eles querem mandar no povo. O mundo para ser bom tinha que ser dirigido por Jesus Cristo, que é um espirito superior e não tem ambição. Me contaram que a igrêja tem uma organizac denominada Metropolitana. E aplica as esmolas que a igrêja arrecada na construções de prédios para alugar apartamento porque não utilisa o que arrecada com os pobres?

Quando apareçe alguem defendendo o pobre, a igrêja amaldicoa-o. Já excumungaram o Fidel Castro. E eu por escrever isto, já sou candidata a uma excomungação. Tivemos padres nobres que interessava na cultura do povo querendo ensinar até os indios.

Minha cabêça estava pezada de ideias — Pensei: hoje... eu vou enlouqueçer! Como é horrivel ter o pensamento poetico. É porisso que os poetas querem morrer. Há os que suicidam. Supondo que vão encontrar tranquilidade no tumulo. Entrei no emporio do senhor Antonio, na esquina da rua Alfrêdo Maia, e perguntei-lhe se já venderam a casa da esquina. Ainda não. Uma senhora perguntou-me:

— A senhora sabe quanto ela quer pela casa?

---

16 J. Silvestre, jornalista e apresentador da tv Record.

— Sêi. Doze milhões.

Fiquei pensando: a mulher que quer dôze milhões pela casa, está com oitenta e cinco anos. Suas carnes ausentaram-se. É só pele e ossos. Ela não vae viver para gastar estes dôze milhôes.

São os espiritos apegados ao mundo.

Tenho a alma angustiada
E um desgosto profundo.
De viver nesta salada.
Que se chama mundo.

O senhor Antonio continuou contando a historia da Carolina. Uma preta que andava pelas ruas, com uma menina lhe acompanhando, e catando papel. Eu sai, fui ver a dona da tinturaria Tiradentes.

Disse-lhe que sinto saudades d eles, mas não posso ir vê-los. Recordei quando ela me dava sabão, pâes, e macarrão, fêijâo e sapatos para a Vera. Ah... agora é que eu recordei o nome da dona da tinturaria. É dona Guiomar. Eu preciso amar aquele povo. Que me auxiliava. Perguntou-me:

— A senhora vae o seu Rodolfo?

— Vou. Estou com saudades dele. Tinha dia que ele estava nervoso. E eu pensava: quem é rico, não precisa ficar nervôso. E enganei: a vida do rico, é um inferno.

Eu seguindo Avenida Tiradentes, relembrando eu suja com o saco nas costas. Debruçada nas latas do lixo. Ficava alegre, quando encontrava metal aluminio para vender no ferro velho. Parava para escrever nas ruas. Pensava... se eu pudesse viver sempre escrevendo... Se eu pudesse viver lendo! Parei na sapataria para conversar com o sapateiro relembrando quando o seu Rodolfo Sherroufer, comprava sapatos para a Vera. E ela dizia:

— O seu Rodolfo vae pro ceu.

Saia correndo, ia mostrar os sapatos aos empregados. Quando abri a porta para entrar o senhor Rodolfo, vinha saindo. Sorrimos e abraçamos.

— A senhora sumiu! Está rica.

Rica! Palavra que eu tenho nôjo de ouvir! Quando eu vêjo um pedaço de doce devorado pelas formigas penso. Este pedaço de docê coincide comigo. Depôis que eu publiquei o Quarto de Despejo.

— Como vae a vida?

— Eu estou no inferno!

Não saiu nada como desêjei. E eu não gosto de ser teleguiada. Eles é quem adiministra o que arrecado eu queria alugar a casa que estou morando e comprar outra ao meu gosto. Com o aluguel da casa eu pagava as prestações. Mas tenho que obedecer. Se eu tivesse diploma superior seria respêitada. Mas tenho só dôis anos de grupo. Sou semi analfabeta. Quêixei minhas maguas para o senhor Rodolfo Sheroufer. Disse-me:

— Bem que eu te dizia que você seria feliz se continuasse catando papel. Você está no mêio dos ricos... quem não sabe fingir alí, não vençe.

Fiquei refletindo mentalmente. Fingir.

O senhor Rodolfo, deu-me uma garrafa de vinho, dizendo:

— Dessafoga a tua decepção nêste vinho.

Sorri, e fui girar para rever os recantos da oficina onde eu percorria quando catava papel. E conversava com os empregados do senhor Rodolfo Sheroufer.

Olhando aqueles homens, com suas roupas sujas de graxa eu pensava: estes é que são homens limpos. Vivem com os produtos do seu trabalho. Não são cafagestes. Não são homens de duplas personalidades. São os opérarios os mais honestos do mundo. Pedi licença ao Senhor Rodolfo para telefonar. Conçedeu-me.

Telefonei para o Cruzeiro, dizendo ao jornalista Carlos de Frêitas, que não vou a Argentina, porque não tenho dinheiro para comprar comida para os meus filhos. Eu teria que fazer uma despêsa extra e o meu dinheiro não dá.

O Frêitas, aconsêlhou-me para não ir. Que vou gastar muito. Desliguei o telefone. E perguntei pelo dr. Souza.

— Está doente.

Foi o que me disse o senhor Rodolfo.

— Pretendo ir visita-lo.

Eu queria voltar pra casa mas estava chovendo. Olhei o senhor Rodolfo e disse-lhe.

— O senhor está engordando, precisa emagrecer um pouco. O senhor deve trabalhar mas.

Ele sorriu dizendo:

— Dona Carolina, a senhora não é minha amiga. Eu já trabalho tanto.

Perguntei:

— E a tua filha já formou-se?

— Se tudo correr bem, ela formará este ano.

Parou de chover despedi. Quando eu estava aguardando o onibus rêiniciou a chuva novamente. Um jovem ofereçeu-me o seu guarda-chuva. Fiquei com ele.

Quando surgiu o onibus Vila Guilherme ele embarcou a maioria dos operarios estavam debaixo dos arvorêdos. Eu fiquei na chuva relembrando quando eu trabalhava na lavoura as vezes não tinhamos tempo de chegar no rancho e molhavamos todo.

Bom tempo. Eu não conhecia o mundo. Que é habitado pelos vermes humanos.

Hoje eu estou tão triste. É que eu não vivo como desêjei. Eu queria comprar outra casa e sair do bairo que estou morando. Quando o onibus chegou eu estava molhada. Mas eu não tenho medo de chuva. A chuva é natural. E o que é natural não prejudica. A agua da chuva é distilada. Quando vae para o alto as impurêsas ficam aqui na terra. E nos tambem devemos ser assim. Os nossos defêitos ficam no tumulo.

Um preto, queria me dar o seu lugar. Recusei. O meu vestido estava pesado. Com a chuva.

Quando cheguei em casa pensei: vou descansar. Entrei e plantei uma muda de flôr que a dona Juana deu-me. A dama da nôite. O João abriu a porta para mim. Fui tomar banho. Sai do banho com dor de cabeça. Pensei: que turtura sofre o côrpo humano.

Sente fome, sente frio, sente dor, sente saudades, sente inquietação interior. Sente sede, tem ambição, esta sombra negra que deturpa o homem. O homem é falso. É mesquinho. E eu fiquei com vontade de morrer.

Mas a morte não vem quando desêjamos. Mas um dia ela ha de vir...
O João estava com radio ligado. Pedi:

— Desliga o radio.

— Não. Eu e o Ely queremos ouvir o Charutinho.

— É sêis horas. O programa do Charutinho é as dez horas.

O João, disse:

— Credo mamâe! A senhora tem um genio!

Levantei nervosa peguei o radio e joguei no assolho e quebrei-o porque o João não me respêita. Não me obedeçe. Quem instiga-o contra mim é o Ely da Cruz.

Eu dei hospitalidade ao Ely, na minha casa, mas arrependi. Fiquei com dó de ter quebrado o meu radio. Mas tem pessôas que para nos respêitar é preciso sermos violentos. E os pretos são pesimos filhos.

Eu estou com falta de ar. João me olhou com o seu olhar duro. Quem me olha com suavidade é só o José Carlos. Mandei o João comprar uma folha de papel e escrevi uma reportagem para a Ultima Hora. O João foi levar. Dei-lhe cincoenta cruzeiros para pagar a condução. O desgosto que eu tenho é que por eu ter morado na favela pensam que sou vagabunda. E eu não sou.

4 DE NOVEMBRO DE 1961

Levantei as 6 horas. Fui escrever. Pensando: eu não vou na Argentina porque não tenho dinheiro para comprar comida para os meus filhos. A minha situação está pessima. Tem uma feira que está pedindo um livro. A mâe da Maria do Carmo, é quem vem pedir o livro. Os componentes da igrêja estão sempre pedindo. Quem quer compra. Eu não fanatica por igreja. O meu fanatismo é pelas crianças que passam fome.

O João, não foi a aula. Foi ao banco ritirar dôis mil cruzeiros para as despêzas da fêira. Enquanto aguardava a chegada do João, fiquei escrevendo.

O João chegou e deu-me dinheiro. Fui na fêira fazer compras. Os prêços estão galgando-se. Já estão dificil para os pobres alcança-los. Quando vou nas fêiras fico triste pensando na humanidade que está condenada a morrer de fome. Fiz as compras e brinquei com os vendedôres e voltei pra casa.

A dona Alba, preparou o almoço. Depois que almocei fui escrever. As quatro horas o dr Jose Roberto Pena, reporter da Ultima Hora, vêio fazer uma reportagem. Quêixei-lhe a vida. E disse-lhe que não mais vou a Argentina porque não tenho dinheiro para comprar comida para os meus filhos. A minha vida está confusa.

Eu estava desfazendo as malas. Mostrei-lhe os livros que comprei e os que estou escrevendo. Ele olhou a casa dizendo:

— Quem me déra, ter uma casa assim.

Perguntei-lhe:

— Quando vae casar-se.

Disse que a vida não está para um homem pensar no casamento.

A noite o senhor Pytagoras, chegou vêio avisar-me que eu não vou na Argentina por causa da greve geral que eclodiu no país.

Expliquei-lhe que não vou porque não tenho nada para dêixar aos meus filhos para comêr. A minha vida está tão confusa. A minha vida ficou insipida. Ha os que querem casar-se e vem pedir-me dinheiro.

Deus me livre. Quem escreve precisa sossego e eu não tenho. Eu disse ao Audálio, que não queria ir na Argentina.

— Tem que ir... — Ordenou-me.
Tem hora que eu fico semi inconciente. Vivendo a época da infancia, quando eu comia goiaba verde. Manga verde. A manga quando é verde é azeda. Vêjo a minha mâe lavando roupas lá no sobrado do senhor José Saturnino. E eu brincando com o Eliantho. Com um estilingue na mão. Foi com o estilingue que o David, matou o Golias.
Antigamente havia só um gigante e a gente podia mata-lo. Hoje os tempos são outros. Temos os atacadistas, que não tem dó de ninguem. Não vê o povo reclamando que tem fome. O pior gigante da atualidade.
O senhor Pytagoras dizia:
— A senhora vae na Argentina... a senhora não me disse que precisava de dinheiro para comprar o que comêr.
— Eu disse para o senhor Bertini.
— Mas Bertini, não é o chefe do escritorio.
Pensei: em que condicôes chegou a minha vida. Eu preciso morrer.
— A senhora vae falar comigo no escritorio, segunda ou terca-fêira. Tem dia que a senhora está positiva, hoje está negativa.
E ele sorria. Começei sentir frio. Percebi que a minha pressão estava abaixando. Eu preciso sair deste mundo.
O senhor Pytagoras disse que precisava ver a sua esposa que estava fora de casa todo o dia. Que trabalharam muito. Acompanhei o senhor Pytagoras, até o portão. Olhando a pirua que está escrita Boli--Cola.
Ele estava alegre, sorrindo. Pensei: que contraste na minha vida. Ele alegre, e eu triste. Recordei a minha poesia, a velhice e a mocidade. Ele saiu.
Eu avisei-lhe que escrevi um artigo na Ultima Hora avisando o povo porque não ia na Argentina. Fico horrorisada com a minha vida atual. Entrei e sentei refletindo. Eu já estou cansada desta confusão.
Sentamos e ficamos conversando. A dona Alba, contou que uns jovens de Uberaba resolveram fazer uma serenata no cemiterio. E não sabiam que os coveiros estavam trabalhando a nôite. Cantaram. Depôis que cantaram, os coveiros aplaudiram. Os cantôres que sairam correndo dêixando cair os instrumentos e quebrando-os.
Fui dêitar. Não adormeci.

5 DE NOVEMBRO DE 1961

Hoje é domingo. Eu estou cansada e triste. Pensando na minha vida que está confusa igual carta enigmática. Passei o dia em casa. A dona Alba, fez o almoço. Eu estou tonta.

Fui dêitar. Já estou enjôada da vida. Dei dinheiro ao José Carlos, para ir ao cinema. Eu estava dêitada lendo quando os reportes da Ultima Hora, que vieram fotografar-me para a Manchet. Hoje eu estou preocupada com a minha vida. Não decorre como desêjei.

Pensamos a vida de um gêito, e ela corre de outro. Quêixei aos jornalistas que não nasci, para ser teleguiada. Fui buscar a Vera para dêitarmos.

6 DE NOVEMBRO DE 1961

Passei mal a nôite. Sonhando que estava circulando dentro de um cimiterio procurando um lugar para sepultar-me. O meu esquife era de vidro. Eu via o meu côrpo atraves do vidro. Adôrnado com flores de vidro coloridos. Olhava os campos e não gostava de nenhuma.

Despertei com as vozes das crianças que iam para aula. Levantei as pressas para preparar o João, que está no quarto ano. Suplico-o para estudar e diplomar-se que ele vae entrar no Liçeu de artes e ofício para aprender um oficio. Quer ser desenhista mecanico.

Hoje eu devia ir a Argentina. Não vou por causa da greve. Mas gostaria de ir por causa da greve. Queria escrever as agruras dos argentinos. A causa do descontentamento do povo. Será o custo de vida? Será a pressão politica? Qual seria a causa do descontentamento das classes. Na minha opinião é que se as terras fossem livres, os homens reanimariam.

Trabalhando por conta propria poderiam construir casinhas e casar--se. Atualmente um homem não pode casar-se. Porque tem que viver com o salário que não benéficia ninguem.

Vou passar o dia em casa porque estou doente com falta de ar. Fui na farmacia comprar remédio. Disisti por causa do prêço.

Tem hora que eu quero morrer! Depôis fico pensando nos filhos que ainda não tem idade para trabalhar. Um filho fica carissimo para os paes. Quando cresçem e são bons êlementos os paes tem recompensa.

Os jornalistas da Ultima Hora vieram saber se eu ia a Argentina.

Não vou por causa da greve. Eles fotografaram-me e sairam. Eu estava com frio fui sentar no jardim, para aqueçer-me. Porque o sol está calido. Fiquei pensando na minha vida, que é igual um edificio que construimos e depôis desaba. Quando eu era menina perguntei a minha mâe se o mundo era gostoso?

Ela, não respondeu-me.

Eu olhava o céu com suas nuvens girando indolentemente no espaço. Eu não passava fome e pensava: o mundo é bonito. Um dia, eu perguntei a minha mâe:

— Mamâe, eu sou gente ou bicho?

Ela não respondeu. E sorriu. Minha mâe falava pôuquissimo. Coisa rára, nas mulheres. Com o decorrer dos tempos eu fui observando o mundo. E os seus atos confusos. O que horrorizou-me, foi ver um soldado matar um homem.

O soldado sorria satisfêito. Dizendo:

— Eu tenho uma pontaria a minha mão, não tremeu.

Fui perguntar a minha mâe se o homem tem o direito de matar o homem?

Ela, não respondeu.

Percebi que cabia a mim mesma de observar o mundo. Um dia, vi uma mulher chorando, e fiquei horrorisada. Eu pensava que era só as crianças que choravam.

O senhor Rodolfo Sheraufer, deu-me uma garrafa de vinho. Estou bebendo, para reanimar-me. Porque estou com frio. Passei o dia em casa.

>
> Nada mais pra mim, êxiste
> Em nada encontro belêza
> Não há coisa mais triste
> Do que a tristêza

Passei o dia em casa.

Umas senhoras vieram visitar-me, não as recebi. Porque estou com dor de cabeça. Já enjoei de viver. Fico pensando na Belinda Lee,[17] que não gostava da vida. Tentou suicido e morreu num desastre. Qual seria a sua magua interior? Para os infelizes a vida é longa demaes.

Eu fui catar papel, para ser fotografada e tropeçei.

O reporter disse:

— Você está distrenada.

Na casa de um poeta, a felicidade passa. Mas não estaciona.

Dêitei durante o dia e sonhei que um homem estava correndo atraz

---

17 Atriz britânica.

de mim com uma faca. Eu corria e pulei uma cerca procurando um lugar para esconder e despertei transpirando e contei ao José Carlos, que sonhei com um homem correndo atrás de mim com uma faca. O Jose Carlos disse:

— Me dá o endereço dele que eu vou brigar com ele.

Quando eu fico triste, os meus filhos contam anedotas para eu sorrir. É que eles ignoram que ha tristêzas, que são os cançer da alma. São incuraveis. Quando a ilusão feneçe, o encanto pela vida desapareçe.

Quarto de Despejo

Quando infiltrei na literatura
sonhava só com a Ventura
Minh alma estava chêia de hianto
Eu não previa o pranto.
Ao publicar o Quarto de Despejo.
Concretisava assim o meu desejo.
Que vida. Que alegria..
E agora... Casa de Alvenaria.
Outro livro que vae circular
As tristêsas, vão duplicar.
Os que pedem para eu auxiliar
A concretizar os teus desejos
Penso: eu devia publicar...
— só o Quarto de Despejo!.

No inicio vêio adimiração
O meu nome circulou a Nação.
Surgiu uma escritora favelada.
Chama: Carolina Maria de Jesus.
E as obras que ela produs.
Dêixou a humanidade habismada

No inicio eu fiquei confusa.
pareçe que eu estava oclusa.
Num estojo de marfim.
Eu era solicitada
Era bajulada.
Como um querubim.

Depôis começaram a me invejar.
Diziam: você, deve dar
Os teus bens, para um assilo
Os que assim falava
Não pensava.
Nos meus filhos.

A damas da alta sociedade.
Dizia: praticae a caridade.
Dando aos pobres agasalhos.
Mas o dinheiro da alta sociedade
Não é destinado a caridade.
É para os prados, e os baralhos

 E assim, eu fui desiludindo
O meu ideal foi regredindo
igual um câmpo envelheçendo.
Fui enrrugando, enrrugando...
petalas de rosa, murchando, murchand
E... estou morrendo!

Na campa silente e fria.
Hei de repousar um dia...
Não levo nenhuma ilusão
porque a escritora favelada.
Foi despetalada.
Quantos espinhos no meu coração.

Dizem que sou ambiciosa
Que não sou caridosa.
incluiram-me entre os usurários.
porque não critico os industriaes
Que tratam como animaes.
— Os operários...

7 DE NOVEMBRO DE 1961

Hoje eu estou triste. A tristêsa veio passar o fim de ano comigo. Eu pensei que ela havia olvidado-me. Dizem que ela persegue os poetas.

A tristêsa é malvada. Alegria não gosta dela. São inimigos inrreconciliaveis.

Alegria é jovem. É bonita. Goclemênsta só das crianças e as crianças vive sorrindo.

A tristesa é velha enrrugada.

Entra nos lares sem convite.

Hoje eu estou com frio. Frio interno, e externo. Eu estava sentada ao sol escrevendo. E supliquei:

— Oh meu Deus! Oh meu Deus! Onde estaes? Preciso de voz!

O José Carlos que estava na janela do pavimento superior disse:

— Eu estou aqui dona Carolina! Olhei para a janela.

Eu dei uma risada. Quando fico triste ele agrada-me e diz:

— Canta mamâe! Canta a valsa que a senhora fez. Vamos cantar... Ajudo a senhora!

O que eu sei dizer: é que as mulhe que tem filhos pequenos nesta época não sabem sorrir, porque os prêços dos genéros alimenticios nos faz chorar. Se as terras fossem livres havia fartura. Os homens que imigram para a cidade plantavam lavouras. E casava. Quando os homens compreenderem que as terras tem que ser livres, ai, haveria o nôvo jardi do Eden.

Eu fui fazer as compras matinaes, um motorista deu-me a Ultima Hora. E eu li, a minha reportagem.[18] Li varias vezes procurando compreender o que eu escrevi. Crêio que devia dar uma satisfação ao povo, porque não fui a Argentina. A greve, a falta de dinheiro para os filhos. Os filhos, é a sombra das mâes. Filho é hospede predileto do pensamento materno. Passei o dia lendo, e relendo o que escrevi. Vou finalisar o meu romançe Mulher diabolica.

Se eu pudesse vive só escrevendo... mas a minha vida é derrivada.

Tem hora que eu fico pensando que sou igual ao relogio. Andando sempre! Se o relógio para, o homem faz ele andar.

Tem hora que eu penso: porque é que éu não fiquei lá no mato plantando lavoura?

Mas as terras são dos fazendeiros. E tem que plantar só o que eles querem.

Mas assim é a vida, dos que passam por este mundo. O dinheiro é pouco. Gasto cincoenta cruzeiros de pão por dia — os filhos queriam pão. Fiz um bolo de fubá e a dona Alba fez uma sôpa de lentilha — Eu

---

18 A reportagem sobre o apelo de Carolina saiu com o título "Carolina (sem vintém) ameaça suicídio: não quer voltar à favela".

estava na consinha quando tocaram a campanhinha. O Ely foi atender. Voltou dizendo que era uma jornalista e mandou entrar. Ela foi até a cosinha e disse-me:

— A senhora não me conheçe. Mas eu a conheço. Eu sou do Jornal do Brasil, e vim aqui para conversar com a senhora.

— Conversar o que? — Perguntei apreensiva:

— Sobre a reportagem que a senhora fez hoje na Ultima Hora. É verdade tudo que a senhora publicou?

— É.

Respondo. Com a voz cansada como se eu estivesse a cem anos no mundo. Para mim o mundo é igual uma prisão, em que eu estou louca para sair e não ha possibilidade. Devido as grades que são os meus filhos.

— Foi a senhora quem escreveu aquela carta para a Ultima Hora?

— Foi.

— Eles não te obrigou a escrevê-la?

— Não.

— Qual foi o motivo que a levou a escrever uma carta tão confusa assim?

— Sete coisas.

1. Tristêzas.

2. Desilusão.

3. Enjôei da vida. E quero morrer.

4. Decepção. Pareçe que estou entre os bichos ferozes. Mas o bicho mais feroz é o verme.

5. Não nasci para ser teleguiada a pior coisa que há, é a gente enchergar, a andar puchada num cabrêsto como se não encherga-sse, ou como se fosse incie.

6. Eu queria alugar esta casa e mudar daqui.

7. O que aborreçe-me são os pedidos de emprestimos. E eu não posso emprestar.

Ela ouviu-me em silêncio e o fotografo, ia fotografando-me.

— A senhora não tem caso amôroso?

— Não.

— A senhora acredita na ingratidão de amôr?

— Do homem para a mulher sim. Dá mulher para o homem não. A mulher é mais fiel do que o homem.

— Porque é que a senhora fala assim? Têve experiência amorosa.

— Não. Mas li nos livros e lêio os fatos amorôsos que os jornaes publicam.

Ela sorriu comentando:

— Ninguem define uma tese sem conheçer profundamente o assunto, ou viver o drama. A senhora é macumbeira?

— Nâo. Não crêio. Porque?

— Porque o jornal O Dia, do Rio publicou uma reportagem que a senhora é macumbeira.

Não sorri, e não achei graça na reportagem que o O Dia fez.

Eles podiam publicar uns trechos do meu livro Quarto de Despejo para relembrar os politicos que o pôvo não aguenta o custo de vida, e as crianças precisam de bôa alimentação e as terras precisam ser livres para o povo plantar e ter fartura.

Eu disse-lhe que não crêio em macumba. Que tenho dó dos macumbeiros. Porque o que ele gastam com macumbas podiam comprar carne para alimentar-se. Ela insistia para eu dizer se tive algum caso amorôso.

— Eu não amo ninguem. Posso gostar de uma pessôa mas eu não dêixo o amôr dominar-me. Esqueço as pessôas com muita rapides. Na carta que enviei a Ultima Hora, eu não mencionei amôr. Mencionei que o meu dinheiro acabou-se. E vou voltar ao lixo novamente. O que me punge a senhora leu na reportagem.

Respondeu-me que não leu a reportagem porque não gosta de escrever conheçendo ja o dilema.

— Mas a senhora sendo uma mulher inteligente, como é que foi escrever aquela carta, e procurar logo a Ultima/ Um jornal que é desacreditado por todos. Porque é que você escolheu a Ultima Hora?

— Porque é eles quem me visita quando estou doente.

O fotografo disse-me:

— Esta é a Silvia Donato prémio Esso de reportarem.

— Ah! É a senhora? A senhora foi muito comentada aqui em São Paulo!

O fotografo confirmou o que eu disse.

Olhando-a minuciosamente disse-lhe:

— Eu estou voltando ao primitivismo. Voltamos a — sôpa e ao bolo de fubá.

Ela cortou uma fatia do bolo e comeu. Dizendo que estava gostôso e o fotografo tambem comeu e perguntou:

— Quem fez foi a Carolina?

A dona Alba disse:

— Foi.

O fotografo deu-me o endereço da sucursal aqui em São Paulo. Rua Sete de Abril. E o telefone do Rio. Convideia para ver a minha casa. Ela achou a casa bonita. E perguntou-me:
— Porque é que a tua casa ainda não está tôda mobilhada?
— É que eu não tenho vaidade.
Fomos no pavimento superio. Ela achou-a confôrtavel. Perguntou:
— Quanto você ganhou com a peça do teatro?
— Ainda não recebi.
— Ah! Você gravou um disco.
— Gravei. A senhora quer vê-lo?
Coloquei o disco na vitrola. Ela ouviu e perguntou:
— Já recebeu as percentagens?
— Não senhora.
— Quem cuida dos teus negócios?
— Dêixo ao criterio deles.
— E se eles te enganar?
— Não há perigo. Eles já sabem que eu sou explosiva fui vacinada com a bomba atomica.
— Quer dizer que o livro, Quarto de Despejo, deu uma peça e um disco?
O seu olhar circulava pelo quarto. Eu observando-a disse-lhe:
— A senhora não quer morar comigo? A senhora é faladeira e eu tambem sou. Podemos fazer uma dupla.
Ela ficou seria olhando-me. Olhou o relogio dizendo que ia tomar o aviao das vinte três horas para o Rio.
— O teu livro, Casa de Alvenaria o que é?
— É o Diario. A minha vida na cidade.
— A senhora poderia falar de amôr, mas, não quer...
— Eu nunca amêi. Se convivo com um homem, trato-o bem. Mas, não o amo. Se vivo com alguem, e este alguem me abandona, esqueço-o logo. A minha preocupação são os meus filhos. Filho é uma coisa muito delicada.
O fotografo ritirou dizendo:
— Fica você e a Silvia. E conte tudo para ela. Voces mulheres entendem.
— Podem ficar, porque eu nada tenho a dizer. Minha amisade com o homem é platonica.
— Como é que a senhora arranjou estes filhos. São treis não é?
— São. Arranjei-os por intermédio das aventuras. Infelizmente todos a prendem a refletir na maturidade.

— A senhora não tem amôr? Dá a impressão que há um caso amorôso na tua vida.

— Eu não amo ninguem.

— Com esta simpatia tôda. Não crêio.

— Muito obrigada pela gentilêza.

A dona Silvia, pensou e perguntou-me:

— Carolina, e o teu problema sexual? Com tantos jornalîstas assediando-te...

Fingi não compreender a pergunta e disse-lhe:

— Pôis é nos voltamos ao primitivismo. A sôpa de fuba, bolo de fubá. Considero este lapso que vivi numa casa de alvenaria como um sonho...

— O que você vae dar a Silvia — Pediu o fotografo. — Uma lembrança.

Dêi ordem ao Ely, para ir buscar dôis livros encadernados e autografei entregando-os.

O fotografo disse:

— Um escritor não dá um livro deste a ningue. Temos que comprar, elle autografa.

— Estes livros, eu reservei para os jornalistas. Porque são vocês quem impele um escritor.

Eles despediram-se. Acompanhei lhes até o portão. A dona Silvia deu-me um bêijo. Olhei a pirua de cor branca escrita aos lados Jornal do Brasil.

O motorista estava no carro.

Êles entraram no carro e partiram.[19] Entrei para dentro de casa pensando que a minha carta não há nada para transforma-la em sensacionalismo. Eu estava confusa.

Tinha a impressão que a minha cabêça ia crescendo, crescendo e depôis ia diminuindo — parece que os meus miolos estão girando dentro do cerebro. Olhei para o alto. Procurando o céu, mas vi o estuque da sala de visita e compreendi que o céu está tão distante... E o homem com vida, não vae ao céu. E os que já morrêram, não voltaram para nos dizer se estão no céu... O José Carlos disse:

— A senhora devia dizer que amou o Luiz!

— Eu esqueci, meu filho!

---

[19] A entrevista saiu na capa do Caderno B de 10 de novembro, com o título "Carolina recorre à pobreza por necessidade".

8 DE NOVEMBRO DE 1961

Hoje é dia de fêira na minha rua. Desperto com as vozes dos fêirantes. Por falar em fêira os preços nas feiras estavam tão alto que dá a impressão que os generos vieram de esputiniki[20] do espaço. Fiquei horrorisada. O prêço da batata 60 cruzeiros.

O João foi a aula, dei um bilhête para ele entregar a professora que devia dêixar ele sair as 10 horas e levou um bilhête para o dr. Lelio de Castro Andrade, pedindo-lhe dez mil cruzeiros.[21] Citei-lhe que avisei ao gerente da Editora Abraxas: se eu não conseguir dinheiro para comprar comida eu não vou a Argentina. Eles são muito economicos. Fiquei circulando pela fêira e fui comprar um quilo de arroz. Não compro nada na minha fêira. Porque eu sou a Carolina Maria de Jesus — Dizem que fiquei rica. Eu fui comprar dôis sacos de farinha para fazer panos de pratos.

— Quanto custa cada um?
— Custa quarenta e cinco.

Olhou-me no rôsto e abriu os olhos.

— A senhora é a dona Carolina?
— Sou.
— É autora do Quarto de Despejo?
— Sou.
— Ah... então o saco custa noventa. Quantos sacos a senhora vae levar?

Olhei o dono da barraca e não disse nada. Sai furiosa. Pensando na morte. Crêio que é so com a morte que vou ter tranquilidade de espirito.

Depôis penso. Não. Eu dêvo viver! O escritor deve conheçer as qualidades e os defêitos da humanidade.

O meu pensamento eclodia dentro do cérebro pareciam ondas encontrando-se.

Volto a pensar no passado. Quando eu não tinha dinheiro ganhava esmola. Os que me olhavam, olhavam por piedade. E hoje os que me olham olham com inveja e rancôr comentando. Ela ficou rica! Tenho a impressão que a minha vida tem duas faces. Uma de cobre, outra de ouro. Ou então eu era um carvalho frondôso e agora... As folhas estão

---

20 Alusão ao Sputnik-1, primeiro satélite artificial da história, lançado pela União Soviética em 1957.
21 Cerca de 690 reais em 2021.

amarelando-se e desprendendo-se até reduzir ao pó. É horrivel sair na rua e ouvir o povo dizer:

— Olha a Carolina!

E ficam comentando como se eu fosse de outro planeta. Mas eu não posso xingar... Se eu pudesse voltar ao passado queria retornar aos sete anos. Que quadra gostosa... se a gente pudesse reformar o fisico como reforma-se um vestido. Eu queria reformar-me. Tem hora que eu penso: eu queria ser boba. Sendo inteligente angariei inimisades porque não deixo ninguem me fazer de boba. Mas se eu fosse boba, idiota não percebia nada. Mas...

Deus! tenha de mim clemência.
protejei a infausta poetisa
Deste-me, tanta inteligência...
Que... me martirisa!

Eu estava pensando: Meu Deus se o dr. Lelio, não mandar dinheiro, eu vou catar os resto da fêira e faço uma sôpa.

O José Carlos, entrou com um saquinho de papel e disse:

— Um caminhão ia passando. E o saco de açucar furou e caiu um pouco de açucar eu catei e trouxe para a senhora. Posso continuar catando o que encontrar no lixo. Vamos voltar a comêr o que encontramos no lixo outra vez?

— Não sêi meu filho? A nossa vida é igual um balão que sobe sobe e depôis quêima e tudo se acaba.

O Jose Carlos, olhou-me e disse:

— Acho que eu vou levar a senhora no médico, para ele tirar uma chapa da cabêça da senhora para ver se está funcionando bem. A senhora vae ficar louca.

Ele saiu e voltou pedindo:

— Compra uma cinta para mim.

Mas a cinta que ele está usando, ainda está bôa. Ele saiu dizendo:

— Eu vou ver se encontro o João. Se ele não trouxer dinheiro eu vou catar ferros. A dona Alba fez o almoco eu estava almoçando. O Ely, chegou dizendo que tem greve na cidade. O João, chegou com o dinheiro e disse-me que o dr. Lelio, disse que eu dêvo ir lá. Mas eu estou tão desiludida... Preciso reabastecer a minha alma de alegria. Fui pagar o açougue, e a padaria. O açougueiro fica alegre quando me vê.

Fico contente porque atualmente sou recebida com olhares rudes. Eu almocei e fui comprar sapatos para o João. O sapateiro embrulho dôis pares, eu devolvi o outro dizendo-lhe que se eu roubar qualquer coisa, não consigo dormir. Tenho o carater bem formado.

Ele pegou os sapatos e agradeceu-me. Conversamos. Eu disse-lhe que gosto do serviço que ele faz, é bem fêito. Ele disse ser gaucho. Está em São Paulo faz trêze anos. Falamos do prêço que fica um filho. É o prêço de um terno... Quem cria um filho atualmente é um heroi. Dêixei os sapatos do João, para concerta-los e voltei a (favela) para minha casa. Com a noticia que eu estou pobre, ninguém me aborreceu. Passei o resto do dia em casa. A noite fui na cidade ver o que havia nos jornaes.

Fomos de onibus. O choufer perguntou-me:
— É a senhora a autora do livro?
— Sou. — O senhor já leu o livro?
— Ainda não. Mas vou lêr.

Prometi dar-lhe um livro e desçemos. Fômos na Ultima Hora. Eu queria saber se havia saido no Jornal do Brasil.

Não saiu. Saiu na Manch.[22] É a reportage que fiz e o jornalista Guimarães deu-me para eu ler. Agradeci e saimos da redação. Eu estou triste sai de casa, para ver se encontrava alegria. Giramos pelas ruas. Eu queria assistir o filme Jeca Tatu, com o Mazzaropi. Não encontramos o filme. Entramos num bar para tomar refrêsco.

Mas eu queria refrescar a mih'alma. O Audalio diz:
— Você não tem que se queixar da vida. Você tem de tudo.

Aquele você fica na minha mente.

E os outros? Os operarios que tem varios filhos... E não podem dar-lhes uma alimentação condigna. Tenho a impressão que sou uma estatua de mil metros, observando o sofrimento da humanidade. O Brasil vae ser um pais bom quando as terras fôr livres. A reforma agraria era a esperança de povo. Ficou o progeto. Mas o povo precisa é da realidade.

Voltamos para casa.

9 DE NOVEMBRO DE 1961

Hoje eu estou semi alegre pensando no editor da Argentina. O dr. Lucian Sahovaler. Sera que ele vae desistir de levar-me. Eu não gosto de viajar porque eu não tenho estudo para enfrentar os vates que hão

---

[22] Revista *Paris Match*.

de afluir-se para me ver. Porisso é que eu quero desistir da imprensa. Não deixo de escreve porque o escrever para mim é tão escencial devido a fusão de ideia que promanam no meu cerebro.

Quando eu vêjo uma cachoeira despreendendo água em abundancia e o céu super lotado de estrelas penso: tudo que é da natureza é em profusão e assim são os versos que povoa o meu cérebro. Tem hora que eu tenho a impressão que estou num palacio lá no céu. Que o ceu é dividido em salas. E cada sala é de uma cor. As paredes e os moveis de cor unica. E eu fico na sala vermêlha. E o Luiz fica numa sala azul. Cada sala tem uma pessôa usando a sua cor predileta.

Hontem eu conversei com um guarda-civil. Ele tem uma olhar que dêixa uma mulher confusa. Um olhar amorôso. Disse-me que lêu no meu livro:

A Biblia manda crescer e multiplicar mas, não manda casar. Eu não li na biblia a obrigatoriedade do homem no casamento.

Pensei: quem está seguido os ditos da Biblia são os animaes. Um homem para adiquirir uma mulher precisa paga-la. Os animaes não. Porisso eu acho que na vida dos animaes há mais perfêição.

Eu queria ser animal irracional. Não precisava pensar na comida. Ah! Eu estava falando do guarda civil. Ele queixou que está lutando para comprar um apartamento. Que é casado paga dez mil cruzeiros por mês para ir diminuindo as prestações. Quando era solteiro morava nas pensôes e as donas de pensôes exploram os solteiros. Perguntou:

— Se não vou a Argentina?

— Não. Eu desisti. Não tenho cultura para mesclar com os estudantes de outros países.

Pediu-me um livro para a biblioteca da guarda-civil, e outro para o diretor da guarda senhor Osmar Galvão. Autografei os livros para ele. Ele agradeceu sorrindo. É bonito ver uma pessôa sorrindo.

Despediu-se. Eu entrei e dêitei no sofá. Sonhei que eu era menina e estava brincando com outros meninos. Os meninos eram o Paulo Dantas, o Camarinha. O senhor Assupção, e outros que eu não conhecia pegavamos nas mâos, e cantavamos:

A dona igrêja anda dizendo
Que nós somos cumunistas
Ela não quer que extingue
O raio dos capitalistas

Depôis saiamos correndo dois a dôis. O que corria atraz queria pegar o que ia na frente. Depois sonhei que estava comendo, arroz, fêijão e carne. É gostôso sonhar que estamos comendo.

Mas eu despertei com a voz do José Carlos dizendo:

— Come mais mamâe! É a ultima colherada. A senhora precisa comêr.

Sorri. Achando graça nos cuidados do meu filho.

Passei o dia em casa.

A nôite parou um carro na minha porta. Era o Miller, que vêio dizer-me que eu devo ir a Argentina no dia 11 ou 14.

Quando estou nas ruas se encontro algum conhecido pergunta-me:

— Já foi na Argentina?

— Não. Eles estão adiando sempre.

E eles cantam jocosamente:

— Vae ou não vae?

— Vae, vae vae, vae, mêsmo!

Mostrei a casa ao Miller que disse-me que o Audálio, está viajando, foi fazer uma reportagem. Fiquei pensando e disse ao Miller que o Audálio dêixou de vir na minha casa.

— É porque você magoou-o — Disse o Miller prendendo o cachimbo entre os dentes.

Respondi-lhe que o Audalio, dêixou de vir na minha casa depois que passei a gostar do Luiz.

— Deve ser ciúmes. — Comentou o Miller sorrindo com malicia e prosseguio — Você deveria sentir-se orgulhosa com o ciumes do Audálio!

Fiquei nervosa e comentei que a nossa amisade, é platonica. Nunca pensei em ter os momentos sexual com o Audálio. Ele não o meu tipo. É um idiota com as mulheres. Quando uma mulher lhe dá oportunidade ele repele. E a mulher perde a simpatia por ele pensei.

O Audálio anula todos os desêjos que eu manifesto se eu não reajir, ele me pôe frêio. Mas... eu sêi dar côiçe.

O Miller achou a casa muito grande. Mostrei-lhe as reformas que eu fiz e mostre-lhe o convite que recebi do Jornal do Brasil para ir na exposição de fotografias amanhã no chopp center de São Paulo.

Escrevi um bilhete e dei ao Miller, para entregar ao Dr Lelio. Pedindo 30 mil cruzeiros[23] para gastar na viajem que vou empreender na Argentina. O Miller disse-me, que o dr. Lélio, disse-lhe que eu

---

23 Cerca de 2070 reais em 2021.

estou devendo cem mil cruzeiros na livraria e que gastei isto num mês! Eu não pedi cem mil cruzeiros de uma vez.

É porisso que eu gostava de catar papel. Porque não tinha detetive na minha vida. Eu não gosto de ser fiscalisada.

Mostrei-lhe o meu vestido de pena. Ele deu-me um recorte de uma reportagem que saiu na Argentina anunciando a minha ida n'aquela cidade.

O Miller, despediu-se dizendo que ia jantar no club dos artistas. Não gosto daquele club por ser frequentado por semi incultos endinheirados. Eu ia prendendo o Miller com os meus lamentos.

Não mencionou as reportagens que eu fiz. Eu disse-lhe que pretendo comprar um sitio. O Miller disse-me que faço bem. Mas tenho que auxiliar na divulgação do livro para angariar dinheiro para comprar o sitio.

Disse-me que o dr. Lelio disse-lhe que já faz dez dias, que eu não apareço na livraria. É que quando eu vou na livraria, o dr. Lélio recusa reçeber-me. Isto faz eu perder a força moral perante os empregados. Quiz dar-lhe uma lição para emancipa-lo. Se o dr. Lélio, é criança que va brincar com estilingue. Quando os meus filhos entram na livraria, os empregados falam:

— Já vieram buscar dinheiro.

Se surgir outra polemica eu dessisto de literatura. Fui ensinar ao Miller, [**] o local onde se toma o onibus. Ele foi de carro.

Entramos no carro, ele deixo-me em casa tratando-me com amabilidade. Percebi que o Miller é um tipo que sabe conquistar uma mulher. Mas, as que são incientes. Entrei em casa pensando nas palavras do Miller. Repetindo o que o dr Lelio disse-lhe:

— Ela, gastou cem mil cruzeiros.

Com o decorrer dos tempos pretendo dêixar a literatura. Estou cansando do nucleo. É um nucleo que as pessôas precisam e devem ser afonica. A esposa do Linconl, ficou difamada com gastadeira. Ela não ganhava para gastar. E eu ganho. A livraria ganhou muito dinheiro com o meu livro, fiquei contente, porque estou auxiliando os brasileiros. Quer dizer que eles podem gastar o que ganhar. E eu, não! assim não está certo! O dr. Lélio é advogado! Dêitei e adormeci. Pensando na livraria e sonhei que estava brigando com o dr. Lelio. Dei uns tapas no João, que estava dormindo comigo e reclamou.

— O que é isto mamâe!

Eu pensei que estava expancando o dr. Lélio. Percebi que ele não gosta de preto.

E a minha amisade com ele... Vae sofrer um corte. E eu pensei que os brancos estavam ficando bons. Escrevi uma carta para o Dr. Lionel Brizola.

10 DE NOVEMBRO DE 1961

O João foi a aula, eu fiquei escrevendo e lavando roupas. Estes dias as coisas para mim estão amargas. Não tenho sossego com os versos que duplicam na minha cabêça.

A tarde recebi a visita de Dona Maria Marchetti. Que ela reside na rua Alfrêd Maia. Disse-me que tem duas casas aqui no Imirim aconselhou-me para econimisar:

— Senão você volta ao passado.

Quem nasçe na pobrêsa não tem medo da pobrêsa. Ninguem tem medo do que já conheçe. Fiquei horrorisada. Ouvindo-a dizer que eu tomava café na sua casa e comia bolo. Não é verdade.

Podem ler o meu Diário que não encontram o nome de Dona Maria Manchetti. Hoje é que fiquei sabendo o seu nome. Ela ficou adimirada olhando a minha casa. Dizendo que vale dôis milhôes.

Eu estava preparando as roupas na mala para ir a Argentina.

Toquei o meu disco para ela ouvir. Depois que ouviu o disco disse que gostou da valsa "Quem assim me ver cantando". Despediu-se dizendo:

— Carolina, vae na minha casa. Mas é casa de pobre.

Eu fui comprar um par de mêias de nylon porque é quente. E na Argentina faz frio. Trocamos e saimos. Eu e a Alba. Fomos de onibus até a Ultima Hora, e tomamos um taxi. Quando chegamos no Centro Metropolitano de Compras, já haviam inaugurado a exposição.

Quando cheguei vi os reportes, o dr Lelio, o Miller, Audalio, e outro mas fui direto aos jornais que estavam expostos fiquei lendo-os quando vi a reportagem de Silvia Donato. Dizia que eu menti, dizendo que estou pobre.

Fiquei furiosa, porque eu não minto. Pensei a reportagem foi paga. Eu avisei ao dr. Lelio que ia sair no jornal percebi a sua interferencia. Pensei. Esta reportagem é paga. O autor da exposição convidou-me para ser fotografada contemplando os quadros. O fotografo que promoveu a exposição é o senhor Wilton Santos. Estava presente o diretor do Jornal do Brasil. Conversei com um senhor que estava representando o senhor José Bonifacio:

— Vae levar a reforma agraria avante? Que o povo ficou contente. Mas o progeto do senhor José Bonifacio, está congelando-se.

Ele disse-me que o senhor José Bonifacio, está aplicando a reforma agraria, em varias cidades, Josilandia, Valentin Gentil, Araraquara, Marilia, Fazenda Santa Helena. Campinas e Capivari.

É que eu estou anotando as criticas do povo contra o senhor José Bonifacio. Citando-o de falso Messias da atualidade. Que o senho José Bonifacio, lançou a reforma agraria como um trampolim para atrair votos na elêição. E quem engana o povo não triunfa.

Olhando o homem que falava comigo disse-lhe que a sua bôca é pequena demaes para o rôsto. Ele sorriu. Percebi que ele é um homem triste, demonstrando que já está descontente com a vida. Ninguem está contente com a vida. Porque será que o ente humano é incontentável? Quem é pobre lamenta. Quem é rico lamenta.

O Miller queria entregar-me os trinta mil cruzeiros. O José Tavares de Miranda,[24] chegou, olhou-me no rôsto e comprimentou-me. E perpassou o olhar no meu vestido.

Fotografaram-me com o Miller. O Audalio não quiz ser fotografado comigo. Pensei: ele está resentido comigo. Eu estava conversando com o diretor do Jornal do Brasil, quando o dr Lelio, aproximou-se e eu disse-lhe:

— Oh dr. eu não vi o senhor!

— E eu tambem não te vi.

Pensei, eu e dr Lelio, deviamos formar uma dupla. Os finjidos.

Não olhei o rôsto do dr Lelio, aquele afeto que eu sentia por ele arrefeçeu. Tudo na vida é assim inicia com calor e finda esfriando-se, esfriando. Até fenecer. E o que feneçe não resurje.

O Miller, disse-me:

— Você anda dizendo que "nós" te teleguiamos você ainda tinha dinheiro. Daqui por diante é que nos vamos adiministrar os teus haveres.

Aquele "nós" que o Miller, proferiu ficou eclodindo no meu cerébro, igual um ciclo na água. Juro, que não estou contente com a inclusão do Miller no nosso negocio.

Ele devia cuidar só das traduções e não dar palpites. Ele quer orientar o Audalio. O melhor de todos e o Paulo Dantas. É afonico. O Ronaldo de Moraes, o Torok, o Frêitas, o Camarinha e outros.

---

24 Colunista social da *Folha da Manhã*.

Mas o Miller, quer ser o Conselheiro. O advogado, o orientador. Eu não gosto do Miller.

Quando eu cheguei, os guardas-civil que estavam tocando saudaram-me e um disse-me:

— Sabe Carolina, eu entreguei o livro ao Senhor Osmar Galvão, e contou para outros que eu dei um livro para a biblioteca dos musicos.

O Audalio, disse que alguem pergunta:

— O que é que você fez com o dinheiro da Carolina?

— Ela é quem sabe.

E a mim perguntam:

— É verdade que o seu dinheiro acabou?

O Miller, recomendou a dona Alba, para olhar bem, a minha casa.

Fiquei pensando. E saimos sem despedir-se. Contemplando o solo e pensando. Crêio que vou ter paz quando for recluída nas entranhas da terra. Não despedi de ninguem. Fui na casa de modas La bela Italia comprar mêias de Nylon não tinha. Elas ficaram olhando o meu vestido perguntando:

— Onde comprou este vestido?

— No Rio.

— Quanto pagou?

— Dessôito mil cruzeiros.

As balconistas mostrou-me as ultimas criações. Disse-lhe que tenho muitas roupas. E vou a Argentina. Saímos e ficamos girando. O meu desêjo era andar andar até encontrar o fim do mundo. Comecei pensar... Eu queria ser calma. Não aprecio o meu genio explosivo, mas não tenho um homem para defender-me. Se eu for calma, hão de me por cabresto. E... Eu dêvo continuar assim. Se eu fosse casada transformava o meu genio violento. Seria mais aveludada. Eu disse ao Mill que a Silvia Donato, não publicou o que eu disse. Nunca menti na minha vida, e li o nosso dialogo para ele ouvir.

Não aprovaram quando eu disse que as mulheres são mais fieis do que os homem.

Fomos ao cinema assistir Rocco, e seus irmâos.

Quando saimos do cinema fui procurar um motorista. Ele queria que eu pagasse a ida e a volta. Que não ganhou nada hoje.

Fomos de onibus para casa. Eu incitei "O colono e o fazendeiro" para o representante do senhor Jose Bonifacio, que deu-me umas explicações de agricultura.

11 DE NOVEMBRO DE 1961

Passei o sabado fazendo as compras para dêixar aos filhos. Comprei os generos alimenticios no emporio porque os preços na fêira não estão ao alcançe do povo. Estou preparando a mala. Devo seguir viajem dia 13.

12 DE NOVEMBRO DE 1961

Hoje é domingo. Recebi convite para ir ao baile do 220, mas, não é possivel eu estou exausta. Preciso ler uns livros e escrever uns artigos para publicar na Argentina. Eu não gosto de baile — prefiro passar uma nôite lendo. O livro... Me facina. Eu fui criada no mundo. Sem orientação materna. Mas os livros guiou os meus passos. Evitando os habismos que encontramos na vida.
Bendita as horas que passei lendo. Cheguei a conclusão que é o pobre quem deve ler. Porque o livro, é a bussola que ha de orientar o homem no porvir. Passei a parte matinal escrevendo.
A dona Alba, fez o almoço. Eu fui comprar uma galinha não encontrei. Hoje eu estou sentindo frio. Não tem sol visivel. Fui escrever na cama dêito debaixo das coberta ate aqueçer-me. Depôis sento na cama, e escrevo. A dona Alba foi visitar sua irmâ. Eu lavei roupa e fui dêitar. O senhor Pytagoras vêio dizer-me que recebeu telegrama da Argentina dizendo, que eu dêvo viajar dia quinze. Quarta-fêira. Falamos da reportagem que eu fiz. Jurei não mais fazer reportagens sensacionalista porque eu nâo tenho sossego.
O senhor Pytagoras, disse que eu devo ser teleguiada porque sendo escritora não posso andar a procura de editor. Que eu dêvo obedeçer o Audálio. Que eu dêvo tudo a ele. Pensei: se o Audálio ouvir isto vae inchar igual a rã que queria ficar do tamanho de um bôi.
Mas eu não tenho genio para ser teleguiada. O meu temperamento, é de ser livre igual a brisa.
Li a poesia que fiz para o senhor Pytagoras, ouvir.

Misterio

Quantas vezes dedica-se amisade
A um tipo reles, sem qualidade.
Destituido de valôr.

Que nos faz chorar, e sofrer.
Mas, quem pode compreender,
O mistério do amôr.

As vezes um homem correto
Não é o nosso predileto.
Não lhe temos simpatia
E amamos um cafajeste
Que não honra a calça que veste.
        Uma porcaria

Ele achou bonita e pediu a copia. Dei-lhe. Ele disse que é assim mêsmo. Que são os tipos opôstos que une-se.

Eu disse-lhe que:

— Gosto de um guarda-civil, super educado. Mais educado do que eu, e os jornalistas e até mesmo ao senhor. Ele impôs respeito na minha casa. Afugentou os vadios.

E citei as vantagens que tive com o Luiz. Ele aconselhou-me a escrever ao Luiz, para voltar. Mas o meu afeto pelo Luiz, já está fenecendo. Tenho minhas razões para olvida-lo. Eu penso no Luiz, o dia todo habituei com ele. Estou nervosa porque ele não mais quer voltar. Ele sabe viver comigo. Com ele eu era amavel. Engraxava-lhe os sapatos para ele não sujar as mâos. Lavava-lhe os ternos, para ele não pagar tintureiro. Eu cheguei a conclusão que os homens são mais ingratos do que as mulheres. O Audálio, disse que são nós mulheres. Será que foi indireta para mim? O dia que eu encontrar o Audálio vamos esclareçer isto.

O senhor Pytagoras citou os nomes dos seus irmâos. Tem Platão Pericles.

Os nomes dos filosofos passado. Ele despediu-se. Dei-lhe um livro. Esqueci de dizer o que ele ensinou-me: que eu dêvo dizer aos favelados argentino que todo pobre deve ler. E aprender uma profissão. Amar o trabalho. Ser correto e não mentir. Quem sabe ler prospera em qualquer lugar.

A Vera foi ao cinema com o José Carlos. Ela estava alegre dizendo assim:

— Eu queria ter comida, casa e roupas. E Deus me deu tudo isto. O dia que eu encontrar com Deus, vou dizer-lhe, muito obrigado porque, ele é melhor para mim do que o meu pae. Quem devia dar-me tudo isto era ele. Eu não acho graça em falar... Papae! Prefiro falar Audálio, mamâe, Paulo Dantas, Ronaldo Toroks senhor Francisco, Serrador e dona Luíza.

Eu disse ao senhor Pytagoras, que os meus filhos me xingavam quando nós moravamos na favela, saia para catar papel. Quando voltava encontrava os meus filhos falando de mim. Eu ficava ouvindo-os.

— Deus me livre de ter uma mâe assim: eu queria ter uma mâe branca. Porque os brancos moram nas alvenarias os negros nos barracôes. Negro não deve ter filho. Porque não podem dar-lhe nem o que comêr. Quando ela chega vae fazer polenta. E eu não gosto de polenta.

Se os filhos xingassem os paes inuteis, eles haviam de lutar, e trabalhar.

Mostrei os meus livros ao senhor Pytagoras e disse-lhe:
— Eu lêio todos os dias.

A noite a dona Rosa Esfaciotti vêio visitar-me e convidar para irmos ao cinema. Ela está alegre porque saiu na Manchetti. Quer saber se o seu livro vae ser publicado.

Vamos ver. Vêio agradeçer o meu estimulo.

E a época do livro. Fico contente vendo o Brasil abraçando a cultura. Toquei o meu disco para ela ouvir. Ela gostou da valsa. Li a poesia para ela ouvir — "O misterio". Ouviu e disse que a poesia é real.

Eu não queria sair mas... Falou-me de suas primas. Uma tevê um filho. Mas, não gosta de trabalhar. E quem tem filho precisa trabalhar.

Eu disse-lhe que o Luiz foi-se embora e falamos de sua educação êlevada. Troquei e fomos na cidade passamos na Ultima Hora. A Dona Rosa, queria agradecer o Magalhâes, a reportagem que fez na Manchetti. Ela estava tao elegante, que dava gosto olhar-lhe. Citei ao Remo Panzella que viajo dia 15. E mostrei-lhe a reportagem do Jornal do Brasil e li o meu dialogo com a Silvia Donato, quando ela refere-se que a Ultima-Hora é desacreditada. O Remo ouviu-me e disse:

— Voces fazem as confusâo e depôis, dizem que somos nós que não prestamos. Achei sensata a resposta.

Ele pediu, o telegrama da Argentina, prometi dar-lhe amanhâ. Perguntei ao Remo:

— Quando é que você vae dicidir engordar?

Sorriu dizendo que não quer engordar.

Saimos da Ultima Hora e fomos ao cinema Paisandú. As onze horas deixa-mos o cinema.

Cheguei em casa com sono.

13 DE NOVEMBRO DE 1961

Levantei as 6 horas.
Despertei o João, para ir a aula. Fui comprar fosforos, sal e leite. Tem pão que sobrou de honten. O João foi comprar coalhada para mim. A dona Alba chegou as sete horas dizendo que sou bôa para ela, ela não gosta de prevaleçer. Recebi a visita do jornalista Alexandre Germano, da Ultima Hora que vêio saber se eu vou a Argentina dia 15.
Eu escrevi um artigo para a Ultima Hora e um bilhête para o senhor Pytágoras e dei ao Ely, para levar e telefonar para o senhor Pytágoras. Mas entreguei tudo ao Alexandre e disse-lhe que nos temos que esforçar para elevar a cultura. Temos que imitar o Socrates. Ele sorriu e despediu-se. O Ely, foi com ele até a Ultima Hora. Dêi dinheiro ao Ely, para pagar a luz.
Eu fui dêitar um pouco. Estou pensando na minha viajem na Argentina. Estava escrevendo quando a Vera, foi atender a campanhinha e galgou os degraus avisando-me que um senhor do canal 5 queria falar-me.
— Manda subir.
Eu recêbo visitas no meu quarto fico sentada escrevendo. Era o senhor Lombardi que vêio convidar-me para o programa, nada alem de dôis minutos para eu esclarecer o que que há com os meus editor e falar da reportagem que eu fiz.
Citei-lhe que não posso ir por causa da viajem que vou empreender dia 15. Dei-lhe o telefone do senhor Pytágoras, para confirmar se vou, ou não.
Passei o resto do dia lendo e escrevendo.

As vezes um homem, é gentil
Tem nobrêsa, e tem valôr
Mas a mulher, é imbecil
Ama: o que é inferior

14 DE NOVEMBRO DE 1961

Levantei as 6 horas e fui fazer compras. O João, foi a aula. Não tem agua. A dona Alda, preparou o almoço. Dormi durante o dia. Despertei com a voz da visinha japonesa repreendendo as crianças. Fui ver se os meus estavam no nucleo. Estavam.

— O que há?

A japonesa disse:

— É que eles toca a campaninha e depôis core. Criança e diabo são iguaes.

— A senhora conheçe o diabo?

— Non — Respondeu rindo. — Mas a gente ouve fará que o diabo é ruim.

Pensei: se a humanidade pensasse para falar não falava asneiras.

Quando os meus filhos me viu, dirijiram-se para casa. Fiquei habismada. É o primeiro gesto elegante que eles praticam.

A agua chegou fui lavar roupas. E fui na farmacia comprar perfumes.

O Ely, levou o radio para concerta-lo, e voltou dizendo que já estava pronto. Paguei 400.

A noite o senhor Pytagoras, vêio dizer-me que temos que sair as cinco da manhâ. Pegou a mala para ver se há excesso de pêso

Pédiu, para ritirar algo. Ela saiu. Tomei banho e fui dêitar.

15 DE NOVEMBRO DE 1961

Despertei as 3 da manhâ. Abri a janela. O ceu estava escuro. Está chovendo. Fui agêitar as cobertas para aqueçer a minha filha. Percebi que as pulgas havia picado-a matei algumas. Liguei o radio, na radio Bandeirante, para ouvir as horas. Fui olhar o relogio, era três e quinze. Resolvi escrever um pouco, e lêr uns trechos do romançe que estou escrevendo. Já estou finalisando-o. Pareçe que excedi nas cenas amorosas.

As quatro horas fui trocar-me e aguardar a chegada do senhor Pytágoras para levar-me a Campinas. O guarda noturno passou e viu a janela aberta, parou na rua e assobiou. Abri a janela e disse-lhe que vou viajar.

— A casa vae ficar vazia?

— Não, mas é bom olhar.

— Então, até a volta.

Eu estava concluindo os apetrechos. Despertei o Ely, para fazer o café.

Dei mil cruzeiros ao Ely, para comprar frutas para os filhos.

Os fêirantes estavam chegando. Fui comprimenta-los. Eram os japonêses, sorriam e perguntou-me:

— A senhora gosta de levantar cêdo?

— Eu vou a Argentina.
— Que bom. Se eu pudesse viajar... então até a volta!
E um japonês deu-me um abraço dizendo:
— É gostôso não é?
Fui ver se o senhor Pytágoras, estava chegando. Entrei e sentei, pensando nos filhos que vão ficar sosinhos. Porque os filhos sem a presença da mâe está só. O João despertou-se com o radio que estava ligado, no programa de tangos. O senhor Pytágoras chegou com o senhor Gualter De Luiz.
Assim que avistei a pirua bradei:
— Bom-dia!
O João e o Ely já estavam carregando as malas.
Recebi os discos que o senhor Pytágoras, trouxe e coloquei-o na malêta e zarpamos. Eu ia pensando nos filhos. Hoje é feriado pouquissimas pessôas nas ruas. Chegamos com facilidade na cidade. O onibus já estava na rua. Colocamos a bagage no onibus, e fomos procurar uma banca de jornal.
Comprei a Ultima Hora. Fiquei horrorisada quando li que o Baby Pignatari,[25] vae divorciar-se. Será que estes casâes não sabem amar-se? Será que não sentem saudade um do outro? Ou eles, não tem coração? Como é bonito os casaes que comemoram as bodas de prata. Cercado pelos netos.
O onibus ia sair as onze horas.
O senhor Pytagoras, nos deixou e despediu-se. No onibus estava um japones, que falava com sotaque ingles. Perguntei-lhe se falava ingles. Disse que sim.
— Onde estudou?
— No Japâo.
— Fala português?
— Falo. Já faz trêis anos que estou no Brasil.
— O seu nome?
—Takashi Elizuka.
Pagamos as passagens mas o motorista nos disse que nois iamos sair as onze. O senhor Gualter De Luiz, foi avisar o senhor Pytagoras, que o onibus ia atrasar. Fiquei esperando-o e sai fui comprar um sainduiche e conversei com o dono do bar, que disse que gosta de lêr, mas, não tem tempo. Percebi que ele queria agradar-me.
Porque, quando gostamos de algo, arranjamos tempo. Paguei o

---

25 Empresário, neto do conde Francisco Matarazzo.

sanduiche e sai. As pessoas circulando o olha nas flores que adornavam o jardim da praça da Republica. Fiquei pensando que o mundo é belo. Quando será que o homem vae compreender que o mundo é um recanto para adorar-se e venerar-se. No céu há as estrelas, o Sol e a lua. Nos jardins há as flores com suas tonalidades variadas. E nos lares ha as crianças. E as crianças precisam de pâo. Os adultos tem o dever de pensar nas crianças.

Quando cheguei ao escritorio da Panaer, o senhor Gualter De Luiz ainda estava ausente. Entrei e sentei. O gerente olhou-me e sorriu. Um sorrisso de contentamento. Pareçe que o homem desconhece a tristêsa. Começamos a falar da situação do pais. Criticando o nosso dinheiro que está fraquissimo. Ele expôs o seu programa se fosse politico não dêixava o homem ficar super-rico. O homem que enriqueçe inlimitadamente fica egoista. Distancia-se do povo. Já quer ser politico quer escravisar o homem eu impunha uma lêi não dêixando o povo gastar o desnessesario. Tudo que fosse importado tinha que ser racionado. Pensei — O home que agir assim, sacrifica o povo. Perguntei-lhe o nome. Disse que chama Ronaldo. Continuou dizendo que faria uma reforma no governo, eliminando os maus politicos.

O senhor Gualter De Luiz, chegou e nos saimos na pirua. Dirigindo para Campinas. O dia está tepido. A viagem decorreu-se sem anormalidades. Eu ia contemplando as paisagens maravilhosas. Com seus arvorêdo adornados de flores. E as terras abandonadas. Sem cultivos. Fico pensando nos genéros que o homem podia ter, se amasse a terra plantando. Depôis da mâe, é a terra, a maior, amiga do homem. Que nos dá o pão de cada dia.

Eu ia conversando com o senhor Gualter, que disse-me que o senhor Pytágoras, é um homem deçente, correto e humano. Que está contente na firma. Que adimira-o muito e ainda não conheçe o dr. Luciano Sahauvoler.

Quando chegamos ao aéroporto o sol estava oculto. É bonito o local onde está localizado o aeroporto. Fui o alvo dos olhares. E varias pessôas pediam autografos.

Concedi de bôa vontade porque hoje eu estou alegre. Fui comprimentada por uns argentinos que perguntaram se eu vou levar o vestido de pena?

Respondi que sim. Um jovem deu-me o seu endereço para eu ir procura-lo em Buenos Aires, ou telefonar-lhe. Ulisses Bruno Campello.

Outro senhor disse-me que os argentinos estavam aguardando a minha chegada de 6 deste.

— Senti ausentar-me do pais, e ter que dêixar-te. E graças a Deus, vou ter o prazer de ver-te no meu pais.

Eles levavam dôis violôes e diziam:

— São mais baratos aqui — E exibiam.

O avião O avião que eles iam embarca. Eles despediram-se dizendo:

— Até a tarde em Buenos Aires.

Os passageiros iam zarpando-se, e outros aglomerando-se ao meu redor. Surjiram umas professoras. Comprimentaram e disseram que ensinam os ruralistas. Uma é professora em Campinas. Maria do Carmo. Ensina economia.

— Que economia a senhora acha que o colono pode fazer se o que ele ganha já é tão pouco.

Ela disse-me que ha varios modos de economisar.

— A senhora está contente nêste nucleo que está incluida?

— Não.

— Porque?

— Não noto sinceridade no nucleo que estou mesclada.

— Porque?

— Agora que o negocio prosperou e criou raizes parece que eles tem dó de pagar o que arrecado com o livro. Porisso eu estou ficando descontente. Sou observadora. Percebi que se eu for reclamar não vou ser atendida. A unica coisa que vou angariar é inimisade.

A professora disse-me que todos escritores reclamam. Sendo assim vou renunciar a literatura com pesar. Porque eu gosto da literatura. É a vida! É a vida. É a vida. Com seus declives. Recitei "O colono e o fazendeiro" para as professoras ouvir e disse-lhe que nós os favelados somos os colonos que cansamos de ser explorados e deixamos as terras e os seus donos. Percebi que o fazendeiro indiretamente contribuiu, para implanta as favelas nas grandes cidades. Elas despediram-se.

O senhor Gualter, convidou-me para almôçar. Eu pedi risoto. Porque os outros pratos eram complicados.

Conversamos no decorrer do almoço criticando a mulher que castrou o esposo. Que perversidade. Ela podia desquitar-se. Falamos da infidelidade da mulher. Eu não aprovo. O homem não é um obgeto que escarneçe-se e atira-se ao leo. Depôis do almoço fui percorrer o campo da aviação. Tem arvores frutiferas e framboian, com suas flores vermêlha. A minha cor predileta.

O Silva Netto chegou, disse que foi reçeber um politico. Estava acompanhado com o seu irmão e uma senhora disse que pretendia ir comigo a Argentina mas não foi possivel.

O avião chegou, eu embarque com dificuldade porque alguns queriam autografos. Achei graça ouvindo um senhor falando em alemão.

— Vamos ter a honra de ter uma negrita no avião.

Os alemães que ouviu-me olhou-me. Respondi os olhares com o meu olhar duro e frio. Os jornalista entrevistou-me e fotografou-me. O senhor Gualter acompanhou-me até o avião. Conseguindo um lugar para mim.

Ele estava alegre. Porque eu escrevi uns versos para o dr. Adhemar, e dei para ele levar a sua esposa, que é adhemarista. No avião fui saudada pelas aereomôças que bradaram:

— Sêja bem vinda dona Carolina!

Eu dei o numero do telefone do Audálio, para o senhor Gualter, telefonar-lhe amanhã. Meus companheiros no mesmo banco foram dôis senhores. Armando Pagano, e Eduardo Espinosa. Agradaveis e cultos.

Iamos ouvindo valsas vienenses. Eu queria tango. Pensei em pedir para tocar tango mas... fiquei com vergonha. O avião não trepidava. Eu tinha a impressão que estava numa sala de visita.

Eu estava sentada ao lado do presidente da federação esportiva da Bolivia que retornava de uma excursão pela Europa. Senhor Eduardo Espindosa jogador.

O presidente é o senhor Armando Pagano, que lia um livro no seu idioma. Disse-me que eu dêvo continuar escrevendo.

— Escrever a verdade esclareçer o povo.

— Existe algo que non se puede escrebir. Tienes caso que es preciso perdonale.

Ele ouviu-me. Pensei: ele vae criticar o meu espanhol, mal pronunciad Los êrros conscientes tienes que legar aos ouvidos do pueblo.

As jovens que estavam no avião tratavam-me com amabilidade. As aereomôças gentilissimas. Perguntando pelo Audalio, se ele é velho. Respondi que não.

— Ele é um homem que pareçe menino. É miudinho.

— É verdade que a senhora é amante do Audalio?

— Não. Apénas amiga porque?

— Porque o povo fala que ele é muito bom para a senhora. E os homens quando são bons para uma mulher é por interesse.

Quando chegamos ao aereoporto atraves do vidro eu ia fitando o fabuloso Rio Lá Plata. O rio é navegavel. Pnsei: o rio que eu lia na geografia e agora estou vendo-o. Eu lembro, quando eu era menina eu disse a minha mâe, o livro diz que o mundo é grande. Eu pensava que o mundo era so o Sacramento. A minha terra. Ou então até onde a nossa vista alcansava.

Reconheci a dona Beatriz Braide de Sohavaler a esposa do editor Dr. Idel Luciano Sahavaler. Fiquei alegre: Não estava cansada. Enquanto aguardamos ordem para sair do avião eu ia fitando o ceu argentino. Estava azul, adornado com nuvens brancas. Não vi passaros avôando. Com os ruidos estentareos dos aviões as aves distanciam vão para o campo. E fiquei pensando nas andorinhas que abandonaram Campinas. Até as avês tem horror do progresso. As andorinhas fujiram dos aviões, e o homem daqui uns tempos ha de fujir da bomba atomica.

Os jogadores que estavam no avião falavam do Pelé:

— Ele está rico. Vendeu a historia de su vida por vinte milhôes.

Comentavam: o Pele, nasçeu com estrela de outro. Teve sorte. Nasçeu no Brasil. E os brasileiros não são egoistas. Eles amam-se mutuamente e dâo valor aos seus compatriotas. Eles quando gostam são sinceros. Brasileiros não olham cor. O Pelé deve dizer: graças a Deus! Eu nasci no Brasil.

Eles gostavam do Janio. O Janio não compreendeu que nasceu num pais humano, foi ingrato. Quando recebemos ordem de dêixar o avião os jogadores fôram os primeiros a descer. Mesclei entre eles e desci com a bôlsa, e o meu casaco vermêlho. Os fotografos estavam esperando-me e fôram fotografando-me. A dona Beatriz, estava com ele. Os jogadores de foot bol, pararam para fitar-me e um disse:

— Non es o que los digo? Quien nasçe em el Brasil nasçe marcado com la felicida. Non ves esta mujer. Fôram ritira-la de los basurales.

Comprimentei a dona Beatriz e perguntei pelo dr Luciano Sahavaler. Ele não poude entrar.

Eu ritirei para o lado, em frente ao avião para dar entrevista aos jornalistas, e os funcionarios do aereoporto pediu para os jornalistas fotografar-me com eles. Os fotografos recusaram. Fiquei com do dos funcionarios do aereoporto que me honravam sendo fotografada com ele porque é lindo, ver um homem trabalhando. O trabalho e o comprovante de uma integridade reta. Não quiz insistir com os fotografos. Não estou no meu pais e quero dêixar bôas impressôes, para agradar o Audálio. Tem hora que fico pensando: será que o Audálio gosta de mim? Eu gosto dele, e de sua esposa. E do filho. Desejando-lhes felicidade. E aqui na Argentina eu senti o valor do Audalio.

Sorri quando ouvi um jornalista argentino dizer no Brasil existe um Deus, chamado Audalio Dantas, para mim o homem que faz um bem é um Deus. Quem traduzia minhas palavras era a jornalista Haydêe Jofre Barroso.

Fiquei alegre quando um jornalista mostrou-me o meu livro. Dei uma risada. Peguei o livro e exclamei:

— Que belêza.

Para mim todo livro é belo. Dêvo adorar o livro porque o livro é o elo que abre a inteligencia libertando-a. O meu sonho era viver cem anos para ler todos os livros que ha no mundo. — A capa do livro é bonita.

Vamos voltar a jornalista Haydêe Jofre Barroso.

— Porque é que a senhora é Barroso?

— Eu sou descendente do Almirante Barroso. Nasci no Brasil. Moravamos em Copacabana. Vou ao Brasil todo ano.

— No Carnava? —Perguntei.

— É linda. — Respondeu-me com sua voz indolente.

Tem uma ponte e o aereoporto é por baixo da ponte. O povo que estava na grade da ponte agitava os lenços para mim. Olhei em tôdas direçôes procurando um preto e não vi. Passamos pela alfandega para examinar as malas e os fotografos fôram fotografando-me através dos vidros. O senhor Sahavaler estava entre o povo do lado de fora. Quando saimos fui comprimenta-lo.

Que homem notavel.

Tem um aspecto sereno. Pareçe que ele é calmo interiormente. E eu invejo os calmos. Entramos no auto do dr. Sahavaler, os jornalistas nos acompanhava noutro carro.

O aereoporto é distante da cidade. Os fotografos fotografou-me lendo dentro do carro. Eu ia fitando as arvore verdes da Argentina. É um verde brilhante pareçe que a terra contem iodo. A cidade é plaina. Não tem picos e um vale onde a vista não eleva-se. Estava tepido. O transito é mais lento do que o Brasil não se vê ninguem correndo para atravessar as ruas. Que são amplas.

Chegamos ao Hotel Lion Hotel. Confortavel no interior. Eu fui par o quarto andar 407. Que apartamento... Magnifico. Com espelhos prateleiras e estantes para livros. Duas salas amplas com cadeiras foradas com talagarç coloridas. É preciso ver o apartamento para aprecia-lo. Eu tinha a impressão que era uma rainha. Recebi a visita de um jornalista de La Prensa.

Oscar Henrique Villard e o fotografo Jorge Miller depois fomos jantar no restaurante 9 de julho. O Don Queixote ou Avenida Carlos Pelegrine. Tem 140 metros de largura. O carro do senhor Sahavalar, enguiçou. Que suplicio para normalisa-lo.

Fiquei horrorisada com a quantidade de pessôas que jantam no restaurante não é a classe rica. É a classe média.

Eu era o alvo dos olhares.

O que achei interessante é a nôite surjiu as nove horas. Tinhamos um programa de televisão que foi adiado. Comi carne. Uma carne gostosa... E pensei no povo que precisa de carne.

Voltamos ao Lion Hotel fui dêitar. Pensando nos filhos.

A dona Beatriz olhou os meus vestidos.

16 DE NOVEMBRO DE 1961

Despertei as 3 horas. Olhei ao lado esquerdo procurando a Vera não encontrei e recordei que eu estou em Buenos Aires. Tão distante de meus filhos. Pensei no João e disse:

— João, desperta para ir a aula!

E empreguei a minha força telepatica. Queria acender a luz para escrever, mas o regulamento do Lion Hotel proibe. Fiquei no lêito aguardando o despontar d arora. Não consegui ouvir o cantar dos calandros. Levantei, ablui e fui escrever. As sete horas pedi o café, e continuei escrevendo. As dez horas recebi um telefonema de um jornalista avisando-me que vinha entrevistar-me. Telefonei ao Dr Lucian e ele disse-me que volvia dentro de dez minutos.

A dona Beatriz foi falar com os jornalistas. Eu fique escrevendo. Ela levou a copia do livro para eles ler. Quando desci fui introdusida numa sala ampla. Com uma mêsa ampla no centro e varias cadeiras ao redor. Indicaram-me uma cadeira na cabeceira da mêsa ao lado de um cronista que lia uns trechos do meu livro.

Senhor Bernardo Ezequiel Korrenbbit,[26] descreveu o livro dizendo que ha êrros de ortografia. Mas ha fidelidad eu estou relatando e abôrdando um problema que aflije o continente. O custo de vida que aflige a classe proletaria. Que são os homens poderosos das nações, o causador da desorganização. Eles são os donos das industrias os atacadistas gananciosos que na sua ambicion desmedida não volve seu olhar a las criaturas humildes que necessitan del pan de cada dia. Que la humanida evoluiu en la cultura mas ficaram deshumanos.

Enalteçeu a inteligência do Audalio Dantas. Em perceber nas minhas palavras quando visitou São Paulo que eu sou uma intelectual que estava aguardando uma oportunidade para revelar-se.

---

26 Anotação à margem da página: "kor. Bernardo Ezequiel Korenblit".

— Ao senhor Audalio Dantas, o nosso irmão, minhas consideracion por su ato de nobresa. Demonstrando que es un periodista que se mescla com los pobres.

Findo apresentacion, fui sentar ao lado dos jornalistas, para responder las interrogacion.

Eran tantos periodistas que não me foi possivel anotar sus nonbres. Perguntaran-me:

— O que vão fazer os brasileiros para extinguir as favelas?

R. A extinção das favelas tem ser por intermedio da reforma agraria. Porque nos os favelados somos os colonos que trabalhavamos na lavoura. Quando o fazendeiro não nos dêixou plantar nós os colonos emigramos para a cidade. O fazendeiro inconscientemente, implantou a favela nas grandes cidade.

P. O que pretende fazer de sua vida?

R. Escrever e educar os filhos.

P. Qual é a sua opinion com a renuncia de Janio?[27]

R. Eu previa que o senhor Janio Quadros, não ia concluir o mandato. Ele é ator. Não é patriotico. Ele, é um homem metamorfoseados. Quer ficar na historia.

P. Qual é o melhor politico do Brasil?

R. Dr. Adhemar de Barros. Mas o povo não compreendeu o valor do dr. Adhemar de Barros. Mas o povo já está desiludido e espera um Messias.

— Precisa vir um Messias para el mundo Carolina. — Respondeu um senhor que ouvia-me.

A sala de recepção estava completa. Homens e mulheres. Quem traduzia era a escritora brasileira Dona Carmen Silva. Que disse humoristicamente:

— Salve Carolina, eu escrevo mas sou obscura. Vou aproveitar o teu cartaz para apareçer.

Um periodista perguntou a dona Carmen Silva:

— O que sintetisa uste em Carolina?

R. Sintetisa uma granada explodindo contra a fome.

P. Carolina qual é a sua opinião contra o mundo?

R. Deshumanidade. E os atos indecorôsos dos maus politicos contribuio para conbalir as belas mentalidades dos jovens do nosso tempo. Um politico tem que dar bons exemplos, moraes adiministrativo, para ser imitado.

---

[27] O presidente Jânio Quadros renunciara em 25 de agosto de 1961 e fora substituído pelo vice João Goulart (PTB) num regime parlamentarista.

P. Ha preconcêito no Brasil?

R. Não. Os pretos do Brasil não sabem que são pretos porque os brancos não mencionam a nossa cor. Os brancos do Brasil são muito bons. E dá opurtunidade aos pretos para desinvolver-se...

P. Tem homens de colôr na politica?

R. Temos. O preto brasileiro tem livre arbitrio. Pode escolher o que quer. Nada lhe será vedado.

P. Você lê muitos livros?

R. Lêio. E li o Homen médiocre de José Inginieiros.

P. Dissem que ele escreveu a sua biografia.

Defendi o notavel escritor portenho, porque adimiro a sua inteligencia na observacão das classes sociaes do glôbo soube definir as pessôas e suas qualidades. Como eu gostaria de conhecer o José Inginieiro.

P. O que pretendem ser os teus filhos?

R. O João José, o primeiro filho, quer ser desenhista mecanico. O José Carlos, quer ser medico. A Vera Euniçe, quer ser pianista e professora.

P. Ela escreve?

R. Quer escrever. É elegante para escrever. Outro dia ela escreveu que a mulher deve trocar de roupas e não de marido.

A dona Carmen Silva, traduziu, e eles deram gargalhadas.

P. Se você tivesse que renasçer, queria levar esta vida que levou?

R. Queria, é ter a sorte de encontrar outro Audalio Dantas. Porque sem ele, não existia nada disto. Ele é a chave de tudo isto.

Ganhei flores. Um bouquêt de clravos e um ramo de flor da Enbaixada do Brasil, onde é funcionaria a dona Carmen Silva.

P. O que achas você de Fidel Castro?

R. Não lêio nada, sobre o Senhor Fidel Castro. Apenas ouço as mulheres dizer que, ele é muito bonito.

P. E de Frandizi?[28]

R. Ouço dizer que ele é um homem extraordinário. Que a sua inteligência é ampla igual o espaço.

A dona Carmen Silva sorriu comentando:

— Você é experta enhe Carolina! Ninguem te faz de boba.

Pensei: eu não posso criticar os politicos de outros paises. Dêvo criticar os politicos do meu pais porque são errados.

O que eu notei nos argentinos são o gosto pela arte. As mulheres

---

[28] Arturo Frondizi, presidente da Argentina.

são caprichosas e assiadas. Não tem mau halitos. Não vi criancas vadiando nas ruas. As casas são confortavel no interior adornadas com gostos artisticos. Os tacos são bem unidos e de dois palmos de comprimento. Está quente. Usam roupas leves tecidos de linho. Não vi um homem embriagado nas ruas.

Não vi pretos.

Perguntei ao senhor Sahovaler:

— Aqui na Argentina, não tem preto?

— Aqui há preconçêitos.

R. Não há preconçêito Mas aqui faz muito frio no inverno, e os pretos não gostam de frio. Eles imigrara para Cuba, e Montivieo.

Finda a apresentação a imprensa saimos. Voltei ao meu magnifico apartamento e fui escrever. O meu retrato sae todos os dias nos jornaes. Eu estou alegre.

Recebi a visita da reporte da Revista Para-ti. Maria de Amentrano Jachson e o seu esposo Eliazar Jachson. Disse-me que é musico, e já viajou muito. Sua esposa acompanhou-lhe. Visitava as vilas misseria e queria escrever o drama social. No Brasil — Favela. Na Republica Argentina é vila misseria.

Alguns jornalistas continuaram perguntando:

— Qual é a causa da degradação moral?

R. O analfabetismo é a ruina social. Um alfabetisado aprimora a sua conduta social.

P. Quantos anos estudou?

R. Dôis anos. Mas, quando percebi que sabia lêr, fiquei amiga dos livros. Leio todos os dias.

E pedi aos jornalistas brasileiros:

— Quero o meu tumulo no formato de um livro. E os nomes dos meus livros no meu tumulo. E a data de sua publicação assim... Quarto de Despejo publicado em 1960 — Casa de Alvenaria publicado em 1961.

O senhor Eliazar, sorriu.

O fotografo fotografou-me. Quando eles ritiraram-se pediu uma fotografia dos meus filhos para publicar na Para-ti. Fiquei pensando na tragetoria de minha vida quando eu era menina e lia a Revista Para-ti. Não pensava em sair nesta revista. E tudo isto... Porque existe um homem, que se chama Audalio Dantas.

O Audálio, já é candidato numa praça publica. O seu busto em bronze.

Eu e dona Beatriz, falamos do Audalio. Eu disse que ele é casado.

No seu lar ele é energico. E a sua esposa tem medo dêle... E eu tambem. A esposa do Audalio é caprichosa... Eu gostaria que o Audalio passease com ela, levando-a nas féstas. Ela é triste. Parece que está lhe faltando algo na vida. Um homem precisa dar carrinho a esposa. Mas tem homem que pensa que a mulher não deve ser apenas lavadeira. Deve ser o ideal do homem.

Nos saimos e fomos almoçar num restaurante, popular. Mas que comida gostosa. A carne argentina é barata e bôa. Depôis de cada refêição, tenho sono. O que adimiro aqui é o pâo fêito de puro trigo. A sopa estava bôa. Quando saimos do restaurante fomos ao hotel. Deu-me sono fui deitar. Não fiquei no lêito por causa do

[...] para mim o mundo é um solo de baile. Toca-se uma musica chamada "vida"!
Eu danço. Danço. E não acerto o passo.

[...] telefonemas tocando a todos instantes e a campainha. Recebi uma carta da Fermata. E a nôite fomos a televisão. Quem entrevistou-me foi: Horacio Ignacio Carballal. Interrogou-me os problemas da favela: se o meu livro, solucionou o que abordei?

— Os estudantes estão solucionando.

P. E os politicos o que fizeram?

R. Os politicos sabe que as favelas existem, mas, dêixam os progétos nas gavetas. Reconheço eficiência em alguns problemas que são erros dos governos passados, não interessando em educar os filhos dos opérarios que transformaram em problema social para o pais.

Quem recebia educação eram os filhos dos ricos. E foi a ruina do pais porque o homem analfabeto é um inutil e um fardo para o pais.

P. E os governos estão pensando em duplicar as escolas no pais?

R. Os proprios politicos reconheçeram a dificuldade que tem com o homem inculto. E resolveu construir escolas. Mas o povo é desnutrido e não tem animo em si. Temos que nutri-los para educa-los. Eles, são anemicos.

P. A sociedade compreende o problema?

R. Compreendeu. E está contribuindo cooperando. Os favelados encontra a solidariedade com os cultos do pais que dêixaram de ser ipocritas.

P. O que acha uste, do pueblo argentino?

R. São buenos, belos e limpios o señor es belo.

Ele sorriu agradeçendo.

P. Você sabe que há favelas que tem televisão, e você acha que o favelado deve ter estes artigos de lucho?

R. Acho que sim. Porque a televisão é um veiculo de cultura e distração. Se o favelado pode comprar coisas uteis para ele deve comprar.

P. O que sugere você para extinguir as favelas?

R. Nós os favelados do Brasil, eramos os colonos os fazendeiros não nos dêixava plantar. Nós dava um vale, e o vale não nos favorecia, fomos aborreçendo da vida no campo e abanamos as fazendas.

Finda a reportagem despedimos, e voltamos ao Hotel. O dr Sahavaler dizia:

— Carolina. Você comportou-se adimiravelmente bem.

Pensei: dêvo demostrar educação para eles não dizer que o negro não vale nada.

17 DE NOVEMBRO DE 1961

Levantei as quatro da manhâ e pensei nos filhos... Será que o João está compareçendo as aulas? Ele está ficando sensato. Percebi que ele está desenvolvendo a mentalidade...

Ele olha-me e diz:

— Eu não crêio ser a senhora a minha mâe. A senhora era imunda, repugnante e agora veste-se bem sabe lavar roupas. Cozinhar, e fazer dôces.

Respondo-lhe:

— Não ha nada de excepcional na minha vida. Fui lendo que adiquiri conhecimentos. Se houve transformação na minha vida, dêvo agredeçer aos livros.

As sete horas pedi café e telefonei para o dr. Sahavaler avisando-lhe que estava ao dispor da jornalista brasileira, Haydêe Jofre Barroso... As nove horas ela chegou. Disse-lhe que ia levar café para os habitantes da vila miseria. Para presentear o mais agradavel. Fomos de carro. Um fotografo nos acompanha. Eu ia observando o povo nas ruas. São limpos e elegantes. E educados nas ruas. Os motoristas são prudentes para guiar. É a marcha escola.

Dizem de vagar e sempre. Quem está dentro do carro, não tem recêio de atropelamento. Quando chegamos na vila miseria os habitantes vieram saudar-me gentilmente com os jornaes que estava divulgando-me. E mostravam o jornal para eu ver e sorriam. Eu olhava os dentes fortes dos pobres da Argentina. Percebi que a maioria dos habitantes são bolivianos. Crêio que tenho que dizer: os miseraveis. Porque são habitantes da vila miseria.

Ao escrever a palavra "miseravel" fiquei emôcionada. É uma palavra pungente. No Brasil é favelado são as denominaçôes de igualdade.

As crianças eram numerosas. Unico lugar que eu vi crianças. Na vila misseria. Tem mais crianças do que adultos. As crianças queriam ser fotografadas ao meu lado. E diziam:

— Vamos salir com la señora no jornal. Ela nos pone em el periodico, e nos vamos ganar una casa del material.

Pensei, o sonho das crianças é residir numa de alvenaria. E pensei na Vera quando chorava dizendo:

— Eu quero sair da favela.

Percebi que as crianças tem horror de viver na vila miseria. As mulheres queixavam da agua que é pouca. Os casebres primitivos. Iguaes aos aos barracoes das favelas do Brasil. As mulheres são tristes e não sorri. Quem sorri na vila miseria são as crianças que ignoram seus dramas. São cultos e agradaveis.

— São mulatos mesclados. — Disse o senhor Jorge Aria.

— Mesclados com quem? — Perguntei.

— Isto é com voces mulheres.

Respondeu sorrindo. E agradeçeu-me dizendo:

— Fico grato da senhor vir nos visitar, quem nos visita são os periodistas. A policia não nos mata porque tem medo dos periodistas. Periodistas tem corazon de ouro. Os de cá são buenos e os de aja?

— Tambiem. — Respondo.

Ele sorriu dizendo:

— Onde tem periodistas os pobres não sofrem.

O senhor Ramon Vicente Cabrera disse que já esteve no Brasil e pediu-me um livro. Disse-lhe que fosse procura-lo no hotel. As mulheres pediam-me para escrever o seus nomes no meu Diario.

— Jo sou / Elza Duarte. /

Sorriam quando liam o seu nome que eu acabava de escrever. E perguntava com voz triste:

— Os pobres do mundo passam o que estamos passando aqui?

— Passam.

— Sera que Deus vae ter dó dos pobres?

— Vae. Porque Deus é bom.

— Sera que aquele Jesus vae voltar?

— Vae.

Tem hora que eu fico triste e quero sair correndo até cansar e morrer. Pensei: estes são os mortos vivos porque não tem ideal. O ideal já morreu.

Os homens são portuarios que trabalham um dia sim, e outro não. Quando não ha barcos para descarregar sofrem. Olhando os barracôes mal construidos pensei na época do frio. E quem sofre são as crianças. O problema da Argentina não é comida. É moradia e lamentam o custo de vida. Não podem pagar aluguel. No Brasil a solução para a extinção das favelas é favoravel por causa dos terrenos que se vendem a prestaçao e com a reforma agraria se for avante.

A minoria das crianças é que vão a escola. E a escola é necessaria a pessoa sabendo ler já é alfabetisado. E podem desenvolver-se. Eu sou o exemplo.

A vila miseria é imensa. O barro é liguento. A lama grudava nos sapatos. Eu percorria a vila miseria. Tinha a impressão de estar com os personagens do Vitor Hugo... O primeiro escritor que escreveu a favôr dos pobres. As crianças acompanhavam-me com entusiasmo e educação e solidariedade, e o que eu notei nos miseraveis da Argentina eles são unidos. São resignados. Mas não são felizes.

A vila miseria tem 4 pias para trêis mil e quinhentas pessôas lavar louças. E sêis mil, e noveçentas crianças. Notei as degradações moraes e as cenas indecorosas na presença das crianças. A senhora Elza de Nicaise lamentava. O despreso que os ricos tem dos pobres. Nos olham com nôjo, dizendo que somos intrusos no mundo. Estas palavras é como o cançer na nossa alma.

Um brasileiro, que é um dos miseraveis argentinos queria conhecer-me. Era o único que estava cheirando alcool. Um senhor convidou-me para ver seu barraco que foi distruido pelo fôgo e não tinha recursos para construir outro. Estão morando num barco. Ao relento. Quando chove o barco enche de agua. Eu dei o café para uma velhinha tao enrrugada. O seu rôsto parecia o genipapo. Cheguei a conclusão que a favela é igual em tôda parte. No inverno sofrem com o frio no verão sofrem com o calôr. Um trator estava espalhando o lixo. Despedimos. A dona Haydêe, tirou diversas fotografias.

Quando voltamos para o Lyon Hotel, a dona Haydêe Jofre Barroso pediu-me para esclarecer o enrredo dos livros que estou escrevendo, Mulher diabolica, o Escravo, e Maria Luiza. Gostou da descrição.

Ao chegar no Lyon Hotel encontrei o Juan Manoel Ruiz, um dos argentinos que está comigo numa fotografia que tiramos na Praça da Republica em São Paulo. Veio dizer-me que não podem pagar-me o dinheiro que lhe emprestei no Brasil, que a mâe do Vitor, adoeçeu e não ha possibilidade de fazer o filme que me haviam combinado. Ficamos conversando. Ele quer voltar ao Brasil, disse. Lá... Tem muitas mulheres na rua Aurora.[29] Aqui não tem. A policia não dêixa.

Eu estava esperando o dr. Sahavaler. O Juan Manoel Ruiz, olhava as salas do Hotel dizendo:

— Quanto lucho! Carolina, você precisa conheçer a minha namorada.

Citei-lhe que o homem para casar-se precisa arranjar emprego.

O dr. Sahavaler chegou, apresentei o Juan Manoel Ruiz. O dr. foi para o seu apartamento. Eu fiquei conversando com o Juan Manoel Ruiz. Quando a dona Beatriz chegou entramos no elevador. Fui trocar e fomos almoçar no restaurante Parrilha.

Quando volta ao hotel, concedi uma entrevista a Revista Claudia. Estou escrevendo um conto para a revista. "O japonez". Quando o jornalista saiu fomos dar autografos na livraria do colegio. Fui aplaudida quando entrei e trataram-me com amabilidade. Os fotografos iam fotografando-me.

Autografei duzentos e onze livros. Ganhei flores e livros. Depois fui dar entrevista a um jornalista que não sei de que jornal é. Citei-lhe que estou horrorisada com o descaso que os poderes publicos tem com a população. É preciso dar escola aos filhos dos operarios eles sendo alfabetisados hão de lutar para extingu as vilas miserias. Citei que acho o comercio da Argentina mais calmo do que no Brasil. O que notei desfavoravel na Argentina é a topografia. É bonita porque é plaina mas devia ter inclinacôes nas [⁂] ruas para gerar luz eletrica.

Uma senhora que estava conôsco disse que tem uns pobres residindo no cemiterio São Martin. Fiquei horrorisada. A deficiência de residencia na Argentina é impresionante. É a primeira vez que a historia relata que o pobre vae residir no cimitério.

O homem da atualidade evoluiu em ciência, mas não educou o povo. E o povo não sendo educado não há evolução.

Eu fiquei na livraria autografando livros. Os jornalistas dizem que eu agitei Argentina incitando o povo ler.

— Um dia você ha de ser cidadâ Argentina. Voce gostando de ler dá exemplo ao povo.

— Nos os periodistas te queremos muito.

Sorri. Hoje eu estou alegre.

Só que estou com saudades dos filhos. O João tem os olhos grandes.

---

29 Alusão à zona do meretrício no centro de São Paulo.

Fomos jantar no restaurante Pip. Que sôpa gostosa. A noite, fui escrever o conto para a revista no radio.

18 DE NOVEMBRO DE 1961

Deixei o lêito as trêis horas e escrevi até as nove. Tomei café e fui autografar livros na Livraria Florida. Autografava com dificuldade minha mâos tremiam. Pedi a dona Beatriz Sahavaler para comprar um Melhoral para mim. A minha letra oscilava — Expliquei as pessoas presentes que estava escrevendo desde trêis da manhâ. Tomei o Melhoral fui acalmando.

Eu estava escrevendo quando chegou um reporter da Mancheti Ney Bianchi, e Jader Never com um representante da embaixada do Brasil. Sobresaltei quando ouvi a voz do Audálio, e levantei para ver se era ele. Procurava-o no mêio do povo. Ele estava conversando com a dona Beatriz Sahavaler, dei-lhe um abraço e um bêijo. E apresentei-o ao povo dizendo:

— Este é o Dantas.

— Oh! — Esclamaram e fôram comprimenta-lo.

A livraria ia fechar. Eu fiquei autografando os livros que os fregueses dêixaram e brincava com os balconistas.

— Vocês querem salir. Hoje é sabado vão a bailar.

Eles sorriam. Um senhor apresentou-me a sua esposa e eu disse-lhe:

— Ela é bonita trata-a bem.

Ela sorriu. Saimos da Livraria Florida e fomos almoçar. Eu estava pensando nos filhos quando comia. E pensei os filhos são sonbras que estao nos seguindo. A mâe tem uma responsabilidade muito grande. O Audálio, almoçou conosco. Voltamos para o Hotel, o Audalio ia fotografar o Feola.[30]

Quando cheguei no hotel fui deitar. Mas o telefone tocava, levantei para atender. O telefone tocou novamente. Era um pintor que queria conhecer-me se podia subir. Dei ordem para subir. Era um velho italiano... Disse que leu meu livro e gostou.

— Venho dar-te os parabens. Adimiro a tua corajem.

— É preciso! O povo estao ficando egoista as classes estão dividindo-se. A classe rica tem o que comer, e a classe pobre come no lixo.

---

[30] Vicente Feola, treinador de futebol que semanas antes se demitira do Boca Juniors.

Devido a idade ele anda com dificuldades. E percebi que a visita era sincera. Disse-me que é pintor e vae ofereçer-me um quadro para eu levar para o Brasil. Deu-me o seu cartão. Vizcardo Sordi.[31] Pediu-me:

— Voce é jovem. Auxilia o povo. Emprega teu saber em prol da humanidade. Voce conheçe a fome.

Ele já viajou e já fez exposição em varios paizes. Disse-me que muito difícil editar um livro.

— Um escritor rico encontra dificuldades. E você que era da basura foi editada. Uma escritora que catava livros no lixo para ler! E... Sendo assim... voce gosta de livros.

Ele prometeu voltar em mercules, que para o português é quarta-feira, para dar-me o quadro. Deu-me uma lição de hespanhol. Os dias da semana lune, marcus, mercules, e rueves, viernes, e sabado, e domingo. Ele despediu-se. Telefonei para o dr. Luciano Sahavaler, perguntando se havia algo a fazer.

Desceu com uns livros para eu autografar. Ele é amavel. Autografei os livros e pedi para não ofereçer-me bebidas alcoolicas. Porque as vezes apareçe um livro para autografar e os nomes são difiçeis. Preciso estar consciente.

Ele concordou. Convidou-me para visitar sua mãe.

Fui. Ele é meu editor dêvo obedecer-lhe. A residência da mãe do dr Sahavaler é bonita. Moveis antigos solidos. Varios quadros ornamentado as paredes. Seu nome é dona Beth. Uma mêsa estava ao nosso dispor, com doçes e licôres finissimos. Eu tinha impressão de estar nos castelos, das mil e uma nôite. Os sobrinhos do Dr. Sahavaler são robustos. E as faces rubicundas. Eu disse que o dr. Luciano Sahavaler, é culto e bueno, ela ficou alegre, e queria que eu comêsse todo bolo. Pensei na vaidade da mulher que gosta que elogia os seus filhos. O irmão do dr. Sahavaler, chegou. Senhor David. É casado. Sua esposa estava presente. Falamos da favela do Brasil, e da vila miseria da Argentina.

Percebi que o meu livro obriga os ricos a pensar nos pobres. E fico contente. Despedimos e voltamos. O dr. Luciano Sahavaler, levou-me de auto nos lugares pitoresco da Argentina. Quero conheçer o parque Palermo. Eu não vi construções de prédios dizem que o material é caro. No Brasil é caro. Mas o brasileiro faz. Parabens brasileiros!

Voltamos ao Hotel Lyon. E saimos para visitar o dr. Ignacio Winizky. Jantamos. Eu o Audalio e o dr. Sahavaler e sua esposa fomos en-

---

[31] Raúl Soldi, pintor argentino.

contrar o Audalio, no hotel onde está hospedado. Nas ruas o povo fitava-me. O dr. Ignacio Winizky[32] nos recebeu adimiravalmente bem. Estavam presentes varias pessoas da elite. Todas educadas. Com dó dos habitantes da vila miseria, mas, não podem solucionar o problema. Percebi que ha mais facilidade no Brasil. Por causa das escolas que estão ao alcançe de todos, e o horario noturno para o estudante.

Tinha um gravador, que gravava as vozes dos convidados. Designaram-me uma cadeira perto do gravador. A unica coisa que falei foi dos polico que deixam o povo abandona-dos. E dão maus exemplos aos jovens. É horroroso ver um politico nos bancos dos reus. Comentamos a renuncia de Janio.

Eu previa o seu fracasso. Para mim não foi surpresa. Ele é ator. Não é politico. Politico são dôis Dr Lionel Brizola, e o dr Adhemar de Barros. Mas o povo não compreendeu o dr. Adhemar.

A mesa estava chêia de docês e licôres, as mulheres elegantes e cortêzes. Eu pensava: é a reprise da historia os fidalgos e os miseraveis de Vitor Hugo. Pediram para declamar um poema. Declamei "O colono e o fazendeiro" a pedido do Audálio. E disse-lhes que foram os fazendeiros quem implantou as favelas nas grandes cidades. A condição de um miseravel que reside perto de um rico, é que o rico está sempre pensando que o pobre vae roubar-lhe algo. Fiquei horrorisada ouvindo uma mulher dizer que os pobres são filhos de Caim. E os ricos são filhos de Abel. Mas o Abel, não dêixou varão. Pediram-me para cantar, cantei a valsa "Rio Grande do Sul".

Fui ver o netinho do dr. Ignacio Vinizky. Estava dormindo. A casa é suntuosa. Percebi que o dr. Ignacio Winizky é amigo da cultura. Quantos livros. Ele aprecia os escritores e os pintores. Estava presente o pintor argentino senhor Manuel Kantor, que compos um livro de pintura com paisagens brasileiras — Bahia — É o titulo do livro. Ofereceu-me um exemplar. Falamos do Brasil. A pobrêsa do Norte e do Nordeste. A miseria, é termo literario o brasileiro come pouco. Não bebe vinho, não usa o oleo de oliva que afina o sangue. Não toma lêite. A falta de escola no Norte. Dá a impressão que o brasileiro é apolitico. Mas é uma impressão. Comentamos o nosso governo parlamentarista-teleguiado. Eu não açeitava um governo teleguiado. Queria se a dona dos meus atos. Fico horrosidada. Um homem entra pobre no poder e saem ricos. Compram palacios em Londres. O dr. Ignacio Vinizki pediu-me para deixar o meu autografo na mêsa de

---

32 Advogado e professor argentino.

bufalo. Escrevi um verso. Todos gostaram. O Audalio dêixou o seu autografo, e despedimos. Eu não consegui.

19 DE NOVEMBRO DE 1961

Passei amanhâ no hotel. A nove horas, saimos com o Audalio, e fomos visitar o Feola. Foi a primeira vez que vi o noss famoso footebolistas. Estava presente Pedro Luiz, Aynare Bibos da Gazeta Esportiva, e Fernando Jaques e Carlos Nascimento.

O Feola é agradavel. Calmo. Disse-me que está residindo na Argentina a um ano. Era tecnico do Boca Junior. Fiquei conhecendo, sua esposa e seus filhos. E a neta. O Audálio, foi fotografar-me. E o Carlos Nascimento, fotografou-me com o Feola para a Gazeta Esportiva e a sua esposa e neta.

Ela nos ofereceu um café. O dr. Sahavaler e a dona Beatriz estavam conosco. Saimos e fomos para o hotel. Pensando nas palavras do Feola.

— Cuidado Carolina, quando falar...

No hotel encontramos os fotografos da Revista Claudia e o canal 7, que ia filmar uma cena na vila miseria. Conversei com os reportes da televisão, e o fotografo da Revista Claudia, fotografou-me. Domingo Zegano. Era o fotografo, ao lado de Julio Zicavo. Aguardava-mos a chegada do Feola para irmos ao na vila miseria. Eu havia dito ao Feolo, que ele é quem deve dirijir o Campeonato Mundial.

Na casa do Feolo perguntaram qual era o meu time. São Paulo. Eramos visinhos na favela e jogadores, nos dava esmola. Ganha mais doque o Auda.

Na casa do Feola ouviam o jogo no Brasil na voz de Geraldo Jose de Almeida. Por uns momentos tive a impressão de estar no Brasil. Os jornalistas que iam acompanhar-me estavam chegando.

— A quem espera Carolina?

— O Audálio Dantas e o Feola.

Os argentinos comentavam:

— O Feola está gôrdo. É a nossa carne.

E davam risadas.

O Audálio, estava demorando. A dona Beatriz foi procura-lo. Desincontrara-se. O dr. Sahavaler pediu-me para ir buscar um livro para levar na vila miseria. Pedi licença e subi de elevador e troque o vestido de lâ que estava quente.

Quando desci, eles gostaram do meu vestido estampado.

A dona Beatriz, estava chegando e avistou o seu irmão que está estudando engenharia. Entramos no carro e partimos para a vila miseria. O auto da televisão ia nos guiando. Eram quatro auto-moveis. Eu ia observando os predios suntuos e os jardins abertos. Com suas flores. O auto da televisão nos deixou, nos iamos perguntando o roteiro.

Quando chegamos na vila miseria, era a copia fiel das favelas do Brasil. E ampla. Está superlotada de habitantes que dêixam o interior o arribam para as grandes cidades que é um excrimio que tem lugar só para os ricos e os pobres não nos receberam com simpatia dizendo que esperava-me. Os meninos diziam:

— Eles vem fazer uma pelicula.

Os miseraveis mesclaram-se conosco e queixavam a falta de luz e a falta d agua:

— Não podemos pagar aluguel. O que ganhamos é só para a comida.

A Vila Miseria está no centro e os edificios ao redor. Dá a impressão que são gigantes aproximando-se das favelas — A lama é intoleravel porque o solo é plaino e a agua da chuva não tem curso. Fui falar com uma senhora que tem 12 filhos. Queixou com voz amargurada:

— Nos mulheres pobres, sofremos o despreso dos ricos que nos chamam de intrusos. Não nos consideram. Senhora, porque somos pobres. Aqui é só os ricos que tem valor. Nos soubemos que existia a senhora no Brasil que a senhora não tem medo dos politicos. Mas aqui nos temos a 46[33] que prende os nossos filhos e maltratam nossos esposos. Nas eleicôes os politicos aparecem. Pedem para votar. Que vão nos proteger. Promessas apenas.

Um mocinho que usava boné, e uma camisa preta cantava:

— Chau, chau cha Carolina!

Havia musica na vila miseria com radio de pilha.

Eles são resignados. Mas não são feliz. Dá a impressão que o odio deles está fermentando no interior. Os fotografos fotografaram-me com as crianças que são numerosas. Davam para encher dôis grupos escolar do Brasil.

Quem sorri, são as crianças, os homens que estão embriagado. As mulheres não sorri. Quando ri o riso é de Gioconda.

Pediram:

— Escreve para nós. É bom que o mundo saiba que estamos abandonados.

Chegou um boliviano ebrio e nos expulsou. Diziam:

---

[33] Delegacia da polícia portenha.

— Saem cumunista! Saem cumunista.

A mulher que toma conta da vila miseria xingava-o. Uns uruguaios que estavam com umas guitarras tocavam e tocaram para a televisão filmar. A canção foi em minha homenagem. "Alazamba".

Uma menina pediu-me:

— Ustê escribi, que jo tengo gana de vivir en la vivenda del material, jo no quero cá quero la.

Indicava com o dedo os predios de alvenarias.

O desejo desta menina é o desejo de todos que vivem na vila miseria. Perguntei ao irmão de dona Beatriz se conhecia favela dos livros. Foi a primeira vez que visitou a favela. O dr. Idel Luciano Sahavaler o meu editor argentino não conhecia favela. Ficou horrorisado.

Quando ha briga na vila miseria chamam a 46. Era embaracosa a nossa visita. Ninguem falava até que surjiu o diretor da vila miseria. Vitor Poncerino. E nos disse que fazem um barracão, e a policia vem e derruba com o fuzil.

Fui filmada com os cantores. E estão construindo um pareda para os pobres não construir (casas) barracões. Uma mulher queixou-se que não ha escolas e as criancas estao crescendo analfabetas:

— Os governos não interessa por nós. Os animaes são mais felizes do que nós. Nos já temos intimações para dêixar a cidade.

— Onde é que vão morar os pobres?

— Na praça de maio.

— Quem são voces?

— Somos os descamisados. Na ha problema de fome. Muito pouca. Ha o de moradia. Calculo que ha 900.000 crianças na Republica Argentina. Um governo deve construir escolas. A inquietude é angustiosa. Eles não tem dispensario médico. Quando adoeçe não tem onde ir. Querem uma policlinica. No verão os nossos filhos morrem com desidratação.

Eu seguia com os jornalistas e os periodistas da Revista Claudia. Mostrava o meu livro, e o meu disco. Tinha uma radiola tocando. Dei o meu disco para eles tocar.

Fiquei emocionada quando vi uma mulher chorando. Quando os nossos olhares encontraram-se ela sorriu. E foi assim que eu vi lagrimas e sorrissos mesclados. O sorrisso simbolisando alegria e as lagrimas tristêsas.

Quando cheguei em Buenos Aires, notei a calma no comercio. Agora é que notei que os preços não estão ao alcançe do povo. Está mais barato no Brasil.

Quando voltamos para a cidade eu estava confusa com os pensamentos bailando no meu cerebro. Uns tao ricos outros tâo pobres. Os ricos confiam no dinheiro e os pobres em Deus! E pedi a Deus para proteger as pessôas que vivem nos quartos de despejo.

E as palavras biblicas que os biblicos vivem pregando não estão praticando:

— Amaivos, uns aos outros.

Quando cheguei ao hotel, fui sentar. Tinha a impressão que fui no inferno. Sentei pensando. Um jornalista lia uns trechos que os jornaes haviam publicado. As vilas miserias da Argentina e as estatisticas dos habitantes. O Audálio ia anotando. Recibi a visita do escritor que escreveu Vila miseria tamben es America.

É um romançe visto de fora. Estilo conservador. Deu-me um exemplar. Teria valor se fosse extraido de dentro para fóra com os nomes dos habitantes da vila miseria, havia relação dos homens que residem nas vilas miserias e o país voltava atenção aos sub mundo onde ficam os cordeiros de Deus que são os favelados — que não podem mesclar-se com os cezar da atualidade.

O dr. Sahovoler tradusio o que falavamos para o autor de Vila miseria tamben e America. Foi por intermédio do seu livro que as favelas da Argentina ficaram conhecidas por vila miseria.

Li uns poemas para ele que estava adimirado. Diz que sou simples para escrever. Para educar o povo temos que escrever. Para educar o povo é necessario sermos cultos e tratarmos os nossos semêlhantes com carinho e amabilidade. E estimular-lhes a ser deçentes e honestos porque o homem honesto é utilissimo ao país. E há de ser um bom elemento no país, e no sêio da sociedade ha de ter uma bôa acolhida e será feliz. Porque é a bôa cultura que valorisa um povo. E o homem culto é dinamico.

do seu livro que as favelas
da Argentina ficaram conhecidas por Vila Miseria.
Li uns poemas para êle que
estava adimirado. Diz que
sou simples para escrever
e para educar o povo temos
que escrever para educar
o povo é necessario sermos
cultos e tratarmos as nossos
semelhantes com carinho e
amabilidade. E estimular-
-lhes a ser deligentes e honestos
porque o homem honesto e
utilissimo ao pais. E há de
ser um bom elemento no
pais, e no seio da sociedade
ha de ter uma bôa acolhida
e será feliz. porque é a bôa
cultura que valorisa um
povo. E o homem culto e
dinamico.

20 de setembro - 1962

Volto a escrever o meu diário novamente depois que deixei a favela, que confusão na minha vida. Quantas atribulações. Viagens, visitas é ter que falar com gatos e cachorros. O pior em tudo isto, são os aborrecimentos.
As visitas das cultas agradam - porque, o culto, é culto. Sabe nos ajustar e nos estimula. Mas o inculto ... causa até a paciência de Cristo que segundo a historia foi o vulto superior que passou pelo hemisfério.
Com a fusão de falar com cultos e incultas

20 DE SETEMBRO DE 1962

Volto a escrever o meu Diário novamente. Depôis que deixêi a favela, que confusão na minha vida. Quantas atribulaçôes. Viagens, visitas e ter que falar com gatos e cachoros. O pior em tudo isto, são os aborrecimentos. As visitas dos cultos agradam — porque, o culto, é culto. Sabe nós orientar e nos estimula — mas o inculto... Cansa até a paciência de Cristo que segundo a historia foi o vulto superior que passou pelo hemisfério.

Com a fusão de falar com cultos e incultos a minha dição está aperfeiçôando-se. Faz dois anos que deixei de ser lixeira para ser escritora. Eu me considero exotica. Tem pessôas que saem da universidades para ser escritora. E eu sai da favela. Sai do lixo. Sai do quarto de despejo. E o meu nome córre mundo. Com as traduções do meu livro. Fui favorecida por uma classe de brancos nobres e bons. E fui prejudicada por uma classe de brancos incultos, mediocres e opurtunistas. Que pensaram que Carolina Maria de Jesus, é uma idiota. Mas... Eu dei uma lição de honestidade nêstes crapulas. Eu levo um minuto para esquentar e levo cem para esfriar. Tem pessôas que me diz:

— Carolina, voce não é uma mulher qualquer. O teu nome é internacional. Respondo:

— Sou uma mulher igual as outras. Não quero ficar sofisticada.

O que tenho pavor é de residir na rua Benta Pereira. Se uma criança entra na minha casa as mâes córrem e ritiram os filhos dizendo:

— Filhos, vocês não devem brincar com os filhos da Carolina!

E eu cheguei a conclusão que tudo que êxiste no mundo, é imposto pelos brancos. Êles é que cultivam o preconçêito. Tem branco que diz que eu sou orgulhosa.

Eu não sou orgulhosa o que eu não gosto é de pessôas mentirosas, infériores. Dia 19 eu fui na festa da escritora Clariçe Lespector[1] que

---

[1] Clarice Lispector recebeu o prêmio Carmen Dolores Barbosa de melhor livro de 1961, publicado pela Francisco Alves.

ganhou o premio de melhor escritora do ano com seu romance Maçâ no escuro. A recepção foi na residência de Dona Carmem Dolores Barbosa.

Tive a impressão que a Dona Carmem não apreciou a minha presença. Eu fiquei sem ação. Sentei numa poltrona e fiquei. As madames de alta sociedade iam chegando. E me comprimentavam. A Ruthe de Souza quando chegou não me comprimentou. Coisa que foi notado por todas. Ha os que dizem que a Ruth não gósta de pretos.

E ridiculo, um preto não apreciar seus irmâos na cor. Eu gósto de ser preta. Tenho orgulho. E gósto de Deus porque me fez preta. Dêixamos a Ruth em paz. Cada cabêça pensa de um gêito. Com o decorrer dos tempos ela ha de transformar-se porque ela está cursando uma Universidade, chamada — Mundo. E nesta universidade o que aprendemos é o sofrimento, que amolda os carater.

Ha os homens que aprendem lêr e ficam vaidosos e orgulhosos e não se educam. O Paulo Dantas e a sua esposa Dona Zuila. Eu disse a Dona Zuila que adóro o Paulo Dantas. Ele é incapas de um gesto indelicado com quem quer que sêja. Eu digo:

— Paulo, quando você morrer dêixa outro Paulo Dantas no teu lugar. O mundo necessita sempre de um Paulo Dantas.

Ela sorriu e agradeçeu-me.

O Audalio não compareçeu. Eu previa isto. Onde eu estou o Audálio não apareçe. Nós não combinamos. Ele não gosta de mim. E eu não gosto dele. Não somos fingidos. O Paulo Dantas disse-me que o Audálio não compareçeu porque não gósta da turba. Mas, ele é reporter. E o repórter é igual o pêixe na água. Tem que penétrar. Mas estava o Paulo Dantas. E ele preenche. Na fésta estava o Janio.

Olhando-o da a impressão que êle é paranoico. Que é uma criança que deve ser conduzida pela mão. Quando Janio foi escrever um autografo no livro que a Dona Dolores coléciona os autografos das celebridades eu aproximei para ver a caligrafia do Janio. Nada entendo de grafologia mas dá impressão que ele é instavel. O senhor Raul Cintra Lêite estava sentado ao meu lado e eu disse-lhe:

— Eis o homem, que arrruinou o pais!

O Senhor Raul Cintra Lêite[2] olhava o Janio comentando:

— E... Eu... Votei... Nêste homem! Eu não sei como é, que, que ele tem corágem de ser candidato a qualquer coisa.

Eu disse-lhe que não tenho nada com as desorganisações do pais.

---

2 Advogado e procurador do estado.

Porque quem predomina no pais são os brancos. E os pretos são predominados. Mas os brancos precisam ser mais cultos uns tirando a força moral dos outros.

A esposa[3] do Deputado João Batista Ramos estava presente. O Helio Silveira graças a Deus não fui fotografada. Ja estou saindo dos noiticiarios. Não comparecei na sala onde a Clariçe Lespector estava. Não a vi. Não lhe comprimentei. Serviram refrescos e comestiveis as 23 hóras retornei para casa. Pensando no dinheiro que gastei pintando as unhas e pagando conduções. Dinheiro que poderia guardar para comprar pão e feijão para os meus filhos.

21 DE SETEMBRO DE 1962

Despertei as 6 hóras para preparar os filhos que vão a escola. A Vera está estudando matemática. Diz que vae lecionar. Hoje eu estou indisposta. Vou fazer uma sôpa. E uma sôpa fica carissima. A casa está suja. Eu não posso pagar empregada. Quando a Vera retornou-se da aula foi na quitanda comprar repôlho e carne. O senhor Verde vêio visitar-me. E dizer que eu vou almoçar com o Janio terça-feira.

A Vera foi buscar uma menina da visinha e dava comida para ela. A menina é raquitica. A madrasta maltrata-a demasiadamente. E os meus filhos alcunharam a menina de "A gata Borralheira". Eu disse ao senhor Verdi que a lêi devia interferir-se e ritirar a menina.

Como sofre os filhos dos ebrios. O senhor Verdi disse-me que no Norte ha mais sofrimento. Que o governo é desumano. É que o Brasil é imenso. Para mim a humanidade ainda está no embrião por pensar que o governo é o responsavel por todas desorganizaçôes do pais. É necessario que todos cooperam no progresso do pais. O senhor Verde almoçou a minha sôpa e despediu-se. Eu lhe acompanhei até a esquina.

Os filhos preparam-se para ir a aula. Recebi a visita da mulher que vende na fêira vêio visitar-me. Eu estou lhe devendo 14.000,00 comprei roupas para os filhos. As crianças gastam muitas roupas. Um filho fica num prêço extraordinario para um pae. Então é necessario que o filho quando adulto sêja um homem deçente para os paes ter recompensa dos seus esfórços.

Os filhos não devem transviar-se. Enquanto somos crianças temos

---

3 Aline Browne de Miranda Ramos.

que ser orientados pelos paes. É a unica época que os paes tem tranquilidade de espirito. O que eu observo é que os homens depôis de adultos desviam-se das regras sociaes. Ha os que vão roubar. E o homem que é conhecido como ladrão é repudiado pelo publico.

Dia 17 eu fui ao gabinête. Estou tirando outra ficha de identidade e conversei com o delegado Amorôso Netto. É que eu fui consultar a Interpol se ha possibilidade de transferir para o Brasil um jovem chileno[4] com a sua mâe para trabalhar nas minhas terras.[5] Ele diz que o Brasil ha de ser sua segunda patria. O senhor Amorôso Netto disse que não impecilho. E falamos da delinquência no Brasil. Um pais onde ha um vasto campo de exploração.

Quantas pessôas que tem sitio e quer um casal para cuidar das terras e não consegue. É que o homem da atualidade quer ficar na cidade desfrutando os falsos prazeres que a cidade ofereçe... É horrivel viver congestionado. É necessario descongestionar a cidade estabilisar o homem nas preriferias. Ninguem quer residir onde não haja luz elétrica. Outra coisa que eu noto os russos, os sirios que vem para o Brasil não vão trabalhar na lavoura. Quer o comércio. São tipos incultos que pensam que tendo o dinheiro já é á solução. Se eu fóra homem preferia viver no campo. Plantar. Mas o homem da atualidade não sei é fraco ou se é indolente.

No gabinête falamos do castigo moral do passado. Quando um homem roubava a policia percorria as ruas com o ladrão e as crianças iam vaiando:

— Ladrão de coberta. Ladrão de galinha!

E as crianças iam batendo latas e pandeiros. Verdadeira fésta para as crianças que não conhecia o drama que tomavam parte. Eu mesclava no nucleo pensando: O que é ser ladrão? Mas o castigo moral da atualidade é cem vezes pior — A imprensa que publica o retrato do ladrão. Mas por muito mal que se vê por ai o Brasil ainda é o superior. Temos abrigos de menores não somos deshumanos. Em Buenos-Aires, o rico não gosta do pobre.

No Chile, o rico é predominante. Não vi abrigo de menóres em Santhiago. É horrivel ver aquelas crianças pedindo esmóla pelas ruas. Fico pensando na confusão da atualidade. Os homens exterminando-

---

[4] Depois de visitar a Argentina, em novembro de 1961, Carolina viajou ao Uruguai e ao Chile.

[5] Carolina começara a pagar as prestações da compra de um sítio em Parelheiros, na Zona Sul de São Paulo.

-se. A revulução na Argentina.[6] Eu notei o odio interior entre eles. Enfim é o branco o dono do mundo.

A Cleide pediu o caderno a Vera para copiar a lição, porque a Vera escreve com mais rapides. A Vera não queria emprestar-lhe porque a mâe da Cleide lhe proibiu de entrar na minha casa. A Vera disse-lhe para pedir o caderno as meninas brancas. E a Vera não mais ha de entrar na casa da Cleide. É toliçe o orgulho na humanidade. Todos morrem.

Quando Deus disse: Amaivos uns aos outros, ja previa as segregações raciaes. Os filhos foram a escola eu fui guiar. Estou aprendendo a dirigir. Quero ver se compro um carro. Quero residir lá em Parelheiros. Estou na Auto Escola Santana. Já estou gostando de dirigir. Já conheço varios bairos. Quem escreve necessita ter um auto. Estou conheçendo a cidade. Os pretos ficam habismado quando me vê guiando. Exclamam:

— Olha a negra que vae comprar um carro.

Se o negro no Brasil ainda não desinvolveu-se é porque tem muito complexo. E os que ganham muito dinheiro não sabe organisar-se. Eu não tenho complexo. O meu instrutor é o senhor Gabriel. Ele não bebe alcool e não fuma. Eu gosto de ficar lá na auto escola. Os alunos são deçentes e agradaveis. Se volto a escrever o meu Diário é que o povo estão pedindo.

De manhâ eu estava triste. A tarde fui ficando alegre. Quero ser bem organisada. Eu mandei fazer exame de urina. Dizem que estou com neflite. No corpo humano há varias confusôes um orgo que enfraqueçe.

Recebi carta da Eva Vastari.

21 DE SETEMBRO DE 1962

Hoje eu estou disposta. A Vera fôi na aula de matematica. Eu limpei a casa. Vou receber a visita de Eva Vastari. Preparei o almoço. Arroz feijão e carne seca e salada. Vou comprar carne so uma vez por semana. Até quando! O custo de vida. —[7]

---

[6] O presidente Arturo Frondizi fora deposto por um golpe civil-militar em março de 1962, e substituído pelo presidente do Senado, José María Guido, tutelado pelas Forças Armadas.

[7] A inflação oficial de 1962 foi de 51,6%.

Os filhos foram a escola. O João vae sair as trêis horas para ir na Livraria Francisco Alves levar uma carta ao Dr. Lelio. Eu fui guiar e voltei a minha casa no auto escola. Fui na farmacia. O Vili farmaceutico está horrorisado por eu não ter consultado um médico. Se morrer morreu. Ninguem é eterno. Hoje eu estou contente.

As visinhas estão adimiradas por eu estar guiando. É uma responsabilidade tremenda. Não pode descuidar. É... A vida atual não é sôpa. E será que vae ficar pior? Na Argentina há revulução. Que toliçe destruir o proprio pais. E eles são civilisados.

Está chovendo em São Paulo. Eu estou mais calma. Estou deixando de ser tola. Um preto vêio vender desodorante. Que preto inteligente! Pode ser escritor. Disse-me que é mistico. Eu não sei o que é isto. Ele disse-me que Cristo foi mistico. Vou lêr no dicionario. O preto ficou contente quando eu lhe disse que sou a Carolina Maria de Jesus.

— Então é a senhora! Eu vou dizer a minha esposa que tomei café na casa de Carolina Maria de Jesus.

Vendeu-me um desinfetante para o guarda-roupa por 40 cruzeiros e despediu-se.

As visinha que me viu guiando o carro estão habismada e comentando. Para elas eu sou um fenomeno. Hoje não recebi visita. Vou deitar as 6 horas da tarde. A Vera está com tosse cumprida.

Passei mal a noite. Com dor no rim.

Que suplicio quando vou na fêira os feirantes dizem que estou rica. E eu fico nervosa. É horrivel viver nesta época em que o povo pensa so no dinheiro. Cheguei a conclusão que o Brasil não é pais para nascer poeta. A turtura mental que o povo me inflige é horrorósa. Tenho que chingar as pessôas que me falam em dinheiro. O João foi ritirar 5.0000,00 no banco. Pagou a luz e comprou um vidro de remédio para mim. Estou começando a ficar doente. Não posso comêr sal.

23 DE SETEMBRO DE 1962

Hoje é domingo. Eu não gosto de sair de casa aos domingos. Vou ficar em casa para lavar as roupas e passar. Está chovendo e os filhos gastam muitas roupas. Comprei uma galinha por 450,000,00. Que absurdo. Hoje eu estou alegre. Os filhos estão mais calmos. Estão com medo de ficar orfós. E um orfo no Brasil sofre porque aqui é cada um pra sí.

A nôite, o senhor Verde e a esposa vieram visitar-me. Que homem culto. Ele me visita duas vezes por semana. Os visinhos dizem que ele é mais atencioso comigo do que o Audálio. A esposa do senhor Verdi, fez um bolo. E passamos a tarde agradavel. Que bom seria o mundo, se todos fossem cultos.

Os filhos fôram ao cinema. A Vera deixou de brincar com a Cleide porque a mâe da Cleide proibiu-a de entrar na minha casa. O pior visinho é o burguês enriquecido. Infelizmente os nóssos burguêses não se ilustram. Os que comprar uma casinha e uma televisão ficam jatanciosos e petulante. Fiquei esperando o escritor que me foi apresentado pelo Paulo Dantas, que vae escrever um livro, Carolina e seus amôres. Ele vem me entrevistar para iniciar o livro.

Os homens que eu amei não me suportaram aludindo que que eu sou superior. Eles êrraram — Eu não sou superior — Eu não tenho preguiça para trabalhar. E enfrento qualquer especie de trabalho. Eu fico observando as divergências dos homens da atualidade. Brigam por elevação de salário. É que todas querem ficar na cidade. Desfrutando os falsos prazeres.

O que observo nas cidades são os descasos humanos uns mata os outros para roubar. Esqueçendo eles que o homem que mata o seu semêlhante, é réu de juiz. Tem que enfrentar o juiz terrestre e o juiz celestial. O homem que quer viver matando para conseguir o seu sustento é um louco. E um homem vivo, mêsmo sendo um marginal tem muito valôr. Quando estamos doentes é que damos valôr ao ser humano.

Quando sai a atarde para ir na aula de transito senti dôr no rim e fui ao consultorio do Dr Furlan. Na Rua Voluntaios da patria havia varias pessôas aguardando a chegada do médico, que é o mécanico do côrpo humano.

Chegou uma senhora contorcendo-se. Eu era a segunda a ser examinada cedi a minha vez para a mulher que estava gemendo. Depôis de examinada a mulher foi diretamente para o hospital, ia ser operada as desenove hóras. Ao sair ela agradeçeu-me.

Quando fui examinar o dr. Furlan disse-me que estou com pyelite. Que dêvo repousar 6 dias. Eu disse-lhe que fiz o exame de urina e vou enviar-lhe o resultado que está com o senhor Verdi que ia arranjar médico para mim. Paguei mil cruzeiros pela consulta, e dêi duzentos de gorgêta a enfermêira.

Na sala de espera as mulheres comentavam o estupido crime de Campinas. O jovem foi assasinado por um mascarado. Será que o homem que mata para roubar tem certêza que é um homem? É homem só na forma. Homem infantil. Homem que cresçe e não amadureçe. Deus disse ao homem para se alimentar com o suor do seu rôsto!

As mulheres não matam para roubar porque a mulher sabe o trabalho que dá para criar um ser humano. Despedi das mulheres pensando: se eu morrer! Ninguem compra a vida eterna. Passei na farmacia e comprei as ingeçôes e tomei uma. 140, cada ampola. Comprei 6 paguei 840,00. Tomei um taxi e voltei pra casa. o João foi comprar os comprimidos de Albamicina GU. Dei 400,000, ele voltou dizendo que o remédio custa 1.150,000,00. Eu não tinha o dinheiro. A Vera foi pedir 2.000,00 a Dona Elza Rêis. Ela emprestou-me.

O João foi comprar o remédio e voltou xingando o farmacéutico:
— Ladrão, desgraçado!

Coçou a cabeça comentando:
— Como ha de sofrer os que são pobres!

Eu tomei o remédio e dêitei. Não adormeci com a dôr nos rins. Eu disse ao médico que amanhã vou almoçar como o Janio. Ele está purificado da culpa de renuncia. Porque o senhor Brochado da Rocha[8] defendeu-lhe. Sendo assim o Janio não é culpado.

É uma vitima. Os filhos estão com medo. Comentando:
— E se a mamãe morrer?

O João foi na cidade falar com o Audalio pedir dinheiro.

24 DE SETEMBRO DE 1962

Despertei os filhos as 6 horas para preparar o quarto. A jornalista Filandêsa Eva Vastari, vae chegar do Rio. Eu a convidei para passar uns dias na minha casa. Ela vae tradusir o meu livro para o Filandês. Os filhos estão atarefados correndo de um lado para outro.

As 8 horas a Eva chegou. Eu estava dêitada com dôr no rin direito Conversavamos. As nove horas chegou o senhor Verdi dos Santos e sua esposa. Eu disse-lhe que não podia acompanha-lo ate ao comitê do senhor Janio Quadros. O Dr Furlan disse-me que dêvo repousar. O senhor Verdi disse que já estava combinado. E não era possivel adiar a entrevista. Levantei pensando nos espinhos que a glória nos reserva. Levantei, troquei e sai com o senhor Verdi.

---

8 Deputado federal (PSD-RS) e ex-primeiro-ministro do Brasil, à frente do Executivo entre 10 de julho e 14 de setembro de 1962.

Pedi a esposa do senhor Verdi para fazer o almoço e matar a galinha. Sai com o senhor Verdi. Fui na farmacia do senhor Villi e tomei uma ingeção. Ele perguntou-me:

— Onde vae?

— Vou almoçar com o Janio.

Quem ia almoçar era eu o Janio, o Brisola e o ex-ministro Brochado da Rocha. Mas o senhor Brochado da Rocha, adoeçeu.

Dirigimos ao comitê da praça da Sé. O senhor João Rocha ia nos acompanhar. Ele não estava. Comprei uma revista. Varias pessôas aproximava para comprimentar-me e perguntou se estou escrevendo. E qual é o meu proximo livro. Respondo que tenho varios livros escritos e não sei qual é o que vae ser publicado. Isto é com o Paulo Dantas.

O senhor Verde não quiz esperar o senhor João Rocha, nós seguimos. Eu estava horrorisada com a campanha elêitoral da atualidade. Muita musica. Muitas propagandas. As épocas que tenho pavôr do Brasil. Mês de junho, por casa das bombas e fuguetes e os balôes. O mês do carnaval com suas canções e exotismos. Eu ia conversando com o senhor Verdi.

Galgamos Avenida Brigadeiro Luiz Antonio. Eu ia olhando as mulheres pobres que dirigiam a sede do serviço social para pedir auxilio ao governo.

Nos outros paises são assistentes sociaes quem vae procurar os pobres. Umas mulheres tristes, desnutridos. É uma vergonha, num pais rico, um povo desajustado. É que se um homem não estuda não sabe viver e nem organisa a sua vida. As pessôas desajustadas tem exesso de imaginação. Tem dia que eu penso: não adianta nada, eu escrever o desajuste social se ninguem conserta o mundo. O povo ainda está no plano B.

Quando chegamos no comitê do ex-presidente Janio Quadros, fiquei habismada com afluência de pessôas. Uns escrevendo, outros pedindo esmolas, outros passeando. Ouvi um murmurio:

— Olha a Carolina!

Eu fui galgado as escadas. Uma senhora me acompanhava ia falando do meu livro Quarto de Despêjo. A secretaria do Janio recebeu-me. Os fotografos circulavam. Resolvi escrever um texto para o Janio — O que comoveu-me foi o manifesto do senhor Brochado da Rocha, dizer que o senhor Janio Quadros renunciou para continuar honesto.

Sendo assim, devemos reelegê-lo novamente porque a patria necessita de homens honestos. Por este gesto elegante dou os meus parabens ao senhor Janio Quadros. E peço que continue honesto porque a honestidade eleva o carater de um homem.

E nos necessitamos de um homem honesto e de carater no governo de São Paulo. E não um homem-mirim que faz molecagens.

O senhor Janio surgiu. Que homem bonito! Estava bem vestido e alegre. Varias pessôas queriam ser fotografadas com ele. Ele disse:

— Espera Carolina depôis eu tiro fotografia com você.

Fiquei assombrada e perguntei-lhe:

— E com toda confusão e o senhor ainda engordou?

— Engordei Carolina!

Pensei quem protege o Janio é o espirito de seu pae. Aproximei-me do Janio para ser fotografada. Ele abraçou-me. Com o contato do Janio eu senti um bem estar interior. E pensei — Estou nos braços de um homem. E dicidi votar no Janio. Ele disse:

— Obrigado Carolina!

Eu despedi e sai. E a voz do Janio ficou eclodindo no meu cerebro igual um éco.

— Obrigado Carolina!

Quando o Janio pronunciou o meu nome, eu tive uma impressão que ele assinava um compromisso comigo. E pensei — O Janio é o Linconl do Brasil.

Eu e o senhor Verdi fomos na estação rodoviaria ritirar as malas da Eva Vastari. Tomamos um carro. Varias pessôas me olhavam como se eu fosse de outro planeta. Paramos na Auto-Escola. Eu avisei ao senhor Andre que não posso frequentar as aulas estes dias. Eu vou ficar de repouso. 6 dias. Já fui falar com o Jánio, e amanhã eu estou no jornal A Hora.

Entrei no auto e dirigi a minha casa. A esposa do senhor Verdi ja havia preparado o almoço.

Mas que almoco!

Eu fui dêitar pensando: ja estou ficando velha cansada. Também com esta vida tão agitada! É convite para eu ir ao céu, convite para eu ir ao inferno. Eles pensam que eu sou tocada a motor.

Paguei o taxi. Ritiramos as malas da Eva Vastari e assim foi o dia 24 de 9. 1962. Não adormeci com dôr no rim.

25 DE SETEMBRO DE 1962

As 6 horas despertei os filhos. O João foi na cidade. Hontem eu dêixei um bilhete para o dr. Lélio pedindo 10.000,00 adiantado. O João foi ver se o Audálio ja ritirou o dinheiro da Iugoslavia. O Audalio disse que vae demorar 15 dias. Enviou-me este bilhête:

> Carolina: continua a confusão para receber o dinheiro da Chequislovaquia[9] precisa vir ordem do Rio e demora ainda uns 15 dias. No momento não disponho de nada. Seria o caso de você recorrer ao Lélio. Qualquer novidade avisarei a você. Um abraço! Audalio.

O Dr Lélio deu o dinheiro. Eu paguei os dois mil que a Dona Elza Reis emprestou-me.

O José Carlos foi comprar o jornal. A reportagem com o Jánio saiu. Eu passei o dia deitada. A Eva Vastari saiu. Foi falar com o Dantas se há possibilidade de fazer a tradução do Quarto de Despejo. A tarde a Eva voltou dizendo que não vae traduzir o livro que não vêio pedido da Finlandia.

Estou passando mal.

A Eva trouxe um jornal anunciando que o ex-ministro Brochado da Rocha faleçeu. Que turtura mental que lhe infligiram no Ministério. Para governar um pais é necessario a bôa-vontade de todos. Da a impressão que os nossos homens politicos são piratas. Quem deve ser deputado num pais, deve ser.

Os homens ricos que possam trabalhar umas horas para o pais e não receber soldo. O que me dêixa horrorisada é que os filhos de sirios os filhos dos judeus todos querem ser deputados. E a unica raça que visa incluir so onde possa enriqueçer-se, num minuto. Fico pensando: porque é que o homem tem uma ambição gigantesca assim?

Para mim o homem só tem valôr quando é criança. Nascem tao puros. E vão crescendo vão putrefando o carater. E o mundo está necessitando de moral firme. O senhor Verdi disse que se Jesus voltar para julgar os homens. Até o papa séria julgado!

26 DE SETEMBRO DE 1962

Passei o dia na cama. Estou com dor nos rins. Não posso andar.

Os jornaes estão anunciando a mórte do senhor Brochado da Rocha.

---

[9] Com tradução e notas de Vlasta Havlínová, a versão tcheca de *Quarto de despejo* (*Smetiště*) saiu pela estatal Nakladatelství Politické Literatury, de Praga, em 1962.

E os buatos gera confusão. Dizendo que não vae ter aulas. Hoje é dia de fêira. Eu não vou sair. O João está fazendo as compras.

A mulher que vende na fêira e eu estou lhe devendo vêio visitar-me. A tarde levantei e escrevi uma carta para o professor Mendonza[10] e fui tomar ingeçôes. Os fêirantes estão comentando que me viu no jornal com Jánio. A Dona Eva Vastari saiu disse que ia arranjar artigos para escrever. Eu estou passando a frutas. A nôite o senhor Verdi vêio visitar-me e me pediu a maquina emprestada para escrever um artigo contra o David Nasser por estar escrevendo contra o senhor Janio Quadros. Disse que a Hóra vae publicar. A Eva Vastari datilografou o artigo.

E o senhor Verdi saiu furioso com o David Nasçer. A Eva disse que o senhor Verde vae perder. Que quando entramos numa luta devemos entrar com a convicção que vamos vençer.

Eu estou comendo tanto. Estou fazendo regime alimentar. É a vida que já está chegando ao fim. Preparei o jantar para os filhos. A casa está suja!

27 DE SETEMBRO DE 1962

Hoje eu estou indisposta.
Não consegui dormir...

Levantei e fiquei girando. Estou achando o dia triste. A visinha vêio visitar-me lamentando a mórte do senhor Brochado da Rocha. Eu fui tomar ingeção. Já estou com os braços perfurados e doloridos. Fui conversar com a Dona Elza e mostrei-lhe a reportagem com o Janio. Ela gostou. Comprei o jornal para lêr a reportagem do senhor Verdi e a reportagem não saiu.

Os filhos foram na escola. O João foi levar uma carta ao Dr. Lélio. Ele e o José Carlos brigaram e quebraram o vidro da janela. Meu Deus! Como os filhos dão prejuizos aos paes. Lavei as escadas e o banheiro.

28 DE SETEMBRO DE 1962

Hoje eu levantei as 6 horas. Esqueçemos a torneira aberta e a agua

---

[10] Jorge Mendoza, escritor, jornalista e professor de literatura chileno que hospedou Carolina durante sua viagem a Santiago e se tornou seu amigo.

invadiu a sala. Que correria. Os filhos reuniram para ritirar a agua. Balde, vassouras e o rodo entrou em ação.

A dona Eva Vastari ficou horrorisada pensando que eu estava lavando a casa. Conclosão passamos o dia sem água.

Hoje eu estou contente preparei almoço os filhos. A Vera foi para aula é voltou dizendo que vae ser reprovada porque não sabe matemática. A Dona Eva Vastari lhe ensina. O Eduardo de Oliveira vêio convidar para ir na fésta a promulgação da lêi do Ventre Livre. Em nome do 1 Congresso Mundial da Cultura Negra.[11] No amplo auditoriúm gentilmente cedido pelas Folhas de São Paulo. Sendo assim crêio que dêvo agradecer os ilustres jornalistas das Folhas, por nos ceder o seu finissimo auditorium.

— Estou doente. Mas... irei.

Gosto de estar no mêio dos negros. E espero que os negros no porvir sejam cultos. E que todos tenham cultura.

29 DE SETEMBRO DE 1962

Não consegui adormeçer com dôr nos rins. Não podia mover. Dôr é dôr. Tem prioridade no corpo humano. Ela nos ataca. Eu pretendia ficar na cama.

O João foi ao banco de Credito Real de Minas Geraes ritirar 5.000,00. Esta semana gastei muito comprando remédios e frutas. E eles vendem as frutas por um preço astronomico. Paga-se por um mamão cem cruzeiros. Eu estava dêitada. Mas como é horrivel ficar na cama inativa e a casa suja. Os filhos preocupados com medo do serviço. Quando eu estou com saude eu faço tudo num instante. E a Vera fica me olhando, outro dia ela disse:

— Num momento
Minha mâe arruma a casa.
Será que minha mâe é vento?
Será que minha mâe tem aza?

Eu dei uma risada porque percebi que ela havia formado uma quadrinha. Para mim os braços e o pensamento são as azas do homem. É preciso trabalhar. E eu sempre fui trabalhadeira. Eu sempre

---

11 Realizado em São Paulo, em agosto de 1962.

cultivei pensamentos elevados. Gosto de conseguir tudo com o meu esforço.

Eu penso que a pessôa que é perfêito no fisico tem possibilidade para triunfar. Mas é necessario ser arrojado. Eu gosto das pessôas que trabalham depressa. O João trabalha depressa. O Jose Carlos é mais lento e me irrita.

Quando eu peco ao José Carlos para trabalhar acabo brigando com ele. E hoje nos brigamos. Levantei e sai correndo atras dele, que saiu para a rua.

A Vera, estava lavando. Fui examinar. Não estava do meu gosto ritirei as que estavam mal lavadas e dêixei algumas para não ferir a sensibilidade de minha filha.

Eu ia lavando, e ensinando-lhe que devemos repassar as roupas na água varias vezes. Eu digo para a Vera que a mulher que não sabe trabalhar num lar será uma madame inutil.

Depôis de lavar as roupas fui na fêira fazer compras. Comprei frutas e pêixes Eu estou alegre.

A Eva Vastari, foi na cidade falar com os seus patricios filandêzes para fazer reportagens.

Na fêira os fêirantes e o povo estavam contente. Pensei — Já resignaram com os prêços. Graças a Deus já está diminuindo os suicidios no Brasil. Melhores dias vem para todos. Circulei pela fêira.

O João foi procurar-me e entregou-me os remédios. Fiquei contente. Ele disse que os prêços na cidade é mais barato. Que a ingecão custou 900.000,00. Ele carregou a sacola para mim. Fui na farmacia ver se o Villi conseguiu as ingeçôes para mim.

Disse que vinha a tarde. Voltei para casa pensando. Não quero morrer e dêixar os meus filhos aqui nêste bairo.

Quando voltei estava contente e fui preparar o almoço. Quando o senhor Araujo entrou com a maquina de custura que eu pedi para ele. Ele compra as peças e prepara a maquina. É um nortista culto. Um homem deçente e correto. Eu disse-lhe que estou doente e não estou indo na cidade. Mas segunda-fêira hei de lhe arranjar o dinheiro. O prêço da maquina 22.000,00 a dinheiro.

Ele comeu frutas. Todos que vem na minha casa tem permissão para comêr. Não sou avarenta. Quem come tem saude.

Preparei o almoço os filhos almoçaram. A Vera foi a aula. Eu fui dêitar e liguei o radio para ouvir o drama da Record. Era a peça Maria Cachucha. Bateram na porta. Olhei e vi uma mocinha fêia. Loira do nariz chato. Um tipo que podia ser utilisado para um espantalho.

Devido eu ter lavado muitas roupas o meu rim estava doendo. E eu queria um pouco de paz.

O João dizia:

— Vae atender mamâe!

Pensei — São burguêsinhas que vem aborreçer-me.

Abri a janela e a fêiosa começou falar:

— Me falaram que a senhóra roubou o meu cachorro.

Fechei a janela e fui dêitar novamente prestando atenção no drama. A Eva Vastari chegou dizendo que gastou somas fabulosas comprando filmes para fotografar a industria filandêsa e que não poude comprar nada para os meus filhos. Bateram na porta.

Eu disse-lhe que não é necessario preocupar-se. Eu estou pensando no dinheiro que devo conseguir para pagar a maquina. Mas eu sei que Jesus me protege. Eu sou, a sua filha adotiva.

Antes de fazer um negócio eu penso e suplico-o para auxiliar-me. Continuaram batendo na porta. A Eva Vastari foi abrir a janela para ver o que era. E disse-me:

— Vem ver Dona Carolina!

Fui ver. A mocinha fêia com falta de dentes estava com um policial que exigia que eu lhe entregasse o cachorro. E pedia permissão para entrar e ver se o cachorro estava no meu quintal.

Eu disse-lhes que a minha palavra tem o valôr de um selo. Se quizerem ver a minha casa so com ordem judicial porque se vocês não encontrar o cachorro, eu posso abrir inquerito e cambiar injuria porque eu nunca roubei nada.

Quem rouba são as pessôas de espirito fraco e eu, sou fórte.

O meu visinho ordinario o Levi irmão do Fabio Paulino. Um homem que não gosta de mulher. Foi dizer aos guardas que ouviu um cachorro chorando no meu quintal.

— A que horas o senhor ouviu? — Perguntou o guarda.

— As nove hóras. — Afirmou o Levi pederasta.

— É mentira. Porque o Levi trabalha na cidade e sai de casa as sete da manhâ.

E eu exaltava no falar não por exibicionismo. É porque tenho a voz estentóréa agóra que dêixei de passar fome. Eu xingava o Levi.

— Branquelo! Macarrão sem molho.

O Levi pederasta me dirigia um olhar mêigo! Eu tenho pavôr de homens afeminados. Eu gósto de homens homem. É horrivel, quando os homens afeminados imprica com as mulheres eles não nos dão socêgo. E eles não tem vergonha gostam que as pessôas saibam que eles são pederastas.[12]

Os curiosos fôram surgindo. A Eva Vastari dizia:

— Aqui não tem cachorro. Quando eu cheguei a Dona Carolina estava dormindo e os meninos não estao em casa.

Mas o Levi pederasta afirmava que o cachorro estava na minha casa. O policial dizia para eu ser gentil nas respostas. Eu fui ver se havia cachorro não encontrei nada.

A dor nos rins havia voltado. A Eva pegou a maquina e fingiu que tirava fotografia. A mocinha feiosa branca de nariz chato virou as costas. E os vadios sairam correndo.

Eu fiquei nervosa fui na farmacia comprar um calmante.

E o Edgar e o Pedro visinho de polemica foram telefonar para a radio patrulha. Queixei para o Villi, farmacêutico que tenho pavôr deste bairo. Comprei os calmantes e melhorei.

Comprei papel com a pretensão de relatar este incidente no Diário da Nôite. Eu disse aos policiaes que eles me odêia porque eu cobrei os trinta mil cruzeiros que o Fabio me devia. E eles não gostam de pagar ninguem. Está comprovado que quando uma pessôa não cumpre o que diz e espera cobrar-lhe é o comprovante que é caloteiro. O Levi foi chamar o seu irmão que é marcineiro. E o nogento do Fabio apareceu. Dispostos a expancar-me.

E assim que o Fabio me paga o favor que eu lhe fiz? Sou a fiadora de sua casa. O Fabio é branco. Há um velho proverbio que o negro quando quando não caga na entrada, caga na saida. E o Fabio é branco e está cagando nos favôres que lhe prestei. Iniciei um artigo contando os fatos. Mas eu estava com pressa. Devo ir na fésta do Ventre Livre. Fui preparar-me.

O João foi ao cinema e o José Carlos ficou com a Vera. No onibus eu encontrei com um jornalista dos Diários e fomos falando do Paulo Dantas. Que é mansinho no falar. Mas sabe dominar. Pensei: quer dizer que o Paulo é garôa, e eu sou trovoada. Contei-lhe que aqui no bairro tudo que ocórre eles acuso os meus filhos. Quando apareçe um vidro quebrado lá no inferno eles dizem que foi os meus filhos quem quebrou. Mas a lingua humana é um verme que o homem carrega consigo. O nosso poeta Fagundes Varela escreveu as armas. E menciona como as armas, a língua humana.

— Será que o pobre poeta era vitima da lingua humana!...

---

[12] O Conselho Federal de Psicologia deixou de considerar a homossexualidade um desvio sexual em 1985.

Eu apresentei a Eva Vastari como jornalista filandêsa. Perguntei ao jornalista dos Diários se tinha filho?

— Oito.

Ele estava com a esposa. Uma mulher simples. Não usava pintura. E ao chegarmos na praça do Corrêio ele pagou a condução. Aqui vae o meu agradecimento.

Fico pensando — Quando eu era favelada e necessitava ir na cidade, eu ía-á-pé por não ter dinheiro para pagar a condução. E agora que posso pagar encontro quem paga para mim. Eu e a Eva Vastari procuravamos um carro. Encontramos um perto do Cine Bandeirante e fomos até as Folhas. Quando entro nas Folhas brinco com os jornalistas.

— Bôa-vida! Sentado, levando vida de Lordes.

Tem pessôas que tem medo dos jornalistas. Mas para mim o jornalista é um homem igual aos outros. O Eduardo de Oliveira recebeu-me e disse:

— Fico contente com a tua presença. É claro que eu dêvo apareçer nas festas dos pretos. Luiz Gama, não despresava os pretos.

Henrique Dias.

Jose do Patrocino.

o Ataulfo Alves.

Quando o preto é intelectual procura proteger a classe. Quando iniciou o programa fez as apresentações a senhorita Ana Florência de Jesus, que ia convidando as pessôas para tomar parte na mêsa julgadora. Um jornalista das Folhas compareçeu representando as Folhas. Eu fui incluida a tomar parte da mêsa de honra. O coral do departamento de Educação cantou o Hino Nacional.

As palavras de bôas-vindas nos foi dirigida pela senhorita Ana Florencio de Jesus. Uma palestra sobre o ventre-livre pelo dr. Francisco Lucrecio. Disse que um ser humano que não tem a mentalidade esclarecida, não tem possibilidade de vive com conforto. Que a escravidão chegou em época impropria para o preto. Que devemos lutar para ritirar o elemento negro do ensinasmento incentivando-o na cultura. Transformar o negro num ser dinamico e deçente. Que foi o movimento dos poetas que contribuiu para a liberdade do negro. Depois da libertação o negro não teve o direito de viver como cidadão. Não iducaram os negros. Diziam: negro não precisa aprender a lêr. É que o Brasil era predominado pelos portuguêses e os purtuguêses que vinha ao Brasil eram os degradados os piratas. E os purtuguêses ricos enviavam seus filhos para estudar em Coimbra. Se tivessem iducado os pretos a classe negra estava mais adiantada. Mais evoluida.

Falou o comendador Luiz Hugo Lewgói.[13] Israelita. Que os homens poderosos não deve ser egoista. Que devemos seguir o exemplo de Jesus Cristo. Fiquei adimirada ouvindo um judeu citar o nome de Cristo como um pastor da humanidade.

O coral cantava as composições do senhor Aricó Junior. Um bom maestro. O poeta Eduardo de Oliveira compôs um um hino "13 de maio". E o Eduardo quer grava-lo para o congresso.

A senhorita Ana Florência de Jesus citou que os pretos necessitam de cultura — Foi aplaudida — A cultura é o bordão da humanidade.

A fésta foi um incentivo. É bonito ver os nóssos pretos despertando-se! Findo a fésta nos despedimos — Um jornalista das Folhas nos condusiu no seu carro até a minha casa. Disse-nos que é médico. E aconselhou-me a repousar. Que a doença pielite transforma em neflite. A Eva disse-lhe que eu trabalho muito. O médico disse que uma dona de casa não repousa.

30 DE SETEMBRO DE 1962

Hoje é domingo. Passei o dia lavando as roupas. Compramos jornaes. As Folhas e O Estado de São Paulo. As Folhas anunciam a reunião dos pretos que estão dando cobertura do 1 Congresso da Cultura Negra.

As Folhas, menciona a minha presença. Os filhos fôram ao cinema. Eu e a Eva Vastari permanecemos em casa. Preparei o almoço. Fiz risôto e bife-milanês. Lavei tantas roupas e passei que fiquei com dôr nos braços.

O Dr. Furlan, disse-me que eu devia repousar. E foi a semana que eu mais lutei e andei e cansei é a doença já se foi. Hoje eu estou contente.

Depôis eu vou explicar minhas polemicas com o Fabio.

1º DE OUTUBRO DE 1962

Levantei as 2 horas para escrever. Porque eu estava sem sono. Des-

---

13 Diretor cultural do Círculo Israelita.

pertei os filhos para ir a escola. A Vera está estudando matemática com a Senorita Dorotéia. É que a professora da Vera começou a ensinar-lhe o dividir nos ultimos mêses. E comenta na classe, que ela não vae passar de ano. Dêixa a menina com complexo. A Eva Vastari prometeu-lhe:

— Se você passar de ano dou-te uma bonéca.

E a Vera comenta:

— Cada professora me ensina de um gêito. É uma confusão na minha cabeça mamãe!

Eu digo-lhe, para tranquilisa-la:

— Voce não tem culpa de não saber dividir. A culpada é a professora.

E a Vera comenta:

— A Cleide vae me criticar mamâe!

— Não se preocupe com as criticas minha filha. É a função da lingua humana criticar. É ferir e desiludir.

Lavei as roupas e passei. O João foi a aula de datilografia. Eu estava lavando as roupas. Quando ouvi um jornaleiro passou apregoando: duas colegiaes sumiram de casa de forma estranha e inesperada. Sai correndo assustada.

Dizendo as respectivas mães que iam para o colégio sairam levando nas bolsas, ao invés de livros e cadernos uma muda de roupas. Bilhêtes améaçadores exigem um resgate em dinheiro para a devulução das mocinhas. Panico em duas famílías e arduo trabalho da policia.

Vamos ao fato. O jornal tras a fotografia da menor Maria Auxiliadora. Ela é minha visinha. Reside na rua Francisco Biriba. 466. 15 anos. Epoca da transição. Epoca dos êrros dos adolesçentes demostrar suas tendências. A Maria Auxiliadora Pereira estava estudando datilografia no Centro de Cultura Inirim com o meu filho João. O João meu filho, disse-me que ela falhava muito. E não era aplicada aos estudos.

Ela, é uma preta com paes ricos. Ela andava bem vestida tem empregada. É negrinha fidalga. O pae é deçente. A mãe é uma preta reajustada — As vezes ela vinha escrever cartas na minha maquina. E eu dizia-lhe:

— Sêja desçente para você conseguir casar-se.

Ela sorria. Um sorrisso Gioconda. Falava pouco. Não passava fome. Não havia motivos para dêixar o lar. Estas jovens dêixaram uma universidade e entraram noutra. Que é o mundo. Se elas ficarem gravidas e ter vergonha de procurar os paes. O fim é a deliquência, as favelas e as malocas. E o erro é uma cicatriz que dêixa o seu efêito na opinião publica.

O que me horrorisa é a ma formação moral do homem que sabe iludir uma jovem, e depôis dêixa-la sofrendo no mundo. — Quando será que o homem vae deîxar de ser pervesso? Até quando? O homem vae superlotar o mundo de meretrizes? — Até quando?

O homem inculto é quem prática estes atos insociaes. É quem espalha a desgraça no universo.

As mulheres comentavam que a Maria Auxiliadora Pereira já sabe o que faz porque já está estudando curso superior. Mas nos Estados Unidos, as colégiaes desapareçem. E são estranguladas. Hoje é a Maria Auxiliadora Pereira que está sendo comentada. Para mim a cidade grande é um teatro, e esta é uma de suas cenas. Cenas dramáticas. Roubos, etc. E por falar em roubo, todos os dias o jornal publica que alguem roubou.

Quando que estes cafagestes vão criar vergonha? Com tanto serviço no Brasil ninguem precisa roubar. Os que roubam mereçem castigo — moral.

Deviam organisar uma passeata com o ladrões pelas ruas e faixas escritas dizendo: este homem é um ladrão. O homem que rouba é um homem fraco. Vadio Etc. Escrever tudo que é humilhante para ver se extinguia um pouco os ladrões no pais. Da a impressões que os homens estão perdendo a vergonha. Eles já não tem medo das criticas.

Outra coisa que eu reprovo: os homens que casam e depôis abandonam as esposas. Dá a impressão que o homem é infantil porque as críanças é que vê uma bonéca na vitrina e acha bonita. Quando adiquiri-a brinca com a boneca uns dias, depois vae aborreçendo-se — Por fim despresa a bonéca. E o pior em tudo isto é que o homem dêixa a mulher com filhos para criar. Porisso é que eu não me casei. Porque é horrivel a mulher ser supérior e ter que obdeçer um tipo inferior. Eu tenho pavor dos homens que ficam progetando:

— Eu vou fazer isto! Eu vou fazer aquilo.

E não faz coisa alguma. São homens que enchem o tempo com palavras.

O homem é o dono do mundo! Ele deve encher o tempo é com ação, arrojo. É com denodo que conseguimos o progresso e damos êxeplos aos vindouros.

O homem não pode ser inrresponsavel. Os meus filhos comentavam o desaparecimento das colegiaes. Vamos falar dos educadores.

A professora necessita esclaresçer a mente da aluna. Explicar que todos atos que praticamos tem consequências e os comentários desoirôsos. No grupo Barão Homem de Mello, compareçeu um guarda-

-civil e explicou aos alunos que não devem acompanhar os homens. Que o homem, é perigoso. Não sei se esta paléstra do guarda civil, foi oportuna, porque a criança ficará pensando que o homem é um monstro. Deve esclaresçer que a criança não deve ter medo do homem, quando o homem é seu pae, tio, e o professor. Há quem comenta que as colegiaes fugiram com namorados.

Quando plantamos uma arvore, aguardamos os seus frutos. E as colegiaes iniciaram a vida errando. E os êrros são as previsões para o futuro.

A Eva Vastari chegou. Eu estava lavando as roupas e as louças. Estava cansada. Com vontade de dêitar um pouco. Trouxe papeis da fabrica. Ela foi fazer reportagem de uma fabrica filandesa. Quando, eu estava na favela não sabia que existia este país chamado Filandia. Eu ouvia ela falar da belêsa da fabrica. Ela foi trocar-se e saiu para fazer compras. Foi comprar frutas e pâes e sorvêtes.

Eu estou na coluna da Aliki Kastaki. Devo comparecer na noite de autografos. É a jornalista Aliki Kastaki quem organisa as tardes de autografos. O João foi na cidade. Falar com o Audálio. Eles vão ao banco retirar o dinheiro que vêio da Chequeslovaquia. Eu agora quero empregar bem o meu dinheiro.

Quero construir uma casa em Parelheiros e plantar lavouras. É necessario que nós as mulheres devemos voltar para a lavoura. Porque o homem da atualidade quer viver só na cidade.

Nós as mulheres estamos ficando supériores. Tempo chegará que as mulheres não se casará se os homens continuar futeis.

A Eva voltou com compras. Tomamos os sorvetes, eu fui preparar para sair. O João voltou dizendo que eu dêvo estar na festa de Dona Aliki as sete e mêia.

Fico pensando: que fui eu quem chamou atenção dos povos para o livro. Crêio que dêvo dizer:

— Parabens Carolina. Quando eu gosto de uma coisa quero que todo mundo goste. E eu adoro os livros. E quero que todos adora-os. Para mim, o livro é a maior joia do mundo.

O João vêio com o endereço do local da noite de autografo. Eu estou doente mais eu vou. O meu comparecimento é uma homenagem aos livros.

Eu não tinha mêias fui comprar um par. Comprei fiado para pagar depôis. As mulheres comentavam o desaparecimento das mocinhas. Eu disse-lhes que ia numa fésta e sai correndo. Em dôis minutos cheguei em casa. A Dona Eva Vastari ficou horrorisada com a minha rapides para trocar-me.

Fui na farmacia comprar acetona para limpar as hunhas. O Jose Carlos estava na rua. Obriguei-lhe a entrar. Eu sou enérgica com os meus filhos. Quando eu digo é á. É á! Quando eu digo é B. É B. E eles me obdeçem. Tudo comigo é pra valer.

Hoje eu estou alegre. Com vontade de cantar. Não canto porque estou cansada. As seis horas eu sai com a Eva Vastari. Ela, é uma mulher finissima. Não cansa a paciência. Eu pensei que ela era madame inutil. Mas não é. Ela sabe trabalhar, sabe cosinhar lavar passar. E passa roupas melhor do que eu. Fomos conversando no onibus. A Eva levava a maquina de fotografia. Quando chegamos na cidade fomos ao corrêio. E falamos do editor argentino. Ele queria que eu visitasse o Mexico. Eu recusei porque estava cansada. A esposa do editor argentino é advogada. Saimos do Correio e dirigimos para a rua 7 de abril.

Fiquei indisposta e fomos num restaurante em frente aos Diários. Eu pedi uma canja. A Eva pediu frutas. Quando estavamos finalisando o jantar o Audálio surgiu na nossa mêsa. Comprimentou-me primeiro. E eu lhe apertei as mãos. Ele sorriu comentando:

— Você, hoje pegou na minha mão!

Eu pensei. — Eu não devia pegar nestas mãos. Devia bêija-las, porque foi estas mãos que trabalhou para mim. Tudo que sou dêvo ao Audálio. Os meus filhos tem o seu pão de cada dia, tem um teto para abrigar-se. Eu não me casei. Mas tive a sorte de encontrar este homem que suplantou os homens que cruzaram na minha vida. Eu não sou ingrata.

Um menino aproximou-se vendendo cravos. E ofereceu ao Audálio:

— Compra flores para as damas.

— Qual é o prêço?

— Cem cruzeiros cada um.

O Audálio protestou, aludindo que o preço era elêvado. E o menino dizia que os cravos estão carissimos. Mas o Audálio estava alegre. E comprou dôis cravos. Eu agradeci.

O Audálio pagou a minha refêição. E falamos do Miller que colaborou na divulgação do Quarto de Despejo e quer cuida dos contratos com a Europa. O Audálio disse que não sabe negociar e explicou que ele recebe uma certa importancia quando chega dinheiro do estrangeiro. Não sou ambiciosa. E o Miller é eficiente.

Eu estava anciosa para ir autografar. Despedi do Audálio e vendo o Miller que estava jantando fui comprimenta-lo.

Perguntou-me se ia na festa da Aliki Kostakí.

— Porque o teu nome está nos jornaes.

O Audalio perguntou-me se sarei.

—Já estou recuperada.

Despedimos. Ouvi a banda da guarda-civil tocar e dirigimos ao local.

Quando fomos aproximando ouvi vozes:

— Olha a Carolina! Ela é janista!

O meu olhar circulava rapido como relampago. Acenei a mão aos guarda civil e entramos.

Aliki Kostoki estava na porta reçebendo os convidados. Deu-me um abraço. Apresentei-lhe a Eva Vastari e fiquei olhando o seu vestido. Que belêza. Quem fez o vestido foi o Denner. E ele prometeu que me dar um vestido.

Círculei pelo recinto. Comprimentando os escritores. Eu não encontrava o meu estandar fiquei circulando. E fui fotografada com os escritores. Um deles foi o Marcos Rey. Eu tenho do d ele. Ele queixou-se com voz amargurada que foi despedido do jornal a Ultima-Hora.

O Marcos Rey é culto e não escreve banalidade. É um homem reajustado. Deu-me o seu novo livro — Entre sem bater.

Folheando o livro percibi que é bom. Foi editado por Edições Autores Reunidos. Ja foi publicado em capitulos no jornal Ultima-Hora. É a quarta edição. Marcos Rey é autor de Café na cama. O livro que competiu com o meu.[14] Quarto de Despejo. Eu estava circulando.

A dona Aliki Kostaki indicou-me o meu estandar. Fui ficar visinha com o Jorge Amado. Foi o que me disse a Dona Eva Vastari. Eu estava procurando o Jorge.

Quando fui envolvida num abraço. Era ele. E percebi a nobrêsa do seu carater. Ele não guarda rancôr. É que eu já tive um mal entendido com o Jorge. Injustamente. É que eu era da favela. E o favelado não procura averiguar os fatos e apela pela violência.

Quando eu fui autografar o meu livro no Rio, autografei so 50 livros. Eu pensei que foi o Jorge Amado quem autorisou a quota.

Quando eu estava nos braços do Jorge Amado eu pensei: se eu pudesse ficar seculos e seculos nos braços deste homem! Ele é limpinho. Não cheira cigarro. Tem o perfume dos reçem nascidos. Purêsa.

Eu adoro os homens asseados. Que tem cuidado com o côrpo. Os fotografos nos rodeou. E fui para o meu estandar. Eu pensava no Jor-

---

14 Em 1960, o romance de Rey dividiu as listas de mais vendidos com *Quarto de despejo*.

ge, o homem que tem 30 anos de literatura. Mereçe ganhar uma rua com o seu nome. Rua Jorge Amado.

As ruas são pautas. E o Jorge Amado é um homem pautado.

O meu padrinho foi o senhor John Herbert.[15]

Uma jovem muito bonita. Bem vestida. Estava usando uma blusa preta com flores pretas. Os vestidos belissimos foram confeccionados pelo Dener. Perguntei o prêço. 50.000,00. Pensei: o Denner quer virar tubarão. Quer comprar um foguete para ir na lua.

Eu percebi que a Dona Eva Vastari não apréciou o meu padrinho. Tratou-o friamente. Fiquei preocupada. Ela que é sempre tão gentil.

Consegui vender alguns livros. O Dr Lélio aproximou-se com a sua esposa. E eu lhe apresentei como o meu editor. E eu disse-lhe que já ganhei muito dinheiro com ele — E fui bem recompensada no Quarto de Despejo. O Paulo Dantas estava com a esposa. Não vi o Dr Jose Tavares de Miranda. Não vi o Arápuan. Não vi o Cid Franco. Não vi o Dorian Matos Pacheco. Não estava presente Mauricio Loureiro Gama Silva Netto.

A Ruth de Souza foi no meu estandar. Eu disse-lhe que vou ver o seu filme Assalto ao trem pagador.[16] A crítica está favoravel. Eu esforçava para ser agradavel. O meu sonho era conhecer o poeta Oliveira Ribeiro Neto. E ele era meu visinho consegui comprar um livro dele. Os bens de Deus!

Eu disse-lhe que gosto dos seus versos. Que os poetas são os ministros dos anjos. O livro tem 201 paginas. Foi impresso na Livraria Martins. Eis uma poesia do livro Os bens de Deus. De Oliveira Ribeiro Neto.

Os bens de Deus.

Tudo aquilo é de Deus e não meu
E quando mal emprego os bens
   que me tocaram
Estou usando o alhêio que o
   senhor me deu.
Para um fim. E se os anjos maus
   me aconsêlharam

---

15 Ator de teatro, cinema e tv.

16 Longa de Roberto Farias lançado em 1962, no qual Ruth desempenha o papel de Judith, mulher do líder do assalto, papel de Eliezer Gomes.

    Mudando o caminho e o uso do
                      tesouro.
    Que não é meu repito, mas
              pertençe a Deus.
    Vou marcando em minha alma.
            Em letras de aço e ouro
    o gosto destes bens que eu tenho
                e não são meus
    No balanço final do destino
                bastardo
    Tende pena de mim, meu Deus,
              eu vos suplico.
    Pois são fracos demaes meus
          hombros para o fardo
    E pago em dobro a dor do fruto
              que pratico

Circulava pelo salão uma escola de samba. E os guardas com trages de gala andava no salão.

O Audalio, o Miller, Torok, Carlos de Frêitas, do O Cruzeiro. Não compareçêram José Pinto, Ronaldo de Moraes e outros.

Findo os autogras fomos ritirando. Uma preta que é janista foi me dar os parabens. Por eu ter escrito a reportagem para o Janio. Uma senhora filandesa compareceu na minha estandar e comprou um livro. Eu convidei-a para vir na minha casa que uma jornalista filandesa está escrevendo um livro e vae publica-lo na Filandia.

O Eduardo de Oliveira estava presente. Disse que autografou 80 livros e nos acompanhou até ao bar da rua 7 de abril. O Dr. Lelio e sua esposa estava presente. E o dr. Lélio quiz pagar o café para mim. Eu achei 5 cruzeiros e paguei o café. Aliki Kostoki perguntou-me se eu estava contente com a minha madrinha.[17] Ela é culta. Recem--casada. Eu lhe supliquei para não separar-se do esposo. Que eles devem fazer a bodas de prata. A de ouro. E ter muitos filhos e netos. Eles são ricos. Com a época dura que atravessamos so os ricos é quem podem ter filhos. Porque é só os ricos é quem podem comprar o que comêr.

O Dr Lelio convidou-me para ir na sua casa. Disse-lhe que não posso porque eu vou almoçar com o Janio. E mostrei-lhe o convite.

---

17 Eliana Cochrane Simonsen.

Ha os que dizem que o Janio tem a mania da renuncia. Que ele tinha o Brasil ao seu dispor.

E o Getulio? Tinha o poder na mão e perdeu a vida. O senhor Tancredo Neves[18] não conseguio formar o seu ministerio, renunciou. O Auro de Moura Andrade,[19] recusou ser o primeiro ministro. E o saudoso Brochado da Rocha que perdeu a vida por cansaso mental.

Na hora de morrer pela patria, quem morre é os gauchos. Ouvi dizer que atacaram a moral do senhor Brochado e ele ficou resentido. Isto é obra dos côrvos. Até quando, vamos ter côrvos negros na politica. Eu estava girando pelo bar quando entrou o fabulôso poeta Paulo Bomfim. Acompanhados com umas jovens e deu me um abraço.

Supliquei-lhe:

— Paulo! Paulo. Não me abraça pelo amôr de Deus! Eu ouvi dizer que a tua esposa é cíumenta que lhe proibe de falar com as mulheres. Que o senhor tem medo dela.

A esposa do Paulo estava presente e disse:

— Imagina só eu... ter ciumes do Paulo. Ele anda por aí. Quem foi que disse isto?

— Vou lêr no meu Diario.

As jovens que estava com o Paulo sorriam.

E o Paulo dizia a esposa:

— Viu querida, como você tem fama de brava?

Eles despediram. Chegou uns chilenos e perguntaram:

— Como vae o professor Mendonza?

— Vae indo bem. Ele é muito educado.

Eu não sabia e não pensava que a imprensa fosse imiscuir na nossa amisade.

— Ele é jornalista e compreende o povo da imprensa. Eu gosto dêle.

O Audalio perguntou-me:

— Como vae a tua amisade com o Jorge?

— Vae indo bem.

E o Audálio disse:

— Eu tenho a impressão que o Jorge é bom sugêito. Não gosto de ipocresia.

Quando o Jorge esteve em São Paulo o Audálio não quiz reçebê-lo, não apareçeu na minha casa para comprimenta-lo.

---

18 Deputado federal (PSD-MG) e ex-primeiro-ministro (setembro de 1961 a junho de 1962).

19 Deputado federal (PSD-SP).

— Quem gosta do Jorge sou eu.

Eu disse para a esposa do Jorge Amado que o chileno é culto educado e honesto. E que me envia dinheiro. A Zelia Amado quêixou que eu fui injusta com o Jorge. Que ele auxilia os escritores iniciantes. Ele é o patriarca da literatura. Eu chorei tanto.

Citei-lhe que eu era nervosa. Porque passei muita fome. Quando o meu organismo começou reçeber as proteinas rebelou-se. Eu não comia mantêiga, não comia fêijão. Ainda estou em tratamento todos os orgos estao fracos. Estou comendo frutas para conseguir um pouco de vitamina. Quem passa fome é neurótico. Quando Jesus orou pedindo: Não mas dêixei faltar o pão nosso de cada dia, estava profetisando esta época.

Despedimos do Eduardo de Oliveira e dirigimos para a nossa casa. Passamos num bar. Depôis saimos e tomamos um taxi.

Quando chegavamos em casa chovia. E as ruas está em conserto. O auto não poude nos deixar na porta. Pretendiamos galgar a rua Benta Pereira mas o carro não tinha forca e podia queimar o pneu. Andamos a-pé. E chegamos em casa. Jantei e fui dêitar adormeci logo.

Quando cheguei em casa os filhos disse-me que o cenegrafista Paulo Ferreira[20] esteve na minha casa. Prometeu voltar amanhã. Ele filmou-me no mês julho. O filme ainda não está em exibição.

2 DE OUTUBRO DE 1962

Levantei as 6 hóras. Escrevi um pouco e li uns versos. Depôis vesti a Vera para ir a aula de matemática. Fui comprar sardinha. 1 quílo e mêio 100 cruzeiros. Será que os pobres tem dinheiro para comprar pêixe? Se não podem comprar carne. O que é que o pobre vae comêr?

As 10 hóras o Paulo Ferreira chegou. Disse que necessita alterar algumas cenas do filme.

Perguntei pela esposa se vae mudar e se já encontrou casa? Ainda está procurando. E se não encontrar quer ir ao Rio novamente. Combinamos um encontro um encontro na livraria as 2 e mêia. Eu preparei o almoço. Os filhos foram a aula.

A Vera não mais vae ao grupo Barão Homem de Mello. Porque a

---

20 Fotógrafo e cinegrafista da Companhia Cinematográfica Jean Manzon. Ferreira gravava cenas para um documentário da empresa.

professora disse que ela não tem media para passar de ano. Que ela não sabe divisão. E as meninas ficam comentando. A Vera não sabe divisão e dêixa a menina com complexo.

Escrevi um bilhete ao senhor Jayme Damião da Costa. O diretor do centro de cultura Imirim se adimitia a minha filha na sua escola. Porque ela é fraca em matemática no grupo. Ele açêitou-a. Eu fiquei mais calma. Porque é duro ver um ver um filho reprovado. As professoras devem estudar as capacidades das crianças, e avisar as mães em tempo de as preparar-lhe para vencer os exames. Só agóra que a professora notou que a Vera é fraca. Não é. Ela sabe formar a conta de dividir mas a professora não açêita o estilo.

Eu fui na cídade. Quando cheguei perguntei se o Paulo Ferreira já havia chegado.

Mas os empregados diziam:

— Virou janista em?

— Virou janista em?

E sorriam comentando:

— Esqueçeu o Adhemar?

Eu não comentei. Olhava as noticias que estavam na porta da livraria. A Clarice Lespector que foi premiada com o seu livro Maçã no escuro. A dona Adelia disse-me que os comentarios na livraria fôram sensacionaes. O Paulo Dantas chegou e comprimentou-me:

— Bom-dia janista.

Os comentarios estão forte. O Audalio disse-me que pela primeira vez vae votar no Dr. Adhemar. Eu disse-lhe que dêvo obrigação ao Janio. Em 1952 ele pagou o dr. Jose Torres Neto para operar-me e tomou conta do meus filhos. Se ainda estou viva devo agradecer o Janio — Em 1952 ele era prefêito.

O Paulo chegou e combinamos que eu não vou apareçer nas cenas da livraria. Com a exibição do Quarto de Despejo. Convidar o povo para ser fotografado. Como se fosse o dia do lançamento do livro. Fiquei conversando com a Dona Adelia citando as belas qualidades da filha do Paulo. Que ela é muito bonitinha. Talvez será miss Brasil. Que a casa do Paulo é alegre. Porque as crianças são faguêiras. E a Dona Eliene é otima dona de casa. Sabe cosinhar muito bem. E é muito caprichosa, e gosta de serviço do lar. Não é madame inutil. Despedi e dirigi a minha casa.

Quando cheguei em casa, a dona Eva Vastari estava vestida para sair. Mas dessistiu porque estava chovendo. Ela estava tao bem vestida pareçendo a Maria Antoniêta, so que ela não tem um Luiz xv.

Passei a tarde escrevendo. Hoje eu estou alegre. Ninguem aborreçeu-me.

3 DE OUTUBRO DE 1962

Levantei a seis horas. Eu despertei as 1 hora e fiquei escrevendo. Preparei o almoço e lavei as roupas. A Dona Eva Vastari dizia que eu devia trabalhar numa lavanderia... Que eu lavo as roupas com com prazer. Por eu lavar-lhe as roupas ela diz:

— A mulher mais famosa do mundo, lavou as minhas roupas...

Os filhos fôram a aula. A Vera está contente e da um sorriso amplo dizendo, que está contente no CCI Centro de Cultura Imirim que vae passar de ano e já aprendeu dividir. Diz:

— Como é bom ter mãe inteligente. Se a senhora não me tirasse do grupo eu ia repetir de ano. E seria desagradavel.

Respondo-lhe:

— É que eu percibi que você sabe dividir. Eu observo se os filhos estão desinvolvendo-se. O que prejudicou-te foi a Cleide.

Ela pedia o caderno da Vera emprestado e alterava as contas dizendo que estava êrrada. E a professora dizia na classe que ela não sabia dividir dêixando-a com complexo. A Eva Vastari ficou horrorisada dizendo:

— Credo. Na minha terra não se troca de escola. Mas a Carolina é a Carolina! E tudo tem que ser, como a Carolina quer.

Trocamos e fomos a cidade. A Eva foi mandar revelar os filmes e entregar a maquina de fotografia ao Audalio. Eu fiquei no bar e telefonei ao Audalio perguntando se ele ia sair comigo para ritirar o dinheiro que vêio da Chequilavaquia. Ele disse que o dinheiro voltou ao Rio novamente. Não acreditei porque se o dinheiro vêio no meu nome, e o meu local de residir é São Paulo, o que é que o dinheiro vae fazer no Rio. O dinheiro não é turista. Ele disse, que se eu precisasse de dinheiro ele me dava uma quantia. Pedi 5.000,00 cruzeiros.[21] Ele entregou a Eva. Eu já disse ao Audalio, quando chegar dinheiro, ele retira a sua parte e me dá a minha. Eu não sei porque é que ele tem esta maldita mania de cansar a minha paciência. Com estas pequenas coisinhas a minha simpatia pelo senhor Dantas vae congelando-se. Até aqui o livro já foi tradusido em 17 paises. Mas eu vivo é

---

21 Cerca de 340 reais em 2021.

com o dinheiro da Livraria Francisco Alves. O Dr Lelio de Castro Andrade me empresta dinheiro.

Eu estava no bar tomando laranjada. Escrevia quando uns jovens aproximou-se pedindo autografo e perguntando:

— Quando é que vae sair o outro livro? E qual é o livro?

Quando avistei a Dona Eva fui ao seu encontro e dirigimos até a livraria. Perguntei se o Paulo Ferreira já havia chegado. Não chegou. Fomos falar com o Paulo Dantas que nos reçebeu amavelmente. E mostrou-me o jornal A Ultima Hora o meu retrato está na coluna da Aliki Kostaki.

Ela escreve: Carolina Maria de Jesus, fez questão de comprar o ABC de bôas maneiras de mestre mestre Marcelino. Na foto com Aliçe Farah e o jornalista Laureano Fernandes. Eliana Cocrahane era a madrinha de Carolina Maria de Jesus. E o padrinho foi o senhor John Herbert.

Agradeço as amabilidades da Aliki Kostaki e o prazer que porpocionou-me.

É sabido que onde tem livro eu apareço. O rato procura queijo, e eu procuro livros.

Agradeço as atenções finissima do senhor Jonh Herbert. Ele é bonito.

A dona Eva Vastari pensa que ele é destes brasileiros que por fazer filme procura um nome americano. Ela acha que as pessôas devem procurar vençer com o seu propio nome. Interessante. Nestes ultimos dias, os brasileiros estao prestando atenção nos Estados Unidos. A polemica da universidade de Oxford.[22] É horrosso impedir que um homem estude. Que pervesidade destruir o ideal do estudante negro.

É horroroso que num país como os Estados Unidos haja preconcêito racial. Sendo assim os Estados Unidos atira os outros paises nos braços da Russia. Os russos são humanos.

O Paulo Dantas entregou o meu livro Reminicências[23] para a Eva Vastari lêr, e dar a sua opinião. Que êste livro é o mais bonito de minha vida literaria que eu vou ficar famosa. Falamos das politicas. E o Paulo Dantas perguntou-me:

---

22 Em 30 de setembro de 1962, uma revolta de supremacistas brancos explodiu em Oxford, Mississippi, contra a matrícula do afro-americano James Meredith no campus local da universidade do estado. Mais de dez mil soldados foram enviados à cidade. Duas pessoas morreram e mais de trezentas se feriram.

23 Uma das versões originais de *Diário de Bitita*, publicado em 1986 pela Nova Fronteira.

— Carolina, se o dr. Adhemar ganhar como é que você fica?

— Bem porque acho o dr Adhemar muito orgulhôso. Ele agora está sendo apôiado pelo partido Democrata Cristão.

Eu mostrei a reportagem da Aliki Kostaki para o dr. Lélio. Ele sorriu. Estava com um funcionário da filial do Rio. O Carlos Felipe Moyses[24] estava presente. Está alto. Só que é triste! Tambem com o custo de vida os sonhos dos jovens vão fenéçendo-se. É a vida. Despedimos do Paulo Dantas. Ele autografou um livro para a Eva Vastari, o livro Daniel. Voltamos para casa. Compramos docês e pão de centêio. Quando chegamos em casa, o Paulo Ferreira estava nos esperando, para concluir o filme. Disse que chegou as 3 horas. Fiquei horrorisada com o custo de um filme.

O Paulo entregou-me 20.000,00 pelos gastos que cooperei com ele pagando viagens de taxi para irmos filmar nas favelas. A Dona Eliana trouxe um bolo para mim. Bolo de fubá. Estava gostoso. Obrigada Dona Elíeene.

Eu estava cansada e apresentei a Eva Vastari, para eles e já partimos o bolo.

O motorista foi ao bar tomar café quando voltou recusou o bolo dizendo que é diábetico. O Paulo estava preparando o cenário. Disse:

— Vou criar uma favela aqui dentro de tua casa.

E o Paulo é fabulôso como homem. É inteligente — Só que quer voltar para o Rio. E eu peço para ficar. Estou pedindo a Deus para ele não arranjar casa no Rio. Queixei para ele as confusões de minha vida. Eu estava conversando com a Dona Elíene. Que mulher sensata. Dá para viver bem com ela.

Eu sentei para ser filmada. E a filhinha do Paulo a Lêila brincava com a Vera. A Lêila é loira e bonita. Dá a impressão que é uma bonéca andando dentro de casa. O motorista auxiliava o Paulo que está sem o seu asistente o Noé que foi opérado da hernia.

Eu não sei se é assim que se escreve hernia. Eu penso que quem gosta de escrever deveria aprender escrever, para não ficar indeciso.

A Dona Eva Vatari fez café para o Paulo Ferreira. E casa fica alegre com a presença do Paulo.

As 10 horas eles despediram. Eu fui dêitar. Estava exausta Agradeço as amabilidades do Paulo Ferreira.

---

24 Poeta, funcionário da Francisco Alves paulista.

Hoje a Eva Vastari fotografou-me na fêira. Fazendo compras. Passamos na Ultima Hora vou votar no Itamaratí.[25]

4 DE OUTUBRO DE 1962

Despertei as 4 horas e fiquei escrevendo até o despontar da aurora. Fico pensando quando eu estiver em Parelheiros e despertar ouvindo os gorgêios dos passaros. E os dias ha de ser sempre iguaes porque eu já estou cansando da humanidade. São pervessos invejosos e crues. Será que Deus arrependeu-se de ter nos criados? Hoje eu não vou sair de casa.

Eu estava gírando pela rua. Fui falar com um pedreiro que está trabalhando em frente a minha casa. Pretendo contrata-lo para pintar a minha casa quando eu me mudar para Parelheiros porque eu pretendo alugar a minha casa que já enjôei de residir na rua Benta Pereira. Para mim esta rua não é o jardim das oliveiras e o topo do calvario. Tudo que aconteçe por aqui eles dizem que foi os meus filhos. O pedreiro disse:

— Sabe Dona Carolina. Eu, é porque não gosto de falar. Mas aquele teu filho grande. Outro dia estava envergando um ferro daquela casa. A casa numero 620. E eu não gosto de falar mal de ninguem.

Respondi:

— Voces adultos observam só os atos ingenuo que as crianças praticam. E os atos das crianças que devemos respeitar porque eles estão desenvolvendo-se ainda não conheçe as regras sociaes. E as faltas dos adultos são mais fataes. Eles matam para roubar, são astuciosos.

Como é horrivel para o preto suportar a ironia dos brancos — Até quando! Tem branco que me inveja por eu saber escrever. É que eu gosto de ficar tranquila escrevendo.

Tem dia que eu tenho vontade de virar animal e viver na selva. Mas se fosse animal não ia ter socego. Porque o desgraçado do homem haveria de apareçer na selva e perturbar a minha tranquilidade.

Se fosse peixe ia ser a mêsma coisa. Para mim a criação mais imperfêita que Deus críou, foi a raça humana. Eu estava no topo quando bateram na pórta olhei da janela. Um senhor queria saber se o José Carlos havia ritirado as chaves da casa numero 620.

---

25 Itamarati Martins, colunista sindical da UH paulistana e candidato a deputado estadual.

Eu disse-lhe que tudo que ocorre aqui eles culpam os meus filhos. Que já estou com nojo de morar perto dos brancos. Xinguei o homem e disse-lhe que arrependi de comprar esta casa. Mas eu vou mudar para Parelheiros e vou construir uma casa nos fundos e por uma placa no portão "Proibida a entrada". Desde que nasci que estou procurando um encontro, com a tranquilidade.

O homem disse-me que foi encontrar a chave noutra rua. Que vá entender-se com o ex-inquilino da casa. A Eva dizia:

— Pois é Dona Carolina, a senhora não tem tranquilidade. Cheguei a conclusão que o teu Diário é real.

Eu lia para ela algumas cenas que ocorreram aqui comigo. Ela ouvia.

O João chegou apressado batendo na porta. Fui atender rapidamente pensando que ele estava sendo perseguido por alguem. Eu descia na frente a Eva Vastari atrás. Eu estava reformando uma saia. O ser Enoki Araujo que vêio receber o dinheiro da maquina. Escrevi uma carta para ele levar na livraria pedindo o Dr Lelio para pagar a maquina. 22.000,00. Eu ganhei uma maquina na televisão mas não sei custurar com ela.

A Eva Vastari saiu. Foi ao Corrêio ver se suas cartas foram retidas e voltou de carro. Hoje eu fiz so arroz e fêijão. Quando entramos num açougue saimos limpos os acougues agem como se fossem piratas. Pedi aos filhos para não dêixar comida nos pratos.

Antigamente os escritores escreviam falando das estrelas, as avês, os amôres. Hoje o assunto é comida. E o povo da atualidade dizem, que são civilisados.

A esposa do senhor Verdi visitou-me e a Beatriz quase caiu da janela. Dá a impressão que a menina é elétrica. E assim, acabou-se mais um dia. E um dia, há de ser o meu ultimo dia. A nôite eu li uns trechos do meu livro Reminiscências para a Eva Vastari.

5 DE OUTUBRO DE 1962

Levantei as 6 horas. Não despertei a Vera para ir na aula de matematica porque estava chovendo. Quando vêjo a chuva sei que não há de faltar o pão cada-dia no mundo. Fiz cafe e preparei a Vera para ir a aula as 8 hóras. E fui no açougue. Os prêços da carne! Dêixa as pessôas desiludidas de viver.

Eu vou fazer o almoço carne ensopada e purê de batatas. Eu estava lavando as roupas quando a senhora Eva Vastari me chamou dizendo que havia lhe roubado 7 contos em dolar e se não era os meus filhos?

O João ficou asustado.

— Crêio que não é meus filhos. Eles não precisam roubar! Eu dou dinheiro para eles.

— Eu estive obiservando Dona Carolina.

— E a senhora viu os meus filhos abrir a tua bolsa?

— Não vi!

— Como é que a senhora pode acusar?

Eu fiquei agitada interiormente e jurei nunca mais aceitar ninguem na minha casa. É que nós fomos favelados e não somos dignos de confianças. A Eva falava falava e eu pensava: todos os dias, tenho que ter um aborrecimento. A Eva queria que eu obrigasse o José Carlos confessar. Eu não provoco turtura mental nos meus filhos. Ela pegou a mala dizendo que ia guardar suas joias e as roupas finas na casa dos seus patricios filandêses.

Eu disse-lhe:

— Quando eu disse ao Audalio: A Eva é bôazinha.

Ele respondeu-me:

— São pessôas bôas que te fazem sofrer no fim.

Para eu ficar livre das criticas da Eva Vastari fui falar com a Dona Elza. Queixei que eu era uma arvore frondosa e estao me deçepando os meus sonhos até ficar so o tronco. Eu disse para a Dona Elza que quero morrer. Já estou com nôjo da vida. Enquanto eu estava na Dona Elza Rêis a Eva pegou o João e sacudiu-lhe, impondo:

— Confessa ou eu te ponho no jornal.

Eu chorei e disse para a Dona Elza que cidi o quarto de meus filhos para a Eva. A Dona Elza ficou horrorisada, dizendo:

— Se ela for pagar um hotel! Ela vae ver.

Voltei para a minha casa. A Eva estava dizendo que o carteiro havia trazido carta do seu marido e os meus filhos deviam ter violado-a para ver se tinha dinheiro. Ela já disse-me que foi roubada em 70 mil cruzeiros.

O João saiu e foi procurar o Jose Carlos que apareçeu revoltado. Pensei: será que a Eva está querendo me extorquir dinheiro?

Eu fui reabasteçer de calma na Dona Elza. Que é uma mulher iducada de dentro pra fóra. A Eva foi ver o que eu estava fazendo. A Dona Elza disse-lhe que os meus filhos entram na sua casa e nunca roubaram nada.

Eu disse para a Eva que os meus filhos vão odia-la. Que eles são a segunda edição da Carolina Maria de Jesus. Que a sua situação na minha casa ia ficar desagradavel.

— Eu vou-me embora!

— Pode ir! — Exclamou.

— O que fui fazer meu Deus! O mal que Deus fez foi dar a língua a mulher!

— Só se for a tua porque foi você quem vêio contar para a Dona Elza.

Eu sai a Eva ficou conversando com a Dona Elza que disse-lhe que a Dona Olga me defende. Que se eu tomar atitude enérgica que a Eva ia sofrer comigo. Que eu chorei. Que ha muita distancia de uma mulher que é mãe e de outra que não é. O que eu sei dizer é que a carne que eu paguei 300 cruzeiros o quilo, quêimou.

A Dona Elza pediu me para ter dó da Eva. Respondi:

— Eu dêvo ter dó dos favelados que são analfabetos. Mas a Eva passou pela universidade.

Comecei xingar a Eva mentalmente.

Agora que conheço as pessôas que passaram pela universidade. Elas tem aparência de bôas. Mas, no égo, é só maldade.

A Eva trocou-se e saiu. Foi ritirar as fotografias. Os filhos fôram a escola. Eu fiquei pensando e tocando violão. Só o professor chileno é que foi amavel com os meus filhos. Ele ainda não saiu de minha casa. Ele ainda está presente. Quando a Eva voltou-se trouxe carne e um bolo. Os filhos não comeu.

A dona Elza perguntou a Eva se ela anota o que gasta? Disse que sim. Percibi que ela estava nervosa porque o seu esposo ainda não lhe escreveu. Uma coisa eu digo: quando vamos viver nas casas alhêias é necessario dar ferias a má educação. E incluir na sua bagagem só a polides.

Os filhos não deu atenção a Eva. Ela exibia 1 dolar para a Dona Eva ver e dizia que não necessita de mim para nada. Que me deu roupas. Eu não preciso das roupas da Eva. O Audalio acertou tem hora que ele é um semi-proféta. Continuei conversando normalmente com a Eva. Mas se ela ir se embora eu não vou sentir saudades.

A noite ela iniciou a datilografar o meu livro Renimiscência. Eu disse para a Dona Elza:

— Será que a Eva ficou com inveja?

A dona Elza dizia que a Eva é fina.

— É aparência. Ela e nervosa. Depois falam que é a Carolina que é neurótica. Bem mas eu tenho fílhos na idade da transição. E eles não me obdeçem. Percibi que a Eva é o fruto de apos-guerra. O José Carlos diz que ela é desviada. Vou lhes proibir a entrar no quarto onde está a Eva.

No barracão da favela eu tinha aborrecimentos. Na casa de alvenaria tenho aborrecimentos. Crêio que vou ter tranquilidade na campa. Eu dizia para a Eva que ia escrever tudo isto.

— Pode escrever Carolina pode escrever.

A Eva recomenda:

— Não deixa ninguem entrar no meu quarto!

Que petulancia tem hora que eu me arrependo de ter entrado no meio deste povo. Quem nasçe para ser rã não deve pensar em ser pavão.

A tarde fui queixar para a Dona Elza. As atribuições diárias — Tive aviso que vou receber dinheiro.

6 DE OUTUBRO DE 1962

Hoje é sabado. Tem fêira na rua Francisca Biriba. Os autos chegam as 5 horas. Eu levantei as sete porque deitei a uma hora ficamos datilografando e ritirei as roupas dos filhos do quarto da Eva Vastari para evitar complicações. Deus me livre de criar filho homem. O homem é a desgraça dos paes e do mundo.

Dei uns tapas no Jose Carlos, que quiz reagir. E prometi:

— Se eu descobrir que voce é desonesto dou-te veneno! Eu não sou brincadeira!

O João e o Jose Carlos sairam dizendo que iam vender gibi. Que socêgo em casa.

Fui na feira fazer compras. O quilo dos legumes 100, cruzeiros. Pobre dos pobres!

O senhor Verdi chegou com uma jornal que publicou a sua reportagem classica. Ele escreveu um artigo para ele. Eu li a reportagem e não vi mensagem. Quem escreve para o povo deve escrever com simplicidade. Ele pediu a Eva Vastari para datilografar outra carta que vae ser publicada na Folha de São Paulo. Uma carta para o senhor José Bonifacio.

Eu sai com a Vera. Fui comprar papel para a Eva Vastari datilografar o meu livro Reminiscências. Ela vae fazer o prefacio. Que suplico no onibus que estava superlotado. Dá a impressão que estamos enlatados.

Fiz as compras numa papelaria. E falamos dos politicos. Uns quer que o Janio sêja o vençedor outros prefere o Adhemar. Percebo que o povo ainda respeita o Janio. O que é horrivel em tudo isto é anotar o numero do candidato a deputado.

Entramos na casa Paschoal eu ia comprar um balde de plastico. Eu estava adimirando umas latas para guardar genéros alimenticios e perguntava o prêço. Pretendo comprar. O meu sonho é ter uma casa bem organisada. Uma senhora me atendia com delicadêza. Perguntei-lhe se é a mulher do dono da loja.

Ele respondeu-me:

— A minha mulher está em casa. Mas se ela quizer ser minha mulher eu açêito com todo prazer.

Eu dei uma risada. A mulher não sorriu.

Pensei: este homem não é o seu predileto. Comprei o balde plastico e despedi e sai. Depois voltei e entrei na loja novamente pedindo um cartao para inclui-lo no meu Diário e disse-lhes que eu sou a Carolina Maria de Jesus. Eles me abraçaram e deu o cartao de endereço. Rua Voluntários da Patria 1798. Solonon Blaser.

Entramos no onibus. Voltando para casa. O senhor Verdi já havia partido. Quando eu disse-lhe que deve ser claro quando escrever. É horrivel ter que consultar um dicionário para decifrar um artigo. A Eva Vastari estava contente. Reçebeu a carta do seu esposo. Pensei que ela ia pedir-me desculpas. Porque ela disse que os meus filhos deviam ter violado a sua carta para ver se tinha dinheiro.

Cheguei a conclusão que a Eva Vastari tem excesso de imaginação. Mas uma imaginação perigosa. Ela saiu foi ao Corrêio. Os filhos dêixou de gostar d'ela ela que estava adiantando no plano a- b c. Voltou para o plano a.

Eu fui brincar com um japones que vende na fêira e disse-lhe que japones é homem dinamico. Faz qualquer serviço. Entrei e liguei o radio para ouvir a Dose das Dôze, um programa da Record. E ouvi o teatro do Manoel Duraes.

Bateram na porta. Fui atender. Era o senhor Juan Jutglar, gerente do Editorial Agora da Espanha. Vêio propor-me se quero assinar um contrato com uma editora para o idioma catalão.[26] Editorial Fonto-

---

26 A versão catalã de *Quarto de despejo* foi publicada em 1963 pela Fontanella, de Barcelona, como *Els mals endreços: Diari d'una dona de les barraques*. Tradução de Francesc Vallverdú.

nella. Eu assinei o contrato e vou reçeber 75 dólares.[27] Em concepto de antecipo e pretendo pagar ao Dr. Lelio o que lhe dêvo.

O editor argentino não me paga. Diz que não vende o meu livro por causa das greves. Mas ele envia o livro para diversos paises. Dizem que o livro foi vendido em varios paises e a minha vida continua desorganisada. Eu mostrei ao Juan Jutglar o meu livro que a Eva está datilografando. E fiz êle sair do quarto as pressas.

— Ela tem a supertição que vão lhe roubar.
— Ah! É assim? — Comentou o senhor Juan Jutglar.

Eu disse-lhe:

— Estou apurada e não posso dar-lhe atenção porque amanha os negros vae almoçar com o Janio. E os negros estão agitados.

A Eva Vastari chegou. Eu pedi silêncio.

— Ela não deve saber que eu assinei contrato com o senhor. Ela pode contar ao Audálio.

Eu disse para a dona Eva Vastari que ele é editor. O João disse-me que trabalha e não tem tempo de vim na minha casa. Vae vir d aqui ha trêis semanas.

Uma pretinha vêio visitar-me e trouxe beterrabas para mim. A Eva Vastari disse que nos precisavamos escrever. A pretinha despediu-se. E saiu. A Eva é altiva. Gosta de dar ordem e quer ser obdecida. A mulher intelectual é antepatica. Dêixa de ser feminina. Fomos escrever até as cinco. Os filhos não apareçeram. Estão resentidos com a Eva. Filho é semente humana. Mas que semente!

Eu disse para a Eva que o Dr. Lelio estudou. E a educação que ele reçebeu, ele usa comigo. A tarde a Eva foi na cidade procurar maquina fotografica emprestada.

A Vera saiu com a Maria do Carmo. Foi fazer penteado. Voltou sorrindo. Vaidosa. Dizendo que quando cresçer vae ser M.M. ou miss Brasil.

A Maria do Carmo vae arranjar uma mulher para fazer limpêsa na minha casa. Quando a Eva Vastari chegou eu estava dêitada — Graças a Deus, hoje ninguem aborreçeu-me.

A Eva disse-me que tem a impressão que eu gosto do senhor João Jutglar. Falsa impressão. Eu gosto é do professôr chileno. É um homem bem reajustado.

As dez e mêia os filhos chegaram. Dormiram no sofá na sala. Estão de mal com a Eva Vastari.

Para viver é necessario ter paciência. Paciência!

---

27 Cerca de 650 dólares em 2021.

7 DE OUTUBRO DE 1962

Despertei as 6 horas e fui preparar para sair. Hoje, eu vou votar. Hoje é dia de elêição.[28] Para governador vou votar no Janio Quadros.

Vesti a Vera, e convidei os filhos se quer acompanhar me. Fui fazer café e preparar a galinha que a Dona Eva comprou. E despertei-lhe para trocar-se que iamos sair.

A 10 horas saimos. Que suplicio para conseguir conduções. Pegamos um carro ate ao Angabaú eu fui na Ultima hora procurar o numero do senhor Itamarati Martins para votar. Ele é candidato a deputado. Peguei a cedula e seguimos. Tomamos o onibus Canindé. E eu fui votar no colégio Santo Antonio do Parí. A dona Eva Vastari fotografou-me na fila com as pessôas que iam votar.

Eu fui votar na 40ª. Votei no senhor Janio Quadros. Laudo Natel,[29] Mario Beni,[30] Menote del Picchia.[31] A dona Eva Vostari fotografou-me colocando o meu voto na urna. Eu disse ao juiz que o Janio ia almocar com os pretos e eu era uma das convidadas.

— O senhor não é preto não, vae!

Ele sorriu. Uns jovens me pediam autografos. Concedi e saimos. Tomamos um onibus e fomos para a Vila Pompeia. Encontramos um auto e a Dona Eva Vastari pensou que era o Janio. Mas não era. Era um homem de oculos e comprimentou-me. Hoje é o unico dia que é proíbido vender alcool. Se votei no senhor Janio Quadros foi a pedido dos pretos em retribuição ao seu gesto com o Raymundo de Sousa Dantas.[32] Que é preto e é embaixador em Gana.

Quando entramos no onibus João Ramalho não vi pretos. Eu estava pensando. Será que o Janio vae ganhar? O Paulo Dantas disse-me que ele perdeu a liderança. Se eu não me integrasse no movimento dos pretos eles iam ficar resentidos chegamos na residência do senhor Benedito Marques de Sousa.[33]

---

28 Foram realizadas eleições para governador em onze estados, além da Câmara dos Deputados e de dois terços do Senado.

29 Eleito vice-governador pelo Partido Republicano (PR), presidia o São Paulo Futebol Clube. Governadores e vices eram escolhidos em votações separadas.

30 Deputado federal e candidato a senador pelo PRP.

31 Deputado federal e candidato à reeleição pelo PTB.

32 Jornalista e escritor, em 1961 tornou-se o primeiro embaixador negro da história do Brasil.

33 Amigo e cabo eleitoral de Jânio, residente na rua Diana, no bairro da Pompeia.

O senhor Janio Quadros já estava: sentado de gravata e calçado com chinelas sem mêia. Fui comprimenta-lo. Pensando: será que êste homem venceu! Ele é jovem e podia fazer muita coisa pelo país. Ele é quem devia explicar a sua renuncia para desfazer o resentimento do povo. Eu acho que ele devia ser era deputado. Eu estava pensando nas palavras do meu filho João, quando me disse:

— Mamãe, mamãe, a gloria do Janio acabou-se.

O almoço já estava pronto. E os pretos usando os trajes de gala.

Ficaram contentes com a minha presença. A mêsa estava posta. Foi a mêsa mais longa que eu já vi até hoje. A tôalha era branca. Foi servido o almoço. O único que sentou-se foi o Janio. Na sua frente havia uma canôa de frutas. Melancia e abacaxi — bananas e mamão. As frutas brasileiras. Varias pessôas pediam autografos.

Eu estava com dó do Janio. Não sei porque. Se eu fosse ele não me metia na politica. A nossa politica é muito suja. É uma politica de você disse que eu disse que ele disse. Eu pedi ao senhor Janio para escrever o seu nome no meu Diario que eu ia votar nele. Ele escreveu. Iniciamos o almoço. — Que comida gostosa! Virada a paulista. Com fêijão o arroz, linguica, carne de porco e couve picadinha. Uma comida bem brasileira. Findo o almoço que foi fotografado o professor Eduardo de Oliveira saudou o senhor Janio Quadros.

Um discurso classico. Mencionou o meu livro. Que eu denunciei a desigualdade social. Que isto não é mais possivel no Brasil. Que necessitamos de melhorar a vida do nosso povo.

O segundo orador foi o Pelegrino. Citou que o Janio Quadros estava podando os interesses dos latifundiarios. Enfim um governo brasileiro, não pode governar com as opiniões do Senado e a Camara dos Deputados. Só se for um governo atrabiliário. Um homem tufão.

O terçeiro a falar foi o jornalista Durval de Moraes. O quarto a falar foi o ex-presidente Janio Quadros. Pensei: se este homem tivesse uma mulher arrojada, atilada ele não renunciava.

O Janio disse que conhece o preto Benedito Marques de Sousa, ha 20 anos. Que ele não tem preconcêito racial. Que ele tem prazer de dizer meus irmãos negros. Que o Dito já lhe deu tudo. E nunca lhe pediu nada.

— Eu subi cheguei a presidência da Republica. O Dito ficou aqui na Plataforma. Quando eu sai da presidência, o Dito amparou-me nos seus braços. Eu sou um homem que faço quêstão de honrar as amisades. Senti não poder honrar as amisades das pessôas que me deram o seu voto. Eu faço auto-critica. Reconheço que iniciei errando começei trabalhar com mas ferramenta. Sei que os habitantes do Brasil este oito mil quilometros quadrados ainda vive em condições precaria. É necessario irmos preparando moralmente e culturalmente para vencer as ideologias superadas. Sei que nos ainda não estamos preparado para adotar o regime da Russia. O bolchevismos. Eu não adoto o sistema da Russia. Um homem que governa um pais deve dar opurtunidade a seu povo para educar-se. Temos que lutar para extinguir as condições precarias da nossa gente. É necessario que o judeu o negro em fim todas as raças vivam em paz sem descriminacões. Se eu elêito for pretendo lutar de mãos dadas com o povo porque eu sou um cristão que posso entrar em qualquer igrêja.

Ouvindo o Janio pensei: este homem é uma ameaça para as classes conservadora. E dicidi descobrir quem foi que obrigou o senhor Janio renunciar. Se eu fora secretaria do Janio ele ainda estaria no pouder. O Janio mencionava que eu estava com o lapis em atividade. O senhor Janio finalisou o seu discurso. E dava autografos, Olhando-o pensava: este homem é um grande ator. Ele devia fazer filmes. Da a impressão que ele está representando. É educado e amavel. Sabe angariar amisade. Foi fotografado varias vezes e o povo gritava:

— Já ganhou já ganhou. Viva o governador elêito de São Paulo.

Mas eu sabia que o Janio não ia vençer. Falaram que esperam o grito da libertação com a posse do Janio.

Que libertação precisa o povo brasileiro? Para mim o nosso povo ainda são preguiçosos letargicos.

A casa do Dito estava superlotada. Uns pretos educados. Que nucleo seléto e gostôso. Chegou os jornalistas das Folhas. Eu dizia:

— Porque é que o senhor não vêio almôçar? Tinha fêijão. O Dito é rico. Pode comprar fêijão.

O Janio saiu e o povo aglomerou-se ao seu redor. Ele entrou no carro e foi pra Vila-Maria.

Eu dei varios autografos nos retratos de Janio. Eu fui fotografada com ele e a dona Eva Vastari. O senhor João Rocha nos condusiu no seu carro até a cidade e nos convidou para irmos na sua casa. Rua São Martins 144.

É um preto e a casa é bonita e confôrtavel. Ele disse que a casa custou 60 mil cruzeiros há vinte anos. A casa tem 3 dormitorios. Telefone. Eles nos deu licores e dôces. Falamos do meu livro. Que a critica não queria acêita-lo aludindo a minha condição de favelada. Que o Audalio quiz me utilisar para o cumunismo.

A dona Eva Vastari dizia que o Audálio não é homem de grandes

463

ideologias. Que o Cruzeiro não acêita estes homens. Perguntaram se recêbo os direitos autoraes direitinho. Respondi que não porque o Audálio ainda não prestou conta comigo. Eu não tenho um um recebo com os editores estrangeiros.

A Eva estava encantada com as amabilidades dos pretos. Se eu for escrever tudo que falaram levaria um ano. A filha do senhor Rocha que reside no Rio estava presente. Disse que vêio votar em São Paulo porque ela é paulista.

Falamos do preconcêito racial. Que as lojas de São Paulo não emprega balconistas de cor. Os judeus não tem preconcêito racial. Mas os judeus emprega.

Contei ao Pelegrine que fui expulsa do Hi fi-Hi-fi de Santos por ser preta. Quando fui reçeber o Anselmo Duarte.[34]

Despedimos e saimos com o Pelegrino que alugou um taxi para nos condusir até ao Angabau. Ele comprou flores para nós e deu-me um bouquet de rosas dizendo que ficou contente com a minha presença. Que eu não despreso os negros.

As 18 horas chegamos em casa. Jantamos e fomos escrever. O Janio assinou o seu nome no meu Diário. Meus agradecimentos.

8 DE OUTUBRO DE 1962

Levantei as 6 horas. A casa está suja, por causa do esgoto que eles estão pondo na minha rua. Na época das eleições o governo estadual trabalha. Liguei o radio para ver se ja iniciou as apurações. A voz do espiquer é rouca e não esclaresçe nada. Fui comprar jornal o Janio estava vencendo.

Conversei com os homens que estavam trabalhando no esgoto que eu gosto de pegar as mãos calosas. Que eu quero que a minha filha casa com homens simples.

E os seus filhos dizem que vae casar na Bahia os nortistas sorriram e comentaram. O Janio vence mas foge.

Ele fez bem em fugir. Não devia continuar no poder e morrer como o Getulio. Eu despedi. E lendo o Diário de São Paulo resolvi voltar na banca de jornaes comprar as Folhas. Quando folheava vi o meu retrato:

---

[34] Diretor de *O pagador de promessas*, Palma de Ouro no Festival de Cannes de 1962, Duarte desembarcou de navio em Santos, onde recebeu homenagens cívicas.

Carolina e Jorge Amado, abraçam-se. No cliche estava a Dona Zelia. O senhor Jonhon Herbert. E a dona Eliana Cocranne. Mostrei o meu retrato para as pessôas que estavam comprando jornaes. E despedi. Mostrei a reportagem aos funcionários e dirigi para a minha casa. Mostrei o jornal a Eva. E recortei para despachar ao Jorge Mendonza. Eu estou com saudades dele. Passei o dia em casa.

9 DE OUTUBRO DE 1962

Passei o dia em casa. A tarde o senhor Verdi dos Santos vêio visitar-me e lamentar a derrota do Janio[35] — Eu esperava porisso. A dona Eva Vastari foi na cidade. Eu encerei o quarto que ela está usando-o e limpei o banheiro. Fui interrompida nos meus afazeres para conversar com o senhor Verdi. Quando a Eva chegou trouxe pão preto manteiga e quêijo.

E assim, vamos vivendo. Dêitamos tarde porque a Eva Vastari está datilografando o meu livro...

10 DE OUTUBRO DE 1962

Está chovendo. Mas eu lavo roupas todos os dias. As que vão enxugando eu vou passando. Passei a manhã na cosinha. Fiz bolo e pãesinhos.

A Maria do Carmo vêio com uma mocinha que vêio pedir trabalho. Contratei-a para vir têrça-fêira.

Ela disse que a minha casa está muito suja. Eu gostei da franquêsa. É tão bonito ouvir a verdade. Os filhos fôram a escola. Hoje teve fêira na minha rua. Eu não saí. Uma mulher que eu lhe devo quiz entrar para ver o que eu estava fazendo.

Disse-lhe que dáqui uns dias eu pago o que dêvo-lhe. Lavei roupas. Preciso custurar e não tenho tempo. A dona Eva Vastari foi na cidade. Fiquei limpando a cosinha. A tarde fui ao sapateiro levar sapatos para concertar e ritirar um par que mandei por mêia sola. E fui no posto--policial reçeber os oito-mil cruzeiros que o Fabio me deve... Jurei nunca mais, emprestar dinheiro. Quero socego.

---

35 Ademar de Barros (PSP) derrotou Jânio Quadros (PTN) por pouco menos de 4% dos votos.

O sargento Acrisio não estava. Quando cheguei em casa, o Edgar chamou-me:

— Dona Carolina a senhora prepara o recibo que eu vou te pagar.

O que imprecionou-me foi:

— O Dona Carolina!

Pensei — A coisa mudou.

Fui preparar o recibo e o João foi foi entregar-lhe. Ele me pagou os oito mil cruzeiros restantes dos 30.000,00 que emprestei ao Fabio Paulino, comprando os moveis para ele. A Carmen esposa do Fabio não gostou dos moveis. Usou dois anos e depôis queria me entregar. Se isto chegar aos ouvidos do senhor Dantas, servirá de pretexto para ele criticar-me. E a critica do Audálio inrrita-me.

Fui pagar as contas. Paguei farmacia o empório, a padaria e o sapateiro. Fiz compras e reservei dinheiro para pagar o gaz. Se os prêços continuar tão elevado assim não sei como é que os pobres vão se arranjar.

A Eva Vastari chegou. Com as fotografias do Janio ao nosso lado. Pareçe que a estrela protetora do Janio despresou-lhe.

Uma coisa eu noto. Tem pessôas que estão descontentes com a vitoria do Dr. Adhemar. É preferivel o Adhemar do que o José Bonifacio.[36]

Os filhos jantaram. Eu e a Eva Vastari fomos escrever. Ela estava contente dizendo que o Audalio lhe tratou-a bem. Que ele é o diretor do Cruzeiro. Que tem secretaria. Quando eu fui no Cruzeiro, queria apresenta-lo ao Audálio, ele não quiz reçebê-lo. E eu jurei não mais recebê-lo na minha casa e não mais voltar no Cruzeiro.

Escrevemos até as 3 da manhã. Dêvo acrescentar que sempre adimirei o senhor Edgar Paulino, como homem. Ele é sensato correto. E agradeço por ter pago este dinheiro.

Dá a Cezar o que é de Cezar. O Audálio emprestou-lhe uma maquina para a Eva fotografar. Ele não é mesquinho, não é avarento. Tem dia que eu gosto do Audálio, tem dia que se eu pudesse lhe picava em mil pedacinhos.

11 DE OUTUBRO DE 1962

Despertei as 6 horas... e fui escrever... Até as 9. A Eva Vastari levantou-se dizendo que quando sai sente saudades de mim. Que eu

---

[36] O candidato da UDN ficou em terceiro lugar no pleito paulista.

sou carinhosa. E bôa. Eu procuro tratar bem as pessôas que estão ao meu lado. Fui fazer compras. Pensando — Se vou viver até críar os meus filhos. Estou ficando doente. E o pior em tudo isto é que não tenho dinheiro no banco para fazer o tratamento. E tenho dinheiro para receber na Argentina.

O senhor Verdi vêio pedir a Eva Vastari para lhe escrever uma carta que ele quer enviar ao Kenedy e nos convidou para visitar o professor Rodhem. É horrorôso a adimiração do senhor Verdi pelo Professor Rhodem.[37] Ele não fala na esposa. Fala unicamente no professor Rhodem.

A Dona Eva Vastari recusou o convite e não escreveu a carta para o Kenedy porque o papel era inferior. O senhor Verdi quer agradeçê-lo na Aliança para o Progresso.[38] Ainda é cêdo para bajular o Kenedy. Aliança para o progresso ainda não está produzindo os fêitos desta aliança.

O Senhor Verde despediu-se. É um homem amavel! Eu fui fazer os afazeres todos os dias tenho roupas para lavar. Eu fico na cosinha na parte da manhã. Lavo as roupas, preparo o almoço e passo as roupas. O João e a Vera arrumam a casa. Não posso pagar criada. O pior nas empregadas é que elas interessam, unicamente, em abrir as gavêtas e os guardas roupas. E a casa fica mais suja. Eu estou doente mas trabalho. Não posso pagar médico. Estou tomando chá.

Não vou procurar dinheiro na cidade, porque o senhor Dantas fala que eu gasto muito. Como o senhor Dantas, pretende ser o meu herdeiro, dêsde já já está fazendo economia tem hora que fico pensando que o tipo humano, foi vacinado com o sangrue de côrvo Deus, sempre me auxilia porisso eu sei que vou sarar. Se não menciono o nome do senhor Audálio no meu Diário é porque ele dêixou de vir na minha casa. Dizendo que eu sou neurótica. Ele nunca conviveu comigo nem 24 horas.

Os filhos fôram a aula. Eu fui ao grupo Escolar Barão Homem de Melo ritirar os materiaes da Vera. Ela passou a estudar no Centro de Cultura Imirim. A pofessora do grupo era a Dona Amiris Donato de Assupção. Nos mêses anteriores ela dava bôas notas para a Vera 70, 95, 65, No mês de outubro começou dar as notas 20, 10 e 0. E disse-me que a Vera não tinha media para passar de ano.

---

37 Huberto Rohden, escritor e teólogo.
38 Programa norte-americano de assistência ao desenvolvimento da América Latina lançado em 1961.

Tirei a Vera ela foi estudar no Centro de Cultura Imirim. Notei que era pervesidade da professora. Eu sei que elas me odeiam dizendo que eu ganho muito dinheiro. E maltratam os meus filhos. Mas, eu perçebo tudo. Eu disse para a Dona Amiris, que a Cleide, pedia o caderno da Vera emprestado, e alterava as contas. Eu ensinava certo ela dizia que estava errado. Ela queria dominar a minha filha.

A Vera é timida. Nem pareçe que é minha filha porque eu sou explosão. Esperei a Dona Lucilia, chegar para me entregar o material. Ela é a secretaria. Quando me viu baixou os olhos não me comprimentou. A auxiliar a Dona Hena Hallier, foi a mais gentil. Ofereçeu-me uma cadeira. Falamos das elêições de domingo. Ela está tristes porque votou no José Bonifacio e ele perdeu.

Eu disse que votei no Janio preferindo que os vitoriosos fôssem o Janio, Cid Franco[39] e o Dr Adhemar.

O Jose Bonifácio não conheçe a vereança. Não conheçe a Camara dos Vereadores. Ia fazer um governo atrabalhâdo. A Dona Hena dizia que apreciou o governo do senhor Carvalho Pinto. Respondi que o senhor Carvalho Pinto tem mais cultura do que o senhor José Bonifacio.

Ela estava lamentando. Percibi que inumeras pessôas ficaram contentes com a vitória do dr. Adhemar. Ate eu! E outros ficaram descontentes.

A Dona Hena Hallier, é desçendente de francês. Mas, não fala o francês. Ela entregou-me os materiaes. Eu dêixei o grupo. Estava usando a belissima sombrinha de Dona Eva Vastari. Conversei com umas pessôas que ia encontrando no meu regresso. Perguntavam se estou escrevendo outro livro.

Quando cheguei em casa fui escrever com a Dona Eva Vastari. A nôite a Eva saiu, foi numa reunião de filandêses. Eu fui deitar. Quando estava dormindo fui despertada pelo senhor Verdi que veio visitar-me. Ele vem visitar-me duas vezes por semana. Homens assim é que sabem prender os corações femininos.

Quando o senhor Verdi saiu, eu deitei novamente. Mas levantei depois para abrir a porta para o José Carlos que estava na rua. Não vi a Eva chegar.

---

39 O deputado socialista ficou em último lugar na corrida ao Palácio dos Campos Elíseos.

12 DE OUTUBRO DE 1962

Despertei as 3 horas fiquei escrevendo. Depois levante e fui preparar o almoco e lavar as roupas.

Os filhos brigaram. Dei-lhes umas chineladas. Eles brigaram por causa de gibi — Leitura que desvia a juventude. Hoje eu não vou sair. Os filhos fôram a aula — A Vera vae indo bem já está aprendendo as contas — A Eva Vastari foi na cidade. Eu fiquei só. Como é bom o silencio tenho a impressão que estou no outro mundo.

Eu fiz um bôlo de fubá e custurei. Comprei umas agulhas e linhas para levar ao Parelheiros. Pretendo mudar d'aquí se Deus quizer. O senhor Verdi nos visitou vêio nos dizer que a carta que ele escreveu ao Kenedy vae na mala diplomatica.

Ele insistiu com a Dona Eva para ir visitar o professor Rhodem. Ela recusou-se aludindo seus afazeres. Ela trabalha muito.

Ele comprou uma revista o Cruzeiro Internacional onde apareçe a Eva Vastari e pediu-lhe para autografa-lo.

13 DE OUTUBRO DE 1962

Levantei as 8 horas. A casa está suja porque estão abrindo as ruas para por esgotos. Hoje é dia de fêira. É sábado o povo circulam. Já estão mais resignados com a vida cara. Fiz café. Os filhos fôram vender gibi para arranjar dinheiro para ir ao cinema.

O dia está confuso. Não sabemos se vae chover ou não, se não chover a Eva quer ir ao Butantan, o maior ofidiário do mundo. Eu ia na fêira: quando ia passando perto da casa de Dona Lídia chamava as filhas para entrar. Vendo-me disse para as filhas:

— Vocês estão pareçendo faveladas.

Escoltei.

— Isto é comigo Dona Lidia?

— Se existe favelados é por obra dos ricos que as favelas duplicam-se. Os pobres não podem pagar um aluguel de 20 mil cruzeiros, porque ganham um salário de 14 mil. Se pagar um aluguel êlevado não podem comêr.

Quêixei para os pretos que estao trabalhando nos esgôtos que dêsde que eu vim residir aqui nunca mais tive socêgo. Que as vesinhas médiocres insulta-me. É horrível conviver com as burguêsas enriquecidas. Uma mulher por ter uma carinha bonita casa com um homem rico. E podem comprar tudo que quer, ficam jactanciosas e deshumanas.

Segui para a fêira nervosa prometendo que vou por o nome de Dona Lidia no jornal. A unica mulher que me trata com frases de arminho é a dona Elza Rêis Brandão.

É uma mulher que a cultura dela, vem de dentro pra fóra. Na fêira eu comprei so tomate e pimentaes. Queria comprar quiabo. Mas o quilo custava 160 — Fiquei horrorizada pensando: Será que este quiabo vem da lua?

Pelo gêito que vêjo, o homem não quer que o homem comem.

Eu voltei da fêira e fui quêixar para a Dona Elza as ironias de Dona Lidia. E o esposo de Dona Lidia estava em casa. O que eu sei dizer é que uma mulher casada, não deve provocar ninguem. Não deve arranjar briga para o seu marido.

Mas, eu vou mudar d'aqui. A dona Lidia disse que seus filhos parecem favelados. Mas Deus é grande. Os seus filhos hão de ser favelados Deus, sabe punir os orgulhosos.

O sol surgiu nos saimos para o Butantan. Recomendei ao João para recolher as roupas. Não preparei o almoço. Nos foi dificil localisar o ponto do onibus.

Quando chegamos ao Butantan, era 13 horas Que vista magnifica! Quantos arvorêdos. Arvôres centenárias.

Fomos almoçar no restaurante. Mas que restaurante sujo, devia modernisar aquilo. Por musica sincronisada. Pagamos pelo almoço 800 cruzeiros. A Dona Eva Vastari foi fotografar as cobras. Fiquei horrorisada vendo a Eva Vastari, pegar uma cobra. Eu, só de ver uma cobra asusto-me. Giramos pelo parque fomos até ao museu ver as aranhas. Vi a aranha denominada de aranha negra. Tão pequena. E é fatal. Conversamos com as pessoas que visitavam o Butantan. Eram todos estrangeiros pensei, os brasileiros interessam só pelo foot-bol.

A tarde retornamos. Encontramos com o senhor Parilla que nos deu livros — Eu lhe apresentei a Dona Eva Vastari, e disse-lhe que ela está preparando o meu novo livro. Ela disse-lhe que este livro é o mais importante de minha vida. No onibus vinhamos conversando. Com um casal Sr. S. Monteiro e nos deu o seu telefone — 373242. É vendedor de tabuas de pinho e tacos.

Quando desçemos do onibus ele conversou com a Dona Eva, pedindo informações do Brasil — Se nos estamos desinvilvendo. Eu recebi duas cartas. Uma do Pedro Fernandes Cabello outra é do Dr.

Sohovoler avisando-me que enviou dinheiro no nome do Audalio no Banco Italo-Belgo. Dia 5 de 10. E o senhor Dantas sabe que estou sem dinheiro. Espera que eu lhe suplique para me entregar o dinheiro. Eu e o senhor Audalio Dantas não combinamos. Ele gosta de cansar a paciência dos outros. Mas ele há de pagar.

E assim, a minha amisade pelo senhor Audálio Dantas vae regridindo.

14 DE OUTUBRO DE 1962

Hoje é domingo. Não chove. O dia está cor de ouro. O sol está calido ritirando a humidade do ralo.

Eu estou passando roupas e preparando o almoço. A Dona Eva está escrevendo. Passei tantas roupas que não me foi possivel dormir a noite.

15 DE OUTUBRO DE 1962

Levantei as 3 horas para escrever. O Audalio disse-me que eu perco tempo escrevendo Diário, mas ele não me confiou. Prepare o almoço. Hoje os filhos não fôram a aula. A tarde sai com a Dona Eva Vastari. Fomos na Livraria Francisco Alves. A Eva adimira o Paulo Dantas. É um homem ajustado.

Fiquei horrorisada com os candidatos que pretendem ser escritor. Que carreira espinhosa — Os espinhos são as inveja a nos perseguir. Dôis jovens fôram levar os originaes — Eu disse-lhes que a época está apropriada para escrever desajuste social. O homem disse que o seu livro denomina: A Educação de um povo. O Paulo Dantas disse-me que o povo não está comprando livros que o livro Galo de ouro do Eder Jofre não está vendendo — Ele não colabora. Não compareceu na noite de autografo... Eu sou Pelé está encalhado. O Pelé não aparece na livraria para estar em contato com o povo. Eu colaboro com o editor. Estou vivendo com a renda do livro. A dona Eva falou do meu livro. Disse para o Paulo que ainda está lendo-o. Eu queria falar com o Dr. Lélio, mas ele estava ocupado. Entreguei-lhe a carta do Dr. Sohovoler que o dinheiro vem no nome do Dantas. Ele agora quer ser importante.

So agora é que compreendi que ele utilisou-me para angariar fama internacional. Ele disse-me que para uns ele é o diabo para outros ele é um santo. Ele diz isto porque eu lhe pedi as copias dos contratos pela imprensa. Eu lhe pedi varias vezes ele ficou mastigando. Diz que eu fiz confusão. Crêio que ele deve fazer uma auto critica e reajustar suas maneiras. Eu e dona Eva Vastari fomos na rua João Adolfo. Ela ia falar com um negociante filandês. Eu e a Vera ficamos num bar. Comemos virada a paulista. Ela não encontrou o comerciante voltamos para casa. Ela comprou fitas para a maquina. Passamos na casa fotografica para ritirar-mos as fotografias. Eu conversava com um empregado da loja. O custo de vida, que está dêixando a vida insipida. Falamos do meu livro e da repercusão que teve.

Que suplicio para tomarmos o onibus.

E assim, foi mais um dia.

16 DE OUTUBRO DE 1962

Hoje eu não vou sair de casa. Contratei uma mocinha para vir trabalhar. Ela vae limpar as portas e a cosinha. Eu gostaria de ter uma casa quando era jovem. Era experta para trabalhar. E ganhava 5 mil rés por dia. Atualmente paga-se 500,00. A mocinha que vêio trabalhar para mim, chama-se Elisabeth. É doente. Ataque cardiaco.

Eu não tenho dinheiro para paga-la. Escrevi um bilhete e o José Carlos foi leva-lo na padaria pedindo ao senhor Rodrigues 1000,00 emprestado. Para pagar o gas e a mocinha.

Ela achou que o serviço era demasiado — Decidi auxilia-la ela reanimou-se.

Eu percibi que ela ia desmaiar-se. Dei-lhe um pouco de remédio e cafe com pão lêite e manteiga ela reanimou-se. Ela é palida. Da a impressão que é um cadaver andando. A dona Eva Vastari foi na cidade. Esperei o gás e não vêio. A tarde paguei a Elisabeth. Fui conversar com a Dona Elza Reis. A Eva voltou e foi escrever e voltou a-pé até ao corrêio.

Hoje eu estou cansada. Estou envelheçendo o côrpo porque o espirito, é sempre jovem.

Percebi que dei duas cedulas de 500, a mocinha que fez a limpêsa. Ela não devolveu paciência. O mundo está chêio de pessôas deshonestas. Estes serão os tipos que não hão de triunfar na vida.

17 DE OUTUBRO DE 1962

Os filhos fôram a escola. Preparei o almoço e lavei as roupas — Se eu pudesse ia comprar uma maquina. A tarde sai com a dona Eva Vastari. Ela foi falar com o comerciante filandes eu fui falar com o dr. Lélio.

Dei-lhe umas fotografias da tarde de autografo, deste ano. Ele disse-me que o Audálio estava no banco. Ia voltar a tarde. Eu não queria encontra-lo resolvi sair. Fui no estudio do senhor Jean Monjar[40] ver quando é que vae passar o filme.

Ainda não está concluido. Vão por a fala no filme. Eu estava com o Quarto de Despejo em ingles[41] e mostrava aos funcionários. Quem tradusiu o livro foi o David st Clair. E fez o prefacio.

O gerênte da firma mandou passar o filme para eu ve-lo. Eu escrevi um bilhete e dêixei para o Paulo Ferreira. Eu estava olhando o filme quando o Paulo chegou. O filme comove. Como é horrivel a pobrêsa. As cenas da favela são comoventes.

O senhor Jean Manjon estava presente. O Paulo apresentou-me. Dei-lhe um abraço dizendo-lhe:

— O senhor foi jornalista d'O Cruzeiro. Eu lia suas reportagens.

Ele é o correspondente da revista Paris Math, foi ele quem a reportagem que fizeram para mim, e queria um livro. Eu disse-lhe que ia ver se conseguia um na Livraria Francisco Alves. Despedi. E o Paulo acompanhou me até a livraria. Não tinha livro francês. Ele disse que vinha na minha casa. Eu disse ao Paulo Dantas que havia visto o meu filme. E que fiquei parecendo macaco.

— Se você for vê-lo, leve uma espingarda.

A Eva Vastari chegou. É nós ficamos conversando... A Eva pedia opinião ao Paulo Ferreira porque quer comprar uma maquina fotografica. Eu fui falar com o dr. Lelio e recebi 37 mil cruzeiros[42] e o dr. Lelio ficou com 13 e 5 para pagar a prestação do terreno. E recomendou-me para não gastar sem refletir. Todos querem me dar ordem.

De manhã eu havia falado com Wílson. Que lhe comprava mais um lote de terras. Ia dar-lhe 31 mil cruzeiros para pagar a primeira prestacão e o contrato.

---

40 Fotógrafo, jornalista e produtor francês radicado no Brasil, dono da companhia cinematográfica homônima.

41 *Child of the Dark: The Diary of Carolina Maria de Jesus* (Nova York: E. P. Dutton, 1962). A edição britânica saiu como *Beyond All Pity: My Life in the Slums of Sao Paulo*, publicada pela Souvenir Press de Londres.

42 Cerca de 1050 reais em 2021.

O Dr. Lélio disse que não que ele fez o contrato para dar 13 por mês. Eu não quis relata-lo que havia comprado outro lote. E que eu quero formar uma chacara lá em Parelheiros.

Sai com a Eva. Fomos na casa Paiva comprar cobertores, comprei 2 por 7 mil e 500, cruzeiros. E voltamos de onibus para casa. Eu estava pensando: — O Dr. Lélio disse-me que pagou o Miller — no contrato da Argentina o Miller não tem direito de receber. Porque quem fez o contrato foi eu e o Audálio. Crêio que o Audalio devia dar ao Miller uma importancia X por cada contrato que ele solucionasse e não era necessario paga-lo quando eu reçebo dinheiro do exterior.

Perguntei ao Dr Lélio se havia descontado o dinheiro que emprestou-me. Disse-me que vae desconta-lo quando lançar a 9 edição do Quarto de Despejo. E que eu estava devendo ao Audalio 3 edições que ja vêio dinheiro da Argentina.

18 DE OUTUBRO DE 1962

Levantei as 6 horas. Está chovendo. Eu não vou sair. Estou tão cansada. A casa está suja chêia de lama por causa do esgoto que estão fazendo na rua. A Eva foi na cidade. Os filhos foram na escola. Eu fui pagar as dividas paguei a farmacia, o empório, e a padaria.

O Jose Carlos disse-me que quer estudar violão. Eu não queria pagar a aula. Mas ele insistia dizendo que quer estudar. Fui ver o Instituto Musical do Imirim. Paguei pela matricula 2.500. E dêixei o José Carlos estudando. E paguei a fotografia mêia duzia 250,00 cruzeiros e voltei pra casa.

A tarde o Paulo Ferreira vêio visitar-me e trouxe o livro para eu autografa-lo — Eu dei duas fotos para o Jean Manzon. E fui acompanhar o Paulo até o ponto do onibus. Estava chovendo. Eu usei a sombrinha da Eva Vastari. Quando eu ia saindo com o Paulo a Vera disse-me:

— Não vae tomar o Paulo da Dona Eliene.

Eu sugeri ao Paulo para filmar, a universidade do Makenze e a chacara do Marengo em cores. Passei o resto do dia em casa lavando roupas. A tarde a Eva chegou estava furiosa. Porque ela queria descer na parte detras e não consentiram. Jantamos e fomos escrever.

19 DE OUTUBRO DE 1962

Passei o dia em casa. Queria custurar e não consegui. Sentindo mal estar. Graças a Deus ninguém está aborreçendo-me por causa da Eva Vastari que está hospedada na minha casa. Eu queria ir em Parelheiro mas não posso ir porque quero escrever.

20 DE OUTUBRO DE 1962

Hoje é sabado. Fui na fêira na rua Francisca Biriba. Para ver se conseguia açucár. Ninguém tem. Fiquei nervosa, porque eu sou da época da fartura. Onde já se viu reter o produto e não vender para o povo.

9 DE DEZEMBRO DE 1962

Hoje eu estou triste. Não tenho dinheiro para comprar pão para os filhos. Fui pedir 100 a Elizabeth. O seu esposo disse-me que a Elizabeth viajou para Santos. Tem pessôas que critica as viagens da Elizabeth. Mas eu não. A Elizabeth, é preta. Mas é feliz porque tem iluzão gosta de passear. Os pobres tem a iluzão que os ricos são felizes porque podem passear. E quando o pobre passêia pensa que é impôrtante.
Eu tambem já fui assim! Quando estava na favela e vivia de esmola. Depois que deixei a favela que vida desgraçada! Todos dizem que fiquei rica. Porque o livro foi editado em 21 pais — até na Russia. E o pior é que passo mais fome do que na favela.
Na favela eu era mendiga. Pedia e ganhava. Mas, agora se vou pedir esmola, ouço:
— Você é rica!
Se vou procurar trabalho ouço:
— Você é rica!
Ha os que me invejam. O que eu sei dizer é que eu tenho inveja dos favelados. Que podem procurar o que comêr no lixo.
E eu?
Que pavôr me inspira a palavra — Escritora.
Só agora compreendo que fui muito mais feliz quando fui favelada. Eu voltava fitando o solo e pensando: onde conseguir dinheiro para

comprar pão? Será que eu vim ao mundo destinada a passar fome? Que vida a minha! Quando criança passava fome! Fui cresçendo e passando fome. Fui favelada passava fome. Os meus filhos estavam furiosos dentro de casa.

Preparei a galinha para cosinhar. Eu tenho galinhas lá em Parelheiros. Pensei: — Onde arranjar pão? Já estou devendo muito na padaria. Resolvi ir pedir 200 cruzeiros a esposa do Audalio Dantas. Ou então um pedaço de pão. Eu ia catando ferros para os filhos vender, pensando: se eu não conseguir dinheiro com a esposa do Dantas, vou pedir ao senhor Rodolfo. Vi o carro da fiscalização circulando. Pensei: porque será que o homem não procura viver em paz? Se não trabalha vae preso como vadio. Se trabalha é perseguido pela prefêitura. Olhando e analizando a raça humana. Penso: Que pôrcaria que Deus criou. Encontrei uma loja aberta pedi ao propiétario para fecha-la. Que os fiscaes da prefêitura estavam círculando. E comentei:

— O senhor se puder vender aos domingos vende, e manda os fiscaes a puta que pariu.

— 3 vêzes! — Respondeu o negociànte. Lamentando que a vida está muito cara. E agradeçeu-me.

Eu seguia pensando nos politicos. Entra o diabo, e sae o demônio, e o povo continua sofrendo.

Estava confusa. Perguntei:

— Onde é a rua Piraçema.

Ensinaram-me. Na rua Piracema procurei a casa do Audálio. Toquei a campanhinha. A sogra do Dantas apareçeu. Perguntei:

— A dona Iracy está?

— Ela saiu.

Foi a resposta da sogra do Dantas, que não apréciou a minha presença. A sogra do Dantas, galgou as escadas e voltou dizendo-me que o Audalio ia desçer. Eu não suporto a presença do Dantas. Pedi:

— Eu vim aqui pedir a senhora um pedaço de pão para os meus filhos, e um pedaço de sabão?

A sogra do Dantas, disse:

— Tudo aqui é com a Iracy.

— A senhora tem 200 cruzeiros para...

— Eu não tenho.

Então eu pedi para a visinha ao lado. Eu estava chorando. A visinha do Dantas deu-me um pedaço de pão, comentando:

— É assim a tua vida?

— Vivo piór do que na favela.

Sai nervósa pensando que o meu livro foi traduzido em 21 paises e eu não recêbo quase nada. É toliçe trabalhar nêste pais. Mil vezes ser problema social. Ainda mais quando se é negro!

Voltei para casa catando ferros. Encontrei uma pretinha emprestou-me 100 cruzeiros para comprar o pão. A tarde fui falar com a Dona Elza que fui pedir esmola a visinha do Dantas. A Dona Elza ficou horrorizada. Fui falar com o senhor Luiz, que pediu-me para comprar.

Nós os brasileiros necessitamos de uma transformação radical nos nossos atos. Dá a impressão que somos imaturos e desorganisados. Quando deveriamos ser o povo mais organisado do mundo por causa da inscrição da nossa Bandeira — Ordem e progresso. É necessario que os que ocupam os cargos êlevados, dê exemplo de honestidade e retidão. O jornal do dia 8 de novembro, o prefeito Prestes Maia citava o desvio de verbas da alimentação escolar que teria sido cometida pelo vereador Silva Azevedo ao qual ele trata de Senhor X que a verba foi aplicada em compras ilicita.

Até aquela data o povo desconhecia a existencia do senhor Silva Azevedo. Foi uma calamidade o senhor Prestes Maia nos apresentar o senhor Silva Azevedo como um mau elemento na edilidade. Porque sendo ele um representante do povo tem que demonstrar exemplo de dignidade. Dá a impressão que os nossos homens publicos são piratas visando atingir o Tesouro Nacional. O povo em geral não compreendem como é que os nossos politicos podem enriqueçer-se na politica mas comentam que são desonestos. E os nossos jovens vão lendo e ouvindo tudo isto.

O que ouvimos são os progetos e mais progetos. Mas não vemos as concretisações. As ruas de São Paulo estão chêias de buracos. A nossas pracas publicas os bancos são pessimos é um constraste horrorosos uns edificios maravilhosos e uns bancos favelados. Dá a impressão que São Paulo não tem prefeito. E qualquer homem deverias sentir-se orgulho de ser o prefeito de São Paulo.

É necessario que os politicos empossados procure aplicar a verba do Estado na conservação da cidade. Os nossos prefeitos tem possibilidades para angariar verbas na cidade. Podiam construir um restaurante e bar dancante no Butatan. No museu do Ipiranga. Construir bar no jardim da Luz. Instalar ocrestas para o povo devertir e a renda seria do municipio. Para isto é necessario a cooperação dos edis com o prefêito. Uma cooperação decente isenta de maguas e resentimentos.

É necessario que o nosso governo estadual procure elevar as construções de escolas nos bairos perifericos e incentivar as construção de fabricas para o estacionamento do povo. É necessario construir residências para as professoras nos locaes. O que eu acho injusto é que as nossas professoras não tem adicional nos vencimentos. E com o proprio salário tem que viver e pagar as conduções. Devido os nossos salários não vigoram. Não competir com o custo de vida o nosso povo é neurótico. É uma desumanidade dêixar os nosso povo horas e horas nas filas de açucar. Seria melhor que eles encontrassem os produtos nos armazens.

28 DE DEZEMBRO DE 1962

O senhor Audálio Dantas vêio na minha casa com o senhor Audra, diretor da Maristela,[43] para eu assinar contrato com ele para filmar o Quarto de Despejo. Eu não dêixei o senhor Audalio entrar. Ele está pensando que é o meu dono. Que pode negociar-me… está enganado. Ele ficou de mal comigo. Deixou de vir aqui. Então que não venha nunca mais! Eu tenho opinião sou diferente dos brancos os brancos brigam e continuam conversando. Os negros são rancorosos.

1º DE JANEIRO DE 1963

O senhor Audra vêio para eu assinar o contrato. Assinei,[44] ele deu-me um cheque de 700.000,00.[45] E vae dar um de 300.000,00 para o Dantas. Ele disse-me que o Audálio gosta de mim.

— Não crêio! Quando o Audalio olha-me o seu olhar é um olhar de odio. Ou com ódio ou sem o ódio do senhor Dantas, eu vou vivendo. Até a mórte retirar-me do mundo.

O senhor Audra disse-me que vae ser dificil encontrar uma mulher para substituir-me. Por causa dos meus olhos. Que eu tenho olhar de espirita. Não crêio no espiritismo. Crêio em Deus! Deve existir um ser superior. Mostrei-lhe tudo que eu eu tenho casa. Ele ficou horrorisado com a deficiencia que eu vivo.

Aconselhou-me para comprar moveis. Citei-lhe que eles dizem que

---

[43] Maristela Filmes, produtora cinematográfica paulistana fundada e dirigida por Mário Audrá Júnior.
[44] O filme não foi realizado.
[45] Cerca de 18 mil reais em 2021.

eu sou de favela e sei viver com pouco dinheiro. E o dinheiro que reçêbo guardo para comprar comida para os filhos. Citei-lhe que não gosto de falar com o Audalio. Ele critica-me muito. Reclama o favor que me fez! Fala que eu gasto muito dinheiro.

Quando os meus filhos entram na Livraria Francisco Alves, os empregados dizem:

— Vêio buscar dinheiro!

E os meus filhos não gostam de ir na livraria. O pióor em tudo isto. São os visinhos que xingam os meus filhos. Favelados. Eu digo-lhes que não tenho culpa de existir favela no Brasil. O culpado são os brancos que não são categorisados para educar o povo.

Os nóssos brancos são comodos. Só se preocupam com eles. Eles é quem predominam no país. Mas eles estudam e cuidam de suas vidas. Eles sendo realisados o povo que se danam. Não é assim. O superior tem que preocupar-se com o inferior. Porisso é que nasçem os intelectuaes.

A desorganisação do Brasil é criada pelos purtuguêses que educavam seus filhos em Coimbra e não educavam o filho do escravo.

No balanço da Independência do Brasil com Purtugal o saldo que Purtugal nos pegou foi uma manada de homens analfabétos. E agora é que o Brasil está se preocupando com a cultura.

Quando os homens do Brasil forem categorisados. É que o Brasil vae ser... Brasil. E este país que vae ser a propulsão do mundo.

O senhor Audra é um homem calmo e superior. Com ele a coisa vae. Pediu-me para escrever argumentos para filmes. Vou escrever argumentos para cinerama. Graças a Deus! Sendo assim. Vou realisar o meu sonho. Ao Deus que me protege o meu agradecimento nêste ano de 1962.

8 DE JANEIRO DE 1963

Ainda estou entoxicada. Tomei um purgante de oleo de ricinio. Fui na cidade Dutra combinar com o senhor Virgilio a construção de minha casa. O senhor Jose que vendeu-me o terreno está auxiliando-me. Pediu ao senhor Virgilio para fazer um contrato de pagamento.

Quando regressei a cidade fui ao escritorio do senhor Romiglio Giocompol receber dinheiro da Alemanha. Fiquei sabendo que o senhor Audálio Dantas havia recebido 200 marcos de adiantamento. Mas o senhor Audalio Dantas não dividiu comigo. Porisso é que ele recusa fazer uma prestação de conta. Recebi dos direitos de traduções de 64.129 cruzeiros[46] primeiro pagamento da Alemanha. Pouco, pela quantidade de livros que vendeu.

9 DE DEZEMBRO DE 1963

Passei a noite pensando. Que não tenho nada para os filhos comêr e eles dormiram com fome. Se me Deus tivesse advertido-me que eu ia ser mais infausta eu não dêixava a favela.

Na favela eu pedia esmola. E pensava que era infeliz. Enganei, mas o engano é propio da humanidade. Recordo quando eu estava preparando para dêixar a favela eu disse:

— Graças a Deus vou viver com os homens da alta categoria!

E o Adalberto disse-me com a sua voz ebria:

— Você vae viver com os homens da alta catinguria.

E aqui estou eu realizando o meu grande sonho que era ser escritora. Oh sonho! Que a maior vitima são os meus filhos. Contei ao João, o que disse o senhor Luiz. Que a Vera chorou o ano passado. Por não ganhar brinquêdo.

Amanhã vou vender a maquina de escrever para comprar comida para os meus filhos. O José Carlos, não tem sapato. Eles dizem que eu sou idiota. Que dêixo o Audálio, explorar-me. Não sou idiota. Sou correta. E não gosto de polemica. Quando conheci o Dantas, e ele insistiu comigo para escrever. O Quarto de Despejo. Pedi:

— Eu escrevo o livro e o senhor retira-me da favela. Mas, não quero ficar na cidade. Quero viver num sitio, porque lá para o ano de 1970, vae ser dificil para o pobre viver aquí dentro de São Paulo. No ano de 1970, os pobres do Brasil já morreram de fome.

Mas o Audálio, não retirou-me da favela. Retirou apenas o livro. Porque o livro ia dar-lhe dinheiro. Lançaram o livro dia 19 de agosto e eu continuei na favela apanhando dos favelados enfurecidos. Eu era inciente. Quem retirou da favela foi o senhor Antonio Soeiro Cabral e os Judeus. E o senhor Antonio Soeiro Cabral menéava a cabeça dizendo:

— Pobre Carolina!

Mas eu estava muito empôlgada para compreender tudo aquilo. Era a realização do meu sonho. Comida e casa de alvenaria. Que con-

---

46 Cerca de 1680 reais em 2021.

fusão na minha mente com as advertências. O primeiro a advertir-me foi o Renato da Gazêta. Ele dizia que eu estava sendo espolada. Que eu ia cansar. Pensei: ele diz isto é porque está com inveja. A Jurema Finamur advertiu-me. O Barboza Lessa e outros.

Agóra que estou passando fome novamente, é que compreendo as advertências. As advertências são as sementes que planta-se numa época para colher mais tarde. Não me foi possivel dormir. Pensando que não tenho sabão para lavar roupas. E não tenho dinheiro para comprar pão. Um barbeiro da Cidade Dutra disse-me que eu devia estar reçebendo 200 mil cruzeiros por mês.[47] Mas os reportes da Russia dizem que nos paises capitalistas os pobres trabalham para sustentar os burguêses, tipos que saem da classe média.

É a vida. E a classe mais deshumana para se viver com ela, é a classe humana que com o decorrer dos tempos vae degenérando-se.

E agóra está na moda matar e não ser punido. Mataram a Dana de Tefé[48] para apropriarem do seu dinheiro. E o pior em tudo isto é que o acusado de ter matado a Dana é um advogado. O homem que estudou para defender a classe humana são tipos semi-intelectuaes. Que passam nos exames por proteção. Não estudam para ser honestos. Estudam para aprender roubar. É porisso que eu vivo com a classe humana, mas, não mesclo muito com a classe por ser uma classe perigosa.

E dia 22 de novembro 1963 mataram o presidente dos Estados Unidos. É o quarto presidente dos Estados Unidos que é assassinado. Reincidência nogenta dos norteamericanos. O mundo adorou o Kenedy porque foi bom. Não foi um tipo humano quadrupe. Não era estupido selécionando as classes. O pior é que todas maldades partem dos brancos que dêsde os tempos remotos pensam que são os dono do mundo.

E quantos infelizes sofrem no mundo dos brancos. Jesus Cristo, foi cruxificado. Socrates morreu envenenado. Kenedy, morreu assassinado. João Batista, decapitado. Joana Darc foi quêimada. Maria Antonieta guilhotinada. E eu? Como será que vou morrer? Penso que vou morrer matada. Porque os trapaçeiros que lidam com os meus livros não são corretos comigo. E eu os despreso. Porque não tenho muito amor aos bens materiaes. Sou preta. E o preto tem ambição limitada. Eu dêixei o lêito as 5 horas horario de verão.

---

[47] Cerca de 13700 reais em 2021.
[48] Socialite carioca desaparecida em 1961 durante uma viagem de carro com seu advogado.

Ouço os passos das mulheres felizes que vão comprar pão. Nao as invejo. Porque o meu dia há de chegar! Se Deus quizer! Eu ando a procura da felicidade. E hei de encontra-la.

Eu recolhi uma cachorrinha que passou a noite chorando. Será frio, ou fome?

O que horrorizou-me foi saber que a minha filha lamenta nas casas dos visinhos que nós passamos fome. Não me envergonho porque eu trabalho para os brancos. Só uma coisa eu digo: depôis que sai da favela fiquei rascista. Preto e branco não açertam o passo, dançando esta musica que se chama vida.

Se o Dr Lélio, e o Audálio, fossem intelectuaes, eles auxiliavam-me a construir a casa de Parelheiros. Mas é que o branco quando tem dinheiro, gostam de ser bajulados. E eu sou poetisa, não vou bajular ninguem. Mas é que o Brasil é um pais aportuguêsado. E o portugues gosta de ser bajulado. E o povo atual, mais intelectualizado quer dirêitos e não esmolas.

Eu passei a manhã escrevendo. Para não pensar nas dificuldades que me é dificil transpor. Mas, eu sou forte. E os fortes não se habatem. Mas, será que eu consigo lutar com o custo de vida? Fico horrorizada ouvindo o Dr Lélio de Castro Andrade dizer:

— Ninguem vive de dirêitos autoraes.

Que suplicio. É levantar de manhã e não ter nada para comêr. E a reprisse da favela. Só que agóra não mais existe a dona Julita. Liguei o radio para ouvir o noticioso na Bandeirante as oito e mêia. Saí com a maquina de escrever para vende-la para comprar comida para os meus filhos. Vendi para o proprio negociante onde eu comprei, que ficou horrorizado, quando eu disse-lhe que não tinha nada em casa para os filhos comêr. Ele é hungaro, comentou que os escritores são espoliados pelos editores que o escritor morre na miseria. Que a classe de homens mais inferior são os editores.

Ouvia sem comentar porque, eu não sabia. Á unica coisa que eu sei, é que eu gostava muito de livros e queria escrever. O livro era o meu idolo. Mas eu não estou triste. É sabido, que a classe burguesa, espolia os pobres. Só os pobres os favelados é que não espolia ninguem. Espolia as latas de lixo.

Mostrei ao negociante a revista russo Ogoniok[49] que traz uma reportagem minha, e citei-lhe que o livro está sendo traduzido em russo, e eu vou ser convidada para autografa-lo na Russia, que os russos

---

49 *Ogonyok*, semanal de notícias e variedades publicada em Moscou.

quer conheçer-me. Que o repórter russo sabe que estou passando fome. Mas eu não vou porque, já estou desiludida da literatura. Não vêjo uma recompensa justa.

Ele disse-me que eu tenho razão e ficou pensando. As pessôas que entravam vendo-me vender a maquina, ficavam horrorizada.

Encontrei com um conhecido da favela que ficou contente quando me viu dizendo:

— Carolina, você está no céu!

Citei-lhe que não. Que o editor é um tipo quer obrigar o escritor ajoelhar-se aos seus pes. E eu, so ajoêlho aos pés de Cristo. Porque de Cristo eu gósto.

E o visinho da favela citava que construio uma casa. Já percebi que a vaidade do homem que reside em São Paulo é ter uma casa.

Ele estava acompanhado com o seu filho de criação um menino que ia ser atirado ao rio Tietê. Pela propria mãe. Ele saiu correndo vestido apenas com uma cueca e arrebatou a criança dos braços da mãe desnaturada e disse que ia cria-lo. E a mãe malvada respondeu-lhe com ironia:

— Pode criar esta porcaria.

Uma mulher destituida do amôr materno, é um tipo inhumano. O que espero é que o menino sêja bom elemento para o seu bem-feitôr ter recompensa.

O vizinho da favela despediu-se, andando como um homem já realizado na vida.

Fiquei conversando com o dono da loja, que maldizia a maldita mania dos homens, que fazem guerras. Que a guerra arruinou a Hungria. O empregado foi arranjar dinheiro para mim.

Varias pessôas entravam na loja e ficavam congetuando. Mas eu sou imunizada. Já habituei com as revoltas da vida.

O empregado surgiu com o dinheiro, e deu-me 10 mil cruzeiros. Eu saí as pessoas. E fui retirar uma lição no Dom Bôsco para o João. E exibi uma reportagem que está na revista russa. Que o meu livro Quarto de Despejo vae ser traduzido na Russia e eu, vou dar uma tarde de autografo no pais do Estalin.

As mocinhas olhavam as figuras dizendo que a revista Ogoniok, não tem publicidade de artigos. É que lá é um pais socialista.

Eu circulava pela sala. E o meu olhar dirigiu-se para a sala dos professôres e o meu olhar cruzou-se com o olhar de um professor. Que dirigiu-se para a sala da secretaria e sentou-se. Eu estava falando do custo de vida que está oprimindo o povo e os paes da patria, ainda querem ganhar 100 milões por ano.

Sendo assim, não vae sobrar dinheiro para construir escolas para o povo. Será que o povo do Brasil ha de ser eternamente analfabeto? Que a inscrição que está na nossa bandeira não está predominando no pais, que o Brasil está necessitando de um Salazar. Apezar do Salazar não me apreciar eu gosto da sua politica. Porque ele é um politico austero. Ouvi dizer que lá tudo é tabelado.

O professor que me ouvia disse:

— Então é a senhora a famosa Carolina Maria de Jesus? O que está escrevendo agora?

— Eu já estou desiludindo da literatura. Cansa-se muito. E é tanta confusão que o meu ideal já está atrofiando-se. Se eu tivesse marido capacitado para tomar conta dos meus livros, eu escrevia mas escrever com outros não dá certo.

Eu olhava os trages do professor de português, muito bem passado, como se fosse um ator que ia representar. Perguntou-me:

— Porque é que o Salazar não gosta da senhóra?

— Ele não consentiu que o meu livro fosse publicado em Portugal.

E o professor disse-me que eu devia escrever para o Salazar para desfazer esta confusão. Mas eu já estou mutilada e triste. Lutei e não consegui o que tanto desejei que é ter uma casa no sitio porque eu gosto do campo. Aprecio os arvoredos. Gosto de estar em contato com a terra.

Surgio uma jovem lamentando que o seu sapato havia descosturado. Eu disse-lhe que ia procurar um sapateiro para conserta-lo. E saí.

O que é desagradavel é ter que desçer pelas escadas porque o elevador não funciona. Procurei a sapataria Rapida e entreguei os sapatos. E o sapateiro ia entregando os sapatos para os brancos eu protestei.

— Pois é. O senhor lhe entrega o sapato em primeiro lugar porque, eles são brancos e eu sou preta.

Mas os homens não sorriam pensei: os homens da época do João Goulart, não sabem sorrir. Com o custo de vida continuei dizendo que antigamente era assim. Se um negro entrava num bar para tomar média ou beber pinga ficavam furiosos se ace serviam o branco em primeiro lugar. Por mais que eu falava ninguem me dava atenção. Eu disse-lhes que no fim do ano que vem, que eu vou na Russia. Que eles estão traduzindo o meu livro. E exibi a revista russa Ogoniok. Então todos passaram a conversar comigo ao mêsmo tempo.

Que suplicio para responder a todos ao mêsmo tempo. Mas, eu fiquei contente porque via os brasileiros sorrindo. Quando um senhor que era o mais claro saiu eu dei-lhe um tapinha nas costas, dizendo-lhe que ele pareçe russo. Um senhor disse-me que já me viu na televisão. Recebi o sapato e perguntei o prêço.

— Não é nada.
— Oh! Mas a madame está esperando? — Insistí.
— Não é nada já disse!

Agradeci e sai as pressas. Entrei no prédio onde está localizada a escola e entrei no elevador. Mas, o elevador não para nos andares. Sobe e desçe. Tive que subir-á-pé. e entreguei o sapato para a môcinha.

— Quanto a senhora pagou?
— Nada!

E eu, recordei o que está escrito na Biblia:

— Dae de graça! O que de graça recebêste. Porque Deus, não aprecia os ambiciôsos.

Peguei a lição do João, e sai desçendo as escadas. E pensando que devia chegar em casa o mais depressa possivel para comprar pão para o João. Como é horrivel ver um filho com fome. É a hóra que uma mulher tem desgosto de ser mulher.

Quando cheguei no ponto do onibus, fiquei contente vendo o onibus. Brinquêi com o cobrador dizendo-lhe:

— Bôa vida! O senhor está rico!

Ele sorriu. Paguei e fui sentar-me na frente. Eu estava sentada ao lado de um homem bonito que estava lendo um jornal. Olhando — vi que era a Folha de São Paulo, e citava que o Almirante Selvio Kech[50] ia ficar prêso 30 dias por ter criticado o presidente João Goulart. Dizendo que o Brasil não tem presidente.

Esta é a impressão da maioria. O jovem que estava lendo a Folha de São Paulo estava de acordo com o Almirante. Percebi que o Jovem queria falar-me. Citei-lhe que o meu livro está sendo aguardado na Russia. E mostrei-lhe a revista.

Ele comentava o crime de Osasco. O estrangulamento da jovem Maria Edina, 21 anos que foi morta por um desconhecido. Enfim, nas grandes cidades, é um depósito dos maus, e bons. Infelizmente vemos as pessôas, mas, não vemos a consciência. Crêio que se o povo tivesse um senso humano e social talvez o mundo fôsse mais hospitaleiro para nós.

O jovem que estava sentado ao meu lado queixava-se da esposa que lhe dizia:

---

50 Sílvio Heck, ex-ministro da Marinha durante o governo Jânio.

— Deus permite que quando você estiver viajando de avião, o avião ha de cair.

Fiquei horrorizada. Porque em geral, as mulheres não quer, que o seu esposo dêixa este mundo. Mas existe as mulheres que se aborrecem dos espôsos depois que se casam. As mulheres que proçedem assim, são as de mentalidades médiocres.

Que homem limpinho. Não tem mau halito. Pensei: Se eu pudesse ficar sempre sentada ao lado deste homem! Notei ser ele um homem magnifico. Disse-me ainda que não tem orgulho, e que é nortista. Da Paraíba. Apresentei para ele a reportagem na revista Russa.

Ele disse-me que ja leu o meu livro e se eu ganhei muito dinheiro?

Respondi que se o lívro deu muito dinheiro, não fui eu quem ficou rica. Que sofro muito mais depois que sai da favela. Na favela todos sabiam que eu era pobre e me dava esmola. Mas atualmente, com o lancamento do livro, o povo dizem que fiquei rica.

Ele olhou-me condoido dizendo:

— Aqui nêste país trabalha o fêio para os bonitos comêr.

Falamos do custo de vida que está oprimindo o povo.[51] A luta pela vida, iniciou-se na favela, e está atingindo a classe média. Lá para o ano de 1975, a classe pobre já desapareçeu cedendo o seu lugar para a classe média. Que lugar desgraçado. Um lugar do sofrimento. Um lugar onde se sofre a pior turtura da atualidade que é a fome.

Ele disse:

— Temos que tomar uma resolução.

Quando cheguei no Imirim desci, e o nortista seguio. Não o convidei para vir na minha casa porque eu sou mulher. E ele é bonito agradavel. É um homem que pertuba uma mulher. Ele disse-me que é pae de 3 filhos.

Sai do onibus correndo pensando nos filhos que devia estar com fome. Quando entrei em casa, vi que o João havia varrido a casa, lavou a cosinha. Notei que os meus filhos estão emagreçendo. É a fome! Será que eu vim ao mundo predestinada a morrer de fome! Fiz café e dei dinheiro para a Vera ir comprar pão. O João perguntou:

— A senhora vendeu a maquina?

— Vendi. Depois eu compro outra.

Quando a Vera entrou com o pão pareçe que a casa ficou mais bonita porque, no prêço que está os géneros de primeira necessidade, os géneros tem a semelhança de flores. E das joias.

---

51 A inflação de 1963 alcançou 79,9%.

Peguei a sacola e fui fazer compras. No empório do Tem-Tem. Gastei 3,200,00 e não comprei o exencial. Que horror. Um quilo de arroz custar 300, cruzeiros? Mas eu digo que o causador da desorganização no Brasil, são os donos das terras que se o colono ia trabalhar explorava-o e o colono foi desiludindo-se.

De uma coisa eu estou certa. Se os fazendeiros do Brasil são ricos é porque os seus antepassados espolavam os escravos e findo a escravidão em 1888 os fazendeiros adimitiam os colonos estrangeiros e assim, iniciou-se a imigração para o Brasil. O que os fazendeiros, queriam é que alguem trabalhasse para eles e o piór em tudo isto, é que eles não selecionava os tipos que entravam no pais.

Os filhos reanimaram se quando viram o arroz e sua exelência o feijão. Preparei o almoço. Arroz e bacalhau com abobrinha. Quando comi senti tonturas, fui dêitar. Bateram na porta, o João, foi atender. Era um nortista que ligou o esgoto na minha casa.

Disse-me que foi operado de ulcera. Que perdeu a metade do estomago. Pensei: até quando ha de ser o nortista um desgraçado neste pedaço do mundo que foi batisado com o nome de Brasil? Um país com tantas terras e um povo infeliz. É que ainda nos faltam, saude, porque a classe pobre come muito mal, e são desnutridos. E os desnutridos são apaticos, e morosos no trabalho. Educação para o povo. Sanear escolas no pais. Mas é que as escolas tem que ser construidas com as arrecadações dos impôstos. Mas os impôstos que são arrecadados transforma-se em subsidios para os deputados, e os senadores.

Fico pensando que o homem da atualidade é um homem debil, e de mentalidade atrofiada. Nas épocas eleitoraes é uma vergonha. Todos querem ser politicos. Para mim o Brasil é uma vaca que todos querem mamar no Brasil. É o povo pagando impôsto com a finalidade que o governo vae aplicar o seu dinheiro melhorando as preriferias e as cidades do interior, mas o dinheiro, é gasto nas corridas de cavalo, nas praias — Juro que gósto de ver um candidato, reprovado nas urnas. Porque já é convicção genêralizada, que o politico quer ganhar com pouco esforço. Eu queria dormir mas uma coisa eu digo: não se dorme na minha rua. Com o barulho das crianças que estão em férias, e os carros que transitam.

O nortista falava de sua luta para conseguir hospital. E ele paga o IAPI.[52] Fiquei pensando nas lêis trabalhistas que o saudoso Getulio

---

52 Instituto de Aposentadoria e Pensões dos Industriários, extinto em 1966.

Vargas criou. Não sei se esta lêi benéficiou o pais, porque eu nunca fui opéraria. O que horrorizou-me é o nortista pagar o IAPI, e foi operado no Hospital das Clinicas como indigente.

Que pais desorganizado. E na nossa bandeira está escrito, ordem e progresso. O nortista disse-me que o seu estomago ficou do tamanho de uma laranja.

Como é pungente ser nortista no Brasil. Fico pensando que predomina no Brasil é o branco. Porque é que o nortista branco, não luta para melhorar a vida dos seus conterraneos? Mandei comprar laranjas e fiz uma laranjada para o nortista. Ele despediu-se prometendo voltar, dizendo que quer ir comigo para Parelheiros. Que gosta de trabalhar na enxada.

Fui falar com a Dona Elza. Um pobre passava pedindo esmola. A Dona Elza deu-lhe macarrão, cenouras e batatas. Faz 8 dias que a mulher teve filhos. Onde andará a tal Assistência Social?

Fico pensando: dêsde que o mundo, é mundo, os brancos querem ser o seu dono. O seu dirigente. Quando apareçe alguem que quer um mundo humano, é perseguido e môrto. Mas o que eu sei dizer é que o predominio do branco, não porpociona felicidade ao povo. Que vivem descontentes. Até quando, ha de perdurar isto? Adimirei o gesto da Dona Elza. A esmola que deu a pobre. Quando a mulher pobre reçebeu esmola, dirigiu lhe um olhar mêigo e um sorriso de Gioconda para a Dona Elza Brandão Rêis. Eu brincava com a Soraya de Fatíma. A ultima filha de Dona Elza. É uma menina que não chora.

Passou um senhor vendendo bilhêtes de loteria, eu comprei um. Se Deus me ajudar que eu ganho vou comprar comida para as crianças que estão internadas no abrigo Andre Luiz.

Voltei pra casa. E fui dêitar. Quando chegou um pretinho. Luiz Carlos Rocha que foi ferido num acidente onde trabalhava. Na queda feriu o nêrvo do braço dirêito. E não foi indenizado. Contou-me que o povo fala que o Audálio Dantas, ficou rico com o meu livro. E eu já estou enojada de ouvir isto. Falamos da dificuldade que o pobre encontra para viver. Ele convidou-me para ir numa fésta domingo proximo.

Saimos. Eu ia telefonar para a Livraria Francisco Alves não encontrei mais ninguem. Contei-lhe as dificuldades que deparo para viver. Foi o pior serviço que já fiz até hoje foi escrever. Quando eu estava na favela, podia pedir esmola.

Entramos no emporio do Tem-Tem para comprar linguiça. 700,00 o quilo. Deus me livre, para consertar isto, só Cristo. Espero que ele volte enérgico para reprimir os predominadores ambiciosos. Eu não comprei a linguiça. E o Luiz, queria comprar para mim. Recusei. Porque não sou oportunista.

10 DE DEZEMBRO DE 1963

Passei o dia em casa, lavando as roupas dos filhos e escrevendo o meu Diario. Enquanto escrevo vou olvidando que não tenho o que comêr.

Eu estava na janela quando uma mulher e uma menina pararam no portão. Ela sorriu. Mas, não se perçebem se ela está sorrindo porque, ela não tem dentes. Que aspeto horrivel. É só pele e ossos. Mandei entrar. Disse-me que está passando muita fome. E quer morrer. E que o seu filho vae ser soldado porque ele como soldado, ha de ter o que comêr. Que os politicos vão criar uma lêi que o homem pobre não tem o direito de ter filhos. Apenas um, ou dôis.

O que achei interessante foi ouvir a baiana dizer:

— Dona Carolina, pede ao Jesus Cristo, para voltar, mas voltar enérgico igual ao Lampião porque o povo atualmente pensa só no dinheiro.

Eu dei-lhe 200. cruzeiros e um pouco de fêijão. E a menina sorriu comentando:

— Fêijão preto!

Fico pensando que o povo atual está com o coração endurecido.

A tarde fui telefonar para o Dr Lélio, saber se tem umas fotos do lançamento do livro para enviar a um reporter da Coreia. E disse ao Dr Lélio que estou procurando emprego. Fui pedir trabalho não consegui. Eles aludem que sou rica. Fui pedir esmolas não ganhei. Fui vender bilhête de loteria não me foi possivel eles dizem que estou rica. Que vida hedionda. Depois que dêixei a favela. Porisso vivo suplicando a Deus para fazer com que o Jorge apareça, para me auxiliar me livrar destes tipos imaturos, que não sabem compreender as coisas simples da vida.

Eu não pedi ao Dantas para me comprar esta casa. Queria sítio. Retirar os meus filhos da favela e residir no campo. Num lugar simples. Mas o mundo ha de ser sempre negro, para o negro.

O Dr Lelio, respondeu-me que eu dêvo arranjar trabalho interno. Devo custurar etc.

Depôis que eles me cansaram é que o dr Lelio quer que eu sêja costureira. Citei ao Dr Lelio que fui pedir esmola na casa do Dantas, e fui mal recebida. Então eu pedi as vizinhas. Na favela eu estava no inferno. Aqui na casa de tijolos, estou no inferno.

Onde será o meu céu?

O que me apavora é sair nas ruas, e ouvir o povo dizer:

— Você está rica! Você está rica.

E eu estou vivendo de esmola. Se fosse so eu? Mas existe os filhos!

Escrevi uma carta para enviar ao Jorge, mas não tenho dinheiro para despacha-la. Quando alguem diz:

— É a senhora a escritora?

Não me emociono com a descriminação. Porque, para conseguir dinheiro com este povo que estão fantasíados de editores porque quando um escritor dá lucro a um editor, o escritor deve ser considerado.

11 DE DEZEMBRO DE 1963

Passei a noite pensando no custo de vida. Que está nos oprimindo. Igual um rolo compressor.

Hoje foi dia de fêira na minha rua. Não fui na fêira por não ter dinheiro. E eu não vou suplicar aos meus senhôres. Eu não tenho espinha de borracha — já estou cansada de ser espoliada.

Comprei 180 cruzeiros de pão. Porque o pão já foi aumentado 2 vezes nêste mês. Como é horrivel ouvir os lamentos das crianças. Que passam fome. Que não podem comprar frutas. O que venho notando é que as crianças estão cresçendo e odiando o Brasil!

E que as crianças são incientes e deviam odiar os dirigentes morosos. Fiquei olhando e invejando as mulheres que passavam com as sacolas rechêiadas como escutara tenho que gastar com racionamento. Quando o meu sinho Dantas me dá dinheiro faz tantas recomendações para eu não gastar que chega ao extremo. O diabo é que o dinheiro não pode ser transformado em massa de pasteis. Eu não tenho amisade ao dinheiro para não ficar avarenta.

Fiquei com dó dos meus filhos. Até eles sofrem. Porque, quando eles eram favelados podiam catar as frutas que os fêirantes jogavam no lixo. Mas, agora tudo é diferente — Nos fomos pobres. E depois que me transformei em escritora me crismaram de rica. E eu não vou na feira porque o povo insiste comigo para comprar. Um dia o Miller disse para o Audálio que não devia me dar muito dinheiro porque ela é favelada, está habituada a viver de qualquer gêito. E o Miller supos que eu não notei esqueçendo eles que quando estou no mêio deste povo os meus ouvidos ficam de prontidão. A tarde, recebi a visita do jovem Luiz Carlos Rocha, que caíu de uma escada quando trabalhava como pintor e caiu por cima dos pedaços de vidros e seccionou o nervo do braço direito. E ele ficou com o braço deformado. Não foi indenizado.

Quer dizer que a lêi trabalhista do Brasil está falhando. E o que falha, desagrada o seu patrão e o senhor Stefano Nakone Chney. Com escritorio na Praça da Sé 62 — 3 andar S// 34. E o Luiz já fez 3 operações o braço está normalizando-se. Mas ele é triste. No inicio de sua vida ja teve um encontro fatal com a desdita de ficar defêituoso. E a solução para estes casos é... conformar-se!

O Luiz vêio convidar-me para eu ir no seu aniversário domingo. Ele disse-me que o povo fala que o Audálio, ficou rico com o meu livro. Que espoliou a minha ingenuidade. Mas tudo tem o seu dia de libertação. E agora eu estou livre! Mas quem continua recebendo o dinheiro dos dirêitos estrangeiros é o meu sinhô Dantas, quando quem deveria reçeber sou eu que lutei com dificuldades para escrever o livro. Que luta para arranjar papel, e tinta. Eu catava as fitas das maquinas de escrever, e fervia para escrever. Mas aquele tempo já passou.

Quando eu era inciente eu tinha a impressão que deveria andar atrás da felicidade. Mas ela ha de vir. Porque, Deus me protege muito — já faz dias que não compro carne por não ter dinheiro. Escrevi o Quarto de Despejo, para ter dinheiro e não tenho dinheiro, porque o senhor Dantas deu ordem aos editores internacionaes para não me dar dinheiro.

Porque é que eles não fazem assim com as escritoras brancas?

É porisso que eu estou ficando rascista. É duro para o negro, viver no mundo dos brancos.

12 DE DEZEMBRO DE 1963

Fui na cidade receber o resto do dinheiro da maquina de escrever que vendi. O negociante que comprou-a disse-me que poderá pagar-me o resto só no dia 20. Quer dizer que tenho que esperar 8 dias. E eu comprei a maquina a vista. Jurei nunca mais vender nada. Não compensa.

Cheguei até a livraria Francisco Alves. Agora tudo está mudado para mim. Eu dêixei de ser ingenua. Citei para a Dona Adelia que não me é possivel finalizar a casa de Parelheiros por falta de dinheiro. E é porisso que odeio o Dantas. Quando eu estava na favela eu pedi para ele em vez de comprar casa na cidade que deveria comprar um sitio para mim porque tudo na cidade tem que ser comprado. E nem sempre se tem dinheiro!

São Paulo já foi uma cidade bôa. Uma cidade humana para viver. Atualmente, São Paulo é uma cidade metalizada. Os que tem dinheiro comem. Os que não tem morre de fome! Mas o senhor Audalio Dantas, comprou a casa. Quando comprei a casa, a Marizete Alves não queria me entregar a casa. Aludindo que eu estava ganhando muito dinheiro, e deveria pagar-lhe mais 150.000, cruzeiros a-mais. E eu entrei na casa com os inquilinos da baiana. Quando ela vendeu a casa disse-nos que a casa estava vazia. E não estava. Os que não fazem as coisas dentro da verdade são trapaçêiros. Com o dinheiro que o senhor Audalio Dantas, comprou a casa em 1960, comprava-se grande extensão de têrras.

Mas o senhor Audalio Dantas, queria me dominar. Não gostei, principíei a reagir. Não nasci na época de escravidão. Eu não tinha dirêito de fazer nada que o senhor Dantas, obeservava-me. Uma noite, ele chegou na minha casa e criticou-me porque eu coloquei varios quadros nas paredes, obrigou-me a retirar os quadros da parede aludindo que a minha casa estava antiquada pareçendo galeria. Retirei os quadros em silêncio, mas xingando o senhor Dantas mentalmente. Quando vesti uma saia a japonêza ele criticou. Dizendo que eu deveria ser mais simples no vestir.

Tudo que eu fazia ele obeservava. E assim a minha adimiração por ele ia arrefeçendo. Começou o meu calvário. O livro estava sendo bem vendido. E o senhor Audalio Dantas estava convencido que havia construido um monumento. Por eu ter passado muita fome. Eu lia o livro, sem compreende-lo. Com o meu nome nos jornaes e eu apareçendo nas televisões, eu era um caso excepcional. Enfim era a minha vida que trocou de cénário. Mas com toda aquela confusão eu pensava: isto é apénas cénas fitiçias. Será que já estou ajustada na vida! Será que estou amarrada numa corrente num fio de retróz?

Como o melhor advogado é o decorrer da vida fiquei aguardando o que haveria de vir posteriormente. Mas não deixei de preocupar-me com a vida na cidade. Para mim esta casa na rua Benta Pereira, não passava de um estojo de vidro.

Um dia o senhor Verdi dos Santos apareceu na minha casa, e eu disse-lhe:

— O senhor que é andarilho vê se consegue localizar um terreno para mim.

E um dia ele apareceu com um anuncio do Jardim Primavera. E acompanhou-me ao local, e eu fui com o corretor ver o terreno. Gostei do terreno porque tinha agua. E comprei o primeiro lote e o Dr Lelio de Castio Andrade pagou o contrato 100.00.

Quando assinei contrato com o senhor Audra, que vae filmar o Quarto de Despejo, ele deu-me um milhão de cruzeiros.[53] 700,00 para mim, e 300.00 para o Dantas.

Com os 700,00 que reçebi do senhor Audra, iniciei a construção da casa. E o senhor Audra disse-me que ia me dar a copia do contrato que eu assinei. Até hoje não entregou-me. Deve ter entregado ao meu sinhô Dantas, que pediu-me para eu não dizer nada a ninguem que o filme vae apareçer inesperadamente. No contrato diz as perçentagens que vou ganhar.

Eu já disse que comprei um bilhete de loteria. E o vendedor de bilhete vêio de manhã dizer que ganhei o mesmo dinheiro e a tarde vinha devolver. Fiquei contente. Vou receber os 2.500, cruzeiros. Comprei outro pedacinho por 500,00 e peço a Dona Elza para coloca-lo aos pés de Nossa Senhóra. Para ela ajudar que o bilhête sêja premiado para eu comprar comida para os meus filhos que estão vivendo pior do que na favela.

Eu fui mostrar a reportagem para o irmão da Dona Elza, Brandão Reis. Citei-lhe que já tomei nôjo de ser escritora. Porque quem recebe o dinheiro do estrangeiro é o Dantas, e ele me dá o que quer e quando quer. Para eu retirar dinheiro do Dantas tenho que implora-lo.

Eu necessitava ir na cidade mas não tinha dinheiro. Fui a-pé. Nas ruas eu ia encontrando as pessôas que me perguntam se estou rica.

Afirmo que não. Que estou desiludida com o Dantas que retirou-me da favela para espoliar a minha inteligência. Infelizmente percebi isto, muito tarde. Mas tambem eu com 2 anos de grupo escolar, a unica instrução que recebi não podia ser uma mulher lucida. Sou quase, autodidata. E o autodidata tem medo da vida. Não rouba. Não mata. Porque todos os atos que praticamos tem suas consequências.

A tia da Dona Elza disse:

— Porque é que eles não fazem assim com a Raquel de Queiroz, Lia Fagundes Teles, Dinah Silveira de Queiroz, Helena Silveira.

— Mas estas são brancas.

---

53 Cerca de 28 mil reais em 2021.

— Foi você quem escreveu o livro, e ele, é quem recebe. Porque é que ele não foi residir na favela, e conheçer a odisseia de ser catadôr de papel. Comêr frutas do lixo. Não. Isto ele não quiz. Ele é mocinho do estojo de viludo.

Todos dizem que o Dantas ficou rico com o meu livro. E agóra que estou mais esclarecida. É que estou compreendendo isto. Porque, quando eu iniciei a casa eu escrevi para o Dutton, o editor inglez pedindo 500, dolar emprestado para eu concluir a casa, ele respondeu-me que não tinha ordem de me enviar dinheiro. Que choque emôcional quando li a carta. Xinguei o Dutton, pedindo o diabo para ir visita-lo no meu lugar. E então eu compreendi que o mundo ha de ser sempre negro para o negro.

Eu fui visitar o senhor Rodolfo Sherouffer, e queixei-lhe que estou deçepcionada com a carreira literaria porque não sou eu quem recebe o dinheiro das traduções do livro. Quem recebe é o senhor Dantas.

O senhor Rodolfo Sherouffer disse-me:

— Eu te avisei Carolina! Para continuar catando papel. Eu te avisei!

Fiquei pensando: mas a vida na favela era imoralissima. Um lugar impróprio para dar bôa formação mental aos meus filhos. Porque o homem nasçe inculto e é necessario educa-lo.

Fui comprimentar os funcionários, que ficam contentes quando me vê. Alguns casaram-se. Eu pedi o telefone para telefonar. Não consegui. Perguntei ao senhor Rodofo se fez fôlinha este ano. Respondeu que não. Que tudo está caro de mais.

Olhando aquele recanto: recordei quando a Vera pedia sapatos ao senhor Rodolfo. E ele comprava. Despedi dos funcionários desejando--lhes feliz 1964. Mas, com a elevação dos preços dos generos alimenticios ninguem poderá ser feliz em 1964. O Dr Adhemar de Barros ja nos disse: que o ano de 1964, será o ano da fome. Se o Dr Adhemar soube profetizar a calamidade do proximo ano, será que está imitando o José do Egito? Despedi do senhor Rodolfo e perguntei pelo Dr Souza? Disse-me que ele está afastado em tratamento da saude. Eu ia olhando as latas de lixos reconheçendo algumas. Fui visitar a Dona Angelina, esposa do senhor Angelo.

Estão reformando a casa. E todos perguntam se estou rica.

— Estou milionária de desilusão, porque agóra sou mais esclarescida.

Disse-lhe que não posso citar a renda total do Quarto de Despejo, porque é o senhor Dantas quem reçebe o dinheiro dos editores internácionaes. E que passo mais privações atualmente, de que na favela.

Todos ficaram adimirados porque o livro foi publicado em 21 paises, dizem os russos. 12 paises, diz o Audalio Dantas.

Quem sabe se o senhor Audálio Dantas, não sabe matemática, e apénas trocou os numeros a seu favôr. Quando o reporter russo disse que o livro foi traduzido em 21 paises, fiquei descontente. Quer dizer que não há sinceridade no negócio. Há apenas, imaturidade. E todos negocios implica responsabilidade.

Eu e Dona Angelina falamos de Dona Julita. E eu fiquei sabendo que o Evaristo vae casar-se. A dona Angelina ofereçeu-me almoco. Açeitei. O pedaço de pão que ela deu-me eu guardei para os filhos. Pedi o telefone emprestado, queria localizar uma agência noticiosa para pedir uma esmola aos editores internacionaes. Para comprar algo, para os meus filhos comêr.

Telefonei para as Folhas informaçoes e não obtive resposta. Procurei na lista telefonica procurando as agências. A filha de Dona Angelina localisou-a para mim. Resolvi ir na Agência Reuter que está localizada na rua Libero Badaro, 488 — 3 andar. O predio é antigo. Na agência disseram-me que São Paulo não importa noticia. Apenas reçebem do Rio para transmitir. Deu-me o endereço para eu enviar a noticia por carta para o Rio. Sai do predio e entrei na Agência do Estado de São Paulo. Quêixando que não estou contente com a minha vida de escritora. Porque os Russos dizem que o meu livro foi traduzido em 21 paises. E o Dantas diz-me que o livro foi traduzido em 12 paises. Crêio que eu, como dona do livro, deveria ser participada. E queíxei a falta de dinheiro. Se eu quizer vir para a cidade tem que ser — a-pé.

Despedi, e voltei pra casa. Fui desêjar feliz 1964 ao senhor Felix, gerente da Casa Viana, na rua Florêncio de Abreu. E saber se o senhor Verdi dos Santos entregou o livro que lhe enviei.

Ele disse-me que reçebeu e agradeçeu-me. E perguntou-me:
— Como é que você têve coragem de escrever aquele ivro?
— Foi inspirada no sofrimento.

Ganhei umas folhinhas. Uma, eu vou enviar ao Chile, para o meu querido professor Jorge Mendoza. Que me prometeu voltar. Quando eu voltava ia olhando, os pobres que andam girando pela cidade com as trouxas nas costas como se fossem exilados. Os dentes deturpados. Aspetos de indigentes. Os infaustos, ficam sentados nos bancos dos jardins. E queixam que os guardas expulsa-os dos jardins. Sei que eles não estão mentindo, porque eu já estive em condições identicas. Fiquei apavorada de ouvir um pobre dizer que vêio a-pe. Ponta-Poram até São Paulo. O que achei interessante, foi um velho que me seguia dizendo:

— Eu queria ser teu marido para mamar em você.

E queria me abraçar. Eu dizia:

— Cuidado! Eu sou escritora.

E mostrei-lhe o livro que escrevi na Argentina. Com muita elegancia e delicadêza, despedi do velho sem ofendê-lo. E dirigi para a minha casa conversando com um senhor que lamentava o custo de vida. Cheguei em casa. E fiquei triste. Porque não tenho nada em casa para os filhos comêr.

13 DE DEZEMBRO DE 1963

Passei o dia em casa. Com pouco dinheiro. E com treis filhos para comêr. Hoje é dia de feira, na rua Francisco Biriba. Mas eu não posso ir na fêira. Nem para catar, nem para comprar. Que suplicio é a minha vida. Agóra que estou dependendo do Audálio, passei o dia passando roupas. A Vera comprou 200, cruzeiros de camarão e 1 quilo de farinha de mandioca por 100 cruzeiros.

Fiquei horrorizada! Onde já se viu, 1 quilo de farinha de mandioca custar 100 cruzeiros. Será que os brancos que governam não vê que isto é um absurdo?

Eu estava super-nervosa pensando que a minha vida é uma meada de linha que emaranhou-se.

Fiquei com dó do José Carlos que estava com fome e não tinha nada para comêr.

Fiquei contente quando recebi um aviso que ia reçeber dinheiro. E fiquei pensando: de onde será que virá este dinheiro? Do céu? Crêio que é muito mais facil conseguir as coisas com Deus do que com os homens.

Tenho tantas roupas para lavar e não tenho sabão. Eu estava passando roupas quando bateram na porta. Já estou tão habituada com o afluxo de pessôas que não emociono. Fui atender.

14 DE DEZEMBRO DE 1963

Passei o dia em casa. Fui na fêira fazer compras. Os prêços continuam aumentando. Recebi a visita de uma professora que quer alugar a minha casa para formar uma escola. Ela dizia: que tem duas casas. E que eu devia alugar a casa com fiador. Eu nunca aluguei a casa. Acho toliçe alugar casa com fiador. Porque o carater deve ser dos arquilados.

A casa estava suja. E eu com falta de ar. Relatei que o senhor Dantas não ajustou a minha vida. Ele sabe que ninguem vive de literatura no Brasil. Porque não comprou o sitio para mim. E hoje, eu havia de ter dinheiro. Porque residindo num sitio, havia e há possibilidade para economisar. Um preto que trabalha na repartição vêio dizer-me que aluga a minha casa. E ficou conversando com a professora, que dizia a cada instante que eu dêvo alugar a casa com fiador que ela tem fiador e é propietaria. Para mim aquilo era um trecho de um sonho. Eu que já fui favelada, que dormia nas ruas da capital, que dormia no albergue noturno agora sou proprietaria. So que nao sou uma proprietaria rica para cuidar da casa como sonhei. Mas, o sonho de poeta não transforma em realidade.

Da nôjo olhar a minha casa. As paredes estão sujas as portas e o assoalho. Que ha anos que não é incerrado. Eu queria comêr figado. Mas o prêço afasta as pretensões. 600.000,00, o quilo. Decidi que é o preto quem vae morar na minha casa. E o prêço sera 30 mil cruzeiros o aluguel. Há os que acham barato. Mas eu acho caro.

Hoje eu estou cansada. E a vida que vae nos atrofiando.

Os filhos estão contentes. Porque há o que comêr.

Ouvi o drama da Record Madrasta, o titulo da peça.

15 DE DEZEMBRO DE 1963

Hoje eu estou passando as roupas, e lavando-as. Preparei o almoço para os filhos. Dei 200, cruzeiros ao João para ir ao cinema. E 100, para o José Carlos.

Eu estava lavando as louças quando o pretinho Luiz Carlos Rocha, chegou, vêio para me levar no baile que vae realizar na Vila Matilde. Eu disse-lhe que não me era possivel compareçer.

— Mas, eu já avisei ao povo que a senhora vae.

— Sendo assim, dêvo ir para você não ficar com vechame perante ao povo.

Eu estava indisposta com vontade de dêitar. Mas fui tomar banho, fechei a porta e entreguei a chave a dona Elza Reis, pedindo-a para entregar ao meu filho José Carlos. Ela adimirou o meu toilete. Tomamos o onibus. No Anhagabaú, tomamos outro. 3 hóras no onibus. Da impressão que São Paulo é uma cidade infinda.

Quando chegamos na Vila Matilde, adimirei, o progresso do bairo. O bairro seguinte é a Vila Galvão.

A casa do Luiz Carlos Rocha é bem cuidada tao diferente da minha. Os moveis são bons. E tem tanta coisa para comêr. E eles vestem bem.

Na casa do Luiz, existe o que eu gostaria de ter: alegria. Eu conversava com a tia do Luiz, que é camiseira. E o seu esposo que ja pertençeu a força publica e depois foi desligado da côrporação por intriga. Depois foi comprovado a sua inocência e solicitaram o seu retorno. Se ele voltar vae ser indenizado com um milhão. Mas, ele não quer voltar. Aprecio as pessôas de opinião.

Me ofereceram muitas coisas para comêr. Frango, e bôlos. Eu tinha a impressão de estar revivendo uma cena das mil e uma noites. Eu bem vestida. Uzando colares de alto preço.

Falaram dos politicos, que querem ganhar somas fabulosas. As somas que os politicos querem ganhar deveriam ser aplicadas nas construções de escolas para as crianças dos municipios. Que os politicos fingem que gostam dos pobres. Que a filantropia dos politicos é falsa.

Falaram do meu livro. Que foi o Audálio, quem ficou rico. São conçeitos, predominando na mente do povo.

Eu estava anciosa para voltar. A mãe do Luiz foi trocar-se.

Ela é mãe de quatro filhos homens. — Fôram procurar carro para nos conduzir ao baile. As sete da noite saimos, eu paguei o carro. Porque ninguem tinha troco. O Luiz, disse-nos que eu devia ficar aguardando na porta. Ele foi procurar as princêsas e a rainha.

Quando as jovens chegaram eu seguia na frente. E fomos aplaudidos. Vi mais de 2 mil olhos olhando-me. So que eu dêixei de ser aquela Carolina ingenua da favela. Não crêio em nada mais. Dirigemos ao palco. O Luiz, nos apresentou. Corôamos as princesas e a rainha que fôram:

Edith dos Santos

Maria Rosa Pereira

Rosa Ignacio.

Cada uma estaria acompanhada com um cavalheiro Eu coroei a rainha que fôram dançar uma valsa. Dêpois eu parti o bolo. Que bolo gigantêsco.

O baile iniciou-se depois que eu declamei a minha poesia — "Noivas de maio". E eu ia distribuindo autografos e conversava com os intelectuaes presentes Eu ganhei dôis ramalhêtes de flores. Não dançei. Ja estou descontente com o mundo. Já estou no outono da vida. Olhando os jovens dançar ia recordando a minha juventude tão distante. Quando eu pensava que o mundo era sempre cor de rósa. Mas a vida nos ofereçe a cada um uma fração de sofrimento.

O salão estava adôrnado com bôlos coloridos. Dançavam com discos. As duas hóras, finalizou-se o baile. Que suplicio para conseguir condução. A noite estava tepida. O baile decorreu sem incidente. Por fim decidimos vir de auto. Nas ruas, os homens brigavam. Quando cheguei em casa era quatro hóras.

Fui madrinha do segundo aniversario do The Avalan Club.

Agradeço as atenções, que dispensaram-me.

Estava com sono.

16 DE DEZEMBRO DE 1963

Levantei as 8 hóras com sono. Não posso passar nôites acôrdada. Tenho que dormir para poder dominar as ideias literarias. Preparei o almoço para os filhos e dividi as flores, com a Dona Elza Reis. Passei a tarde preparando as roupas velhas. Amanhã vamos a Parelheiros. Vou carpir o milho, e regar as hortaliças. Pretendo ir viver os restos dos meus dias no sitio plantando. Porque lá para o ano de 1970, a cidade de São Paulo, deve estar insuportavel para o pobre viver com o custo de vida. Estou horrorizada com o indiçe de mortalidades nêste fim de ano. Os jornaes dizem que é a fome. A secretaria da mórte.

18 DE DEZEMBRO DE 1963

Deixamos o lêito as 7 hóras preparando para irmos a Parelheiros.

O José Carlos, não queria ir. Xinguei:

— Cachorro! Você deve fundar um sindicato dos preguiçosos e voçê será o diretor.

Eu disse que o João ia acompanhar-me, e a casa ia ficar fechada. Então o José Carlos, decidiu acompanhar-me.

Levamos roupas para uza-las e cobertores. Em Santo Amaro comprei toucinho, e carne no açougue 10001.

E disse ao proprietario que vou residir em Parelheiros. Tivemos sórte. Assim que iamos saindo chegou um onibus de Parelheiros e nos embarcamos. Quando cheguei no sitio vi os fios de luz. Pensei: ja ha possibilidade de mudar-mos para a minha casa de campo. Seguiamos os 500 metros. Fico contente quando vêjo a casa. Está inacabada. Faltam as janelas. Pedi a enxada a esposa do Senhor Orlando e fui carpir os tomates. Temperei a carne. Fritei o toucinho, e fiz uma sôpa de macarrão.

A noite, o José Carlos dormiu no chão. Reclamando que está habituado com colchão de algodão. Que silêncio gostoso. Não ha radio. Apenas o côaxar dos sapos. Que sono reconfôrtante. Não ouço aquelas vozes curiosas.

— A Carolina está rica!

Aquele preto, que quer alugar a minha casa tem a minha preferência. Porque foi o primeiro a pedir a casa.

Eu disse-lhe que procurasse a imobiliaria que eu só alugo a casa, por intermédio da imobiliaria. Se ele não procurou a imobiliaria.

SOBRE A AUTORA

No dia 14 de março de 1914, na cidade de Sacramento, em Minas Gerais, Carolina Maria de Jesus veio ao mundo, filha de Maria Carolina de Jesus e de João Cândido Veloso. Despontou num tempo repleto de incertezas e desconhecimentos: em alguns de seus escritos autobiográficos, revela dúvidas quanto à exatidão do ano de seu nascimento e diz nunca ter conhecido o pai. Apelidada de "Bitita", era frequentemente apontada pelos familiares como uma criança inteligente e questionadora.

Vivendo no campo, pertenceu a uma numerosa família de mulheres e homens negros, com quem partilhava um terreno comprado pelo avô materno, Benedito José da Silva. Sob as sombras da escravização recém-abolida, as condições de existência eram precárias, e a maior parte de seus parentes não recebera instrução escolar. Descrito por Carolina como o "Sócrates africano", seu avô era um homem sábio e respeitado no vilarejo, um dos principais responsáveis por despertar nela vontade de aprender a ler e a escrever.

No ano de 1921, ingressou no Colégio Espírita Allan Kardec, onde estudou por apenas dois anos. Sua formação escolar foi interrompida quando precisou mudar-se com a família para uma fazenda em Uberaba, no mesmo estado — essa seria a primeira das muitas migrações realizadas em busca de melhores condições de existência. Entre os anos de 1923 e 1937, trabalhou como lavradora, cozinheira e empregada doméstica nos arredores de Minas Gerais e São Paulo.

Depois da morte da mãe, foi tentar a vida em São Paulo em 1937, atraída pelo contexto econômico promissor da metrópole. Aos 23 anos, sozinha na maior cidade brasileira, chegou a dormir na rua e, para garantir o próprio sustento, exerceu ofícios variados: foi auxiliar de enfermagem, faxineira, artista de circo e empregada doméstica. Quando tinha oportunidade, demorava-se nas bibliotecas particulares das casas onde trabalhava, com predileção por obras com temas políticos e filosóficos.

Como não se adaptava às condições de trabalho impostas e não se submetia às vontades de seus patrões, foi demitida diversas vezes. Em uma de suas últimas demissões, estava grávida de seu primogênito, João José de Jesus (1948-77), filho de um homem ausente e de origem europeia. Desamparada, teve como destino a favela do Canindé, à beira do rio Tietê, onde ergueu sozinha o próprio barraco. Após o nascimento do menino, carregava-o nas costas enquanto catava materiais recicláveis, alimentos e roupas, prática que se tornou sua principal fonte de subsistência. Anos depois, deu à luz José Carlos de Jesus (1950-2016) e Vera Eunice de Jesus Lima (1953), cujos pais, omissos, também eram estrangeiros.

Cotidianamente, a escrita tornava-se uma forma de acolhimento e cura. Carolina compunha poemas, romances, peças teatrais e canções, dentre outros gêneros, em folhas e cadernos encontrados no lixo. Em 1950, publicou um poema saudando Getúlio Vargas no jornal *O Defensor* e, no ano de 1955, passou a registrar num diário a vida marginalizada na favela, obra que chegou ao conhecimento do repórter Audálio Dantas em 1958.

Em uma ida à favela do Canindé para cobrir a inauguração de um playground, Dantas foi surpreendido pela figura de Carolina Maria de Jesus, que discutia com alguns moradores do local. Após visitar seu barraco e deparar com a magnitude do conjunto de sua produção artística, interessou-se sobretudo pelos diários, decidindo, ainda em 1958, publicar algumas passagens no periódico *Folha da Noite*. Em 1959, novos trechos ganharam as páginas da revista *O Cruzeiro*.

A partir desse momento, a figura de Carolina começou a ter relevo na mídia, atingindo o ápice da exposição em agosto de 1960, com a publicação de *Quarto de despejo: Diário de uma favelada*, que reunia fragmentos de três anos da vida da autora no Canindé. A obra foi editada por Audálio e teve uma tiragem inicial de 10 mil exemplares, atingindo a marca de mais de 100 mil livros vendidos ainda no primeiro ano.

A repercussão de sua obra foi global: mais de 1 milhão de exemplares foram vendidos no exterior. *Quarto de despejo* foi traduzido para treze idiomas e publicado em mais de quarenta países, transformando Carolina em uma das autoras brasileiras mais publicadas de todos os tempos. Tamanha projeção garantiu-lhe homenagens pela Academia Paulista de Letras e pela Academia de Letras da Faculdade de Direito de São Paulo, além de lhe proporcionar a concretização de um sonho: residir em uma casa de alvenaria.

Em 1960, após uma estadia temporária em Osasco, a autora mudou-se com a família para um imóvel no bairro de Santana, na capital paulista. O momento em que deixa a favela é narrado em sua segunda obra, *Casa de alvenaria: Diário de uma ex-favelada* (1961), na qual descreve as tensões entre uma existência imersa na miséria e uma vida marcada pela fama e pelo assédio constante da imprensa e de pessoas pedindo-lhe ajuda financeira.

Para a divulgação de suas obras, sua nova rotina incluía viagens pelo país e por parte da América Latina. Na Argentina, em 1961, foi agraciada com a Orden del Tornillo, no grau de cavaleiro, período em que também recebeu o convite para tornar-se membro da Academia de Letras de São Paulo e ganhou o título de "cidadã honorária". No mesmo ano, revelou outro aspecto de sua veia artística com o lançamento do disco *Carolina Maria de Jesus: Cantando suas composições*.

No entanto, gradualmente, os holofotes sobre Carolina apagavam-se, direcionando-a a um quadro de ostracismo nos anos seguintes, à medida que buscava publicar outras produções além de seus diários e exibia atitudes que destoavam do comportamento esperado de uma mulher negra naquela época. Com os poucos rendimentos gerados pelas obras anteriores, financiou a publicação dos livros *Pedaços da fome* e *Provérbios*, lançados em 1963, que não obtiveram o mesmo sucesso.

Após cerca de três anos, deixou a Zona Norte de São Paulo e se mudou com a família para um sítio em Parelheiros, na periferia da Zona Sul da cidade. Distante do cerco midiático sobre sua imagem, voltou a se dedicar à literatura e a revisitar seus escritos. Por volta de 1972, começou a escrever *Um Brasil para os brasileiros*, autobiografia editada e publicada postumamente sob o título de *Diário de Bitita* (1986). Vivendo com pouco, além do baixo retorno de seus direitos autorais, mantinha-se com o que colhia da própria terra, com a criação de porcos e galinhas e com os lucros escassos de uma venda à beira da estrada. Em 1971, retornou à favela para protagonizar um documentário sobre sua vida chamado *O despertar de um sonho*, produção alemã dirigida por Christa Gottmann-Elter.

Aos 62 anos, em 1977, Carolina faleceu em decorrência de uma crise de asma. Pobre e desassistida pela imprensa, teve seu sepultamento custeado pelos poucos amigos e vizinhos de que se dispunha em Parelheiros. Mas esse não seria o fim de sua história. Em 1994, ela foi novamente posta em evidência com a publicação de *Cinderela negra: A saga de Carolina Maria de Jesus*. Organizado pelos professores José Carlos Sebe Bom Meihy e Robert M. Levine, o livro foi sucedido pelas obras *Antologia pessoal* (1996) e *Meu estranho diário* (1996), que reúnem uma coletânea de poemas da escritora e passagens raras dos seus diários, respectivamente. O legado de Carolina Maria de Jesus segue se fortalecendo à medida que suas obras são reeditadas e revisitadas pela sociedade, desvencilhando-a de estereótipos historicamente atribuídos à sua subjetividade e à sua escrita. O compartilhamento de textos inéditos da autora evidencia a vastidão de sua produção literária, revelando-nos a impossibilidade de moldar e de reter a sua figura em um único lugar.

SUGESTÕES DE LEITURA

OBRAS DE CAROLINA MARIA DE JESUS

JESUS, Carolina Maria de. "(04/12/1958-19/12/1958) Caderno 11-47, gav1, 07". Rio de Janeiro: Fundação Biblioteca Nacional. Disponível em: <http://objdigital.bn.br/acervo_digital/div_manuscritos/mss1352132/mss1352132.pdf>. Acesso em: 24 maio 2021. No prelo.

____. "As crianças da favela". *Revista Magistério*, São Paulo, ano 8, n. 24, pp. 18-9, dez. 1960.

____. "O Rio também tem seu quarto de despejo". Org. de Henri Ballot. *O Cruzeiro*, São Paulo, pp. 24-30, 31 dez. 1960.

____. *Quarto de despejo: Diário de uma favelada*. São Paulo: Francisco Alves, 1960.

____. *Casa de alvenaria: Diário de uma ex-favelada*. São Paulo: Paulo de Azevedo, 1961.

____. *Le Dépotoir*. Paris: Stock, 1961.

____. *Child of de Dark: The Diary of Carolina Maria de Jesus*. 6.ed. Trad. de David St. Clair. Nova York: New American Library, 1962.

____. *Ma vrai Maison*. Paris: Stock, 1962.

____. *Pedaços da fome*. São Paulo: Áquila, 1963.

____. *Provérbios*. São Paulo: [s.n.], 1965.

____. "O Sócrates africano". In: TREVISAN, Hamilton; ARAÚJO, Astolfo. "Vai silenciar a voz dos favelados?". *Escrita*, n. 11, pp. 5-6, 1976.

____. *Journal de Bitita*. Paris: A.M. Métailié, 1982.

____. *Diario de Bitita*. Madri: Alfaguara, 1984.

____. *Diário de Bitita*. Rio de Janeiro: Nova Fronteira, 1986.

____. "Minha vida". In: MEIHY, José Carlos Sebe Bom; LEVINE, Robert M. (Orgs.). *Cinderela negra: A saga de Carolina Maria de Jesus*. Rio de Janeiro: Editora UFRJ, 1994, pp. 172-89.

____. "O Sócrates africano". In: MEIHY, José Carlos Sebe Bom; LEVINE, Robert M. (Orgs.). *Cinderela negra: A saga de Carolina Maria de Jesus*. Rio de Janeiro: Editora UFRJ, 1994, pp. 190-6.

____. *Meu estranho diário*. Org. de José Carlos Sebe Bom Meihy e Robert M. Levine. São Paulo: Xamã, 1996.

JESUS, Carolina Maria de. *Bitita's Diary: The Childhood Memoirs of Carolina Maria de Jesus*. Trad. de Emanuelle Oliveira e Beth Joan Vinkler. Nova York; Londres: M. E. Shape, 1998.

_____. *Antologia pessoal*. Org. de José Carlos Sebe Bom Meihy. Rio de Janeiro: Editora UFRJ, 1996.

_____. *Diário de Bitita*. Sacramento: Bertolucci, 2007.

_____. *Onde estaes felicidade?* Org. de Raffaella Fernandez e Dinha. São Paulo: Me Parió Revolução, 2014.

_____. *Meu sonho é escrever... Contos inéditos e outros contos escritos*. Org. de Raffaella Fernandez. São Paulo: Ciclo Contínuo Editorial, 2018.

_____. *Clíris: Poemas recolhidos*. Org. de Raffaella Fernandez e Ary Pimenta. Rio de Janeiro: Desalinho; Ganesha Cartonera, 2019.

_____. "O escravo". Transcrição e estabelecimento de texto de Raffaella A. Fernandez. *O Menelick 2º Ato*, São Caetano do Sul, jan. 2015. Disponível em: <http://www.omenelick2ato.com/artes-literarias/o-escravo-e-os-feijoes>. Acesso em: 24 maio 2021.

_____. "Os feijões". Transcrição e estabelecimento de texto de Raffaella A. Fernandez. *O Menelick 2º Ato*, São Caetano do Sul, jan. 2015. Disponível em: <http://www.omenelick2ato.com/artes-literarias/o-escravo-e-os-feijoes>. Acesso em: 24 maio 2021.

REFERÊNCIAS GERAIS

BARCELLOS, Sergio. *Vida por escrito: Guia do acervo de Carolina Maria de Jesus*. Rio de Janeiro: Bertolucci, 2015.

BUENO, Eva Paulino. "Carolina Maria de Jesus in the Context of *Testimonios*: Race, Sexuality, and Exclusion". *Criticism*, Detroit, v. 41, n. 2, pp. 257-84, primavera de 1999.

"CAROLINA de Jesus deixou a casa de alvenaria e voltou a catar papel em São Paulo". *Jornal do Brasil*, Rio de Janeiro, 1966.

"CAROLINA Maria de Jesus: a morte longe da casa de alvenaria". *Jornal do Brasil*, Rio de Janeiro, 14 fev. 1977.

DANTAS, Audálio. "O drama da favela escrito por uma favelada: Carolina Maria de Jesus faz um retrato sem retoque do mundo sórdido em que vive". *Folha da Noite*, São Paulo, ano XXXVII, n. 10885, 9 maio 1958.

_____. "Retrato da favela no diário de Carolina". *O Cruzeiro*, Rio de Janeiro, n. 36, pp. 92-8, 20 jun. 1959.

_____. "Nossa irmã Carolina". In: JESUS, Carolina Maria de. *Quarto de despejo: Diário de uma favelada*. São Paulo: Francisco Alves, 1960, pp. 5-12.

DANTAS, Audálio. "Da favela para o mundo das letras". *O Cruzeiro*, São Paulo, n. 48, pp. 148-52, 10 set. 1960.

_____. "Quarto de despejo". *Revista Brasiliense*, n. 31, 1960, pp. 232-8.

_____. "Casa de alvenaria: história de uma ascensão social". In: JESUS, Carolina Maria de. *Quarto de despejo: Diário de uma favelada*. São Paulo: Francisco Alves, 1961, pp. 5-10.

_____. "Apresentação". In: JESUS, Carolina Maria de. *Quarto de despejo: Diário de uma favelada*. 9. ed. São Paulo: Francisco Alves, 1963, pp. 4-6.

_____. "A atualidade do mundo de Carolina". In: JESUS, Carolina Maria de. *Quarto de despejo: Diário de uma favelada*. São Paulo: Ática, 1993, pp. 3-5.

_____. "Mistificação da crítica: uma resposta à acusação de fraude literária". *Revista da Imprensa*, pp. 41-3, jan. 1994.

_____. "*Diário de uma favelada*: a reportagem que não terminou". In: _____. *Tempo de reportagem: Histórias que marcaram época no jornalismo brasileiro*. São Paulo: Leya, 2012, pp. 27-31.

FENSKE, Elfi Kürten (Org.). "Carolina Maria de Jesus: A voz dos que não têm a palavra". Templo Cultural Delfos, maio 2014. Disponível em <http://www.elfikurten.com.br/>. Acesso em: 24 maio 2021.

FERNANDEZ, Raffaella A. "Bispo e Jesus: poética de sucatas". In: XI Encontro da Abralic — Internacionalização do Regional, 10-12 out. 2012, Campina Grande. *Anais...* Campina Grande: UEPB-UFCG, 2012.

_____. "Entrevista com Ane-Marie Métailié". *Scripta*, Belo Horizonte, v. 18, n. 35, pp. 293-6, 2º semestre 2014.

_____. "Entrevista com Audálio Dantas". *Scripta*, Belo Horizonte, v. 18, n. 35, pp. 305-14, 2º semestre 2014.

_____. "Entrevista com Clélia Pisa". *Scripta*, Belo Horizonte, v. 18, n. 35, pp. 297-304, 2º semestre 2014.

_____. "Vários 'Prólogos' para um *Journal de Bitita/ Diário de Bitita* ou Por que editar Carolina?". *Scripta*, Belo Horizonte, v. 18, n. 35, pp. 285-92, 2º semestre 2014.

_____. "Saliva, confetes e sangue na caneta cortante de Carolina Maria de Jesus". *Revista Escrita Pulsante*, v. 2, p. 10, mar. 2015.

_____. *A poética de resíduos de Carolina Maria de Jesus*. São Paulo: Aetia Editorial, 2019.

FERNANDEZ, Raffaella A.; GOMES, C. "Bitita para além dos quartos de despejo e das casas de alvenaria". *O Menelick 2º Ato*, São Caetano do Sul, pp. 36-45, 2014.

FERNANDEZ, Raffaella A.; LIEBIG, Sueli M. "Interferências da subjetividade estrangeira na tradução americana de *Diário de Bitita*, de Carolina Maria de Jesus". *Scripta*, Belo Horizonte, v. 18, n. 35, pp. 267-284, 2º semestre 2014.

FERNANDEZ, Raffaella A.; PAJARO, Elena. "Poética de resíduos". *Revista Pesquisa Fapesp*, São Paulo, n. 231, pp. 78-81, 2015.

FERRÉZ. *Capão Pecado*. São Paulo: Labortexto, 2000.

_____. *"Quarto de despejo"*. Especial para a Folha de S.Paulo, São Paulo, 20 mar. 2005.

HENDRICKS, Craig. "The Life and Death of Carolina Maria de Jesus". Disponível em: <http://www.h-net.org/reviews/showrev.cgi?path=1930850794412>. Acesso em: 03 jun. 2005.

LEVINE, Robert M.; MEIHY, José Carlos Sebe Bom. *Cinderela negra: A saga de Carolina Maria de Jesus*. Rio de Janeiro: Editora UFRJ, 1994.

_____. "The Cautionary Tale of Carolina Maria de Jesus". *Latin American Research Review*, v. 29, n. 10, p. 55-83, 1994.

_____. *The Life and Death of Carolina Maria de Jesus*. Albuquerque: University of New Mexico Press, 1995.

MIRANDA, Fernanda Rodrigues de. "O campo literário afro-brasileiro e a recepção de Carolina Maria de Jesus". *Estação Literária*, v. 8A, pp. 15-33, 2011.

_____. *Os caminhos literários de Carolina Maria de Jesus: experiência marginal e construção estética*. São Paulo: FFLCH-USP, 2013. Tese (Doutorado em Letras).

_____. *Silêncios prEscritos: estudos de romances de autoras negras brasileiras (1859-2006)*. São Paulo: Malê, 2019.

PERES, Elena Pajaro. "O percurso criativo de Carolina Maria de Jesus. Porto final: literatura". In: OLIVEIRA, Cláudia de. (Org.). *Mulheres na história: inovações de gênero entre o público e o privado*. Petrópolis: Literar, 2020, pp. 114-32.

PERPÉTUA, Elzira Divina. "Aquém do *Quarto de despejo*: a palavra de Carolina Maria de Jesus nos manuscritos de seu diário". *Estudos de Literatura Brasileira Contemporânea*, Brasília, n. 22, pp. 85-94, jul.-dez. 2003.

_____. *A vida escrita de Carolina Maria de Jesus*. Belo Horizonte: Nandyala, 2014.

SANTOS, Joel Rufino dos. *Carolina Maria de Jesus: uma escritora improvável*. Rio de Janeiro: Fundação Biblioteca Nacional, 2009.

SILVA, Fernanda Felisberto da. *Escrevivências na Diáspora: escritoras negras, produção editorial e suas escolhas afetivas, uma leitura de Carolina Maria de Jesus, Conceição Evaristo, Maya Angelou e Zora Neale Hurston*. Rio de Janeiro: Uerj, 2011. Tese (Doutorado em Letras).

_____. "Carolina Maria de Jesus: #mulheresnegrasescritoras". In: SILVA, Joselina da. (Org.). *O pensamento de/por mulheres negras*. Belo Horizonte: Nandyala, 2018.

VALÉRIO, Amanda Crispim Ferreira. *A poesia de Carolina Maria de Jesus: um estudo de seu projeto estético de suas temáticas e de sua natureza quilombola*. Londrina: UEL, 2020. Tese (Doutorado em Letras).

Aponte o celular para o QR Code
e acesse conteúdos pedagógicos
sobre Carolina